U0910595

明代八股文史

龚笃清 著

国家社科基金『八股文文献整理及八股文史研究』项目（08BZW017）成果
广东省韩山师范学院出版基金资助出版

岳麓书社·长沙

目 录

引　言　八股文经学性的消长构成了明、清八股文史的主要脉络

八股文是明、清应试经义的一种俗称，其名众多。若从内容来分，它有经义、经艺、制义、制艺之称；从其体式特征来分，又有八比文、八脚辞之名；从其具有适应时代需要而不断变化的特性而言，它又称为时文、时艺；按其刊印的出处来源命名，则有程文、程墨、墨卷、闱墨、房稿、房书、行卷、行书、社稿等；从其题目的来源分，则有四书文、五经文之别；从其与科举的关系来命名，则有举业、举子业、帖括等。八股文众多的名称均可反映出它的某种特征，也表明这种文体的复杂性。

八股文是明、清两代用于科举取士，有着特殊规范的一种解经专用文体，在明、清科举制度中起着灵魂作用，故明、清科举制又称为八股取士制。

八股文产生于中国传统的儒家文化语境之中。它是为适应统治阶级以程朱理学统一士人头脑，培养、识别、选拔具有儒家正统观念的人才，以及大规模考试阅卷的需要，在使用过程中，随着文体本身功能的必然扩张，杂糅了中国古代诸多文体的特点逐渐创制而成的，因而具有强烈的工具性。

在明、清两代，统治阶级都把它当作向广大士人传输儒家正统伦理价值观的有效工具。为使其工具效能最大化，统治者对八股文的文体进行了精心设计，将它紧紧捆绑在《四书》、《五经》之上，赋予它众多的经学元素，并以获取功名利禄为诱饵，迫使每个写作者非得熟读《四书》、《五经》及朱熹等理学派代表人物的传注，并设身处地地去体悟经典中字、句、节、章的微言大义，亦步亦趋地按规定的程式逐字逐句地去解析题目，也即经书

中的奥旨妙道不可。

这样，八股文写作实际上便成为儒家经典传注的一种文化复制。在对儒家经典的反复吟咏记诵，不断钻研发掘其内蕴的过程中，士子对皇朝统治、社会的看法，对程朱理学，以及个人作为朝廷精英忠臣的认同感便不断强化。所以，八股文对儒家经典传注的文化复制，也就具有使士人在文化层面上向忠君爱民的政治仆从转型的意义。明、清统治阶级用以“治心”之目的便达到了。既然八股文写作的关键在于熟读经典，对题目及程朱传注要有深入理解及心得，我们便可以把八股文称为明、清两代士人学习《四书》、《五经》的心得体会。

若从功用来说，八股文是明、清两代用以培育官员的一种素质训练课程。其经学性可培训出封建统治阶级所需的“德”，其规范化的文体可对写作者进行正反、顺逆等思维方法及分析、综合能力的强化训练，这就培养了为封建统治者所需要的“才”，即使他们掌握了解决问题的方法论。

八股文是一种综合性的文体，具有功利性、文学性、工具性、规范性、与时俱变等多种性能，但最根本的是其经学性。

经学性是明代统治阶级为控制士人思想而精心设计出的。具有经学性的八股文与科举取士相结合，便成为传输程朱理学的有效工具。

在明、清时代，读书人欲取功名富贵，唯一的途径便是考科举。科举能否考中主要就看你八股文写得怎么样。而经由精心设计而成的八股文话语权又为程朱理学所独霸，你要写好八股文，就先要弄通儒家思想，烂熟《四书》、《五经》。这就形成要想当官，先要写好八股文；要想写好八股文，先要弄通程朱理学、儒家经典的链接关系。受利益驱动，广大士子无怨无悔，自觉自愿地皓首穷经，精心钻研理学思想，程朱理学便程度不等地输入到读书人的脑中，思想定于一尊的局面便得以形成。“无人而不纳之教”，“户有弦诵之声”，这是《明史》中对明代社会攻习儒家经典风尚之盛的描述。清初学者魏禧更在《制科策》中指出："明世黜杂学尊孔子，勒《四书》、《五经》为题目，法视前代为独正，贩夫竖子莫不知仁义道德之名。"① 清代张海珊在《送张少渊赴省试序》中也说："自明太祖定制，以《四书》、《五经》取士，士皆规规焉诵习其中，至白首不能已。以故成、弘、正、嘉之间，士习醇谨端悫，其高者能自通于性命之故，即其材质庸下者，亦无不依仿圣贤成格，以不失为寡过。"② 八股文写作成为士人的自觉追求，标志着程朱理学进入了全盛时期。

以阐释义理兼谈性命的程朱理学是指导明、清王朝的理论基础，以"三纲五常"为中心的社会价值观，根植于封建宗法制度，以其作为人与人之间的道德标准，非常适合帝王统治思想的需要，集聚了经学元素的八股文写作便成为维护封建统治的重要手段，受到高度关注。维护和加强八股文的经学性，成为统治阶级的重要任务。明、清两代屡有正文体的谕旨颁布，乾隆皇帝还下令选编了内容纯正的《钦定四书文》来规范八股文的经学性即是明证。

程朱理学本是对心灵的禁锢，在功令的规定下，只允许程朱理学拥有话语权的八股文对人们心灵的束缚就更为苛严，写作者无不感到精神的重压。随着时代的变化，反对思想束缚，要求个性解放的社会思潮开始出现，对程朱理学的怀疑与不满在士人中逐渐流行，这些情绪与思想必然会反映到八股文中去，对其理学性造成冲击、削弱，甚至部分颠覆其经学性。

然而，把八股文视为维护其思想统治工具的统治者绝不能容忍经学性的丧失，总会千方百计地采取包括行政手段在内的措施

① 魏源编：《皇朝经世文编》卷第五十七，光绪二十一年积山书局石印本。

② 魏源编：《皇朝经世文编》卷第五十七，光绪二十一年积山书局石印本。

来恢复并加强八股文的经学性。

于是，人们便可看到，在八股文发展变化的过程中，充斥着经学性的消长现象。这些现象的产生，与时代、科举、社会语境、经济变化、士习、民风、社会思潮相互纠葛，相辅相成，情况极为复杂。然而，只要牢牢把握住八股文经学性消长这条主线，便可清理出八股文在不同时代、不同阶段、不同作者笔下所呈现出的各种形态，也可分辨出不同思想观念的人对八股文的态度、见解，他们在不同写作理念指导下写出的八股文的特色。于是，明、清八股文的发展变化规律便得以理清。

第一节 经学性是八股文的灵魂

八股文的实质是解经，即解析《四书》、《五经》的义理，自然就具备了经学性。清代朱景昭说："经学专家，汉以后久绝矣，惟制义尚近经论。"① 这就是对八股文经学性的揭示。

解经是中国历史上最具势力的传统学术，主要分为汉学与宋学两大派。八股文主要承袭了宋学的解经方法。

宋学兴起于佛学思想盛行，唐五代战乱造成的名教凌夷，经学衰微之后。程颢、程颐特别是朱熹认为汉学重训诂注疏，他们所采用的对字词本义的探求来解经的方法，已无法开掘出为现实服务的理论，重构社会伦理道德和秩序，必须另辟途径，才能使衰微的经学起衰去弊。在他们看来，孔孟言论，往往有其特别的语境和心境，故其心传，常出于文字之外。汉学的今古文两家，争来吵去，无非是文章之学与训诂之学，都难真实地表述圣人之道。只有抛开传注，直接从经书中求义理，用揣摩体悟的方法，再现先秦的语境，才能发掘出圣贤言论的原生意义。所以宋儒的

① 朱景昭：《论文刍说》，《原梦轩遗书》卷上，民国二十二年刻本。

解经方法，偏重于个人的理解心得，用的是思辨方式，更多主观色彩，更注重与现实相结合。他们发掘出的义理也更符合统治阶级重整乾坤的需要。

明朝建国之初，又面临着名教伦常大崩溃，新的统治秩序亟待建立的危局，能创制出为现实政治服务思想的宋儒解经原则与方法，自然就被明太祖朱元璋及其子孙所接受，并运用于八股文的创制之中，使之成为控制士人思想的工具。

明太祖朱元璋所创制，并经后人所补充完善而形成的八股文，有四项基本构建原则，从而使八股文集聚了多种理学要素，成为解经的文体。

第一，八股文的题目必须从《四书》、《五经》中摘取，必为书中的字、句、节、章。功令规定，在行文时必须尊题，即文章必须严格遵照题义来阐述；还要如题，即文章的内容、语气、范围均要与题目内蕴相符，不得增减，更不得违背。清代学者焦循说："时文之体，全视乎题。题有虚实两端，实则以理为法，虚则以神为法，考核典礼，敷衍藻丽，皆其后也。"① 这项原则，将八股文牢牢地捆绑在《四书》、《五经》之上，是其经学性的基础。

第二，阐释题旨必须依据朱熹，或是被朝廷认可的其他理学派学者的传注，不得超出传注的思想框架，随意发挥，更不得违背。既要依经又要按注，这是八股文写作的基本要求。八股文构建的第二项基本原则，使八股文与程朱理学对接，将其牢牢地捆绑在程朱传注之上，人为地确立了程朱理学对八股文话语权的独霸，迫使写作者思不出程朱理学的范畴，言必守程朱理学的规范，为明、清统治阶级用程朱理学统一士人思想打下了坚实基础。

---

① 焦循：《时文说》一，《雕菰楼集》卷十，道光四年阮福校刻本。

第三，要入口气代圣贤立言。即是说，一题到手，就要化作者为题中人物，展开想象，把自己对题目思考所获得的心得体会，以题中人物的口吻，也即第一人称的方式，惟妙惟肖地表达出来。

代圣贤立言这是八股文最重要的经学特征。清代翰林院编修申启贤曾指出："制艺者，代圣贤以言之也。代圣贤立言不即圣贤之言以涵咏而贯通之，则理不备，必不灵，终不能生新于故而左右逢源。"①

在他看来，八股文的实质就是代圣贤立言，就一定要体味、贴合圣贤之言以涵咏贯通之，才能从中生发出新的义理来。应当说，申启贤是有见地的，真正把握到了程朱解经原则与方法的精髓。

在程朱等理学大师看来，圣贤典籍，流衍后世，虽文仍是其文，字仍是其字，但时空离开他们说话的语境太过久远，故其常出于文字之外的心传意解，后人就难以领会了。只有精心揣摩体悟，在心目中追想当时的语境和圣贤的心理，才能捕捉到圣贤言论的真实意旨，发掘出其中的微言大义。

八股文要代圣贤立言的原则，便准确地体现了朱熹重个人体悟以解经的方法。它要人们抛开其他先儒的注疏，按官方规定，在程朱传注的规范与约束下，依靠各人对文题的体悟，展开想象，直接从题目所在经文中生发出新的义理，从而达到明道知经，由经穷理，服务现实之目的。这种再生圣贤语境、心境的写作方式，可使写作者思接孔孟，心贴朱熹，让他们的心灵沉浸在孔孟之道所生的典型环境之中而深受陶冶，也最易生发出最符合当道要求的义理来。

清代著名八股文作家管世铭说："前人以传注解经，终是离

---

① 申启贤：《四书文翼序》，乾隆时桂园草堂刻本。

而二之，惟制义代言，直与圣贤为一，不得不逼入精细。”① 作为深得八股文奥旨的八股文大家，这番言论可说是真知灼见。

代言的规定，又使八股文产生强烈的封闭性，拒他性。它只准程朱理学进入，排斥多元文化，从而保证了八股文经学的纯粹性，使其传输的“三纲五常”成为明、清社会士人进行精神文明建设，伦理道德规范的基本准则。

第四，必须遵循规定的体式。

体式原本是形式问题，但八股文的体式不仅可用以进行思维方式的训练，更重要的是对解经方式的规范，故也成为经学性的重要组成部分。

功令规定：八股文的“冒子”，即破题、承题、起讲三个部分，要对题目进行概述。不仅以此来训练写作者正反思维，概括分析的能力，还用以检测他对题目也即是经文领悟的正确与否及水平之高低。换言之，就是检测其解经水平如何。所以瞿兑之在《骈文概论》中说：“凡是场屋的文字，都重在一个开头的冒子，要这个冒子动听，才能得主司的青眼。”②

拿破题来说，不管题目字句的多少，是一个或几个字，甚至几十个，几百个字，是一章、一节或几章、几节；也不管构题的方式如何，是截上去下，或是截此搭彼，都只能用几句话，明代万历以后更规定只准用两句话，联系上下文，将题目的精义概述出来。既要扼定主旨，又要肖题之神。不仅要破得开，即解析出题目要旨，又要破得全，即题中要义无遗漏。“破”即是解，可以说，这是对题目即经文的一种概括性的解析，是建立在对经文的分析领悟基础之上的解经。

承题则规定只能用三句话将破出的题目精义引申说明或加以

① 转引自《制义丛话》卷之一，咸丰九年广州重刻本。

② 瞿兑之：《骈文概论》一六《律赋与八股》，海南出版社，1994 年，第 128 页。

补充，这也是对经文的解析。至于明万历以前置于承题后面的原题，要说明圣贤为何要发出题中之言，则更要对经文融会贯通才能写好。

起讲要将破题承题所破解出的题旨用入口气代言的方式作深入发挥。其关键在于作者对题目能否作深入的阐发，能否生发出新的义理，为正文拟出阐述的纲要。

八股文的正文部分要用正反、开合的方式将题旨内蕴阐发干净。非标准体式的八股文即经义用的是散文化的句式，而标准体式的八股文则是由两两对偶的四个段落组成。这四个段落分称为提比、中比、后比、后二小比。每比分出股与对股，共计八股，故将之称为八股文。这四个有着起、承、转、合逻辑关系的段落的设置，表面看来是个结构问题，表达方法问题，瞿兑之在《骈文概论》中说："凡是说理的文字，愈整齐愈有力量，复反复愈易明白。"① 但实质上是一个内容问题。整齐对偶，正反开合，反复阐述的八股文字，依功令规定，是用来规范写作者一层层深入地将题旨阐述干净的，其经学性更为凸显。对偶反复，只不过是用以增强其气势力量，明白畅达而已。

明代嘉靖以前，用以收束全文的大结部分可兼言时事，这是沿袭宋经义文的格式，更是对汉、宋解经讲体用，贵经世原则的具体运用。后来大结虽废，但代替它的收结仍在解经，因功令规定，收结时要总括上文或推阐馀波，题有下文者，要照应下文，非对经旨有精确的概括不可。

八股文构建的四项基本原则，都是以功令形式规定的。在它的规范下，八股文使用了理学的解经方法，其构成部分，无论是内容还是体式，都具有经学的元素。写作者只要遵循功令，所写

---

① 瞿兑之：《骈文概论》七《书札与徐陵》，海南出版社，1994年，第47页。

出的八股文必然会是解经之文，充满经学性。所以清吕留良说："非时文不足明道。"[①]

八股文经学性的作用是在科举考试中得到充分展现的。

明、清的科举可用"三三八"制来概括。

第一个"三"，即三级学校制。明、清两代的学校分为三级：中央的国子监，地方的府、州、县学，分布城乡的社学、义学、私塾、蒙馆即各种公私小学。

第二个"三"，即两个三级考试制。第一个为县、府、道（清代称院）三级选拔生员即秀才，获取科举资格的童子试；第二个为乡试、会试、殿试三级科举考选制。

"八"，即八股文。在明、清科举中，它是起着灵魂作用的。

明、清制度，养士在学校，取士在科考。非国子监的监生、贡生和府、州、县学的学生没有参加科举考试的资格。要进入这些学校必先考取生员（监生中的例监是用钱买的，也可参加乡试）。只有经过科举取录的人才能授官。考得上考不上，从明代中期以后，主要，甚至全看八股文写得怎么样。所以明中叶起至清代的学校教育、童子试和科举考试，全都围绕着八股文写作在运转，形成一个以八股文写作为中心的系统工程。换言之，就是将科举与八股文捆绑在一起，形成要想当官，就必须先写好八股文的简单关系。而功令又将八股文与《四书》、《五经》捆绑在一起，要想写好八股文，必先熟读精研儒家经典。两个捆绑，链接成一种一目了然、人人明白的功利关系：要想当官，就要弄通《四书》、《五经》。在功利的驱动下，明、清的士人便潜心于《四书》、《五经》之中，读死书，死读书，读书死；背八股，写八股，钻八股就形成一种社会风气。《明史·选举志》中说明代社会"户有弦诵之声，人有青云之志"，就真实地反映了当时攻

---

① 吕留良：《吕晚村先生论文汇钞》，康熙五十三年刻本。

习儒家经典与八股文，以求当官发财的社会景象。八股文写作在明、清社会便成一种普及经学的手段，成为大众化的经学学习过程。据顾炎武在《日知录》中所说，明代万历时有生员50万。那么，参加过童子试，攻读过《四书》、《五经》的童生至少有数百万之多。[①] 明丘濬在《会试录序》中说及理学："我皇朝之兴，首表彰之，列圣相承，造士用人，纯用是道。至于今日，益隆益备，横经之师，遍于郡县，执经之徒，溢于里巷，明经之士布列中外，自有经术以后所未有也。"[②] 也是对当时经学普及状况的描述。这种为求取功名而努力去攻习八股文，为写好八股文而自觉自愿去攻读经书，揣摩其中的微言大义，心贴先圣，体悟还原其语境，发掘隐蔽于其言论中的原生思想的行为，久而久之，自然就使儒家思想占领了士人的头脑，程朱理学的伦理道德观就会逐渐树立，八股文经学性的功用就显示出来。用八股文培养、选拔出来的官员将获得的理学思想运用到现实政治层面，明、清社会以理学治国的效能便得到充分发挥。

但是，这种为统一士人思想而人为设计出的经学性具有强制认同性，给八股文造成了难以根治的弊端。

首先，它造成了内容的单一，严重束缚人的思想，扼杀了人的才华个性。文章刻板，少有意趣，使相当多的人视八股文写作为畏途。明代张岱说："诸体之难，无过制义，盖用以镂刻学究之肝肠，亦用以消磨豪杰之志气者也……虽以真正英雄，屈首此道，满腹才华，满腹学问，满腹书史，皆无所用之。"[③] 这番话深刻地揭示了经学性的弊端。

其次，经学化造成的八股文内容的单一性，使得绝大多数士

① 顾炎武：《日知录集释》卷十七附《生员额数》，岳麓书社，1994年。

② 丘濬：《琼台诗文会稿》卷九，明天启重编会稿刻本。

③ 张岱：《石匮书·科目志总论》，上海古籍出版社，2008年影印本。

人在功利的驱动下，全部精力与才智都倾注于《四书》、《五经》之中而不及其他，以致经世致用的实学少有人过问。

戴名世曾对这种状况作过入骨三分的记叙，他说当时的读书人，“以四子之书，幼而读之即学为举业之文，父兄之所教督，师长之所劝勉，朋友之所讲习，而又动之以富贵利达。非是途也则无以为进取之资，使其精神意思毕注于此，而鼓舞踊跃以赴之。而人之学之者，自少而壮而老，终身钻研于其中，吟哦讽诵，揣摩习熟，相与扬眉瞬目以求得当于场屋”，但这些人大多数“于四子之书之精微义蕴，茫无所得其毫厘。而出言吐词，非鄙则倍，且其所为鄙倍者，又非尽出所自造，而雷同剿袭，大抵老生腐儒之唾馀，雄唱雌和，自相夸耀。及其人于场屋，则以此书之于纸而献之于有司，于是乎有得有不得焉”。①

这些人除《四书》、《五经》之外的书不读，对于国计民生等现实问题无意关注，所谓“两耳不闻窗外事，一心只读圣贤书”，就是这种社会风习的真实反映。一些人连普通的历史知识、社会常识也不知为何物。以经学化的八股文取士造成了空疏不实的学风，培养出大批食古不化的书呆子。他们言必称孔孟，却对解决现实问题束手无策。其下者只会死背程文，拟题抄袭。明、清末年，内乱外患，靠作八股文起家的朝廷官员没有几个人能提出有效的应对之策，更没有几个能力挽狂澜的干才，就是对八股取士的一种无言批判。

八股文经学化所造成的恶果，势必会引发那些有才有学有识之士的反思，引起那些在新的时代推动下产生了新的思想倾向与要求个性解放者的不满。一旦气候适宜，他们便会站出来挑战八股文的经学性，不依经守注，别出己见。有的甚至公然背弃程朱

① 戴名世：《己卯科乡试墨卷序》，《戴名世集》卷四，中华书局，1986 年，第 94 页。

理学，企望改变其独霸话语权的局面。况且八股文文题的变化，文学化趋势的加强，也在挑战其经学性。而这种挑战与反抗，势必会受到统治阶级的反制，他们会出来纠偏斥谬，以维护、巩固八股文经学性的纯正。这种挑战与反制，在明、清八股文史上屡见不鲜。在这种背景下，各种八股文论纷纷出笼，各种风格之文不断涌现，应时而生的八股文名家大师轮番登台表演，造成了一部波澜曲折，与别的文体史迥然有别的八股文发展演变史。

第二节　八股文小题的出现对其经学性的瓦解

八股文是一种功令极为严密的命题作文。八股文的题目在八股文的写作中占有极其重要的地位，它是八股文经学性的基础，文章本身不过是依据各人对题旨的理解程度而写的心得体会。

明代张大复在其《梅花草堂集·论文》中谈及八股文之作法时说："作文无它法，只要深入题髓，跳出题外。深入题髓，观题之意；跳出题外，写题之情。"

明代学者凌义渠说："夫有题，然后有制义。"①

清代学者刘熙载说："文莫贵于尊题。"②

清代另一位学者焦循也说："时文之意根于题。"③

他们的话，都一语道破了八股文题目的重要性。

八股文是将"文以载道"的古训发挥到极致的一种科举考试文体，文题决定了八股文所载之道，即八股文的内容。

八股文的文题又体现了明、清统治者以八股文来传输程朱理学的创制思想。

---

① 凌义渠：《正文体疏》，《古今图书集成·选举典》第七十六卷。

② 刘熙载：《艺概》卷六《经义概》，古桐书屋六种，同治十二年刻本。

③ 焦循：《时文说》一，《雕菰楼集》卷十，道光四年阮福校刻本。

文题是八股文的标识。八股文的各部分必须紧紧围绕文题来阐发义理，文题也就决定了八股文的作法。王夫之对这一点有深刻认识，他说：

> 经义固受法于题，故必以法从题，不可以题从法。以法从题者，如因情因理，得其平允。以题从法者，豫拟一法，截割题理而入其中，如舞文之吏，俾民手足无措。①

文题还是八股文“代圣贤立言”的基础。离开文题，“代圣贤立言”这一八股文的义理表达的重要方式就无从着手。

八股文的题目出自《四书》、《五经》这个科举考试试题库。这个规定是明太祖朱元璋在洪武三年庚戌（1370）首开科举时便规定的，《明史》中就指出：八股文“专取四子书及《易》、《书》、《诗》、《春秋》、《礼记》五经命题试士”②。从此，八股文的题目全部取自《四书》、《五经》之经文。

在明代初期，八股文文题讲究明白通晓，或一句或数句，或一节或数节，或一章或全章，不加割裂截取，意思必须完整，连单句题都少，被后人誉为“题皆明白正大”，并无偏全、承上、冒下、截上、截下、截搭等怪题、偏题。

这种出题的方法及所出题目的形式，“其源盖出于唐之帖经，墨义”③，而与宋代经义毫无二致。追根溯源，明代八股文的命题方法即是继承了宋代经义的做法。

明太祖朱元璋仿宋代经义的做法，取《四书》、《五经》中之经文为八股文题目，用心极为良苦。这么做便使八股文经学化，可驱使天下读书人去熟读精研儒家经典，使其在儒家经典的日浸

---

① 王夫之：《夕堂永日绪论外编》第五则，《薑斋诗话笺注》附录，人民文学出版社，1981 年。

② 张廷玉等撰：《明史》卷七十《选举志》二，中华书局，1974 年。

③ 魏源编：《皇朝经世文编》卷五《四书文源流考》，光绪二十一年积山书局石印本。

月染之下，自觉地接受儒家思想观念。

明代科举功令严密，士子下场应试，不得携带片纸只字，还规定对题意的阐发，必须根据程颐、朱熹等人的传注所认定的义理，不能别出心裁，自由发挥，否则即为违式。写作时还要认清题位，即该题目与上下文即全句、全节、全章的关系。明代中期以后，各种名目的偏全题、截题、搭题充斥考场，《春秋》试题中，还出现所谓的比题、合题、影搭题，如对《春秋》所载各位王、公、侯的元年，就有《元年 春王 正月 同生 礼聘（比同生传）》这样将经文与传注进行截搭而出现的怪题、难题、偏题。

要想在下场考试时能读懂题，并能准确把握题义，对任何一种形式的文题，哪怕只是一字题，或出的是《春秋》中的影搭题，都能应付自如，一题到手，即能马上记起上下文，知道它在何句、何节、何章，并能根据程颐、朱熹等人的传注，去把握题中的微言大义，非得将《四书》、《五经》背得烂熟如泥，将书义弄得明透，方能看得懂题目，才能按程颐、朱熹所提示的意义去进行发挥，甚至注所未备，补为发明。否则，不仅看不懂题，到头来只能落个下笔千言，离题万里，或者是隔靴搔痒，抓不住要义，这都是功令所严禁的，这样的文章中选的可能性等于零。

在明太祖朱元璋“非科举者毋得与官”的祖制之下，只有应科举方能出人头地的读书人，便会倾其精力、年华，从小至老，只要未曾释褐入仕，便会逐字、逐句、逐节、逐章地去攻读、钻研《四书》、《五经》，力求融液经史，把握精髓，不仅会将《四书》、《五经》背得滚瓜烂熟，还会精心揣摩以掌握其精义。年长月久，儒家正统的伦理道德观、价值观、处世哲学、忠君思想、行为准则便会浸染其全部身心，他们与孔孟的思想贴得如此之近，便会以此来规范自己的所思所想、所言所行，成为朱明王朝的忠臣孝子，成为维护朱明王朝的中坚力量。

不仅于此，功令还规定，八股文写作必须尊题、如题、肖题。所谓尊题、如题，就是写作时必须准确地把握题旨，不仅不得偏离，连语调精气神都要与题目的一致。且题义中有的，文中必须有；题义中没有的，文中必不可有。所谓肖题，按照《书香堂笔记》中的说法：“每题各有题之形貌，文亦必与之相称，而后为肖题。”即是说八股文中语言所显现出的精神气质、口气、声音、神采风貌都要与题目中的说话者酷肖。有题字的地方，固然要从字里行间、语气语意去揣摩题中人物的个性、心理，说话时的口气、神态，然后按其口气行文。即使是没有用文字表现，而在题目中包蕴着的意义，也要设身处地，按题中人物的思维逻辑、个性心理去想象其神情语气，然后代为写出。入口气、代圣贤立言要做到“肖题”，非对八股文的文题有透彻的把握不可。

清雍正岁贡喻化鹄对肖题有较确的阐述。他说：

> 题有题理，题有题位，题有题神、题气。深会圣贤微旨，说来平常人情，原其所从生，推之至其所终极，理蕴醒豁无馀。而题或一句，或两句，或三四句，领取前后，适归本位。题句缓急轻重之间，一毫增减不得。咀嚼涵咏，脱口而出，当日神吻活现，气息可闻。其篇法、股法、字法、句法，逐一关会亲切，不作模糊影响，总之肖题而止。①

尊题、如题、肖题，这是八股文写作的基本要求，八股文的经学性就由此而生。做不到这几点，八股文必定不合功令。

而要做到尊题、如题、肖题，首先要读懂题，认准题，要能在下笔之前即准确地把握住全部题旨，及其与上下文的关系。

八股文文题各各不同。明代人说：一题有一题之面目神情。所谓面目即是题目之外在形象，或长或短，或整或散，或实或虚。所谓神情，就是指文题的意思与上下文的关系，或注上，或注下，或有言外之意。不能区别、认识文题的面目神情，就驾驭

---

① 喻化鹄：《蔡瀛洲遗文序》，载《湖北文征》第七卷，湖北人民出版社，2000 年。

不了文题。

王夫之也说过："若经义，一题自一理，一篇自一意。"①

所以，明代八股文大师茅坤就把认题列于八股文写作要诀中的首要地位。他说："一曰认题，题中精神血脉处，学者须先认得明白，了了悉之心中，方可下笔，然后句句字字洞中骨理。予尝论举子业，浅视之，则世所剿袭帖括亦可掇一第，苟于中得其深入，谓之传神可也。孔孟学问宗旨虽同，其深浅大小亦自迥别，学者苟以孟子论学之言掺入孔子，便隔一层矣。予故论为文须首认题。"②

茅坤是明代著名的八股文大家之一，这番话显然是其经验之谈。

清代乾隆年间著名的八股文学家王步青亦说：

"摹写虚字眼处是题之情也。题情不得则题理不真，所讲求之法亦死法耳。故认题为文家第一丹头，此不磨之论。"③

从这些论述可以看出，所谓认题，就是发掘题目经学内容的过程，换言之，就是促使八股文写作者把题义与程朱理学相贯通的过程。八股文的经学性就是在认题、尊题、如题、肖题的规范下得以保证的。

然而，事物都有两面性。如果出题的方式不对，则题目对八股文的经学性会起到抑制、削弱、瓦解甚至颠覆的作用。

在明、清两代，八股文的题目是在不断嬗变的，它经历了一个种类由单一到繁多，形式由简单到复杂，内容由完整明白到割裂截搭、古怪难解的变化过程。

在明代前期，因科举考试施行不久，考试出题量尚不大，八

---

① 王夫之：《夕堂永日绪论外编》第三十一则，《薑斋诗话笺注》附录，人民文学出版社，1981 年。

② 茅坤：《论举子业》，引自《分课小题续编》，清乾隆刻本。

③ 王步青：《分课小题续编·发凡》，清乾隆刻本。

股文的试题库《四书》、《五经》中可供出题选择的经文尚多，故此时所出之文题皆明白正大，全系取自《四书》、《五经》中阐述大道理、大制度，关系人伦和治国之道，意义独立完整的整句、数句、整节、数节、全章、数章的经文。当时连单句题都很少出，更无割裂经文出题的现象，一些相同题目在乡、会试中还反复地出。如从洪武到建文朝间的十几年间，乙丑（1385）、丁丑（1397）、庚辰（1400）三科会试所出的试题中都有“天下有道，则礼乐征伐自天子出”这一文题。

但这种出题的路子很快走到尽头。因为用作科举考试标准化的试题库——《四书》、《五经》的容量是有限的。《大学》、《中庸》、《论语》、《孟子》四种书加在一起才五万馀字。其中《论语》一万一千七百零五字，共五百一十二章，这是郑晓《今言》所说。《大学》、《中庸》，连同程颐、朱熹的注释，都只有几千字。而《孟子》一书，原有三万四千六百八十五字，因为其中有“君视臣如草芥，则臣视君如寇仇”等具初步民本思想，有悖君权神圣的言论，朱元璋“怪其对君不逊”，于洪武二十七年甲戌（1394），令老儒刘三吾将这些有碍字句尽行删去。全书总共删去八十五条，只留下一百七十多条，两万字，更名为《孟子节义》，刻板颁行全国学校。规定删除部分“课士不以命题，科举不以取士”①。

《五经》的篇幅虽然略长，如《周易》二万四千二百零七字，《尚书》二万五千七百字，可明代规定应试者只试本人认习的一经即可，而明代首场七篇文章中，各人认习的本经即要出题四道。《五经》又可以出多少试题呢？据顾炎武说，明代乡试和会试，“初场试所习本经义四道，而本经之中，场屋可出题不过数

① 刘三吾：《孟子节义题辞》，清刻本。

十”[①]。就《春秋》一经而言，除开崩、卒、葬等不可用于命题的文字外，可供出题的即有传文的部分，据明末《春秋》学者梅之熉统计，虽不是顾炎武说的数十道，但也不过七百馀道[②]；《礼记》中之《丧服》、《檀弓》等到明代中期后皆删去不读；《书》则删去《五子之歌》、《汤誓》、《盘庚》、《微子》等篇；《诗》则删去淫风变雅；《易》则删去《讼》、《否》、《剥》、《明夷》、《困》、《旅》等卦不读。如此一来，能出的试题更少。

这么少的篇幅，别说意义完整的句、节、章的数量有限，即使每个句子、每节、每章都用来出题，数量又能有多少呢？

而一个容量这么小的标准化作文试题库要应对的考试出题量却是无穷尽的。

明、清时全国分为十几个省，府、州数百，县则上千。从获取科举资格三年两考的童子试开始，直到三年一科的各省乡试和礼部主持的会试，将每次各自所出八股文题加在一起，总数当在五千道以上。

以《四书》、《五经》这个容量有限的试题库来应对如此巨大的需求，必然会产生明代八股文考试过程中一个不可根除的痼疾：剿袭与拟题。因年长月久，《四书》、《五经》中每章每节每句，无不有范文可供剿袭。

所谓剿袭，即应试者先猜题，猜中试题后，在考场中把记熟的范文背抄出来，以求中式。

剿袭的关键在于拟题。当时拟题的做法五花八门，真个是八仙过海，各显神通。但归纳起来，可分为两类。

由于乡、会试“初场试所习本经义四道，而本经之中，场屋可出之题不过数十。富家巨族延请名士馆于家塾，将此数十题各撰一篇，计篇酬价，令其子弟及僮奴之俊慧者记诵熟习。入场命

---

① 顾炎武：《日知录集释》卷十六《拟题》，岳麓书社，1994 年。

② 梅之熉：《春秋因是序》，光绪《麻城县志》卷三十二《艺文》。

题，十符八九，即以所记之文抄誊上卷，较之风檐结构，难易迥殊。《四书》亦然。发榜之后，此曹便为贵人。年少貌美者多得馆选，天下之士靡然从风，而本经亦可以不读矣”①。

有钱人家能延请名士到家猜题作文，让其子弟“记诵熟习”，入场后“以所记之文抄誊上卷”，往往得中。那些家境平常之士则采用其他办法，即选背程墨与时文，入场之后再抄誊上卷。

明朝前期，乡、会试结束后，官府常将该科优秀文卷及考官拟作的程文刊刻，合称“程墨”。刊刻程文，从洪武二十一年（1388）即开始，到嘉靖时，民间刊刻试卷及程文之风大盛。因为“天下之人惟知此物可以取科名，享富贵”②，故纷纷“舍圣人之经典，先儒之注疏与前代之史不读，而读其所谓时文。时文之出，每科一变，五尺童子能诵数十篇而小变其文，即可以取功名，而钝者至白首而不得遇”③。

由于八股文取士制中命题所固有的弊病，引发了大批士子的投机取巧之心，他们猜题、拟题、背诵剿袭时文，往往高中。这就破坏了公平、公正取士原则。因录取的名额有限，幸进之徒挤占了名额后，一些有才华、有才能却因作文不守格式的才学之士便无缘名登两榜。这就造成了极为严重的后果。其一是使“率天下而为欲速成之童子，学问由此而衰，心术由此而坏”④。其二是“一代之人才徒以记诵之多，书写之速，而取其长”⑤，“老成之士，既以有用之岁月，销磨于场屋之中；而少年捷得之者，又易视天下国家之事，以为人生之所以为功名者惟此而已。故败坏天下之人才，而至于士不成士，官不成官，兵不成兵，将不成将。

① 顾炎武：《日知录集释》卷十六《拟题》，岳麓书社，1994年。
② 顾炎武：《日知录集释》卷十六《十八房》，岳麓书社，1994年。
③ 顾炎武：《日知录集释》卷十七附《生员论》，岳麓书社，1994年。
④ 顾炎武：《日知录集释》卷十六《三场》，岳麓书社，1994年。
⑤ 顾炎武：《日知录集释》卷十六《经义论策》，岳麓书社，1994年。

夫然后寇贼奸宄得而乘之，敌国外侮得而胜之”①。其三是使那些有才学而不得科第者心灰意冷，从而对封建统治者产生怨愤，危及国家的稳定。

据现存的资料记载，这种利用八股文命题的弊端而兴起的剿袭现象，早在明太祖朱元璋推行科举制后五十年左右就已经出现苗头。《明仁宗实录》中说，明仁宗洪熙元年乙巳（1425），郑府审理俞廷辅就指出：“近年宾兴之典，士率记诵虚文为出身之阶，其实才无二三。”

到明代中期以后，受利益驱动，剿袭之风大炽。

因民间书坊刊刻的时文太多，应试者入场剿袭，考官们往往不能辨识。万历四十七年己未（1619）科会试，福建晋江举人赖克俊，以《书经》为本经应试，“其前场七艺，尽录坊刻，自破、承直到结题，不易一字”，却被房考官赏识，取为第二名，朱卷传出后，致使“众皆哗然”。但因科场则例并未明文规定剿袭是违法，赖克俊依然名列进士金榜，这就引得天下士子竞相效仿，拟题背程文之风便愈演愈烈了。

至明代晚期，即使为科举所重的本经、四书文考试，应试者也普遍不读原文，“所习多俗儒纂录支言长语”之八股程文而已。“天下之士，靡然从风”，“成于剿袭，得于假倩”，以致“登名前列者，亦或有不知史册名目，朝代前后，字书偏旁者”。②

这种状况，引起许多有识之士的忧虑，明末著名学者顾炎武就激愤地说道：“八股之害等于焚书，而败坏人才有甚于咸阳之郊所坑者，但四百六十馀人也。”③

八股文命题方法固有的弊端所引发的学风、士风败坏，引起

① 顾炎武：《日知录集释》卷十七附《生员论》，岳麓书社，1994年。

② 《明孝宗实录》卷四十七，台湾“中央研究院”史语所校勘本，1962年。

③ 顾炎武：《日知录集释》卷十六《拟题》，岳麓书社，1994年。

了朝野上下的广泛关注，已到了非加改革不可的地步，否则，便会危及明代统治的根基。

然而，朱元璋所规定的八股文之题必出自《四书》、《五经》的祖制是不可变更的。为了保证科举考试的公平、公正，为国选取有用之才，考官们只得在命题时采取改变经文的截取与组合方法，根据避熟就生，避易趋难，变明白正大为晦涩难懂的原则，将经文割裂，随意接搭，将句子截上裁下，掐头去尾，于是一批截头缩脚、摘裂牵缀、意义割裂、晦涩难解的偏题、怪题便出现了。若依其形式来分，有截上题、截下题、截上下题、上下全偏题、上全下偏题、上偏下全题、截上兼全题、截搭题等等五六十种之多。若依内容来分，则有枯窘题、虚冒题、口气题等数十种之多。这种题目在八股文坛名之曰小题。

这种出题方法的变革可创制出全新的题目，加大题目的数量，减少重复命题的几率，降低猜题命中率，对扼制剿袭、拟题，加强思维能力有相当的作用。

不过，这种命题方式又产生了新的、更大的弊端，即削弱、瓦解，甚至颠覆了八股文的经学性。

明、清的统治之所以能用八股文做工具去统一士人思想，就在于它有纯正的经学性，而这种经学性是根植于《四书》、《五经》及程朱传注基础上的。在他们心目中，《四书》、《五经》“不惟大事业出其中，节义文章亦莫能外”①，“而尊《学》、《庸》、《语》、《孟》之书，断以考亭之章句，因裁以为题，敷陈词义，如一出于圣人之言，其道精微变化，尚矣”②。如今割裂经文来制题，就有可能歪曲孔、孟等圣贤言论的真情实意，失却《四书》、《五经》的奥旨精义，致使歧义纷陈。朱熹、程颐为编

---

① 凌义渠：《正文体疏》，《古今图书集成·选举典》第七十六卷。
② 艾南英选：《明文定序上》，崇祯刻本。

造完整的理学思想体系而精心构撰的注释也会被毁弃，因为他们的注释是针对原书中某一具体的句、节、章而发的。既然这种题目将经文弄得支离破碎，题目已不是孔孟原话，那么注释也失去了原有的规范解读的作用，可听由写作者作随意理解了。尽管统治者采取了补救措施，作了种种规定，如作截上题，“题既截去上句，自不应粘连，然按其脉理，又须步步从上文衬出，此万不可脱却也”①。

规范截下题时说：“截下题即半句题之谓。凡半句题必须倒影下句在前乃能迸出神理，所谓手挥目送是也。”② 这就是说，在作文时，必须用各种方法将截去部分的意思找补回来，这样就可以接续程朱传注的规范，以免作者作自由发挥了。

但在作文时因写作者水平能力不同，所思所想各异，这种规定碍难执行，割裂经文出题所造成的曲解孔孟言论，不受程朱传注制约的现象层出不穷，甚至离经叛道的异端邪说也开始萌生。因为你割裂经文出题，句不是原句，文不是原文，原来的注释已不起规范作用，自由思想的空间自然扩大了。如“文不在兹乎”这个题，因系从全章中摘出这一句而成，脱离了全文，便不受朱熹注解的约束，可以理解成孔子是不自信，是自疑。这与原意大为不合。

又如“以杖叩其胫阙党童子”这个截搭题，是将《论语·宪问》中相连的两章书，上章取最后一句“以杖叩其胫”，再截取下章头一句“阙党童子将命”中的“阙党童子”四个字相搭而成。

依照朱熹的注解，被孔子杖叩其胫的原壤是“孔子之故人，母死而歌，老氏之流，自放于礼法之外者”，因其“自幼至老，

---

① 《张百川先生塾课·截上题论》，乾隆乙酉年令德堂刻本。

② 《张百川先生塾课·截下题论》，乾隆乙酉年令德堂刻本。

无一善状，而久生于世，徒足以败常乱俗，则是贼而已矣”①。故孔子看到他不守礼法，“蹲踞以待”时，便大骂他“老而不死是为贼”，还用杖去叩其足骨。从原经文和朱熹注可知原壤是为孔子厌恶，为儒家礼法所不容的人物。

而阙党童子，按朱熹对此章书的注释：“或人疑此童子学有进益，故孔子使之传命，以宠异之也。”② 按此注释，可知阙党童子在孔子心目中，至少是个“孺子可教”之人。

原壤与阙党童子为两章中无一点关系的人物，但题目截搭的结果要你把他们扭合在一起去阐释，如按依经守注及关合上下文的原则，是无论如何也写不出文章的。明代有人为将两人及两章经文扭合起来，在过渡时写道：

“一杖而原壤叫，再杖而原壤跳，三杖而原壤死矣。三魂渺渺，六魄悠悠，一阵清风，化为阙党童子矣。”

本来朱熹注中说孔子对原壤是“以所曳之杖，微击其胫，若使勿蹲踞然”，可是文中却说孔子三杖便把原壤打死，被孔子厌恶之人，其魂魄竟化为被孔子视为可教之阙党童子，可见作这种题对经文和注释歪曲到了何等地步。这虽是个极端的可作笑话来看的例子，但割裂经文出题，势必会削弱、瓦解甚至颠覆八股文的经学性由此可以想见。这就从根本上违背了当初明太祖朱元璋创制八股文时的良苦用心，即以八股文作为向士人们灌输圣贤义理的工具，使其在潜移默化中接受儒家的价值观、伦理道德观，去忠君爱国，以巩固王朝的统治。

所以这种割裂牵缀的制题方法出笼不久，就受到许多笃信程朱理学之士的批评。

景泰年间进士，后为阁臣的丘濬指出了割裂经文出题的原因及其破坏八股文经学性的危害：

---

① 见《论语》该章注，世界书局影印武英殿本，1936 年。

② 见《论语》该章注，世界书局影印武英殿本，1936 年。

近年以来，典文者设心欲窘举子，以所不知，用显己能。其初场出经书题，往往深求隐僻，强截句读，破碎经文，于所不当连而连，不当断而断。遂使学者无所据依，施功于所不必施之地。顾其纲领体要处，反忽略焉。以此科场题目，数倍于前，学者竭精神，穷目力，有所不能给。①

清代康熙年间的著名学者陆陇其在谈八股文文题时对截搭题歪曲儒家经典进行了批判：

先辈作文，必择明白正大之题，虽虚缩亦不屑为，以圣贤精义不在此也。至所谓搭题，则又与虚缩不同矣。虚缩题虽非精义所在，然犹是圣贤口气，可以渐求其精义。若搭题则并非圣贤口气矣。语势各不相蒙，强而合之以为题，于是作者不得不穿凿附会以为文，其有害于人心、学术不小。②

明、清最高统治者则屡屡颁诏严禁这种出题方式。明正统六年（1441），英宗下诏曰："出题不许摘裂牵缀，及问非所当问，取文务须淳实典雅，不许浮华。违者，风宪官纠劾治罪。"

清代乾隆皇帝为端正文风，下令选编《钦定四书文》作范文时，竟不准割裂经文之小题入选。对违背出题原则的乡、会试考官及主持童子试的学道（学政）还给予惩罚，严重的竟致革职。

清嘉庆时湖南学政、著名学者徐松在主持童子试时因割裂经文出题，被御史参劾，成为被革职流放乌鲁木齐的罪名之一。

著名学者俞樾，在河南学政任上将《孟子》中孟子对齐宣王说的"王速出令，反其旄倪，止其重器"截取第一句，与下一句的"反"字相搭，成为"王速出令反"的考试题。又从《论语·季氏》中的末句"异邦人称之曰君夫人"中截取其末之"君夫人"与《阳货》篇的首句"阳货欲见孔子"中的"阳货欲"

① 丘濬：《大学衍义补》卷九《正百官清入仕之路》，明弘治刻本。
② 陆陇其：《三鱼堂文集》卷之九《序》，乾隆刻本。

多元素，特别是独创的入口气代圣贤立言，更是一种想象的文学创作方式。何况，他并未能最终排拒诗赋元素的进入，在他身后，分股对偶成为八股文体式的主要元素。

古文元素的进入，使八股文与古文息息相通。康熙时戴名世在《李潮进稿序》中说：“窃以为制举之文，亦古文辞之一体也。”清代道光学者叶元垲在《睿吾楼文话·自序》中也指出：“不知时文之佳者，皆从古文来也。未有不能为古文，而能为佳时文者也。”①

八股文必具的“冒子”，即破题、承题、起讲，用的是散文句式和议论方式，实质上是一篇小古文。正文部分，在分股对偶的标准体式未定型之前，大都是散体结构，使用的是散文句式，按题层层敷陈大义，完全是一篇古文。即便体分八股的格式定型之后，这种分段不对偶的散体式结构之文仍大量存在。清代学者刘熙载在其《艺概》中说：“制艺体裁有二：一本注释，就题诠题也；一本古文，夹叙夹议也。”② 就是对八股文古文性的揭示。

从内容上讲，从韩愈提倡“文以载道”之后，古文要表达圣人之道，《五经》自须精研，还要以之为典范，因此无论义理或辞章，都与《五经》相关。八股文更是根植于《四书》、《五经》之上的，两者精神的相合，乃是必然之势。

对偶分股更是诗赋元素的引入。虽然八股文的两两对偶在字数的多少、平仄的对应方面并非一定整齐划一，但相对两股声律的抑扬顿挫还是要强调的。相对的两股，甚至在一股之内，要做到一正一反，一开一阖，一扬一顿，一浅一深，一顺一逆，一虚一实，从不同的角度来阐述义理。清代学者李绂说：“一反一正，

① 叶元垲：《睿吾楼文话·自序》，道光十三年（1833）鹤皋叶氏刻本。

② 刘熙载：《艺概》卷六《经义概》，《古桐书屋六种》，同治十二年刻本。

相搭，形成“君夫人阳货欲”的考题。前者考生都作成王快下命令造反，后者更是写出带有色情意味的文章。这样割裂经文所出之题与原经文及朱熹的传注的原意完全相反，不仅有侮圣经，还造成了恶劣影响，故俞樾被革职查办。

朝廷下令禁止考试时出割裂经文的小题，处罚违反命令的考官之事在明、清两代层出不穷，但割裂经文出小题却屡禁不止。否则颁禁令和处罚之事也不会时有所闻了。

这是因为士人们受功名前程这一根本利益的驱动，拟题剿袭之风不可能根除。这样，考官们在阅卷时就要冒分辨不清文章是否属于剿袭的风险。若把剿袭的试文当优卷录取了的话，在磨勘时一旦被发现，将会受到御史弹劾。所以主考官在命题时必然绞尽脑汁出偏题、怪题，让应试者背诵剿袭之法无处施展。割裂出题是考官应对剿袭、拟题之风的利器，他们当然不会放弃。

另一方面，为维护科举取士的公平、公正性，同时也为了维护考官们的名誉，以免取中剿袭来的文章而落个目不识文的恶名，因程文满天飞，谁个能篇篇皆识？故考官们宁可冒“摘裂牵缀”出题可能招致纠劾治罪的风险，也不会放弃割裂经文出题的方法以对付背诵剿袭的士人。

况且，小题也确有强化训练写作者的思维方法和促使士人熟读精研经文传注的作用。王夫之指出，这种题目“截头缩脚，以善巧脱卸吸引为工，要亦就文句上求语气，于理固无多也”①，即是说写作时极需人的巧思。清代戴名世说：“小题也者，其势最为逼仄，而其法律更为谨严，往往有毫发之失而遂至于千里之隔者。”② 所以写作时就更要人善于思考，从而从各种苛严的限制中

① 王夫之：《夕堂永日绪论外编》第四十九则，《薑斋诗话笺注》附录，人民文学出版社，1981 年。

② 《戴名世集》卷四《甲戌房书小题文序》，中华书局，1986 年，第 89 页。

理出正确的思路。

正因为小题还有正面的功用，要禁止它就更难了。特别是当统治阶级对社会的控制力减弱时，要禁止小题就难上加难。晚明和晚清，是朝廷统治力最弱的时候，小题便大为盛行，童子试时大多用小题，乡、会试出小题之事也不绝如缕。事实上割裂经文出小题试士已成为一种官方行为，这就冲破了官方意识形态对八股文的禁锢，造成了相对自由的思想言论空间，使士人的思想有了一定程度的解放，对儒家正统思想和程朱理学就更具破坏力，为明代后期士人中非孔斥圣言论和反程朱理学社会思潮的出现开辟了道路。

有不少中外学者认为，明代书院讲学的风气促进了新思想的产生与传播，其实并不尽然。明代八股文的创制才是明代各种冲破官方意识形态的桎梏而诞生新思想的催生婆。若无八股文小题的创制与写作，则程朱理学的樊篱无人敢于冲破。明末著名学者艾南英就指出：“国初，功令严密，匪程朱之言弗遵也。”①

统治者在八股文制题弊端所形成的严酷现实的逼迫下，为维护八股文取士制不得不割裂经文出小题；而为了让人能写出圆融的小题八股文，就不得不听任士人放弃程朱传注的规范，让他们稍稍放纵思想，容忍背弃程朱的言论出现。而官方给予的这种有限的思想自由度又促使士人思想解放，使官方陷入对出小题屡禁不止，欲禁又无法禁的尴尬境地，终于造成一股反理学的社会思潮，与晚明和清末经济的商品化、生活的世俗化汇成一股巨大的冲击波，将统治阶级赖以统一国人思想的八股文经学性冲刷得百孔千疮，从而动摇了其赖以维持统治的思想基础。小题风行不久明王朝倾覆。同样，当小题大盛后不久，清王朝也迎来了灭亡的命运。

① 艾南英选：《明文定序下》，崇祯刻本。

第三节　八股文的文学化倾向对其经学性的削弱

由于八股文在创建过程中，融合了多种文学类，尤其是和诗赋文体所长，故其体内蕴含的文学元素，在一定社会条化下必然出现文学化的倾向。这种倾向，又必然会对其经学成冲击、削弱甚至瓦解，也使明、清八股文从内容到形式，生各种变化。这是明、清八股文史的重要内容。

唐朝的覆灭和五代的纷争，使宋代统治者形成一种观念赋育士，徒增其浮华，只有用儒家思想才能统一国人头脑，士人言行，从而重构社会伦理秩序。王安石改革科举，以经诗赋取士，就是基于这种认识。他说：“以少壮时，正当讲下正理，乃闭门学作诗赋。及其入官，世事皆所不习，此乃败坏人才，致不如古。”①

明太祖朱元璋全盘接受了这种理念，并有所发明。他在八股文取士制时，曾在他的认知范围内，全力阻止文学元素八股文。据弘治三年庚戌（1490）科会元钱福说：“太祖初业，有司拟格以进，见中间一比对一比，恚曰：‘何故说说！’”② 以朱元璋的精明与洞察力，已预见到分股对偶这种形式若进入八股文，所造成的句式齐整和“说了又说”的反现方式，只会增加文章的说理力量和明白晓畅，也就是文就会妨碍经学性独霸八股文的设计。所以，终洪武之世，分偶尚未出现在经义文之中。

尽管他力排诗赋元素的进入，可是八股文中融入了古文

① 马端临撰：《文献通考》卷三一《选举》四，台湾新兴书局年。

② 左培：《书文式·文式》卷上《历科诸先生文语》，日本享保(1718）京都刻本。

相搭，形成“君夫人阳货欲”的考题。前者考生都作成王快下命令造反，后者更是写出带有色情意味的文章。这样割裂经文所出之题与原经文及朱熹的传注的原意完全相反，不仅有侮圣经，还造成了恶劣影响，故俞樾被革职查办。

朝廷下令禁止考试时出割裂经文的小题，处罚违反命令的考官之事在明、清两代层出不穷，但割裂经文出小题却屡禁不止。否则颁禁令和处罚之事也不会时有所闻了。

这是因为士人们受功名前程这一根本利益的驱动，拟题剿袭之风不可能根除。这样，考官们在阅卷时就要冒分辨不清文章是否属于剿袭的风险。若把剿袭的试文当优卷录取了的话，在磨勘时一旦被发现，将会受到御史弹劾。所以主考官在命题时必然绞尽脑汁出偏题、怪题，让应试者背诵剿袭之法无处施展。割裂出题是考官应对剿袭、拟题之风的利器，他们当然不会放弃。

另一方面，为维护科举取士的公平、公正性，同时也为了维护考官们的名誉，以免取中剿袭来的文章而落个目不识文的恶名，因程文满天飞，谁个能篇篇皆识？故考官们宁可冒“摘裂牵缀”出题可能招致纠劾治罪的风险，也不会放弃割裂经文出题的方法以对付背诵剿袭的士人。

况且，小题也确有强化训练写作者的思维方法和促使士人熟读精研经文传注的作用。王夫之指出，这种题目“截头缩脚，以善巧脱卸吸引为工，要亦就文句上求语气，于理固无多也”①，即是说写作时极需人的巧思。清代戴名世说：“小题也者，其势最为逼仄，而其法律更为谨严，往往有毫发之失而遂至于千里之隔者。”② 所以写作时就更要人善于思考，从而从各种苛严的限制中

① 王夫之：《夕堂永日绪论外编》第四十九则，《薑斋诗话笺注》附录，人民文学出版社，1981 年。

② 《戴名世集》卷四《甲戌房书小题文序》，中华书局，1986 年，第 89 页。

理出正确的思路。

正因为小题还有正面的功用，要禁止它就更难了。特别是当统治阶级对社会的控制力减弱时，要禁止小题就难上加难。晚明和晚清，是朝廷统治力最弱的时候，小题便大为盛行，童子试时大多用小题，乡、会试出小题之事也不绝如缕。事实上割裂经文出小题试士已成为一种官方行为，这就冲破了官方意识形态对八股文的禁锢，造成了相对自由的思想言论空间，使士人的思想有了一定程度的解放，对儒家正统思想和程朱理学就更具破坏力，为明代后期士人中非孔斥圣言论和反程朱理学社会思潮的出现开辟了道路。

有不少中外学者认为，明代书院讲学的风气促进了新思想的产生与传播，其实并不尽然。明代八股文的创制才是明代各种冲破官方意识形态的桎梏而诞生新思想的催生婆。若无八股文小题的创制与写作，则程朱理学的樊篱无人敢于冲破。明末著名学者艾南英就指出："国初，功令严密，匪程朱之言弗遵也。"①

统治者在八股文制题弊端所形成的严酷现实的逼迫下，为维护八股文取士制不得不割裂经文出小题；而为了让人能写出圆融的小题八股文，就不得不听任士人放弃程朱传注的规范，让他们稍稍放纵思想，容忍背弃程朱的言论出现。而官方给予的这种有限的思想自由度又促使士人思想解放，使官方陷入对出小题屡禁不止，欲禁又无法禁的尴尬境地，终于造成一股反理学的社会思潮，与晚明和清末经济的商品化、生活的世俗化汇成一股巨大的冲击波，将统治阶级赖以统一国人思想的八股文经学性冲刷得百孔千疮，从而动摇了其赖以维持统治的思想基础。小题风行不久明王朝倾覆。同样，当小题大盛后不久，清王朝也迎来了灭亡的命运。

---

① 艾南英选：《明文定序下》，崇祯刻本。

第三节 八股文的文学化倾向对其经学性的削弱

由于八股文在创建过程中，融合了多种文学类，尤其是古文和诗赋文体所长，故其体内蕴含的文学元素，在一定社会条件催化下必然出现文学化的倾向。这种倾向，又必然会对其经学性形成冲击、削弱甚至瓦解，也使明、清八股文从内容到形式，都产生各种变化。这是明、清八股文史的重要内容。

唐朝的覆灭和五代的纷争，使宋代统治者形成一种观念：诗赋育士，徒增其浮华，只有用儒家思想才能统一国人头脑，规范士人言行，从而重构社会伦理秩序。王安石改革科举，以经义代诗赋取士，就是基于这种认识。他说："以少壮时，正当讲求天下正理，乃闭门学作诗赋。及其入官，世事皆所不习，此乃科法败坏人才，致不如古。"①

明太祖朱元璋全盘接受了这种理念，并有所发明。他在创制八股文取士制时，曾在他的认知范围内，全力阻止文学元素进入八股文。据弘治三年庚戌（1490）科会元钱福说："太祖初定举业，有司拟格以进，见中间一比对一比，恚曰：'何故说了又说！'"② 以朱元璋的精明与洞察力，已预见到分股对偶这种文学形式若进入八股文，所造成的句式齐整和"说了又说"的反复表现方式，只会增加文章的说理力量和明白晓畅，也就是文学性，就会妨碍经学性独霸八股文的设计。所以，终洪武之世，分股对偶尚未出现在经义文之中。

尽管他力排诗赋元素的进入，可是八股文中融入了古文的诸

① 马端临撰：《文献通考》卷三一《选举》四，台湾新兴书局，1965年。

② 左培：《书文式·文式》卷上《历科诸先生文语》，日本享保三年（1718）京都刻本。

多元素，特别是独创的入口气代圣贤立言，更是一种想象的文学创作方式。何况，他并未能最终排拒诗赋元素的进入，在他身后，分股对偶成为八股文体式的主要元素。

古文元素的进入，使八股文与古文息息相通。康熙时戴名世在《李潮进稿序》中说："窃以为制举之文，亦古文辞之一体也。"清代道光学者叶元垲在《睿吾楼文话·自序》中也指出："不知时文之佳者，皆从古文来也。未有不能为古文，而能为佳时文者也。"①

八股文必具的"冒子"，即破题、承题、起讲，用的是散文句式和议论方式，实质上是一篇小古文。正文部分，在分股对偶的标准体式未定型之前，大都是散体结构，使用的是散文句式，按题层层敷陈大义，完全是一篇古文。即便体分八股的格式定型之后，这种分段不对偶的散体式结构之文仍大量存在。清代学者刘熙载在其《艺概》中说："制艺体裁有二：一本注释，就题诠题也；一本古文，夹叙夹议也。"② 就是对八股文古文性的揭示。

从内容上讲，从韩愈提倡"文以载道"之后，古文要表达圣人之道，《五经》自须精研，还要以之为典范，因此无论义理或辞章，都与《五经》相关。八股文更是根植于《四书》、《五经》之上的，两者精神的相合，乃是必然之势。

对偶分股更是诗赋元素的引入。虽然八股文的两两对偶在字数的多少、平仄的对应方面并非一定整齐划一，但相对两股声律的抑扬顿挫还是要强调的。相对的两股，甚至在一股之内，要做到一正一反，一开一阖，一扬一顿，一浅一深，一顺一逆，一虚一实，从不同的角度来阐述义理。清代学者李绂说："一反一正，

---

① 叶元垲：《睿吾楼文话·自序》，道光十三年（1833）鹤皋叶氏刻本。

② 刘熙载：《艺概》卷六《经义概》，《古桐书屋六种》，同治十二年刻本。

阴阳之义也。阴阳合而道备矣，反正全而文成矣。”① 将道家阴阳相生的原理运用于八股之中，造成语意的回环往复，加强了语气和表达力，使八股文呈现出浓郁的文学色彩。

至于最能体现八股文特征的入口气代圣贤立言，更是一种戏曲小说的表现手法。

入口气代圣贤立言是八股文写作要遵循的最重要的原则，也是它和其他文体最大的区别所在。按八股文功令，其文必须肖题。“肖其声，肖其貌。”②

所以入口气代圣贤立言，要看准题目中的话是出自何人之口，然后根据题目所在经文的语境、节旨、章旨，去分析其心理，站在该人的立场，模仿他的思维方式，说话语气，发掘题目中的义蕴，再加以发挥，替他把在题目所规定的语境条件下可能会讲出的话讲出来，而且句句都要贴合那人的身份、地位、思想和性格特征。明代张位指出：八股文要代圣贤立言，先“必知圣贤之心，然后能发圣贤之言，有一毫不与圣贤语意相肖者，非文也。譬之传神然，眉目须发有一毫不逼真者，非为良工”③。要做到这样，就必须展开想象。一题到手，便要化自身为题中人物，代言对象，“全于心灵精脉，声口骨节中揣摩刻画”④，再现题目经文的语境，刻画出人物个性、思想。所以钱钟书在《管锥篇》中指出，八股文中的孔孟形象无不栩栩如生。这种以想象来代言的手法，就是戏剧、小说的表现手法，写出的文章，自然就带有浓厚的文学性。

八股文体式内的文学性元素，必然会使八股文呈现出文学化

---

① 李绂：《穆堂别稿》卷四十四，乾隆奉国堂刻本。

② 刘熙载：《艺概》卷六《经义概》，《古桐书屋六种》，同治十二年刻本。

③ 转引自武之望《举业卮言》卷二，明末刻本。

④ 张岱：《石匮书·文苑列传总论》，上海古籍出版社影印本，2008年。

的倾向。然而，在明、清统治者的眼中，只有经学才能经世治国，统一士人思想，文学性的出现，势必冲淡、削弱八股文的经学性，徒增浮华不实。为了维护八股文的经学性，明、清历朝统治者对其文学性采取了种种打压措施。早在明太祖洪武年间，朱元璋就不仅否定了八股文的分股格式，还下诏切责唐、宋、元取士“但贵文学而不求德艺之双全”，决心远文学而尊经学，“罢博学宏词、诗赋诸科，以为虚文不足以得士，而纯用经术”①，“五经义不拘旧格，惟务经旨通畅”②，“习举业即穷理之一端”③。

朱元璋的这种理念，为其子孙所遵从。在明代前期，统治阶级挟扫平天下之馀威，以严酷的文化专制主义手段，制造思想的一律，言不合程朱理学者必遭群起而攻之。所以这个时期的八股文，都是“恪遵传注，体会语气，谨守绳墨，尺寸不逾”④，顾炎武说，明天顺以前的八股文“不过敷衍传注而已”⑤。清代学者彭绍升在《论文五则》中说：“明初学者多墨守章句，并为一谈。”⑥八股文为程朱理学独霸的局面，使其体内的文学性元素受到扼制。

然而八股文的全盘理学化，排拒其他思想与语言，造成巨大的弊端，不仅使八股文的内容越来越单调、僵化、雷同，语言陈陈相因，还禁锢了士人的头脑，扼杀了他们的创造性。加上程式化的体式的严重束缚，使得他们中的一部分人产生了抗拒情绪，试图冲破经学性禁锢和体式束缚的情况时有发生。经学化的八股

---

① 张萱：《西园见闻录》卷四四，《礼部》三，《科场·前言》，哈佛燕京学校，民国二十九年。

② 张朝瑞：《皇明贡举考》卷之一，光绪刻本。

③ 洪武十五年《卧碑文》第三条。

④ 方苞：《进四书文选表》，《方苞集·集外文》卷二，上海古籍出版社，1983 年。

⑤ 顾炎武：《日知录集释》卷十六《试文格式》，岳麓书社，1994 年。

⑥ 彭绍升：《二林居集》卷三，嘉庆四年味初堂刻本。

文面临巨大危机。

如何改进八股文，使之恢复对士人的吸引力，成为明成化以后的一件大事。一些以天下为己任的士人自觉地承担这一重任。他们在不改变经学性的前提下，利用八股文中固有的古文元素，以古文的写作方法来写作八股文，希图以古文多样化的表现手法与技巧来改变八股文的呆滞面孔。于是以古文为时文的八股文写作思潮开始出现了。其代表人物为正德、嘉靖时擅长八股文的“唐宋派”古文领袖王慎中、唐顺之、茅坤及稍后的归有光等。

方苞指出：

“至正、嘉作者，始能以古文为时文，融液经史，使题之义蕴，隐显曲畅，为明文之极盛。”①

方苞的话概括了以古文为时文的特征：在遵循八股文的文体格式及代圣贤立言的原则之下，引进古文写作的理念与方法，拓宽八股文的准入内容，允许史籍入文。以多种表现手法和技巧从不同方面对题旨进行表述，加上史书的内容和语言的进入，自然会使“题之义蕴，隐显曲畅”，改变了八股文原来的僵呆面孔，增强了八股文的吸引力。但另一方面，吸纳史书内容与语言的结果，又使八股文的文学性得以增加，从而对经学性独霸的局面形成冲击。

随着商品经济的进一步繁荣，民风士气为之一变，一些士人要求个性解放的倾向越来越强烈；加上古文与八股文原本是相通的，古文写作的自由度比八股文高，表现手法又灵活多样，苦于八股文拘牵束缚的士人们的感情自然更倾向于认同以古文来取代时文。于是，明代晚期以后，八股文出现了与古文合二为一的趋势。

---

① 方苞：《进四书文选表》，《方苞集·集外文》卷二，上海古籍出版社，1983 年。

所谓古文与时文合二为一，即是古文与时文相互融合。清代学者孙星衍已有此见，他在《洪筠轩文钞》中曾指出："明季以来，以八比课士，其选唐人文集，多取径于时文，习见者疑为古文定格。"

古文与时文合二为一的过程开始于隆庆、万历，一直绵延到清代晚期。清代八股文名家，无一不是将古文与时文相融合的。乾隆时出现的桐城派古文家方舟、方苞、刘大櫆、姚鼐及其门生，无一不是以古文为时文的高手，以致被人讥为他们的古文即时文。这时的以古文为时文不仅仅停留在唐顺之、茅坤等人对古文的语言、写作理念、写作方法的揣摩运用之上，而是在探究如何将古文的写作方法和古文语言在八股文写作中使用得天衣无缝，浑然一体。隆庆、万历时的八股文专讲机法便是这样出现的。更为重要的是这时连关系到八股文创制宗旨的内容和文体格式都被突破，越来越向古文靠近。隆庆、万历时的八股文与古文无论写法、内容和外貌都越来越趋向一致，八股文的经学性质被逐步削弱，而文学化趋势越来越明显。到万历末年之后，八股文与古文合二为一，已呈现不可逆转之势，其文学化已成为历史的必然。

这种局面的出现在八股文史上是一件划时代的大事，它标志着八股文在正德、嘉靖达到极盛之后便迅速进入了自我调整以消除自身弊端的阶段。文学化打破了传统的写作理念和标准的八股格式，使僵硬的八股文写作获得了一定的自由度，增加了活力，使其生命得以延续。所以，融液经史，以古文为时文，改变八股格式的做法便延续到清朝。虽然清代士人在八股文的章句、义理的探究上比明代有所深入，而其不固守八股标准体式，融贯六经、子、史的做法皆是从晚明沿袭而来。清代道光年间学者叶元垲就在其《睿吾楼文话·自序》中说："时文之佳者，皆从古文来也。未有不能为古文，而能为佳时文者也。”[①] 对古文与时文的合二为一作出了肯定的评价。

然而，八股文的文学化极大地削弱了其经学性。

八股文的经学性要求其内容要恪遵传注，体会语气，尺寸不逾。这就是所谓的“制举之文，意不必创，而依于传注；法不必古，而束于排偶”[②]。而文学化的八股文却打破了孔孟和程朱独霸八股文话语权的局面，可别出己见，六经注我，不依傍前人，即便是违背传注，曲解孔孟也在所不惜。于是诸子百家、释道禅宗的思想和言论都堂而皇之地进入了八股文，作者获得了一定的自由发挥、表达自己见解的权力。八股文的这种变化破坏了明代前期八股文“师无异说、士无异学，程朱之书，立于掌故，称大一统”[③] 的功令，使得万历之后的八股文“皆借孔孟为文饰，与程朱为仇敌”[④]。诸子，特别是《庄子》，各种佛经具有文学的叙事方式和文学色彩，士子将其“窜入于圣言”，使孔孟之言“强同于禅教”。以这样的方式写出的八股文，其内容的多样性，给入口气代圣贤立言提供了广阔的想象空间和虚构的自由，其文必然会呈现出浓烈的文学色彩。越往后，这种趋向越明显，万历时“士为繁缛崛奇，乃稍稍驰骛浸淫于百家，出入于庄、老、申、韩，少者千馀言，多者殆万”[⑤]，至“启、祯之间，文体益变，以出入经史百家为高，而恣轶者多矣”[⑥]，特别是那些说事说物说人的小题文，因命题时割裂经文，截头缩脚，从而造成作者对题意理解的不确定性而获得阐释题旨的自由度，可以堂而皇之地突破

① 叶元垲：《睿吾楼文话·自序》，道光十三年鹤皋叶氏刻本。

② 娄坚：《张伯偶稿序》，《明文海》卷三百十二《时文序》。

③ 董其昌：《容台文集》卷一《合刻罗文庄公集序》，万历刻本。

④ 孙承泽：《春明梦馀录》卷之四十《高攀龙疏》，北京古籍出版社，1991 年。

⑤ 《皇明贡举考》卷之一，万历丙子《应天乡试录后序》，光绪刻本。

⑥ 《明史》卷六十九《选举志》一，中华书局，1974 年。

程朱以传注构筑的思想体系，以我笔写我心。故王夫之说这类小题，“其有截头缩脚，以善巧脱卸吸引为工，要亦就文句上求语气，于理固无多也”①。也正因为如此，八股文的文学性在其经学性被弱化之后便得以显露。

隆庆、万历之后八股文的文学化不仅削弱了八股文的经学性，还导致其文体格式的变化，使其格式与文学化相适应。而文体格式的变化，使八股文的经学性失去体式的规范而更趋弱化。

早在嘉靖末年便有人开始对规范人们去层层深入地阐发题旨，因而桎梏人们思想极严的八股体式进行冲击，至隆庆、万历时这种体式已完全被突破。据天启、崇祯的八股文名家艾南英说，这时的八股文体式已五花八门，形式多样：

> 制举业之体，自八股而外为两平、三平、四平，为前后截，为散体，其局虽一，然常以出于近科纤俊软腐者为时文，而出于先辈能根据经史理学，高伟朴拙、杰然自名一家者为古文，犹昔人文集，其名为碑记、序记、传状之体则一。②

顾炎武也曾指出：“嘉靖以后，文体日变，而问之儒生，皆不知八股之何谓矣。”③

艾、顾二人都是力主维护八股文经学性的。故艾将八股体式外的各种体式的八股文说成是“出于近科纤俊软腐者”，也即是文学化了的八股文。顾炎武则惊叹自嘉靖以来儒生“皆不知八股之何谓矣”，可见当时八股体式已少用，多“为前后截，为散体”，则与古文体式完全一致。正因为古文与时文如此融合，所以当时人的理念也发生了很大变化，在八股文中又有时文与古文之分，可见到万历时人们认为古文即时文，时文即古文，二者的

① 王夫之：《夕堂永日绪论外编》第四十九则。

② 艾南英：《王承周四书艺序》，《明文海》卷三百十三《时文序》。

③ 顾炎武：《日知录集释》卷十六《试文格式》，岳麓书社，1994年。

概念已经合二为一了。

八股体式的改变，使题旨的阐释失去规范，势必使八股文的经学性大为削弱。

八股文文学化导致八股文经学性和体式的改变，曾导致正统人士及统治阶级的多方指责并切责制止。因为文学化后所出现的时文体式追求文章的生动感人，使得欲以八股文来控制士人思想的根本目的受到破坏。但是，时文古文化的发展势头，即八股文文学化的趋势，从晚明到整个清代，统治阶级制而不止，旋禁旋兴，可见这是一股不可阻挡的潮流。究其原因，在于文学化是符合时代需要，对八股文进行自我疗救的一种革新手段，延续了八股文的生命力，赋予其新的、为时代和士人所需要的功能。这只从明朝灭亡而古文化的八股文却被取代它的清朝全盘承袭就可以明白。

第四节　时代的变化对八股文经学性的颠覆

在中国历史上，任何一种文体，都有应时而生、因时而变、变穷而终的特性，唐代白居易就有“文章合为时而著”的说法。而八股文因时而变的特性表现得特别突出，故人们把八股文称为时文；又因它是讲解经书义理的文章，便把它称为时义；还因它具有文艺的性质又把它称为时艺。所有这些名称，都反映了八股文的内容与体式随时代的变化、统治阶级的政治需要而不断改变的特性。

八股文是专用于科举取人的，它决定着一个读书人的功名利禄，所以无人不望其文能取中即所谓“中式”。明代冯修吾说：“今士之举于乡、会者，录其文咸曰中式。所谓式者，举业之体格，犹匠式之规矩也。”① 而这个“式”，在不同的时代是有差异的，处于一个变动不居的动态过程，所以八股文便因时代而不断变化。

明、清两代的士人对这点都有明确的认识。明代才子唐寅，平时不努力，却深明此理，在应乡试的前一年，“取前所治《毛诗》与所谓《四书》者，翻讨拟议，只求合时义”②，一应试即中式，取为应天乡试第一名。

明末清初学者林云铭在《复黄次辰冢宰》书中说：“制义谓之时文，随时而变。”③戴名世说：“夫所谓时文者，以其体而言之，则各有一时之所尚者，而非谓其文之必不可以古之法为之也。”④

对于时文的意义揭示得最为透辟者莫过于戴名世的这番言论：

> 制义者，与时为推移，故曰时文。时之所趋，遂成风气，而士子之奉以为楷模者胥会于一。然而势有所止，情有所厌，思有所穷，运有所转，于是乎数十年而变，或数年而变，或变而盛，或变而衰，往往相倚伏。⑤

总之，八股文具有与生俱来的依政治的需要，依时代、士风、民气之变化而迅速变化以求合于时的特殊文化属性，这种与时俱变性，无可避免地要对其经学性起到削弱甚至颠覆的作用。

明代前期，受文化专制主义的高压控制，加上社会经济处于恢复时期，士风民气都崇尚俭朴，遵守礼法，程朱理学处于独尊

---

① 转引自朱荃宰：《文通》卷之九《经义》，天启六年刻本。

② 祝允明：《唐子畏墓志铭》，载《唐伯虎全集》，大道书局，1925年。

③ 陈枚选辑：《凭山阁新辑尺牍写心二集》卷一《诗文》，雍正刻本。

④ 《戴名世集》卷四，《甲戌房书序》，中华书局，1986年。

⑤ 《戴名世集》卷四，《宋嵩南制义序》，中华书局，1986年。

地位，形成“家孔孟而户程朱”的局面。

时代如此，故自洪武、永乐以至成化、弘治，“功令严密，匪程朱之言弗遵也”①。清代孙万春则说：“古人举业与道学合而为一”，“前明精八股者，多深于理学。”② 故此时的八股文，皆恪遵传注，体会语气，谨守绳墨，尺寸不逾，不讲机法，以题还题。一题到手，必循题位置，自首至尾，不敢有一句违注，甚至无一言倒置。故其文简朴古拙，无意求工，经学性质特别鲜明。到成化、弘治时期，为规范题旨阐释的八股格式还定了型，使体式成为经学性的辅弼。

然而，正如明末吴应箕指出的那样，八股文“行之既久，其法加严，立为比偶，非若诗赋策论，犹可穷极才学。则其尺幅较狭，缘于发明经义。圣贤有一定之论，注疏有不易之说，又非若他文可以私智臆识，随所移缀，遂以中度也，故其理道为深。以甚深之道殚至于至狭之幅，宜三百年来作者数可亿计而合者第足指数焉耳”③。在这种状况之下，八股文经学性的变化是在所必行。

正统、景泰、天顺时，由于政治腐败、宦官擅权、外敌入侵，造成统治力的削弱，不满于程朱理学严重束缚的士人趁时而上，八股文中一度出现各种奇涩险怪的言论，对经学性形成了冲击。据《明史·丘濬传》记载，丘濬在主持乡、会试时，利用职权，“皆痛抑之”。他“取士刊文，必以明经合传为主。所传诸程墨，凡理学题必平正通达，事实题必典则浑厚”，终于“返文体于正”。经他及其后的李东阳等人相继力挺八股文的经学性，终

① 艾南英选：《明文定序下》，崇祯刻本。

② 孙万春：《缙山书院文话》卷一，光绪十一年孙氏家塾本。

③ 吴应箕：《楼山堂集》卷十七《历朝科录序》，北京出版社《四库禁毁书丛刊》本，1998 年。

于使八股文在成化、弘治时“明体达用，文质得中，彬彬称盛”①。

八股文经学性在从正统到天顺时期受时代的变化而受到的挑战很快就被抑制住，这并不难理解。因为当时程朱理学的地位依然十分牢固，而时代的变化尚没有形成足以动摇经学性的思潮和环境，但它预兆八股文的经学性必将受到严重冲击。

正德、嘉靖时，皇帝昏庸怠政，宦官横行，朝廷党争，政治日趋腐败和混乱。且这时因承平百年，城镇的商品经济有了长足的发展。国家开始以白银为市场流通货币，加上税收也改用白银，白银的需求量大增，国内供应量不足，只有转而开拓海外出口市场以换取白银。而海外贸易需要的丝绸、陶瓷等手工业品生产迅速发展，促使一批专业生产手工产品的小城镇诞生。根植于这个经济基础之上的市民队伍不断扩大。作为一个新兴的社会阶层，必然会形成适应于他们的新思想、新习尚及新的生活方式、行为方式，其表现为不拘礼法，向往自由，追新趋利，张扬个性，喜好奢华。

同处于商品经济大潮之中，市民们的新思想、新风尚及生活方式、行为方式，势必会影响到社会各阶层，引发他们的艳羡。其中以四民之首，领风气之先的士人感受尤切，影响更巨，令世风为之一变。余继登在《交河县志序》中说：

> 予闻诸长老云：弘、正以前俗尚敦朴，士以志行相高，野无惰农，市无淫商，贾无绮靡之奉，下不敢干上，少不敢僭长。今何如矣？美衣媮食，轻纤之适，声伎之娱，即无担石者犹然，无论豪富。②

政治、经济、世风的变化，给士子人生态度、价值观念和生活方式的改变带来契机与动力。政治的黑暗给士子带来人生的困

---

① 梁章矩：《制义丛话》卷之四，咸丰九年广州重刻本。

② 见《淡月轩集》卷五，晚明刻本。

惑，使程朱理学的权威在他们心目中渐渐褪色，一些士子开始怀疑程朱理学是否能明道德性命之精微，是否能用以安邦治国。经济与世风的变化则促使士子个性意识加强，顾炎武说："盖自弘治、正德之际，天下之士厌常喜新，风气之变，已有所自来。"①不少士子厌恶科举人生，冲破科举优则仕的儒者生活方式，不再视科举为实现自我价值的唯一途径。故弃巾为商的诸生有之，栖山林、伴烟霞的山人隐士有之。还有些不甘庸常人生的士子则标榜风流自适，以风流疏狂证明自己的人生价值。吴中的祝枝山、唐寅辈恶礼法，纵酒挟妓，不事生产，整日啸歌便是在这种时代风尚的大背景中，有激而成。即便是那些身入公门的士子，也"怠于修职，巧于取名，相效成风，士习大坏"②。种种情况表明，封建正统文化对其自身土壤里培育出来的文化精英，都已经失去了吸引力。那些形式刻板、思想陈旧、语言老化、陈陈相因、拘牵束缚的八股文则更为不少士子所厌弃，这亦是当时士子放弃科举人生的重要起因。

尽管绝大多数士子仍在以八股求功名的小道上攀援，但受不拘礼法，追求心灵自适的士风影响，一些士人不再恪遵传注，试图突破八股体式的拘束，采用可自抒性情的文学化手法与新奇技巧来写作八股文。而童子试、乡、会试的主考官们受时风的影响，认可，甚至促成了八股文的文学化。于是八股文在时代变化推动下形成一个去经学化的潮流，八股文的经学性受到史无前例的严重挑战，吕留良说："文体之坏，其在万历乎？……癸未（1583）开软媚之端，变徵已见；己丑（1589）得陶、董中流一砥，而江河已下，不能留也。至于壬辰（1592），格用断制，调用挑翻，凌驾攻劫，意见庞逞，矩矱先去矣。再变而乙未

① 顾炎武：《日知录集释》卷十八《朱子晚年定论》。

② 余继登：《典故纪闻》卷十七，中华书局，1984 年。

(1595)，则杜撰恶俗之调，影响之理，剔弄之法，曰‘圆熟’、曰‘机锋’，皆自古文章之所无。村竖学究喜其浅陋，不必读书稽古，遂传为时文正宗。”①

吕留良是极力维护八股文的理学性的，故对万历时八股文受时代追新逐奇风气的影响，表现技巧翻新出巧，导致其经学性受到弱化之事大为不满，但却真实地勾勒出晚明八股文去经学化的轨迹。

对八股文的理学性冲击更为强烈的是时代社会思潮，特别是王阳明心学的兴起。吕留良说：“自嘉、隆以后，邪说浸灌，叛道反攻，若有发明，必悖程朱。”② 指的就是王阳明心学对八股文理学性的破坏。

明代中叶以后，政治日趋腐败，世风日趋华靡，程朱理学独尊的局面也因此受到挑战。其生气渐消，已越来越不适应急剧变化的时代，其正确性受到部分人士的怀疑，其统治地位已发生动摇，亟须创立一种新的学说，以适应这种变化的需要，维护摇摇欲坠的封建统治。于是，王阳明心学应运而生。这就是顾炎武所说的：“弘治、正德之际，天下之士厌常喜新，风气之变，已有所自来，而文成以绝世之姿，倡其新说，鼓舞海内。”③

王阳明认为，当时国家问题成堆，主要是道德沦丧造成的。道德沦丧在于学术不明，学术不明又源于独霸天下的程朱理学之流弊。在他看来，只要纠流弊，“正人心，息邪说”，“天下可得而治”。于是，他对程朱理学进行修正，对“心”的范畴予以重新界定。确立了“去人欲，存天理”的理论核心，并以“知行合一”论，“心即理”，“致良知”为基本观点和主要内容，构筑起

---

① 《吕晚村先生论文汇钞》，康熙五十三年刻本。

② 《吕晚村先生论文汇钞》，康熙五十三年刻本。

③ 顾炎武：《日知录集释》卷十八《朱子晚年定论》，岳麓书社，1994 年。

王阳明心学理论体系，打破了程朱理学僵化的教条，活跃了人们的思想，提高了士人的思维能力。虽屡被程朱理学的忠实信徒斥为“伪学”、“异端”，王阳明本人也受到无端攻击，但王阳明心学的崛起是时代的必然，是无法阻拦的。王阳明学说，特别是“致良知”说，在当时各种矛盾层出不穷的社会里，它具有缓和化解矛盾，维护封建统治的特殊作用。加上它改变了朱门后学支离繁琐、帖括拘泥的学风，活跃了士人的哲理思维，又简率放旷，颇近畏谨严喜简便之人情，故它创立不久就产生了很大影响，虽受到种种攻击，却迅速得到社会认同。至隆庆之后，程朱理学已无所发展，王氏心学却逐渐风行，“程朱之书不行于世，而王（阳明）陆（九渊）则家有其书。士人挟册，已沦浃其耳目，师友之论，复锢其心思，遂以先人之言为主。虽使间读程朱，亦只本于王陆之意指摘其短长而已”①。

既然“程朱之书不行于世”，王阳明心学大行，苦于程朱理学束缚的士子们必然会在八股文中以王阳明学说取代程朱理学。

顾炎武在《日知录》中说：

> 嘉靖中，姚江（王阳明）之书虽盛行于世，而士子举业尚谨守程朱，无敢于禅圣者。自兴化、华亭两执政尊王氏学，于是隆庆戊辰（1568）《论语程义》首开宗门，此后浸淫，无所底止。科试文字大半剽窃王氏门人之语，阴诋程朱。②

万历时唐文献在《家训》中说：“《四书》、本经、性理、纲目从来称举业本领。近来士子多不务本领，掇拾为奇，殊可厌薄。”③

王阳明学说进入八股文，把为程朱理学固守的阵地冲开一个

---

① 陈建：《学部通辨·跋》，光绪石印本。

② 顾炎武：《日知录集释》卷十八《举业》，岳麓书社，1994 年。

③ 唐文献：《唐宗伯文公集》卷十六，万历刻本。

缺口。其他各种学说，特别是严令禁止入文的佛道二教思想也开始登堂入室，对八股文的经学性再一次形成严重冲击。万历中叶，大臣冯琦上疏正士习，就痛斥了佛道思想对八股文经学性的瓦解：

国家以经术取士，自《五经》、《四书》、《性鉴》、正史而外，不列于学官，不用以课士。而经书传注，又以宋儒所订者为准。盖即古人罢黜百家，独遵孔氏之旨，此所谓圣真，此所谓王制也。自人文向盛，士习寖漓，始而厌薄平常，稍趋纤靡；纤靡不已，渐惊新奇；新奇不已，渐趋诡僻。始犹附诸子以立帜，今且尊二氏以操戈，背弃孔孟，非毁程朱，惟南华、西竺之语是宗是竞。以实为空，以空为实，以名教为桎梏，以纪纲为赘疣，以放言恣论为神奇，以荡弃行检、扫灭是非廉耻为广大。取佛经言心、言性略相近者窜入于圣言，取圣言有“空”字“无”字者强同于禅教，嗟乎，圣经如此解乎？士子制义，以圣人口气传圣人之神耳，圣人之世，曾有此语意乎？①

冯琦的疏文准确地反映了当时各种社会思潮纷纷挤入八股文，及八股文内容变化的过程。这种变化破坏了明代前期八股文“师无异说，士无异学，程朱之书，立于掌故，称大一统”② 的功令，使得万历之后的八股文“皆借孔孟为文饰，与程朱为仇敌”③，“尊二氏以操戈，背弃孔孟，非毁程朱，惟南华、西竺之语是宗是竞”。

---

① 孙承泽：《春明梦馀录》卷之四十《正士习》，北京古籍出版社，1991 年。

② 董其昌：《容台文集》卷一《合刻罗文庄公集序》，万历刻本。

③ 孙承泽：《春明梦馀录》卷之四十《高攀龙疏》。

第五节 小结

从以上对八股文的经学性特质及其形成与消长原因的解析，可以得出几点结论：

一、由于八股文是明、清两代科举取士的专用文体，对士人功名前程起着决定性的作用，故受到士人的尊习。由于社会是不断发展变化的，会造成与不同时代相符的独特文风，不同的文体要求。而决定文章“中式”与否的衡文考官在文化素养、喜好上又千差万别，其衡文标准也在依时而变。这些情况无一不在影响八股文，其内容与文体永远都处于一种变动不居的过程，这就是顾炎武所说的“时文之出，每科一变”①。所以，我们在研究八股文，撰写八股文史时，一定要用发展变化的观点来观察分析问题，否则就会得出不正确的结论。

二、明、清八股文的经学性，具体而言即理学性，为其根本的属性。故无论统治阶级还是程朱理学的宗奉者，都把八股文视为载道、传道的工具。清初吕留良“非时文不足明道”② 之说最具典型性。而八股文的理学性从明代中叶开始便处于一种消长变动的状态。虽然统治者和程朱理学的忠实信徒总是极力维护其理学性，但理学性具有禁锢士人思想的严重弊端，年长月久，便会引起士人的不满与厌倦。每当时代发生较大变化，朝廷的统治力下降，必然会出现新兴的社会思潮，受理学性内容拘牵的士子必然会据以冲击理学性独占的八股文。吕留良关于“隆、万以后，遂以攻背朱注为事”③ 的论述，便是对这种现象的揭示。

士子们或引新潮思想及佛道语录入文，颠覆八股文的理学

① 顾炎武：《日知录集释》卷十七《生员额数》，岳麓书社，1994 年。
② 《吕晚村先生论文汇钞》，康熙五十三年刻本。
③ 《吕晚村先生文集》卷五《程墨观略论文》，康熙五十三年刻本。

性，或通过文学化的手段，削弱其经学性。即便清代兴盛的考据学，本可羽翼经学，可是学人在实事求是学风的指导下，对朱熹《四书集注》中的错误进行了纠正，反而使八股文中出现了大量背经违注的现象。到晚清，随着西方学术思想的引入，八股文的经学性更趋衰微。八股文理学性的消长过程，勾勒出了明、清八股文发展的轨迹。

但要指出的是，在明、清历史上，由于统治阶级手握衡文选人之权，又把程朱理学视为其立国治心的最有效的工具，大多数士人们为功名利禄计，在八股文中尚不敢明目张胆地公然挑战程朱理学，就是在引入一度取得"官学"地位的王阳明心学时也要披着孔孟的外衣，佛道思想也只取其词语，袭其皮毛，直至八股文被废除之时，经学性仍是八股文的重要内容。

三、八股文史的撰写，必须在大量阅读、分析各类八股文文本的基础上，根据明、清各个历史阶段社会政治、经济的变化及其他原因所造成的八股文经学性消长进行分期，来阐述八股文内容和体式的主要特征，重点在评介各个时期最具影响力的八股文名家与名作，分析他们由于所受时代影响及各人思想、文化素养的不同而形成的个人风格，以期揭示八股文的真谛，及其对明、清社会的正负作用。

第一章 洪武：为科举选才而创制八股文

能否建立一个完备、有效的官员选拔制度，是衡量中国封建社会是否成熟的重要标志。

明太祖朱元璋，这个雄才大略的开国之君，是中国历史上继秦始皇之后第一个创立政治制度的高手。他以其对历史与现实的深刻洞察力，看到“荐举制”选才的弊端而毅然推行科举。但首开科举因所用之文体仍承元制，故选拔不出合乎其理想的人才而罢停。经过十年的探索，他吸收了宋、元两代以经义取士的经验，以功名为诱饵，将对士人的思想控制与官员的选拔有机地结合起来，创造了以八股文为灵魂的科举取士制，主要以考校八股文写作的好坏作为选拔人才的标准，培育和选拔了大批忠于朱明王朝，有一定行政办事能力的初级官员，从而大大强化了皇权，使皇帝对整个官僚系统的控制走向了全面和深入。

以思想控制和培养士人的思维能力为目的而创制的八股文，在明代科举选士过程中起到了主导作用，也在朱元璋以尊孔读经为手段所构筑的文化专制网络中占据了核心位置，成为明前期思想文化大一统形成的主要标志。“非科举者毋得与官”[①] 的规定，使得“能文之士率由场屋进为荣”[②]；而进士、举人、贡生的社会地位及仕宦前途的极大差别，更促使士人们无不竞奔于八股文写作这条道路之上。他们倾全部之精力去钻研、写作八股文，不获进士功名极少中途罢手。于是，明代八股文的写作便成了士人们

---

① 《明太祖实录》卷五十二，台湾“中央研究院”史语所校勘本，1962 年。

② 《明史》卷七十《选举志》二，中华书局，1974 年。

的菽粟布帛，八股文所载之孔孟之道，也融入了士人们的骨髓之中。伴随着时代的变化，八股文自身也经历了由初创到繁荣，再到极盛，最后弊端丛生而加以改造，然后再度繁荣，再度衰败，直至消亡的发展过程。

洪武年间处于八股文的创始阶段，它不脱宋元经义旧式。但取解题明晰，说理晓畅，不尚华采，文多简朴；体式规定尚宽，分股之体未成，尚用古文的散体结构。体分八股的标准文体是洪武之后才形成的。

第一节　荐举制弊端引发的改革决心

大明王朝的开创者朱元璋曾自述其经历说：

> 朕本寒微，遭元运之天，更值群雄之并起，不得自安于乡里，遂从军而保命，几丧其身而免。于是乎受制不数年，脱他人之所制，获帅诸雄，固守江左十有三年而即帝位。①

朱元璋这段自述，勾勒出他由“淮右布衣”，实则为一个穷和尚崛起于元末群雄之列，并扫平天下，登上皇帝宝座的经过。而使他“受制不数年，脱他人之所制，获帅诸雄，固守江左十有三年”便登上帝位的重要原因，在于他认识到了人才，特别是优秀的儒士在治国平天下中的重要作用。

当他未渡江之时，手下虽有徐达、常遇春等一大批战将，但长期征战厮杀，却“几丧其身”，并受制于人。待到渡过长江，占据金陵，获得了范祖干、叶仪，“浙东四贤”刘基、宋濂、章溢、叶琛，以及朱升、王冕等儒士之后，他们或为之指画战略大计，或为之运筹帷幄，或为之建章立制，使其仅用十三年的工夫即扫平群雄，推翻元朝，建立了大明王朝。所以，他把选拔人才

---

① 《明太祖文集》卷十五《道德经·序》，《四库全书》第1223册，上海古籍出版社。

列为自己治国平天下之第一要务。他说："为天下者，譬如作大厦，非一木所成，必聚材而后成。天下非一人独理，必选贤而后治，故为国得宝，不如荐贤。"①

为获取人才，他采用了荐举法。命令凡"山林之士德行文艺可称者，有司采举，备礼遣送至京，朕将任用之，以图至治"②，并把荐举优秀的儒士，放到了重中之重的地位。

他知道，治国要靠制度，治国理政的各项制度是儒士们制订的，而再好的制度也要靠人，且主要是靠儒士们去推行。朱元璋研讨历代王朝兴亡之道，得出"致治之道在于任贤"③ 的结论，认为"天下之务，非贤不治"④。在他的心目中，这个"贤"，主要是那些"德行文艺可称者"，即优秀的儒士，因而在荐举人才时，便把"知古今，识道理"的儒生作为官员的主要选任对象。因武平天下文安邦，这是千古不变的至理名言。

登基称帝后，朱元璋进一步总结历代政治的得失，反复告诫群臣："天下非一人独理，必选贤而后治。"⑤ "盖贤才不备，不足以为治。"⑥ "人君之能致治者，为其有贤人而为之辅也。"⑦ 洪武十五年（1382）八月，广东儒士上治平策，洋洋数千言，却只字不提用贤之事，朱元璋很不高兴，说：

> 此人不识道理，岂有涉数千言论治而不及用贤。天下之

---

① 《明太祖宝训》卷五，《明实录》附录，上海古籍出版社，1983 年。

② 《明史》卷七十一《选举志》三，中华书局，1974 年。

③ 《明太祖实录》卷六十，台湾"中央研究院"史语所校勘本，1962 年。

④ 《明太祖宝训》卷五，《明实录》附录，上海古籍出版社，1983 年。

⑤ 《明太祖实录》卷一百三十三，台湾"中央研究院"史语所校勘本，1962 年。

⑥ 《明太祖宝训》卷五《求贤》，《明实录》附录，上海古籍出版社，1983 年。

⑦ 《明太祖实录》卷八十一，台湾"中央研究院"史语所校勘本，1962 年。

大，欲朕一人自理之乎？虽有至圣之君，犹以用人为重，何尝谓人无足用也。盖独智自用，所见者狭，资贤而任，则所及者广。[①]

然而，法行日久，弊端必生，这是一条铁律。荐举之法也不可避免。由于荐举人才无客观考核的标准，时间长了，各种拉关系、开后门，所举不宜的舞弊现象便大量出现，所以尽管朱元璋一直反对“滥举”[②]，再三告诫“苟所举非所用，为害甚大”[③]，可是各处推荐来的人才与朱元璋理想化的“贤才”标准相距甚远，出现了“所荐者多非其人”[④]的现象，以致朱元璋在洪武二年己酉（1369）四月向中书省臣发出感叹：“今所用之儒，多不能副朕委任之意，何也？岂选任之际，不得实材欤？”[⑤]九月，又对廷臣说：“今朕屡敕百司访求贤才，然至者往往名实不副。岂非举者之滥乎？”[⑥]此时，如何使“所用之儒”能不负“朕委任之意”，成为朱元璋的思维焦点。

作为一个具有远见卓识的政治家，朱元璋早已在思考选士制度的改革。吴元年丁未（1367），便考虑到了将来实行开科取士问题，下达了“设文武二科取士之令”，颁诏曰：

盖闻上古帝王创业之际，用武以安天下；守成之时，讲武以威天下。至于经纶抚治，则在文臣。二者不可偏用也。古者人生八岁学礼、乐、射、御、书、数之文，十五学修身

---

① 《明太祖实录》卷一百四十七，台湾“中央研究院”史语所校勘本，1962 年。

② 《明太祖实录》卷十九，台湾“中央研究院”史语所校勘本，1962 年。

③ 《明太祖实录》卷三十六，台湾“中央研究院”史语所校勘本，1962 年。

④ 《明太祖宝训》卷五，《明实录》附录，上海古籍出版社，1983 年。

⑤ 徐学聚：《国学典汇》卷三十六。

⑥ 《明太祖宝训》卷五，《明实录》附录，上海古籍出版社，1983 年。

齐家治国平天下之道。是以周官选举之制曰六德、六行、六艺。文武兼用，贤能并举，此三代治化所以盛隆也。

兹欲上稽古制，设文武二科，以广求天下之贤。其应文举者，察其言行以观其德；考之经术以观其业；试之书算骑射以观其能；策以经史、时务以观其政事。应武举者，先之以谋略，次之以武艺。俱求实效，不尚虚文。

然此二者，必三年有成。有司预为劝谕民间秀士及智勇之人，此时勉学，俟开举之岁，充贡京师。其科目等第，各有出身。

这份诏令，表明朱元璋早已在进行改革人才选取制度的考虑了。

第二节　首开科举的失望引发对科举文体的思考

当荐举之法弊端尽显，元末儒生的长短之处皆知后，朱元璋比较历代选官制度的利弊，决定采用有客观标准作为录取依据的科举取士制。

洪武三年庚戌（1370）五月，他正式颁布开科取士条格，其诏曰：

朕闻成周之制，取材于贡士，故贤者在职而其民有士君子之行。是以风俗淳美，易为治，而教化彰显也。汉唐及宋科举取士，各有定制，然但贵词章之学而未求六艺之全。至于前元，依古设科，待士甚优，而权豪势要之官，每纳奔竞之人。辛勤岁月，辄窃仕禄。所得资品，或居举人之上。怀材抱德之贤，耻于并进，其隐山林而不起，风俗之弊，一至于此。

朕今统一中国，外抚四夷，与斯民共享升平之治。自虑官非其人，有伤吾民，愿得贤人君子而用之。自洪武三年八月为始，特设科举，以取怀材抱道之士，务在经明行修，博古通今，文质得中，名实相称。其中选者，朕将亲策于廷，观其学识，品其高下而任之以官。果有才学出众者，待以显擢，使中外文武官，皆由科举而选，非科举者毋得与官。敢有游食奔竞之徒，坐以重罪，以称责实求贤之意。所有各行事宜，条列于后。於戏！设科取士，期必得于全材；任官惟贤，庶可成于治道。①

朱元璋还令礼部尚书陶凯制定“科举式”②。是年八月，京师及各行省举行了乡试。且以官多缺员，举人俱免会试，赴京听选。

次年正月，朱元璋因“贤才众多，官足任使”，又“令各行省连试三年”，“自后则三年一举，著为定例”。③

洪武四年（1371），在京师举行首科会试。试分三场：“初场，试经义二道，四书义一道；二场，论一道；三场，策一道。中式后十日，复以骑、射、书、算、律五事试之。”④ 应试士子各选一经。四书义实际上是元代的四书疑。

现将考试题目抄录于下：

第一场

《易》：“法象莫大乎天地”、“莫大乎圣人”。

《书》：“日宣三德”、“庶绩其疑”。

《诗》：“釐尔圭瓒”、“天子万年”。

《春秋》：“盟践土　陈侯如会　朝王所”（僖公二十八年）、“同盟鸡泽　袁侨如会　豹及盟”（襄公三年）。

---

① 见《登科考》，转录于《皇明贡举考》卷之一，光绪刻本。

② 《明史》卷一《太祖本纪一》，中华书局，1974 年。

③ 《明太祖实录》卷六十，台湾“中央研究院”史语所校勘本，1962 年。

④ 王圻：《续文献通考》，转录自龙文彬《明会要》卷四十七《选举》一，中华书局，1956 年。

《礼记》："凡三王教世子"、"恭敬而温文"。

四书疑："孟子曰：'由尧、舜至于汤五百有馀岁，若禹、皋陶则见而知之，若汤则闻而知之。'夫禹、皋陶于尧、舜之道，其所以见知闻知者，可得而谕与？孟子又言伊尹乐尧、舜之道，《中庸》言仲尼祖述尧、舜。夫伊尹之乐，孔子之祖述其与见知闻知者，抑有同异欤？请察其说。"

第二场

论：射礼论。

诏：拟汉光武封功臣为列侯诏（建武二年）。

诰：拟唐太宗以马周为中书令诰（贞观十八年）。

表：拟唐魏征谢除侍中表（贞观七年）。

第三场

策：古今立经陈纪（礼、乐、政令、学校、农桑、设官取士、盐铁漕运）。[①]

从第一场考试可以看出，其四书疑，其实就是宋代合题与元代经问相结合的产物。该题将孟子所祖述道统与《中庸》上孔子之祖述相比较，问"伊尹之乐"，孔孟所见有何异同。

二月十九日，朱元璋亲临奉天殿，策士天下贡士，制曰：

盖闻古先帝王之观人，莫不敷奏以言，明试以功。汉之贤良，宋之制举，得人为盛。朕自临御以来，屡诏有司，搜罗贤俊，然而杰特犹若罕见，故又特延子大夫于庭而亲策之，以庶几于古先帝王之盛节焉。

历代之亲策，往往以敬天勤民为务。古先帝王之敬天勤民者，其孰为可法欤？所谓敬天者，果惟于圜丘郊祀之际，致其精一者为敬天欤？抑他有其道欤？所谓勤民者，宜莫如自朝至于日中昃不遑暇食者矣。其所以不遑暇食者，果何为

① 张朝瑞：《皇明贡举考》卷之二，光绪刻本。

耶？岂勤于庶事之任耶？自昔而观，宜莫急于明伦厚俗。伦何由而可明？俗何由而可厚耶？三代而下，惟东汉之士俗，赵宋之伦理，差少疵议，果何道而致然欤？盖必有可言者矣。宜著于篇，毋泛毋略。[①]

试罢，“赐吴伯宗等进士及第、出身有差”[②]。“明开科之始，帝亲制策问。得伯宗甚喜，赐冠带袍笏，授礼部员外郎，与修《大明日历》”[③]。朱元璋心情之兴奋，对科举之重视，所抱期望值之高，由此可想而知。

可是，欢欣很快就消逝了，因为考试的结果很不理想。

洪武首科乡试和连试三年的乡试录取的人数不算太少。除京畿“来试者一百三十有三，在选者过半焉”[④] 而未达额定的一百人之外，据《明史·选举志》中记载，每科所录举人额为：

河南、山东、山西、陕西、北平、福建、江西、浙江、湖广皆四十人，广西、广东皆二十五人。才多或不及者，不拘额数。

照这个数字统计，洪武初年乡试共取录举人两千人左右。

洪武四年辛亥（1371）开首科会试，录进士一百二十名。

然而，进士、举人虽录取了数千人，出色者却几乎没有。

由于元末战乱，及儒士地位的低贱，有“七匠八娼九儒十丐”之说，元儒只比乞丐高一等，犹在娼妓之后，以致元代名儒赵孟頫悲叹：“儒术久无用。”这种现实使得研习程朱理学的人大为减少，有真知灼见者更是凤毛麟角。加上朱元璋此前已采取荐举和征辟两途选拔儒士入仕，有真才实学者几乎都直接入仕为

① 张朝瑞：《皇明贡举考》卷之二，光绪刻本。

② 《明史》卷七十一《选举志》三，中华书局，1974 年。

③ 《明史》卷一百三十七《吴伯宗传》，中华书局，1974 年。

④ 陈子龙等编：《明经世文编》卷一《庚戌京畿乡闱记录序》，中华书局影印本，1962 年。

官。故这次应会试者多是学业不深的青年士子，总体素质不高。据在嘉靖时任过右都御史、刑部侍郎，被目为学问淹博、经济宏深的著名学者郑晓说，这次会试二场仅考判语一道，三场策一道，可是，“所试仅有判语及一二时务策，生徒竟未知”①。“其于政体得失，人才优劣且不论，只历朝纪年及后姓陵名，知者亦鲜”②。文章虽然写得条条是道，试用后却无治民理政之能。

这种结果无异于给满怀期望、兴致勃勃的朱元璋当头浇了一盆冷水，不由得发出“朕以实心求贤，而天下以虚文应朕，非朕责实求贤之意也”的抱怨，并于洪武六年癸丑（1373）二月下令：

> 朕设科举以求贤，务得经明行修，文质相称之士以资任用。今有司所取，多后生少年。观其文词，亦若可用，及试之，不能措诸行事。朕以实心求贤，而天下以虚文应朕，非朕责实求贤之意也。
>
> 今各处科举，宜暂停罢，别令有司察举贤才，必以德行为本，而文艺次之。庶几天下学者知所向方，而士习归于务本。③

第三节　再行荐举的无奈改变了朱元璋的人才理念

罢停科举后，如何选用人才又重新成为问题，摆到了朱元璋的面前。

由于从朝廷到地方，从部、院、寺、府、监到州、县，各级地方官，所需人数在十几万以上，且此时对内统一大业尚未最终完成，新拓疆土需人守治。而朱元璋整肃吏治及因个人喜怒无

---

① 郑晓：《今言》卷之一第七十四条，中华书局，1985 年。

② 郑晓：《今言》卷之一第七十四条，中华书局，1985 年。

③《明太祖实录》卷七十九，台湾“中央研究院”史语所校勘本，1962 年。

常，“法外加刑”①，大狱屡兴，大批官员被关、管、杀，从中央到地方，各级衙门官员大量缺失。故朱元璋又重新捡拾起虽有弊病，却运用娴熟之荐举法，在罢停科举之诏书中说：“今各处科举，宜暂停罢，别令有司察举贤才。”

经历了开科举，又罢科举，再次采用荐举制选拔人才的反复之后，“亲理天下庶务，人情善恶真伪，无不涉历”的朱元璋，对荐举之所短也认识得更为了然。为补其弊，他规定荐举时“必以德行为本，而文艺次之。庶几天下学者知所向方，而士习归于务本”。并采取双管齐下之办法去搜罗人才。其一是专派能臣干员赴各地寻访；其二是规定各级地方官吏都有责举荐人才。据《明史·选举志》中说：“中外大小臣工皆得推荐，下至仓、库、司、局诸杂流，亦令举文学才干之士。”其力度不可谓不大，范围不可谓不广。

为辨识人才，朱元璋还采用了“看相术”这一封建统治者所普遍使用的办法。他告诫派往各地寻访人才的臣子们，要学会看相识人。他说：“明锐者质或剽轻，敦厚者性或迂缓，辩给者行或不逮，沉默者德或有馀，卿等宜加精鉴。”②他认为必须考察人才的长处，而不能只见其短处，否则就会有“天下无贤之叹”③。对于所荐举人才的任用，必须“大小轻重各适其宜”，即要因才授官。他说：“金石之有声，击之而后鸣；舟航之能远，操之而后动；贤者之有才，用之而后见。然人之才智或有长于彼而短于此者，若因其短而并弃其长，则天下之才难矣。”④

① 《明太祖实录》卷二百三十九，台湾“中央研究院”史语所校勘本，1962年。

② 《明太祖实录》卷二百五十二，台湾“中央研究院”史语所校勘本，1962年。

③ 《明太祖实录》卷二百五十三，台湾“中央研究院”史语所校勘本，1962年。

④ 《明太祖宝训》卷五，《明实录》附录，上海古籍出版社，1983年。

通过荐举选拔的人才，在一定程度上填补了因胡惟庸案和“空印案”等案中官员大量被诛杀后出现的空缺，缓解了因官员大量缺失而出现的政治危机。被荐举者有相当一部分在明代初期位居大僚显职，《明史》称赞当时“由布衣而登大僚者不可胜数”，几乎占洪武年间入仕任正二品以上官职者的一半，在高级机关中具有举足轻重之地位。据王世贞的《弇山堂别集》职官表所载的洪武年间内阁大臣和六部官员任职情况分析，即可清楚地看到这一点。仅就户部尚书和礼部尚书而言，据王世贞统计，洪武时期任户部尚书的先后有三十二人，其中被荐举者占了十四人。礼部尚书一职，洪武时先后担任的有八人，其中被荐举者占了七人，其比例高达近九成。荐举法对洪武时期政局的稳定功不可没。

然而，正如明代著名学者丘濬所指出的，至明代，荐举之法已失去其行使的社会基础。因社会发展至此时，“情伪日滋，而贤否不复可辨矣”[①]，故尽管朱元璋也采取了一些补救办法，却只能治标而治不了本，重用的荐举法又产生了新的弊端。

由于少有慧眼识才和品德无私之人，加上荐举缺乏客观的衡量标准和机制，极易出现任人唯亲、假公济私的现象，无法保证被荐举人才的质量。加上重用荐举时朱元璋过分强调考察士人的德行，所荐举的士人“未尝练习政务”就被授予官职，大多数人根本不具备从政的能力。且“朝廷取天下之士，网罗捃摭，务无馀逸，有司敦迫上道，如捕重囚。比到京师，而除官多以貌选，所学或非其所用，所用或非其所学。洎乎居官，一有差跌，苟免诛戮，则必在屯田工役之科，率是为常，不少顾惜”[②]。为此，朱元璋“命中书严选举之禁。得贤者赏，滥举及蔽贤者罚”[③]。但严

① 转引自张朝瑞《皇明贡举考》卷之一，光绪刻本。

② 《明史》卷一百三十九《叶伯巨传》，中华书局，1974 年。

③ 《明太祖实录》卷十九，台湾“中央研究院”史语所校勘本，1962 年。

刑重罚都无济于事，形势比人强。洪武初，洛阳人开济以“明经”被荐举，当到刑部尚书，竟私自下令放走死囚。事情败露以后，又指使人谋杀知情的狱官以灭口。① 临海人陶凯在洪武初年被举入仕后，任职于礼部，由于不熟悉外交事务，导致使节误用符节而被处死。② 至洪武十一年（1378），被荐举者名不副实的情况已经相当严重，朱元璋便直斥荐举中存在的问题，他说：“有司各举才能，往往以庸才充贡。所举者多名实不称，徒应故事而已。”③

洪武十三年（1380）四月，朱元璋又命群臣各举所知。“上谕之曰：‘天下贤才未尝乏也。谓皋夔契不复生，方叔、召虎不再出，是薄天下之士。但世有升降，故才有等差耳。为人上者能量才授职，则无施不可。盖士之进退，系乎国之治否。吾以一人之智，岂足以尽理天下，必赖天下之贤，然后足以有为。尔等宜体此意，各举所知以闻。’”④

洪武十三年（1380）五月初，是朱元璋最为快乐的日子，因臣下遵旨举荐了几个儒士。每荐一人，他都要下一诏书勉励一番，可见其求才心情之急迫。在诏书中他也公然承认，此时儒士尚有匿伏不出的情况。他“召兴化府儒学教授吴源，敕曰：朕闻君天下以安民为本，图治以得贤为先。古昔帝王能旁求俊贤以辅不逮。故黎庶赖之以安而治道隆也。朕自即位以来，虽求贤之诏屡下而得贤之效未臻”⑤。

---

① 《明史》卷一百三十八《开济传》，中华书局，1974 年。

② 《明史》卷一百三十六《陶凯传》，中华书局，1974 年。

③ 《明太祖实录》卷一百十八，台湾“中央研究院”史语所校勘本，1962 年。

④ 《明太祖实录》卷一百三十一，台湾“中央研究院”史语所校勘本，1962 年。

⑤ 《明太祖实录》卷一百三十一，台湾“中央研究院”史语所校勘本，1962 年。

洪武十三年（1380）五月，在召儒士王本等时承认说：“今朕才疏，昧于圣道，是以贤隐善匿，民未康而时未泰。以尔博学君子，有德有年，故以符召。若精力有馀，策杖来朝，加以显爵，与朕同游。”①

同月，召儒士刘仲海敕中又说：“朕以菲薄之才，履至尊之位，深惧寡昧，无以下烛幽隐，绥养元元。故夙夜孜孜，思与海内贤哲之士共厎隆平，虽求之日切，而至者恒寡，《书》曰：知人则哲，惟帝其难之。朕以是屡敕百司，各举所知。”②

六月召儒士邹鲁狂时，开始把造成才士伏匿不肯应举之因归之于胡惟庸，并以“奸邪之徒”已伏法相号召：“朕起布衣，削群雄、定祸乱，君主黔黎十有三年矣，求贤之道有所不逮。且大臣非才而君子晦伏，小人尊荣，遂致怀才抱德之士隐于岩穴，不求闻达。今奸邪之徒俱已伏辜，昨命侍臣各举所知。翰林典籍戴安荐尔才堪任用，特遣使持符召尔。”③

同月，他在召儒士李延龄、李干时又说：“朕即位十有三年，夙夜孜孜，思得四方贤才，相与共安天下。何期大臣不职，朋比为奸。虽四凶之罪已诛，而求贤之心未称。”④虽寻找到了替罪羊，可用之人仍藏身不出，可见荐举之法已到了穷途末路之时。

是年八月，御史赵仁指出以前荐举来的人才素质很差，在

---

① 《明太祖实录》卷一百三十一，台湾“中央研究院”史语所校勘本，1962 年。

② 《明太祖实录》卷一百三十二，台湾“中央研究院”史语所校勘本，1962 年。

③ 《明太祖实录》卷一百三十二，台湾“中央研究院”史语所校勘本，1962 年。

④ 《明太祖实录》卷一百三十二，台湾“中央研究院”史语所校勘本，1962 年。

“授任之际，才智高下，一时未尽周知，将一考矣。政绩少闻”①。

他还指出：“曩者以贤良方正、孝弟力田诸科所取士，列置郡县，多不举职”，并提出“宜核其去留”②。于是朱元璋便改命荐举经明行修者，吏部曾一次安排所举的经明行修之士三千七百馀人觐见③。可是这批人依然比贤良方正、孝弟力田科人才好不到哪儿去。

在长期的军事政治斗争中，朱元璋养成高度的政治敏感性，荐举中出现的种种问题，引起了他的高度警觉。这些荐举出来的人，绝大多数是前元的官吏和儒士，他们要么懒赴征召，要么素质低下，而最大的问题是这些人对大明王朝的不忠。这是朱元璋在用人上最为担心的事。朱元璋是个最善于审时度势、抢占先机的人。荐举法既已黔驴技穷，且荐举出来的有大多是与大明王朝、与他自己同床异梦者，就促使他决心走培养自己人才的道路，以替代元朝培养出的人才。他自诩“人情善恶真伪，无不涉历”，知道抱养别人的儿子终不如自己生养的亲。旧的人才难为自己所用，也不合乎自己的口味，他便决心重开科举，培养自己需要的人才。何况，他在洪武六年的罢科举诏中只说“今科举宜暂停罢”，并未说废止科举。暂停科举是因为他设计的考试制度尚不完善，不能培养出既无限忠于大明王朝，又具有才干之士，并不是方向不对。作为虑及深远的一代枭雄，他是不会轻言放弃的，而会全力以赴去改进，去推行。

人才观念的变化，促使他决心为新一代人的成长扫平障碍。于是，一系列清洗前元人才的运动血腥地展开了。

明白了朱元璋荐举人才受挫而决心重启科举后，对他从洪武

① 《明太祖实录》卷一百四十七，台湾“中央研究院”史语所校勘本，1962 年。

② 龙文彬：《明会要》卷四十七《选举》三，中华书局，1956 年。

③ 《明太祖实录》卷二百三十九，台湾“中央研究院”史语所校勘本，1962 年。

十三年（1380）之后以莫须有的罪名陆续制造的胡惟庸案、空印案，清洗了数万官员便可理解了。这段时间正是朱元璋在紧锣密鼓地为重开科举作准备的时候，而这些案中清洗的绝大多数是元代培养出来的官吏和儒生，尽管其中不乏才能之士，但在朱元璋心目中，他们的忠诚都是值得怀疑的。他清洗这些人的目的之一，就是要为新一代人扫平道路，作组织准备。

在战争年代和登基初期，他不得不重用有才之士，至于他们是否愿意俯首帖耳替自己当奴才则在其次。在江山稳固之后，那些经荐举上来的儒士都是元朝统治者培养出来的。他们在元朝那个轻视读书人，曲解程朱理学的社会中生活、成长，对儒家经典自然不可能去深入钻研并身体力行，儒家正统的伦理道德观对他们没有多大影响，所以他们中的许多人一征召便纷纷出来为新朝效力。尽管他们也曾为自己卖过力，甚至出生入死立过功，但在用人理念已经发生变化了的朱元璋眼中，他们是群不忠之臣，是不能容忍的。他们今天可以为利禄而投诚于你，明天谁能担保他们不为更大利益献诚于另一人！这些人在无人替代时，利用一下是必要的，一旦利用价值已尽，则必须弃之如破履，毫不留情地用自己培养出来的人才去取代他们。连刘基、宋濂这样有大功于朱明王朝，“或以功业定乱，或以文章赞化，卒能合四海于分裂之馀，不越十年，遂至乎治”[①] 的两位能臣，朱元璋一个以慢性毒药将其弄死，宋濂则因长孙牵入胡惟庸案，便借机将其流放，病逝于途中。他们都是元末的儒士，尽管他们早已投效朱元璋，其忠心与才干已多方证明，但朱元璋仍旧怀疑他们的忠诚度，故必置之死地而后快。他们都死于洪武八年之后，即朱元璋用人观念正在转变的阶段，说明朱氏正在全力以赴地为再行科举扫平障

---

① 方孝孺：《逊志斋集》卷十九《华川王先生像序赞》，《四部备要》本。

碍，为培养自己的人才作准备。

连刘基、宋濂尚且落个如此下场，权势熏天，不俯首帖耳服从朱元璋的胡惟庸等其他由元代而来的儒士的结局就可想而知了。“才能之士，数年来幸存者百无一二”① 的悲惨局面的出现，预兆着一个培育、选拔一代新人的机制即将问世，再行科举是指日可待之事。洪武十五年（1382）八月，御史赵仁明确提出要从秀才中考选“经明行修，通晓《四书》者”，“量才授职，代彼旧官”②，即是一个去旧布新的信号。

第四节 儒家思想的独尊为八股文的经学化奠定了基础

对于朱元璋停科举兴荐举，而在罢停科举十年之后又重开科举的心理，后代不少人作过分析。

明代《采芹录》一书曾说：

> 高皇初意，欲专选举，罢科目。盖明骘才行与暗索文艺者，虚实自殊。其后卒专意科目者，恐将来选举之弊，有更甚于科目。科目虽未足灼见，贤良亦徒取其公云耳。奈何更有以私徇之，如后来所闻，人言所及，间形诸摘发者。呜呼！国家以社稷苍生重寄，求人若饥渴，患情伪之不易核，不得已而辟其末路于文艺，特欲借诵法先圣之门，希幸获有德有言之彦。③

《采芹录》中的这段话，分析了朱元璋先立科举，又停科举，继而又兴科举的心路历程。指出朱元璋“患情伪之不易核”，在

---

① 《明史》卷一百三十九《茹太素传》，中华书局，1974 年。

② 《明太祖实录》卷一百七十二，台湾“中央研究院”史语所校勘本，1962 年。

③ 《古今图书集成·选举典》第六卷。

实践中比较了荐举制与科举制的优劣之后，知道被荐举出来的人不比科举入仕者更有治国理政能力，而且问题更多、更严重，用科举制可按自己的要求来培育选拔人才，方才决定两害相较取其轻，最终采用了科举取士制。他还指出了朱元璋此举的目的是“特欲借诵法先圣之门，希幸获有德有言之彦”，应当说，这是中的之言。

清代末年的改革思想家冯桂芬在其名著《校邠庐抗议》中，记叙了他在林则徐公署中听到的对朱元璋以科举取士用心的评述：

> 昔年侍饮先师林文忠公署。客或曰：“时文取士，所取非所用。”
>
> 坐有龙岩饶孝廉廷襄，夙有狂名，公故人也，已被酒，谩曰：“君为明祖所绐矣。明祖以枭雄阴鸷猜忌驭天下，惧天下瑰伟绝时之士起而与为难，以为经义诗赋，皆将借径于读书稽古，不啻傅虎以翼，终且不可制。求一途可以禁锢生人之心思材力，不能复为读书稽古有用之学者，莫善于时文，故毅然用之。其事为孔孟明理载道之事，其术为唐宗英雄入彀之术，其心为始皇焚书坑儒之心。抑之以点名搜索防弊之法，以折其廉耻；扬之以鹿鸣琼林优异之典，以生其歆羡。三年一科，今科失而来科可得，一科复一科，转瞬而其人已老，不能为我患，而明祖之愿毕矣。意在败坏天下之人才，非欲造就天下之人才。君为此论，明祖得毋胡卢地下乎？”

冯桂芬所记叙的这段话，从一定层面揭示出朱元璋以八股取士的用心。只是言词过于偏激，有如后来某些人之言，未能从科举取士制本身的实际功用去揭示朱元璋创制八股文的真实用意，故所论与《采芹录》中所说的一样，虽不无道理，终嫌皮相。

要想揭示朱元璋最终确定以八股为灵魂的科举取士制的真实意图，必须从明代的社会现实和朱元璋思想变化的轨迹中去探求。

我们只要客观地分析一下朱元璋从用荐举到兴科举，又由停罢科举到兴荐举的心路历程，即可看出，朱元璋的人才理念正在悄悄地发生变化。

在朱元璋争夺天下、扫平群雄的过程中和建国之初，他总是把有无才干和才能放在他选才的首位。他深知，只有用有才之士，他才能为你攻城略地，开疆拓土，扫除敌手，夺得江山。在建国之后，才能承流宣化，绥辑一方。若重用无才之人，那么让他统兵，便会每战必殆，损兵折将；让他治国，便会弄得百业凋零，民不聊生，天下难夺，夺了也守不住。

一旦江山巩固，朱元璋便和所有专制统治者一样，便把是否无条件地忠于自己放在了选用人才的首位。这时的他喜听歌功颂德的表、笺，一有碍眼的字句，便勃然大怒，滥加刑罚。他一改过去虚怀纳谏的态度，经常因臣下讲了几句不中听的直言便开廷杖，甚至处死那些刚直之士。

无数情况都表明，朱元璋在坐稳了江山之后已把选用无条件地恭顺自己的奴才放到了用人的首位，在这点上他和历史上的统治者并无二致。只不过朱元璋毕竟是个雄才大略、驾驭能力极强的人，故不会用纯粹的奴才，而喜欢用带有奴性的人才，因为这样的人既听话又能办事。

用人理念的变化，促使他把如何才能培养出合乎己意的人才放到了考虑的首位。因为到这时，他发现元朝统治者培养出来的人才，已不堪为自己所用，因为会办事有才力的一批，早已投效。新征辟上来的，要么无才无德，要么恐惧新朝的屠杀凌辱，当官一有差池，不是砍头剥皮，便是戴斩罪镣足办事，“以鞭笞捶楚为寻常之辱，以屯田工役为必获之罪”①，非迫不得已，能躲

① 《明史》卷一百三十九《叶伯巨传》，中华书局，1974 年。

则躲，能推就推，遁迹江湖，埋名市井，不愿出山。故洪武十三年后，朱元璋多次抱怨荐举不到人才。即便应召上任者，大多也是装聋作傻，不尽心办事，唯恐多办事多惹祸。这样的人他已深知不能再用，但由于条件尚未成熟，培养、作育合乎自己心意人才之方法尚未能出炉，便只有继续沿用荐举法。

但这时的荐举只不过是为解燃眉之急而用的权宜之计，形势所迫，官员奇缺，荐举不得不行。朱元璋的精力更多地用在进行完善科举制的各项工作之上。他认识到洪武四年（1371）所开科举的几项不足。其一是作为新人才养成所的学校教育兴办不久，经验不足，时间不长，不足以培育一代新人，且体系尚不完备。故他在停科举后用了整整十年的时间去完善国子监和府、州、县学的各项制度，并于洪武八年（1375）诏令地方立社学，即乡村公立小学。这样就形成了完备的，从中央到乡村的三级学校教育制，为科举的推行打下坚实的基础。其二是没有确立统治思想和找到向士子们灌输这种思想的有效手段。这样难以培养具有正统思想、忠于自己的合格人才，也难以在科举中确立选拔人才的标准，初开科举选不出称心如意的人才也难怪。

对于以什么作为自己的统治思想，朱元璋经历了一个漫长的认识过程。虽然朱元璋在总结历代王朝的统治术时已认识到“治本于心”的作用，甚至心治还可超过“治本于法”。他说：“本于心者，道德仁义，其用为无穷；由于法者，权谋术数，其用盖有时而穷”[①]，但他对确立以什么作统治思想仍犹疑不决。虽即位之初，就大搞尊孔活动，洪武元年（1368）二月即派人去曲阜祭孔；但他同时又大肆推行佛道、杂家之术。

如洪武元年（1368）正月，他下令设善世院，以江南名刹保

---

① 《明太祖实录》卷六十六，台湾“中央研究院”史语所校勘本，1962 年。

宁寺僧慧昙总领全国佛教事务。为弘扬佛法，朱元璋还亲自组织人马，不惜耗费大量资财去点校、注释、刊布佛教经典，并亲笔为《心经》作序。

对于道教，建国初期的朱元璋也是大加弘扬，用力之勤，毫不亚于佛教。

种种情况无不表明，建国初期的朱元璋对以什么作为统一全国的思想尚无定见，因为他虽然当过和尚，一些道士如周颠、铁冠子也曾为他平定天下效过力，但在内心深处，他并不相信佛、道之教。他大肆宣扬佛法道教，其目的只不过是为了表明自己是受命于天，得神之助，借以巩固皇位，震慑臣民。这从他在洪武二年（1369）颁赐和州城隍庙的封诰中即可看出。他说：

> 帝王受天明命，行政教于天下，必有生圣之瑞，受命之符，此天示不言之妙而人见闻所及耳也。……眷此名城，雄列江右，王师戾止，屡获成功，非神助之，何以臻此也，必有超出于高城深池之外者。①

他还在谈论立城隍神时说："朕立城隍神，使人知畏。人有所畏，则不敢妄为。"

这些言论，便将其捧佛抬道之用心暴露无遗。

宣扬佛、道固然可以制造皇位天授的神话，但在中国封建社会，政教一般都是分离的，佛、道虽可成为皇权的侍妾，皇帝本人却难以充当教主。且在中国社会，真正信奉佛、道的只是少数人，特别是广大的读书人，在孔子"不语怪力乱神"思想的影响下，尊奉的人更少。这样一来，皇帝就难以成为人们思想信仰的最高权威，因为皇帝是人不是神，他只能替天行道，而不能成佛变仙。有什么想法不可能让人们像信佛、道一样遵从，而要制造

---

① 《大诰·僧道不务祖风第三十》，载吴相湘编《中国史学丛书》34册，台北，1966年。

种种假象才能假冒佛、道说出，既费力劳神，效果也不佳。所以，一心要充当思想文化领域最高主宰的朱元璋对这种状况是难以容忍的。在中国封建社会，多中心即无中心，儒、佛、道三教并崇，并不利于他统一全国人民的思想，充当思想的最高主宰。

聪明有如朱元璋，很快就意识到这一问题的严重性，并在罢停科举之后，立即着手调整。首先，他把佛、道放到了辅教的地位。从洪武六年（1373）之后，他很少开展大规模的弘扬佛、道的活动，并严禁僧、尼、道士、女冠“混同世俗，交结官吏，为人受寄生放”①。也是在这段时间内，他加大了尊孔祭祀的力度，这是他独尊儒术的前奏。查《明太祖实录》，自洪武六年（1373）之后，他对尊孔读经的谕旨诰命明显增多，不仅每年都要亲自参加祭孔活动，多次到国子监去为监生们讲解尊孔之必要，还屡颁圣旨，叫各地学校祭孔崇圣，仅洪武十五年（1382），大型的祭孔活动和有关诏令就有多起。该年四月，他谕礼部尚书刘仲质曰：“孔子明帝王之道以教后世，使君君臣臣、父父子子、纲常以正、彝伦攸序，其功参于天地。”②

同月，他因“天下郡县庙、学并建而报祀之，礼止行京师”，认为“岂非阙典”，便令礼部尚书“与儒臣其定释菜礼，颁之天下学校，令以每岁春秋仲月通祀孔子”③。到次年，祭祀费用竟达“巨万”。

该年五月，京师国子监落成，他要亲自去行“释菜礼”，并与礼部官员讨论“释菜礼”的仪式。大臣们认为孔子虽是圣人但

---

① 《大诰·僧道不务祖风第三十》，载吴相湘编《中国史学丛书》34册，台北，1966年。

② 《明太祖实录》卷一百四十四，台湾“中央研究院”史语所校勘本，1962年。

③ 《明太祖实录》卷一百四十四，台湾“中央研究院”史语所校勘本，1962年。

仍是臣子身份，“礼宜一奠而再拜”。朱元璋却批驳他们说“朕以为孔子明道德以教后世，岂可以职位论哉！……今朕君天下，敬礼百神，于先师之礼，宜加尊崇”①。他到孔子前“凡三拜”。这种举动表明朱元璋对孔子的尊崇已超过了礼佛拜神。

洪武十六年（1383），为崇扬儒家伦理，他大力旌表贞节烈妇，仅元月就表彰三次。十七年（1384）元月他又一次旌表南阳叶县孙仲名妻罗氏等二十五位妇女为贞节或贞烈。②

儒家思想包罗很广，一般人难以掌握。朱元璋为了让人们能顺当地掌握，并让其深入平民百姓之心，他把它的要旨概括为“敬天”、“忠君”、“孝亲”三点，指定东阁大学士吴沉等从儒家典籍中辑录有关内容，编成专书，以便观览传播。他交代吴沉等人说：“圣贤立教有三：曰敬天，曰忠君，曰孝亲。散在经卷，未易会其要领，尔等以三事编辑。”③ 书编成后，赐名为《精诚录》，广事刊行。朱元璋对儒家思想的宣扬提倡，主要也侧重于这三个方面的内容。

儒家借“天”来抬高君主的地位，论证君权的神圣性，宣扬君主受命于天，帝王的统治和维护这种统治秩序的三纲五常是上天有意安排的，是天理的具体体现。按照这一理论，敬天，就必须毕恭毕敬地听从君主的专制统治。为让臣民牢记这一神话，朱元璋一再宣扬：“帝王奉天以君临兆民”④，声称自己是上天在地上的真正代表。每次发布诏书，开头都要写上一句：“奉天承运。”所有这一切，都是为了表示他的所作所为是“奉行天命”，

---

① 《明太祖实录》卷一百四十四，台湾“中央研究院”史语所校勘本，1962年。

② 《明太祖实录》卷一百五十，台湾“中央研究院”史语所校勘本，1962年。

③ 《明史》卷一百三十七《吴沉传》，中华书局，1974年。

④ 《明太祖宝训》卷一，《明实录》附录，上海古籍出版社，1983年。

"言动皆奉天而行，非敢自专也"①，因此全国人民都必须像服从天一样服从他。

"忠君"思想，是保障君主专制的最重要的思想武器。"君为臣纲"被儒家列为三纲之首。朱元璋对此最为欣赏，着力加以鼓吹。他不仅经常对臣僚灌输"事君之道惟尽忠不欺"②，而且积极推行古代的"乡饮酒之礼"，规定全国所有的儒家每年正月十五、十月初一日，都必须举行这种仪式，由司正作"为臣竭忠，为子尽孝，长幼有序，兄弟有恭"③之类的说教，就连民间里社也须仿照施行。朱元璋还把忠君作为最高的道德标准来衡量臣民的一切行动。合乎者表彰，不合者严惩。

"孝亲"思想是与忠君思想相辅相成的。儒家认为"君子之事亲孝，故孝可移于君"，一再强调"家齐而后国治"，只有每个家庭的人伦秩序稳固了，君主的专制统治才能确保无虞。朱元璋深谙个中奥秘，说："以人孝而众人皆趋于孝，此风化之本也"④，千方百计向臣民灌输"孝亲"思想，实行"以孝治天下"。他不仅命人绘制古代的孝行图以示子孙，还叫户部下令，全国各地每个乡里都要置办一个木铎，派一名老人或盲人，每月六次，沿途敲喊："孝顺父母，尊敬长上，和睦乡里，教训子孙，各安生理，毋作非为！"⑤御制《大诰》对"事君以忠"、"夫妇有别"、"长幼有序"、"朋友有信"等纲常伦理，还作了详细的解释，要求百姓遵照执行。并规定："今再诰一书，臣民之家，务要父子有亲，率土之民，要知君臣之义，务要夫妇有别，乡里亲戚必然长幼有序，朋友有信，众尊有德"，"倘有不如朕言者"，"乡里高年并年

---

①《明太祖实录》卷二十五，台湾"中央研究院"史语所校勘本，1962年。

②《明太祖宝训》卷一，《明实录》附录，上海古籍出版社，1983年。

③《明史》卷五十六《礼志》，中华书局，1974年。

④《明太祖实录》卷一百七十五。

⑤《明史纪事本末》卷十四，光绪刻本。

壮豪杰者会议而戒训之，凡此三而至五，加至七次。不循教者，高年英杰者拿赴有司，如律治之”①。

朱元璋罢停科举之后，在有无数的军国大事亟待处理的开国之初，花费如此多的精力和财力于祭孔祀圣、宣扬儒家思想之中，特别是自尊心极强的他竟不惜屈九五之尊去跪拜孔子，无不表明他对孔子能“明帝王之道以教后世”的功能已洞悉于胸。他正逐渐把孔子的思想奉为自己的统治思想，把孔子和儒家思想当成他“治心”的最重要工具，为培养一代俯首帖耳忠诚于大明王朝的新人而加以利用。

对于读经的提倡，他更是不遗馀力。因为儒家思想分散于儒家经典，特别是孔子手定的《四书》、《五经》之中。《四书》、《五经》经过程颐和朱熹的传注，更将儒家思想体系化，构筑出三纲五常的理学体系，故朱元璋在宣扬儒家思想时，必然大力提倡读经。

在罢停科举后，他加大祭孔的力度，每次祭孔时他都会发表提倡读经的讲话。他曾多次指示国子博士，学校要“一以孔子所定书、经诲诸生”②。洪武十四年（1381），他“颁《五经》、《四书》于北方学校”，并对廷臣说：“道之不明，由教之不行也。夫《五经》、《四书》载圣人之道者也。譬之菽粟布帛，家不可无。人非菽粟布帛，无以为衣食，非《五经》、《四书》，则无由知道理。北方自丧乱以来，经籍残缺，学者虽有美质，无所讲明，何由知道？今以《五经》、《四书》颁赐之，使其讲习。夫君子而知学则道兴，小人而知学则俗美。他日收效，亦本于此也。”③

基于对君子学习《五经》、《四书》“则道兴”，“小人而知学

---

① 《大诰续编·申明五常第一》，载吴相湘编《中国史学丛书》34 册，台北，1966 年。

② 《南雍志》卷一，嘉靖二十三年刻本。

③ 《明太祖实录》卷一百三十六。

则俗美”的认识，他把儒家经典中的精华《四书》、《五经》规定为治国安邦的指导用书，把程朱理学定为全国的指导思想，并以之作为培养一代新人的工具。因为程朱理学经过宋、元两代的不断阐释，已与皇权统治、封建政治密切关联。三纲五常更是封建专制统治的守护神。在当时的中国，在种种思想资源中，最适宜于治国安邦的，只能是程朱理学和《四书》、《五经》。

朱元璋的高明之处，在于他不仅将孔子抬到圣的高度，将程朱理学作为统治思想，还要对程朱理学和《四书》、《五经》进行规范，规范到能顺利地为君权服务，为其专制统治服务，为其有效地控制士人思想服务，为培育无限忠诚于他的一代新人服务。一切不利于达此目的的内容，他都毫不留情地统统去掉。如《孟子》一书，原有许多不合乎维护其专制统治的地方，其中“民为贵，社稷次之，君为轻”，“君之视臣如草芥，则臣视君如寇仇”，“天视自我民视，天听自我民听”，“君有大过则谏，反复之而不听，则易位”等等，都是不利于封建专制的，洪武三年（1370），他初读《孟子》，看见这些句子，不禁大发雷霆，下令将孟子牌位移出孔庙，连冷猪头肉都不许孟子吃了，还大骂说，若孟子活到今天，定要赏他一刀。到重开科举后的洪武二十七年（1394），他仍念念不忘要用规范化的儒家思想去灌输给士人，怕他培养的士子受到那些初步民本思想的毒害，便令老儒刘三吾把有碍之处统统删去，叫做《孟子节本》，刻板颁行学校，并规定，删除的部分，“课士不以命题，科举不以取士”①。

他规定，读经必读程朱传注，对儒家思想的理解不能离开程朱传注的规范。他还规定其《大诰》也为学校及士人的必读、必考用书。这样，在操作层面上，他把个人的专制思想与《四书》、

---

① 见《明史》卷一百三十九《钱唐传》；卷五十四《礼志》八；全祖望：《鲒埼亭集》卷三十五《辨钱尚书争孟子事》。

《五经》，与程朱理学融为一体，使其思想获得了经典的价值。经典是不可动摇、不容置疑的。获得了这种经典性，也就获得了不朽的价值。朱元璋的专制思想硬搭乘上《四书》、《五经》的便车，也取得了经典的价值，他便获得了操控儒家思想的权威。他以程朱理学和《四书》、《五经》来培养选拔一代新人，实际上就是用他的专制思想来培养和选拔人。

值得特别指出的是，从时间上看，频率最高、力度最大的尊孔读经活动主要出现在洪武十三年（1380），即朱元璋已认清了荐举人才的全部弊端之后，即将重开科举之前。这就昭示人们，朱元璋是在为重开科举进行思想准备，他已最终确定以儒家正统思想为统治思想。完全可以预料，重开科举必定会由儒家思想来统率。

明英宗朱祁镇对朱元璋的用心是看得明白透彻的，正统八年（1443）秋，他在新建庙学之碑中说：

> 我国家自太祖高皇帝、太宗文皇帝暨我皇祖、皇考，圣圣相承，恭天成命，颛颛焉一惟孔子之道是尊。于凡施政敷教，取人理民，一惟孔子之道是用，不杂他术。①

洪武十三年（1380）所掀起的尊孔读经高潮，昭示明代的统治思想已经确立，用儒家思想去化育、控制国人已成为既定国策。而朱元璋对政府中旧官的大清洗，及对荐举制的无穷抱怨，预兆着一个培育、选拔一代新人以取代荐举的机制即将问世，再行科举已是指日可待之事了。洪武十五年（1382）八月，御史赵仁明确提出要从秀才中考选经明行修、通晓《四书》者“量才授职，代彼旧官”，便是一个信号。在国子监，府、州、县学及社学三级学校体系已经建立健全，其养士储才功能已得到较好的发挥，能为科举考试提供足够的高质量的生源之后；在将《四书》、

① 杨士奇：《东里文集·东里别集·代言录》，明刻本。

《五经》中的程朱理学确立为安邦治国的指导思想，并在各级学校得到顺利的灌输之后；在荐举制的弊端尽显，荐举已征召不到人才之后，朱元璋便决定复行科举，以阻遏荐举制中的“奔竞”之风，以及克服那种依靠宗族、裙带关系，用人唯亲的弊病，使人们在考试面前“人人平等”，从而让平民百姓也有入仕的希望，达到稳定明初政治局势和扩大其统治基础的效果。朱元璋认为科举选士与荐举各有其短，但比较起来，科举长处更多。他说：“朕自代元，统一华夷，官遵古制，律仿旧章，孜孜求贤，数用不当。有能者委以腹心，或面从而志异；有德者授以禄位，或无所建明；中材下士，寡廉鲜耻，不能克己，奈何为治？尔诸文士，当进学之秋，既承朕命，悉乃心力，立身扬名，在斯始举。”① 而经由科举所取之士素质较高，“自古以来，兴礼乐，定制度，光辅国家，成至治之美，皆本于儒。儒者知古今，识道理，非区区文法吏可比也”。统治思想一经确定，朱元璋便对如何利用科举来培养、选拔具有儒家正统思想的人才进行筹划。于是，科举文体，也即八股文的创制必然成为他重点考虑之事。②

洪武十五年（1382）八月，已经通盘筹划好了的朱元璋对用什么去试士和如何去试士均有了定算，便下诏“复设科举，以三年一试，著为定例”③。

第五节　重开科举定下“科举成式”

科举罢停一晃便是十年。十年间，由专倚偏重文才的科举转

① 《明太祖实录》卷一百七十二，台湾“中央研究院”史语所校勘本，1962 年。

② 《明太祖实录》卷六十四，台湾“中央研究院”史语所校勘本，1962 年。

③ 《钦定续文献通考》卷三十五《选举考》二，光绪石印本。

而为专倚偏重德行的荐举，所得人才依然缺乏行政才干，且对新朝的忠诚度也值得怀疑。经过这样一些反复，朱元璋对元代所培养的儒士的素质有了较全面的了解，用人理念有了巨大变化，对科举取士的利弊有了较深刻的认识，对用什么去试士和如何去试士均有了深入的考虑与准备，在选拔官员上开始采取比较实际的态度，决心通过科举来培养、选择一代新人为大明王朝服务。

事实表明，此时的朱元璋，已是成竹在胸，在一步步地推行其已有周密筹划的科举取士制。洪武十五年壬戌（1382）八月，他“诏礼部设科举取士，令天下学校期三年试之，著为定例”①。

清初查继佐在其《罪惟录》中对朱元璋复行科举的原因有着较确切的分析。他说：

> 洪武中，科举之法，废而复行，此有机存焉。始以为寝食孔孟，差可驯其才，继以才诎不任治，坐废。而久之，任治者多急见其才，于是复定为制，不易。

洪武十六年癸亥（1383），朱元璋又特令“科举与荐举并行”，并让马昂制定了“科场成式，视前加详”②。十七年甲子（1384），科举成式正式公布。现根据各种资料摘取主要内容汇集于下。

> 乡试和会试各分三场，其规定为：
>
> 十七年三月，定第一场试《四书》义三道，本经义四道，未能者许各减一道。《四书》义主朱子集注（《论语》、《孟子》）、章句（《大学》、《中庸》）；经义：《易》专主程朱传义，《诗》专主朱子集传；《书》、《春秋》、《礼记》主如旧。
>
> 第二场试论一道，诏、诰、表内科一道，判语五条。
>
> 第三场试经史时务策五道，未能者许减二道。③

---

① 《明太祖实录》卷一百四十七。

② 《明史》卷一百三十六《马昂传》，中华书局，1974 年。

③ 张朝瑞：《皇明贡举考》卷之一，光绪刻本。

特别要指出的是：洪武十七年（1384）三月颁发的诏书中说的第一场考试“《书》、《春秋》、《礼记》主如旧”，指的是洪武三年（1370）诏书中所说的“《书》：蔡氏传、古注疏”，“《春秋》：左氏、公羊、穀梁、胡氏、张洽传。《礼记》：古注疏”。只要与洪武三年相比，从《四书》、《五经》传注者的改变，便可看出朱元璋已经在认真实施其以程朱理学思想来控制士子头脑，以培养、选拔一代新人的计划了。因为他已经开始规定士子使用《四书》、《五经》，其传注只能用程颐、朱熹两家的。《书》、《春秋》、《礼记》因他们没有作过传注笺疏，方才择用其他理学派中思想纯正者之作。

其他关于考试地点，乡、会试取士名额，入试人的资格，考试程序及方式等都有详尽规定。特别是新创制的八股文也在逐步规范的科举成式之内，并成为“永制”。

关于进士的出身，据《明会典》记载：

> 洪武二十六年定第一甲第一名从六品，第二名、第三名正七品，赐进士及第；第二甲从七品，赐进士出身；第三甲正八品，赐同进士出身。凡进士选除，洪武间定第一甲第一名，除翰林院修撰，第二名、第三名除编修。其馀分送各衙门办事，内外以次兼除。

从授官的实际情况来看，进士初任，除一甲三人例授翰林院修撰、编修外，二甲也有多人直接任翰林官。还有一些人考选为“翰林院庶吉士”，分发至中央六部各衙署任主事等官。更多的进士则授地方州、县正印官或掌一府刑名的推官，个别的也授教职。

举人初任多为州、县儒学教官，如学正、教授等职。少数可任州、县正印。以后若仕途顺利，大多数教官可升至州、县正印及府的佐贰官，但能升到知府以上者极少。

较之宋代，明朝科举授官颇为优厚，晚明时黄尊素曾在《宋科目考》一文中对宋和明的做法予以比较后对明朝给予了批评，他说："今士人一经乡举，则当会试之期，偕计吏，不复取解。宋则有恩例始得免解，或减一举而已。其下第进士，虽曾中省试（即今会试），来科仍复解试，中格然后得上省试也。今殿试不过名次升降，无有黜落。宋初于御试特重，不中格则省试皆虚也。所谓特奏名者，凡士贡于乡而屡绌于礼部，或御试所不录者，积前后举数，参其年而差等之。遇亲策士，方许附试。其荐举者不试于州、郡，惟试礼部，不中亦许赴御试。故有免解免省之条令，必层累而上，更无越次而举者。宋必获出身然后注官，今则一经解释褐，便可释褐州县。宋之第一人不过佥书判官，第六人以下司户簿尉而已，而今则第一甲三人即为清要官，最下者亦不下守令。总而论之，宋之出身易而入官难，今之出身难而入官易。出身难，故多枉才；入官易，故多败类。此本朝人物所以远不及宋朝。"① 然而黄尊素没有想到，朱元璋此举，目的就是要以功名利禄诱使士子投身科举，自觉自愿地接受程朱理学的熏陶。他的这个目的，也大致达到。

第六节　为科举取士而创制的八股文及其特点

在中国科举史上，朱元璋最大的贡献在于在他操纵下，经过十年的摸索、探究，精心设计出八股文这种科举考试专用文体，能有效地培养、识别、选拔具有儒家正统道德观的人才，统一了士人思想，达到了治国先治人，治人先治心之目的。

洪武初年科举考试的开而复罢，表面上看，是因为那些通过科举选拔的人才，"多后生少年，观其文词，若可与有为，及试用之，能以所学措诸行事者甚寡"。实际上，是朱元璋已经意识到了"天下以虚文应朕"这个根本问题。他曾哀叹："朕以实心

---

① 《明文海》卷二百三十一《补遗》。

求贤，而天下以虚文应朕，非朕责实求贤之意也。”

朱元璋所说的“虚文”指的是什么呢？从字面上看，指的是那些后生少年们华而不实的文章，但联系朱元璋此后一系列言论，可以知道，这个“虚文”有着更深的内涵，即它们没有表现出朱元璋所急切需要士人们掌握的忠君爱国思想，且华而不实，故被朱元璋视为“虚文”。

据《明史·选举志》中记载，洪武初年所开三科乡试及一科会试，最重要的首场试“《四书》疑问，本经义及《四书》义各一道”。二、三场只试论、策各一道。朱元璋所说的“虚文”，主要是指首场中的本经义及《四书》义。

此时所试的经义和《四书》义体式如何呢？据成化间任过内阁大学士的丘濬说，洪武四年辛亥（1371）的“会试取百人，而所试之文，尚仍元式”①。《应庵随录》中说：“明初三科，有四书疑问，仿元制也。洪武甲子，易以《四书》，名曰制义艺。”②

丘濬是明代以博学多识著称的名臣，于八股文也颇有研究。他生于永乐十九年辛丑（1421），于景泰五年甲戌（1454）考中进士，此时距洪武年间不过几十年，故他所说的洪武四年辛亥（1371）科会试之文体形式“尚仍元式”，应该是确切的。

再证以洪武四年辛亥（1371）首科会试第一场“《四书》疑问”之题目，也可清楚。其题系将《孟子》、《中庸》中内容相关的经文组合在一起发问。其形式即为元代经问、经疑的改进。

洪武首科“所试之文，尚仍元式”的状况表明，朱元璋此时的准备尚不充分，他曾指责唐、宋用诗赋取士是“贵文学而不求德艺之全”，而他首开科举，却连考试用以衡量士子德艺优劣的文体都未能创制，只能借用前朝的经义来试士。这样的文体所载

① 丘濬：《大学衍义补》卷九《正百官清入仕之路》，明弘治刻本。

② 转引自《寄园寄所寄》卷上《科名》，大达图书供应社，1931 年。

的又非原装的儒家正统思想，而是经过元人曲解了的东西，当然会成为“虚文”，载输不了纯正的程朱理学，选不出合乎理想的优秀人才。朱元璋的烦恼与不快是必然的，他是在自食苦果。

本来，朱元璋开科举是为了改变荐举人才无据可依、随意性过大的无序状况，而要建立一个客观的标准有序地去培育、衡量、选拔人才。但这个客观标准是什么，应当如何周密地去设计它，朱元璋此时心中全然无数。

他很想用儒家正统思想来统制士人思想，也看到了宋、元经义是孔孟之道的载体，但由于文化水准不高，不知道宋、元两朝以经义取士已流弊丛生，却将其全盘接受，用于科举取士。元儒胡祗遹曾抨击宋代经义之学说：

> 记诵章句、训诂、注疏之学也，圣经一言，而训释百言、千万言，愈博而愈不知其要，劳苦终身而心无所得，何功之有！①

一个时代有一个时代的科举考试专用文体，用被时代证明已是积弊重重的文体去为新朝服务，又怎能选拔出优秀的人才呢？

况且，元代经义所载之道绝非朱元璋想要士人尊奉的孔孟之道，其纯洁性已受到严重污染。用元代经义之舟去载已非原汁原味的儒家之道，肯定达不到朱元璋欲以孔孟之道去灌输统制士人思想之目的。

宋、元经义，特别是经疑，还允许考生有一定的“说什么”的自由度。而朱元璋所追求的是要由他来规定士子们“说什么”，绝不能让士子们自己想“说什么”便“说什么”，这样才能达到统制士人思想的目的。

领悟力极高的朱元璋一旦认识到首科“所试之文，尚仍元式”，都是“虚文”之后，他必然会动脑筋去改变它。

① 胡祗遹：《紫山大全集·语录》，《永乐大典》钞本。

就在洪武十七年（1384）重开的科举考试中，一种新的科举考试文体即早期八股文问世了。

此前，即有种种征兆。

朱元璋于洪武十七年（1384）三月重开科举所颁的诏书中规定科举考试的第一场“试《四书》义三道，本经义四道”。与洪武三年（1370）五月所颁诏书中规定“第一场经义一道，《四书》义一道”相比，可明显看出重开科举后的经义比初开科举时的经义在考试中所占分量大大加重，且“《四书》义主朱子集注”，“经义：《易》专主程朱传义；《诗》专主朱子集传”，而不是像初开科举那样，可用古注疏和宋代其他儒家的传注，同时，还废弃了可导引士人对儒家经典产生怀疑的“《四书》疑问”。这些变化，就透露出洪武十七年重开科举时的经义必不是首开科举时的经义，从内容到形式都会发生根本性的变革。丘濬说：“洪武三年、四年所试之文，尚仍元制，至十七年始定今科格式。”①清代《应庵随录》中也说：“明初三科，有《四书疑问》，仿元制也。洪武甲子，易以《四书》，名曰制艺。”② 这些话，就印证了我们的推测：洪武十七年的经义与洪武三年、四年所试之文，其体式完全不同。

因时间久远及其他种种原因，如朱棣的“靖难之役”，皇宫失火，大量文件被毁等，即便是在嘉靖、正德年间，也很难找到洪武时科举考试的试卷了。以致张朝瑞在其刊刻于万历元年（1573）的《皇明贡举考》一书中，在洪武和永乐年间的八股经义试题名字下几乎都注上“缺”字。要想掌握朱元璋重开科举时所创制的八股经义的基本情况，只有从朱元璋的为文理念去推测。

朱元璋历来主张为文要简短，明白易懂，不尚文藻，只需将

① 转引自《皇明贡举考》卷之一，光绪刻本。

② 转引自《寄园寄所寄》卷上，大达图书供应社，1931 年。

道理事情说清楚便可。

洪武二年（1369）三月，他对学士詹同说：

古人为文，或以明道德，或以通世务，如《典谟》之言，皆明白易知，无深怪险僻之语。至如诸葛亮《出师表》，亦何尝雕刻为文，而诚意溢出，使人感激。近世文士，不究道德，不达世务，立辞艰深，意实浅近，即使过于相如、扬雄，何俾实用！自今翰林为文，但取通道理，明世务者，无事浮藻。①

洪武三年（1370）五月，他在下诏令开科举时说：

五经义不拘旧格，惟务经旨通畅，限五百字以上。四书义限三百字以上，论亦如之。策惟务直述，不尚文藻，限一千字以上。殿试策亦如之。

洪武六年（1373）九月，他又下诏说：

表、笺、奏疏毋用四六对偶，悉从典、雅、颂，韩愈《贺雨表》、柳宗元《代柳公绰谢表》为天下式。

洪武十五年（1382）十月，刑部奏“内外诸司议刑奏札动辄千万言，泛滥无纪，失其本情”时他说：“虚词失实，浮文乱真，朕甚厌之。自今有以繁文出入人罪者罪之。”②

洪武十七年（1384）三月，又规定：“《四书》义每道二百字以上，经义每道三百字以上，论三百字以上，策亦如之。”

洪武二十四年（1391）定文字格式：

一、凡对策须参详题意，明白对答。如问钱粮即言钱粮，如问水利即言水利。孰得孰失，务在典实，不许敷衍繁文。遇当写题处亦止曰云云，不必重述。

一、凡作《四书》经义，破承之下，便入大讲，不许重

---

① 转引自《皇明贡举考》卷之一，光绪刻本。

② 《明太祖实录》卷一百四十九，台湾“中央研究院”史语所校勘本，1962年。

写官题。①

以上记载可以表现出朱元璋的为文理念，由此可推知他在重开科举时主持设计出的八股经义，其文词必明白易晓，不许用华词丽藻，强调经旨通畅，有裨实用。其文体格式，首为破题、承题，便直入大讲，对文题所规定的内容进行阐释，其句式可用对偶，也可用散句。

若想再弄得具体一点，则只有借重《明史·选举志》中的说法：

科目者，沿唐、宋之旧，而稍变其试士之法，专取四子书及《易》、《书》、《诗》、《春秋》、《礼记》五经命题试士。盖太祖与刘基所定。其文略仿宋经义，然代古人语气为之，体用排偶，谓之八股，通谓之制义。

类似之言，清代乾隆末叶曹斯栋也曾述及，他说："明洪武十七年太祖与臣下定制，文须代古人语气为之，体用排偶，谓之八股，又号八脚辞。"②

《应庵随录》中说："洪武甲子，易以《四书》，名曰制义艺。"③

这几种说法指出的就是明洪武十七年甲子（1384）所定八股制义的原创形态。

要了解重开科举后八股文的原创形态，最好是研究当时之作。所幸洪武乙丑（1385）科会元、殿试中过探花的名臣黄子澄之八股文尚存，为明代初期仅有的一份八股文试卷，弥足珍贵，现全文录示，以了解洪武定科举成式后的八股文格式：

天下有道，则礼乐征伐自天子出

治道隆于一世，政柄统于一人。（破题）

① 张朝瑞：《皇明贡举考》卷之一，光绪刻本。

② 曹斯栋：《稗贩》卷五《墨义》，转录自启功《说八股》。

③ 转引自《寄园寄所寄》卷上《科名》，大达图书供应社，1931年。

夫政之所在，治之所在也。礼乐征伐，皆统于天子，非天下有道之世而何哉？（承题）

昔圣人通论天下之势，首举其盛为言。（原题）

若曰：天下大政，固非一端，天子至尊，实无二上。（起讲）

是故民安物阜，群黎乐四海之无虞；

天开日明，万国仰一人之有庆。

主圣而明，臣贤而良，朝臣有穆皇之美也；

治隆于上，俗美于下，海宇皆熙皞之体也。

非天下有道之时乎？

当斯时也，语离明则一人所独居也；

语乾纲则一人所独断也。

若礼若乐，国之大柄，则以天子操之，而掌于宗伯；

若征若伐，国之大权，则以天子主之，而掌于司马。

一制度，一声容，议之者天子，不闻于以诸侯而变之也。

一生杀，一予夺，制之者天子，不闻于以大夫而擅之也。

皇灵丕振，而尧封之内，咸懔圣主之威严；

王纲独握，而万甸之中，皆仰一王之制度。

信乎！非天下有道之盛世，孰能若此道哉。（小结）

黄子澄的这篇八股文为其取得会元的应试墨卷。文章的题目出自《论语·季氏》。该章全文为：

孔子曰："天下有道，则礼乐征伐自天子出；天下无道，则礼乐征伐自诸侯出。自诸侯出，盖十世希不失矣；自大夫出，五世希不失矣；陪臣执国命，三世希不失矣。天下有道，则政不在大夫。天下有道，则庶人不议。"

这个试题，系摘取第一句经文为之。

这篇文章有破题、承题，承题后有原题，再起讲。从起讲开始，已入口气“代古人语气为之”。正文部分，多用比偶，总计有十二句之多。文章分为两大段，先用四个对偶句讲“天下有道”，中间用一散句过接，然后用八个对偶句讲“礼乐征伐自天子出”。最后用散句作收结。通篇文字晓畅流丽，紧扣题旨进行阐发，且使用了入口气的方式。全文有十二个对偶段落，与标准体式有所不同，可看出明显的律赋之影子，然已具八股文之雏形。明代八股文的基本格式，在此文中已经粗具，且收纵自如，激情充沛，元气浑厚。明初才子解缙十分赞赏，称誉该文“庄重典雅，台阁文字”。

不过，此作行文尚涉颂体，文中对偶句式太过简短。正文直射题目下文的诸侯、大夫而不为侵下。可知此时的格式尚宽，规矩不严，八股格式尚未确定，功令尚不完备。

洪武年间八股文内容、体式的特点，从姚广孝仅存的一篇八股文也可看出端倪。

姚广孝（1335—1418），幼名天禧，后名道衍，字斯道。明成祖朱棣赐名广孝。长洲（今苏州市）人。年少即出家为僧，曾从道士席应真学得兵家、阴阳之术，多权谋，有雄豪之气。洪武年间选高僧，以病免。又诏通儒书僧试礼部，不受官还。后被人荐至燕王朱棣府，深得燕王信任。趁建文帝欲削藩之机，怂恿朱棣以“靖难”为名，夺得皇位，论功为第一。复姓赐名，拜资善大夫、太子少师。监修《太祖实录》，为替朱棣篡位正名，多有篡改。又与修《永乐大典》。年八十四卒，赠荣国公，谥恭靖，能文，有《逃虚子集》传世。其唯一留存的八股文之题与文如下：

所谓诚其意者，毋自欺也。如恶恶臭，如好好色，此之谓自谦。故君子必慎其独也。小人闲居为不善，无所不至。见君子而后厌然。揜其不善而著其善，人之视己，如见其肺肝然，则何益矣。此谓诚于中，形于外，故君子必慎其独也

诚意之功在独，非慎不可也。（破题）

夫不慎独，则意得欺之，此君子而小人也。盖闻明德以天下为体，然每为天下之念所昏。（承题）

圣经以致知言诚意而求端于格物，此有深意焉！（原题）

夫所格者何物也？若曰：一人明德耳，何为天下国家之皆贯其间？则必有为人一念欺吾初心，是与小人之不格物者一也。如何修身然后齐治平皆在其间？又有求人一念并欺我知，是与小人之不能致知者一也。（起讲）

凡好恶发于赤子之真，皆可通之天下。此圣贤之意，亦帝王之意，自谦也。

凡好恶为天下而饰，即非赤子之真。此杂霸之意，即盗跖之意，自欺也。

虽以圣人、帝王，而不能无杂霸之心，即不能无盗跖之心。故君子必慎其独也。

慎之何如？时时格物，则时时知致矣。小人惟知格物之间，略有不慎，而求之天下。

圣人、王者，方持大鉴以照心中之盗跖，而下下之盗跖，皆入其鉴。此小人之所不免也。

嗟乎，小人亦误求之天下之间，而失之于先后焉者也！其害如此，可不慎哉！

惟慎，故格物致知；格物致知，正慎也。此明德也，诚意者可不知哉！（小结）

从体式上看，此文比黄子澄之作有所发展，它纯然论体，阐述题旨多用散句，层层深入，已脱黄子澄雍容颂扬之初级体式。正文中或对或散，各随己便，未有硬性规定。故文中虽有对偶，但不求整齐。承题之后原题及入口气代古人立言，皆运用无痕。

从内容上看，出语多奇警，时有未经人道之句，透出一股雄豪不群之气。如“虽以圣人、帝王，而不能无杂霸之心，即不能无盗跖之心”等即是。

姚广孝出入于儒、佛、道三教之中，思想驳杂不纯，又有雄霸之心性，于文中皆有显现。可见明初之文，体式未定，功令不严，故其文足以表情言性。只要你博学多才，心志高远，八股文即可借题发挥，放言高论，独抒伟抱。姚广孝此文即是一例。

洪武三十年（1397）丁丑科会试分春、夏二榜。春试主试者为一度深受朱元璋倚重，奉诏删节《孟子》一书的大儒刘三吾。他留有《天下有道则礼乐征伐自天子出》的程文，摘取其中一段来看其时八股文之特点：

> 以言乎礼乐也，则其典掌于宗伯，惟天子得以行之，是以大礼与天地同节，大乐与天地同和，而僭轨物于私家之堂者无有也；以言乎征伐也，则其法掌于司马，惟天子得以命之，是以四征所以纠弗庭，九伐所以正邦国，而谋干戈于邦域之中者无有也。

与十三年前黄子澄的同题会试文比较，可知此文在遵经守注上已前进了一大步，它言礼乐、征伐，都依注阐发，分毫不失，以理法为尚，一本正经地依题写体会。行文朴实无华，颇有古风。它以“礼乐”与“征伐”来分股，对偶已齐整。可知洪武末年，八股文的体式已在向标准化迈进。

洪武年间所存之文还有梁潜所作的《易经》题程文，其题与文如下：

法象莫大乎天地，变通莫大乎四时，悬象著明莫大乎日月，崇高莫大乎富贵，备物致用，立成器以为天下利莫大乎圣人

> 程易之在造化者既无以加，易之在人事者亦无以加。（破题）
>
> 盖造化人事，同一易之理也。（承题）
>
> 非赞易圣人，于是而极言之，其孰能知夫造化人事之各极其大，而无以加哉？（起讲）
>
> 自今观之，日月之运行，山川之流峙，皆变象也。然成象之谓乾，效法之谓坤，则大莫大于天地矣。

昼夜之相循，晦明之相代，皆变通也。然一阖一辟谓之变，往来不穷谓之通，则大莫大于四时矣。

星辰之森列，云汉之昭回，皆悬象著明也。然相推而明生，得天而久照，则大莫大乎日月矣。（以上为第一段，分别阐释题之前三句的天地、四时、日月即天地自然之象）

一乡一邑，各有其长；一家一国，皆有所尊。然富有四海，其富而无伦；贵为天子，其尊而无对，则又莫大于崇高富贵矣。（以上为第二段，阐述天子崇高富贵）

智者创物，巧者述之，皆所以备物致用也。然耒耜舟楫之为，臼杵宫室之制，立成器以为天下利，又孰有大于备物致用之圣人乎？（以上为第三段，阐述圣人伟大之理）

曰天地，曰四时，曰日月，此易之在造化而无以加者也；曰富贵，曰圣人，此易之在人事而无以加者也。非吾夫子赞此，其孰能知造化人事之大，即易道之所以为大哉？虽然，天地四时日月，皆造化之大，而天地为尤大；富贵圣人，皆人事之大，而圣人为尤大。（以上为第四段，盛赞圣人在天地、人事中为最伟大）

知造化人事之大，而易道之大于斯可见。不然，何以曰探赜索隐，钩深致远，定天下之吉凶，成天下之亹亹，莫大乎蓍龟。（以上为小结，将本章后面未入题的字句略加阐释，盛赞占卜用的蓍草、龟甲最伟大，以全本章之旨）

梁潜（1366—1418），字用之，泰和（今江西泰和）人。出身名门，父、子均有名。洪武丙子（1396）科举人。授四川苍溪训导，历任四会、阳江、阳春知县，皆有治声，以廉正公平称。永乐元年（1403）召修《太祖实录》，书成，擢翰林院修撰、右春坊右赞善。代人总裁《永乐大典》。永乐十五年（1417）朱棣北征，太子监国，梁潜留辅。因太子宽释陈千户而被人诬告，事牵梁潜，下狱弃市。能文，著有《泊庵集》，为文清隽，时有纵横浩荡之气。

《法象莫大乎天地　圣人》应是梁潜乡试之文。因明初程文皆选刻考生优秀之文，而梁潜只应过乡试。他在苍溪任训导时也要写作八股范文，但不能算作“程文”。故可将此文列入洪武朝八股文之列。

这篇取自《易经·系辞上传》之题文，除破题、承题、起讲外，正文部分的四大段，都是按题目字句的先后，依据古注疏的说法逐一进行阐释。只不过经由作者的领会消化，引义选词，便尔精当而已，可视为注疏之流亚。

从上面几篇八股文的形态分析可以看出，洪武十七年(1384) 重开科举后的八股文，可分为三种形态：一为散文化的赋体文，以黄子澄之文为代表；一为采用了对偶段落的散体论述文，姚广孝之文可为代表；一为有对偶段落的注疏体文，梁潜之文可视为代表。

三种类型之文无不表明，洪武朝的八股文与标准体式的八股文有较大区别，它体式较宽，除破题、承题、起讲必具之外，正文部分或对或散，各随其便，并无硬性规定。文末有小结（清代叫收结)，这是“一篇收煞处，因大讲说开，无所统束，却作数句以收拾上文，如物之乱，而用绳以束之也。先辈文，绝无潦草结者。或通括行文之意，或于本文外别立一意，过幅之中，精神倍出”①。

明代前期，于小结后常用大结。明代左培说：“文至大结，时文中古文也。文已说尽，又自我评断一番，使有归结，须凌空驾驭，死中求活，有断制而调古，方是家数。”② 文用大结，除以己意作评断外，还可运用先秦之后的史实作针对现实之议论，以表现作者的实学与才识。

---

① 左培：《书文式·文式》卷下《小结法》，日本享保三年京都刻本。
② 左培：《书文式·文式》卷下《大结法》。

这时所出之题，全是所谓明白正大之类，且不避重复，同题可在乡、会试中多次使用。作者只要讲明题目的本义，阐明它所包蕴的孔孟之道，不违背朱熹及其他经指定的古注疏即可。作者既可采用散文化的赋体，也可使用散体式的论述体和注疏体体式而不拘。但其发展轨迹是清晰的，即在向对偶整齐的论述体发展。严格说来，洪武朝的八股文仍属解经性的经义体。其作法是一般将题分为二节，或用对偶句式或用散句分段逐节释义，或用训诂之法，或对或散，按题逐字析义。

《隆庆庚午（1570）应天乡试录序》中对洪武八股文的特点有阐述：

> 圣祖开科取士，制监于前代，罢博学宏词、诗赋诸科，以为虚文不足以得士，而纯用经术。于其时制录所录，率沉浸经旨，意显语质，如太羹玄酒，疏越朱弦，味若音固有不尽者存也。①

此时的士子，在明初的政治高压之下，无不熟读经书，体会语气，依经守注，以理法为尚，老老实实地去按题写自己的心得体会。不用华词丽藻，不讲机法，不耍花样，不追新逐异，只求依照注解，将题中大道理发明便成文章。其高者也只力求讲出自己的真知灼见。故此时之文都朴素无华，具有古风。说理贴切，不故作高深。其高者皆简要亲切，绳墨谨守，尺寸不逾，朴略而古雅。清阮葵生在《茶馀客话》中说："洪永会元十五人……皆不事雕饰之文。"② 即是对洪武文风的一种概括。但此时大多数都失于平淡枯燥，被后人讥为"无文"。古语说言而无文，故行之不远，明代初创时期的八股文之所以极少留存下来，除永乐时的"靖难之役"损毁严重，且时代又久远等原因外，"无文"，平淡

---

① 张萱：《西园闻见录》卷四四《礼部》三《科场·前言》，哈佛燕京学社，民国二十九年。

② 阮葵生：《茶馀客话》卷一六，中华书局，1986 年。

枯燥，只直写传注的作法可能是其不能流传的更重要之因。这样的文章体式不全，说理直露，不仅后世无摹拟揣摩的必要，读来也枯燥乏味，又有什么人会珍藏保存它呢？这样流传下来的自然就很少了。

明代八股文的文体格式是何时出现雏形的呢？据《百可漫志》说：

> 国朝开科，自洪武三年始。定条例，自十七年始。先是试文尚仍元制。刻程文，自二十一年始。先是只录姓名乡贯。试录定式，自二十一年始。

最权威的当属丘濬的话："至（洪武）十七年，始定今科格式。十八年会试，止录士子姓名、乡贯，而未刻程文。录文自二十一年始也。"①

什么叫程文？据顾炎武所说："自宋以来，以取中士子所作之文，谓之程文。《金史》：'承安五年，诏考试词赋官各作程文一道，示为举人之式，试后赴省藏之。'"② 可知程文是用来为考生作格式范文的。到明代，先挑士人佳文刻录，后多为主司所作，便把士人所作别称为墨卷。

既然从洪武二十一年开始刻程文，定"试录定式"，而此前"试文尚仍元制"，则标志是时八股文已大体成型。因为程文及"试录定式"是用以公示文章格式的。

第七节 朱元璋创制八股文之目的，在于传输程朱理学以治心

明代董份曾对朱元璋创立科举制，专用八股取士的用心作出过分析：

---

① 丘濬：《大学衍义补》卷九《正百官清入仕之路》，弘治刻本。

② 顾炎武：《日知录集释》卷十六《程文》，岳麓书社，1994年。

明兴，上鉴国法，仿其遗意，杂采汉、唐、宋之制，而校之以文。去古益远，世益以薄，稽行则不胜其伪，校文则犹有可考故也。①

董份是明朝一个有深厚文史素养的学者，他的这番话从时代变化则德行多伪的角度对朱元璋以八股文试士的原因作出了分析，确有见地。但要想全面、准确地破解出朱元璋创制八股文用以试士的原因，还得从分析文体的政治功用入手，方可把握朱元璋创制八股取士的良苦用心。

明代八股文“专取四子书及《易》、《书》、《诗》、《春秋》、《礼记》五经命题试士”的政治功用是什么呢？

由于各级科举考试所作八股文的文题都取自《四书》、《五经》，且要依据程、朱等的注释来阐发题旨，入场时又不许夹带片纸只字，故要想看懂题目，非得把《四书》、《五经》背得滚瓜烂熟不可。这样儒家经典便占据了士人心田，在日浸月染之下，士人们便会树立起儒家正统的道德观、价值观。这对巩固封建统治是极为有利的。朱元璋“治本于心”的理念便落到了实处。

作为一个具有远见卓识的封建政治家，朱元璋在平定天下扫除群雄的过程中即已认识到了治世先治人，治人先治心的道理，“治本于心”便是他对历代封建统治术的一种概括。而治心，最好的方法莫过于借重儒家思想，特别是宋代形成的程朱理学。程朱理学讲三纲五常，讲存天理，灭人欲，讲忠君爱国，其思想与封建政治高度融合，是封建统治者用以“治心”的最有效之利器。朱元璋在其身边的儒士们长期的启发熏陶下，以其过人的领悟力，很快即捕捉住儒家正统思想和《四书》、《五经》这一儒家最重要的典籍来进行“治心”。他登位之初，即大搞尊孔读经活

① 董份：《泌园集》卷二十九《江西重建贡院碑记》，万历董嗣茂刻本。

动，大力宣传、提倡儒家思想。

如洪武元年戊申（1368）二月，他登基伊始，有万千军国要务亟待处理，却诏以太牢祀孔子于国子学，并遣使至曲阜致祭。说：

> 仲尼之道，广大悠久，与天地相并。故后世有天下者，莫不致敬尽礼，修其祀事。①

此后祭孔之事不绝于耳。朱元璋勤俭一生，从不乱花国库一分钱，为尊孔他竟如此大方，花费如此之巨，他欲借孔子以推行其思想控制方针之急迫可见一斑。

对于读经的提倡，他更是不遗馀力。他告谕廷臣说：

> 道理之不明，由教之不行也。夫《五经》载圣人之道也，譬之菽粟布帛，家不可无。人非菽粟布帛，则无以为食；非《五经》、《四书》，则无由知道理。②

洪武三年庚戌（1370）之后连续三年的乡试所出经义之题也全出自《四书》、《五经》。

他还大力兴办学校，不但有国子监、府、州、县学，还有社学和私学。他把办学与农桑等同并视，认为都是“王政之本”。因而全国“无地而不设之学，无人而不纳之教”③。明代教育的发达，超过了唐、宋两代。朱元璋把学校作为他向国人灌输儒家思想的最重要场所，颁赐《四书》、《五经》于南北学校，规定它们为必修课目。

然而，在洪武初年，朱元璋的所有努力收效甚微，哪怕是用强力推行也好，儒家思想并没有深入国人之心，更不用说以之来

---

① 《明太祖实录》卷二十六，台湾“中央研究院”史语所校勘本，1962年。

② 《明太祖实录》卷二，台湾“中央研究院”史语所校勘本，1962年。

③ 《明史》卷六十九《选举志》一，中华书局，1974年。

规范国人的行为了。这是因为朱元璋尚未将儒学定为其统治思想，而孔孟之道与村野田夫的日常生活关系太少；《四书》、《五经》并非布帛菽粟，与寻常百姓家距离太远。既然以什么作为自己的统治思想尚未确定，朱元璋便不可能全力以赴地去探讨寻求将程朱理学与平民百姓的切身利益相勾连的纽带，儒家思想便不可能走进千家万户，化育士子。

在各级学校，特别是国子监，尽管朱元璋以利禄来诱使学生认真向学，成绩优异者，“岁贡易得美官”，但朱元璋此时提倡学校生员要学习实际本领，生员“专治一经，以礼、乐、射、御、书、数设科分教”①，而没有设法将生员们的前程与《四书》、《五经》、程朱理学的学习好坏有机地结合起来。虽然天下生员越来越多，洪武二十六年癸酉（1393）国子监的生员总数达到八千一百二十四名，但在洪武前期真正认真攻读《四书》、《五经》，并以程朱理学规范自己言行者寥寥无几。这些人入仕为官后，大多政绩平平，残害百姓、贪污受贿者不乏其人。

朱元璋有着对现实的深刻把握能力，当他看到了这些问题后，便尽力去探寻把对程朱理学学习的优劣与士人的功名利禄结合起来的办法。但最初的探索是不成功的，因为在洪武初年尚杂用佛、道之教，没有把儒家思想确立为自己的统治思想，这就妨碍他去考虑如何才能创制一种能将士人们牢牢拴在《四书》、《五经》之上的考试文体。洪武三年庚戌（1370），他颁诏决定开科取士。他把科举考试分为三场，据顾炎武所述：“初场《四书》疑问，本经义及《四书》义各一道；第二场论一道；第三场策一道。中式者，后十日，复以五事试之，曰骑、射、书、算、律。骑观其驰驱便捷，射观其中之多寡，书通于六义，算通于九法，

---

① 《明太祖实录》卷四十六，台湾“中央研究院”史语所校勘本，1962年。

律观其决断。”[①]

这种考试，用今天的话说，是在全面考察应试者的素质和实际工作能力，而没有把士人导向于以经学取代文学之路，故被顾炎武称为“真所谓求实用之士者矣”[②]。其中“《四书》疑问”一项，用顾炎武的话来说，是对《四书》“设为疑事问之，以观其学识也”[③]。既然对《四书》这样的儒家经典还让人提出疑义，允许考生对于经书发表自己的看法，那当然给了士人的思想以一定的自由，有利于学术的发展和士人实际能力的增强，但从另一个角度来说，这种做法不利于朱元璋意欲以儒家正统思想来控制士人这一根本政治目的的实现。

朱元璋正是看到了问题的严重性，加上首科取中的进士年纪轻，整体素质不高等原因，他终于放弃了沿用元末科举考试文体的做法，洪武六年癸丑（1373）罢停科举。

十年后，他对儒家思想的作用认识已臻成熟，并决心以之为自己的统治思想。洪武十五年（1382）四月，他谕礼部尚书刘仲质曰：“孔子明帝王之道以教后世，使君君臣臣、父父子子纲常以正彝伦攸序，其功参于天地。”特命天下通祀孔子并赐学粮，增师生廪膳。[④] 到五月，则正式提出要“以孔子之道为教”。他对国子监祭酒吴颙等人说：“卿等为师表，正当以孔子之道为教，使诸生咸趋于正，则朝廷得人矣。”[⑤] 他还亲自给国子监诸生讲解《尚书》。连荐举人才也要专门访求“经明行修”者，以币聘之进京共论治道，以安民生，而不再去征召举荐“孝弟力田”的人才

---

① 顾炎武：《日知录集释》卷十六《经义论策》，岳麓书社，1994 年。

② 顾炎武：《日知录集释》卷十六《经义论策》，岳麓书社，1994 年。

③ 顾炎武：《日知录集释》卷十六《经义论策》，岳麓书社，1994 年。

④ 《明太祖实录》卷一百四十五，台湾“中央研究院”史语所校勘本，1962 年。

⑤ 《明太祖实录》卷一百四十五，台湾“中央研究院”史语所校勘本，1962 年。

了。故在他重开科举时，不惜摒弃注重于考察士人实际工作能力的方法，而从巩固自己的专制统治出发，以树立儒学的统治地位，用儒家思想控制士人为目的，在考试中删去了经疑及骑、射、书、算、律等科目，创制了八股文用以取士。他精心设计，将八股文的文题、文体格式、内容、作法都与《四书》、《五经》紧密地捆绑到一起，如朱元璋将儒家思想概括为“敬天”、“忠君”、“孝亲”三个方面，说“圣贤立教有三：曰敬天，曰忠君，曰孝亲”①。所以洪武朝八股文的文题皆要从经书中选取有关这三点的经文作题目。这就是被人称作：“国初试题，皆取经书中大道理，大制度，关系人伦治道者，出以试之。”② 而且八股文的考试篇数增加到七篇，难度也大为增加，形成非熟读精研《四书》、《五经》者便写不好八股文，写不好八股文便不能有功名利禄的一整套严密的取士制度。这样，士人们无不被牢牢地拴到了《四书》、《五经》的研习之上，逐步形成了“非《五经》、《四书》不学”③ 的局面。但这也产生了负面效应，即有些人对于《四书》、《五经》，“徒以记诵之多”④ 而不通晓其义，有的更只背诵时文，猜题剿袭，以图幸进。

洪武之后，科举考试更突显第一场七篇八股文写作的重要性，应试者取录与否，主要看八股文的好坏，再到后来，八股文中更以被士子认习的本经即首艺的好坏作为取士的标准。明代科举考试中的第二、三场形同虚设，士人就完全彻底地被拴在了八股文上，说到底也即是被拴到《四书》、《五经》之上了。

《明史·选举志》中说：在重开科举之前，“太祖虽间行科举，而监生与荐举人才参用者居多，故其时布列中外者，太学生

---

① 《明史》卷一百三十七《吴沉传》，中华书局，1974 年。
② 丘濬：《大学衍义补》卷九《正百官清入仕之路》，弘治刻本。
③ 嘉靖《惠安县志》卷九《学校志》。
④ 顾炎武：《日知录集释》卷十六《经义论策》，岳麓书社，1994 年。

最盛。一再传之后，进士日益重，荐举逐废，而举贡日益轻”①。

科举考试的内容往往指挥着应试者以至所有士子的知识追求，进而影响到士风、文风、士习等更深的社会层面。在八股取士这根指挥棒的驱使下，士人们钻研习诵《四书》、《五经》的自觉性空前高涨。特别是明代的科举制度从法律角度上说，是超阶级的，它规定年不分老幼，地不分城乡，人不论贫富，只要你能写好八股文就有可能金榜题名，显亲耀祖，无可争议地升入统治阶级。明初，政治较为清明，科场规则周密严明，舞弊行为较少，在一定程度上保证了考试的公平竞争，这更促使人们去应试。“朝为田舍郎，暮登天子堂”的美好前景激励着无数出身贫寒的士人去寒窗苦读，认真揣摩圣贤义理。攻读《四书》、《五经》，以程朱理学规范言行逐渐成为广大士人的自觉行动。一个“家有弦诵之声，人有青云之志”② 的社会出现了。

当科举考试采用八股文取士后，程朱理学通过科举对中国封建社会实现了具有绝对权威的思想统治。

明初八股文创制之后，各地的义夫孝子、贞女烈妇、廉吏清官逐渐增多，从明代的各种地方志的记载上可以明显地看出这个现象。这就表明，八股文的创制对儒家正统思想的传播、普及起到了巨大的作用。《四书》、《五经》正如朱元璋所期望的那样，成为许多平民百姓的“菽粟布帛，家不可无”③。他们的思想行为，自然也受到了儒家道德观和价值观的规范。明代政权也因之而得到了巩固。

明初八股文对社会的广泛影响，还体现在以之为衡量标准，为明初政坛选拔了成千上万具有儒家正统思想的贡生、举人、进

---

① 《明史》卷六十九《选举志》一，中华书局，1974 年。

② 徐一夔:《始丰稿》卷五《送赵乡贡序》，乾隆刻本。

③ 《明太祖宝训》卷二《尊儒术》，《明实录》附录，上海古籍出版社，1983 年。

士，并把他们充实到从中央到地方各级政府岗位上，保证了国家机器的正常运转，使明初政局保持了稳定，为明王朝二百七十馀年的统治打下了牢固的基础。

明末学者曾异撰曾说及八股文对明代政局的影响。他说："一代之王制在是矣！三百年间具文武经纬，系社稷安危者有之，未尝借才异代者，皆由此道也。以进选而用之，其亦天子之剑材也。"①

第八节　洪武年间八股文体式的功用

为什么"太祖初定举业，有司拟格以进"②，朱元璋规定八股制义要"略仿宋经义"，而不是像洪武首科那样，"所试之文，尚仍元式"呢？除政治上的考虑，即明朝是取元而代之有忌讳外，其因就牵涉到八股制义的体式功能的设置了。

这是因为宋代经义到南宋时已形成"有定格律，首有破题，破题之下有接题"，然后有"小讲"、"大讲"、"馀意"、"结尾"等固定段落，"篇篇按此次序，其文多拘于偶对，大抵冗长繁复"③。可见南宋时经义已具八股雏形了。

而元代的经义据元代王充耘在《书义矜式》中所述，"其体式视宋为小变"④，特别是它不像南宋经义那样，"拘于偶对"，即还没形成"体用排偶"的格式，尚未具备八股文文体之基本形态，还不能算八股文。而要创制一种专门用来阐释《四书》、《五经》精义的考试文体，自然就要讲究次序，讲究条理，要有逻辑性，有主题，有发挥。这就会出现破题、承题、起讲等格式，以

① 黄宗羲：《明文海》卷三百九。

② 左培：《书文式·文式》卷上《历科诸先生文语·钱鹤滩》。

③ 倪士毅：《作义要诀》，《四库全书》本。

④ 梁章钜：《制义丛话》卷之一，咸丰九年广州重刻本。

及有分条议论的分股。所以朱元璋在经过长达十年的思考之后，便弃元代经义体式，而要“略仿宋经义”，创制出八股文文体格式了。

采用八股文文体格式，可检验应试者对儒家经典的熟悉程度和理解的正确与否。又因这种文体各个组成部分都是经过精心设计的，各部分与全篇之间，各部分与各部分之间都设置了种种逻辑关联，经过这种文体的长期写作训练，便可提高写作者的思维能力和分析问题、解决问题的水平。

明代还规定八股文必须“代古人语气为之”。这一条是明代八股文与宋、元经义的不同之处。宋代经义中虽有“顺口气”的作法，但并不普遍。明太祖规定制艺必须阐发经旨，士人们自必体会其意，不敢轻发己论，久而久之，就形成了代圣贤立言的格式了。这种作法是促使学习八股文写作者深入钻研儒家经典的一种极为有效的手段。因为既要“代古人语气为之”，也即是通常所说的代圣贤立言，就必须根据文题去揣摩古人在当时的语境之下的心理及所思、所想，以其为依据，换位思考，设身处地地代作圣贤，进入角色，摹其声口。这样就会发题目之微言大义，才会肖题。要做到这点，非对儒家经典咀嚼得很透，领悟很深，并能融液经史不可。

朱元璋为明代八股文设置的各个组成部分的功用，在于能有效地对士人进行逻辑思维的训练，培养他们认识事物、分析事物的能力，以顺利开展实际工作。

至于“体用排偶”这个八股文格式的最大特点，在南宋经义中即已出现，在朱元璋所定的八股制义格式中，却未承继这种形式。因为八股文是由宋经义脱胎而来的，其前身虽有大量排比对偶句，但仍属于散体文，长句子很多。当明初将宋经义加以改造，使之变成明代经义后，就出现了文章的正文部分大量使用对偶句的特点。到明中期后在阐发义理的重点部位中比和后比，每比往往有数十字甚至上百字。这种带有骈文特征的长对偶句的写作，既可培育人们驾驭语言的能力，又可提高人们正反思维的水平。

洪武十七年甲子（1384）重开科举，在考场中使用的这种虽只具雏形，却已“略仿宋经义，然代古人语气为之，体用排偶”的文体，标志着一种新的考试文体，即八股文的诞生。由于经过长达十馀年的思考与精心构制，八股文从文题到文体格式及其作法，都与《四书》、《五经》有机地结合到了一起，加之有“非科举者毋得与官”[①] 的规定，便巧妙地把天下士人都吸引到自觉攻读，精心揣摩《四书》、《五经》的道路上去了。朱元璋认为“天下以虚文应朕”的状况彻底扭转了。

当然，一种文体，哪怕是考试文体的形成，并非是一朝一夕的事，而要经过几代人的不断修正、补充、完善才能形成一种成熟的模式。洪武后期所创制的八股文文体与它定型后的格式相比，还比较粗疏，只具有几个主要的部件，尚未像成化年间那样规范化和程式化，除具原创意义的“入口气代圣贤立言”外，其主要体式特征大体上是对宋、元经义的继承和发展，另一属于明代原创的八股部分的设置还有待于后人去完成。

第九节　八股文的创始者考析

八股文到底是谁创制的，这个问题一直为学术界争议不休。

《明史·选举志》中说，八股文“盖太祖与刘基所定”。有些学者根据顾炎武“经义之文，流俗谓之八股，盖始于成化以后”[②] 的说法，对朱元璋与刘基始创八股文表示怀疑。也有人说八股文创制在洪武十七年重开科举时，刘基早已去世，故与之无关。这都是对八股文缺乏深入研究所致，是不合乎历史事实的。

从以上分析中可以看出，洪武后期即已创制了八股文，它的

① 《明史》卷七十《选举志》二，中华书局，1974 年。

② 顾炎武：《日知录集释》卷十六《试文格式》，岳麓书社，1994 年。

格式还带有较浓的宋经义的色彩，不是标准的和严格意义上的八股文，但已在宋代经义的基础上经过了改造、加工，所以《明史》中称之为“略仿宋经义”。

要创制这种格式的文体，无论从学识、地位、资格，还是从对经义的熟悉程度来说，承担者非刘基莫属。

刘基学识渊博，在元末就考中过进士，对宋、元经义的格式了如指掌。且他长期生活在朱元璋身边，是朱最重要的谋士。《明史·刘基传》中记载，朱氏对刘极为倚重，“每召基，辄屏人密语移时。基亦自谓不世遇，知无不言。遇急难，勇气奋发，计画定之，人莫能测。暇则敷陈王道，帝每虚己以听”。朱元璋既然要推行科举考试，对考什么和怎么考就不能不先作通盘考虑。对选用何种考试文体这样重大的事情，毫无这类知识的朱元璋必定会“虚己以听”，和刘基商量，并委以选用考试文体之重责。刘基对用什么方式去取士，以什么文体去试士也不可能不先呈报朱元璋，由之拍板决断。这从刘基出任洪武京畿首科乡试的主考官便可得到证明。因为乡试主考要承担命题及指示考试文体程式的任务。假若刘基没有参与八股文的创制，明代京畿首科乡试主考官怎么会要他担任呢？

朱元璋由于对洪武首开乡、会试的“虚文”表示不满而罢停了科举。时在洪武六年（1373），刘基仍活在世上，且朱元璋对首开科举所用文体表示不满，也不会只在宣布罢停科举之时，可能早一两年就已发现这一问题，早就叫刘基在着手研究解决了。作为“所试之文，尚仍元式”的始作俑者，深知朱元璋为人的刘基必然会受到很大压力，也必然会秉承朱元璋的意旨，去认真思考、改进、完善这种考试文体。朱元璋也会以其远见睿智对他的意见进行筛选，终于在洪武十七年甲子（1384）重开科举时采用了新的文体。所以《明史》的修撰者说明代八股文是朱元璋及刘基“所定”，是有道理的，也是符合事实的。弘治庚申（1500）科会元，有八股文“四大家”之称的钱福说过：“太祖初定举业，有司拟格以进。”[①] 可见朱元璋确为八股文的创制者。明末著名文人张岱也说过：“我明自高皇帝开国，与刘青田（伯温）定为八股文字。”[②] 张岱出身科第世家，其高祖张元忭曾在隆庆五年(1571）中过状元，其说肯定会有根据。当然，这种初创的文体与后来成为定式的标准格式存在着差异，一些地方还有待于在考试实践中不断完善。这是一种文体初创时的普遍现象。

我们从刘基那篇仅存的，被后代尊为“有明一代制义之祖”[③]的《敬事而信》题文来看，也可证明刘基参与了八股文的创制。

这篇文章，虽因“其提一‘机’字以为敬之原，衬一‘势’字以为信之影，究未为精的”[④]，但八股文的基本格式已经在这篇文章中呈现。

有人以顾炎武关于八股文“始成于成化以后”的说法来剥夺朱元璋和刘基的八股文创始权，这是徒劳的，因为这既是孤证，也与事实不符。

从黄子澄的会试墨卷及洪武二十一年（1388）已刻程文及“试录定式”之事实也可证明八股文在洪武年间已大体成型。

至永乐年间，八股文的格式便已基本成型。永乐七年己丑(1409）科会试第二名杨慈的《武王缵太王、王季、文王之绪一节》题闱墨，以及永乐年间于谦的八股文名作《不待三，然则子之失伍也亦多矣》，还有王恕写于宣德年间的《知者乐水，仁者乐山　一节》、《乡人皆好之　一章》题文等，无不体分八股，与标准体式基本一致，即是明证。至成化，八股体式已规定在各

① 左培：《书文式 · 文式》卷上《历科诸先生文语 · 钱鹤滩》，日本享保三年京都刻本。

② 张岱：《石匮书 · 文苑列传总论》，上海古籍出版社，2008 年影印本。

③ 梁章钜：《制义丛话》卷之四，咸丰九年广州重刻本。

④ 梁章钜：《制义丛话》卷之四，咸丰九年广州重刻本。

种考试中使用，但不是形成于成化。成化总共才二十三年，一种文体能在这么短的时间内形成吗？显然不可能，这是常识问题。

正是基于上述事实，才有钱福“太祖初定举业”和张岱“我明自高皇帝开国，与刘青田（伯温）定为八股文字”①，及《明史·选举志》中的八股文为“太祖与刘基所定”之说的出现，也才有清代考据学名家阎若璩“前明三百年，文章学问，不能远追汉唐及宋元者，其故盖有三焉：一坏于洪武甲子定制，以八股时文取士，其失也陋”② 的批判言论出现。阎氏博学多识，精于考据，他为证明明代八股文之陋，曾将明代八股文名家时文中错解题、误用事之处一一勾辑，编为一书，痛加申斥，难道其“洪武甲子定制，以八股时文取士”之言，会是空穴来风，无据而说吗？

当年参与编修《明史》的如万斯同等，都是为后世景仰的饱学名士，他们熟稔明代史实，在修《明史》时又搜集了大量官私史料，经过了认真的分析研究。《明史》向以体例严谨、叙事缜密而著称，虽间有讹误，但对八股文为谁所创这种不难弄明白的事总不至信口雌黄、张冠李戴吧！

意欲剥夺朱元璋和刘基八股文首创权的人还错在他们没弄清楚八股文到底是什么。

准确一点的说法，八股文是明代应试经义的一种，故明代官方典籍和学者的著作中都只有经义一词而很少用八股文这个说法。八股文只是明代应试经义的俗称，这一点顾炎武就很明白，他说：“经义之文，流俗谓之八股。”③《明史·选举志》中也称：“其文略仿宋经义，然代古人语气为之，体用排偶，谓之八股，通谓之制义。”④ 体分八股只是诸多八股文体式中的一种，为一种

---

① 张岱：《石匮书·文苑列传总论》，上海古籍出版社，2008 年影印本。
② 阎若璩：《潜邱札记》卷一，乾隆十年阎氏刻本。
③ 顾炎武：《日知录集释》卷十六《试文格式》，岳麓书社，1994 年。
④ 《明史》卷六十九《选举志》一，中华书局，1974 年。

标准体式。它产生于一定的历史条件下，也曾独霸过八股文坛，但好运不长，时代一变，各种变体都破土而出，它又成了经义中的一体，被赶下了霸主之位。关于这种状况，章学诚说得极透辟，他说：

八股称《四书》文义，乃流俗俚话。文体分股，八股为篇，经传子史，往往有之，何必《四书》文义独擅其称？而《四书》文义则又何尝必定拘于八？此亦临文不可不审思也。①

在明、清八股文史上，大量存在的二股、四股、六股、十股、十二股文及根本不分股，用两截，三截及散体形式写的经义文都叫八股。既然八股文即经义之一种，经义之一即八股文，那么，说八股文为“太祖与刘基所定”又有何错？“代古人语气为之，体用排偶”的八股文在洪武首科不就出现了吗？黄子澄的《天下有道，则礼乐征伐自天子出》题文不就在“代古人语气为之”，文有十二股吗？

还有人把八股文的首创权归之于刘三吾，则更是站不住脚的。但李东阳在《修复茶陵州学记》的按语中说：“高皇帝一统之初，定经义式，实学士刘先生三吾所制，天下传之。”② 这里所说的是“定经义式”，而不是“创”经义式，是在已有的各种体式的基础上择善而取。所以《明史》中说，刘三吾于“洪武十八年，以茹瑺荐召至。……时天下初平，典章缺略，帝锐意制作，宿儒凋谢，得三吾晚，悦之。一切礼制及三场取士之法，多所刊定”③，这里所说的“三场取士之法”，指的是考试制度与方法，也包括选取、确定经义式，而不是创制八股文体，故不能把八股文的首创权拱手送给刘三吾，而只能归于朱元璋与刘基。

---

① 《章氏遗书》卷二十九《论文示贻选》，吴兴嘉业堂刻本。

② 《李东阳集·文稿》卷之十三，岳麓书社，2008 年。

③ 《明史》卷一百三十七《刘三吾传》，中华书局，1974 年。

第二章　从建文到天顺：明经义向八股文演进的时期

从建文朝到弘治前的永乐、宣德、正统、景泰、天顺年间，是初创时的明代经义向八股文体的演进期。在这段时间里，八股文无论是体式内容，还是作法，都处于一种变动不居的状况，一切都在探索变化：体式朝着完备的八股格式前进，用散句分股，两两对偶逐渐成为主流体式；内容专主程朱理学，经学性特别突出，文学性被有效遏制；写作则摆脱试赋、注疏训诂的影响，向层层深入地阐述题旨的论说方式过渡，写作技法开始形成。这既是时代变化、科举考试日趋成熟所致，也是文体本身按内在规律不断自我扩张，由简单向周密繁复发展的结果。

第一节　八股文演进期的政治经济和文化势态

八股文是明代统治阶级为改善其控制读书人头脑的手段，以程朱理学去培养人才而创制的。

八股文在明、清的发展，有着十分复杂的形式和曲折的历程。自其本身而言，它交织着经学与文学，程朱理学与陆王心学、乾嘉汉学的冲突、交流与融合。从外部而言，它最易接受时代变化的影响，在内容和形式上作出反映，故被称为“时文”。

八股文是意识形态的产物，在社会环境的变动中产生与发展，又反过来对当时的社会政治、文化、风俗习尚产生影响。所以，要认识八股文的发展变化，必先认识当时的社会环境。

明初的建文朝为矫正洪武时以苛严治国的弊端，开始推行宽松的治国方略。但刚一开头就被朱棣发动的“靖难之役”所扼杀。

朱棣夺得帝位，改元永乐。又沿袭其父朱元璋以猛治国的方略，重建特务组织“东厂”，与锦衣卫并称为“厂卫”，对政敌施行血腥镇压。他进一步完善国家管理机制，强化中央集权；迁都北京，加强军队建设，建立京师三大营，亲自领兵追剿元朝残馀军队。其勇于开拓进取之风，对永乐时期的政治、经济发展有很大的影响，也投射到这一时期的八股文，促使其不断发展变化。

永乐时期对八股文影响最大的，还在于朱棣为强化文化专制，下令编撰了为程朱理学所独占的《四书大全》、《五经大全》、《性理大全》。三种书不仅只录程朱学派的注疏，不准他家人内，且指定为学校教习的唯一课本，八股文内容的唯一依据。这就将八股文牢牢地捆绑在程朱理学之上，对八股文内容的影响既巨且远，造成了数百年八股文“非朱氏之言不尊”的局面，也种下了八股文的经学性与文学性冲突的根源。

永乐朝的进取创业，为明初经济文化的发展，奠定了基础。此后，仁宗、宣宗相继治国，号称“仁宣盛世”。宣德年间，偃武修文，社会安定，经济进入繁荣。《明史》说：“明有天下，传世十六，太祖、成祖而外，可称者仁宗、宣宗、孝宗而已。仁、宣之际，国势初张，纲纪修立，淳朴未漓。”① 此间，虽有宦官王振干政，朝中矛盾加剧，北部边防松弛，正统十四年（1449）八月，因皇帝荒唐无知，发生了导致明军覆没，英宗被俘的“土木堡之变”；但在于谦等人的鼎力维护下，终于转危为安，统治根基并未动摇。以后经明代宗景泰、明英宗复辟后的天顺，至明宪宗的成化、明孝宗的弘治时期，可称为承平之世。虽然“土木堡之变”后政治日趋腐败，统治阶级对社会的控制力下降，矛盾丛生；但承平之日久，社会安定，造成了经济的不断繁荣，引起了

① 《明史》卷十五《孝宗本纪》，中华书局，1974 年。

社会的变化。

由于吏治的腐败，皇亲贵族及缙绅富商放肆兼并农民的土地，造成大量流民。他们中的不少人进入了城镇，选择以手工业和出卖劳力、小商小贩为生。这就促进了迁居地手工业和商业的发展。

丘濬指出明代江西填湖广即“江右之人大半侨寓于荆湖，盖江右之地力，所出不足以给其人，必资荆湖之粟以为养也”①。道光《贵溪县志》说，明初广信府“民力田而外，藉资生理，工其一焉。或陶于烧，或楮于铅，或效技于本邑他郡，虽艺能不无工拙，凡以利用云尔”②。明李维桢在《刘处士墓志铭》中说，江西商人在湖广竟陵（天门）皂角市经商成市：“竟陵东六十里，聚曰皂角市……市可三千人，其人土著十之一，自豫章徙者七之，自新都徙者二之。农十之二，贾十之八，儒百之一。”③

在沿海，有商人及“亡赖”，“冒禁通番”，从事海外贸易活动。正统九年（1444），广东潮州“民滨海者纠诱傍郡亡赖五十五人，私下海，通货爪哇国”④。景泰年间，福建漳州“民多货番为盗”⑤。在江南的一些城市里，有人“专于贩易佣作者”。

工商业的发展，劳动力的出卖，促进了市镇的成长。如江南的陆家浜市“创于宣德初年，客商货物，咸自他郡而来，颇繁荣”⑥。湖广汉川县的刘家隔，“我国朝辟为通衢，人遂乐业。其始居民十数家，宣德、正统间，商贾占籍者亿万计，生齿日繁，贸迁益众，卒成巨镇”⑦。这些记载，反映了当时城镇经济正在逐

---

① 《明经世文编》卷七十二，丘濬《江右民迁荆湖议》。

② 《贵溪县志》卷十二《风俗》，江汝璧《广信府论》，清刻本。

③ 李维桢：《大泌山房集》卷八十七，万历三十九年刻本。

④ 《明英宗实录》卷一一三。

⑤ 《漳州府志》卷二五《谢骞传》，清刻本。

⑥ 万历《昆山县志》卷一《市镇》。

⑦ 嘉靖《汉阳府志》卷三《创置志》。

渐兴起的事实。

工商手工业的发展，从事商品生产的城镇的产生，市民队伍也在逐渐形成，市民文化也开始萌生。这必然引起社会风尚的变化。奢华之风初露。只因风俗的改变是一个漫长的过程，总体而言，这时的士风民俗仍“淳朴未漓”。反映在八股文风上，由初期的浑朴不文逐渐向追求雅正，再向讲求文藻发展。这与当时社会总体发展趋势是吻合的。但大体而言，仍保持了淳朴之风。方苞说：“自洪、永以迄化、治百馀年中，皆恪遵传注，体会语气，所谓浑浑噩噩，太璞不雕。”① 这种文风，正是当时社会淳朴民风在八股文上的投影。

第二节　八股文演进的轨迹

洪武十七年（1384）后用于科举取士的八股文尚未脱试赋、注疏、训诂之迹，准确地说，应称为明经义，但已在向八股文演进。

至建文朝和永乐初，明经义的特色犹存。清代莫棠在其手抄的《建文二年（1400）京闱小录跋》中说：该书“后附四书义，虽难望成、弘、正、嘉间作者，犹自简质，他则殊不足观”。“简”，自是指体式的简单，“质”则是内容的质朴无文，故“他则殊不足观”，无特色可言。而这正是洪武朝八股文的本色，说明此时的八股文犹是洪武经义的沿袭。

很快，这种状况就有了明显改变。永乐二年甲申（1404）科李时勉的闱墨《君子贤其贤　二句》即采用了八股格。不过当时大量采用的是分股段落为主加个别散句段落的体式。这从被后人一致公认为“明文始基”的永乐七年己丑（1409）科会试第二名

---

① 方苞选编：《钦定四书文·凡例》，光绪二年崇文书局刻本。

杨慈的试卷即可看出。其题文如下：

武王缵太王、王季、文王之绪，壹戎衣而有天下，身不失天下之显名，尊为天子，富有四海之内，宗庙飨之，子孙保之

惟圣人能继先业以成武功，故能得声誉之盛，而备诸福之隆也。(破题)

夫前人之所为，后人之所当继也。(承题)

苟不能然，则名且不足，尚何诸福之有哉！古之人有行之者，其有周之武王乎？(起讲)

自今观之，太王肇荒作之基，王季勤王家之事，则周之王业，固始于此矣；

文王诞膺天命之隆，以抚方夏之众，则周之王业，已创于此矣。(以上二股解“绪”字)

然太王、王季虽为王业之始，而其功则未成也。所以继其业者，非武王乎？

文王虽有造周之名，而大勋则未集也。所以承厥志者，非武王乎？(以上二股解“缵”字)

武王于是因累世缔造之功，而为一旦放伐之举。牧野之师方会，而前徒已倒戈。华阳之马既归，而天下遂大定。则前人之业于是而始成，而前人之心于是而始慰矣！(这一段阐释“壹戎衣而有天下”一句)

夫以武王伐纣，宜若失其名也，然人皆知其为应天顺人之举，而无利天下之心，则武王之名于是而益显。(这一段释“身不失天下之显名”一句，与上段暗配)

当是时也，四方攸同，皇王维辟，则天下之民，莫非其臣，其尊又何如？

东西南北，无思不服，则四海之地，莫非其有，其富又何如？(以上二股分释“尊为天子”，“富有四海之内”二句，句句切武王)

由是而祀乎其先，则假哉皇考，绥予孝子，莫不以格而以享。

由是而传之于后，则穆穆皇皇，宜君宜王，莫不是继而是承。（以上二股分释“宗庙飨之”，“子孙保之”二句，句句切武王）

则声誉之盛，诸福之隆，武王一身萃之而有馀矣。虽然，自非其能继先业以成武功，又何以臻此哉！（以上为收束，收“显名”、“尊”、“富”、“飨”、“保”五句）

夫武王能成燮伐之功，于天下未定之时；周公能制典礼之懿，于天下既定之后。武王以武，周公以文，其为继述则一而已。噫！莫为之先，后将何述？莫为之后，前将何传？夫以太王、王季、文王既有以作之，而武王、周公又有以述之。吾于是不惟有以赞武王能成之孝，而文王之所以无忧者，亦于是见矣！（以上为大结）

从体式上看，本文已出现了八股，但中间配以二段散体文，尚不是纯粹的八股格式。

从作法上看，沿袭了按题中字句顺序进行阐释，再在收束中加以概括的方式，但已脱训诂之体。前四股抓住题中最关键的字眼“绪”与“缵”各从不同的角度进行阐发。以后的两段和四股则分别对题中各句作阐释。

此文在内容上既依经守注，又别具已见，独有心得，开了万历之后“凡胸中所蕴而欲宣者，皆借题发挥”① 之先河。在此前，以《中庸》中之“武王缵太王、王季、文王之绪”一节作八股文题，无人不把它理解为三王缵绪未成，到周武王才了却太王、王季、文王之志。这样的文章简直是在说周家父子祖孙累世累代，

---

① 杨懋建：《四书文源流考》，《学海堂初集》卷八，光绪启秀山房刻本。

个个都想夺天下当天子，这岂不是与圣贤之意大悖？他们不知道缵绪二字是说能修德行仁，不堕基业，到得天与人归，一着戎衣便能获得天下，即便是以臣伐君也会在历史上留下好名声。在明代八股文史上，只有杨慈第一个看明白“壹戎衣”句不是结束上文，而是发起下文，而发掘出其中的微言大义，阐发出周武王是重壹戎衣，不重有天下的见地，发人所不能言，深领圣贤奥旨，独出己见。这种深入探究儒家经典的做法和本领，很受后人推崇。明、清两代八股文坛对此文评价极高，把它奉为“明文始基”。这就是说，他们认为八股文的解题、体式、作法，都是由此文打下了根基。如题中本无重显名义，作者却拈此作为中间的关键，制胜出奇，前后为之一振，通体堂皇炳耀，都是因此而增长气势，动若有神，已开后世讲求技巧之法门，供后人揣摩数百年。

明末章大力评云：“股而拆之，无非是方，篇而合之，无非是圆。”钱吉士评云：“转接间只用一、二字，有力无迹，其高在此。”① 这都是从技法方面来评析的。

清代八股文史研究者方苞评述此文说：“此明文始基，一代作者正变源流之法，靡不包孕。其文炳蔚，确有开国气象。”②

雍正进士，清代最有名的八股文学家王步青也说：“此制义最初体，故已教人自为。何后来谈先正者，必依文训诂，作茧自裹。”③

由此可知，早在永乐初年，渐趋标准的八股文格式即已出现。故可推想，八股格式当在永乐末期便已大体定格。

---

① 转引自梁章钜《制义丛话》卷四，咸丰九年广州重刻本。

② 引自《明文钞》（三编）中此文之方苞评点文，乾隆五十一年双桐书屋刻本。

③ 引自《明文钞》（三编）中此文之王步青评点文，乾隆五十一年双桐书屋刻本。

此文不仅奠定了明代八股文体式的根基，还以其文采斑斓，神骨色泽无一不备而打破了那些讥刺明代前期八股文为“枯简”者的眼镜，可见杨慈八股文写作能力之强。

杨慈，福建莆田人，字惠叔，永乐七年己丑（1409）科会试第二名。刚选为庶常即去世，年仅三十，生平事迹不详，有文集五卷。八股文传世者仅有一篇，即《武王缵太王、王季、文王之绪　一节》闱墨。然而，仅此一篇就使他名垂八股文史，为后人所称述。

在明代前期的八股文作家中，杨慈是一个能尽心力去深入钻研经文的人，他揣摩语调，模仿口气，务期克尽代圣贤立言之义。故他的八股时文能较好地把握经文的奥旨，且处处体悟孔孟之心，往往能发他人所未发，言孔孟欲言而未曾言，获得八股时文界的一致好评。

永乐时的八股文，在体式、作法上皆依杨慈此文的路径发展，体式以分股对偶之段为主，杂以散句段，这从于谦题取自《大学》的《其心休休焉　十句》一文可以看出。

其心休休焉，其如有容焉。人之有技，若己有之；人之彦圣，其心好之，不啻若自其口出。实能容之，以能保我子孙黎民，尚亦有利哉

国家任相臣，以有容为利也。（破题）

夫相臣能容，而有技彦圣至矣，国家之利以此。（承题）

传者以为，人君求贤则得士，乃或以求者壅之，以其失于一人也，则必察一个之心。（起讲，最后二句直扣主题）

如《秦誓》所称断断无技者可也。彼所以象其心者，曰“其心休休焉，其如有容焉”。（入题）

夫才不穷于草野，穷于大臣。曰休休，盖无所吐者，如有茹也。

才尽于登庸，不尽于虚受。曰休休，盖无所拒者，如有

纳也。(以上二股，叙题之前二句，递讲有法)

而有技彦圣，何不容之有？(出题)

见为容者其容不廓，若寸才尺艺，皆自身之效灵，则止成一己，而何者为容？

自谓容者其容不真，若推贤好德，若中怀之莫喻，则惟有一好，而何者为容？(以上二股叙中间六句，以“容”字贯穿，跟上串下)

故曰若己有之，曰不啻口出，其实能容盖如此。(过接，点“实能容之”，作一小束)

此何心耶？寤寐而思，仿佛于虞廷大禹之风。

侧席而求，伯仲于成周姬旦之义。(以上二股紧带“心”字，咏叹“实能容之”)

然则所谓能保子孙黎民，尚亦有利者，岂虚语哉！天下多就，在于一人；天下归心，系于一心，即以此实能容者利之也。(这一段叙题之最后二句，总收入“心”字，“容”字之内，即收束通篇)

不自利以利国，故量可受天下。不使居位而立政，亦无以保天下矣。《秦誓》知言哉！(大结。远射利国，近起爱恶。从题外还引述之神)

此文题目属大题类，共有五十个字。于谦融汇题文意旨，恪遵传注，抓住宰相有肚量能容才于得人之重要性及如何才算有容进行阐发，仅用三百二十八个字，即将题旨的精义统统阐发无遗。其文句句皆有斤两，议论确，风骨峻，结构严，气象大，所表现出的气之奇，才之横，法之密，都令八股文界人士叹服。

从体式上看，该文分股段落对偶虽尚欠工整，但六股用散文句式作对仗，已是八股文分股之标准句法。这证明永乐时的八股文体式朝八股定式进一步靠拢。于谦的另一篇代表作《不待三，然则子之失伍也亦多矣》题文就是成熟完整的八股格式了。这说明八股格式在永乐年间已经出现，但作者可任选自己认为最适宜的体式写作。

在写法上，该文仍是按题字顺序分别阐释，但全文一气贯注，首尾呼应，总提收束，已完全摆脱了注疏训诂文之作法，故清康熙、雍正时的八股文名家王步青评此文说：“体大思精，光焰万丈，以此为制举业开宗，岂在班、马、欧、韩下。世之卑视八股者，亦可旋其面目矣。”①

从现存八股文看，至正统、景泰时期，八股体式之文已经常出现，且与标准格式基本一致。这从王恕的《知者乐水，仁者乐山　一节》题文和《乡人皆好之　一章》题文全为八股格式即可推知。假如不是经常练习写作八股格式之文，王恕便不可能将二文写得如此得心应手。试引《乡人皆好之　一章》题文便可看出：

乡人皆好之何如，子曰未可也；乡人皆恶之何如，子曰未可也，不如乡人之善者好之，其不善者恶之

以好恶观人者，稽诸好恶之人可也。（破题）

夫好非善人，恶非不善人，其好恶本无足凭，而可取必于一乡哉！（承题）

尝谓乡人有好恶亦有善恶，故取人者不当以好恶之善恶为善恶，而当以善恶之好恶为好恶也。（起讲挈起全题，将题意概括无遗）

乃子贡以乡人皆好为问，是求观于众好也，而不知以众好观人，将为群誉之所欺矣，未可也。

子贡又以乡人皆恶为问，是求观于众恶也，而不知以众恶信人，将为群毁之所激矣，未可也。（以上二股叙前二段

① 见《明文钞》（三编）《化治文》前附，该文尾评，乾隆五十一年双桐书屋刻本。

题文，点明孔子说“未可也”之因）

夫乡人皆好，固未可以观人矣。求其好之可以观人者，其莫如乡人之善者乎？

乡人皆恶，固未可以观人矣。求其恶之可以观人者，其莫如乡人之不善者乎？（以上二股递入题之末二句，委婉有情，不作实讲）

盖善者好之，则正大之情，既以素孚于君子。

而恶者恶之，则孤介之行，又不苟同于小人。（二股正叙题之末二句）

自好人恶人者而言，好者好其人之所当好也，恶者恶其人之所当恶也。一好一恶分，而可否自见。

自见好见恶者而言，则以己之所当好而见好于善人也，以己之所不必恶而见恶于不善人也。一好一恶交，而人品始彰。（以上二股畅发末二句之意，二股宾主相对，流水开合，一气流转）

吾是以谓取人于乡人之皆好，不如取人于善人之好也。吾是以谓取人于乡人之皆恶，不如取人于不善人之恶也。观人者，其准诸此哉！（收结。重申孔子的好恶取舍原则，以供观人者考虑）

《乡人皆好之　一章》文之题出自《论语·子路》。该章经文以孔子答子贡问的形式，表达了孔子对如何才能评判一个人的善恶的看法。王恕在《乡人皆好之　一章》题文中，根据孔子认为不能以乡人的好恶来评判一个人的善恶的观点，在起讲中单刀直入，提出“取人者不当以好恶之善恶为善恶，而当以善恶之好恶为好恶”的主旨。

在正文的起二股中，以孔子的口吻指出“子贡以乡人皆好为问，是求观于众好也，而不知以众好观人，将为群誉之所欺矣，未可也；子贡又以乡人皆恶为问，是求观于众恶也，而不知以众恶信人，将为群毁之所激矣，未可也”。寥寥数语，将题目的前二段意进行概括，并融入己意，指出以众人之好恶去评判一个人的善恶之弊，为下文提出应由乡人之善者去喜欢他，乡里的坏人去厌恶他的观点铺平了道路。其后的三比则对题目的末二句作了深入的多角度的阐发。最后以“吾是以谓取人于乡人之皆好，不如取人于善人之好也。吾是以谓取人于乡人之皆恶，不如取人于不善人之恶也。观人者，其准诸此哉”作结。

由此可以看出，此文的作法，虽仍沿袭逐句阐发的套路，但区分重点，对题之末二句用六股从虚、实、宾、主等不同角度加以畅发，从而使题蕴尽显。这种阐述题旨的方法，使八股文彻底告别了注疏训诂体，已成为论述式解经之文体了。

从体式上看，全文结构紧凑，层次分明，起二比叙题之上二段，中二比递入末二句，后二比正叙末二句，束二比畅发末二句之意，在八股体式内将题旨阐发无遗，流水开合，为隆庆、万历诸位八股文大家作法开先河。语言犀利精练，雄健凌厉，却自然舒展，是一篇平实纯正，清微细净的优秀八股文，绝似成化、弘治八股文大家之手笔。联系他的另一篇《知者乐水，仁者乐山一节》题文也是八股格式，我们可以说八股格式之文至少在此时即已成熟，至景泰、天顺年间，写作更为普遍，使用极其纯熟。如景泰四年癸酉（1453）科顺天乡试考生吕原的闱墨《周有八士一节》题文即可为证：

周有八士：伯达、伯适、仲突、仲忽、叔夜、叔夏、季随、季騧

惟一代之运为甚隆，故群贤之生为甚异。（破题）

夫贤人之生不偶然也，而况一姓八士之皆贤，孰谓非关于周家气运之隆乎？（承题）

想周盛时，有文武启之，丕显丕承于前；有成康继之，重熙累洽于后。道华洋溢，而人文宣朗；光岳气完，而贞元会合。（起讲，用两个对偶句对周朝历代气运之盛进行赞颂）

于是清淑间气，钟为俊英，而当时一乳有二子之异，四乳有八子之多。（以上是提掇，后叫入题，先用两句承上生下，将文章引入对题旨的阐发，后用二句总括）

其初乳所生者，伯达、伯适也。及再乳，则仲突、仲忽生焉。

其三乳所生者，叔夜、叔夏也。及四乳，则季随、季騧生焉。（以上提二股按题中人物次序分四组点出八士之名。轻叙本题，直讲题面）

夫一乳得二，固已异矣，而四乳皆二，岂不甚异乎？

四乳各二，固甚异矣，而八子皆贤，岂不尤异乎？（以上中二股分别说明"四乳皆二"之奇，与"八子皆贤"之异，层层递进，玲珑有法）

是八士也，其德必足以辅世表俗；

其才必足以修政建功。（以上后二股分述八士之德与才，从正面揭示其贤）

虽曰：产于一姓，而实邦家之光也。

虽曰：萃于一门，而实天下之瑞也。（以上束二股盛赞八士为"邦家之光"，"天下之瑞"，也是歌颂周朝之盛）

然生既有所自，而出必有所为，夫岂偶然哉！信乎，有关于气运之隆也。（以上收结。对八士的生及出作概述以关锁全文，最后一句呼应破题并收结全文）

该文题目出自《论语·微子》。此时的注疏，根据朱棣的旨意，必以胡广的《四书大全》、《五经大全》中所收为准。胡广《四书大全》中注此章说："称周公之言以见古之亲亲而尊贤，敬故而器使，一出于仁厚之意，则安有望望而去之者哉？此周之人才所以盛。"朱熹《集注》则曰："此篇孔子于三仁、逸民、师挚、八士，既皆称赞而品列之。"

这个题只说周有八位贤士，并记下他们的名字，但他们的生平事迹一点不知，只在注释中说他们是一母所生的四个双胞胎。

这八个兄弟都是善人，是一世之高士、贤人，且一母四胎生八人足见其多。孔子是称赞这八个人的。出这么一个题目，这么一点内容，要想写出一篇八股文，这难度可是够大的。且看吕原是怎样依据《四书集注》和《四书大全》所规定的内容来阐发的。

作者按朱熹、胡广的注释，把这八人称为贤士，并与周家的气运相联系来作破题：只有一代的气运甚隆，所以才有这么多贤士出生的奇迹。这是破题目的蕴义，且是顺破。承题则逆承，先说贤人的出生不是偶然的，何况一姓八士都贤，谁说不是与周家气运之兴隆有关呢？这就将破题的意思拓展开来，又对破题的意思进行了补充说明。破题承题相互呼应，关联明快，虚实分明，顿挫有法而句子精整可诵。明代的破题承题句之尾不一定要用虚词，本篇便没有用。而清代则规定必要用“也”、“矣”、“焉”、“者也”、“而已”等虚词。

破承之后是起讲，又叫小讲，其内容仍是进一步发挥题意，给正文列一个阐述大纲。明代起讲一般较短，三五句即可，且开头可不用“且夫”、“尝谓”、“若曰”等双音词。而清代起讲较复杂，多在十句左右。起讲开头必用“且夫”或“且”、“而”等词。本文起讲对周朝盛时气运之盛进行了歌颂，说文王武王开启，而成康继之，是“丕显丕承于前”，“重熙累洽于后”，指出周朝强盛的原委来由。再接四句“道华洋溢，而人文宣朗；光岳气完，而贞元会合”，用以描拟周朝盛时昌隆光景，见人才之所自生。起讲宜虚不宜实。这个起讲全用歌颂之词来描述周朝盛时光景，揭示出八士生长的客观条件。

然后用“于是清淑间气，钟为俊英”这么两句承上生下的话，将文章引入对题目的阐发。继用“而当时一乳有二子之异，四乳有八子之多”二句总括。这几句话在明代叫提掇，明末至清代叫入题，又叫起手。

正文八比，极为标准，对偶整齐，加上破题、承题、起讲无一不与后世标准体式的八股文相合，且紧扣传注，层层递进，加以讲述，作法如此纯熟，体式如此完备，可以想见当时八股体式的运用已极为普遍。所以顾炎武说八股文“始于成化以后”① 的说法是不确切的。

这是一篇叙事题文，作这样的题目容易失之枯淡。但此文奇思骏发，警句迭出，从高处远处着眼，将生八士与周王朝的兴隆相联系，又深挖一乳得二、四乳各二，八子皆贤的不同寻常，说明只有盛世才有此奇异光景，将一个内容极窄的题目写得生动饱满，内容充实。并且法度严整，字句精工，欲从中增减一字都不可能，故被当时人赞为“真国朝举业第一义也”。这亦表明，八股文演进到景泰时，已一扫前期的平淡枯燥，成为一种真正意义上的文体。

分析、总结上述作品所显示出的发展规律，可以看出明代从洪武后期到天顺年间，八股文由初创时的颂体在不断向论体演进，即内容由为皇帝歌功颂德向阐发书旨演进；在阐发书旨时，又由敷衍传注即只要将题旨大义敷衍出来，用经传之言加上注疏文字凑成支离之章便可，向阐发书旨中的微言奥旨演进，这即是所谓“时文之体，不过敷衍书理而已”②。

这种演进是明代统治者为了更加有效地用儒家义理浸灌士子之心，更好地进行思想控制的结果。永乐之后，随着《御制性理大全》、《五经大全》、《四书大全》的颁行，为促使八股文成为理学的传输器，八股文的功令越来越严密，其目的便是为了迫使士人把全部心力都用于钻研《四书》、《五经》中的微言大义。于是，明代八股文的文题由初时的只出明白正大之题逐渐向以生僻句子作题和割裁经文出题发展；为了让题旨得到全面的阐发，八股文体格式更增设了入题、八股等部分；对代圣贤立言也作出了

① 顾炎武：《日知录集释》卷十六《试文格式》，岳麓书社，1994 年。
② 《明文传薪序》，嘉庆十年厚载堂刻本。

种种细致的规定：一定要切合题中人物的身份、口吻及思想，一定要贴合圣人的意旨，并发其所未发，言其所将言等等。

这样细密的功令，使得以八股文为求取功名之唯一工具的士人们对《四书》、《五经》的依赖性越来越大，因而思想受理学的控制也越来越严。在长期的八股文写作的训练下，许多士人牢固地树立起儒家正统的价值观与道德感，其所思所想，所言所行，必然会自觉地甚至下意识地以理学思想为指导。这样，随着八股文逐渐规范化、格式化，士人思想也愈益正统化，其作品也便愈益道学化，八股文的经学性也愈益突出。这便是后世八股文坛的正统派人士艳羡这一时期八股文的原因所在。

而八股格式的形成与定型，是大规模考试的需要与八股文文体内在功能的自我扩张的结果。

作为一种考试专用文体，八股文“御宽平而有奥思，处恒庸而生危论，于诸子为近；然诸子之说根于己，时文之意根于题，实于六艺九流诗赋之外，别具一格”①。它的体式完备而苛严，由破题、承题、原题、起讲、入题、提二比、中二比、过接、后二比、束二小比、收结（又称小结）、大结等部分构成其标准格式，结构严谨，章法细密。不过，在洪武十七年甲子（1384）重开科举时，八股体式刚刚创制，除破题、承题、起讲为体式中的固定部分外，八股之式虽已使用，功令中却未把它列为必具部分，句子或对或散，音律不论，未成定式。

然而，初创时不规范，无标准格式的文体，不利于考生大量增多时判卷的方便、快速、准确；只会方便敷衍传注，而不利于对文题所含微言奥旨的全面、深入阐发；正文部分或对或散，文无定式，不宜于培养士人传统的诗、赋写作能力。更为重要的是，这种文体，不足以承担逻辑思维训练的任务。改造、完善八

---

① 焦循：《时文说》一，《雕菰楼集》卷十，道光四年阮福校刻本。

股文体格式的任务便提上了议事日程。

经过长期的乡、会试考试实践，一些有才识、有思想能力的提学官与考官们便根据所积累的丰富经验，通过刊刻程文与墨卷的方式对八股文文体不断进行改造、创新，增添了八股部分，从而使八股文对义理的阐发能更深入、全面，对思维能力的训练更为有效。

分析八股文文体从初创到定型的发展轨迹，可以看出它是沿着强化文章内在的起、承、转、合及正反顺逆开合逻辑关系和讲究声律的道路前进的。自通篇言之，起讲为起，提二比为承，中二比为转，后二比为合，其间的逻辑关系十分严密。分而言之，起讲、提比、中比、后比之内各有起、承、转、合与正反开合顺逆。这样的篇法设置，既可使文题内蕴的义理得到全面、深入的阐发，又可有效提高写作者的思维能力。

对八股文文体的改造和完善，不仅表现在对篇法的探求与改进上，还表现在对声律的注重上。为使八股文作者得到文辞的训练，考官们吸纳了唐代试律诗和试赋的特点，改变了八股文初创时八股部分或对或散，单行散句尚复不少的作法，规定八股中相对两股必须对偶成文，这使得八股文的体式变得严密完备。齐全苛严的功令，更使人因难见巧。这样，“指事类策、谈理似论、取材如赋之博，持律如诗之严”①，“排比牵合，格律篇同之”②的八股文已告定型了。此后，便越来越强调在八股文体格式的框架内来深入阐发书旨，使人因难见巧，训练士人在种种束缚下的思维能力。

有无严密的内在逻辑结构及独特的表现形式，是衡量一种文体是否成熟的重要标志。讲究起、承、转、合及正反开合顺逆逻

---

① 江国霖：《制义丛话序》，咸丰九年广州重刻本。

② 吴宽：《匏翁家藏集》卷四十一《旧文稿序》，《四部丛刊》本。

辑关系，要求对偶双行的八股格式的出现，表示八股文在逐渐摆脱初创时所受试赋、注疏训诂的影响，向着成熟的文体迈进。

第三节　演进期八股文概述

从建文、永乐到宣德、正统、景泰、天顺年间八股文的特征，用一句话可以概括，即变动不居，趋向成熟。在这段时间里，八股文无论是体式、作法，还是内容、特点，无不在探索变化。

体式在不断地向标准的八股格过渡。永乐年间于谦的八股文就采用了八股格式，到宣德、正统年间，王恕的八股文就是平实纯正，清微细净的标准八股格式了。虽未定型，但体式已成。

在内容上，永乐时期，士子们仍在政治高压的笼罩之下，特别是朱棣又钦定颁发《四书大全》、《五经大全》，更强化了程朱理学的地位，初次强调遵经守注之重要。所以这一阶段士子们在写作时更注意恪遵传注，尺寸不逾，不敢稍背。一题到手，必循题位置，自首及尾，不敢有一言倒置，其文经学性质特别鲜明，保证了载道功能的完整实现。但到正统、景泰、天顺时期，由于内忧外患，统治者对意识形态的控制力有所削弱，各种奇涩险怪的言论和见解开始在八股文中出现。虽然整体上仍保持了浑厚之风，但其变化不容小视，是八股文冲决儒家正统思想独占的先声，对八股文经学性首次造成挑战。

洪武时期的八股文，只是老老实实地敷衍传注，阐述题旨，不讲究作法。到这一时期，也开始改变，清人郑浩若称为“法律渐密”[①]，如永乐时的杨慈之文被方苞称为“一代作者正变源流之

---

① 郑浩若：《四书文源流考》，载《学海堂》初集卷八，光绪启秀山房刻本。

法，靡不包孕”[①]；宣德、正统时的八股高手王恕就很重视文章的技巧，所以后人说“制艺以机法胜者，自王三原（王恕）始”[②]。其《乡人皆好之 一章》题文，八股格式运用纯熟，作法讲究，流水开合，在八股体式内将题旨阐发无遗，开了隆庆、万历八股文大家作法之先河。

在题型上，仍以大题为主，但为对付猜题、剿袭之风，维护科举取士的公平、公正，这个时期创制了“摘裂牵缀”的小题。这种强截句读，破碎经文的各式小题，使学者学无依据，更使之背离了儒家正统思想，破坏了八股文的载道功能，且屡禁不止，最终对八股文本身造成了巨大的伤害。八股文名声之臭，文体之衰陋，很大程度上是这种题型造成的。这也是八股文在这一时期发展变化之一端。

从字数来看，洪武十七年定为成式时，规定四书义为二百字以上，五经义三百字以上，到永乐初字数增多，篇幅加大，这样有利于说理的详尽充分。

从总体而言，这一阶段的八股文总的风格是简朴浑穆。用吕留良的话说是“质朴简重，气象阔远，有不欲求工之意，此大圭清瑟也”[③]；用方苞的话说是“浑浑噩噩，太璞不雕”。其内容“惟以明理为主”，讲究合题旨，得题神，明书义，也即恪遵传注。其文明白切实，“取书旨明晰而已，不尚华采”。且体式不拘一格，使这一阶段的八股文坛众彩纷呈。

这一阶段的八股名家不多，只有于谦、杨慈、薛瑄、陈献章、商辂、岳正、王恕、丘濬、李东阳等寥寥数人。他们风格各具却又有共同性。其共同的特征是：文风简古。他们看题既真，

---

① 见《明文钞》（三编）《化治文》前附中之《武王缵太王 一节》文之尾评，乾隆五十一年双桐书屋刻本。

② 杨懋建：《四书文源流考》，载《学海堂》初集卷八，光绪启秀山房刻本。

③ 吕留良：《吕晚村先生论文汇钞》，康熙五十三年刻本。

用力不苟，学力富，识见确，思路精深，词锋英爽。他们讲究八股文要取神、取骨、取理、取气，把字、句放在最后。对文辞“取朴老不取繁艳，取简洁不取淫浮，取典雅不取卑靡，取名贵不取庸陋，取古劲不取柔媚。赖以吐圣贤之语气，而显其须眉也”①。他们的文章叙题面处多，发所以然者少，而题意却赫然显露于题面之中，这种本领是以后之人所难以达到的。其上者能以朴实无华的文字，略加点缀，敷衍传注，即能表达出题目中的微言大义，或稍加疏通条达，便能使立言之旨晓然易见。晚明钱禧在评洪武丁卯应天乡试程文《老者安之　三句》题文时对此时的作法说得最明晰：“制科之始，未有言词，只将题中大道理发明便成文字。故风气虽朴略，而圣人之意独能不失。”② 这种本领更让后人折服。身为晚明八股名家的钱禧就认为八股文以天顺以前为极盛。清代方苞也以其“简要亲切，有精采者为贵”③。但此时流行“直写传注，寥寥数语及对比换字面而意义无别”④ 的作法，使分股对偶出现合掌即两股意义相同的弊端。这虽是八股体式初创时不可避免的现象，说明八股格式尚未经功令规范，但也表明此时八股格式与注疏训诂尚未彻底脱离。

认真分析这些人的八股作品，再结合他们所处的时代加以研究，可以发现，这些人所取得的成绩，正是他们顺应时代的变化，不墨守成规，对八股文不断作出改进的结果。在客观上，自永乐以后，明朝统治者的统治有所放宽，尚未以功令形式对八股文加以种种苛严的限制，给他们提供了改进八股文的可能，也给他们的写作留有较大的自由空间，文章也易写好。而这些名家例如丘濬、李东阳等，能从维护科举选人的公正、合理出发，自觉

---

① 梁章钜：《制义丛话》卷之二，咸丰九年广州重刻本。
② 见《皇明历朝四书程墨同文录》，崇祯八年金阊叶聚甫张叔籁刻本。
③ 方苞选编：《钦定四书文·凡例》，光绪二年崇文书局刻本。
④ 方苞选编：《钦定四书文·凡例》，光绪二年崇文书局刻本。

地担当维护和发展八股文的责任，对有损于经学性的倾向及时予以制止，对有利于八股文经学性发展的元素加以提倡，使这一时期的八股文成为既能有效地担负起向士子传输儒家正统观念的任务，又使写作者不受过苛束缚，有利于他们较多地表达个人心性的一种文体，从而获得了后人的高度评价，对社会的影响也比较正面。所以我们把这一时期称为八股文的发展演进阶段是实事求是的。

第四节　明代前期的八股文与科举

明代前期，即从洪武重开科举，到天顺年间八十年的时间里，八股文处于充满生气的发展演进阶段，加上政治和社会因素的影响，八股文的经学性最为突出，传输程朱理学的工具性能特别显著，培养和造就了一大批具有儒家正统伦理价值观的封建统治人才，对以育人选才为根本宗旨的明代科举制造成了巨大影响，使明代科举在这段时间内演变为八股取士制。

按照朱元璋的设计，八股文要成为传输儒家正统思想的工具，为培养和选拔忠于朱氏王朝的大批有用人才服务。所以，在洪武十七年（1384）颁定的“科举定式”时，再次规定所依据的典籍，《四书》以朱熹《集注》为主；《易》主程《传》、朱熹《本义》；《书》主朱熹弟子蔡沈之《传》及古注疏；《诗》主朱熹《集传》；《春秋》主左氏、公羊、穀梁三传及胡安国、张洽传；《礼记》主古注疏[1]。此时虽容许古注疏的进入，但程朱学派的诠释占主导地位，成为朝廷援引为政治统治的意识形态，程朱理学便成为官学。

到永乐年间，朱棣令胡广等编撰了钦定《四书大全》、《五经

① 《明史》卷七十《选举志》一，中华书局，1974年。

大全》、《性理大全》，统一选定程朱理学各家的注释，之后又规定作为官学标准读本和科举取士的教本，颁行天下。士子们读书、应考、作文均须以此为依据，不得违背。这就为钳制思想、统一舆论制定了具体的规范。

朱元璋挟扫平天下的雄威，朱棣藉篡夺皇位，血腥镇压反抗者的高压来推行文化专制主义，扼杀自由思想，为增强八股文的经学性和工具性铺平了道路。而其子孙也深谙此举之重要，全力维护八股文的理学性能。所以在明代前期，士子们无不熟读经典，恪遵传注，体会语气，细细揣摩题目中所蕴含的孔孟原生态思想和感情，化自身为题中人物，进行换位思考，用他们固有的思维方式去思，去说。这样一来，就拉近了写作者与儒家正统思想的距离。他们在从小开始的读经和写作八股文的过程中，所读、所思、所表达的无一不是根据程朱理学对《四书》、《五经》中每一字、词、句、节、章的体悟心得。儒家正统的伦理价值观就逐渐占据了他们的头脑。其中的一部分人还践行所得，从而达到宋、明理学家们所鼓吹的一种高层次的道德精神境界。封建统治阶级所需要的“德”便由此而生。这就是方苞所说的：“制义之兴七百馀年，所以久而不废者，盖以诸经之精蕴，汇涵于四子之书，俾学者童而习之，日以义理浸灌其心，庶几学识可以渐开，而心术群归于正也。”①

封建官员所需要的才，也可在八股文写作中得到培养。封建官员治国理政的理念及方法在儒家经典中已阐释明白，故古有“半部《论语》治天下”之说，因为封建阶级认为，维护其统治的经天纬地之才，安邦定国之策皆可从中悟而得之。八股文写作使士子们体悟、理解、掌握了这些理念与方法。同时正、反、

① 《方苞集·集外文》卷二，《进四书文选表》，上海古籍出版社，1985 年。

起、承、转、合等多角度、多层次的思维方式及敏锐地捕捉问题，高度概括，分析与解决问题的能力也在长期的八股文写作训练即破题、承题中得到了培养。从具有这种素质的人才中考选精英充当各级政府官员去治国理政，便足以担当维护社会安定和谐，巩固大一统王朝的重任。

具有纯正经学性的明代前期八股文对科举取士必然产生重大影响，因为通过八股文的写作、考试，培养、选拔出许多既有治国的理念与能力，又忠于朝廷的名臣。

洪武首开科举，四科乡试，一科会试，除状元吴伯宗以为人刚直，不依附权相胡惟庸，后又出使安南而名列《明史》外，馀无一人闻名于世。

自洪武十七年甲子（1384）重开科举，采用八股取士，五科乡、会试中出的名臣就逐渐多了起来。据《明史》列传载，洪武后期五科所取士，许多人均成为名臣。如练子宁、黄子澄、蹇义、解缙、齐泰、黄淮、卢原质、张显宗、卓敬、黄观、景清、戴德彝、黄宗载以及举人夏元吉等，都是名著史册的人物。

建文帝在位不到四年，帝位便被朱棣篡夺，故他在位只于建文二年庚辰（1400）举行过一次会试，在科举史上却以“得人”著称。

庚辰科会试共取进士一百一十名，其中出了很多名人，仅《明史》中有传者即有二十馀位。如榜眼王艮及陈继之、叶福、杨荣、杨溥、金幼孜、胡濙、胡广等。

永乐一朝，共行科举八次，计录进士一千八百二十八名。其中著名者不少，如王直、陈敬宗、李时勉、周忱、曾棨、王英、李桢、薛瑄、刘球、于谦、高谷、王文、陈循、轩輗、耿九畴等。

宣德朝共开三科会试，录取的进士中以后成为著名的“阁臣”者有马愉、曹鼐、李贤。

正统朝共开五科会试，所录进士中著名者有商辂、叶盛、王恕、陈俊、彭时、岳正等。

景泰朝共开两科会试，录取的进士中以后著名的不少。如马文升、余子俊、秦纮、杨守、陈材鹗、高明、钟同、徐溥、丘濬、何乔新、耿裕、邓廷瓒、杨瑄、张宁等后皆为名臣。

天顺朝共开三科会试，取中的进士里头人才辈出，如彭韶、杨继宗、刘健、周经、张悦、张元祯、陈选、黄孔昭、刘大夏、张敷华、戴珊、谢铎、倪岳、李东阳等，后皆有名。

对明初名臣产生的数量进行分析，可以看出，在洪武初年的科举考试中，由于八股文未创制，没有出现一个称得上名臣的人物。而从洪武后期重开科举，使用八股文取士时起，忠君爱国，辅国匡时，政绩卓著的名臣逐渐增多，其中不乏一流人物。这一事实表明，以八股文试士，在树立士人的儒家道德价值观，培养他们分析问题、解决问题的基本素质方面，的确起到了巨大的，不容置疑的成就。

明初的这批名臣，都是由八股取士制选拔出来的，长期受到《四书》、《五经》所宣扬的儒家伦理观念的浸染，能恪守忠君死节之道。他们中不少人为维护封建伦理，不避斧钺，慷慨献身，表现出大义凛然的气节，为后人所传诵。

如洪武、建文进士练子宁、黄子澄、齐泰、卢原质、张显宗、卓敬、黄观、景清、戴德彝、王艮、陈继之、叶福等，在燕王朱棣发动“靖难之变”时，他们恪守儒家正统道德伦理观，视朱棣为篡逆，积极参与反抗燕王的军事或政治斗争。被捕后面对朱棣极度残忍的酷刑丝毫未改初衷。本人死节，甚至被剥皮揎草也义无反顾；九族株连，戚里遭“瓜蔓抄”也誓死不屈，演出了一幕幕为捍卫封建伦理道德而慷慨献身的悲剧，一直受到后人的钦服与称颂。正是有了这种人，朱明王朝才得以维持二百七十多年。

这批人中，有的在国家与民族处于危难之际，不顾个人安危，力挽狂澜于既倒，有功于民族社稷，受到后人的景仰。

例如于谦，他在永乐时中了进士。“土木之变”，英宗被俘，于谦等大臣力主郕王监国，才使大明王朝免除了一场灾祸。他极力反对“南迁”，决策固守京师。并不顾身家性命，为免瓦剌以英宗为人质来要挟，推举郕王即帝位。瓦剌兵逼京师，于谦亲自督战，将其击退，终迫也先遣使议和，并送英宗南归。

于谦有大功于民族、国家。后英宗复辟，于谦被诬杀，然其英名永标青史，成为有明一代最受后人景仰的历史伟人。

这些名臣中，有许多身居朝中高位，官至各部尚书，入阁拜相，参预朝廷机务。他们识大体，知时务，以自己的聪明才智，为稳定政局、发展经济做出过重要贡献。这样的人不少，如从永乐开始久任阁臣，政绩优异的“三杨”，其中杨荣、杨溥都是建文庚辰榜的进士。

又如永乐进士王直，在翰林院二十馀年，稽古代言，编纂记注之事多出其手，与王英齐名，有“东王西王”之说。他任吏部尚书数十年，以知人善任，清正公允，一心为国而名闻朝野。他选任的州、县官绝大多数都是称职的，对明代前期吏治清明局面的形成做出了很大贡献。

洪武举人夏元吉，永乐初任尚书，主持浙西、苏、松治水事，布衣徒步，日夜筹划，为根治水患做出了贡献。他历事五朝，孜孜为国。每议大事，多能持正。外掌度支，为明初经济的发展建树良多。

有的则在地方任职，他们忠于职守，安民爱民，颇有政绩。

永乐进士周忱，任江南巡抚二十馀年，爱民如子，大力革新，发展生产，政绩显赫，有口皆碑，是有明一代最有建树的封疆大吏，一方百姓得以安居乐业。

这些人中，有的历掌文衡之责，忠于职守，处事公允，为国家培养、选拔了不少人才。

永乐进士陈敬宗和李时勉，长期分掌南北国子监，担任祭酒。他们学识渊博，李时勉更是明初八股文名家。两人皆清廉刚正，主持国家最高学府时，培育出不少人才，还匡正空疏不实之学风，纠正时弊，颇有建树。

曾棨、王英久在翰林院，两人都曾多次担任顺天乡试和会试主考官，他们忠于职守，选文公允，在永乐、宣德两朝以八股文选取优秀人才的过程中，起过很重要的作用。

景泰进士王越、马文升，天顺进士刘大夏等都是名标青史、卓有建树的名臣。

这批以八股文获取功名的名臣不仅在政坛上卓有成绩，有的还才华横溢，为明代文化事业的发展做出过很大贡献。

有才子之称的解缙在洪武时期深受朱元璋器重，后归顺永乐帝朱棣，又极受信任，曾入阁任首席大学士。他主持修改了《明太祖实录》，又编修了中国古代规模最大的百科全书《永乐大典》。李祯则创作过文言短篇小说集《剪灯续话》，为中国短篇小说的发展做出了贡献。

治国首在人才。明代前期由八股文写作培育出来的各级官员，以儒家思想作为行为准则，以八股文训练出来的分析问题、解决问题的能力来处理政务，对当时较为清明的吏治的形成起了巨大的作用。

应当指出的是正统进士万安、天顺进士焦芳后都成奸相。朱棣篡夺皇位，不少进士出身的官员立即投身他的怀抱，并未恪守忠臣不事二主之道。这说明八股文虽传输了孔孟之道，但若只武装了人的头脑，却未施行于实践，也于事无补。

本来，按朱元璋的设计，科举考试要三场并重。第一场以八股文来检测考生对儒家经典的熟悉程度和对儒家思想理解正确与否。第二场试论一道、判五道，诏、诰、表内任选一道以检测考生对处理公文、政务的能力。第三场试经史、时务策五策，以检测考生对现实问题的识见与分析、解决的能力。但到洪武、永乐之后，随着八股文考试对人才培育效能的日益显著，加上考官对试卷太多而产生的厌烦，三场并重的做法逐渐被改变，变成了只重头场的七篇八股文，去取尽决于此，二、三场只作陪衬。所以人们把明代科举取士称为了八股取士。

这一转变，对此后，包括清代在内的科举制度造成了巨大影响。从好的方面说，它促使人们更加专注于对《四书》、《五经》的学习揣摩，千方百计地去钻研程朱理学，对树立士人的儒家伦理价值观自有功效。从坏的方面来说，这是对科举制和人才的一种破坏。其一，它激发了部分士子捷取功名的倖进心，为明代中叶以后对八股文破坏巨大，却无法禁止的猜题剿袭之风提供了前提条件。其二，它使士子不重实学，除《四书》、《五经》以外之书不读，造成空疏不实的学风。明末清初有不少学者批判了八股取士制，如顾炎武、黄宗羲、魏禧等。

黄宗羲在《科举》中说：

> 科举之弊，未有甚于今日矣！余见高、曾以来，为其学者，《五经》、《通鉴》、《左传》、《国语》、《战国策》、《庄子》、《八大家》，此数书者，未有不读以资举业之用者也。自后则束之高阁，而钻研于《蒙存》浅达之讲章。又其后，则以为泛滥而《说约》出焉。又以《说约》为冗，而主撮于《低头四书》之上。童而习之，至于解褐出仕，未尝更见他书也。此外但取科举之文，讽诵摹仿，移前掇后，雷同下笔而已耳。昔有举子以尧舜问主司者，欧阳公答之云："如此疑难故事，不问也罢。"今之举子，大约此类也。此等人才，岂能效国家一障一亭之用？徒使天之生民受其笞挞，可哀也夫。①

黄宗羲所说的《蒙存》、《说约》、《低头四书》，都是一些经过删节，供捷取功名用的《四书》讲章。他说的虽是晚明的现

① 黄宗羲：《科举》，《皇朝经世文编》卷五十七，光绪二十一年积山书局石印本。

象，实是由于明前期逐渐形成的八股取士制所埋下的祸根。

魏禧则说：

> 明世黜杂学尊孔子，勒《四书》、《五经》为题目，法视前代为独正，贩夫竖子莫不知仁义道德之名。然才略疏阔，不逮汉、唐远甚。及其后，则遂欲求东晋、南宋而有不可得者。天下奇才异能，非八股不得进，自童年至老死，惟此之务。于是有身登甲第，年期耄，不识古今传国之世次，不知当世州郡之名，兵马财赋之数者。而其才俊者，则于入官之始而后学。①

好在明代前期政治尚为清明，士习较为端正，民风较为淳朴，八股取士制的危害尚未明显表现。但随时间的推移，八股取士制对八股文本身、对科举制度的破坏，及对士习民风的负面影响逐渐加剧。至晚明已成为不可遏制之祸，其起源则在明代前期。

第五节　明代前期八股文对文学的影响

在中国文学史上，明代的诗文创作是一个黯淡无光的时期。就个别作品而言，当然不乏优秀之作，但从整体来说，这个时期的文坛没有出现过一位足以垂耀后世的一流大家。特别是从洪武后期到成化年间的文坛更显衰微冷落，乏善可陈。在百馀年的时间里，本是用以发抒人的真情实感的文学逐渐沦为统治阶级进行思想禁锢的工具，“文道合一”的主张成为文坛上的最强音。形式刻板僵硬，内容陈腐平庸，充满道学气味的作品，成为此时文学的主流。

造成这种文学状况的原因是多方面的。

---

① 魏禧：《制科策上》，《皇朝经世文编》卷五十七，光绪二十一年积山书局石印本。

首先，是朱元璋、朱棣父子挟政权初建时的武功馀威，大兴文字狱，动辄杀戮文士，形成一种政治的高压态势，使作家的个性受到严重扭曲，内心充满了恐惧感，失去了表达真情实感的自由与自觉，从而使文学创作丧失了活力。

其次，此时的经济、社会尚处于元末战争大破坏的恢复期。朱元璋以强力推行重农抑商的经济政策，使传统的农耕经济得到较快的恢复与发展，而元朝末年已经比较繁荣的商品经济却受到很大的摧折，不可能产生新的思想注入文学创作，使之起衰振微，因新思想只有依托于新的经济形态才能出现。

从文学发展的规律来看，中国传统的诗文经历了唐宋的大繁荣之后，至明代已成强弩之末。既无新的经济因素促使新的思想产生，便无由另创新格，诗文的衰微便是必然的趋势。

然而，政治高压所制造的恐惧毕竟是短暂的，宣德年以后政治渐趋宽松。经济与文学发展规律对文学的作用是一个缓慢的过程，几十年、百来年的时间难以看出明显的变化。而明代文学自永乐年间开始，其内容的道学化及形式的程式化现象却愈来愈明显，这表明还有更为有力、更加内在的因素在发挥作用。这个因素就是明代科举制中用以取士的八股文。

明代八股文对明代文学，特别是对明代前期百年文学的影响，从此时诗文内容的逐渐道学化和形式的逐渐程式化与八股文由初创逐渐走向定型的过程相一致的互动上即可见端倪。此时的文学与八股文形成了一种此消彼长、此衰彼盛的互动格局，这就足以表明两者之间有着深刻的内在关系。

关于八股文对明代诗文的影响，明、清两代的一些文士已经有所论述。

晚明的八股文大家艾南英曾指出："制举业之道与古文相

表里。”①

清代学者潘德舆在其《养一斋诗话》中，更为明白直捷地点出了明代诗歌与八股文的关系：

“汉魏诗似赋；晋诗似道德论；宋、齐以下似四六骈体；唐诗则词赋骈体兼之；宋诗似策论；南宋人诗似语录；元诗似词；明诗似八股时文。风气所趋，虽天地亦因乎人，而况文章之士乎？”

潘德舆既看到了“明诗似八股时文”这一奇特文学现象，又指出造成这种现象的原因是“风气所趋”，应当说，这是颇有真知灼见的。不仅明诗，明文受八股时文的影响更甚，究其原因，就来自于明代风靡天下的研习八股制艺之风气。

由于明代前期，八股文的体式尚未固定，处于一种发展变化的状况，故此时体式对士人思想的束缚尚不严重，对诗文影响主要是其内容。

经过明初十几年的反复探索，明太祖朱元璋于洪武十七年（1384）最终确立了科举取士制，并以八股制义取代宋元经义，以之作为取士的主要依据。八股文的文题必须出自《四书》、《五经》。“其文略仿宋经义，然代古人语气为之。”② 对题中包蕴的微言大义，必须依据古人的思想和程颐、朱熹等人的传注来阐发，不仅不得别出心裁，自抒己意，还要体会题中语气，处处把自己设想为古代圣贤来代之阐说。清代有人说，“明乡、会试以《四书》、《五经》，义兼表、判、策、论，最重经书”③，指的就是这种情况。

朱元璋还规定，“使中外文臣皆由科举而进，非科举者毋得

① 艾南英：《金正希稿序》，《明文海》卷三百十二。

② 《明史》卷七十《选举志》二。

③ 同治《直隶澧州志》卷十二《选举志》。

与官"[1]。到宣德以后，更形成选官以“科目为盛，卿相皆由此出”[2] 的局面，这就诱使天下士人为了自己的功名利禄无不奔竞于八股文写作之路，童而习之，将全部身心都投入到八股文的写作中去。这种写作对人的思想有着重大影响。对于这一点，清朝乾隆皇帝有着透彻的认识，他说：“国家以经义取士，将使士子沉潜于四子五经之书，阐明义理，发其精蕴，因以见学力之深浅与器识之淳薄。”[3]

清代学者、八股文名家方苞以过来人之经历对这点看得尤为真切，他说：“制义之兴七百馀年，所以久而不废者，盖以诸经之精蕴，汇涵于四子之书，俾学者童而习之，日以义理浸灌其心，庶几学识可以渐开而心术归于正也。”[4]

正如方苞所说，在功名利禄的诱引之下，士人们都自觉自愿地投入到八股文的写作中去，为写好八股文，又必然会对“汇涵于”“诸经之精蕴”的《四书》、《五经》“童而习之，日以义理浸灌其心”。时日迁移，儒家理学思想自然会占据其头脑，成为规范其言行的准则，使“心术归于正”，士人的灵魂便受到了八股时文的塑造。并且，随着八股文由初创到逐渐定型，八股文的内容越来越依赖于儒家经典，士人们受理学思想控制的程度也在不断加大。

在八股文的演进期中，为使八股文更好地发挥其传输程朱理学的效能，统治者们制订出种种功令，以规范士人们心往程朱理学上想，劲往融贯程朱传注中使。如规定要尊题、如题，要分股对偶，要开合起伏等等，而且必须遵守，否则在科举考试中必会黜弃。

---

① 《明史》卷七十一《选举志》三，中华书局，1974 年。
② 《明史》卷七十一《选举志》三，中华书局，1974 年。
③ 方苞选编：《钦定四书文·圣旨》，光绪二年崇文书局刻本。
④ 方苞选编：《钦定四书文·奏折》，光绪二年崇文书局刻本。

这样细密严格的功令，使得士人们在八股文写作的过程中对《四书》、《五经》的依赖性越来越大，因而思想受理学的控制也越来越严。在长期的八股文写作的训练下，士人们牢固地树立起了儒家正统的价值观与道德观。既然文学创作的主体——明代士人的灵魂受到了理学思想的塑造，当他们在从事文学创作时，必然会自觉甚至是下意识地以理学思想为指导。这样，随着八股文逐渐趋于定型，士人思想愈益正统化，其笔下流淌出来的作品也会愈益道学化。

宣德时的著名学者吴讷曾揭示了这一文学现象。他指出，由于受八股时文的浸染过深，以致作家们在进行诗文创作时，“不顾文辞题意，概以场屋经训性理之说，施诸诗赋及赠送杂作之中”①。文学本来是用以抒发真情实感的，既然“诗赋及赠送杂作之中”，尽是“场屋经训性理之说”，那必然是满纸道学气，一片八股腔，毫无文学价值可言。不仅“明诗似八股时文”，就连散文、戏曲等也似八股时文了。

关于八股文对作家创作的影响，天顺进士李东阳，隆庆进士、著名文人于慎行，以及明末清初的著名学者黄宗羲等均有着较为精到的见解。

李东阳在《春雨堂稿序》中说：

“今之科举，纯用经术，无事乎所谓古文歌诗，非有高识馀力，不能专攻而独诣，而况于兼之者哉！”②

他揭示了明、清士人专心经术，写作八股文，无力去进行文学创作而造成明代诗文不如唐、宋之因。

于慎行在阐释八股时文与作家诗文的关系时，称“士人纂述”为“著作之文”，并认为“著作之文”的衰微，起因于“制

---

① 吴讷：《文章辨体·凡例》，载《明代文论选》，人民文学出版社，1993年。

② 《李东阳集·文后稿》卷之三，岳麓书社，2008年。

举之文”即八股时文。他说：

“著作之文，由制举而敝，同条共贯则一物也。何者？士方其横经请业，操觚为文，所为殚精毕力，守为腹笥金籯者，固此物也。及其志业已酬，思以文采自现，而平时所沉酣濡胾入骨已深，即欲极力模拟，而格固不出此矣。至于当官奉职，从事筐篋之间，亦惟其素所服习以资黼黻，而质固不出此矣。雅则俱雅，敝者俱敝，己亦不知，人亦不知也。”①

这番言论表明，作为一个既精通八股文，又熟悉诗文写作的著名文士，于慎行已清楚地看到明代由“士人纂述”的“著作之文”即文人创作的诗文之“敝”，起因于“制义之文”即八股时文。更为高明的是他已看到长期的八股文写作对士人思想的浸淫，对其灵魂的塑造所起的作用，以及这种浸淫对文学创作的负面影响。他说，由于士人们“所为殚精毕力，守为腹笥金籯者”，都是八股时文，因为“平时所沉酣濡胾入骨已深”，等到功名到手，再去进行诗文写作时，“即欲极力模拟，而格固不出此矣”，即已跳不出从小即在写作的八股文的思想格调，写出的作品，必然满纸道学言。这便是明代前期文学内容愈益道学化的原因所在。

明代八股文八大家之一的汤显祖对这个问题也有透彻看法：“今之为士者，习为试墨之文，久之，无往而非墨也。犹为词臣者习为试程，久之，无往而非程也。宁惟制举之文，令勉为古文词诗歌，亦无往而非墨程也者。”② 黄宗羲在《明文案序》中对明文不如宋文之因，也有类似之看法：“此无他，三百年人士之精神，专注于场屋之业，割其馀以为古文，其不能尽如前人之盛者，无足怪也。”

① 于慎行：《谷山笔麈》卷八《诗文》，中华书局，1984 年。

② 汤显祖：《汤显祖全集诗文》卷三十二《张元长嘘云轩文字序》，北京古籍出版社，1989 年。

我们只要探究一下明代前期诗文内容变化的轨迹，特别是台阁体诗文的特点，即可看出八股文由初创逐渐走向定型的过程，即是明代前期诗文内容愈益道学化的过程。

洪武初年，“载道宗经”、“文道合一”便成了主流创作思想。如被视为“开国文臣之首”的宋濂，论文力主宗经，大倡“文道合一”。但这时的主流派并未把“道”与文对立起来，也没有把“道”与文等同而取消文。他们所主张的“道”与后来文坛所崇尚的“道”也有区别，不是那种空疏无用的性命之学，而带有某种经世的色彩。宋濂等主流派作家写过不少美化、歌颂朱元璋，表彰忠义贞烈的作品，也还写过道学气不多，能反映现实，笔力雄健的佳作。

然而，随着八股文的创制，特别是当八股文的功令日趋严密，八股文的体式逐渐完备，八股文的写作已成为士人们的自觉行动之后，士人们便自觉或不自觉地将圣贤义理、性命之学表现于诗文之中。在他们看来，“圣贤出来，做出经书，教人习读；做出诗文，教人歌颂，无非劝化世人，使他个个都习五伦的道理”①，所以，他们把文学创作当作道德说教，劝化世人的工具便是必然之举了。在被八股文训练出来的士人笔下，诗文便越来越道学化了。《明史·文苑传》说：“永宣以还，作者递兴，皆冲融演迤，不事钩棘，而气体渐弱。”② 所勾勒的正是当时的文学状况。明代前期主流文学的代表台阁体诗文的出现便是明代前期文学内容基本道学化的标志。

台阁体产生于八股文格式渐趋完备，八股文功令渐趋严密的永乐后期。它体现了这个时期文坛的主流意识和审美情趣，并作为诗文典范在明代前期的文坛上发挥过很大作用。其主要作家如

---

① 丘濬：《五伦全备忠孝记》，《丘濬集》第九册，海南出版社，2006年。

② 《明史》卷二百八十五，《文苑》一，中华书局，1974年。

“三杨”之中的杨荣、杨溥，以及王直、金幼孜等人，都是经由八股取士之路而擢居要职的大官。他们的作品无不散发出道学气味，寄托着空疏无用的性命之学，在文坛发挥着“施政教、适性情”的政治功能。相同的人生经历，同受八股文的陶冶，他们的文风与同时期的八股时文有着相似的风格特征，显示两者之间有着深刻的内在关系。

李东阳在谈到台阁体时称：“馆阁之文，铺典章，裨道化，其体盖典则正大。”①

对历代作家的作品鉴别较为精确的《四库全书总目提要》，对台阁体主要作家的作品集也作过评述，如对杨士奇的作品集评述说：

“士奇文亦平正纡徐，得其仿佛。故郑瑗《井观琐言》称其文典则，无浮泛之病。”

对杨荣的作品评述说：

“应制诸作，沨沨雅音，其他诗文，亦皆雍容平易，肖其为人。虽无深湛幽渺之思，纵横驰骋之才……而逶迤有度，醇实无疵。”

对黄淮的作品评述说：

“其文章舂容安雅，亦与三杨体略同。”

对金幼孜的作品评述说：

“其文章边幅稍狭，不及士奇诸人之博大，而雍容雅步，颇亦肩随。”

对王直的作品评述说：

“诗文典雅醇正，有宋元之遗风。”

对以上数人作品的评述，用词虽略有差异，实则没有区别。“典则正大”，“雍容平易”，“逶迤有度，醇实无疵”，“舂容安

① 李东阳：《怀麓堂全集·倪文僖公集序》，嘉庆八年茶陵重刻本。

雅”，“雍容雅步”，“典雅醇正”这些词语的内容，用“雅正”一词即可包囊。而这正是同时期八股文所推崇的文风，从洪武到天顺百年的八股文的主要风格也即“雅正”。

八股文的文风与官方的提倡及试官们的好尚有很大关系。八股文既然被统治阶级赋予思想控制与选拔官员的功能，那它必然要求其思想的纯正和体式的典雅，而排除一切与儒家正统思想不相合的标新立异与异端邪说。

在朱元璋重开科举后的乙丑（1385）科会试上，黄子澄的《天下有道，则礼乐征伐自天子出》题文，被主考官、明代著名学者、大才子解缙看中，誉为“庄重典雅，台阁文字”[①]而被取录为探花。

明代前期的八股文名家、理学名臣丘濬，曾任过国子监祭酒，并多次担任过乡、会试考官，“时经生文尚险怪，濬主南畿乡试、分考、会试，皆痛抑之。及是课国学生尤谆切告诫，返文体于正”[②]。“廖道南谓举业尔雅，自丘文庄知贡举始。”[③]

明末著名八股文家、学者钱禧在评述丘濬、吴宽等明代早期的名臣、八股文大家时指出，他们在主持乡、会试时设立的衡文标准是：“必以明经合传为主。所传诸程墨，凡理学题必平正通达，事实题必典则浑厚。明体达用、文质得中。”[④]

明代嘉靖时人李诩曾“七试场屋”均落第，但积累了丰富的科场经验。据他亲历得知，明代早期科举时录取八股时文的标准，要看其是否“雅驯”。他说，在科场中，“下笔苟非雅驯，则虽有奇抱”[⑤]，也难以取中。

---

① 梁章钜：《制义丛话》卷之四，咸丰九年广州重刻本。

② 《明史》卷一百八十一，中华书局，1974年。

③ 梁章钜：《制义丛话》卷之四，咸丰九年广州重刻本。

④ 梁章钜：《制义丛话》卷之四，咸丰九年广州重刻本。

⑤ 李诩：《戒庵老人漫笔》卷二，中华书局，1985年。

上述各种言论对明代前期八股时文特征的评价虽文词略异，但用“雅正”二字即可概括。虽然这些评价都是乡、会试考官们用以录文的标准，其实这便是当时八股时文的主要特点，因为衡文者的标准是一种导向。在他们的提倡下，天下士人的八股时文便会力求写得“雅正”，以求在科场中合符衡文者的标准而得以取中。于是，“雅正”便成为当时八股时文的文风。

明代前期，统治者为了向士人灌输儒家的正统思想而以“雅正”作为衡量八股时文优劣的标准，天下士人风从响应的结果，是使“雅正”的思想如于慎行所说“入骨已深”，在进行诗文写作时，“格固不出此矣”。台阁体诗派主要作家作品都呈现出“雅正”的风格，其因盖出于此。

不仅是诗文，明代前期的戏曲，凡属文人创作的，由于他们受八股时文的浸染过深，故也是一片八股时文腔，而被徐渭斥为“以时文为南曲”。

八股文名家丘濬认识到“经书都是论说道理，不如诗歌吟咏性情，容易感动人心”①，故写作了戏曲《五伦全备忠孝记》，以宣扬儒家的忠、孝、义、友、悌的伦理道德观。剧本虚构了伍伦全、伍伦备（谐“五伦全备”）兄弟及其一家的遭际，表现剧中人物在如何死心塌地恪遵封建伦理。

其主旨如开场白中所宣称的，只要“使世上为子的看了便孝，为臣的看了便忠……虽是一场假托之言，实万世纲常之理”。剧中的说白唱词大段抄录经书，第三出里的四支“金字经”，竟全用《论语》的语句写就，充满了道学气味，简直就是一出用八股文的语言写成的传奇剧。

稍后江苏宜兴秀才邵灿写了《香囊记》传奇，可说是《五伦

① 丘濬：《五伦全备忠孝记》，《丘濬集》第九册，海南出版社，2006年。

全备忠孝记》的翻版。剧中将“忠、孝、义、友、悌”五伦道德全部组织在故事情节之中，散发出八股文的浓烈气味。故明代八股文大师、著名画家、作家徐渭在《南词叙录》中说：“以时文为南曲，元末国初未有也，其弊起于《香囊记》。”在《香囊记》的影响下，“以时文为南曲”，成为文人戏剧创作的时尚。明代前期的戏曲已毫无艺术价值可言，戏曲的衰微也就是必然的了。

士人们“殚精毕力”的八股文写作，不仅使儒家义理、性命之学“入骨已深”，塑造了他们的灵魂，还使八股文的文体格式深深地烙入了士人之心，使他们的思维模式化。士人们作为明代诗文创作的主体，在进行创作时，八股文文体格式所训练出来的思维方式便会产生作用，既使笔势受到八股模式的拘束，又使作品带有八股时文的格式特点。

明成化壬辰（1472）科状元吴宽是个既对八股文有着透彻了解，又有广博文史知识的人，他曾述及自己的亲身体验说：

“宽年十一，入乡校习科举，业稍长，有知识，窃疑场屋之文，排比牵合，格律篇同之，使人笔势拘絷，不得驰骛，以肆其所欲言，私心不喜。”①

吴宽所指出的“排比牵合，格律篇同之”，正是八股时文的体式特征。

这种体式是为考试阅卷的简便准确，及对士子进行思维、诗赋写作方法训练，逐渐由初创时注疏训诂式解经法向有着严密逻辑结构，八股论说体演进的结果。

在这种内在逻辑关系十分严密，且又程式化了的考试文体的写作训练下，士人们的思维自然会形成一种定式。在写作诗文时会下意识地追求起、承、转、合，讲求破题、承题。写出来的作品自然会带有八股时文刻板的体式特征。在一篇大约为明末清初

① 吴宽：《匏翁家藏集》卷四十一《旧文稿序》，《四部丛刊》本。

一位无名者写的《学做诗法》的文章里，就把律诗的体式与八股文等同起来。他说："起首四句破题，乃一定之法，须矫变，须豪迈，须飘忽，须落题自然，万万不可带纤毫庸腐气，此即八股文之破承小讲也。"①

顺治十五年（1658）进士、清代著名文学家王士禛在《池北偶谈》中记叙了他与康熙年间著名古文学家汪婉谈诗与八股文关系的一段话，足以证明明末清初时用八股文的格式来写诗已成风气：

"余友一布衣，甚有诗名，其诗终格格不通，以问汪钝翁。曰：此君正坐未解为时文故耳。时文虽无关诗与古文，然不通八股，理路终无由分明。近见《玉堂佳话》，言作文字当从科举中出，不然则汗漫披猖，出入终不由户。"

诗歌讲究形象思维，若按照八股文的格式及理路来写诗，其诗必然与八股文如出一辙。这两个例子即可说明八股文体式对明、清两代诗文形式影响之深。

继台阁体诗派之后出现的茶陵诗派是一个无论内容和形式都受到八股文影响而形成的文学流派。其主要代表人物李东阳认为："诗与诸经同名而体异……后之文皆出诸经。"② 他的名作《拟古乐府》，实际上是以乐府诗体作史论，通篇充满浓郁的道学气。

对于诗文的形式，他比台阁体诗派更注重于篇法和音律、法度。他论诗重在辨体和音律、法度，十分强调规制和音律、节奏。他诗宗杜甫，也主要是从音调、法度上着眼的。他说："夫文者，言之成章，而诗，又其成声者也。章之为用，贵乎纪述铺叙，发挥而藻饰；操纵开阖，惟所欲为，而必有一定之准。若歌

① 《读书摘要》，康熙刻本。

② 李东阳：《怀麓堂全集·文前稿》卷八，嘉庆八年茶陵重刻本。

吟咏叹，流通动荡之用，则存乎声，而高下长短之节，亦截乎不可乱。虽律之与度，未始不通，而其规制，则判而不合。”①

明初的作家，大多不屑于谈诗文的作法与规制。而李东阳却脱离具体内容，强调“操纵开阖”的方法，脱离文气谈“高下长短之节”，就是直接将八股文家关于起、承、转、合的篇法，及对偶成文的形式搬用到了诗文创作之中，使茶陵诗派诗歌的形式与八股时文有了相似之处。特别是八股文到天顺、成化年间，其八股体式及对偶排比的形式已经定型，其讲篇法、讲规制、讲对偶的功令，必会渗入士人之心。“风气所趋，虽天地亦因乎人，而况文章之士乎？”李东阳是天顺八年（1464）进士，又是一位八股文名家，曾多次担任过乡、会试主考官，八股文的内容与形式于他是“入骨已深”，其论诗作文，渗入八股时文的篇法，规制、音律是势所必然的了。

八股文对明代前期文学的影响，还表现在它对文学复古之风的产生起到了诱引作用。

八股文写作中规定要“代古人语气为之”，即要代圣贤立言。这里所谓的“古人”、“圣贤”，指的是先秦以前的人和孔子、孟子及其门人弟子。既然要以“古人语气为之”，要代他们立言，故在写作八股文时便不能用先秦之后的语言和史实，因为那不是圣贤们生活的年代，不可能出现那样的语言和史实。如有人在八股文中运用了先秦之后的语言与典实，此文肯定是不合格的。这样的规定与训练，自然把士人的思想定格到了古代，产生出今不如古的思想。影响所及，加之其他原因，在明代前期的诗文创作中也出现了一股崇唐排宋的复古之风。

八股文对明代文学的影响，是一个复杂的文化现象，要想准确地说明八股文对明代文学有何影响，是怎样影响的问题，非得

---

① 李东阳：《怀麓堂全集·文后稿》卷三，嘉庆八年茶陵重刻本。

对明代八股文和明代文学都有深透把握不可。这只有硕学通儒才有可能做到，而笔者只是在研究八股文的过程中，看到了八股文的内容及文体都已浸染了明代文学这一现象，并就自己所能觅到的资料进行一些解析而已，其论述必然是粗疏的，只能起到抛砖引玉的作用。

然而，八股文对明代文学的影响必须有人加以深入的研究，如若不把这一客观存在的，事实上对明代文学的内容与形式都有着巨大负面影响的文学现象弄清楚，准确地说明它对明代的作家、作品、文学运动有何影响，是如何影响的，则不可能对明代文学的发展、变化，作家的风格，诗文的特征有真正的认识，那么明代文学的研究就只能是表象的，非本质的，就谈不上我们对明代文学有多深的认识，有多正确的把握了。

第六节 明代前期的八股文名家及名作

清代八股文名家方苞曾指出：

“经义代圣贤立言，自非明于义理，挹经史古文之精华，虽勉焉以袭其形貌，而识者能辨其伪，过时即湮没无存。其间能自树立各名一家者，虽所得有浅深，而其文具存，其人之行身植志亦可概见，使承学之士能由是而正所趋。”①

明代前期从洪武到天顺的百年间，八股文处于初创向定型的动态发展过程之中。此时风气初开，体式未熟，文风简朴，士人皆恪遵传注，体会语气，谨守绳墨，尺寸不逾，但求平淡能自明其说。不少人“勉焉以袭其形貌”，“过时即湮没无存”。而那些“能自树立各名一家者”，并非以文名，一些人是以其手掌衡文的权力，力矫时弊，为八股文文体的完善做出了贡献。他们“明示

① 方苞：《进四书文选表》，《方苞集集外文》卷二。

以准的，使海内学者于从违去取之介，晓然知所别择”①。还有的是以“行身植志”，即终生笃行从八股文写作中吸取的儒家伦理道德而著称于世，并建立了功业的人。

正是因为这些原因，所以这个时期八股文名家流传下来的作品不多。特别是洪武、建文时期的名家如刘基、方孝孺、解缙、黄子澄的作品更是千不留一。这固然是由于年代久远，难以保存，也由于遭逢了“靖难”战乱，毁灭甚多。而更重要的原因是此时体式初创，文无定式，难见精彩，无须模拟，故“过时即湮没无存”。这是一种文体初创时都会出现的现象。

从永乐后期开始，八股文名家的作品传世者逐渐增多，除这些文字确有特色之外，更为重要的是它们大多数是中规中矩之作，大比之期主司可操以为绳尺，士子可以尊奉为矩矱。其中如杨慈、于谦、薛瑄、商辂、岳正、王恕、丘濬、李东阳等人，其文浑浑朴朴，无意求工而古质庄严，不尊之为夏鼎商彝而不可得也，故作品传世者皆为名作。本节就打算以他们的作品并结合他们受八股文之陶冶所培养出来的品德和行为方式来论文。

要申明的是，八股文只是一种素质训练工具和敲门砖，当进士之门被敲开以后，绝大多数的人便会将它们抛于脑后，八股文的写作一般只发生于士人入仕之前，只有少数人还于担任乡、会试主考、各省提学道时写作。故本节及此后各章中有关八股文名家先后次序的排列，便以其所得进士功名的先后为准，而不涉及其生卒年代。杨慈存世作品仅一篇，在前面已加评释，故在此节不再列入。

李时勉

李时勉（1374—1450），名懋，以字行，号古廉，安福（今江西安福）人。明永乐二年甲申（1404）科进士，以文章选庶吉

① 方苞选编：《钦定四书文·上谕》，光绪二年崇文书局刻本。

士，进学文渊阁，与修《太祖实录》。授刑部主事。复与重修《太祖实录》。书成，改翰林院侍读。上疏谏阻营建北京，忤朱棣意，不久被谗入狱，年馀才释，经杨荣力荐复职。洪熙元年（1425）上疏言事，语激切，仁宗大怒，下锦衣卫狱，被拷打几死。宣宗即位，复官侍读。与修《成祖实录》，书成，迁侍读学士。正统三年（1438）与修《宣宗实录》成，升学士，掌翰林院事兼经筵官。六年（1441）任国子监祭酒，以学问渊博，风骨劲直负重望，为士林推崇。因刚直敢言得罪权倾一朝的宦官王振，被诬砍伐国子监古树谋私而枷置国子监前。国子监千多监生闹起学潮，至宫阙为之申冤，有监生挺身欲以身贷，声震宫廷，才将他释免。这是洪武以来最大的一次学潮，监生们敢以身违朱元璋不准闹学潮的严令，可见李时勉受学生们爱戴程度之深。

景泰元年（1450）卒，终年七十七岁，谥文毅。成化时，改谥文忠。著有《古廉集》。

李时勉是明代前期重要的八股文作家。他在八股文史上的地位不仅在于他写出过有影响的八股文为后世所仿效，还在于他在国子监任祭酒（即校长）时，为端正学风、文风作出过努力，为演进期的八股文体的发展作出过贡献。这从其名作《君子贤其贤而亲其亲　二句》便可看出。

君子贤其贤而亲其亲小人乐其乐而利其利　　程

即后世思慕之心，知前王新民之德。此子曾子言文武新民之止于至善也。（破题）

使文武新民之功不止于至善，又焉能使后世之人仰其德而思慕之不忘哉？请绎而论之。（承题）

曾子之意盖谓：有周之兴，文武之为君也。以圣继圣，以尽为君子之道者备矣；建功立业，以贻后人之谋者至矣。（起讲）

是故不显惟德，百辟其刑之，此文武德业之盛也。今也文武既已往矣，而其德业之盛，则不与之俱往，后贤仰之，而思有以宗其德焉。

燕及皇天，克昌厥后，此文武覆育之恩也。今也文武既已远矣，而其覆育之恩，则不与之俱远，后王念之，而思有以保其绪焉。(以上二股为第一段)

故曰，君子贤其贤而亲其亲者此也。(此为过接，以题之前句作收结)

怀保小民，惠鲜鳏寡，此文武之所以安民也。今也文武不可见矣，而其安民之功犹在。后世之民，含哺鼓腹，莫不赖之以遂其生焉。

制其田里，教之树畜，此文武之所以利民也。今也文武不可作矣，而其利民之惠犹在。后世之民，耕田凿井，莫不赖之以得其养焉。(以上二股为第二段)

故曰小人乐其乐，而利其利者此也。(此为过接，以题之后句作结)

曰贤曰亲，有以见前王之德，愈久而不泯；

曰乐曰利，有以见前王之德，愈远而不息。(以上二股为第三段)

不惟当世之人得其所，后世之人亦莫不得其所；

不惟后世之人得其所，天下之广无一物不得其所。(以上二股为第四段)

文武新民之所以止于至善也，为何如哉？故虽已没而人思慕之，愈久而不能忘也。(小结)

此题出自《大学·传》第三章："《诗》云：'於戏，前王不忘。'君子贤其贤而亲其亲，小人乐其乐而利其利，此以没世不忘也。"《四书集注》云："《诗·周颂·列文》之篇。於戏，叹辞。前王谓文武也。君子，谓其后贤后王。小人，谓后民也。此言前王所以新民者，止于至善，能使天下后世，无一物不得其所，所以既没世而人思慕之，愈久而不忘也。"

这篇文章作为程文，应是永乐二年（1404）李时勉考中进士的试卷，是为数不多的早期八股文，单从这一点说，它在八股文史上便有着不可忽视的价值，是研究八股文体演进的重要资料。

从作法上看，此文采用的仍是逐句分疏题义的方法。它比洪武之文高明之处在于，它用了大量经书原句和《集注》中的注疏语，排列铺陈，略加点缀勾连，即成为一篇意义完整之文却又不留拼凑、支离之迹。

破题、承题抓住注中“既没世而人思慕之”，“前王所以新民者，止于至善”等字词，稍加勾连并略作发挥即成，且有一语破的之效。

起讲也抓住注中关键之字融其要义，加上自己的理解，从当世转入后世，贴定“至善”这个核心，作概括性的议论。

正文的第一段两股中的一、二股，明中叶起称为虚股。它引用《书·洛诰》中之“公称丕显德”、《诗·烈文》中之“不显维德，百辟其刑之”、《诗·雍》中之“燕及皇天，克昌厥后”等字句，实疏题中之四个“其”字，贴定文王武王，虚讲后贤对二王之德的宗仰，欲承继其功业之心迹。然后用题之第一句浑括该段之义。这种浑括之法，沿用了旧体之式。

第二段两股即三、四股，明中叶起称中股。它也引用了《书·无勉》“文王怀保小民，惠鲜鳏寡”，《庄子·马蹄》中的“含哺而嬉，鼓腹而游”及《孟子》等书中的字句，分疏题之后句，分贴“乐”、“利”二字，实讲文武二王安民、利民之功，惠及后世。最后沿用旧体，以题之第二句浑括该段之义作收结。

三段两股，即五、六股，明中叶起称后股，强调因前王之贤与亲，使其德久而不泯；小民因乐因利，而前王之德远而不息。

四段两股即七、八股，明中叶后叫束二小股，以当世与后世之人与物皆得其所来赞颂文武二王之功德。

最后为小结，概括文武新民止于至善，略引传注中的字句，以“已没而人思慕之，愈久而不能忘也”呼应破题作结。

文章前后呼应，层次分明，结构紧凑。虽多用经语与注疏中的字句，未脱洪武注疏体的痕迹，但已是一篇完备的论体文章，所以《钦定四书文》中该篇尾评中说此文“用经语能与题义切，若自己出”。

文章已有八股之式，虽然可看出旧体之痕，特别是后四股语义过简，尚有铺排赞颂之意，离标准的八股体式尚有一定距离，但对偶整齐，表明明代经义已在明显地向八股文体演进。所以《钦定四书文》该篇尾评中特别指出“录此以存制义初范”。清初学者李光地也说：“观此等文章，可以识制科之初意，且盛世元音可得而闻也。”

该文简练，多引经语注疏，却浑然一体，古朴淡雅，可见其对经籍之熟练领悟已到可以融贯之地步。这就是为后世八股文界所追慕之境界。加上李时勉的所言所行，无不体现出他践行孔孟之道的笃诚，就更可以看出八股文写作对他的影响来。

于 谦

于谦（1398—1457），字廷益，号节庵，浙江钱塘（今杭州）人。二十三岁时中永乐辛丑（1421）科进士。

实事求是地说，于谦在八股文史上的名声固然源于他那确有特色并中规中矩的作品，但更多的还是得益于他的高尚情操及有大功于社稷。我们与其去赞美他的八股文，还不如去称赞八股文写作对他的品格与灵魂的塑造。他是在自小即开始的八股文写作中接受了儒家思想中的积极因素并力行实践的人。他青年时代写作的《石灰吟》即体现出儒家思想中爱国忧民的情怀：

千锤万击出深山，
烈火焚烧若等闲。
粉骨碎身全不怕，
要留清白在人间。

这种甘愿为社稷为人民而自我牺牲的精神，即体现在他的为官生涯与八股文作品中。

于谦历任山西、河南等地巡抚，为官清正廉明，不畏强暴，曾雪冤囚数百，深得民心。“土木之役”，英宗被俘，蒙古也先部进逼北京，以英宗为人质进行要挟。在主俘寇狂，国势危殆之际，身为兵部侍郎的于谦挺身而出，坚决反对朝廷南迁，并和主战派官员一起，雷厉风行地刷新内政，整顿军队，识拔有才能之文武官员，巩固内部团结，加强关隘防守，把惊惶混乱的局面改变成同仇敌忾，共赴危难的激昂形势，终于在北京城下击败瓦剌军队，挽狂澜于既倒，使大明王朝历险而未亡，终至转危为安。于谦刚直强毅、干练智勇、允武允文的品格与能力，获得了军民的爱戴。

更为难得的是他能不避斧钺之灾，不顾身家性命，当虏寇以英宗为人质进行要挟时，他与其他主战大臣毅然拥戴郕王即帝位。每当也先派使者来信，要“送驾”议和，或朝中大臣提到迎还英宗时，于谦总是说：“社稷为重，君为轻。”[①] 他明知这么做的严重后果，但为了国家、民族利益，打破也先以英宗为人质进行要挟的企图。他为国为民，舍弃身家，义无反顾，显示出八股文写作已将儒家思想深深地植入了他的灵魂。

英宗复辟后，以“大逆不道，迎立外藩”的罪名将于谦处死。明代有人批评于谦不懂得“社稷为重，君为轻”的话是不能由臣子来说的，说了即是砍头之罪[②]。然而这恰恰反映出八股文写作使于谦真正领悟了孟子这句话的精髓，为了国家和人民的利益，敢于杀身成仁，舍生取义，从而名垂青史，成为有明一代最受后人景仰的历史伟人，也使他成为八股文能成功塑造士人灵魂的一个范例。

---

① 《明史纪事本末》卷三十五《南宫复辟》，光绪刻本。

② 见《谷山笔麈》卷之三，中华书局，1984 年。

于谦的八股文篇篇皆恪守八股文格式，表明永乐中期，八股格式已大体固定，故于谦已遵行不废。

于谦的八股文最显著的特色，在于他能根据传注畅抒己见，从而充分显示出他的人格与个性。其八股文皆英风劲节飙发，酷肖其人。这证明其时功令尚宽，尚能容作者自由阐发，不似以后功令越来越密，越来越强调在八股格式之内阐释书旨而笔势大受拘束，不能畅所欲言。

于谦的古文列于《三异人集》，八股文独自成家。由于他曾被冤杀，后才平反，故其时文散佚者多，今所存仅四篇。或论相业，或谈兵事，或诛佞讨奸，每篇可当古文一则。可见早在永乐时期时文与古文就有合一之势。

其《其心休休焉，其如有容焉。人之有技，若己有之；人之彦圣，其心好之，不啻若自其口出。实能容之，以能保我子孙黎民，尚亦有利哉》题文，题目长达五十个字，作者能抓住其精义，融汇或舍弃次要之旨，仅用三百馀字，即将其阐发清爽。

正文共分四股一散段。前二股叙题之前二句，递讲有法，理路极清。后二股叙讲题之中段，以关键之字有容之“容”贯串上下，条理分明。再用“故曰若己有之，曰不啻口出，其实能容盖如此”点题之“实能”之句作一小束。最后用一散句段叙题之后二句，收束通篇。最后以远射利国，近起爱恶，从题文之外还引述之神作收结，称得上眼界开阔。

于谦的另一篇八股文《不待三，然则子之失伍也亦多矣》，文题出自《孟子·公孙丑下》。此文充分体现出作者刚毅有为的个性。其文如下：

大夫明于治兵之法，则失职可及观矣。

夫官无旷职，国之法也。知士不待三，而大夫可以多失伍哉？

且国家之倚重者有二：遇战斗则用介胄之士，遇绥靖则用旬宣之臣。故兵法严，则士奋勇；吏法肃，则官效职。人君以驭兵之法驭臣，则吏治精矣；人臣以死绥之义死职，则官职当矣。

大夫之失职久矣，孟子将其假士以寓讽乎？而彼亦曰不待三焉。

盖谓国家布号令以约三军，即耳目手足，不敢紊乱。夫士也而敢于乱行，则军正必曰当斩。

将军授枹鼓以励战士，即进退左右，不敢逾越。夫士也而敢于离局，则司寇必且行法。

一失伍，则执而论之有司，何至于再。

再失伍，则缚而戮之于社，何至于三。

盖有死无犯，军之善政也；信赏必罚，国之大经也。此大夫之所素明也。

今子莅官以来，所谓奉职循理者安在？其于怠事，不啻再矣，岂士以贱刑，官以贵贷耶？

由子旷官以来，所谓省愆讼过者安在？拟之以失伍，亦既多矣，岂士不至于再，官不惮其多耶？

然则齐王简大夫而致以万家之邑，无事则抚百姓而简军实，有事则统将帅而立矢石，非以官守为行伍者乎？

大夫受王命而统帅师之任，居一官则效一官之职，位一日则尽一日之事，非以称职为守伍者乎？

始而败官箴，犹曰约束之弗明也；再则国体殆矣，民瘼晰矣，犹然有所阙失。使朝廷执八法以课吏，说将安解？既而挂吏议，犹曰甲令之弗熟也；三则中令严矣，功令著矣，犹然无所畏惮。使有司操三尺而议后，罪将何辞？

吁，孰去孰不去，大夫请自裁之。

这篇八股文的题目出自《孟子·公孙丑下》：“孟子之平陆，谓其大夫曰：‘子之持戟之士，一日而三失伍，则去之否乎？’曰：‘不待三。’‘然则子之失伍也亦多矣。凶年饥岁，子之民，老羸转于沟壑，壮者散而之四方者几千人矣。’曰：‘此非距心之所得为也。'" 此题取其中二句。

《四书章句集注》注解："子之失伍，言其失职，犹士之失伍也。距心，大夫名。对言此乃王之失政使然，非我所得专为也。"文章就是根据朱熹的注解所规定的意旨进行阐发的。

此文充分体现出作者刚毅有为的个性，其起讲云：

"且国家之倚重者有二：遇战斗则用介胄之士，遇绥靖则用旬宣之臣。故兵法严，则士奋勇；吏法肃，则官效职。人君以驭兵之法驭臣，则吏治精矣；人臣以死绥之义死职，则官职当矣。"

起讲讲上下团结，题蕴已该。其八股部分分层次阐发题旨，一股雄毅肃杀之气从字里行间透出，英风劲节跃露楮间，辣手著文章，令天下逃将旷官，一齐胆破。于谦立德立言，允文允武，独抒伟抱，心存开济，吐言天拔，欲平治天下的志气全从文章中传递出来，令人击节称赏。八股文与古文一样能发抒情感，表现个性，由此可见一斑。

从文体格式上来说，破题、承题、起讲、原题及提比、中比、后比及束二小比、小结、大结这些明代八股文的基本部件一样不少，入口气代圣贤立言与题酷肖，与成化时的标准格式相比，虽还存在一些差异，如文中转接段落比后来的多等等，但仍可算是一篇格式已趋标准化的明代八股文。

在作法上，从破题提出全文主题，承题加以补充，起讲据此提出大纲后，正文分八股从不同角度加以阐述，其中融贯了作者本人的理解，倾入了作者的感情，表现出他的个性，已完全脱离了注疏式的初期文体。可见永乐初文体的进化程度之快，于谦写作水平之高。

薛　瑄

薛瑄（1389 或 1392—1464），字德温，自号敬轩，山西河津人。永乐十八年庚子（1420）科河南乡试解元，次年中进士。宣德中，擢授御史。正统改元，出为山东提学佥事，后召为大理寺左少卿。景帝嗣位，起为大理寺丞，次年，擢升南京大理寺卿。英宗复辟，拜礼部右侍郎兼翰林院学士，入阁预机务。天顺八年（1464）卒，赠礼部尚书。

薛瑄与于谦为同科进士，又同他一样，是个受到八股文所传播的理学思想浸染很深的人。

十二岁时，他到当教谕的父亲任上随侍，即受到了严格的八股文训练，从中也接受了理学思想，并拜当时的理学名师从学，究心于洛、闽渊源，至废寝忘食之地步。释褐为官后，仍潜心向学，出监湖广银场，日探性理诸书，学益进。其学本程、朱，其修己教人，以复性为主，充养邃密，言动咸可法，曾说："自考亭以还，斯道已大明，无烦著作，直须躬行耳。"故他无论为官为人，处世待物，处处以理学的道德观、价值观来规范自己的言行，世人称为"薛夫子"。在他的身上，八股文又一次显示了它对塑造士人灵魂的巨大作用。

他无欲无求，为人淡泊，刚直不阿，理学原则已渗透于血液之中，成为不可移易的精神之根，终生均恪守儒家行事准则。考中进士时，当朝三位阁臣想见他，他敬谢不往。正统时，宦官王振权倾朝野，他不与之交。在东阁议事，连阁臣都向王振趋拜，独他屹立不动。王振主动趋前向他作揖，他傲然不回礼，表现出凛然正气，然而也招致了王振对他的陷害，被下狱论死。系狱待决，他犹读《易》不止，后被释。他长期掌管大理寺，决狱一本公正，不纵不冤，不畏强权，很受世人称赞。英宗复辟，石亨等欲置于谦于极刑，薛瑄不避祸殃，力言于帝，获减一等。观其一生，行无瑕疵，是个真正的道学先生。

薛瑄从小即从其为教谕的父亲攻习八股文，二十八岁乡试第一，次年又中进士，其八股文的写作水平是相当高的。其文的主要特色是对题旨的把握极为准确，阐释义理，不偏不倚，不温不火，寥寥数语，即见心明性，全然合乎程、朱的思想，被八股文界评为醇白无疵。这当然与他深究理学，被称为明朝理学第一人有极大关系。

然而，尽管其内容表达的是纯正的程朱理学，其风格却又清新闲逸，使八股文“始有体制风韵之可观。泊守溪（王鏊）、鹤滩（钱福）后先接武，而时文之法大备，则又为时文之大宗也”①。开宗成派，非一般人所能做到，这全出于他对程朱理学已了然于胸，能深入浅出，又不迂守一见。

他的传世名作《身有所忿懥，则不得其正；有所恐惧，则不得其正；有所好乐，则不得其正；有所忧患，则不得其正》，紧紧扣住程颐“盖是四者，皆心之所用，而人所不能无者，然一有之而不能察，则欲动情胜”的注释，深入地阐发题旨，指出心之用有不察，故会失其正。起讲后，截本题为四段，每段作一股，在正文中共用四大股将题旨内蕴阐释得清清楚楚，明明白白。故方苞称它为“精细浑全，深心体认之作”②。

其《仪封人请见　一章》题文是他的又一代表作：

仪封人请见，曰：“君子之至于斯也，吾未尝不得见也。”从者见之。出曰：“二三子，何患于丧乎？天下之无道也久矣，天将以夫子为木铎”

封人未见圣而思之切，既见圣而叹之深。

夫天不丧道，二三子可无患矣，封人信之以天，所以一见而有木铎之叹也。

惟时孔子辙环至卫，适于仪。有隐君子者，溷迹于封疆之间，其姓与名不可得传矣，封人其官也。

彼其望圣人而若企，前从者而陈词曰：“君子之至于斯也，吾未尝不得见也。”此其意笃而至，语恭而周。贤哉封

① 周以清：《四书文源流考》，《学海堂集》初集卷八，光绪启秀山房刻本。

② 见《明文钞》（三编），乾隆五十一年双桐书屋刻本。

人！其若弗克见之思，有足多者。

逮乎从者见之，而封人遂有慨乎其中也，乃出而叹曰："二三子何患于丧乎？"盖否而必泰者天也，往而必返者势也。况乎有其具，不患无其施而诎于藏，当必大于用。则今天下聋瞆，舍夫子其谁起？故曰："天下之无道也久矣，天将以夫子为木铎。"

噫！夫子生不遇于时，如仪封人者，亦可为倾盖之交也。

自洪武至天顺的百年中，八股文坛皆"恪遵传注，体会语气"。士人们相题既真，用力不苟，学力富，识见确，思想精深，词锋犀利，写出的八股文皆朴实无华，明义理，切伦常，常带有注疏气。薛瑄作为明代一位理学大师，纯儒家，真君子，其八股文更是以发掘出题旨的精蕴，阐明义理为目的。他的八股文叙题面处多，发所以然者少，闲闲叙来，题意已显跃于题面之中。其上者只加钩略点缀便可达微言，或者只将经文疏通条达，便能叫立言之旨晓然易见，俾学者有所从入。他修身已到炉火纯青之境地，德容温睟，言词质直，是真君子，其文也反映出他的性情为人：无不简要亲切，往往只直写传注数语，略加联缀，用淡语叙之，便使孔孟等圣贤之意跃然纸上。这种特色，是典型的明初风格。《仪封人请见　一章》题文，便是明初八股时文唯以明理为主，讲究合题旨，得题神，明书义的代表作。

这篇八股文在内容上具有明初制义恪遵传注，敷衍书理，不求华采，但求平淡以自明题旨的特征。

《论语》集注中对"仪封人请见"一章经文的传注为："言乱极当治，天必将使夫子得位设教，不久失位也。封人一见夫子，而遽以是称之，其所得于观感之间者深矣。"薛瑄在《仪封人请见　一章》题文中就忠实地遵照书理和传注来阐述。

作者在阐述时也是依照题文先后着笔，先于起讲中介绍仪封人其人，然后摹写其见孔子前的神情言行，继而摹写他随孔子的学生见孔子后的慨叹。最后以称赞仪封人为孔夫子的倾盖之交而收结。全文仅二百五十一个字，其中却多处照引题中关键性文字：如“君子之至于斯也，吾未尝不得见也”；“二三子何患于丧乎”；“天下之无道也久矣，天将以夫子为木铎”。全文就略用一些说明性的字句，将这些关键性文字联缀串合，使原书义原汁原味地表达出来。这便是明初八股文敷衍书理，以经注经的典型作法。

在体式上，该文除破题、承题、起讲和收结之外，正文部分未分股，而只依题的未见、既见二意用两段分述仪封人见孔子前后的态度言行。这种结构，为明代洪武、永乐、宣德年间所常用。至成化、弘治后，这种格式才被八股所取代，很少再用。然而，在万历所掀起的八股文变革潮流推动下，古文与时文出现融和之趋势，这种古文式的散体结构又被重新拾起，广泛使用，以自由表达思想。那些从不研究八股文却望字生义的人，以为八股文必须有八股，此文便可让其跌破眼镜。

好的八股文不仅讲究词章格式，还非常重视其内在的神情气势，追求个人思想与性情的完美表达。受将八股文妖魔化和人云亦云的空疏学风之影响，人们以为八股文必定是一副呆滞、死板的面孔，这种观点是完全脱离八股文实际的。其实，八股文的艺术要求，对情感表达的真实生动程度，并不比古文差，甚至比古文要求还高。此文即是一例。

该文不急不缓，闲闲写来，仅用二百五十一个字，即把题义的原生态阐发殆尽，且风神跌宕，意致苍凉，笔墨洒落，表现出一种高古的意境。先生理学为明朝第一，其文字驾驭能力之高，行文古逸苍浑，真可上配司马迁和韩愈。薛瑄的八股文古逸清新，简淡闲雅，毫无理学家文章迂板沉晦之迹，此文便是明证。故著名八股文学者王耘渠称赞该文说：“以其时则文体初开，以其人则道学称首，而风调流逸如是，孰谓文章之道可不以气韵为先乎？”①

更为难得的是，全文仅二百五十一字，不仅叙次议论，将题目一一管到，且文中高峰矗起，叠嶂层峦，曲折有致，风神跌宕，意致苍凉，表现出极高的文字表现能力。与成化、弘治以前的八股文那种粗豪之态相比，真有古今之别。

作为明代理学第一人，薛瑄的八股文古逸清丽，简淡闲雅，毫无理学家的迂板晦涩，能于八股文坛独树一帜，这充分表明，八股文与程朱理学确有血肉联系，自关各人之胸襟。

商　辂

在明代八股文史上，商辂是最负盛名的一个，因为他是有明一代二百多年中唯一的一位得中“三元”的八股文名家。

商辂（1414—1486），字弘载，浙江淳安人。乡试中解元后，又潜心读书十年，参加正统十年乙丑（1445）科会试中会元，参加殿试中状元，终明之世，三试第一者，商辂一人而已。

商辂也是一位从八股文的攻习中领悟了儒家思想中积极一面的人。释褐从政后，他处处以儒家正统理念来规范自己的言行，并以之作为为官从政的信条，是一个儒家思想的笃行者。“土木之变”后，郕王监国，商辂入阁，参预机务，他力斥南迁动议，于国危民恐之际，既定大计，力挽狂澜，与于谦齐名。

商辂“为人平粹简重，宽厚有容，至临大事，决大议，毅然莫能夺”②，为世人所重。英宗复辟，于谦、王文被捕，命商辂起草复位诏书，政变的主要人物石亨暗中叮嘱他“赦文毋别具条款。辂曰：‘旧制也，不敢易。’”从而招致石亨的报复，几被杀。

---

① 《明文钞》（三编）该文，乾隆五十一年双桐书屋刻本。

② 《明史》卷一百七十六《商辂传》，中华书局，1974 年。

后削为民，成化时方召至京，以故官入阁。他辨明夺门，昭雪于谦，请复景泰帝帝号，抑制宦官汪直，兴利除弊，多有善政。商辂生平，前有以安社稷，后有以格君心，不愧为大臣之称。《明史》赞他“侃侃守义，尽忠献纳，粹然一出于正”①，绝不是溢美之辞。

商辂的八股文存世者不多，但留存的每一篇都为八股文界所珍重。其文如其人，简朴至极，然理足、神足、气足，能于恪守传注中别开生面。读去但觉奇气纵横，高古跳脱，充分体现出其有学、有胆、有才的为人。

其出自《论语》的《管仲之器小哉　全章》题，便表现了商辂八股文的特点。其文如下：

子曰：“管仲之器小哉！”或曰：“管仲俭乎？”曰：“管氏有三归，官事不摄，焉得俭？”“然则管仲知礼乎？”曰：“邦君树塞门，管氏亦树塞门。邦君为两君之好，有反坫，管氏亦有反坫。管氏而知礼，孰不知礼？”

圣人陋霸臣之器，而两辟伸之者之说焉。

夫管仲以其君霸，天下尊之久矣。器小之论，独自圣人发之，宜或人之未喻也。

且夫子亦尝大管仲之功矣，今曰器小者，何哉？盖功之大者，才有馀于霸；器之小者，量不足于王也。

然夫子未尝尽言，而或者眩于名实，因欲救而解之，谓俭则必固，器小其似也。仲之为人，得无俭乎？不知俭者德之共也，帝王以节道示天下惟此耳。三归之丽，家臣之冗，奢莫甚焉，曾是而可为俭哉？此夫子所以致斥也。

或者又谓器小而复不俭，或几于礼矣。仲之为人，殆知

① 《明史》卷一百七十六《赞》，中华书局，1974年。

礼乎？不知礼者国之维也，帝王以中道防天下惟此耳。树门之塞，反爵之坫，僭莫甚焉，曾是而可为知礼哉？此夫子所以重斥也。

奢而犯礼，其无修身正心之学可知，斯言虽若为俭与知礼者辩，而器之所以小亦自可见矣。然则器大何如，君子而已。

在破题、承题之后，起讲直出首句，提出“功之大者，才有馀于霸；器之小者，量不足于王也”的论点，然后用二节文章分叙。

第一节从管仲“三归之丽，家臣之冗，奢莫甚焉”而证明“仲之为人，得无俭乎？不知俭者德之共也”，管仲“无俭”即是“无德”，故孔子要斥其为器小。

第二节从管仲“树门之塞，反爵之坫，僭莫甚焉”，说其“奢而犯礼”，是“器小而复不俭，或几于礼矣”，故虽“以其君霸，天下尊之久矣”，却受到孔子的斥责。

大结处以下二节收缴首句，首尾呼应，章法严密，指出管仲器小的根源是“其无修身正心之学”，发表了只有君子才“器大”的儒家正统见解。

全文夹叙夹议，使题之层次无不清晰分明，章法完密，开后人无限义法，读之但觉奇气纵横，新意迭起。文章极为精练，全文仅二百八十四个字，却将题旨阐述得明白透彻，如崇冈峻岭，不可攀登之势已备，令人不得不目以为奇。

岳　正

岳正（1418—1472），字季方，号蒙泉，顺天府漷县（今北京市通县）人。明英宗正统十三年戊辰（1448）科会试第一名，殿试赐一甲第三名，授翰林院编修。

与明代前期的八股名家一样，八股文的写作使他树立了牢固的儒家正统道德观和价值观。他忠君爱民，以天下为己任，勇于任事。天顺时以翰林院修撰之小官被召入阁。“在内阁才二十八日，勇事敢言。便殿论奏，至唾溅帝衣。有规以信而后谏者，慨然曰：‘上顾我厚，惧无以报。’”① 对权倾朝野的奸党如石亨等，他敢于面责其非，并欲以纵横之术去离散他们。出为兴化知府，他节省开支，兴修水利，灌溉良田数千顷，造福于民，颇有政声。种种事实证明，他是一个儒家思想的笃行者。

然而，岳正又是一个迂直、偏执的儒家之徒。他“博学能文章，高自期许，气屹屹不能下人”②，“负气敢言”，却因不讲策略，往往遭人暗算。他主动请准去离间奸党石亨、曹吉祥，他效仿施用纵横之术，因太过偏执、率真，石、曹二人一下子便看出了破绽，反受其害，曾被“逮系诏狱，杖百戍肃州”。在兴化任上，他兴利去弊，“欲有所兴革”③，于乡大夫不利，又被他们“腾谤言”，五十岁便致仕归乡。五年后去世。性格即命运，迂直的个性使得岳正有才无处使，竟至于英年早逝。

岳正于书无所不读，曾说“天下事无不可为”。他多才多艺，诗文高简峻拔，直追古人。字法精邃，大书尤为出色。旁及雕刻绘画，皆臻其妙。常泼墨戏画葡萄，皆称绝品。有《类博稿》十卷。

岳正既然高中会元，证明他的八股文造诣很高。其文简朴峻拔，看似平淡无奇，然其布局谋篇极为周详，文中各个部分安排均极妥适。其阐发微言大义时品格之高，法度之密，都达到很高的地步。清代八股文学者俞宁世称其文是“极天下之才子为之，终不能如此妥适”，评价很高。这与岳正豪迈、粗放的个性却不甚相符，可见文如其人也有例外。

其《今夫天，斯昭昭之多，及其无穷也，日月星辰系焉，万

① 《明史》卷一百七十六《岳正传》，中华书局，1974 年。
② 《明史》卷一百七十六《岳正传》，中华书局，1974 年。
③ 《明史》卷一百七十六《岳正传》，中华书局，1974 年。

物覆焉。今夫地，一撮土之多，及其广厚，载华岳而不重，振河海而不泄，万物载焉。今夫山，一卷石之多，及其广大，草木生之，禽兽居之，宝藏兴焉。今夫水，一勺之多，及其不测，鼋鼍蛟龙鱼鳖生焉，货财殖焉》文题，出自《中庸》第二十六章，题长达九十九字，内容庞杂，又与上文有牵连，十分难作。而他只用三百五十几个字将内容繁复的长题尽行写出：

《中庸》究天地生物之盛，所以明至诚无息之功用也。

夫天地之道，一诚而已矣，生物之功，宁不各极其盛哉！《中庸》即之以明无息之功用至此。

若曰："论圣人，固全乎天道；观天地，则见乎圣人。"

何言乎！今夫天以其一处而言，则昭昭之多，天也。天其止于是乎？及其无穷，而日月星辰之悬象于上，万物之覆帱于下。天之生物，一何其盛耶！

今夫地以其一处而言，则撮土之多，地也。地其止于是乎？及其广厚，而华岳河海容之，不见其不足；万物载之，惟见其有馀。地之生物，一何其盛耶！

语天地间之磅礴而不可穷者，莫山若也。今夫山不过卷石之多耳，而岂足以尽夫山哉！及其广大，则草木生于斯，禽兽居于斯，宝藏兴于斯。山之生物之盛，孰非天地生物之盛乎！

语天地间之浩渺而不可极者，莫水若也。今夫水不过一勺之多耳，而岂足以尽夫水哉！及其不测，则鼋鼍蛟龙生于斯，鱼鳖生于斯，货财殖于斯。水之生物之盛，孰非天地生物之盛乎！

是则天地功用之盛至于此，至诚无息之功用，所以配天地而无穷也，又何疑乎！

岳正在认题时，以天地为主，因山水、草木、野兽、鱼龙之类俱由天地生发而来，这就把握住了题中之主次，文章就好作了。在把握题旨时，他又抓住至诚之功用同乎天地这一要义进行阐发。这样一来，这一复杂的题目就变得简洁明了，又义蕴尽在了。他以“《中庸》究天地生物之盛，所以明至诚无息之功用也”二句作破题，将题旨中之精蕴破解出来。承题、起讲承接此意进行发挥。正文以四股阐发天地与山水草木、兽鸟鱼龙之关系，其间为转换关系，使用了缴归法、变换法、蝉联法、脱卸法，开后人无数作法之先河。最后以“是则天地功用之盛至于此，至诚无息之功用，所以配天地而无穷也，又何疑乎”作结。全文简朴而理足，体方而意圆，望之平淡，实则浑然天成。其品格之高，法度之密，都达很高水平。

岳正的八股文即以如此纯雅的品格，以及细密的法度，在明代八股文史上赢得一席之地。

王 恕

王恕是一个对八股文有着精深研究，且能恪守并践行八股文培育出来的儒家正统思想的名臣。

王恕（1416—1508），字宗贯，陕西三原人，正统十三年戊辰（1448）科进士。为地方官时，时时将百姓利益放在心上，为之兴利除害，不遗馀力。在扬州知府任上，“发粟振饥不待报，作资政书院以课士”。“以治行最，超迁江西右布政使，平赣州寇。”① 巡抚云南、南畿，皆有政声，为民所敬爱。

在朝廷，则以“直声动天下”。成化时，他“侃侃论列无少避，先后应诏陈言者二十一，建白者三十九，皆力阻权幸，天下倾心慕之。遇朝事有不可，必曰：‘王公胡不言也。’则又曰：‘公疏且至矣！’已，恕疏果至。时为谣曰：‘两京十二部，独有一王恕。’于是贵近皆侧目，帝亦颇厌苦之”②。后被强迫致仕。

---

① 《明史》卷一百八十二《王恕传》，中华书局，1974 年。

② 《明史》卷一百八十二《王恕传》，中华书局，1974 年。

明孝宗即位后，大臣交相举荐，王恕又被起用为吏部尚书，很受孝宗皇帝器重。王恕“感激眷遇，益以身任国事”。“先后以灾异条七事，以星变陈二十事，咸切时弊。”① 他历官“中外四十馀年，刚正清严，始终一致。所引荐耿裕、彭韶、何乔新、周经、李敏、张悦、倪岳、刘大夏、戴珊、章懋等皆一时名臣。贤才久废草泽者，拔擢之恐后。弘治二十年间，众正盈朝，职业修理，号为极盛者，恕力也”。《明史》赞他“砥砺风节……具经国之远猷，蕴畜君之正志，绸缪庶务，数进谠言，迹其居心行己，磊落光明，刚方鲠亮，有古大臣节概”。

王恕的八股文的主要特点是内容纯正，所阐发的全都是原汁原味的儒家正统观念。这恰似他的为人，是他一生恪守儒家信条的外化，是文如其人的应有之义。他的作品还有一个显著的特点，即八股格式在他笔下已运用纯熟。其《知者乐水，仁者乐山；知者动，仁者静；知者乐，仁者寿》及《乡人皆好之何如，子曰未可也；乡人皆恶之何如，子曰未可也，不如乡人之善者好之，其不善者恶之》等题文，皆为标准的八股格。王恕的八股文写作经历主要是宣德和正统年间，故可以知道在这段期间八股格式已经定型，并在士人中普遍使用，否则王恕便不可能在写作中对八股格式运用得如此纯熟。王恕八股文的第三个特点是结构谨严，语言简练犀利。这些特点，只要剖析一下《乡人皆好之一章》题文，即可明白。（见本书第二章）

丘　濬

丘濬（1421—1495），子仲深，琼山（今属海南省）人。乡试中解元，景泰五年甲戌（1454）科中进士。

他幼孤家贫，却嗜书好学。无力置书，常走数百里去向人求

① 《明史》卷一百八十二《王恕传》，中华书局，1974 年。

借，必得方止。老年右目失明，犹披览不辍。加上他有过目不忘的天赋，故博通古今，尤熟国家典故，以经济之才自负。成化初，两广用兵，他指陈形势，洋洋数千言，领兵者虽不尽用其策，他却以此名重公卿间。

丘濬受到八股文的长期浸染，是个儒家忠实信徒，是儒家思想的笃行者。他指事陈言，曾列时弊二十二事，上言朝廷，皆为忧盛危明之计。他“以真德秀《大学衍义》于治国平天下条目未具，乃博采群书补之”①，成《大学衍义补》，所补部分充满了儒家道德价值观。他为官廉介，官至文渊阁大学士，参预机务，然“所居邸第极湫隘，四十年不易”。修《英宗实录》时，有人说于谦之死，应当以不轨称之。丘濬却放胆陈言，认为于谦在“土木之变”时有大功于社稷，没有他“社稷危矣！事久论定，诬不可不白”。其持正如此。

然而，他又算不上一个纯粹的理学之徒。他“在位，尝以宽大启上心，忠厚变士习”②，他自己却性格偏激，常与朝中大臣闹不和，其中一些是赫赫有名的人物，个人修养极好，如王恕等。他“与王恕不相得，至不交一言”③，且有暗中指使人诬告王恕之嫌，“恕竟坐罢，人是以大不直濬”④。由此看来，丘濬对理学的精神实质尚未真正把握，颇有几分政客味道。

作为明代前期的八股文名家，丘濬在明代八股文史上所做出的最大贡献在于他以己之力，扭转了八股文坛的风气，对明代八股制艺的改进完善起了很大作用。

正统、景泰、天顺时期，为遏止科场中的剿袭现象，割裂经文而创制的各种小题不断出现。士人们为作好这种语意不连贯，

① 《明史》卷一百八十一《丘濬传》，中华书局，1974 年。

② 《明史》卷一百八十一《丘濬传》，中华书局，1974 年。

③ 《明史》卷一百八十一《丘濬传》，中华书局，1974 年。

④ 《明史》卷一百八十一《丘濬传》，中华书局，1974 年。

被截成几节，甚至是上下节文意完全相反的文题，只有生拉硬扯，甚至违背经旨传注去瞎凑，这样各种奇涩险怪的言论和见解都出现了，这于以儒家思想来控制士人思想的宗旨大为不利。

丘濬作为一个儒家正统思想的捍卫者，他看出其中包蕴着厌古喜新、生心害政的苗头，在主持乡、会试时利用衡文的权力，对这种文风“皆痛抑之”①。他“取士刊文，必以明经合传为主。所传诸程墨，凡理学题必平正通达，事实题必典则浑厚”②。对奇涩险怪之文统统不予取录。他主持的成化乙未（1475）科会试，所取录的会元王鏊，以及由他选拔出来，殿试钦点为状元的谢迁，后来都成为明代八股文史上的重要人物。

在国子监祭酒任上，他“尤谆切告诫，返文体于正”③。

通过这些措施，使得成化、弘治年间的八股文文风回复简朴平易，“明体达用，文质得中，彬彬称绝盛”④。

后人对丘濬的这些做法给予很高评价，“廖道南谓举止尔雅，自丘文庄知贡举始”⑤。梁章钜则认为他“能转移文运，又何减于欧阳永叔”⑥。

作为一个八股文名家，丘濬的八股文也很有特色，并形成了自己的风格。

丘濬的八股文注重明经合传，文质得中。由于他学识渊博，尤熟国家典故，故他在八股文中往往能发题文中别人未能发之奥旨，新人耳目。他在题目出于《孟子》的《父子有亲　五句》时文中，把儒家的仁、义、礼、智、信说成是人的天性，并说人伦

① 《明史》卷一百八十一《丘濬传》，中华书局，1974年。
② 梁章钜：《制义丛话》卷之四，咸丰九年广州重刻本。
③ 《明史》卷一百八十一《丘濬传》，中华书局，1974年。
④ 梁章钜：《制义丛话》卷之四，咸丰九年广州重刻本。
⑤ 梁章钜：《制义丛话》卷之四，咸丰九年广州重刻本。
⑥ 梁章钜：《制义丛话》卷之四，咸丰九年广州重刻本。

根于天性，把父子、君臣、夫妇、长幼、朋友之论，与仁、义、礼、智、信相搭配，说五伦均出于这五种天性。这种说法当然是合符统治阶级利益的，故极为清代八股文评大家王耘渠所欣赏，说“直可参人注疏”①，简直把他奉为程、朱一流的人物了。

丘濬八股文的另一个特点是十分讲究文法，并使八股时文的作法规范化。

在《父子有亲　五句》题文中，他以五个句子来分诠五伦与仁、义、礼、智、信的关系，如以“是故相生也而为父子，有父子则有仁之性焉。有仁之性是以为父而慈，为子而孝，油然亲爱之无间也”来诠释父子与仁之关系，五句中文法顺逆变化，又寓变化于整齐，这种方法，一直为后人所模仿。其讲亲义别序信，句句典切，开后人发挥字义的无限法门。

在出自《孟子》的《周公兼夷狄驱猛兽而百姓宁》题文中，丘濬从文题中的“兼夷狄”与“驱猛兽”两个方面入手，写出周公“承圣道之传，当世道之责”的功业，有纲有目，条理分明，脉络清楚，可供参加乡、会试者揣摩学习。其文如下：

周公兼夷狄驱猛兽而百姓宁

惟圣人有以除天下之害，则民生得其安矣。

夫人类所以不安其生者，异类害之也。苟非圣人起而任除害之责，则斯民何自而得其安哉？

昔孟子因公都子“好辨”之问，历举群圣之事而告之及此，谓夫周公以元圣之德，为武王之相，斯时也，成周之王业方兴，有殷之遗患未息。

其所以为天下害者，非独奄、飞廉而已，而又有所谓夷

① 见《明文钞》（三编）中该文王耘渠之评点，乾隆五十一年双桐书屋刻本。

狄者焉。夷狄交横，不止害民之生，而彝伦亦或为之渎矣，不力去之不可也。

其所以为中国患者，非独五十国而已，而又有所谓猛兽者焉。猛兽纵横，不止妨民之业，而躯命亦或为之戕矣，不急除之不可也。

周公生于是时，以世道为己任，宁忍视民之害而不为之驱除乎？

是以于夷狄也，则兼而并之，而使之不得以猾夏。

于猛兽也，则驱而逐之，而使之不至于逼人。

夷狄既兼，则夷不得以乱华，而凡林林而生者，莫不相生相养，熙然于衣冠文物之中，而无渎乱之祸。

猛兽既驱，则鸟兽之害人者消，而凡总总而处者，莫不以生以息，恬然于家室田畴之内，而无惊扰之忧。

谓之曰：百姓宁，信乎无一人不安其生也。周公以是而相武王，其及人之功何其大哉！

丘濬的八股文立意大，骨力雄峻，故气象宏大，函盖一时，这大概与他“议论好矫激”的个性有关。

李东阳

在明代八股文史上，李东阳应该具有崇高的地位，但过去八股文界对此认识不足。大家赞不绝口的是王鏊，认为八股文之有王鏊，如诗之有杜甫，文之有韩愈，而实际上，李东阳对成化、弘治八股文之兴盛所做的贡献远比王鏊大。他是成、弘八股文盛世的开创者。

李东阳，字宾之，号西涯，茶陵（今湖南省茶陵县）人。天顺六年壬午（1462）科中举，八年甲申（1464）科中进士，年仅十八岁。

受时代风气的影响，李东阳童年、少年时期就对八股文有着较深的领悟。少年时他曾两次被召入皇宫为皇帝讲《尚书》大义，很受皇帝欣赏。

弘治年间入内阁，进太子少保、礼部尚书兼文渊阁大学士。正德初年，刘瑾乱政，“东阳弥缝其间，亦多所补救”①。刘瑾大肆迫害正直大臣，李东阳“潜移墨夺，保全善类，天下阴受其庇”②。正德时，他又多次上书，谏劝皇帝勿嬉游荒政。

李东阳善诗文，领袖文坛多年。他胸襟开阔，能“奖成后学，推挽才俊，风流弘长，衣被海内，学士大夫出其门墙者，文章学术粲然有所成就”③，在文坛形成显赫一时的“茶陵派”作家群，并成为其核心。

李东阳对明代八股文的发展，做出过别人难以企及的贡献。他利用他在文坛的领袖地位，大力提倡文章要讲文法，讲声律，讲辨体，从而使明代八股文摆脱了正统以来所受奇险生涩之风的束缚，为成化、弘治的八股文文体定格奠定了基础。

由于资料缺乏，目前尚无法找到李东阳提倡八股文写作要讲文法，讲声律的直接证据，但从其文论中能寻觅出这种线索。

在明初，古文学家是不屑于谈写作方法与写作技巧的。而李东阳却脱离具体内容去谈文章的“操纵开阖”之准即文法，脱离文气去谈“高下长短之节”即声律。他论诗强调音调的轻重、缓急、清浊、高下，以及作诗用字的虚实，结构的起承转合。分析明代八股文的发展历程，可以看出李东阳的这些强调与八股文走向定型时的需要相一致。明代由无定式的经义发展为有定格，讲究声律对偶的八股文正是沿着文法和声律的方向前进的。这就折射出李东阳作为文坛领袖肯定会在八股文写作中提倡讲求文法与声律的信息。

李东阳大力提倡在写作中要讲求文法与声律，也是风气所

① 《明史》卷一百八十一《李东阳传》，中华书局，1974 年。
② 《明史》卷一百八十一《李东阳传》，中华书局，1974 年。
③ 钱谦益：《列朝诗集小传》丙集，上海古籍出版社，1983 年。

趋，文体发展的必然结果。

任何一种文体在定型后必然会走上关注写作方法与写作技巧之路。明代八股文的文体自永乐后期，至迟也不会超过宣德前期便已基本成型，历经几十年的写作实践，到正统、景泰时期已为广大士人所一致认同并已熟练地掌握。由于这种考试文体关系到士人们的前程，他们在熟悉这种文体后，必然会研究其写作方法与技巧，以便把文章写得更圆融一些，机调更圆熟一些。作为文坛领袖，李东阳自然会顺应这种潮流，大力提倡八股文写作要讲求篇法、句法、字法，探索要如何才能做到起承转合，以便把八股部分写得结构严谨无懈，而又气脉流转自如。以李东阳的政治地位和文坛的领袖身份，他登高一呼，必会云从谷应。讲求文法的结果是使八股文摆脱正统以来的生涩险怪之风，写得圆融有法。讲求声律的结果，是使八股部分的对偶摆脱以前的那种多对而不对，参差洒落，虽近于古却不工整的做法，使排比对偶整齐合乎韵律。这种裁对整齐，机调圆熟的八股文便成为举业的正法眼藏，八股文的成弘兴盛的时代便到来了。

李东阳不仅利用其文坛领袖地位振臂高呼提倡写八股文要讲文法，讲声律，还利用几次担任乡、会试主考的机会，推行其讲文法、声律的主张，选拔出一批与之同气相求的八股文人才来。其中罗伦、章懋、林翰、吴宽、邵宝等，都成为成化、弘治时的八股文名家。他们与李东阳同心相印，探求八股文法，为成、弘之际八股文的繁荣做出了贡献。如林翰之文，谈理真实，吴宽春容大雅，皆法度井然。

作为一位自幼聪颖异常的文坛领袖，李东阳自己的八股文自然也是讲求文法，技巧纯熟而高超的。

例如他那篇文题出自《中庸》的八股文《知所以修身　凡为天下国家有九经，曰修身也，尊贤也，亲亲也，敬大臣也，体群臣也，子庶民也，来百工也，柔远人也，怀诸侯也》，是篇截搭题文。作截搭题非常难，特别是那种前后意思毫不相干的无情搭题更加难作，需要很高的技巧。该文的题目包含两层意思即修身与治国的关系及治国的方法（即“九经”）。写作时要设法将这两层意思紧紧地扭合起来才好下笔。李东阳抓住修身与施政的关系将两层意思有机地结合在一起，以“《中庸》论修身之理，于政之施无不该”破题，承题处加以发挥，便立起了全文的主脑并钓下，起讲重申“为政固在于修身”的道理，并引入正题，起了承上启下的渡的作用。在正文部分，李东阳以起承转合的结构，以八股的格式深入阐发了修身与治国的关系以及治国方法。出题部分则照应破题、承题文意以挽上。这样这个难作的题在李东阳精心结构，周密安排下，写得主旨鲜明，首尾相贯，如一气呵成，可见李东阳八股文写作技巧之高，其讲文法效果之好。

最能体现李东阳精心构撰，机心独运的还是那篇文题出自《孟子》的《由尧舜至于汤 三节》题文：

由尧舜至于汤，五百有馀岁，若禹、皋陶，则见而知之；若汤，则闻而知之。由汤至于文王，五百有馀岁，若伊尹、莱朱，则见而知之；若文王，则闻而知之。由文王至于孔子，五百有馀岁，若太公望、散宜生，则见而知之；若孔子，则闻而知之

圣人之生有常期，或传其道于同时，或传其道于异世。

盖圣人之生，即道之所在也。非见之者之在当时，闻之者之在后世，则斯道孰从而传之哉？

孟子于此而历叙之，意有在矣。盖尝论之，道之在天下必待圣人而后传。然其生也不数，故率以五百年而一见。

尧舜者，道之所由以传者也。

自尧舜以至于汤，以其年计之，则五百有馀也。当是时，见而知其道者，禹得之于执中之命，皋陶得之为典礼之谟。若汤之生也，则闻其道而知之焉。观于上帝降衷之言，则斯道之统在于汤矣！

自汤至于文王，以其年计之，亦五百有馀也。当是时，见而知其道者，伊尹得之而为一德之辅，莱朱得之而为建中之诰。若文王之生也，则闻其道而知之焉。观于缉熙敬止之诗，则斯道之统在于文王矣！

自文王至于孔子，亦五百馀年，犹汤之于尧舜，文王之于汤也。当是时，见而知其道者，得之为丹书之戒，则有若太公望焉。得之为彝教之迪，则有若散宜生焉。若孔子之生也，则闻其道而知之。贤者识其大，不贤者识其小，无所不学即文王之道也。斯道之统不又在于孔子乎！

吁！世虽有先后也，而道无先后之殊。传虽有远近也，而道无远近之异。然则斯道之在天下，何尝一日而无哉！

构成这篇八股文文题的三节经文，是孟子悯圣道之不明于世，欲使道统归于己而历数世代而言之，中间饱含遇与不遇的深叹。李东阳的这篇文章就恪遵传注中的这个意旨，对文题进行了阐发。在内容上，它无多少新意，但在写法上却尽受后人之好评。

该文先指出道统开于尧舜，方有亲见其道而知者和只听见其道而知者。起讲处只提尧舜，后面方用三比分叙三节经文，且见者闻者各还证据。文中用三个“当是时”，贴合“见而知其道者”，用词何等简括。汤、文、孔子，各云道统在此，既结束本节，又开启下节，前提后开，中列三比，篇法、股法、句法、字法，各极其妙。破题、承题、起讲以及收束，中间均有内在关系，这等写作技巧是非常高明的。

清代著名的八股文评选家方苞评点此文说：

“起处、提处、束处，高老浑重。中间平列三比，而语脉转侧之间无微不到。古文矩度，经籍光华，融化无迹，归于自然矣。”

这个评价对该文的写作方法推崇备至，且又切合实际，这表明李东阳不仅大力提倡八股文讲求文法，自己也在身体力行着。以此程式海内，固宜文运繁兴！

第三章　成化与弘治：八股文的成熟期

经过从建文到天顺近百年的演进，至成化、弘治，八股文进入了成熟期。成熟的标志是八股文的经学化过程已完成，体式已经定型，八股格式已为官方认可而普遍使用。此时八股文坛高手辈出，还造就了王鏊、钱福等在八股文史上具有宗师地位的人物和一大批八股文名家高手。他们讲究作法，创制文格，使得这时的八股文无体不备、无法不备，开无尽之法门，为后世所尊奉、揣摩、开拓，影响甚巨。

但应指出，八股格式的定型造成了八股文的僵化，导致后世八股文坛弊端丛生。这便是文体发展的辩证法。

第一节　八股文成熟期的政治经济文化势态

成化、弘治，社会保持了基本稳定，经济仍在增长，尚处于承平时期。这样的社会状况，有利于已经成熟了的八股文八股格式的定型。

明宪宗朱见深继明英宗为帝，年号成化。他是一位喜好财色的皇帝，既无心思兴趣，更无能力本事去治理国家。他像他的父亲一样，宠爱后宫，让万贵妃干政。重用宦官，让汪直把持朝政，进退大僚，为非作歹，造成政治的进一步腐败。成化年间，开始建立“皇庄”，土地兼并较前更为严重，农民流离失所，大批拥入城市，形成了明朝历史上规模最大的流民潮，并酿成了声势浩大的荆襄流民暴动。只是此时经济尚有发展，明初所定纲纪未坠，八股文所造就的士人多正派，国运不至遽然倾颓。到明孝宗朱祐樘上台，改元弘治，励行改革，广开言路，选用忠直能干之士，王恕、丘濬、马文升、刘大夏、谢迁等名臣皆立于朝。他躬行节俭，注意减轻百姓负担，缓和了社会矛盾，创造了明代所谓的中兴局面，明孝宗也被誉为“中兴之令主”。

在经济上，由于失地农民大量拥入城市，使得手工业、商业进一步繁荣，小城镇出现的速度加快，市民队伍进一步扩大。在沿海地区，犯禁开展的海上贸易活动也更为频繁。成、弘之际，“豪门巨室间有乘巨舰贸易海外者”①。成化十四年（1478），江西饶州浮梁县“无赖”方敏同弟方祥、方洪勾结广东揭阳、海阳、东莞等县民，“自造违式双桅槽船一只，装载前项磁器并布货”②，在金门一带与番船私下交易。弘治六年（1493），“广东沿海地方，多私通番舶，络绎不绝，不待比号，先行货卖”③。这些犯禁活动为嘉靖、万历年间私人海上贸易兴盛开了先河，也为白银的大量流通准备了条件，从而促进了商品经济的发展。

在意识形态领域，这一时期仍是文化保守主义统治，对程朱理学的尊崇一如从前。但随经济的繁荣，文化也有很大发展，为八股文的成熟奠定了基础。社会风尚虽因经济的发展，市民阶层的出现有所变化，但速度缓慢，一般人难以明显感觉。这又为八股文经学性的保持提供了条件。

在这样的政治、经济、文化态势之中，八股文体式的定型便是水到渠成之事了。

其一，八股格式已经普及。今日所存景泰、天顺时的八股文，多为这种体式，到成化、弘治分股成文已是常识。

其二，朝中掌大权的王恕、丘濬、李东阳、王鏊等人，都是一代八股文名家。王恕几任巡抚，这是要参与乡试事务的职务。丘濬则任过考官及国子监祭酒，在任上曾纠正过八股文受时代影

① 张燮：《东西洋考》卷七《饷税考》，中华书局，2000年。
② 《皇明条法事类纂》卷二十《接买番货》，明刻本。
③ 《明孝宗实录》卷七十三。

响所出现的奇诡险怪之风。后来他又任礼部尚书，这是专门管理学校及考试事务的。李东阳也任过考官。可以想见，像他们这样通晓八股文写作奥秘，又久预考务的名臣，不会不对八股文的定型感兴趣。一者有式可依可省去考试阅卷的诸多麻烦，二来八股文体有增强思维方法训练和促使人精研经典原著的作用。而更重要的是规范化的文体训练可使写作者循规蹈矩，思不越孔孟伦常之外，可保持八股文经学性的纯正，不受外界与日俱增的好奇求新风尚的影响。有了王恕、丘濬、李东阳这样的重臣当权，八股文定型是理所当然。这就是何焯所说的"久而琼山（丘濬）、长沙（李东阳）在馆阁，颇病其不能解义，思创革文体"①。

其三，成化、弘治虽称承平之世，但随手工业、商业的逐步繁荣，市民阶层在不断扩展，社会处于躁动不安的转型的前夜，而八股文又是被统治阶级视为关系时运、国运的重要武器。在一批有远见，已预感到时代风云变幻的文人学士看来，以八股文定型来规范士人的思想，应是预防和抵御程朱理学被侵蚀，维护大明统治的重要措施，这又为八股文定型提供了必要条件。

出于以上种种原因，八股文便在成化、弘治年间被定型，走上了凝固化的道路。

第二节　成熟期八股文的状况

八股文自洪武重开科举创制之后，到永乐末年八股体式已大量使用。此后又经过数十年的写作与考试实践，至成化年间，已臻全面成熟。

这种成熟首先表现在八股的体式已被士人完全接受并熟练使用，在乡、会试中已成为衡文标准。八股文已成为一个能在严格

---

① 何焯：《两浙训士条约》，载《义门先生集》卷十，道光刻本。

的程式化的框架内完满表达文题意蕴的整体，即内容与形式高度统一，契合无间的有机体。

商衍鎏先生指出："宋杨诚斋、汪六安之经义，中间已有用四股、六股、八股之体。然则八股之法，实肇于宋绍兴、淳祐，定于明之洪武，而盛于成化以后者。"① 但是，洪武重开科举时创制的制义，分股对偶虽显雏形，但各部分之间，格式与文题之间的契合尚不严密，有碍文章写得圆融无滞。文体格式对内容的阐释尚不能完满地起到规范与促进作用，其内在的开、合、正、反、顺、逆的逻辑关系也未能有效地建立起来，故对士人的思维能力训练尚不能发挥应有的作用。一些有思想，有能力，有才识的考官们，看到了文体的弊端，在其主持乡、会试的考试中，凭着自己衡文的权力与经验、才学，沿着强化文章内在的逻辑联系和讲究文法、声律的道路，对尚不完善的文体进行了补充、完善，使不完备的八股文文体变得严密完整。这些考官们又利用刊刻程文的权力，将这种改善后的文体加以公示，让士人们当作法式予以遵循，这样，体式完备的八股文便为广大士子所普遍接受而广泛使用。

制义时文的正文分为八股，这在永乐末年即是常见格式。至成化年间，八股的构成更加程式化、规范化。此时的八股文构成的方法是截本题为两截，每截各作四股，两实两虚，即"每四股之中，一反一正，一虚一实，一浅一深。"若题本两对，文亦两大对，是为两扇立格，"则每扇之中各有四股，其次第文法亦复如之"②。

不仅于此，从篇法而言，至成化时，自破题、承题、起讲和八股部分的内在关系已完全顺畅，其开、合、正、反、顺、逆等

---

① 商衍鎏：《清代科举考试述录》第七章，中华书局，1957 年。
② 顾炎武：《日知录集释》卷十六《试文格式》，岳麓书社，1994 年。

逻辑联系已完全设置妥帖，将全篇文章组合成一个内在逻辑关系严密的整体。自股法、句法言之，起讲、提二比、中二比、后二比之内又各有开、合、正、反、顺、逆。至此，八股时文已剔除了其文体中的弊端，成为一个结构严谨的有机统一体。对八股文文题的阐释必须在八股格式的规范之下完成，在所设置的种种功令即束缚之中，因难见巧，既可显示出写作者在重重束缚下将题旨阐释无遗及将文章写得一气呵成、圆融有致的本领，又可训练作者的思维能力，还可成为考官检测考生智商高低及对经典熟悉程度的根据。而这种文体对声律、对偶的要求，还可提高作者诗赋写作的素养。故后人无不认为，成化、弘治时的八股文文体形式已完全成熟，几乎无懈可击了。这是八股文史上具有划时代意义的一种转变。

成化时八股文文体形式的成熟，不只表现在八股文的正格即标准体式的完备上，还表现在此时八股文的无体不备上，即是说，各种不同类型文题所形成的体式在此时都已臻成熟，后人在八股文文体的创制上已经不可能再出新了。

八股文因文题的制取方法不同而形成了不同的题型。大约从宣德年间开始还出现了各种名目的小题，因其制取方法上或截头或缩脚，而命名为截题、搭题、截搭题等等。经过长期的写作实践和补充、完善，这些类型的题目也都形成了自己的文体体式，至成化年间，其体式也已完备。然而，它们与标准的八股格式不尽相同。如长题、三扇题、四扇题等便无拘于写成八股。还有联属二句、四句为对，排比十数对成篇，而不止于八股者。特别是“嘉靖以后，文体日变，而问之儒生，皆不知八股之何谓矣”①。现代不少学者以为八股文必定篇篇都有八股，或者认为到成化时八股文篇篇都有八股，这完全是一种无知的误解。明、清两代有

① 顾炎武：《日知录集释》卷十六《试文格式》，岳麓书社，1994年。

许多八股文体式都是用的变格而非八股标准格式。嘉靖后期以后，八股标准体式的使用就较为少见，这是研究八股文者应明白的常识。

成熟时期的标准八股文在句法上无不殚精竭虑，以求超胜。八股部分必用排偶，且排偶要求工整，必须做到韵律的谐畅。在八股文定型之初，八股部分或对或散，参差错落，初无定式，单行散句尚复不少，虽颇近古，却难以给人以音律之美感，也不利于给写作者作传统诗赋辞章之训练。成化、弘治时，八股部分不仅要用排偶，裁对整齐，还能寓奇轶之气于排偶之中，顿挫排宕，纯以神行，文愈排而气愈浑。如弘治甲子（1504）科进士孙绍先所写之《建诸天地而不悖　二句》题文，题目取自《中庸》，文中排句极多，却有奇气盘转于其中，又不伤浑古之气，已开正德、嘉靖八股文之先路。其语句奇重，精深魁博，天启、崇祯诸名家八股文的优点，亦在此现先兆。

成化、弘治时八股文十分注重写作方法与文章的气脉，且各种文章的基本写作方法至此时已经完备。后人称此时的名家名作为“无一字一句不是法度”[1]，运用圆熟，形成了为后人所称羡的“成弘法脉”。其法式虽简朴，却无所不有，开后世不断探求八股文作法的先河。

八股文的作法皆根于题。成化、弘治时各种大题、小题的写作皆已熟练，故各种写作方法也开始总结，其要则为“合一事之始终，而俾成条贯”[2]。其法分为篇法、股法、句法、字法，虽较为简单，却各具其妙。成化、弘治间的大家之文，对虚起实承，反起正倒，前钩后锁等法运用自如。其篇法细微曲折井然有法；

---

① 见《明文钞》（三编）王鏊《周公兼夷狄驱猛兽而百姓宁》一文评语。

② 王夫之：《夕堂永日绪论外编》第五则，《薑斋诗话笺注》附录，人民文学出版社，1981 年。

开合变化，一气相生，其中一挑半剔，皆井井有条。破题、承题、起讲、收束都有内在联系。

此时非常重视文章的气脉流转不滞，讲求一呼一诺，首尾相应，一挑一缴，前后相钩。这样文章便会首尾相贯，一气呵成。局势法脉，无一字散漫。

成化、弘治时的名家名作既讲法，又追求运用巧妙，文中要不见用法的痕迹。

他们往往将一篇文章分为数小幅，一扬则又一抑，一伏则又一起，各自为法，颠倒曲折，各尽其妙，文章自然会波澜起伏，引人入胜。

他们作八股文还讲求层次分明，由浅入深，题义既毕，篇法亦完。

讲求格局，强调因题制格，看题炼局，是这一阶段八股文名家的共同追求。各种类型的文题此时都有与其相配的铸局之法，如长题讲究前提、后束、中扭，三处要相互配合方成章法。

成化、弘治时的八股名家，炼格、炼意、炼句、炼字，无一不工。有的高手常炼百字为一字，炼百句为一句，故文章显现出高简古朴之气象。

追求剪裁之妙，是此时八股文名家的永恒课题。如崔铣《夫世禄　四节》题文，以世禄起，世禄结，中间部分井田、学校对举，安排极其有致，极剪裁之妙。

成化、弘治的八股文名家之文，取神、取骨、取理、取气，将字句列于第二位。对字句要求“取朴老不取繁艳，取简洁不取淫浮，取典雅不取卑靡，取名贵不取庸陋，取古劲不取柔媚，赖以吐圣贤之语气，而显其须眉也”①。

在内容方面，成化、弘治沿袭传统，即“恪遵传注，体会语

① 梁章钜：《制义丛话》卷之二，咸丰九年广州重刻本。

气，谨守绳墨，尺寸不逾”[①]，不重词章而重义理，多经学性，少文学气。不过，这种传统的保持，是经过斗争才做到的。成化前后，士人中均产生过厌古喜新之心，文尚险怪新奇。丘濬、李东阳、吴宽、王鏊等人利用衡文的权力，对好异矜奇、险怪奇涩之风“痛抑之”。选士刊文只求理明词达，“凡理学题必平正通达，事实题必典则浑厚”[②]，一以清真雅正为宗，方才使八股文的写作回归到“恪遵传注”的传统上来。

然而，较之此前的“恪遵传注”的传统做法，成化、弘治时对传注的阐发还是显示出自己的特点。

朱熹说过，解经当如破的；又说，读书细看得通彻后，都不见注解，但见正经有几个字在方好。成化、弘治时的八股名家都有这等功夫。他们都能将白文朱注了然于胸，经学熟而传注明。故在行文时遇到必用传注处，也会将其融化于文词中而不直写，做到文中经语与题义契合如同己出。能实其虚以发其微，虚其实而不窒。如顾清取自《论语》中的《子谓韶尽美矣　二句》题文，将功德融化在美善中，浑融一片，不露传注痕迹，堪称善用传注的高手。

由于对白文朱注理解透彻，故成化、弘治时的八股文高手在写作中能“自书所见，不假借于人”[③]，顺题成文，略加虚字点逗，于断续离合间而神气流荡合节，文章也便有了精理秀气。

成化、弘治时期名家的八股文只求肖题，强调因题制格，看题炼局，若题蕴未尽，可用补题的方法将意旨阐释完全，但写作时“发所以然处多，叙题面处少，而题面已跃然于题意之内”[④]，而无旁杂闲意泛滥。所以成化、弘治文显得才华雅赡而意度

---

① 方苞：《钦定四书文·凡例》，光绪二年崇文书局刻本。

② 梁章钜：《制义丛话》卷之四，咸丰九年广州重刻本。

③ 苏翔凤：《甲癸集自序》，转引自《制义丛话》卷之二。

④ 清陆陇其语，参见侯康《四书文源流考》，《学海堂集》初集卷八，光绪启秀山房刻本。

谨严。

此时的八股文已有古文矩度，但能将经籍用语融化无迹，归于自然。有的名家之作，苍苍莽莽，皆古文结构，使百年制义风格，于此一变，开正德、嘉靖时以古文为时文的先兆。如董越的《天子適诸侯　二段》题文，虽曰时文，却将古代天子巡狩述职之事之大略，尽叙于文中，未尝不原本经术，却自以浩气流转，无复运用之痕，而开归有光等人的以古文为时文一派之先河。又如王守仁的《子哙不得与人燕　二句》题文，极得古文驳议之法，锋锷凌厉，极肖孟子语气，可谓辞事相成，充盈着经学性。

成化、弘治文风简朴，只用平淡点缀，篇幅皆短小精悍。其名家名作，皆文简而理足，体方而意圆，凸显其经学内容。其圆处又带方正，纯是颜筋柳骨，无软熟气。作文能繁而不能简，不是才气有馀，而是才气不足的表现。有的八股文题，他人连篇累牍也说不尽，成化、弘治的名家因能把握住题旨的关键，只用寥寥数语，以简洁之文即将其阐释清楚。如钱福取自《中庸》之《父为大夫　无贵贱一也》题文，抓住祭祀为仪礼中的重要组成部分这一关键，以祭为主，丧葬为宾来阐释祭祀之礼，只用三百七十五个字，一起一结，大旨即跃然纸上，堪称一篇佳作。但有的人由于过度追求简朴，以至被后人斥为肤浅直率。不过名家之作大多是曲尽题蕴，雅淡深密，法足辞备，字字典切，可配经传。

制义时文，其长篇大议皆根于理，足于气，岳峙渊渟，动人心魄。也有的只寥寥短文，却精神充沛，涵天盖地，这是因为其文气盛。成化、弘治时许多人专以遒劲为雄，气盛辞坚，气势排宕，骨力雄峻。后世人模仿此风，往往未得其精髓，而使怒张之气充斥文中，失去温柔敦厚之古训而受到讥斥。

成化、弘治名家之文有个后世没有的特点，即文多直犯下文字面，或以虚对实，或以实对虚，或竟以题外字与题内字相对。这些作法，在后世皆被认为是违反功令的，而此时却堂而皇之地出现在许多八股文中并被认为是合式。这表明此时的八股文功令对人的束缚还不是很严。

成化、弘治时的人“不知有时刻，书簏中只有经史、古文、先儒语录，故作文者自书所见，不假借于人”①。

说成化、弘治是八股文的成熟期，还在于它产生了大批八股文名家高手，特别是产生了王鏊与钱福这样在八股文史上具有宗师意义的大师级人物。其他如林翰的理真言实而行之以繁重纡曲；吴宽文的春容大雅，不动声色；邵宝文之游扬静致；董玘文之神骨绝似韩愈，游行理窟，自成大家，其文清粹浑穆，析理深密，可与王鏊、钱福并称；顾清文之高洁；顾鼎臣文之豪迈；王守仁之谨遵朱注，句醇字核，法律细密，原本韩愈、欧阳修，而有豪杰气象；唐寅恃才任达，而其文皆根于学问……这么一大批名家高手，将成化、弘治时的八股文坛装点出群星璀璨的繁荣景象，为后世所称赏。其文其法，是后世遵循揣摩的样板，评文者常用“未离化、治矩矱”作衡文标准。凡此种种，无不证明成化、弘治是八股文的成熟期。

纵观八股文的发展变化，可以看出成化、弘治在八股文史上处于一种结上启下的地位。它以全面经学化和八股格式的定型，结束了明代前期八股的不断演进探索史，给士子们提供了便于揣摩、练习的模式，易于纯熟。熟能生巧，八股文的各种技法由此逐渐产生，为后世八股文写作开启了无数法门。正德、嘉靖、隆庆、万历八股文坛崇尚机法，争新斗异的局面就由此奠基，但也开了形式主义弊端之先河。

这种结上启下的地位，决定了成、弘时期八股文优柔中平的特征。即是说，它既大体保持了明代前期严守经注，尊奉程朱，

① 见梁章钜《制义丛话》卷之二所引苏翔凤语，咸丰九年广州重刻本。

就题平叙直讲，简朴浑穆的经学性特点，又开始讲究作法与词藻，加入情感的因素，激活了文体中的文学因子。

清代杨绳武说：“成、弘之文纯以理胜，而制格炼局法已具备，实为有明一代风气所由开。后人以朴率当之者，谬也。”①

清代著名八股文评述家何焯说：

“成、弘以前举业，以能熟记传注为尚，仅具对偶，固与帖括无异也。久而琼山（丘濬）、长沙（李东阳）在馆阁，颇病其不能解义，思创革文体。而其学亦足于召云命律，于是守溪（王鏊）、鹤滩（钱福）出焉。以情纬物，以文被质，彬彬乎，郁郁乎，自为一代之文，而非复宋、元经义之旧矣。”②

两人的说法，特别是何焯的阐述，从文体变革的角度，揭示了成、弘时八股文“以情纬物，以文被质”的特点。

敖清江评洪武丁卯（1387）应天乡试程文《老者安之　三句》题文时说：“三句作两股讲，只要体贴圣人口气，不贵骋词耳。其学力才华都在起讲束题中发之，成化时多取此等文法。”③他概括了成、弘八股文作法的特点。

后世对成、弘八股文的评价总体很高。许多人将之比为盛唐之诗。

苏翔凤说：

“文之在明，犹诗之在唐也。初唐浑穆，盛唐昌明，中唐名秀……洪、宣之文，初唐也；成、弘、正、嘉之文，盛唐也；隆、万之文，中唐也，皆参苓也。”④

吕留良则说：

“洪、永之文，质朴简重，气象阔远，有不欲求工之意，此

① 杨绳武：《论文四则·清真雅正》。

② 何焯：《两浙训士条约》，载《何义门先生集》卷十，道光刻本。

③ 《皇明历朝四书程墨同文录》，崇祯八年金阊叶聚甫、张叔籁刻本。

④ 苏翔凤：《甲癸集自序》，转引自《制义丛话》卷之二。

大圭清瑟也。成、弘、正三朝，犹汉之建元、元封，唐之天宝、元和，宋之元祐、元丰，蔑以加矣……隆庆辛未（1571），复见弘、正风规，至今称之。”①

总之，成化、弘治的确是八股文的辉煌阶段，不仅是文体已经全面成熟，且“成弘法脉”已经形成。其文坛高手，不只讲求意法周密，儒家经典已融会于胸，上者能“钩略点缀以达微言”，“其次则疏通条达，使立言之旨晓然易见，俾学者有所从入。又其次则搜索幽隐，启人思致，或旁辑古今，用征定理”②，被清代人称为后代人“所不能造”，故成化、弘治之文，成为八股文史上一个不可企及的高峰。

后世有人批评成化、弘治时八股文过于简朴，有的人还讥之为“枯寂”。其实，质文递运，乃自然之势。钱吉士说明代八股文以天顺以前为极盛，至成化、弘治而衰。朱太复、陈素庵说制艺之坏始于王鏊，这都是偏激之言，非为确论。一种文体创制以后，随时代而发展，愈趋愈变，是一种共同规律。况且成化、弘治间许多笔力雄健、精光腾越之作，已为正德、嘉靖、隆庆、万历、天启、崇祯之八股文文学化导夫先路，这就证明成、弘间的八股文是具有生命力的。

第三节　定型后的八股文格式

分析现存的八股文，可以发现一个规律：在明代初期，八股文是对偶段落与散句段落交错使用，也有纯用分股段落甚至八股格式的，当然也有纯用散句段落的。越往后，对偶段落越多，且对偶越来越整齐，而散句段落越来越少。到景泰、天顺时多用分股对偶，不用散句段落之文触目皆是，纯用散句段落写成的经义

---

① 吕留良：《吕晚村先生论文汇钞》，康熙五十三年刻本。

② 王夫之：《夕堂永日绪论外编》第六则。

文越来越少。到成化、弘治，则分股对偶之文以体分八股者为主，六股、四股，甚至两股即两扇者渐次减少。至于不分股，以散句段落构成之文虽有，但已不成气候。

八股格式的定型并普遍使用，虽至今为止，未见有官方的明文规定，但从现存的乡、会试闱墨及程文多为八股格式来分析，八股格式的普及应是一种官方指令行为，至少应是各地主管学校事务和生员考试的学道，以及乡、会试考官们约定俗成所致。我们可引成化间乡、会试均得第一的王鏊之程文《百姓足，君孰与不足》来分析，即可明白。

百姓足，君孰与不足

民既富于下，君自富于上。(破题)

盖君之富，藏于民者也；民既富矣，君岂有独贫之理哉？(承题)

有若深言君民一体之意，以告哀公。(原题)

盖谓公之加赋，以用之不足也；欲足其用，盍先足其民乎？(起讲)

诚能百亩而彻，恒存节用爱人之心。

什一而征，不为厉民自养之计。(第一、二股，后称提股)

则民力所出，不困于征求；民财所有，不尽于聚敛。(入题，四语承前启后，将百姓足之原委讲清)

闾阎之内，乃积乃仓，而所谓仰事俯育者无忧矣。

田野之间，如茨如粱，而所谓养生送死者无憾矣(第三、四股，明代又叫虚股)

百姓既足，君何为而独贫乎？(出题，明代叫过文)

吾知藏诸闾阎者，君皆得而有之，不必归之府库，而后为吾财也。

蓄诸田野者，君皆得而用之，不必积之仓廪，而后为吾

有也。(五、六股，明代又叫中股)

取之无穷，何忧乎有求而不得?用之不竭，何患乎有事而无备?(四语为过文，承前启后)

牺牲粢盛，足以为祭祀之供；玉帛筐篚，足以资朝觐之费。借曰不足，百姓自有以给之也，其孰与不足乎?

饔飧牢醴，足以供宾客之需；车马器械，足以备征伐之用。借曰不足，百姓自有以应之也，又孰与不足乎?(七、八股，后称后股)

吁！彻法之立，本以为民，而国用之足，乃由于此，何必加赋以求富哉！(小结，后又称收结)

这篇八股文的题目取自《论语》，其经文曰：“哀公问于有若曰：‘年饥，用不足，如之何?’有若对曰：‘盍彻乎?’曰：‘二，吾犹不足，如之何其彻也?’对曰：‘百姓足，君孰与不足?百姓不足，君孰与足?’”

朱熹对这段经文的注释说：“用，谓国用，公意盖欲加赋以足用也。”“彻，通也，均也。周制，一夫受田百亩，而与同沟共井之人，通力合作，计亩均收，大率民得其九，公取其一，故谓之彻。鲁自宣公税亩，又逐亩什取其一，则为什而取二矣。”“二，即所谓什二也。公以有若不喻其旨，故言此以示加赋之意。”“民富，则君不至独贫；民贫，则君不能独富。有若深言君民一体之意，以止公之厚敛，为人上者，所宜深念也。”

此文的特点首先在于它做到了恪遵传注，并能窥圣人分际。该文题中，有若针对鲁哀公想用增加赋税解决“用不足”的问题，阐述了“百姓足”方才能“君足”的道理。王鏊的这篇八股文根据朱熹的传注，发微烛幽，对有若的思想作了进一步的阐发，揭示百姓足内便有君足，却讲还他百姓足。百姓之足，由彻之使用而致。君足即以百姓为足，却讲还他君足。君之足，由于彻行而使百姓足才能达到。阐述这些关系时即宣扬了儒家“君民一体”的思想，言圣贤之所未言，真正做到了“代圣贤立言”。

这表明成化、弘治时的八股文仍以遵经守注为第一要务。

这篇八股文的第二个特点是通局一气流注，而精神自贯输于其间，恰与题之神理相称，故清代八股文评论家王巳山称赞此文"非满腹精神，无此大手笔"①。

第三个特点是该文对八股格式运用纯熟，且排偶裁对整齐，机调圆熟，长于构局谋篇。此文在起讲之后，即开始阐发"百姓足"与"君足"的关系，提二股先讲"百姓足"之所以然，虚二股则从正面实讲"百姓足"。中二股承上递下，虚论其理。后二股实讲"君足"之正面，是详论其事。文中民与君相对成文，读来层次分明。故方苞称赞它说："层次洗发，由浅入深。题义既毕，篇法亦完。此先辈真实本领，后人虽开合照应，备极巧变，莫能继武也。"② 对王鏊八股文的写作技巧作了极高评价。

后人称王鏊的八股时文诸法皆备，此后数百年中，八股文之作法万万千，都源于他这儿，从此文来看这话还是有道理的。

顾炎武在《日知录》中指出：成化二十三年丁未（1487）科会试，出"乐天者保天下"题，其程文是起讲先提三句，即讲"乐天"四股，中间过接四句，又讲"保天下"四股。复收四句，再作大结。弘治九年丙辰（1496）科会试，出题"责难于君谓之恭"，程文起讲先提三句，即讲"责难于君"四股。中间过接二句，再讲"谓之恭"四股，复收二句，再作大结。③ 以王鏊之文来印证，正合顾炎武的说法。故可推知，八股文定型是一种官方或准官方行为。

从此文及其他成化、弘治文可以看出，此时的八股文格式为：

---

① 见《明文钞》（三编）该文尾评，乾隆五十一年双桐书屋刻本。

② 见《明文钞》（三编）该文尾评，乾隆五十一年双桐书屋刻本。

③ 见顾炎武《日知录集释》卷十六《试文格式》，岳麓书社，1994年。

一、破题。

要做到题中圣贤大旨，一破了然。这就宜融会命题主意而一言说尽。若专破字破句，便觉浅陋。破有明破、浑破、顺破、倒破，有总句破，有分句破。总之，上破贵雅，其次贵奇，其次贵巧。

二、承题。

承者，承接之义，即承上启下之谓。因破题的意义浑融，不得挑出题目，所以要将破中紧要字面，抓一两个，紧紧接下，须明快斩截，不可使破自破，承自承。又要有自己的见解判断，不可依题敷衍，而其见解判断，要在末句用力。承题多以反起为主，不得已才顺挈。语要有力，能提住题中的一层重要之意。其起句不能与破题的起句相同，同则为“平头”。它的末句又不能与破题的末句同，同则称“合脚”。然平头易避，合脚难防。

三、原题。

万历以前的八股文，在承题之后用来领承题目上文，以说明本题发言之原委，即要点明圣贤为何要写此题文之因，这几句话叫原题，又叫原起。成化、弘治之后也有将原题置于起讲之后的，但这样做易使题之义理颠倒。到万历之后，极少用原题，承题后即接起讲。

四、起讲。

起，是起议、起头的意思。起讲又称小讲。破题、承题都是以自己的理解来说题，叫断作。从起讲开始，便要代圣贤立言了。必要设身处地地去体察圣贤之心，要想这题目的这些话，为什么要这么说。有上文的，要“点上文直起，此法最古。后来用虚笼数语为小讲，而后入题，此为近古法”①。无上文的，则要融会本章本节本句的意思，浑浑作一段，包笼大势，切而不拘，虚

① 《吕晚村先生论文汇钞》，康熙五十三年刻本。

而不泛，以为大讲张本。要做到隐括题旨，勿伤于露，宽泛说事理，勿伤于浮。其转入题处，最要精细轻巧，忌缠绕费力。也有不代言而用己意断起者，多在问答题及长题的起讲用之。明代万历前起讲都简短。成、弘时寥寥数句，虚笼全篇大意，简短朴直，无须曲折，不讲辞藻。洪武、永乐时则只有原题，少有起讲，有亦只二三语，虚冒发端。

起讲，用对仗则要整齐，散作则要流畅，大都以宾形主，以虚形实。须有大议论，玲珑透彻，令人读起讲，便知题目，但以含蓄为妙。不这样在提掇处，未免重复，所谓欲切不欲尽者也。

五、提股。

在万历之前，八股文中的八股按序分称一、二、三、四……八股。这只须看当时的八股文论，只有一、二比，三、四比，五、六比，七、八比之说，不见所谓提比、中比、后比、结比之说便可知道。在作法上讲究一生二、二生三、三生四、五、六、七、八，以次为生，这才是合符天地自然之文章。一、二股在明万历以后才名之为提股。又因“股者，对偶之名也”①，对偶即对比，比即股，故又称为提比。这两种称呼一直沿用到清末。

所谓提，即提纲挈领之意。提股在明代被视为是八股文章的大关键处，乡试会试能否夺取第一名即解元、会元，全看此处。其作法为或一意生两意，或就题中两意提起，或承上文两意说下，或用交互，或用反语。若题目散漫，意思平淡，难于提掇，必须融会题意，提炼出数语，使题意跃然而出。若题目是三扇、四扇，或题目内容纷繁，难以概括，就要将题中要紧字面，关键的意思，逐一铺叙在前，下面便好放手去做，总的要求是冠冕灵醒。

到万历年后，提股讲求立大间架，出奇峰峦，发人不能发之

① 顾炎武《日知录集释》卷十六《试文格式》，岳麓书社，1994 年。

意，说人不敢说之言，点明题面即入中比，这是另一套作法。

提得明白，才能现出主旨，后面便不费力。此处稍不玲珑，后面即使尽力发挥，终是糊涂缠绕。但又贵虚不贵实，若尽是实语，后面便窘滞难以发挥。

六、过文。

过文是八股之间的联系语，到清代就称为入题、出题。

过文，在明代八股文中十分重要，前半之文赖此收束，后半之文赖此提起。或散或对，要浑成圆活，联络有情。若这儿气脉上下不相接合，前后之八股文即便写得锦绣一般，也如从中剪断，成为两块，无甚用处。

七、虚股。

虚股在万历以前称三、四股，又叫三、四比，到清代叫中二小比。

文至虚股渐说开了，须精确切题，扬洒畅达，大气勃然。但要稍带些含蓄，略留点气焰，给后文发挥留馀地。到明代中叶，常将虚股省去，只在提股处着神，神完而气自注，虚股的作用已包含在内，干脆连它也省略掉。

虚股要发意，不要骂题。骂题即是将题意全部写出，不能浑融。其作法不外流水走对，最忌合掌。合掌即两对两股意思相似。至于平仄相对，也要讲求，因它是词家修炼法，不可以末技而忽视。

八、中股。

中股原称五、六股，万历时才改称。

中股是八股文之腹部。前文是驾题竖义，大概笼罩，至此要将全题相貌，一一描出，若不极力发挥，还在何处着力？故这里以顺导直抒为长。其法有五：反、转、贴、离、拖。到万历后多以己意传题，另出机轴，别开眼孔，不即不离，技巧很高，但于题旨尽力阐发作用不大。

作中股务必要有分柱，即两股要意义相反相成，再照柱意阐发。其方法有正起，有反起。正起则反承，反起则正承。中股是全篇中坚，要尽力阐发，议论要实在开合，但又须养后股，不可说尽，不宜尽用实笔实写。说得太尽则后股难以措手。

九、后股。

后股即七、八股，也叫后比。

后股即正文的结束处，作者宁可韬光敛锐于前，而以奇思粹语迭现于此。它是承中股而来，中股说讲不到位或讲得不透彻的意义，要在这儿补全、讲透。这就是八股术语中所谓的接中坚而表后劲。其作法为或游衍，或引证，或推开一步，或深入一层，气宜长而不宜粗，理宜完而不宜杂，词宜富丽而不宜腐冗，味宜委婉而不宜直率。换言之，作后股宜承接中股之意一气说下，或紧紧承接，或宕开一笔，接住前者变化。在阐发中股未尽之意时或推开，或衬托。又有题中无后一层者，则从中股翻正一层，或引古人事说，或一开一合，总要不与中股意思重叠，又不节外生枝，愈入愈深方可称佳。必须分开合顺逆才有顿挫。如中二股开做，后二股便合做，顺逆仿此。不然亦须有挑剔转换，若四比八股文势一样，没有起伏顿挫，文章之韵味就失去了。

再要注意的一点是，前面的题意未大畅，此则重发重翻，若前面已说透了，后二股只要稍足其意趣而已。

十、小结。

小结到万历后叫收结，是全文的收煞处。因前面大讲说开，无所统束，要用几句话以收拾上文。如散乱之物，而用绳索收束之。在万历之前的八股文高手，绝无潦草收结全篇的。他们或在此通括行文之意，或于本文外别立一意，寸幅之中，精神倍出。万历后则精心雕琢，除排比整齐之外，文无馀意，枯散无力之状，所在而是。这是只顾头面不顾其尾，前面写得再好，小结作不好，全文就降了几等。

束题多收缴而与起讲呼应，但词文不可相同。严紧中有悠然不尽之趣便可以了。也有不用缴者，即与起讲呼应的。文气奔腾而来，须一截便止，不要再作发挥，否则便成蛇足。

十一、大结。

大结人称时文中之古文。文章已经说尽，却在这儿自我评断一番，别出己见，或数十字或百馀字，使文有归结。须凌空驾驶，死中求活，有自己的见解，说自己的话却又具古调，才是大结家数。

明代前期的名家将其研摩理学，经世致用的见识在这儿表现。又可涉及本朝时事，以此来体现作者的政治头脑。到后来朝廷提防有人藉此以自炫，更怕攻击现实的言论出现，便只准讲前朝之事，不准涉及本朝。到嘉靖二十二年癸卯（1543）科乡试，山东巡按叶经作了《无为而治者，其舜也欤？夫何为哉，恭己正南面而已矣》的程文，其大结中有“继体之君，未尝无可承之法，但德非至圣，未免作聪明以乱旧章”等语，明世宗嘉靖皇帝以为是在讥讽自己，一怒之下，将叶经活活打死。自此以后，士人们心存恐惧，作大结皆草草了事，许多人更不作。也有些不肖之徒，在大结中暗藏关节，以勾结考官共同作弊，谋求一第。故至康熙时悬为厉禁，大结至此而废。

以上便是定型后的八股文标准体式。但八股文是在随时代不断变化的。晚明学者左培说：“经义，宋制也。而沿于国朝数百年间，无虑数十变，入主出奴，互有失得，要亦至巧不离规矩，不论其为浓为淡，为奇为正，总以范于法者近是。”① 八股文的体式自逐渐摆脱注疏体，进入分股对偶与散句段落交错使用后，出现了纯用对偶分股段落作阐发之格式，最后在成化、弘治定型为标准的八股体式。但这种变化，正如左培所说是“至巧不离规矩”，“总以范于法者近是”，是在为规范士人更好更全面地阐发

---

① 左培：《书文式·文式》卷下《八股窾言》，日本享保三年京都刻本。

题旨的原则下进行的。八股格式的定型是在官方的意旨下完成的，因而得以普及。但在同时，六股、四股之文，甚至散体文仍然存在，只不过已不成气候而已。这就形成成化、弘治时八股体式称霸的局面。

第四节　走向全面成熟时的八股文对社会的影响

八股文走向全面成熟不仅体现在八股文文体的完备及写作方法的齐备上，还体现在走向成熟的整个时期的八股文对社会的发展起到了推动作用上。

在八股文发展史上，从基本定型到全面成熟时的八股文是这种科举考试文体最具活力的时期。在这个阶段，它也许还不精致，却总是生气勃勃，具有饱满的精神力量，能给人以向上的鼓舞。作为明代最为重要，至这一阶段已成为唯一的一项官员选拔制度，明代八股文必然会对社会产生重要作用。

研究明代历史可以发现，八股文从基本定型到走向全面成熟的时期，即从永乐末年到成化时期与明代前期出现的承平之世正好相合。这一现象表明，这一时期的八股文与社会的发展会有着某种必然的联系。

明代前期承平之世的主要表现是经济有了较大发展，社会比较安定。

在经过明初数十年的休养生息之后，到宣德年间，因元末战乱遭到破坏的农业生产已经恢复，元末本已较为繁华的手工业和商业不仅得到恢复，还有了更大发展，东南地区的城市再度显示出勃勃生机。明初受摧残最甚的苏州，不但恢复了往日的繁华，而且成为东南一带经济的中心。王锜在写自弘治年间的《寓圃杂记》中记叙其亲见亲闻道：

> 吴中素号繁华，自张氏之据，天兵所临，虽不被屠戮，人民迁徙实三都，戍远方者相继，至营籍亦隶教坊。邑里潇

然，生计鲜薄，过者增感。正统、天顺间，余尝入城，咸谓稍复其旧，然犹未盛也。迨成化间，余恒三四年一入，则见其檐若异境，以至于今，愈益繁盛，闾檐辐辏，万瓦甃鳞，城隅濠股，亭馆布列，略无隙地。舆马从盖，壶觞罍盒，交驰于通衢。水巷中，光彩耀目，游山之舫，载妓之舟，鱼贯于绿波朱阁之间，丝竹讴舞与市声相杂。凡上供锦绮、文具、花果、珍羞奇异之物，岁有所增；若刻丝累漆之属，自浙宋以来，其艺久废，今皆精妙，人性益巧而物产益多。①

经济发展的结果，使“上下交足，军民胥裕”②，从而社会也趋于安定。

造成明代前期这种承平之世的诸多因素中，政治的清明无疑是最重要的。而政治的清明又是由当时有一支整体素质较高的官员队伍造成的。这支队伍，比起明初及明中期以后的官员队伍素质都要强。

清代著名学者赵翼曾指出：

“洪武以来，吏治澄清者百馀年，当英宗、武宗之际，内外多故，而民心无土崩之虞，由吏鲜贪残故也。”③

《明史》中更是明确揭示出这个时期治平景象与吏治的关系：“吏称其职，政得其平，纲纪修明，仓廪充羡，闾阎乐业，岁不能灾，盖明兴至是历年六十，民气渐舒，蒸然有治平之象矣。”④

这支对造成明代前期承平之世起了关键作用的官员队伍，都是由八股文培育、选拔出来的，也就是说，从八股文逐渐定型到走向成熟期间的八股文对促进社会的稳定与发展起到了重要作用。

---

① 王锜：《寓圃杂记》卷第五《吴中近年之盛》，中华书局，1984年。

② 《明史》卷七十七《食货志序》，中华书局，1974年。

③ 赵翼：《廿二史劄记》卷三十三《明初吏治》，嘉庆五年刻本。

④ 《明史》卷九《宣宗本纪赞》，中华书局，1974年。

永乐末年到宣德年间，最终实现了朱元璋的旨意，“中外文臣皆由科举而进”的文官选拔制度已经形成，国初的“多途选人”[1] 此时已变为“科目”一途，而士风亦为之一变，民间有“上等是读书取科第”[2] 的说法，“能文之士率由场屋进以为荣”。如果不经由科举，任你才学比天高，抱负比天大，也无缘进入仕途，更与入阁当六部堂官无缘。能够建功立业，实现平生抱负，安享荣华富贵者，非是对八股文有着不懈追求，并能写好者不可。这种选官规则的形成，决定了凡是科举失利者，任你学富五车，才高八斗也免不了被封杀。于是，写好八股文成了文士们的不懈追求。

这种政策的实施，不仅造成了一支由八股文培育出来的文官队伍，反过来又促进了八股文的繁荣。

由于这个时期把士人的功名利禄，前程命运与八股文结合得如此紧密，从而把八股文的写作普及到了一个前所未有的广度。

首先是包括私塾在内的各级各类学校都要讲授八股时文。明代著名文学家、“前七子”领袖、弘治进士何景明在其《师说》中对此进行了抨击，他说：

“今之师，举业之师也。执经授书，分章截句，属题比类，纂摘略简，剽窃程式，传之口耳，安察心臆，叛圣弃古，以会有司。是故今之师，速化苟就之术，干荣要利之媒也。”

其次，这种政策的实施会促使广大士子尽全力自动去攻读儒家经典，不仅将《四书》、《五经》的白文朱注背得滚瓜烂熟，还会细心体味其中的微言奥旨，然后，会下苦功去钻研八股文的写作，“分章截句，属题比类，纂摘略简”，依照定格的文体形式，运用各种技巧，将文章写好。这些行为，自然会促使八股文全面

---

① 《明史》卷七十一《选举志》三，中华书局，1974 年。

② 东鲁古狂生：《醉醒石》第八回，清初刻本。

走向成熟。

八股文由逐渐定型到走向成熟是一个文体形式与文题逐渐融合成一个有机整体的过程，也是一个越来越有效地把儒家正统的道德观、价值观灌输到士人思想中去，思想控制越来越严密的过程。文体形式与文题的关系越紧密，就愈加强调在文体程式内阐发题旨，就愈加有利于将儒家正统观念输送到士人思想中去。

在成熟的八股文中，文题是最重要的，居于第一位的组成部分，因为它决定了八股文的经学性，体现了朱元璋创制八股文的根本用意。离开了文题，八股文就无法对士人进行理学思想灌输，也就没有了思想控制。文体形式在成熟的八股文中占据第二的地位，它是文题阐发的依托，是将题旨中的经学性发掘出来并输送到士人头脑中去的工具。

在八股文尚未完全成熟时，其结构设置还不严密，其体式尚不完备，还不能保证文题中的微言大义得到全面、深入的阐发。

到八股文成熟时，八股文文体的结构已十分周密完备，成为能促使写作者去全面深入阐发题旨的最为有效的程式。一方面，这种体式规定写作者只能按文体所设置的程式一环扣一环地去阐发题旨，漏掉任何一个部位，或有一个部分没按规定程式写好即达不到全面阐发题旨的要求；另一方面，成熟了的八股文又能促使写作者按文体内设置的逻辑联系一层深入一层地阐发题旨，不按规定的程式就不可能将题目中蕴藏的微言奥旨发掘出来。这样，逐步走向成熟的八股文就越来越有效地把儒家思想灌输到士人思想之中。

对题旨的阐发，在八股文逐步走向成熟的阶段虽然仍遵循恪遵传注的传统，保证经学性对八股文的独占，不过，在对经文及传注的使用方法上有很大改进。它强调要经学熟而传注明，要将白文朱注了然于胸，在运用传注、经文时，要将其融化于文词之中而不露痕迹。在阐发题旨时，这一阶段特别反对标新立异，在乡、会试中主考官们“取士尚经术，险诡者一切屏去”[①]，对“险怪”之文皆“痛抑之”[②]。他们选文的标准是简朴雅正，能发圣贤经典之精义。

如同今天的高考命题为中学教育的指挥棒一样，手握衡文取士大权的主考官们对八股文不同文体的提倡与反对自然会造成学风和文风的转变。尽管当时有的士子有厌古喜新之心，想炫奇趋新，但为了自己的前程，也不得不遵从官方的意旨，与大多数士子们一道，严格依照经文和传注去阐发题旨，严格按照已经定型的文体模式去进行写作。这样，便“返文体于正”[③]，所作文章必然会明体达用，文质得中，简朴雅正。

在简朴雅正的八股文写作的教育之下，士子们的性格受到了陶冶。

心理学认为，主客观条件是决定人的性格的两个主要因素。客观是指社会环境、社会崇尚、气氛、地位，这些方面，无时无刻不在制约人的行为，影响着人的性格。当时社会已为科举取士创造了畅通无阻之路，社会崇尚科举进身，认为“上等是读书取科第；其外以辛苦搏来，是吏员承差之类；以钱财买来，是监生儒士之类”[④]。而一旦释褐当了进士，便平步青云。这种社会环境、社会崇尚与氛围，无不使人们对科举中选充满了艳羡。无论家境如何贫寒，也希望子弟把八股文写好，以便能鱼跃龙门。士人们便会遵循官方的规定，力求把八股文写得简朴、雅正。在决定人的性格的两大因素中，主观是更为重要的。在这里，主观指的是个人所受的教育、拥有的涵养和对事物的认识能力，而教育对人的影响最为深刻。既然士人们所孜孜以求的科举教育是要士

① 《明史》卷一百八十一《王鏊传》，中华书局，1974 年。

② 《明史》卷一百八十一《丘濬传》，中华书局，1974 年。

③ 《明史》卷一百八十一《丘濬传》，中华书局，1974 年。

④ 东鲁古狂生：《醉醒石》第八回，清初刻本。

人们把八股文写得简朴雅正，明经达理，恪遵儒家经典，八股文本身又在潜移默化地向士人们输送儒家正统思想，从小即开始接受八股文教育的士人们在主客观条件的作用之下，不少人必然会养成简朴的性格，必然会以儒家正统思想来规范自己的言行。这样的人，一旦为官，大多数自然会讲廉耻，守官箴，居官清廉。这也是八股文从逐渐定型到成熟这个时期，“士大夫廉耻自重，以挂察典为终身之玷”① 的重要原因。更为重要的是，这些人一旦为官，他们就会以八股文培训出来的思维方式和灌输到脑中的儒家正统观念去理政治民。这都是造成明代前期政治比较清明的最重要条件。这一点，从洪熙、宣德到正统年间循吏的大批出现即可证明。

《明史》中说：

“自明兴至洪、宣、正统间，民淳俗富，吏易为治。而其时长吏亦多励长者行，以循良见称。其秩满奏留者，不可胜纪。”②

由于录取的进士已足够使用，到宣德年间，直至州、县一级的绝大部分负责的文官，都由他们充任。《明史·循吏传》中记载了一百二十名循吏的事迹，而从八股文逐渐定型到成熟期间所登录的就达三分之一强。这些人都是在地方为官，以洁己爱民、遵纪守法、勤政廉政而取得治绩，为百姓所拥戴的。八股文对这些人的陶冶可见一斑。

在朝廷上，这个时期，文官制度已经形成，由八股文作育出来的官员占据了各个岗位，特别是内阁与六部的高官，非由进士出身者不能担任。这些人参与了各项国家大政方针的制定和决策，实际在管理政府。许多进士变成了治理国家的能臣，他们在永乐朝和直至成化、弘治的岁月中在保持文官政府的品质和稳定

---

① 《明史》卷七十一《选举志》三，中华书局，1974 年。

② 《明史》卷二百八十一《循吏传》，中华书局，1974 年。

性上起着主导的作用。

自永乐末年八股文基本定型后，明代社会进入了长期相对稳定的守成局面，明代最高统治者渐渐失去了建国之初勤政不怠的作风，平庸成为这个时期一些皇帝的主要特征。与皇帝朝夕相处的宦官们得以窃权乱政，这就造成了明代政治领域的一大特色：昏庸的皇帝受制于乱权的宦官，造成了政治的混乱。另一方面，土地兼并和地主阶级向农民转嫁赋役日趋严重，社会矛盾越来越尖锐。在边境，异族不断入侵，连绵不断的战事，又反过来影响了国内的政治和激化了社会矛盾。

然而，此时虽“内外多故，而民心无土崩瓦解之虞”①。这种局面的形成，就全赖这批由八股文培训出来的文官精英。

他们或在宦官当权，皇帝荒唐时，谨守儒家正统观念，与乱政的宦官进行或明或暗的斗争，以补救被破坏的政治。如正统时宦官王振当权乱政，进士出身的内阁成员如杨荣、曹鼐、陈循等便与之作过斗争，并对王振的乱政祸国之举，多有修补，从而使明王朝渡过了政治危机，不至倾覆。

他们有的在国家遭遇重大变故之时，能不顾身家性命，力挽狂澜于既倒。“土木之变”，使明王朝陷入了严重的危机。幸有进士出身，正直而强毅干练的于谦本着儒家“社稷为重，君为轻”的思想原则，挺身而出，在同是进士出身的吏部尚书王直、内阁学士陈循、大学士王文，以及著名的八股文作家、连中“三元”的商辂等爱国官员的支持下，艰苦经营，才使明王朝历险而未亡，渡过了难关，有大功于社稷人民。

更多的在朝进士，“绝宾客之知，忘室家之业，日夜思竭其不肖之力”，他们治国理念一本儒家正统思想，或“侃侃论列无

① 《明史》卷二百八十一《循吏传·序》，中华书局，1974年。

少避”[①]，“国家事当言者，即非职守，亦言无不尽”[②]；或“甄人才，核功实，仕路为清”[③]；或“同心辅政，竭情尽虑，知无不言”，“欲以次革烦苛，除宿弊”[④]。就是在他们的努力之下，明代前期才出现了承平之世。

值得一提的是，这个时期朝廷中没有出大奸大恶之徒，成化时虽有进士出身的奸相万安，但作恶尚不剧，大多数进士、举贡官都是称职的，品德也是不坏的。这也是八股文培育的结果。

明代隆庆二年戊辰（1568）科进士于慎行不满于万历时的学风，而谈及嘉靖以前的士风时说：

“先年士风淳雅，学务本根，文义源流皆出经典，是以粹然统一，可示章程也。”[⑤]

通过上述的阐述可以看出，这种“淳雅”的士风，“学务本根，文义源流皆出经典”的做法，都与八股文走向成熟时的熏陶有关，完全可以说走向成熟时的八股文对此时淳雅的士风和清明政治的形成发挥了重要的作用。

第五节　明代中期最受推崇的八股文大家王鏊

成化、弘治间最为著名的八股文大家要数王鏊，他以高妙的文品，独创的各种作法和高洁的人格受到了后世八股文写作者的推崇，称他为制义开山。

王鏊（1450—1524），字济之，号守溪，晚号拙叟，时人尊称他为震泽先生。江苏吴县人。明宪宗成化十年甲午（1474）科乡试第一，时年二十四岁。次年乙未（1475）科会试又取第一，

① 《明史》卷一百八十二《王恕传》，中华书局，1974 年。
② 《明史》卷一百八十二《马文升传》，中华书局，1974 年。
③ 《明史》卷一百八十二《王恕传》，中华书局，1974 年。
④ 《明史》卷一百八十一《刘健传》，中华书局，1974 年。
⑤ 于慎行：《谷山笔麈》卷之八，中华书局，1984 年。

殿试第三，俗称中了探花，时年仅二十五岁。

王鏊自幼聪颖异常，从小八股文即写得很好。“年十六，随父读书国子监，诸生争传诵其文。”① 连当时有名的文士、侍郎叶盛和提学御史陈选都感到惊奇，把他称为“天下士”。

王鏊连中二元。会试考官谢一夔、郑环得其文大惊，认为是苏东坡再世。此言传出，王鏊声名大震。殿试对策也十分出色，本当取为第一，主考官商辂是明代唯一连中解元、会元、状元之人，大约是他不想今生今世，再见有一个连中“三元”者与他分享荣光，便有意抑之，以谢迁为第一，将他置为一甲第三，取为探花，授为编修。王鏊并不以为意，仍然“杜门读书，避远权势”。“时人嘲之曰：‘文让王鏊，貌让谢迁。’”②

自小即受八股文的浸染，儒家正统思想在其头脑中已深深扎根，故处世待物，都以儒家思想来规范自己，要求他人。

弘治初年，他升任侍讲学士，充任讲官。宦官李广常带着孝宗皇帝去游西苑。王鏊便在讲解“文王不敢盘于游田”一章书时，以文王不贪图享乐而勤政为民的事例，反复规劝，“帝为动容。讲罢，谓广曰：‘讲官指若曹耳！’”后来，李广奸情败露，朝中许多大臣都受到牵连，唯独王鏊一身清白。

不攀附权贵，为人正直，这是儒家道德观中的重要内容，王鏊终生都在实践这条原则。外戚寿宁侯张峦与王鏊家有亲故关系。张峦显贵之后，王鏊与之不再交往。有人劝告王鏊不要把事做得太过分了。王鏊正容说：“过去万安攀附万贵妃，我曾为之不齿。今天我怎么能去攀附寿宁侯呢？”王鏊的正直为人，受到了大家的赞许。不久，“太子出阁，大臣请选正人为宫僚”③，王鏊这个正直敢言之人，便成了最佳人选，被推以本官兼谕德，不

---

① 《明史》卷一百八十一《王鏊传》，中华书局，1974年。

② 见《制义丛话》卷之四，咸丰九年广州重刻本。

③ 《明史》卷一百八十一《王鏊传》，中华书局，1974年。

久又转为少詹事，升吏部右侍郎。

八股文写作使王鏊的思维能力得到很好的训练，经过多年的行政工作，王鏊成为了能干的行政官员，他参与朝廷的决策，在许多问题上，都能提出真知灼见。当时，鞑靼小王子经常骚扰开原、甘州等地。明军屡战屡败。王鏊“尝奏陈边计”[1]。这些御敌之策，皆能切合实际，故孝宗马上采纳其意见，对防御敌寇入侵起到良好作用。

王鏊从小即擅长写作八股文，为官后曾几次主持乡试。然而，他对八股取士制中的弊端也看得较为明白，故上疏陈述补救之策，说：

“宜仿前代制科，如博学宏词之类，以收异材。六年一举，尤异者授以清要之职，有官者加秩。数年之后，士类濯磨，必以通经学古为高，脱去谀闻之陋。”[2]

这是很有见地之策，可纠正八股取士之弊端，却未被皇帝采纳。

王鏊与明代其他名臣一样，当宦官乱政时，敢于挺身而出与之斗争，想方设法消弭其损失。

正德年间，刘瑾等宦官当权乱政。户部尚书韩文请郎中李梦阳起草了一篇奏疏，王鏊等列名其中，“请诛刘瑾等八党”。

王鏊在内阁理事，处处遵循儒家伦理观和价值观，直谏敢言。景帝汪皇后去世，“疑其礼。鏊曰：‘妃废不以罪，宜复故号，葬以妃，祭以后。’”[3] 武宗果真采纳其意见，命辍朝，按旧制祭奠。

王鏊在朝，尽力拯救其他受刘瑾迫害的正直人士，从不顾及个人安危。刘瑾恨户部尚书韩文，因为他曾发起请求皇帝诛杀刘

---

① 《明史》卷一百八十一《王鏊传》，中华书局，1974 年。

② 《明史》卷一百八十一《王鏊传》，中华书局，1974 年。

③ 《明史》卷一百八十一《王鏊传》，中华书局，1974 年。

瑾等“八党”。刘瑾专权后必欲杀之，还想借其他事端去加害刘健、谢迁。王鏊大力营救，方才得以平息祸端。杨一清很有才干，兵部尚书刘大夏曾保荐他为三边总制，几度立功。他想兴建西段长城，刚一开工就有人在刘瑾面前进谗言，说杨一清此举是糜费国家钱财。王鏊挺身而出，力争道：“杨一清为国修边墙，安得以功为罪。”刘瑾又诬陷杨一清贪污，将其投入大狱，王鏊与李东阳合力相救，才得以免死。刘大夏不仅不肯依附刘瑾，还参劾了刘瑾的几个亲信镇守中官，刘瑾便将刘大夏逮捕至京，欲以激土官岑氏叛变为罪名置刘大夏于死地。王鏊又为之争辩说：“岑猛但迁延不行耳，未叛何名激变？”① 在王鏊的尽力拯救下，刘大夏方保全性命。

当时中外大权尽归于刘瑾，开始王鏊尚能开诚布公地与之商议朝政，刘瑾间或能听纳一二。到后来刘瑾专横益甚，祸害殃及缙绅士大夫。王鏊力不能救，只得洁身以退。正德四年（1509），他三次上疏，恳求退归林下。武宗皇帝见其去志已坚，便准其告老还乡。《明史》中称赞王鏊“持正不阿，奉身早退”。

王鏊居官清廉，家无厚蓄，有“天下穷阁老”之称。归乡后，他寄情于山水笔墨之间，虽有廷臣多次荐举起用，但都被他拒绝了。嘉靖皇帝即位，几次派人存问，未几病卒，享年七十五岁。被追赠为太傅，赐谥号为文恪。

王鏊博学有识鉴，文章尔雅，议论明畅，诗也写得清新流丽。其著作有《震泽集》、《姑苏志》、《震泽长语》等。晚年著有《性善论》一篇，王守仁读后说：“王公深造，世未能尽也。”②

八股文名家、大画家唐寅一生师事之，称他为“海内文章第

① 《明史》卷一百八十一《王鏊传》，中华书局，1974 年。

② 《明史》卷一百八十一《王鏊传》，中华书局，1974 年。

一，山中宰相无双”，还画过“王鏊出山图”以表敬意。

王鏊最擅长的还是写八股文，从小即以善制举义而闻名于世，长大后更成为后世尊崇的八股文大家。晚明学者郑鄤在《明文稿汇选》中说：“举业以文恪为鼻祖。”[①] 清代人对他更是推崇备至。

清代著名八股文选家，康熙五十一年壬辰（1712）科进士，工古文，制义亦能自成一家的俞长城说：

“制义之有王守溪，犹史之有龙门，诗之有少陵，书法之有右军，更百世而莫并者也。前此风气未开，守溪无所不有；后此时流屡变，守溪无所不包。理至守溪而实，气至守溪而舒，神至守溪而完，法至守溪而备。盖千子、大力、维斗、吉士莫不奉为尸祝，而或讥其雕镂，疵其圆熟，则亦过高之论矣。运值天地之和，居得山川之秀。夹辅盛明，大有而不溺；遭逢疑贰，明夷而不伤。于理学为贤，于文章为圣，于经典为臣，于制义为祖，岂非一代之俊英，斯文之宗主欤?”[②]

王鏊被郑鄤、俞长城等尊为制艺之祖，比作史家中之司马迁、诗人中的杜甫、书法家中之王羲之，应当说，并非虚誉。他对八股文的贡献首先在于他将八股文的格式推向了完善、完备、完美的地步。清代人说自王鏊出，八股文“法式渐精，隐创时局”[③]。

王鏊的八股文用的都是正格，极少使用变格。在内容上，他认理细密，不悖经注，却又能以己意发之。清李光地《榕村续语录》卷十九评价王鏊说：“守溪自然算时文第一手。本是一极体贴好讲章，又创出许多法则。”这话将其文的内容与作法的关系

---

① 郑鄤：《峚阳草堂文集》卷七，乾隆武进刻本。

② 俞长城：《可仪堂一百二十名家制义·题王守溪稿》，康熙三十八年刊本。

③ 见《明文钞》（三编）《化治文序》，乾隆五十一年双桐书屋刻本。

作了揭示。王鏊善截本题为两截，每截作四股，每四股之中，一反一正，一虚一实，一浅一深，井然有序。其体制朴实，书理纯密。前人语句，多对而不对，参差洒落，虽颇近古，终不如王鏊截对整齐，音调和谐，机调圆熟，为时文的正法眼藏。所以说制义至王鏊而体大备是完全合乎事实的。我们只须看看他的一篇题目取自《孟子》的《周公思兼三王以施四事》的文章即可明白这一点。

周公思兼三王以施四事

大贤论前圣欲集乎群圣而缵其旧服者，一忧勤惕厉之心也。

盖三王之事，皆事之善者也。周公欲以一身而兼体之，其忧勤惕厉何如哉？

孟子意谓：三王不可作矣。继三王而作，时则有若周公，其为心果何如哉？

景前圣之烈光，毅然欲以身而统其盛，旷百世而相感，固不限于分位之难齐。

瞻庭闱之遗矩，慨然欲以己而会其全，幸再传之未泯，时自责以心力所可继。

夏而王者禹也，商而王者汤也。公而如禹如汤亦可已矣，而尚不忘乎有贤父兄之乐，远稽未满其志，参之以近守焉。会众美而归之身，固所愿也。

始王周者文也，继王周者武也。公而如文如武亦可已矣，而犹不废乎古先哲王之求，见知未厌其心，益之以闻知焉。集四圣而为大成，盖有期也。

是以抚往事而兴则效之思，将以行乎古者而行乎今。典则俱在，冀追践而不遗。

即往行而励进修之念，将以敷于前者而敷于后。谟烈相承，期作求而无斁。

于禹而欲施其好善恶酒之事，于汤而欲施其执中立贤之事。成功未见于躬行，而奋发已形于意气。彼谓古今之不相及而画焉以自处者，岂公之志哉。

于文而欲施其爱民求道之事，于武而欲施其不泄不忘之事。大效未彰于践履，而感激已动于精神。彼谓君相之不同道而陋焉以自居者，岂公之心哉？

吁，公亦人耳，而所以厚待其身者，必备夫三王四事而后已。其忧勤惕厉至矣，此天理常存，人心不死，而道统之传有由也欤？

王鏊最为重视八股文文体之正，从这篇文章即可看出他是何等注重文体格式。他将题目分为两截分别阐释，“周公思兼三王”写成四比，二比分，二比合，二比虚，二比实，其中三王交互，笔意警动，令人咀味不尽。“施四事”也写成四比，俱为分说，二比虚，二比实，层次洗发，由浅入深，题蕴既毕，篇幅亦完，这便是八股正格。明代八股成熟的标志之一便是这种八股正格的普遍使用，而王鏊的八股文文体又是最为标准的。

这篇八股文不仅与明代早期或对或散的作法不同，它对偶齐整，还讲究平仄相叶，故方苞称之为“音调颇与后来科举揣摩之体相近，而意脉自清”①。

该文的好处不仅于此，它“一气承接，法律森严，实讲处又字字精确正大，真不愧制艺之祖”②。

王鏊的八股文十分讲究写作方法，且各种方法他都运用得十分巧妙，自然妥帖，恰到好处，被清代人称之为“法至守溪而备”，如《百姓足君孰与不足》程文便是一篇使用了各种写作方法而写成的名作。

---

① 见方苞选编《钦定四书文》中该文评语，光绪二年崇文书局刻本。

② 见《明文钞》（三编）中该文评语，乾隆五十一年双桐书屋刻本。

王鏊作八股文，讲求格局，专以遒劲为雄。为达此目的，除讲局法、篇法、气脉之外，对股法、句法、字法无不精心揣摩，起伏、开合、呼应、正反、虚实之法无所不备。作大题是他的拿手好戏，小题也应对自如，以法驭之，法脉俱备。故写出的文章，必然会谨严雄博而又法足辞备，这些方面在《周公兼夷狄驱猛兽而百姓宁》一文中有充分体现。

周公兼夷狄驱猛兽而百姓宁

论古之圣人，除天下之大害，成天下之大功。

夫天生圣人，所以为世道计也。周公拨乱世而反之正，其亦不得已而有为者与？

孟子答公都子之问而言及此，意谓天下大乱之后，必生圣人之才。商纣之世，民之困极矣，于是有周公出焉。武王既作之于上，周公则佐之于下。

彼其夷狄乱华，不有以兼之，吾知其披发而左衽矣。周公于是起而兼之，而若奄国，若飞廉，皆在所兼。兼夷狄，兼其害百姓者也。

鸟兽逼人，不有以驱之，吾知其弱肉而强食矣。周公于是起而驱之，而若虎豹，若犀象，皆在所驱。驱猛兽，驱其害百姓者也。

是以夷狄之患既除，则四海永清，无复乱我华夏者矣。

猛兽之害既息，则天下大治，无复交于中国者矣。

天冠地履，华夏之分截然。人皆曰：百姓宁也而不知谁之功。

上恬下熙，鸟兽之类咸若。人皆曰：百姓宁也而不知谁之力。

吁！周公以人事而回气化，拨乱世而兴太平，其功之大何如哉！

虽然，此亦周公之不得已耳，岂特禹抑洪水，孔子作

《春秋》，孟子辟杨墨，为不得已哉！盖禹与周公，不得已而有为，除天下之害者也。孔子卒，孟子不得已而有言，除后世之害者也。然皆足以致治，其功之在天下后世，孰得而轻重之哉！

韩子曰："孟子之功不在禹下。"愚亦曰："孟子之功不在周公之下。"

这篇八股文是王鏊的考试墨卷，其文题出自《孟子·滕文公下》："周公兼夷狄，驱猛兽，而百姓宁。"这是孟子回答其弟子公都子问中的几句话。

王鏊的这篇文章匆匆写于科举试场之内，却法足辞备，受到后世许多八股名家的赞赏。

从此文可以看出，王鏊在沿袭前代恪遵经注，体会细密的基础上又重视技巧，各法皆用。不仅讲局法、篇法、气脉，还特别讲求股法、句法、字法，对偶工整又一气流贯，使文章清秀又沉雄。在起讲部分，他使用了伏法、提法、补法。在起二比中，又使用了反透法、点缀法、伏法、上下融贯法、先透法、飞渡法。在中二比中又使用了直下法、先透法、直接法、咏叹法、下截挽合上截法。明末八股文名家章大力则称赞它"谨严之极，可为法家"[1]。清高嵣在评此文时说："谨严雄伟，而实玲珑透辟，无一字一句不是法度，制艺中玉律金科也。"[2] 王耘渠说此文"运之以神，密之以法，鸳鸯绣出，多少金针度与人矣"。这些话都是针对该文对八股文各种写作方法与技巧运用之纯熟巧妙而发的。由此可知"法至守溪而备"确非虚言。

这篇文章写得谨严雄博而实玲珑透辟，清代著名八股文评论家王巳山评价说：

---

① 见《明文钞》（三编）该文评语，乾隆五十一年双桐书屋刻本。
② 见《明文钞》（四编）该文尾评，乾隆五十二年刻本。

“学者推先生制义开山，如此文意匠种种，自是方圆之至。息心观之，见为谨严；高声诵之，乃得其雄博。所谓濡染淋漓，亦于兹可想。”

这种评价之高还比不上方苞，他评述此文说：

“浑厚清和，法足辞备，墨义之工，三百年来无能抗者。”

方苞是清代最有权威的八股文选评家，本人亦是八股文写作高手，他对此文给予如此高的评价，自是有其道理的，这说明王鏊不愧为明代八股文的一位大师。

王鏊最擅长以下半篇来呼应上半篇，俞长城称“此守溪家法。《嗜秦人之炙　一节》文在者也下，然则上，忽然参入，正以下叠用开合，已开无数法门矣。《恭敬者　二句》文前虚开股为呼，而呼处在股末，后实两股为应，而应处在股末三句。此敖清江所谓一句四股题格，项瓯东所谓急语呼应格也”①。

王鏊对明代八股文的另一个贡献是他利用主持乡试的机会，引导八股文向简朴、雅正之路前进。他曾几次担任乡试主考官，他精心写作程文，示考生以标准文体，被后人称为“程文魁一代”，数百年后仍被奉为经典之作。他“取士尚经书，险诡者一切屏去”。经他的努力，“弘、正间，文体为一变”②。

王鏊其人其文的产生，与时代有着密切关系，明代郑鄤就看到了这一点。他说：“成、弘之际，盖国家文明初盛之会，而公适当之，遂能以八股举业匹配前哲，为一代宗工。”③

然而，王鏊等成化、弘治的八股文名家过分强调机调圆熟，强调气脉法度，为隆庆、万历年间八股文脱离内容去讲求写作方法的极端形式主义埋下了种子，如胡思泉等人便是。这是当时造成八股文文体大变的重要原因，从而受到一些有识之士的批评。

---

① 《可仪堂一百二十名家制义·题王守溪稿》，康熙三十八年刻本。

② 《明史》卷一百八十一《王鏊传》，中华书局，1974 年。

③ 郑鄤：《峚阳草堂文集》卷七《明文稿汇选》，乾隆武进刻本。

如王夫之就批评说：

“论经义者以推王守溪为大家之宗。守溪止能排当停匀，为三间五架，一衙官廨宇耳；但令依仿，即得不甚相远；大义微言，皆所不遑研究。此正束缚天下文人学者一徽缠而已。陋儒喜其有墙可循以走，翕然以大家归之，三百馀年，如出一口，能不令后人笑一代无有眼人乎？”①

王夫之的批评虽然有些偏激，但确有其道理。王鏊的八股文既标志着明代八股文进入了成熟的阶段，写作水平有了很大提高，同时又昭示着八股文循此路发展，必将进入停滞、蜕变时期。因为任何事物一至成熟即会向其相反方向转化，这是一条铁律，八股文也不会例外。

第六节　与王鏊齐名的八股文大家钱福

钱福在成化、弘治时也是一个名声显赫的八股文大师。王夫之说：“钱鹤滩与守溪齐名，谓之为钱王两大家。”② 可见他在八股文史上地位之高。

钱福，字与谦，因其家居临近鹤滩，即以鹤滩为号。松江府华亭（今上海松江）人。

钱福少负异才，聪颖过人。八岁能属辞，且意境高远，作文从不起草，一挥而就，不用修改。

钱福于弘治三年庚戌（1490）科参加会试，成为会元。殿试策问他文不属草，又不加点，一挥即洋洋三千言，且辞理精确，无一纰漏。弥封官因其卷中没有草稿欲责他违例，考官们却为他打抱不平，说：“考试属草，是为防人代作，今殿试，众目睽睽，

---

① 王夫之：《夕堂永日绪论外编》第二则。

② 王夫之：《夕堂永日绪论外编》第三则，《薑斋诗话笺注》附录，人民文学出版社，1981 年。

有何作弊之嫌?”弥封官只得将其卷弥封送上阅审。

主考、文渊阁大学士刘健极为爱才，也是个八股文高手。他得钱福策问卷后，赞不绝口，请孝宗拔擢钱福为一甲第一名。钱福就这样当了状元，随即授翰林院编修，时年三十岁。但仅三年，他即告归，放情于山水间，饮酒无度，年仅四十四岁即辞世。

钱福多才多艺，诗文藻丽敏妙，且工书法，又是状元及第，故远近以笺版乞题者数不胜数。

由于成化、弘治时八股文的裁对已要求整齐并讲究音律，故此时作联属对之风在文士们中间广为流传，一批批高手也应运而生。钱福才思敏捷，学识广博，更是其中的顶尖人物。据文献记载，钱福少年时从私塾放学回家，路见一客在赏菊，客早知钱福少负异才，便出对要钱福答：

“赏菊客归，众手折残彭泽景。”

钱福想也不想，应声而答：

“卖花人过，一肩挑尽洛阳春。”

那客人大为叹服。

钱鹤更为擅长，更显其才情，为他赢来更大名声的，还是他的八股文。

俞长城曾评述他说：

“钱鹤滩少负异才，科名鼎盛，文章衣被天下，为制义极则。世之所谓才者，倾倚偏驳，奔放纵横，其气外轶，其理内绌，虽足以惊世骇俗，然率不能久。鹤滩之文，发明义理，敷扬至道，正大醇确，典则深严，即至名物度数之繁，声音笑貌之末，皆考据精详，摹画刻肖，中才所不屑经意者，无不以全力赴之。成名之故，岂偶然哉!”①

---

① 俞长城：《可仪堂一百二十名家制义 · 题词》，康熙三十八年刻本。

钱福的八股文也与王鏊一样，讲究看题炼局，讲究局势法脉。王鏊而外，他独树一帜，成就斐然，这从其名作《春秋无义战 一章》题文即可看出。

春秋无义战 一章

圣经不与诸侯之师，以其不知有王而已。

夫所谓义战者，必其用天子之命者也。敌国相征，则无王矣。人称之斯师也，何义哉？此《春秋》尊王之意，而孟子述之以诏当世也。

盖曰，夫《春秋》何为者也？夫《春秋》假鲁史以寓王法，拨乱世而反之正，如斯而已。

是故来战于郎，战于艾陵，战之终始也；郑人伐卫，楚公子申伐郑，伐之终始也。

然或讳不书败，或虽败不讳，其辞不同，要皆随事示讥而已，以为合于义而许之者谁欤？

或称人以贱之，或称师以讥之，所书不同，要皆因文见贬而已，以为合于义而许之者谁欤？

但就中而言，若召陵以义胜，而犹有借名之力；城濮以威胜，而不无假义之功，则固有彼善于此者。而要之，皆非义战也。

是何也？天下有大分，上下是已；

天下有大权，征伐是已。

然其分也，不可得而犯也；

其权也，不可得而僭也。

故诸侯而有贼杀其亲则正之。所以正之者，天子之命也，而大司马不过掌其制而已矣；

诸侯而有放弑其君则残之。所以残之者，天子之命也，而方伯连帅不过修其职而已矣。

惟辟作威，而势无嫌于两大；大君有命，而柄不至于下移。是征也者，上伐下之谓也，未闻敌国而相征者也。敌国相征，是无王也，无王是无义也；春秋之战，皆敌国而相征者也，此春秋所以无义战也。然则春秋之诸侯，不皆先王之罪人耶？孔子之《春秋》，其容已于作耶？

这篇八股文的文题为《孟子·尽心》中之一章：

“孟子曰：‘春秋无义战。彼善于此，则有之矣。征者，上伐下也，敌国不相征也。’”

朱熹《四书集注》中阐释这一章话时说：

“《春秋》每书诸侯战伐之事，必加讥贬，以著其擅兴之罪，无有以为合于义而许之者。但就中彼善于此者则有之，如召陵之师之类是也。”

钱福聪颖过人，受时风的影响，将儒家经典记诵得烂熟，做到了当时所崇尚的“无一字无出处，无一字无来历”。作文时“恪遵传注”，根据题文及朱熹的传注来阐发微言大义。作者看题炼局，不肯率易，此篇更运以高壮深严之气，立足高，局势宏，议论正，如铁城汤池，凛不可犯。他用春秋时的许多战例来说明孔子、孟子对此时各国战争的看法，“九伐独举其二，以司马方伯分承，于文律亦疏，而规模骨格，守溪而外，惟作者峣然而秀出”①。在写法上，作者只清题面，不旁杂闲意泛辞，而操纵断续之势毕备。起讲暗从孔子领入，直接“春秋”二字唱起全题，气势沉雄。故李光地称此文“局势法脉，无一字散漫，学文者须揣摩此等”②。王耘渠也给予此文很高评价，他说：“先辈看题至此，炼局至此，书家所谓十二种意外巧妙，更何以加。学者读此等文，不可一字忽过。”③

钱福善于因题制格，写景刻画，长于文章的结构剪裁，且能

① 见方苞《钦定化治四书文》该文评语，光绪二年崇文书局刻本。
② 见《明文钞》（三编）该文评语，乾隆五十一年双桐书屋刻本。
③ 见《明文钞》（三编）该文评语，乾隆五十一年双桐书屋刻本。

发明义理，正大醇确，典则深严。这些特点，从《孔子登东山一节》题文中可见一斑。

孔子登东山而小鲁，登泰山而小天下，故观于海者难为水，游于圣人之门者难为言

大贤于圣道之大，必先拟之而后质言之也。

夫道莫大于圣门也，游之斯知之矣。大贤拟之而后质言之，有以哉！

其意曰：孔子以天纵之资，承群圣之统，道莫有大焉者也。

欲观圣人之道，胡不即登山者以观之乎？蹑东山之巅，则鲁地之七百，一览无馀。履泰山之岩，则禹服之五千，极目可得。何也？所处益高而视下益小耳。

夫登高既不足于下，视大必不足于小。欲观圣人之道，胡不即观海者以观之乎？鼓楫于北溟，则河济孟津之险，视若衣带。扬航于东渤，则洞庭彭蠡之浩，渺若夸涔。何也，所见既大，则小者不足观耳。

圣人之门，妙道精义钟焉，犹地之有东山、泰山也，犹水之有沧海也。游圣人之门，见圣人之道，然后知其可放可卷，而天下莫能载；可行可藏，而天下莫能容。百家之说坐见其偏，诸子之论顿觉其弊，其与登山观海者何以异哉！

八股文因题目的内容与句式不同，并不是每个题都能或都要写成八股格式的，这就要求作者不拘泥于八股正格，能因题制格，精心剪裁结构，方才能写出好文章来。此文即是一篇因题制格的佳作。

根据朱熹的传注，这个题目的经文是讲圣人之道大，非他道可能及。钱福此文因题制格，题句上下截对，文章偏以单对复，留末句另讲。因孔子之道是集大成者，故单说孔子。以孔子二字作领起，后以题中之山、海对喻，而掣出末句重讲，以圣人结，使孔子与圣门字首尾相应。文之因题制格，将登山观海三句，裁对作二比。正于天造地设之中，得五花八门之巧。文章直起直止，绝去枝蔓，变化剪裁，全从乎心，虽简约冲淡，而气象万千，确实笔力非凡。且文章对东山、泰山、观海之意作了考核阐释，使其比喻之意尽现，亦可见作者学力深厚，对儒家经典的熟悉程度。

钱福少负异才，学识渊博，为文能发扬义理，典实题考据精详，真可发圣贤之未曾言，补传注之未曾备，又能摹画刻肖，写得富有情趣，富才情于史识。如以《论语·乡党》中之“非帷裳，必杀之”文作八股文题，最难下笔。若以上下分句作题，尚有躲闪挪移，借宾得主处，如将这六个字作为一个题目，不侧不滥，很少有人能将之写成文章。钱福却从考据下手，写成一篇令人啧啧称奇之文。特别是中二比对裳、帷的考据详核，更受人赞誉。其中幅云：

> 朝祭之裳贵乎直方，故正幅如帷，虽费而不及奢也。自此之外何所取义，于正幅而为是奢且僭耶？于是省为削幅而以齐视要，上则杀乎其下矣。
>
> 如帷之幅要齐同广，故襞积就要，虽华而不及靡也。既用削幅何所设施，夫襞积而为是靡以混耶？于是旁无襞积而要有杀缝，亦襘如其下齐矣。
>
> 杀其幅而不嫌于前后之联裂，昭其俭也，先王之制无之，不敢增也。
>
> 杀以缝而取给于前后之联属，贵其完也，先王之制有之，不敢缺也。

大意总重在别于公服，不专在省费，娓娓言之，后人自不能出其范围。

后世的八股文家认为论成化、弘治时八股文的规模骨格，王鏊之外，唯钱福独树一帜。他恃才放达，而其文皆根柢学问，故世称“钱王”。钱福文之气骨风格，在王鏊之外，峣然而秀出。

为文极有章法，极为细腻，开合起伏，曲尽变化，写景刻画，细致传神，这是他超乎常人之处。但也有人对其以八股文作考据文章，文中用典太多，少浑厚宏远之气，及只清题面，不及其他的作法颇不以为然，有的还大加抨击。到嘉靖时他的地位被唐顺之所取代，而后天下便不称“钱王”了。

王夫之便认为钱福无资格称大家，他痛加抨击说：

“以此称大家者，缘国初人文字止用平淡点缀，初学小生无能仿佛。钱、王出，以钝斧劈坚木手笔，用俗情腐词，着死力讲题面，陋人始有津济，翕然推奉，誉为大家，而一代制作，至成、弘而扫地矣。鹤滩自时文外，无他表见，唯传吴骚淫俗词曲数出，与梁伯龙、陈大声一流狭邪小人竞长。如此人者，可使引伸经传之微言乎?”①

王夫之的批评确有其正确之处，王鏊、钱福的八股文对隆庆、万历八股文文体的改变的确产生了很大的影响。但王夫之把钱福写作吴骚散曲也大加贬斥，就显得过于偏激，证明王夫之的封建正统观念比钱福更加浓重。

以八股文作考据文章，且“至名物度数之繁，声音笑貌之末，皆考据精详，摹画刻肖，中才所不屑经意者，无不以全力赴之”②，这是钱福之所长，也受到许多八股文家的赞誉。然而，钱福考据成癖，往往使文章出现考据繁琐、文章繁缛之病，且有时考据也不太精确。清代学者、八股文名家梁章钜便批评他考据过细，使文害道。他说：

“时文何必过求深，则视时文真为敲门砖，非为圣贤明经义，自待亦不厚矣。”③

应当说，梁章钜的观点是对的。各种文体皆有其独特的功

① 王夫之：《夕堂永日绪论外编》第三则。

② 俞长城：《可仪堂一百二十名家制义·题词》，康熙三十八年刻本。

③ 梁章钜：《制义丛话》卷之四，咸丰九年广州重刻本。

能，把八股文写成考据文章就改变了八股文的功能，八股文便不成其为八股文了，但从文体必依时代而变的角度来看，钱福此事亦是顺时之举，无可厚非。

第七节　成化、弘治时的八股文名家及名作

成化、弘治时八股文已经成熟的又一个标志是，八股文名家成批涌现，如成化年间的林翰、罗伦、吴宽、谢迁、蔡清、邵宝、罗屺等，弘治年间的顾清、李梦阳、唐寅、王守仁、伦文叙、孙绍先、董圮、顾鼎臣等。这些人，自小即潜心于八股文写作，既练就一手八股文写作的硬功夫，其作各有特点，传之后世，又能诚心尊奉儒家正统思想，以之作为规范言行的准则，品行大多高洁。所以这些人大多在历史上留有芳名，许多人还在《明史》中有传。由于篇幅关系，本节只能按各人中进士的先后，择取其中部分人予以介绍。

罗　伦

罗伦，字彝正，号一峰，江西吉安府永丰人。

罗伦自小即遵从儒家正统的伦理道德。五岁时跟母亲进入一家果园，果子坠落，大家争着去捡取，只有他非等主人赏赐才接受。因家中贫困，他去打柴时都要带着书，一有时间即诵读不辍。考取秀才后，更立志钻研，奉行圣贤之学，曾说："举业非能坏人，人自坏耳。"① 知府张瑄很看重他的学行及志向并悯其贫，送粮食给他，他却辞谢不受。

成化二年他参加丙戌（1466）会试选中。廷试时，他手不停挥，策问写了万馀言，直斥时弊，名震京都。其时谢一夔因程敏

---

① 《明史》卷一百七十九《罗伦传》，中华书局，1974 年。

政的试卷字迹精美，拟列为第一。大学士李贤说："论文不论书。"便将罗伦列为第一。罗伦中状元后，授翰林院修撰。誊录策问试卷时，有人劝罗伦将抨击宦官、指责皇帝的言辞删去，他却坚持一字不易。

罗伦是一个由八股文培育出来的，牢固树立了儒家伦理观念和价值观念的典范。他"为人刚正，严于律己。义所在，毅然必为，于富贵名利泊如也"[①]。他不视恶色，不听恶声，不耻恶衣、恶食。与人子言依于孝，与人臣言依于忠，与居官者言民疾苦。他"衣食粗恶，或遗之衣，见道殣，解以覆之"。他家无隔夜之粮，晨留客饮，妻子去邻居家借得湿粟数升，旋炒旋脱，忙到中午才将之煮成熟饭，他也不以为意。晚年他筑室人迹不至的金牛山，著书其中，四方从学者纷纷而至。人们都仰慕他的人品学问之高。《明史》列传第一百六十七"赞"罗伦等人说：

"词臣以文学侍从为职，非有言责也。激于名义，侃侃廷诤，抵罪谪而不悔，岂非皎然志节之士欤？夺情之典不始李贤，然自罗伦疏传诵天下，而朝臣不敢以起复为故事，于伦理所裨，岂浅鲜哉！"

罗伦的八股文与其为人一样，充满了凛然正气，义之所在，他必侃侃而言，申其精义，斥其背谬。其《哀公问社于宰我。宰我对曰："夏后氏以松，殷人以柏，周人以栗，曰：使民战栗。"子闻之，曰："成事不说，遂事不谏，既往不咎》题文，对宰我所对，非立社之本意，又启时君杀伐之心的错误，按照朱熹传注之意，以"王者右社之制，为民建树，与国存亡，其意固深远哉"为中心，一层层阐发，将宰予之错误驳斥得体无完肤。文章以新警之文笔，义正词严，表现出清刚之风骨，可说是文如其人。王巳山评论此文说："风骨遒警，词义都经百炼，而神气自

① 《明史》卷一百七十九《罗伦传》，中华书局，1974年。

宽然有馀，此后人所不能到。”① 方苞的评价更高，他说：“纯以炼胜，亦开倡风气之作。须识其风骨清峻，胎息《左》《国》之神，非可于局调间刻摹形似者。”② 平心而论，这皆非过誉之词。

罗伦最善于以磅礴的气势将文中的正气表达出来，以产生震撼人心的效果来征服人。其《昔者先王以为东蒙主，且在邦域之中矣，是社稷之臣也，何以伐为　一节》题文，对季氏不顾颛臾是先王封国，且在邦域之内，欲取以自益的不义行为，予以斥责，文章将凛然大义，曲折发挥，雄气奔放，被“昔人谓如吕梁之水，喷薄澎湃”③。方苞对此文极为赞许，他说：

“不独兼正、嘉作者气势之排宕，并包隆、万名家结构之巧密矣。故知先辈非不欲为正、嘉以后之文，乃风气未开，为之者尚少耳。”④

该文不仅气势奔放，结构上也很有特点，它全以末句驱驾上三句，深得运题之法。前伏后应，章法一线。

其《三月无君　四节》题文，词义端严，正气充沛，一如既往，而铸局之法，前提、后束、中纽，三处相配成章法。大比中凡八层，次第分明，文气融贯，足为后学法程。

更值得一提的是此文为长题的写作提供了模式。方苞评点此文说：

“长题局法，此为开山，宜玩其游行自得，而体格谨严处。”

罗伦于成化十四年（1478）去世，年仅四十八岁。嘉靖初，追赠为左春坊左谕德，谥文毅，学者称其为一峰先生。有《一峰集》十卷行世。

罗伦精通书法，尤擅长行、楷，师法文天祥，由此可知他的

① 见《明文钞》（三编）该文评语，乾隆五十一年双桐书屋刻本。
② 见《钦定化治四书文》该文评语，光绪二年崇文书局刻本。
③ 见《钦定化治四书文》该文评语，光绪二年崇文书局刻本。
④ 见《明文钞》（三编）该文评语，乾隆五十一年双桐书屋刻本。

人格追求。

吴宽

吴宽自小即不喜欢八股文，可是偏偏乡试考第二、会试考第一，殿试取为一甲第一名，且成为明代八股文名家，在八股文史上也算一个奇特的人物。

吴宽，字原博，号匏庵，直隶长洲（今江苏苏州）人。

吴宽“年十一，入乡校习科举”①，以“文行有声诸生间”②。但因鄙薄时文而喜好《文选》、《史记》、《汉书》及唐宋诸家集，“属意古作”，结果“既业为举子，势不得脱然弃去，坐是牵制，学皆不成，故累举于乡，即与有司意忤”③，不得中举。吴宽不以为意，反而下更大功夫去攻读古文，“研究其立言之意，修词之法，不复与年少者争进取于场屋间”。不久，逢大比之岁，提学宪臣知道他的才学，强行送他去参加乡试，结果中了第二名。四年后，参加成化八年壬辰（1472）科会试，中会元，殿试又中状元，授翰林院编撰。

孝宗为太子时，吴宽侍读东宫。孝宗即位，升他为左庶子，预修《宪宗实录》，进少詹事兼侍读学士。

弘治八年乙卯（1495），擢吏部右侍郎，转为吏部左侍郎，改掌詹事府，入东阁，专典诰敕。时武宗为太子，吴宽侍读东宫。当时，宦官为控制太子，不想让他接近儒臣，多次找借口间断讲读。吴宽即率同僚上疏曰：

“东宫讲学，寒暑风雨则止，朔望令节则止，一年不过数月，一月不过数日，一日不过数刻。是进讲之时少，辍讲之日多，岂容复以他事妨诵读。古人八岁就傅，即居宿于外，欲离近习，亲

---

① 吴宽：《匏翁家藏集》卷四十一《旧文稿序》，《四部丛刊》本。

② 《明史》卷一百八十四《吴宽传》，中华书局，1974年。

③ 吴宽：《匏翁家藏集》卷四十一《旧文稿序》，《四部丛刊》本。

正人耳。庶民且然，矧太子天下本哉?”

孝宗皇帝赞许并采纳了其意见，从而打破了宦官的奸谋。

弘治十六年癸亥（1503 ）进礼部尚书。当时词臣中声誉最重者为吴宽，其次为谢迁。但谢迁入阁十年，号称贤相，吴宽却无缘入阁。谢迁多次向首辅刘健推荐吴宽入阁，刘健始终不同意。谢迁引退，举宽自代，也没成功。吴宽虽“阻于仕路，而闻宠若惊，见辱不怒”，处之泰然。七十岁时，多次引疾辞官，被皇帝慰留，后卒于官。赠太子太保，谥文定。

吴宽一生不喜八股文，他曾自述曰：

“宽年十一，入乡校习科举，业稍长，有知识，窃疑场屋之文，排比牵合格律篇同之，使人笔势拘絷，不得驰骛以肆其所欲言，私心不喜。”①

然而，八股文对他的思想的塑造仍是成功的。他一生恪守孔孟的中庸之道，“行履高洁，不为激矫，而自守以正”②。遇朝廷大事，他每挺身而出，以儒家伦理道德观去律己处事，见识往往超人一筹。孝肃太后崩，将祔庙，下礼官集议，时廷臣不能决。吴宽独请别宫，得到皇帝的赞同。“孝宗之所以为孝，实由吴宽成全之。人臣之功莫大于成就君德，观公之议礼典核，斟酌人情，司马、欧阳亦当拱手避席。”③ 这是后人对他所作所为的高度肯定。

吴宽为官清廉。有田数顷，常用来周济亲朋故旧之中的贫困者。他重义讲情。同年好友贺恩病重，他接至家中给他诊治，晨夕看护。贺恩不幸去世后，吴宽又为他服丧一个月。他这种扶贫济困、救人于危难的精神反映出他得了儒家思想的精髓。

吴宽自幼聪颖，于书无所不读，博学多才。为文不事雕琢，

---

① 吴宽:《匏翁家藏集》卷四十一《旧文稿序》,《四部丛刊》本。

② 《明史》卷一百八十四《吴宽传》，中华书局，1974 年。

③ 梁章钜:《制义丛话》卷之四，咸丰九年广州重刻本。

自然浑成，外若简淡而意蕴深长。诗则有典则，一洗近世纤新之迹。吴宽还工书法，风格与苏轼相近。

吴宽虽不喜八股文，但自小即下过苦功钻研，并颇以其八股文为傲。少年时他“与诸生一再试郡中，偶皆前列，辄自满曰：‘吾足以取科第矣’”①。他又熟读《文选》、《史记》、《汉书》及唐宋各大家古文，“研究其立言之意，修词之法”，在八股文写作中引入了古文笔意，故其八股文形成了自己的特色。

俞长城评论吴宽的八股文说：

“每诵吴匏庵稿，春容尔雅，不动声色，文以养胜者。”②

俞长城以其对八股文深入研究之功力，对吴宽八股文特点的认识是比较准确的。吴宽的八股文如其为人淡泊处世一样，简淡自然。

吴宽对儒家经典了然于胸，又领悟很深，所以无论何等难作之题到了他手中，他都能写得题切正旨又自然浑成，表现出很高的驾驭能力。如其《不幸而有　宿焉》题文，本是一个极为难写的截搭题。而他以“大贤托疾以辞其君，而因委曲以望其臣焉”二句破题，将题之首尾绾定，恰好如题，表现出对经文高度的把握能力。由于对题从何处起，从何处止，看得明，划得清，一笔挥写，便使文章波澜万丈，与那些拘泥于截搭题之“吊、渡、挽”者，真有云泥之隔。方苞对此文给予高度评价，他说：“义意曲尽，骨脉甚紧，有如柳子厚所称昌黎之文，若捕龙蛇，搏虎豹，急与之角而力不敢暇者。虽隆、万间之灵隽，天、崇间之划刻，岂能过此。以肤浅直率为先辈者，可爽然自失矣。体制正大，不得题有割截而弃之。”③

---

① 吴宽：《匏翁家藏集》卷四十一《旧文稿序》，《四部丛刊》本。

② 转引自《制义丛话》卷之四，咸丰九年广州重刻本。

③ 见方苞《明文钞》（三编）中该文评语，乾隆五十一年双桐书屋刻本。

《明文钞》的评点中也夸奖该文“自然天成中，巧不可阶，不图化治时有此”。

吴宽天分很高，且于书无所不读，故能将历代古文写作方法融贯于八股文中，春容尔雅，从容写出，不见雕琢痕迹。他的八股文名篇《子在齐闻韶　一章》题文即是明证。

子在齐闻《韶》，三月不知肉味，不图为乐之至于斯也

圣人寓邻国而听古乐，学之久而专称其美也。

至夫古乐，莫美于《韶》也。观圣人所以学之，与所以称之者，则圣乐之美，圣心之诚，皆可见矣。

昔乐有名《韶》者，用帝舜之所作者也。后千馀年，列国惟齐能传其乐。孔子在齐适闻其音，想其慕舜之德，其心已极于平日。闻舜之乐，其身如在于当时。

故不徒听之以耳，而实契之于心。

于凡鸣球琴瑟之类，其声之依永者无不习，以至鼗鼓笙镛之属，其音之克谐者无不考，盖学之不厌也。至于三月之久而好之，甚专也，本乎一心之诚。故当食之际，虽肉味有不知其为美者。

何也？其心在于乐，则发愤至于忘食之勤；其志好乎古，则终日且有不食之笃。彼刍豢何物，果足以悦我口耶？

夫既学之而有所得，则称之自不能已。

盖谓舜之乐，昔尝识之于《书》，如后夔之所典者，以为犹夫乐也。今习其度数，不意若此其美，则其声之感召，真可致神人之协和也。

舜之乐，吾尝闻之于人，如季札之所言者，以为犹夫乐也。今考其节奏，不意若此其盛，则其德之广大，信有如天地之覆载也。

其感叹之意，溢于言表如此。

然则《韶》非舜不能作，亦非孔子不能知。彼端冕而听古乐，惟恐卧者，可以语此也哉！

朱熹对《论语》中这节经文的注解说：

“《史记》三月上有‘学之’二字。不知肉味，盖心一于是而不及乎他也。曰：不意舜之作乐至于如此之美，则有以极其情文之备，而不觉其叹息之深也，盖非圣人不足以及此。范氏曰：‘《韶》尽美又尽善，乐之无以加此也。故学之三月，不知肉味，而叹美之如此。诚之至，感之深也。’”

这个文题，意绪堆叠，只得走马单行。朱熹的注解，依照《史记》，补出“学之”二字，是关键所在。吴宽便从此着意，题目为三句话组成，吴宽便以三段文章来阐发它。他在起讲处，即直入题之首句。从首句作提，故题前题后，无不涵盖。文章入题目的第二句，实疏证“学之三月”，落出“不知肉味”，这是一篇中最紧要处。文章后以二比发挥题之末句，极得孔子唱叹神情。结束处掉尾转抢首句，显得古宕有法。

全文步骤有法，曲折入情。寄托高远，又绝无浮游之态，虽是八股文实则像一篇古文。

王巳山评点此文时将吴宽构思此文的用意尽行点出，值得一读：

“《史记》于三月上有‘学之’二字，而朱子采之章句，盖非学则下面两层都渺无根据，徒尔心醉神游，亦复何关理要。文特于闻《韶》下实疏‘学之’，最是先辈读书深谨处。通体古淡而意味盎然，亦缘此会心独远也。”①

吴宽论诗论文，主“气充”、“理直”、“言达而畅”，反对雕琢，主张自然。他推崇唐诗，认为唐诗之所以动人，是“由于蓄于胸中者有高趣，故写之笔下，往往出于自然，无雕琢之病”②。

---

① 见《明文钞》（三编）该文评语，乾隆五十一年双桐书屋刻本。

② 吴宽：《匏翁家藏集》卷四十四《完庵诗集序》，《四部丛刊》本。

至于文，则自《史记》、《汉书》而下，至唐、宋及至明初宋濂，均有所取，尤其推崇韩愈、苏轼。他对于八股文有无评论，现未得而知，但他不喜欢八股文的“排比牵合，格律篇同之”，“不得驰骛以肆其所欲言”，曾欲放弃八股文却又不得不写，于是在写作八股文时往往自觉或不自觉地以写诗写古文的方法运用于其中。故其八股文也显现其诗文的特征，理直、气充、言达而畅，不拘守格式，自然浑成、春容尔雅，在明代八股文中独树一帜。

吴宽曾主典文重责。他取士刊文，必以明经合传为主，主张文章要平正通达，明体达用。这种做法，曾对成化、弘治文风归于正起了挽回作用。

顾　清

顾清，字士廉，号东江，松江华亭（今上海）人。弘治五年壬子（1492 ）科受主考官王鳌的识拔，举乡试第一。弘治六年癸丑（1493）科受主考官李东阳的赏识，取为进士，改庶吉士，授编修。凡在科第者，无不以受知于大贤为荣，顾清乡、会试的老师均为明代著名的阁臣，且都为有名文人，这是十分难得的一种荣耀。

八股文的写作使儒家正统观念在顾清的头脑中深深扎根，他讲求名节，与同科状元毛澄、探花罗钦顺以及汪俊相砥砺，洁己奉公、忠心为国。后升侍读。

正德初年，宦官刘瑾专权，依附者转眼便可得高官厚禄，顾清与毛澄等同年进士对这些人极为鄙视，自己绝不与刘瑾及其同党来往，刘瑾恨之入骨。正德四年己巳（1509），刘瑾抓住《大明会典》中的小毛病，贬挫参与纂修的翰林，降顾清为编修，毛澄为侍读。又以诸翰林未谙政事为由，将他们赶出京城，担任地方官或任两京部属。顾清得南京兵部员外郎闲职，他恬淡乐道，不以为意。

刘瑾被诛后，顾清召还任侍读，擢侍读学士掌院事，后进礼部右侍郎。这时的礼部尚书是毛澄，顾清尽心尽力做好本职工作，协助毛澄处理好部务，两人配合默契，一心为国效力。

武宗自称威武大将军朱寿，以征讨为名，帅六师巡边，幸宣府，抵大同，历山西至榆林。顾清屡屡上疏驰谏，请求罢巡幸，建储宫，虽冒杀头风险也在所不惜。

正德十二年，顾清参与主持丁丑（1517）会试，选拔了舒芬、伦以训、崔桐、汪应轸、季本、张经等一批才学超群的正人君子，师弟渊源，极盛一时。这些人后来都成为八股名家，可谓光前而裕后。顾清乡、会试受知于王鏊、李东阳这样的名师，自己又主持会试，识拔了一大批人才。人生得此一项即足以荣耀一世，何况一人而得兼，顾清在明代科举史上也算是个风云人物了。

他担任南京礼部右侍郎时，见嘉靖皇帝遣锦衣卫千户去扬州勘理争夺私财事务，在那里为非作歹，立即上疏，认为此类事务应付有关法司处理，今后再不得派锦衣卫旗校去办理案件。嘉靖皇帝见他义正词严，只得应准。这说明顾清至老风骨依旧。

顾清因病屡屡上疏求退。去世后谥文僖。

文如其人，顾清"洁己奉公，恬淡乐道，故其文亦有高峻之风"①，这是清初八股文选家俞长城对顾清八股文的评价。顾清上承薛瑄，开八股文清雅高古一派之宗风，其文"始有体制风韵之可观"②。这种风格在《子谓〈韶〉尽美矣又尽善也》题文中得到完整体现。这个文题出自《论语·八佾》，朱熹的注释为：

"《韶》，舜乐；武，武王乐。美者，声容之盛；善者，美之实也。舜绍尧致治，武王伐纣救民，其功一也。故其乐皆尽美。然舜之德，性之也，又以揖逊而有天下。武王之德，反之也，又

① 俞长城：《可仪堂一百二十名家制义·序》，康熙三十八年刻本。

② 周以清：《四书文源流考》，《学海堂集》初集卷八，光绪启秀山房刻本。

以征诛而得天下，故其实有不同者。”

顾清这篇八股文就根据朱熹的传注，在承题处明确指出“乐乃功德之形容”。然而作者在文中又不硬代孔子作分疏语，将功德熔化于美、德之中而虚浑还题，使文肖题而注解之义自显于言外，文章也显得浑全高峻。王耘渠说：“后来虽多名文，总未有能熔化注义者。东江先生文，体之最初也，而体认精融至此，岂非制义之本旨，固应如是乎？”①

顾清的《由尧、舜至于汤，五百馀岁；若禹、皋陶，则见而知之；若汤，则闻而知之。由汤至于文王，五百有馀岁，若伊尹、莱朱，则见而知之；若文王，则闻而知之。由文王至于孔子，五百有馀岁，若太公望、散宜生，则见而知之；若孔子，则闻而知之。由孔子而来至于今，百有馀岁，去圣人之世若此其未远也，近圣人之居若此其甚也，然而无有乎尔，则亦无有乎尔》全章题文，其起讲的领语简当高浑，总提侧注，潆纡跌宕，在成化、弘治八股文名家中，这是自出新意者。故王耘渠称赞此文说：“正大安详之格，醇古淡泊之音，虽云初体，实制义之极则。”②

唐 寅

唐寅，字伯虎，一字子畏，苏州府吴县（今苏州市）人。

唐寅幼时极为聪颖，童髫即入学中秀才。但长大后，与同里狂生张灵纵酒放怀，“一意望古豪杰，殊不屑事场屋。其父广德贾业而士行，将用子畏起家致举业，延师教子畏，子畏不得违父旨。广德尝语人：‘此儿必成名，殆难成家乎？’父殁，子畏犹落落。一日，余谓曰：‘子欲成先志，当且事时业。若必从己愿，

---

① 见《明文钞》（三编）该文评语，乾隆五十一年双桐书屋刻本。

② 见《明文钞》（三编）该文评语，乾隆五十一年双桐书屋刻本。

便可褫襕幞，烧科策。今徒藉名伴庐，目不接其册子，则取舍奈何?’子畏曰：‘诺，明年当大比，吾试捐一年力为之，若弗售，一掷之耳。’”① 便闭户绝交往，也不找研习八股制义的人去研习，只顾埋头独自攻读。弘治十一年戊午（1498）科乡试，他中应天府解元。

主考官、洗马梁储非常欣赏他的文章，还朝后给幼有神童之称、才高八斗、中过探花的学士程敏政看，程敏政也相与叹赏，便招唐寅往还门下。

弘治十二年己未（1499）科会试，程敏政与李东阳同任主考。与唐寅同舍的一个江阴富人徐经贿赂程敏政的家人，得到了试题。考完第二场后，事情泄露，被徐经的仇人参劾于朝，由程敏政牵连到唐寅，被捕下狱，后被罚至浙江藩府为掾吏。唐寅“耻不就，归家，益放浪”②。从此更加风流放达，玩世不恭，民间许多有关他的传说，都起于此时。

宁王朱宸濠慕其才名，厚帑将他聘入幕中。唐寅看出他有谋反之迹，便装疯使酒，做出种种丑态，宁王不能忍受，便放他回家。其大节凛然如此。可见他虽不喜制义时文，受时代的影响，放纵风流，然自幼既经八股文的训练，儒家正统思想还是深深地在其头脑里扎下了根。由此也可见八股文在成熟阶段对士人影响之深，无论何等放任的文士，都逃脱不了。

唐寅对于应世文字与诗歌不甚看重。其诗文初尚才情，晚年颓然自放，说“后人知我不在此，见我一斑就够了”。其奇气时发，便寄趣于画，下笔便能追及唐、宋的名家大师。来向他求画的人太多，他无论贫富贵贱，来者不拒，但大多未精心构制，只是寄兴而已。

---

① 祝允明：《唐子畏墓志铭》，《唐伯虎全集》，大道书局，1925 年。

② 《明史》卷二百八十六《唐寅传》，中华书局，1974 年。

唐寅临事果断，多全大节。王鏊对他知之最深，非常器重他。唐寅终生以师事之，在他面前无丝毫轻佻风流之态。

五十四岁时，唐寅因纵酒过度，伤及身体而逝。

在八股文史上，唐寅是一个非常奇特的人士。他幼读经书，几岁时即能写文章，却不屑于科举时文。他纵酒放怀，诸生或讥笑他。他慨然曰："闭户经年，取解首如反掌耳！"果真他关门用功一年即夺得应天乡试解元。这不能全归之于他的极度聪明，还在于他对八股文确有精深研究与体悟。

据其好友祝允明说，唐寅研习八股制义，有着与他人全然不同的方法。他"不觅时辈讲习，取前所治《毛诗》与所谓《四书》者，翻讨拟议，只求合时义"①，第二年即中乡试第一名。由此可以看出，唐寅非平常文士可比，他深悟八股时文的要害即是"合时义"，若与"时义"不合，则不可能中式，所以他"翻讨拟议"，"只求"与"时义"相合，故"取解首如反掌耳"。

正是由于唐寅深知八股时文要"合时义"的道理，所以他的八股文"方严正洁，近于老师宿儒"②，无丝毫放逸不羁之气。文务精思，气最峭厉。道学而兼风流，这种风格，从其《禹恶旨酒一章》题文即可看出。

禹恶旨酒而好善言。汤执中，立贤无方。文王视民如伤，望道而未之见。武王不泄，迩不忘远。周公思兼三王，以施四事。其有不合者，仰而思之，夜以继日，幸而得之，侍以待旦

大贤举先圣之心法，明道统之相承也。

夫圣人身任斯道之寄，则其心自有不能逸矣。由禹以至周公，何莫非是心耶？

---

① 祝允明：《唐子畏墓志铭》，《唐伯虎全集》，大道书局，1925 年。

② 俞长城：《可仪堂一百二十名家制义·序》，乾隆三十八年刻本。

孟子举之曰：道必有所托，而后行于世，圣人同其道也；然而天无二道，圣无二心，其忧勤惕厉一也。尧舜尚矣，自尧舜而下得统者，有禹汤焉，有文武周公焉。

禹则致严于危微之辨，而闲之也切。旨酒则恶之，善言则好之。盖遏流祸于将然，而广忠益以自辅也。

汤则加谨于化理之原，而图之也至，中道则务执之，贤才则广收之。盖建皇极以经世，而集众思以熙绩也。

文之继汤也，则以德业未易全，而其心常操夫不足。民安矣，犹若阽于危也；道盛矣，犹若阻于岸也。盖必欲达于神化之域斯已矣。

武之继文也，则以治忽为可畏，而其心常厚于自防。故虑深隐微，而迩弗敢泄也。明烛无疆，而远弗敢忘也。盖必欲密其周详之念斯已矣。

迨周公承其后，思欲兼三王以时措，举四事以立法。

故事有戾于时势之殊，必精思以求其通，虽夜而不皇于寐。

理有值夫变通之利，必果行以奏其效，待旦而不安于寝。

夫思之至则其神合，行之勇则其化流，禹汤文武之传，又在周公矣。即是而知，数圣人所生之时虽不同，而心则一也。心一故道同，三代之治所以盛欤！

构成这个题目的经文是讲述古代尧、舜、禹、汤、文武、周公这些古代圣人道统之承继关系的。题目长，文字多，涉及的人物不少，头绪颇为纷繁。唐寅以“大贤举先圣之心法，明道统之相承也”破题，可称得上“方严正洁”，可见他对经文及传注的把握完全切合“时义”，也极为准确精当。全文以破题二句为主题，一层层展开阐发，脉络井然，可见作者构思之精巧。全文炼格、炼意、炼句、炼字，无一不工整精致，可见作者确实做到了“文务精思”。全篇一气贯注，犹如行云流水，显示其遒劲高昂之气势。方苞称此文“坚炼遒净，一语不溢，题之义蕴毕涵”①。王巳山评价更高，说此作“至大至精，增减一字不得。风流放达之人，有此卓然可传之作，宜其于大节自凛凛也”。由文论及人，所说无不精当。

王守仁

王守仁，字伯安，馀姚（今属浙江）人。因筑室于故乡阳明洞，并在此讲学，世称阳明先生。

王阳明出生在一个八股世家，其父王华为成化十七年辛丑（1481）科状元，道德文章，均为世人尊崇。刘瑾专权时，朝中大臣纷纷趋附，王华独不往。王守仁从小即受父亲道德文章的熏陶，无论人品、八股文风都与其父相近。

王守仁少年时即中举人，学问从此大进。他自小即好兵学，且善射。十五岁时访客居庸、山海关时即出塞观览山川形胜，经月才返。弘治十二年己未（1499）科中进士，授刑部主事。因西北边境紧张，他上条陈陈述守边八事，颇见军事才干，故调为兵部主事。

正德元年（1506），刘瑾逮南京给事中、御史戴铣等二十馀人。王守仁抗章援救，刘瑾大怒。他恨王华不肯附己，现在其子又与自己作对，便廷杖四十，将王守仁谪贬为贵州龙场驿丞。龙场在万山丛中，极为荒凉，苗瑶杂居，王守仁因俗化导，获得少数民族的好感，相率伐木盖屋给他住。刘瑾被诛除后，几经辗转，方回南京任刑部主事，累升至南京鸿胪寺卿。

当时赣南、福建盗贼蜂起，很不安宁，兵部尚书王琼很器重王守仁，特举荐他以右佥都御史巡抚南雄、赣南。他上任后不久，即扫平了当地的盗贼股匪，表现出很高的用兵制胜才能。

---

① 见《钦定四书文》该文评语，光绪二年崇文书局刻本。

正德十四年己卯（1519）六月，奉命去福建平定叛军，行至丰城，宁王朱宸濠反。王守仁当机立断，返兵吉安，起兵征讨，从而赢得时间和主动。此时朱宸濠正围攻安庆，王守仁率兵攻破南昌。朱宸濠返兵自救，两军相遇，经过三场血战，王守仁生擒了朱宸濠，为明王朝建立了不世之功。然而朝廷中的奸邪之徒先与宁王暗通，怕王守仁见天子揭发其罪，便多方诬陷，想叫武宗相信王守仁会谋反，阻止武宗与王守仁相见。王守仁多方设法，方解武宗疑虑，知其忠心为国，才遣其还镇。“当是时，谗邪构煽，祸变叵测，微守仁，东南事几殆。”①

世宗皇帝即位后，召王守仁入朝，论功行赏，特进光禄大夫、柱国、新建伯。但诸同事有功者，除个别人外，不但不升迁，反而暗中降职。王守仁气愤已极，上疏辞爵，请记录诸臣的功劳，但未获准。这时王华去世，王守仁便丁忧回家，服丧期满，也不召复。

嘉靖六年丁亥（1527），思恩、田州土酋反叛，原总督不能平定，方才诏王守仁以原官兼左都御史总督两广兼巡抚征讨。等到叛乱平定时，以归师袭八寨，扫平断藤峡的盗贼。而忌妒者诬王守仁初同贼谋。又诬其辇载金帛。这时王守仁已病重，上疏请求退归，未等上命即返。行至南安，病卒，时年五十七岁。丧过江西，军民无不缟素哭送。

陷害者却奏王守仁擅离职守，世宗大怒，追夺王守仁的伯爵。隆庆初年，廷臣多称颂王守仁的功劳，皇帝方才追赠王守仁为新建侯，谥文成。

王守仁以直节著称于世，且以书生屡屡带兵平息叛乱，清扫盗贼，“终明之世，文臣用兵制胜，未有如守仁者”②。

① 《明史》卷一百九十五《王守仁传》，中华书局，1974年。

② 《明史》卷一百九十五《王守仁传》，中华书局，1974年。

王守仁又是明代著名的哲学家。他天资异敏，十七岁时，谒上饶娄谅，与他讨论朱子格物大旨。回家后端坐讲读《五经》，不苟言笑。后筑室阳明洞中探求学问，数年无所得。谪居龙场驿后，因穷荒无书，日绎旧闻，忽悟出格物致知之理，当自求于心，不当求诸事物。他认为“道在是矣”，便笃信奉行。他大开讲席，专授“致良知”，说宋朝周、程二子之后，惟陆九渊简易直捷，能承接孟子之传。而朱熹的《四书集注》之类，是中年未定之说，不足征信。明代学术，陈献章开其端，至王守仁方才大明。因为过去只是熟读先儒的成说，没有反身理会，推见其隐，只是这也称述朱熹之言，那也称述朱熹的话，全无自己主见。自王守仁指出良知之后，人人都能一反观而自得，便人人都有成为圣贤之路。王守仁承继了古之学脉，使之不致断绝，所以学者翕然从之，形成了阳明之学，“衍于正、嘉而盛于隆、万”①。其思想与学说对后世之八股文影响既巨且深。

然而，王阳明的制义时文却未渗入其“致良知”之思想，因为“时文必宗考亭，考亭正宗也”②。他的八股时文恪守传注，谨严法度，阳儒阴释之语，从未在文中出现，而以醇茂著称于世。其名作《志士仁人　一章》题文，即显现出这些特点。

志士仁人，无求生以害仁，有杀身以成仁

圣人于心之有主者，而决其心德之能全焉。

夫志士仁人皆心有定主而不惑于私者也。以是人而当死生之际，吾惟见其求无愧于心焉耳，而于吾身何恤乎？此夫子为天下之无志而不仁者慨也，故言此以示之。

若曰：天下之事变无常，而死生之所系甚大。固有临难

① 梁章钜：《制义丛话》卷之四，咸丰九年广州重刻本。

② 俞长城：《可仪堂一百二十名家制义·序》，康熙三十八年刻本。

苟免，而求生以害仁者焉；亦有见危授命，而杀身以成仁者焉。此正是非之所由决，而恒情之所易惑者也。吾其有取于志士仁人乎？

夫所谓志士者，以身负纲常之重，而志虑之高洁，每思有以植天下之大闲。

所谓仁人者，以身会天德之全，而心体之光明，必欲有以贞天下之大节。

是二人者，固皆事变之所不能惊，而利害之所不能夺，其死与生有不足累者也。

是以其祸患之方殷，固有可以避难而求全者矣。然临难自免，则能安其身而不能安其心，是偷生者之为，而彼有所不屑也。

变故之偶值，固有可以侥幸而图存者矣。然存非顺事，则吾生以全而吾仁以丧，是悖德之事，而彼有所不为也。

彼之所为者，惟以理欲无并立之机，而致命遂志，以安天下之贞者，虽至死而靡憾。

心迹无两全之势，而捐躯赴难，以善天下之道者，虽灭身而无悔。

当国家倾覆之馀，则致身以驯过涉之患者，其仁也！而彼即趋之而不避，甘之而不辞焉。盖苟可以存吾心之公，将效死以为之，而存亡由之不计矣。

值颠沛流离之馀，则舍身以贻没宁之休者，其仁也！而彼即当之而不慑，视之而如归焉。盖苟可以全吾心之仁，将委身以从之，而死生由之勿恤矣。

是其以吾心为重，而以吾身为轻。其慷慨激烈以为成仁之计者，固志士之勇为而亦仁人之优为也。视诸逡巡畏缩而苟全于一时者，诚何如哉？

以存心为生，而以存身为累。其从容就义以明分义之公者，固仁人之所安而亦志士之所决也。视诸回护隐伏而觊覦于不死者，又何如哉？

是知观志士之所为，而天下无志者可以愧矣；观仁人之所为，而天下之不仁者可以思矣。

这篇八股文阐释志士仁人为国之忘我献身精神，批判“偷生者”之苟且。文章对志士精神把握得准，对仁人行为掌握得熟，故写来各尽分量，文中或分或合，或转折，处处变化有法。文章通过“偷生者”在国家危难之际“避难而求全”、“侥幸而图存”与志士仁人在国有祸患时“捐躯赴难”、“灭身而无悔”的强烈对比，对志士仁人的高尚品质给予了热情的赞颂。其中所体现的，全是儒家的正统观念，立意正大，思想纯正，文字俊伟，说理透彻，是一篇不可多得的好文章。

由于作者就是志士仁人型的人物，无论是刘瑾当权也好，宁王叛乱也好，盗贼蜂起也好，在国遇危难之时，他都能不顾个人生死，挺身而出，文章中所写的志士仁人其实就是他自己精神行为的写照，故文章“气盛辞坚”，“有豪杰气象”，充满了激情和正气，读后令人想见作者的世功和品格，理解其“知行合一”的学说。

王守仁的时文原本韩愈、欧阳修之古文作法，句醇字核，法律细密，开了隆庆、万历主流写作之先河。该文中一句一转，一转一意，此法前人本无，是王守仁所开创。

王守仁所作其他八股文大多与此文一样，是其人格精神的写照，读其《子哙不得与人燕　二句》题文，可见其擒朱宸濠的手段。其文如法吏断狱，愈转愈严，也可见王守仁为人之精明，目光之锐利，才干之超群。

这篇八股文与《志士仁人　一章》题文一样，内容纯正，层井然，愈转愈激，极爽极严，笔锋犀利，从君臣两面各说，定子哙与子之私相授受之罪，充满凛然正气，也是作者精神世界的外化。读王守仁的八股文，应与他的为人相链接，这样才能读懂它，理解它。

李梦阳

李梦阳是成、弘时的八股文名家，是一个讲气节的人，又是一个著名的文学家，前七子的领袖。

李梦阳，字献吉，庆阳（今属甘肃）人。家世寒微，祖父由“小贾”而发财。父亲则是个儒生，曾任周王府的教授，李梦阳自小即受到父亲的八股文写作教育。

弘治六年癸丑（1493）科李梦阳举陕西乡试第一，次年即考中进士。他恪守由八股文培育起来的儒家正统理念，为官清正刚直，敢于与不法的权贵、皇戚作对，虽屡屡被陷下狱，差点被杀头，也九死而不悔。任户部郎中时，“榷关，格势要，构下狱”①。后又“应诏上书，陈二病、三害、六渐，凡五千馀言，极论得失”，其中历数皇后之父张鹤龄的罪状，被张鹤龄构陷入锦衣卫狱，差点送了命。出狱后在街上遇到张鹤龄，他仍痛加斥骂，并用马鞭击落张的两颗牙齿。由此可见李梦阳性格的刚烈及疾恶如仇、不畏强权的节操。

武宗时，代尚书韩文属草弹劾宦官刘瑾，遘祸下狱几死。刘瑾被诛后，李梦阳起复故官，迁江西提学副使。他又为维护诸生的利益与尊严而得罪权贵，致被人构陷入狱。有万多诸生自发为其讼冤。李梦阳终被罢官归家闲住。

李梦阳归家闲住后，更负气放纵不羁，自号空同子，名震海内。朱宸濠谋反被诛。李梦阳因替他撰写过《阳春书院记》而被捕入狱。大学士杨廷和等力救，被削籍。不久即去世。

李梦阳是明代中期著名的文学家，与何景明、李攀龙、王世贞并称为四大家，世人无不争效其体。他卑视一切，以复古自命，倡言“文必秦汉，诗必盛唐”，反对李东阳的茶陵诗派及台

---

① 《明史》卷二百八十六《李梦阳传》，中华书局，1974年。

阁体，推崇民间真情流露、天然活泼的歌谣。虽然李梦阳力主的文学复古运动，意欲通过接续古代文学传统的轨道，寻回被程式化了的八股文所破坏了的文学情趣，从思想上要隔断与理学的联系。然而从其追求“法”或“法式”来看，受八股文的影响仍然很深。他在与何景明论文时说：“古人之作，其法虽多端，大抵前疏者后必密，半阔者半必细，一实者必一虚。”[①] 这些写作方法虽称是古法，实际上即是成化、弘治时已经广泛使用的八股文技法。由此可知在当时的社会环境中，虽然有人表示不愿“日惟章句是循，程式之文是习”[②]，然而八股文作为一种文化积淀已渗入到了士人们的骨髓之中，要想彻底摆脱是不可能的。所以李梦阳虽力主文学复古，但仍成为八股文名家是一种历史的必然。

李梦阳的八股文，以峭洁著称于世，这是他刚正个性的一种外化。我们从其代表作《管仲相桓公　四句》题文中即可看出这种风格。

管仲相桓公，霸诸侯，一匡天下，民到于今受其赐

圣人称大夫佐霸之功，被天下而及后世也。

甚矣，春秋不可无管仲也，匡一时而后之人且利赖焉，得非仁者之功乎？此夫子所以录其功也。

想其晓子贡之意，盖曰：死天下之事易，成天下之事难。子疑仲之相桓为未仁也，抑孰知管仲以其君霸，而其所成者大乎？

管仲之于齐也，被鲍叔之荐，而膺仲父之宠，夫固桓公之相也。齐居东海之国，未尝主盟于中夏，桓公得其国而君之，亦未敢必其称雄于列辟也；惟得管仲以为之相，招携以

① 李梦阳：《空同集》卷六十一《再与何氏书》，万历二十九年刻本。
② 文徵明：《上守溪先生书》，载《甫田集》，明刻清修本。

礼，怀远以德，而人心景从，遂为诸侯之宗长焉。

一举葵丘，而臣不敢奸君，当其时知有共主，而天下之大纲不至于陵夷者，仲任之也。

再盟召陵，而夷不敢谋夏，当其时知有上国，而天下之大防不至于颠越者，仲匡之也。

然岂特终于仲之身而已哉？盖自其身没以来，勋名垂于奕世，于今尊奖之。而冠履之严，犹昭然耳目之公焉，其雄风之所贻者，诚未易斩矣。

声施沿于列国，于今翊戴之。而兵车之强，犹赫然会盟之间焉，其馀威之所振者，诚未易熄矣。

夫以仲之功而人受其赐于不穷。迄今江汉之上，慨最盛之遗事，而颂管仲之功不衰。吾方幸齐桓，得一相而天下定焉，后世赖焉，又安得以其相为疑也哉？信乎，管仲虽无仁人之德，而实有仁人之功。赐也，何可以过訾之也？

此文之文题出自《论语·宪问》："子贡曰：'管仲非仁者与，桓公杀公子纠，不能死，又相之！'子曰：'管仲相桓公，霸诸侯，一匡天下，民到于今受其赐。'"题目用后四句，这是孔子答其弟子子贡的话。子贡认为管仲曾追随公子纠，齐桓公为了与公子纠争位而杀了公子纠，管仲不仅不殉公子纠，反而做了齐桓公的相国，被尊称为"仲父"，辅佐齐桓公称霸于天下，成为春秋时的第一霸主，这是不仁者之所为。孔子却从管仲有功于国家、百姓对管仲作了肯定来评价他的功绩。李梦阳的这篇文章，就是恪遵孔子的言论来阐释题文中的微言大义的。

作者以犀利简洁的文字，一气排戛，在一匡句二比及于今句二比中，将管仲之功阐述无遗，笔力老峻，非常人可比。

作者作文最重视作法，于八股文也不例外。此文朴老古淡，运用了多种写作方法却又自然无迹。文章顿挫排宕，纯以神行。转折顿挫，纯以力胜。如在起讲部分，以"齐居东海之国，未尝主盟于中夏，桓公得其国而君之，亦未敢必其称雄于列辟也"几句文字作题前顿挫，以为下文宣示管仲之功造势，用的是作势法。继又以“惟得管仲以为之相，招携以礼，怀远以德，而人心景从”几句再醒一笔，使文势振耸。如此之类的篇法、句法，在文中多有运用，使文章显得波澜起伏。

此文“入口气”代孔子立言也很见功力。从起讲开始到文章收束，都以孔子口吻行文，既切合孔子的身份、教养、性格，又言其所未言，可见作者对儒家经典是烂熟于胸，已融会贯通了。

王耘渠说：“此制义极胜之则，法如守溪、荆川，才如大力、陶庵，俱被牢笼。”① 此言绝非过誉。

董玘

董玘，字文玉，号中峰。浙江会稽（今绍兴）人。弘治十八年乙丑（1505）科进士。授编修。历官刑部主事、翰林院侍读、左谕德。嘉靖初与修《武宗实录》，因记载详而不冗，简而能尽，又校正焦芳所修《孝宗实录》之错谬，迁詹事兼翰林院学士。累迁为吏部左侍郎兼翰林院掌院学士。以忧归，被人挟嫌论劾，不复出。

董玘在八股文史上具有重要地位。清代周以清说：“顾成、弘两朝，其以文传世者，惟守溪、鹤滩（钱鹤滩、唐伯虎皆恃才任达之人，而其文皆根柢学问）、中峰三家。守溪长于议论，鹤滩善于刻画。中峰则游行理窟，自成大家。王、钱后传衍荆川（唐顺之），中峰以后则三百年鲜有能问津者（中峰神骨绝似昌黎）。”②

成、弘两朝时文能传世者仅三家，董玘与王鏊、钱福并列其中，可见他在八股文坛地位之高，文品之妙。

---

① 见《明文钞》（三编）该文评语，乾隆五十一年双桐书屋刻本。

② 周以清：《四书文源流考》，《学海堂集》初集卷八，光绪启秀山房刻本。

董玘文之最大特色，莫过于能“游行理窟”。换言之，是他能真正融贯经注，如同己出。一下笔，无论是何种题目，都能紧扣经注，层层阐发，游刃有馀。读其文，处处可发现它与经文传注已达水乳交融之境，说理透，见解新。

其次，是他目光犀利，无论何种题目，他均能抓住其中的关键字眼，特别是虚字，上联下挂，理出它与上下文的脉络与关系作深入阐释，神理、口气俱显跃无馀。当然，这也是他熟透经注、别有心传所致。

第三，董玘之八股文讲究作法技巧，篇法、股法、句法无不精熟。对虚字的唱叹深情，流溢纸外，打动人心。其文真气流注，骨力苍浑，有古文色泽。人称其神骨绝似韩愈，便是从其文有韩文特色而言的。可见以古文为时文，其源甚长，在成、弘之时王鏊、钱福及他等一批人即开始了。董玘时文的风格特色，从其代表作《予未得为孔子　二句》题文即可看得明白。

予未得为孔子徒也，予私淑诸人也

大贤于圣人之道，虽不得于见知，犹幸得于闻知。

盖孟子所宗，唯孔子也。私淑诸人，是亦得之孔子矣，奚以不及门为歉乎？

孟子叙道统而自任曰：道之行于世也，无存亡；而统之属于人也，有绝续。由尧舜至于周孔，道统有自来矣。

夫何孔子之生也，适予未生。而愿学之心，每限于莫及。

予之生也，孔子既没。而诚明之圣，未得于亲承。

金声玉振，徒勤于想慕。而亲炙无由，求若颜、曾之左右于门墙，不可得也。

江汉秋阳，徒慕其气象。而光辉罔挹，求若闵、冉之周旋于洙泗，未之能也。

予之不幸，莫此为甚矣。

然予身之生，其去孔子尚未至于百年。

孔子之泽，其及吾身尚未至于五世。

文未丧天，而流风之未泯者，人固得传之，我则从而取之，以善其身焉。

道未坠地，而馀韵之独存者，人尚能诵之，我则从而资之，以陶其德焉。

大成之矩，虽不可即矣，而金声玉振之馀响犹得窃之以自鸣。则渊源所自，谓非东鲁之家法不可也。

时中之圣，虽不可作也，而江汉秋阳之馀光犹得窃之以自贲。则支流所衍，谓非素王之馀绪不可也。

此又非予之大幸哉！

本文题目出自《孟子·离娄下》。全章经文为："孟子曰：君子之泽，五世而斩；小人之泽，五世而斩。予未得为孔子徒也。予私淑诸人也。"

朱熹《四书集注》中对前四句注释说："泽，犹言流风馀韵也。父子相继为一世。三十年亦为一世。斩，绝也。大约君子、小人之泽，五世而绝也。"对本题二句注曰："私，犹窃也。淑，善也……人，谓子思之徒也。……孟子之生，去孔子未百年也。故孟子言：予虽未得亲受业于孔子之门，然圣人之泽尚存，犹有能传其学者，故我得闻孔子之道于人，而私窃以善其身。盖推尊孔子而自谦之辞也。"朱熹又总括说："此又承上三章，历叙舜、禹至于周、孔，而以是终之。其辞虽谦，然其所以自任之重，亦有不得而辞者矣。"

玩味董玘此文，可以看出通篇都熔铸了经注。起讲一开头即指明孟子是在"叙道统而自任"，然后承接上文之"世"字，提出"人"字："道之行于世也，无存亡；而统之属于人也，有绝续。由尧舜至于周孔，道统有自来矣。"寥寥几句，即承接题之上文，而尧舜至周孔二句，则承上三章而来，可知董玘概括力之高，融汇经注本领之强，才有"游行理窟，自成大家"之赞语。

第一、二股即提股，叙上句题面，既虚又浅，而将题中第一个“予”字提出。

第三、四股即虚股，讲上句题意深且实。以“求若颜、曾”，“求若闵、冉”点出孔子诸门徒，而阐释了题中“私淑诸人”，“于门墙不可得也”之意，将题之第一个“也”字醒出。

四股之后，以“予之不幸，莫此为甚矣”发感叹，束上句一顿，波澜顿起。然后以两个对偶段落做过文，清代称出题，又在“然予身之生”一句推出第二个“予”字。“去孔子尚未至于百年”，“其及吾身尚未至于五世”则承上节经文之“泽”字、“世”字，理清了文脉，融入了上文，还扩大了本文的容量。它又是上下句之枢纽，上段以不幸结，下段以大幸应，结构严密。

第五、六股即中股叙下句题面，写得浅、虚。

第七、八股即后股，发下句之题意，既实且深。又出“金声玉振”一语呼应第三股，在“谓非东鲁之家法不可也”一句中提出题中第二个“也”字，前后相应。

小结以“此又非予之大幸哉”的感叹束下句呼应前文，简洁却顾盼有情。

从上面的详析可以看出，本文以前后两大段，每段各四股，两虚两实，上下相对，来分叙题目的两句话。中间以“不幸”、“幸”字作眼目，中用一纽将前后两大段扭合起来，结构周密。故清汪易斋说“局法天成，谁能增减一字？”俞宁世则说，该文“明是两对文字，细玩可见。而长短参差，令人莫觉。此则金针不度处也”①。

董玘文不仅局法、股法、句法高妙，还善字法。此文将题中两个“予”字，两个“也”字吟咏唱叹，深情贯注。方苞说其情

---

① 均见《明文钞》（三编）《附化治文》该文尾评，乾隆五十一年双桐书屋刻本。

"流溢纸墨之外，后人但作太史公自序语，直是心粗手滑耳。前辈直求肖题，故才华雅淡，而意度仍自谨严"①。这是对董玘文特色的高度赞扬。

董玘之文已带有较浓的文学色彩，除笔下生情之外，他之文"有声，有色，有态，抑扬反复"，是"神到之文，千年不旧"②。从俞宁世的评价可知董玘是以文学手法来表达其经学内容。

成化、弘治处于明代社会变动之前夜，也是八股文发生大变革之源头。八股文的文学化，即以古文为时文就发端于此时，从董玘之文即可看出端倪，其文已开嘉靖时以古文为时文之法门。

由于董玘的文格高，阳春白雪，能仿效者便少。同为成、弘八股文三位大师，王鏊、钱福有唐顺之等承其馀绪，而董玘文在此后三百馀年中鲜有能问津者，这是曲高者和必寡之必然，无理可说的。

① 均见《明文钞》（三编）《附化治文》该文尾评，乾隆五十一年双桐书屋刻本。

② 均见《明文钞》（三编）《附化治文》该文尾评，乾隆五十一年双桐书屋刻本。

第四章　正德到嘉靖：明代八股文的繁盛时期

明代八股文于成化、弘治时期完全成熟之后，在正德、嘉靖年间达到繁盛。此时的八股文，无论是写作理念还是写作技巧，都达到了有史以来的最高水平，其内容又基本上保持了经学化。有人曾把明代八股文分为初、盛、中、晚四期，以正德、嘉靖文追配盛唐诗，认为八股文已臻繁盛。虽然此论尚有可商榷之处，但无论是从其外在表现形式或其内在发展规律而言，这种说法都有一定道理。

正德、嘉靖时的标准八股文，体式正大，能熔经史于一炉，无不理足气充，得题之神，讲究“开合首尾，经纬错综”[①]。既讲求作法，又不斤斤拘泥于法，“时出新意于绳墨之馀”[②]，在明代八股文中别树一帜，为后世所尊崇。

正德、嘉靖时八股文高手辈出，各有其特点，且形成了不同的流派。其中唐顺之、归有光、薛应旂、瞿景淳等大师的出现，正是正德、嘉靖时期八股文进入繁盛的标志。特别是唐顺之崛起于嘉靖初年，归有光踵兴于嘉靖末造，二人共创以古文为时文的新局面，给八股文注入了新的写作理念和写作方法，并形成了一个影响深远的流派。此后，以古文为时文便成为八股文的主要写法。古文时文还相互渗透，互为表里，使二者面目皆为之一新。

然而，此时的八股文，正如《红楼梦》中的贾府一样，在繁盛之背面，衰败之象也在滋长。正德、嘉靖时期的八股文虽已走

---

① 唐顺之：《荆川先生文集》卷十《董中峰侍郎文集序》，《四部丛刊》本。

② 唐顺之：《荆川先生文集》卷十《董中峰侍郎文集序》，《四部丛刊》本。

向繁盛，而文体本身的不足与社会经济形态的影响，都给它增添了许多难以根治的弊端，这些弊端使得嘉靖末年的八股文呈现出茺靡的迹象，兆示着明代八股文将面临着一种将改变八股文创制本意的巨变。而关系朱明王朝气运的八股文一旦开始这种变化，这个政权离其覆灭的日子也就不远了。

第一节　正德、嘉靖时的政治、经济、文化态势及其对八股文的影响

正德、嘉靖是明王朝由盛而衰的转折期，又是中国社会由封建土地经济试图向资本主义商品生产转型却乏力的关键期，其时社会呈现出种种特点。

政治上，自孝宗之独生子武宗朱厚照嗣位，官场腐败空前严重。土地兼并恶性发展；皇帝荒昏废政，纵欲逸乐；宦官佞幸弄权，排陷贤臣，将弘治朝“中兴”取得的成果一扫而空。失地农民与统治阶级的矛盾日益尖锐。由于此时士风尚正，朝野多忠贞之士，故祖宗所定纲纪，犹得维持。

嘉靖初年，由外藩而继皇位的世宗锐意求治，开放言路，平反冤狱，屏绝玩好，清核庄田，赈贷救荒，还在一定程度上抑制了自正统以来急剧膨胀的宦官势力，朝政一度出现了新面貌。但好景不长，为争其生父的尊号与朝中恪遵程朱理学的群臣发生激烈争执，即史称“大礼议”的斗争，大批恪守礼制的官员反对将世宗生父尊为皇考而受到重责。

“大礼议”最终以世宗的胜利结束，但士大夫对程朱理学的尊奉而显示出的高昂正气使明朝纲纪不坠，也鼓舞了士气。终嘉靖之朝，不畏身家性命之险敢于指斥世宗不道的士大夫层出不穷。海瑞还准备了棺材，上疏指责“嘉靖”是“家家皆净”，彰显了士大夫宁死不舍原则的崇高精神。但这种风气也开启了明中叶后党争之门。

八股文在成化、弘治时已经成熟定型。文体的发展自有其规律，一种文体成熟后必有一繁盛局面出现。从时间上看，正德、嘉靖恰逢其时，其繁盛是时运使然。

这是因为正德、嘉靖是明代历史上士大夫最讲求气节的时期之一。大批由程朱理学武装起来的官员自觉承担国家兴亡的大任，正直敢言，不畏权贵，决心践行克己复礼之儒家教条。他们都是经由八股文取士而培养、选拔出来的，从自身的体验和朝中正气高昂的士风中对八股文传输程朱理学的有效性有了深刻的认识。为了让八股文能造就更多重气节、讲操守之士，以应对日益腐败的朝政，支撑开始动摇的大明纲纪，他们特别注意呵护八股文的经学化内容。所以，从正德至嘉靖末年之前的八股文，恪守了朱元璋“国家取士，说经者以宋儒传注为宗，行文者以典实纯正为主”的规定，手握衡文选士大权的考官们则睁大眼睛，对“剽窃异端邪说，炫奇立异者，文虽工，弗录”[①]。不仅考官们如此，连皇帝也在维护八股文的纯洁性。余继登在《典故纪闻》中说：“嘉靖时，御史闻人诠言：‘今时文体诡异已极，乞申饬天下，力崇古朴，其要在先责学宪督臣，次责场屋考校等官。’世宗报曰：‘自后遇乡试，礼部必详阅试录与各生公据，有仍前离经叛道诡辞邪说者，则治监临考校官之罪，黜其中式者为民。’”[②]

他还记录了世宗的一道有关维护八股文经学性的诏书。

“嘉靖十七年诏书内一款：‘士大夫学术不正，邪伪乱真，以致人才卑下，文章政事，日趋诡异。而圣贤大学之道不明，关系治理，要非细故。朕备览近代诸儒，惟朱熹之学醇正可饰。祖宗设科取士，经书一以朱子传注为主。比年各处试录文字，往往诡异支离，背戾经旨。此必有一等奸伪之徒，假道学之名，鼓其邪

① 清阙名：《松下杂钞》卷下，光绪刻本。

② 余继登：《典故纪闻》卷十七，中华书局，1984 年。

说，以惑士心，不可不禁。礼部便行与各该提学官及学校师生，今后若有创为异说，诡道背理，非毁朱子者，许科道官指名劾奏。'"①

正是上下一致的维护，和对背离程朱之道的扼制，才从根本上保证了八股文的导向，使之能保持前期的风格与传统：体式正大，理实气充，义理精实，简古而又讲理法；作法圆熟，排比声调，裁对整齐，却又不致力于雕琢，不使机心出巧法；贴切通晓，坚重遒密，拙朴谨严，又瑰奇浩演，气势出而不穷，被后世称为"嘉靖盛时风格"。

在经济方面，由于失地流民拥入边远山区，使这些地方的商品经济有了出人意外的发展。城镇商品经济则进一步发展。如江南的震泽镇，"元时村市萧索，居民数十家。明成化中，至三四百家；嘉靖间倍之，今又过焉"。"双杨市……明初居民止数十家，以村名。嘉靖间始称市。""平望镇……明初居民千百家，百货贸易如小邑。然自弘治迄今，居民日增，货物益备。""檀邱市……明成化中，居民四五十家，多以铁冶为业，至嘉靖间数倍于昔。""梅堰市……明初以村名。嘉靖间居民五百馀家，自成市井，乃称为市。"② 而当时海外贸易激增，白银大量流入中国。到嘉靖，白银已成为中国市场的主要货币。反过来，白银需求量的大增，又促进了海外贸易及手工业的发展。

正、嘉时经济繁荣的标志之一，是富甲天下的财主成批出现。据王世贞记载，"严世蕃积赀满百万，辄置酒一高会，其后四高会矣，而乾没不止。尝与所厚屈指天下富家居首等者，凡十七家，虽溧阳史恭甫最有声，亦仅得二等之首。所谓十七家者，已与蜀王、黔公、太监黄忠、黄锦及成公、魏公、陆都督炳，又

① 余继登：《典故纪闻》卷十七，中华书局，1984年。

② 以上引文均见《震泽县志》卷四《镇市村》，乾隆间陈和志修。

京师有张二锦衣者，太监永之侄也。山西三姓，徽州二姓，与土官贵州安宣慰。积赀满五十万以上，方居首等。前是无锡有邹望者将百万，安国者过五十万。今吴兴董尚书家过百万，嘉兴项氏将百万，项之金银古玩实胜董，田宅典库赀产不如耳。大珰冯保、张宏家赀皆直二百万以上。武清李侯当亦过百万矣”①。

王世贞是嘉靖二十六年丁未（1547）科进士，所述当时的富翁当为他的亲身闻见。这些富人，有地主，有官僚，有宗室，他们的钱财，都是贪污受贿，剥削搜刮所致。但山西三姓，徽州二姓，无锡邹望、安国，则是经商所致。由此可知，当时江南富室积银至数十万两者，当为常见之事。而这些银两换算为今日之货币，至少在几千万、甚至亿元以上。可见当时经济发展已到何等程度。

经济的繁荣，富人的增多，无论是贪污腐败弄来的钱还是经商致富赚来的钱，总有相当部分会用于生活之中，故在社会上造成奢侈豪华，“厌常喜新”之新风尚。不仅官绅以追求服饰器用时髦、豪华享受来展现特权，下层的新富也群起效尤，夸富斗富，求新逐异。

明代顾起元曾记叙南京地区风俗在正德、嘉靖以前的风尚：“正、嘉以前，南都风尚最为醇厚，荐绅以文章政事，行谊气节为常，求田问舍之事少，而营声利，蓄伎乐者百不一二见之。逢掖以呫哔帖括，授徒下帷为常，投贽干名之事少，而挟倡优、耽博奕，交关士大夫陈说是非者，百不一二见之。军民以营生务本，畏官长，守朴陋为常，后饰帝服之事少，而买官鬻爵，服舍无等，几与士大夫抗衡者，百不一二见之。”②

而到正、嘉之后，风气大变，据隆、万时人张翰述其宦游四

① 王世贞：《弇州史料后集》卷三十六，北京出版社影印本，1998年。

② 顾起元：《客座赘语》卷一《正嘉以前醇厚》，中华书局，1987年。

方之亲见，说南京至吴中一带，“其民利鱼稻之饶，极人工之巧，服饰器具足以炫人心目，而志于富侈者，争趋效之”①。

民风影响士风，据余继登记载：“嘉靖时，吏部尚书廖纪言：‘祖宗朝人才未必如今日之盛，而当其时士习淳朴，绝无伪巧，勉修职业，不务虚名，故事治民安，国家赖之。正德以来，士多务虚誉而希美官，假恬退而为捷径……其意皆藉此以避祸掩过，为异日拔擢计，而往往卒遂其所欲。以故人怠于修职，巧于取名，相效成风，士习大坏。’世庙是其言。”②

沈朝阳《皇明嘉隆两朝闻见录》记：“嘉靖以来，浮华渐盛，竞相夸诩。”李乐在《见闻杂记》中说：“厌常喜新，去朴从艳，天下第一件不好事……余乡二三百里内，自丁酉至丁未年（1537—1547），若辈皆好穿丝绸、绉纱、缃罗，且色染大类妇人。余每见惊心骇目，必叹曰：此乱象也。”

任何一种文体在成熟之后，必经历由简趋繁，由朴趋丽的过程，八股文也不例外。已经成熟的八股文到正、嘉，受到去朴从艳，竞相奢华，追新逐奇的世风影响，也开始出现讲求巧法，追求丽藻之风，故嘉靖中期御史闻人诠疏言“今时文体诡异已极”。虽朝廷屡下诏旨，“力崇古朴”，终因时风影响，规律在是，此时开启的八股文文学化趋势不仅屡禁不止，至隆庆、万历时更蔚成大观。这就是田汝成所说的正德以前文多“简而质”、“雅而畅”，正德以后，文风转为“蔚而昌”、“文溢乎衷”，且呈“靡焉将不可止之势”③。

在思想文化领域，受经济繁荣和政治腐败的冲击，传统的道德价值体系开始动摇，一部分学者文士感受到程朱理学的困境和压抑，希图摆脱其束缚，抨击它为“伪学”，把“言学则指程朱

① 张翰：《松窗梦语》卷四，中华书局，1985年。

② 余继登：《典故纪闻》卷十七，中华书局，1984年。

③ 田汝成：《岁考文优录序》，《田叔禾小集》卷二，明刻本。

为道统”视为可笑，公然对程朱理学进行挑战。影响明代思想界百馀年的王阳明心学已经创立。这些社会思潮必然反映到八股文中，痛感受定型后八股格式的拘牵和程朱理学束缚之苦的部分士人挟负才智，开始改变文体，倡负新说，背离程朱之道。后学靡然从之，“作为文章，往往弃传注为长物，其词支离背叛，恍惚汗漫，而无所于归”①。所以在嘉靖十七年的诏书中说“比年各处试录文字，往往诡异支离，背戾经旨”，并严令“今后若有创为异说，诡道背理，非毁朱子者，许科道官指名劾奏”。但收效甚微，八股文遇到严重挑战。

一些以天下为己任的士子为挽救八股文的危机，顺应时代的变化，从文体内部进行改革，引入了古文写作的理念与方法，开拓出八股文写作的新境界，在一定程度上化解了八股文体式对人的拘牵之苦，增强了它的吸引力；另一方面，又以扩展对传注的新解却不背离经旨而获得统治者的认可。这就是改变了八股文旧貌，影响直至清末的“以古文为时文”。

第二节 正德、嘉靖八股文的形态

在中国历史上，任何一种产生过重要影响的文体，在其臻于成熟之后，都会随即出现一个繁盛的局面。明代的八股文也不例外，它在成化、弘治年间走向全面成熟之后，随之而来的正德、嘉靖两朝便是其繁盛时期。

在此之前，浑穆初开，学者多墨守章句，并为一谈，无论文体、理念、作法，明代八股文都处于一个从初创到逐渐成熟的动态变化过程，虽然在成化、弘治年间已臻全面成熟，但尚有足资完善之处。后此则盛极而变，变极便出现文学化趋势，偏离了八

① 姚镆：《与魏东明》，《东泉文集》卷十七，《四库全书存目丛书》影印明万历三十六年康丕扬刻本，集部第160册。

股时文的正宗：崇尚才情，雕琢日盛；专讲机法，务为灵变；文无实理真气，气脉渐弱；文词浮艳，佛经道藏摘而用之；标新立异，炫奇显怪；作者多肆其胸臆，偏离儒家正统传注。文风、文体、内容都在随时代变化而不断演变。其上者逞才使能，使八股文呈现出强烈的文学色彩但削弱了其经学性。其下者，芜靡无气，偏离正道。只有正德、嘉靖初年的八股文，既恪守了朱元璋“国家取士，说经者以宋儒传注为宗，行文者以典实纯正为主”的规定，手握衡文录士大权的考官们，对“剽窃异端邪说，炫奇立异者，文虽工，弗录”①，使科场文章保持了前期的风格与传统，简古而讲理法，体式正大，理实气充，“瑰奇浩演，气越出而不穷”②；作法圆熟，排比声调，裁对整齐，又根据时代的发展，注入了新的理念，创造了新的作法，开拓出八股文写作的新局面。

与隆庆、万历时的八股文相比较，正德、嘉靖时期的八股文具有明显的特点：正德、嘉靖文于转折处皆折，隆庆、万历文于转折处皆圆；正德、嘉靖文于妙处皆生，隆庆、万历时文于妙处皆熟。此时的八股文名家，如唐顺之、归有光、瞿景淳、薛应旂等，其文皆以实胜，而隆庆、万历时文皆以虚胜。

正德及嘉靖初年的八股文坛，特别讲究认题、尊题、肖题，在行文时必以题为通章结穴，故能得题之神，化圣贤之意为己意。不仅能恪守传注，甚至注所未备，补为发明，发掘出其中微旨而为程、朱传注作补充。文虽短而理实气满，精义毕陈；词虽浅白而题意完足，经学性很强。

从明初开始，便有人采用经籍中的语句来阐释文题，即以经解经。如薛瑄、陈献章以经传语阐释题义，只求义理精当，不重

---

① 并见清阙名《松下杂钞》卷下，光绪刻本。

② 《吕晚村先生论文汇钞》，康熙五十三年刻本。

文采辞章。然精神之流转，气象之高远，用经语之确切，却不及正德、嘉靖初年时的同类作品。正德、嘉靖初年之文，运用训诂之理于语气中，指示朗然而浑无圭角；用经籍中之语句诂题，各肖其文如同己出，却对题旨有进一步的发挥，且这种发挥必贯通经义，别有心得体悟，显示出此时的士人对儒家典籍钻研之深透，领悟之精切。

清代焦循曾以“正变”之说来评论明代八股文的内容，他说：“大抵化、治、正、嘉为‘正’，而隆、万、启、祯为‘变’。正者不过注疏讲义之支流，变者乃成知言论世之渊海。此犹诗至李、杜、韩、白，词至苏、辛也。变之极，不无奇滥，则矫以复正，然体益纯而益窘，遂复为注疏讲义之附庸矣。”①

焦循是著名学者，对八股文有很深研究，他将正德、嘉靖与成化、弘治的八股文都列入“正”之列，指出它们不过是“注疏讲义之支流”，这是很有见地的。

正德、嘉靖时的八股文特别注重结构的谨严绵密。题绪清晰，章脉贯通，坚重遒密，这便是嘉靖盛时的风格。

正德、嘉靖年间，不少学问深博者，作八股文以考据见长。特别是作典实题，既不能凭空杜撰，又不可浮著，他们便逞才显学，对题目细加考据，然不过分繁琐，启后世朴学之风，开清代考证之学的先声，影响学术甚巨。如正德年间，邵锐写作《夏后氏五十而贡　一节》题，其中二比考证夏之贡法云：

> 夏人之贡法，固以十分之一为常数也，商制则于公田七十亩之中，以十四亩为庐舍。每夫实助公田七亩，并私田七十亩为十分而取其一，则虽轻于十一，是亦不过十一也。
>
> 周之乡遂，固用贡法以为常例也，而都鄙于公田百亩之中，以二十亩为庐舍。每夫实耕公田十亩，并私田百亩为十

① 焦循：《时文说》一，《雕菰楼集》卷四，道光四年阮福校刻本。

分而征其一，则虽过于十一，而亦不越十一也。

仅用二比文字，即将夏、商、周三代之贡法考证得清楚详尽，又不繁琐，恰到好处，可见作者学识之优长。

文章风格多样，是一种文体繁盛时的重要标识。正德、嘉靖初年的八股文的一个显著特点便是风格纷呈，或雄健古朴，或浑厚苍奇，或纵横奇宕，或清醇雅淡，各呈其胜。

八股文走向成熟之后，其写作方法也臻于完备，至正德、嘉靖初年，笔法已臻老到，作法更为圆熟。此时的高手，皆能以义制法，易方为圆，不创奇格，循题写去，而法度之变化因之，文境浑成，自然贴切。

文章随世而变，这是明代人即已认识到了的道理。八股文格虽在永乐末年即已大量使用，然从那时至清代末期五百馀年的历史进程中，八股文文体仍随世而变，有过或多或少，或这样或那样的变化，从而形成不同时期特定的文体格式。嘉靖年间，出现了一些化比偶为单行，以古体为今制的八股文，实为八股制义之别体。如胡定《逃墨必归于杨　一章》文，其题出自《孟子》，文中短比相接，运奇于偶，章法奇变。其起比为："夫中道固皆不可以久，而人情虽甚溺，亦必时而悟。"其中比云："故各有所蔽，则必期于无弊。是故厌外者思实，而恶简者求中，其势然也。但以有所溺，未可责其遽复。是故墨不继而后杨，杨不足而后儒，其渐然也。"两短比即以比偶为单行，与标准体式有甚大差别，全文章法皆依古则，浑浩古朴而又极细致生动，被人称为绝唱。而这类文章，都是在以古文为时文的理念指导下写作出来的。以古文为时文，有力地改变了八股文的面貌，开创了八股文写作的新局面，是造成正、嘉八股文繁盛的重要原因。

正德、嘉靖初年的八股文号称繁盛，其重要标志之一是高手如云，名家辈出。他们中的大部分人都是以古文为时文造就的。

正德虽只有短短十六年，然藉成化、弘治之文化积淀，出了大批八股文高手，仅据《制义丛话》中所列，便有邵锐、唐皋、汪应轸、季本、张经等人留名于史。

邵锐学问渊博，其八股文以考据精确称名于世。

唐皋襟怀洒脱，才思敏捷，文不加点，若有所改动，则另构一篇。其文善于抓住文题中之关键字眼予以摹神阐释，深得早期八股文之作法。

汪应轸的时文以气势宏大著称。

季本师承王阳明，精研王之心学，著书数百万言，皆行于世。但他从不以王阳明之学入时文，因时文必宗朱熹，朱熹之学才是时文正宗。季本的时文恪守传注，谨严法度，阳儒阴释之语，从不涉于笔端，与那些口谈程朱理学而文词浮诞者绝不相与为伍。季本人与文同，为人忠孝双全，文武兼长，在抵抗朱宸濠的谋反时，与王阳明相呼应，有胆有识，颇受世人尊崇。

嘉靖年间，更是高手如云，流派各异，蔚为大观，且这些人大多在八股文之外皆有成就。据梁章钜《制艺丛话》中的记载，除唐顺之、归有光外，此时的名家便有海瑞、王慎中、罗洪先、薛应旂、诸燮、嵇世臣、茅坤、高拱、瞿景淳、王世贞、张居正、杨继盛、许孚远、胡定等三四十人之多。这些人的八股文均有各自的特点，形成了独自的风格。如名列唐顺之、归有光以古文为时文流派的诸燮之文，以淡隽著称于世，倾欹偏侧，游衍散淡，无意于工而不泥于理，后人欲提笔摹仿，则愈摹而愈远。不是文字不及诸燮，而是俗病不可除。昔人曾评诸燮之文说："不衫不履，物外遗人，求理斋者，当求其所以不俗之故则几矣。"[1]然诸燮之文能疏而不能密，往往以同一种风格出现在人们面前，故给人以大同小异之感。其他如海瑞以光怪称，嵇川南以老辣称，崔东洲以坚洁称，均受到后人推崇。

① 梁章钜：《制义丛话》卷之五，咸丰九年广州重刻本。

第三节 以古文为时文的理念与作法开创了八股文写作的新局面

受时代经济、政治、思想、文化变化的影响，嘉靖年间，出现了以古文为时文的八股新流派，给八股制义注入了新的活力，开创了八股制义写作的新局面。

广义地说，八股文是古文的一支，是由古文演化而成的。它聚合了古文的诸多元素，无论是内容、形式，或是技巧，必然带有古文的烙印。所以，以古文为时文的出现，是八股文发展的必然趋向。只是在嘉靖年间大扬旗帜则有其特殊的原因。

正德、嘉靖年间，随着由海禁渐弛而造成的生丝、丝绸、瓷器大量走私的刺激，东南地区的苏州、松江、杭州、嘉兴、湖州一带，纺织业十分发达，已出现具有相当规模的工场，市民大量产生，形成具有初期资本主义色彩的雇佣劳动关系。南京的印刷业，江西景德镇的瓷业，都有相当规模的发展。其他地区的城市虽然发展程度不如东南地区，但也在走向繁荣。大致可以说，此时的城镇经济远比明代前期，甚至元朝末年都要繁盛，且财富迅速地集中到少数人手中。

商品经济是如此地活跃，财富变得如此地集中，靠道德伦理维系的国家统治机器便迅速地显现出它的虚弱性，旧有的道德价值体系，已面临土崩瓦解的局面。一些受市民阶层影响的文人，开始冲击陈旧的价值体系，希图摆脱儒家理学的束缚，获得个性解放。他们公开反对程朱理学，抨击道学为“伪学”，并强烈怀疑权威，反抗旧传统，把“言学则指程朱为道统”视为可笑。另一些人，如王阳明，则试图从儒学内部进行一次深刻的调整，给儒家理学注入新的内容，在不背离儒家传统和理学精神的前提下，对儒学和理学进行了自我式的发挥，使士人的道德追求由外部世界进一步转入内心世界，希图重建道德，以挽救面临的危机。王阳明创立的“良知”学说一出，“闻者霍然如披云雾而睹青天也”[①]，士人趋之若鹜。程朱理学受到严重挑战。

这两种人的行为，都冲破了明代前期笃守程朱理学教条的局面，形成了一定的学术自由的文化氛围，使桎梏于训诂词章的许多士人再也不愿“日惟章句是循，程式之文是习”[②]，对明代八股制义形成了严重冲击。因为八股时文实行的是散文骈体化，造成一种比六朝的骈文更受拘牵的排偶体。士大夫们以此为进身的工具，精神心血大半都消耗于八股文的揣摩练习之中，思想受程朱理学和排偶体式的严重束缚。时代将变，士人们要求思想解放的呼声越来越高，平淡无奇的诗文尚且受到这些人的厌弃，对走向成熟后专以排偶体式和程朱理学来束缚人，又平庸陈腐的八股文更产生了一种下意识的反感。

为了挽救八股文定格、程式化后因文体格式僵化，写法刻板，内容狭窄所形成的危机，一些有才华，且又擅长八股文写作的文士也学习王阳明的方法，开始对八股文进行了有限的改造，即以古文为时文。方苞说：

“至正、嘉作者，始能以古文为时文，融液经史，使题之义蕴，隐显曲畅，为明文之极盛。”[③]

所谓以古文为时文，即是说，在不改变八股文的文体格式及代圣贤立言的根本方式之下，引进古文写作的方法与理念，拓宽准入八股时文的内容，融液经史，使八股文的内容及话语权为程朱理学所独占的状况有些许打破，使八股文由“一宗朱氏为功令”[④] 到“学者多肆其胸臆”[⑤]，在一定程度上化解了程朱理学对

---

① 焦竑：《澹园续集》卷四《国朝理学名公祠记》，明末刻本。
② 文徵明：《甫田集·上守溪先生书》，明刻清修本。
③ 方苞：《钦定四书文·凡例》，光绪二年崇文书局刻本。
④ 何乔远：《名山藏》卷上《儒林传》，崇祯刻本。
⑤ 黄佐：《翰林记》卷十一，影印《四库全书》本。

写作者的束缚，改变了以前拒绝其他思想与语言进入的封闭状况所带来的语句重复呆滞，思想陈旧僵化，开始吸纳经史中的语言与思想。《明史》中曾引述礼部的疏文说：“国初举业有用六经语者，其后引《左传》、《国语》矣。又引《史记》、《汉书》矣。”① 疏文所述，即是此时八股文的状况。

嘉靖时融液经史，以古文为时文，主要运用的就是《左传》、《国语》、《史记》、《汉书》中的见解、史实及语言。思想、眼界及内容的拓展，使八股文题的义蕴在新的语境中得到深入的开掘，从而探究出其中蕴含的精义奥旨，发现其新的内涵，更接近孔、孟思想的本义，也给八股时文注入了一些活力，使其呆滞、陈旧的面孔较过去有所改变。

应当指出的是，融液经史，以古文为时文的作者们，虽然拓宽了八股时文的思想内容，但仍尊奉儒家正统，反对离经叛道。他们奉行的是文道并重，并非扬弃恪遵传注的传统。

以古文为时文的另一个重要方面是将古文作法糅进八股制义，扩展了八股时文写作的自由度及表现空间。使八股文具有了古文的神理、法度，以及纡徐畅达、法度严密、晓易平顺之文风，在一定程度上改变了或平庸冗蔓，或浮华险怪的老调。

八股文在成熟阶段，各种写作方法即已出现。但是，受排偶体式及入口气，代圣贤立言等功令的约束，又不能明出秦汉以后之史实和语言，其写作方法无不刻板、呆滞，缺乏表现力。古文笔法的引入，则可救八股时文之穷，大大拓展了八股文的表现手段与空间。

自先秦、两汉以至唐、宋，古文的写作已积累了丰富而有效的方法与技巧。因其格套较少，表现手段多样灵活，写出的文章也就较为生动活泼。由于李梦阳、何景明等“前七子”在弘治年

① 《明史》卷六十九《选举志》一，中华书局，1974 年。

间大力推行“文必秦汉”、“诗必盛唐”的文学复古运动，古文的表现方法与手段已为广大士人所接受，所赞赏。为救时文之穷，嘉靖时的一些著名的古文作家如唐顺之、归有光等从古文中总结出全套的开阖、顺逆、宾主、转折之法，概括出先秦、两汉、唐、宋各大家古文的种种技法与不同风格，并将其中最适合于八股文使用的表现方法与手段运用于八股文写作之中，使呆板、平庸的八股文面目一新，较过去生动、活泼，立即受到广大士人的欢迎。以古文为时文的做法很快就传播开来，且因其既合古文规范，又合八股功令，有法可依，文从字顺，有利于阅评而得到官方的认同。

其实以古文为时文的做法类似于王安石时作经义，与论体相仿。王安石的经义文对仗不必讲，证喻不必废，侵下文不必忌，应用经史语言及史事如同己出，文章写得活泼生动，只不过采用了以经言命题，令天下文体皆出于正，且为法较严而已。但到了后来便改变这些做法，特别是明代，踵事增华，文愈工而体愈降，法愈密而理愈疏，使八股时文变得形式僵滞，面目可憎；内容平庸单调，空乏冗蔓。嘉靖时以古文为时文在一定意义上是回复到了宋代经义的做法，故能给人一种久别重逢的新感觉。

以古文为时文，使得明、清两代古文时文相互渗透，十分接近。因为只要记得八股的范围格局，那文章魅力之厚薄，气机之畅塞，词藻之枯腴，笔仗之灵巧，古文时文总是一样的。

嘉靖融液经史，以古文为时文的主要人物多为唐宋派的古文作家，如唐顺之、王慎中、茅坤、归有光等。他们都是八股时文大家，与八股文有着不解之缘；他们对唐宋古文又有着精深的研究与领悟，在与古文相比较时看到了八股文的不足与弊端。受时代的影响，他们便试图引进由于受“前七子”大力提倡复古而大受世人推崇的古文写作理念、写作方法来改进八股时文。他们的贡献在于能提出新的理念，融液经史，拓宽了准入八股文的内容与语言，在一定程度上打破了八股时文的自我封闭状况，从而使八股文的题义得以隐显曲畅，较之恪遵传注有了些许新意。他们的贡献还在于引入古文笔法，在八股时文中贯注了宏肆之气，能以欧阳修、苏轼古文中的气势来表达程、朱的义理，且又吻合孔子、孟子等人当年的语意心态。其议论昂扬热切，其气势则磅礴奔放，其根本则稽经而诹史。他们在八股时文中运用《史记》、《汉书》及韩愈、苏轼、欧阳修、曾巩等人之议论方法，却又讲求与题目相合。他们强调学古又不字模句拟，而要融会贯通，灵活运用。他们强调八股时文在释发义理时要朴实、明白、纯粹，文风要平易流畅，语言要文从字顺，如讲述家常之事，人人通晓。文章要既疏达又遒厚，既矜重又闲逸。因为八股文的功用在于载道传道，故要用典雅平正的说理文字，而不宜深奥晦涩的语言，否则其传道的功能会大打折扣。

自正德、嘉靖年间开启以古文为时文之路径之后，明、清两代有无数文人潜心研究古文笔法，并将其运用于八股文之中。各式各样批注了作法，着眼于提高八股文写作水平的古文选本也像八股文选本一样大量刊印，广泛传播，如茅坤选编的《唐宋八大家文钞》及清代康熙年间的《古文观止》等书即是这样。这表明，以古文为时文的确是对八股时文的一次重大改进，给八股时文注入了新的写作理念与方法，增添了活力，延长了八股文的寿命，使之能历数百年方败。

对以古文为时文贡献最大的当数唐顺之与归有光。唐顺之崛起于嘉靖初年，归有光踵兴于嘉靖末造，又恢之以宏肆。二人皆深于经史，以古文为时文且多建树，被后人宗为制义大家，不仅冠冕当时。二人先后辉映，颉颃上下，均足以笼罩百家，被后人奉为不祧之祖。当时的八股文名家如诸燮、许孚远、胡定、王方麓等人都是受他们的影响，以古文为时文者，都是其支流。茅坤与瞿景淳也以古文为时文，但另辟蹊径，另成格局，也受时人尊崇，另为大家。茅坤笔情宕逸而骨力颇少坚凝；瞿景淳气度容与而机局渐趋圆熟。以他们与唐顺之、归有光相比，则差之多多，不是同一个水平线上之人。

第四节 八股文在嘉靖中、后期面临的危机与挑战

和其他文体一样，当八股文发展到极盛时，必然面临危机与挑战。这种危机和挑战一是来自当时变化着的政治、经济、文化环境，二是来自八股文本身。

由于朱元璋规定八股文的文题只能摘取《四书》、《五经》中的文句充当，应试者只准按程朱理学家的注释和有种种严格限制的八股格式“代圣贤立言”，而这个科举考试的试题库的容量又极为有限，年长月久，《四书》、《五经》中就没有没出过题目的句子，没有没作过程文墨卷的章节。而到宣德年之后，“三途并用”的选官制度逐渐被科举一途所取代，学校的教育功能也被八股取士所弱化，士子们皓首穷经，目的全在名登进士金榜，此外别无谋取升官发财的出路。

在巨大的利益驱动之下，八股文命题及文体本身所固有的弊端便被一些希图幸进的投机者所利用。他们开始猜题、拟题，背诵程文墨卷，或“尽抄小本，挟以入试”，或入场之后，背抄程文，往往得以高中。有此捷径可走，许多士子纷纷效仿，不再下苦功去攻读儒家经典，而是一味地去猜题、拟题，再依题去选背范文，以求尽速中第。他们“不必有融会贯通之功，不必有探讨讲求之力，但诵坊肆所刻软熟腐烂数千馀言，习为依稀仿佛，浮靡对偶之语，自足以应有司之选”①，这种风习，导致了士子素质的全面下降。而刊刻的程文、墨卷却成了士子们中秀才、举人、进士的敲门砖，使得应试者中多为学无本源之徒，学术因此不

① 陆深：《国学策对》，《皇明经世文编》卷一百五十五，崇祯刻本。

明，士习因此而坏。

而正德、嘉靖年间又给这些希图幸进之徒提供了极为便利的条件。一是明世宗忌讳繁多，多次挑剔试题加罪考官，使出题的范围大为缩小。吕留良在《吕晚村先生论文汇钞》中说："自嘉靖中，重符瑞祷祀，始以忌讳为戒（忌入衰乱、忧危、震动之言）。流至末年，习成谐媚之俗，闱中专取吉祥，偶有句字之触，虽手误必黜。"叶经巡按山东时，作乡试《无为而治者，其舜也与夫何为哉，恭己正南面而已矣》题程文，大结内有"继体之君，未尝无可承之法，但德非至圣，未免作聪明以乱旧章"语，嘉靖皇帝以为这是讽刺自己，大怒之下，将叶经毙于杖下。吓破了胆的考官们便只从《四书》、《五经》中挑选歌功颂德的语句出题，更使"士人易于揣摩"，几乎达到猜题必中的地步。到嘉靖后期，即有人指出"时文冗滥，千篇一律，记诵稍多，即掇第如寄"。

其次，到成化之后，八股文已经成熟，文成定式，足供揣摩，且写得好的八股文比比皆是，选编极为便利。而程文墨卷的流行，已由过去的手抄笔写，逐渐为上板刊行所代替。据李诩回忆："余少时学举子业，并无刻本窗稿，有书贾在利考朋友家往来，抄得灯窗下课数十篇，每篇誊写二三十纸，到余家塾，拣其几篇，每篇酬钱二文或三文。"① 成化、弘治年间，时文刻印本开始出现。据弘治六年癸丑（1493）科会试同考官靳文僖批："已有自板刻时文行，学者往往记诵，鲜以讲究为事。"② 到嘉靖中期之后，由于印刷业飞速发展，南京、杭州、苏州、徽州等一带已成为刊印书籍的中心，其他各地的印刷业也十分繁荣。为了牟利，一些书商便迎合士人的需要，大量编选、刊行程文墨卷及时

① 李诩：《戒庵老人漫笔》卷八，中华书局，1982年。

② 引自顾炎武《日知录集释》卷十六《十八房》中夹注。

文选本，为作弊提供极大便利。猜题、拟题、背诵范文之风更盛，所以到嘉靖后期，士风大坏，学术大坏。八股文辗转抄传，毫无新意，陈言滥调，令人生厌，使之名声大坏。

为了纠正八股文命题所带来的拟题、猜题、背诵程文墨卷之弊端，大约从宣德年之后，在坚守从《四书》、《五经》中摘取文句以作八股文题的大前提下，对八股文题的组合方式进行了改进，创制了形形色色的“小题”。各种小题经过长时间的写作训练，至成化之后，已经类型化，且每个类型的小题都有规范化了的制取办法与写作方法、写作要求。由于小题具有很强的训练思维能力的功能，至正德之后，小题的写作已成为八股文写作的一个重要方面。这种已经类型化、规范化的文题，被广泛运用于八股文的练习、学习阶段，如私塾、各级学校的讲习之中，特别是在生员的各级小考中，几乎全被这种小题占据。小题的广泛使用，固然对遏制猜题、背抄程文墨卷，提高学习者思维能力有很大的作用，但对八股文创制的根本宗旨却带来了致命的破坏，使以八股文来控制士人思想的功能受到极大削弱。王夫之说：“经义之设，本以扬榷大义，剔发微言；或且推广事理，以宣昭实用。小题无当于此数者，斯不足以传世。”① 清初俞长城曰：“裁六经题以为制义，独重于科目者，为其明义理，切伦常，实可见诸行事，非若策论之功利、词赋之浮华而已。”② 这些言论所揭示的便是八股文的功用所在。割裂经文所出之小题，恰恰破坏了八股文的这种功能。

何谓小题？用王夫之的话来说，便是“截头缩脚，以善巧脱卸吸引为工，要亦就文句上求语气，于理固无多也”的那类题目。它与用《四书》、《五经》中之整章整句的经文作题目不同，

---

① 王夫之：《夕堂永日绪论外编》第四十九则。

② 见俞长城《可仪堂一百二十名家制义·序》，康熙三十八年刻本。

是将章句割截，或在割截后再用其他组合方法结合在一起的八股文题。这种题目的出现，实际上是在一定程度上把对经文的阐释权力给了写作者，标志着意识形态统治权力从官方独揽向文士转移的开始，其意义是非同寻常的。

朱元璋创制八股文的本意是要以《四书》、《五经》中的章句作应试文题的办法促使士人们熟读儒家经典，使儒家思想深入士子之心，故开初所出之题都是所谓的正大光明之题。如今广泛使用割裂经文所制取之题来教育、训练天下士人，就割裂甚至歪曲了孔子、孟子的原意，把朱熹等人精心撰构而形成的理学思想体系也破坏了。

以小题中的“截上题”为例，所谓截上题是将《四书》、《五经》中之一个完整的句子截去其上半句所成之文题。这种题目在写作时规定须先说留作文题的下半句之意思，然后再补出所截去之上半句之意思方为合格。若依原句中从被截去的上半句说至留作文题之下半句，则叫连上，便违反了法式，为不合格。

再以小题中之“截下题”为例。所谓的截下题即是将《四书》、《五经》中的完整句子，截去下半句，而留取上半句所构成的八股文文题。这种题，但能说到本题为止，若在阐发留存作题的上半句时，含有被截去的下半句的意思在内，是为犯下，便违反了规定，为不合格。如出自《论语》的“不有祝鮀之佞”文题系截下题，它出自“不有祝鮀之佞，而有宋朝之美，难乎免于今之世矣”。所以文中不能提到一个“有”字，只能说“不有”两个字，如单说一个“有”便是犯下文。有人在破题第二句写道：“若不容其不有矣”，考官一看便说“好，扣题很紧”，便通过了。

其他如“偏全题”、“全偏题”等等，皆是割裂经文所出意思不完整之题，其作法也有种种规定。

更为荒谬的是所谓的“截搭题”。“截搭题”者，乃取《四书》、《五经》中之一句，截去其上半，而又搭以下句之上半；或取上章之末句，截去上面的句子，搭以下章之首句或一节或数节或全章；或取一章之末句，截去上面的句子，搭以隔章之首句或一节或数节或全章以作文题，故名“截搭题”。截搭题是所有小题中割裂经文最烈的，特别是那些无情搭题，截取上章之末句，搭以下章甚至是隔章的首句，两章的意义毫无关联，甚至意思完全相反，实在是无法过渡。而考官们既已出了这种题，应试者就必须把它作得圆融。为达此目的，就只有生拉硬扯，绞尽脑汁把两个意思完全无关甚至相反的题目硬扯到一块，这不只把经文意思割裂，也把程朱章句注释肢解，不仅恪遵传注的传统被破坏，连程朱理学也被篡改了。而这种“横截数语乃至数十语，不顾问答条理，甚则割裂上章，连下章极不相蒙之文，但取字迹相似者以命题”① 的做法，全是在官府的主持下进行的。由朝廷钦定的各省乡试主考和各省提学道既是截搭题的创制者，又是截搭题文的审读者，他们“以功令束人，使相效以趋于卑陋，侮圣言而莫敢违之”②，恪遵传注的规定便被突破了。

朱元璋深知让天下人尊奉程朱理学对巩固大明王朝的重要性。他即位之初，即大力倡导尊经崇儒，奉程朱理学为正宗，“一宗朱氏之学，令学者非五经、孔孟之书不读，非濂、洛、关、闽之学不讲”③。洪武二年己酉（1369），他下诏规定：“国家取士，说经者以宋儒传注为宗，行文者以典实纯正为主。”④ 还规定，“剽窃异端邪说，炫奇立异者，文虽工，弗录”⑤。对违背程朱理学的言行，朱元璋不惜以斧钺相加。

明成祖朱棣深悟其父苦心，他下令撰修《五经大全》、《四书

---

① 王夫之：《夕堂永日绪论外编》，第五十一则，《薑斋诗话笺注》附录，人民文学出版社，1981 年。

② 王夫之：《夕堂永日绪论外编》，第五十一则，《薑斋诗话笺注》附录，人民文学出版社，1981 年。

③ 陈鼎：《东林列传》卷二《高攀龙传》引高氏上疏语。

④ 清阙名：《松下杂钞》卷下，光绪刻本。

⑤ 清阙名：《松下杂钞》卷下，光绪刻本。

大全》。书成后，又亲笔作序，刊赐天下，命以此书作为科举考试的唯一准绳，使天下士人“获睹经书之全，探见圣贤之秘”，从而“使家不异政，国不殊俗”，“人皆由于正路，而学不惑于他歧。家孔孟而户程朱，必获真儒之用；佩道德而服仁义，咸趋圣域之归。顿回太古之淳风，一洗相沿之陋习”①。一句话，即是想借程朱理学、孔孟之道来统一国人思想，使皇权千秋万代固若金汤。

从此，程朱理学成为思想文化领域的无上权威。明代何乔远曾写道：

“明兴，高皇帝立教著政，因文见道，使天下之士一尊朱氏为功令。士之防闲于道域而优游于德囿者，非朱氏之言不尊……有质行之士，而无异同之说；有其学之方，而无专门之学。”②

现在，在截上、截下、偏全等小题，特别是截搭题的冲击下，孔孟偶像，程朱理学开始动摇，原先被奉为神明的东西现在可以曲解，许多文士的自我意识开始觉醒，异端邪说开始堂而皇之地出现，思想解放的思潮也由此开始萌发。至正德年间，王阳明心学问世了。据顾宪成说：

“当士人桎梏于训诂词章之间，骤而闻良知之说，一时心目俱醒，恍若拨云雾而见白日，岂不大快！”③

受到许多士人欢迎的王阳明心学的出现，打破了明代前期独尊程朱的局面，标志着八股文固守的程朱理学阵地开始分崩离析。至嘉靖末年，历经王阳明心学的冲击和商品经济发展大潮的影响，各种思潮纷纷出笼，它们“别立宗旨，显与朱子背驰，门徒遍天下，流传逾百年，其教大行，其弊滋甚。嘉、隆而后，笃

① 胡广等：《五经大全·进书表》，明刻本。

② 何乔远：《名山藏》卷上《儒林记》，崇祯刻本。

③ 顾宪成：《小心斋札记》卷二，清刻本。

信程、朱，不迁异说者，无复几人矣”①。各种带有异端色彩的思想与言论在八股文中开始出现，明代前期八股文“雅正”的色彩已难复现。手握衡文选士大权的人或因自己也受到这些思潮的影响，或因没有能力补天，不能“痛抑之”，“返文体于正”，八股文巨变的时代便无可抗拒地来临了。作为朱明王朝赖以统一思想，维系其统治根基的八股文既已开始异化，其覆灭的时日也便不会很长了。

嘉靖年间，以古文为时文成为一种时尚，汇成一股潮流，这固然是八股文的一种自我调整，一种改进，使之增强了活力。但从另一个角度上说，这种调整、改进又是对恪遵传注，使八股文内容的经学性保持纯正传统的一种破坏，因为它使八股文向文学化转变。正嘉年间，唐顺之、薛应旂、瞿景淳、归有光等名家纷起，各辟八股蹊径，手眼别出，我行我法，往往强经文以就己意。其流风所及，认真体察经文真意，领会程朱传注奥旨的传统就受到破坏。方苞在论及正德、嘉靖年间八股文时说：“正嘉而后，亦有规模虽具，精义无存，及剽窃语录，肤廓平衍者”②，指的便是这种状况。

还应当看到，嘉靖年间以古文为时文，是利用了古文中的论说文与八股文的写作方法有许多相通之处而采用的变通办法，反映了士人们厌恶八股文排偶拘牵，欲化排偶为散体的时代要求。其结果是使八股文在引入了古文写作的理念和方法后在一定程度上改变了原来刻板、呆滞的面目。然而，这种方法的运用，又使时文的写作方法和写作理念渗入到了古文之中，许多文士在写作古文时会自觉地，或下意识地把破题、承题、起、承、转、合的方法运用到古文中去，把八股文所实行的散文骈体化运用到古文写作中去，使古文中出现大量的排偶句，弄得这时的古文也像八

① 《明史》卷二百八十二《儒林传·序》，中华书局，1974 年。

② 方苞：《钦定四书文·凡例》，光绪二年崇文书局刻本。

股时文。

正德、嘉靖年间商品经济的发展，深刻地冲击着旧有的伦理价值观，社会风俗和士风士习都产生了很大的变化，这对八股文也形成了挑战。

明代前期，无论朝廷或士人都把科举考试视为神圣之举，把八股文写作当作树立士人儒家道德伦理观的手段。薛瑄曾说过：“虽曰科目以文章取士，然必根于义理，能发明性之体用者始预选列，类非词章无本者之可拟也。故其得贤致治之效，足以追隆前古。”①

明代前期科举考试，“试亦多端，所重者制义，盖以代圣贤言语，必心知至理，身体粹德而后能言之亲切有味。虽间有摹套幸取者，而蒸陶经书，审顾矩矱，朝廷亦每收拔十得五，拔十得三之效焉”②。

然而，到嘉靖中、后期，在奢靡之风的影响下，士风大坏，在他们眼中，“所谓道德，功名而已；所谓功名，富贵而已”③。而八股文，只是他们用以猎取功名的手段而已。“修于己者不力，而侥幸于名位之得”④，“为师者之教徒以得进士为期，为弟子者之学，徒欲举进士而止。于是有剽掇记录已陈之言，以希合乎主司之意，侥幸其捷则弃之”⑤。八股文既然只求迎合考官们的心意，而此时的衡文者已无前期那种有能力，有地位，有识见，能使“文体归于正”的人。许多考官本人便是以揣摩主司喜好，写出迎合主司的八股文才登入仕途的，由他们衡文，选出来的只会是“穿凿支离，以希合主司之求”的八股时艺，长此以往，八股

---

① 《薛瑄全集》卷十七《论选序》，清刻本。

② 《直隶澧州志》卷十二《选举志》，同治刻本。

③ 《王阳明全集》卷四，上海古籍出版社，1992年。

④ 《薛瑄全集》卷十三《送王世宁归覃怀序》，清刻本。

⑤ 刘球：《两溪文集》卷七，成化六年刘氏家刻本。

文的衰败是必然的了。

受时代的影响，许多文士，崇奇炫怪，行为放诞，如吴中祝允明辈，“以放荡不羁，为世所指目。而才情轻艳，倾动流辈，传说增益而附丽之，往往出名教外”。他们标新立异，“好轻遽议论，放乎礼法之外，恣恃其私意”，凡此种种，在士人中形成一种求新尚奇的风习。

八股文是从士人头脑中流淌出来的，这种浸染入骨的风习必然会反映到八股文中去。嘉靖后期，崇尚新奇已成为八股文写作的一种时尚，厌薄国初和前期的雅正文风，视成化、弘治正大之体为老化，作文务求标新立异，“甚至语录、《道藏》摘而用之”①，“时艺至嘉靖末年芜靡极矣”②。王阳明就敏锐地看清了这一点，他说，到嘉靖年间，“文盛实衰，人出己见，新奇相高，以眩俗取誉。徒以乱天下之聪明，涂天下之耳目，使天下靡然争务修饰文词，以求知于世，而不复知有敦本尚实，反朴还淳之行”③。《吕晚村先生论文汇钞》中说：“嘉靖之际，举子之文，支离冗长，如蔓草，大费芟除。”也从一个方面说明了嘉靖时八股文所面临的困境。

“弘治、正德、嘉靖初年，中式文字纯正典雅”④，至嘉靖中、后期，受时代政治、经济变化的影响，八股文遇到严重挑战，发生了很大变化。据《大政记》所说，“嘉靖十一年（1532）三月，策士奉天殿。初，礼部请会试天下士。帝曰：文体有关国运。近来经生制艺艰谲，诚为害治。今岁务拔大雅，勿录奇僻”。八股文的“艰谲”竟惊动了嘉靖皇帝，其程度之严重可想而知。

---

① 《明史》卷六十九《选举志》一，中华书局，1974 年。

② 梁章钜：《制义丛话》卷之五，咸丰九年广州重刻本。

③ 《王阳明全集》卷一，上海古籍出版社，1992 年。

④ 《明史》卷六十九《选举志》一，中华书局，1974 年。

第五节　正德、嘉靖时八股文与科举的关系

正德、嘉靖既然是八股文的繁盛期，当然也是科举制的繁盛期，因为以八股文写作为核心的八股取士制经过长期的磨合，至此时功令齐备，制度严密，使以八股文培养、识别、选拔人才的功能发挥到了极致。白首穷经，钻研八股，已成为士人们的自觉集体行为，而科举考试也为识别、选拔优秀的八股人才提供了种种便利。

从正德到嘉靖的六十一年中，共开乡、会试二十科。其中各科会试的情况，包括主考官、会元、状元姓名，及各科所取名额记录如下，其中会试所取名额之前的人名为该科会元。如正德戊辰科中的“会试，邵锐等三百四十九名”中的“邵锐”即为该科会元。

正德朝

戊辰（1508）科：考试官王鏊、梁储。会试，邵锐等三百四十九名。状元吕柟。辛未（1511）科：考试官刘忠、靳贵。会试，邹守益等三百四十名。状元杨慎。甲戌（1514）科：考试官梁储、毛澄。会试，霍韬等三百九十六名。状元唐皋。丁丑（1517）科：考试官靳贵、顾清。会试，伦以训等三百四十九名。状元舒芬。庚辰（1520）科：考试官石珤、李廷相。会试，张治等三百五十名。状元杨维聪。

嘉靖朝

癸未（1523）科：考试官蒋冕、石珤。会试，李舜臣等四百十名。状元姚涞。丙戌（1526）科：考试官贾咏、董玘。会试，赵时春等三百一名。状元龚用卿。乙丑（1529）科：考试官张璁、霍韬。会试，唐顺之等三百二十三名。状元罗洪先。壬辰

(1532）科：考试官张瀚、郭维藩。会试，林春等三百十六名。状元林大钦。乙未（1535）科：考试官张璧、蔡昂。会试，许谷等三百二十五名。状元韩应龙。戊戌（1538）科：考试官顾鼎臣、张邦奇。会试，袁炜等三百二十名。状元茅瓒。辛丑（1541）科：考试官温仁和、张衮。会试，陆树声等二百九十八名。状元沈坤。甲辰（1544）科：考试官江汝璧。会试，瞿景淳等三百十七名。状元秦鸣雷。正主考张潮病卒。丁未（1547）科：考试官孙承恩、张治。会试，胡正蒙等三百一名。状元李春芳。庚戌（1550）科：考试官张治、欧阳德。会试，傅夏器等三百二十名。状元唐汝楫。癸丑（1553）科：考试官徐阶、敖铣。会试，曹大章等四百三名。状元陈谨。丙辰（1556）科：考试官吕本、尹台。会试，金达等二百九十六名。状元诸大绶。己未（1559）科：考试官李玑、严讷。会试，蔡茂春等三百三名。状元丁士美。壬戌（1562）科：考试官袁炜、董份。会试，王锡爵等二百九十九名。状元申时行。乙丑（1565）科：考试官高拱、胡正蒙。会试，陈栋等三百九十四名。状元范应期。

这两朝进士中所出八股文名家很多，其中不少还是名臣或名学者，如正德戊辰（1508）科会元邵锐、状元吕柟，辛未（1511）科会元邹守益、状元杨慎，甲戌（1514）科状元唐皋，丁丑（1517）科进士汪应轸、季本、张经等；既是八股名家，又是名臣的有邵锐、吕柟、张经等；又为学者的如杨慎、邹守益、唐皋、季本等。

嘉靖朝的八股文名家兼为名臣的更多，如海瑞、王樵、高拱、张居正、杨继盛、王锡爵、傅夏器等；又为学者、文学家的有王慎中、罗洪先、薛应旂、诸燮、归有光、瞿景淳、王世贞、胡友信、许孚远等。唐顺之则既是八股文大家，又是名臣、文学家、学者，还会带兵打仗。

不是八股名家高手，却为名臣、名学者的两朝还有不少。

从洪武到嘉靖中，八股文无不遵经守注，传输的是纯正的程朱理学。纯正的程朱理学一旦为士人接受，便会造成极度的道义感、使命感和道德感，形成一股高昂的士气，自认为是国家的主人，时代的表率。他们为遵从程朱理学道德原则，竟可生死以之，荣辱不顾。这点在正德、嘉靖两朝表现得淋漓尽致。

正德年间，武宗昏荒废政，朝中大臣不时力谏。至正德十四年（1519），他又欲南巡，兵部郎中黄巩及陆震抗章力谏，丁丑（1517）状元、修撰舒芬、八股名家崔桐等七人继之；武宗皆不听，并加刑罚。于是群臣风起云涌，先后上疏劝阻。武宗大怒，先后下黄巩等三十九人于锦衣卫狱，杖于阙下，死者十一人。舒芬等一百零七名上疏者先后被罚跪午门五日，继之以廷杖。武宗施尽淫威，却为群臣之正气所慑，不得不废止了南巡扰民害民之行。

嘉靖初年的大礼议，又一次显示了八股取士制所造就的士气。当是时，仅首辅杨廷和先后封还世宗欲称其生父为皇考之御批者四，执奏凡三十疏。[①] 嘉靖三年（1524）七月，为反对世宗去掉其父尊称中的“本生”二字，内阁、六部、詹事及翰林、御史、给事等经由科举选拔出来的朝臣二百馀人，在尚书金献民、侍郎何孟春等人倡导下，俱赴左顺门跪请世宗继续尊称孝宗为皇考，而不去掉其生父的“本生”二字，至午时犹不肯退。世宗怒系为首者八人于狱，继又收一百三十四人于锦衣卫狱。何孟春等八十馀人待罪。“庚辰，锦衣卫以在系官上请……命拷讯丰熙等八人编伍，其馀四品以上者俱夺俸，五品以下者杖之，于是编修王相等一百八十馀人各杖有差。”[②] 王相等十七人被活活打死。

大礼议之争，是由八股文培训、选拔出来的群臣尊奉以程朱

---

① 《明史》卷一百九十《杨廷和传》，中华书局，1974 年。

② 《明史纪事本末》卷五十《大礼议》，光绪刻本。

之言为科律的教条，维护程子阻止宋英宗欲尊其亲生之父濮王为皇考之成见，与世宗力抗而造成的惨剧。今天看来，杨廷和、何孟春等著名历史人物持论太苛，迂腐难化，但这种为维护信念而忘我的精神是可贵的。士人们由纯正的八股文培训出的使命感、道德感及主人翁精神成为维持明代纲纪不坠的支柱。世宗及其子孙无不明白这一点。所以他们一方面为个人面子摧折士气，一方面又尽力维护八股文的经学性以巩固政权。

明、清八股文界不少人认为八股文风之变，起于嘉靖中叶。其实，早在正统时期，八股文的内容与文风都开始产生偏离正统的变化，但其时变化不烈，稍纠即止。到正统以后，特别是正德和嘉靖时，对经学性内容的挑战就明显起来。这种挑战，主要体现在科场之文。

全力支持世宗尊其生父为皇考而得宠，当过首辅的张璁就指出：

“自夫世俗以科举为学，师弟子之所相授受者，不过希章绘句之文，而道卒无得于心焉。”①

这就是说，当时盛行于科举场中的都是“希章绘句之文”，于传道，改造士人的思想未产生什么作用。

与张璁有同样看法的还有桂萼等。世宗皇帝也赞同他们的看法，于是，在张璁的主持下，以纠正八股文风，恢复其纯正的经学性为主要目的，开展了一场科举改革。改革的宗旨从张璁的《慎科目》奏疏中即可看出。

张璁提出：对科举八股文，“务要平实尔雅，裁约就正。说理者，必窥性命之蕴；论事者，必通经济之权”。对所录之文，“必用生儒本色文字，间有阔疏，少有润色，毋令尽自己出，邀

---

① 张璁：《张文忠公集》文稿卷一《送甘思诲还乡序》，万历四十三年增修本。

饰虚名”。各省乡试主考应慎选，要“访举翰林、科道、部属等官有学行者疏名上请，分命二员以为主考……尤必严敕各该御史聘延同考，必采实学，毋徇虚名”[①]。张璁所提出的三项改革措施，前两项是直接关系矫正八股文风的，后一项虽然是讲慎选考官，但考官的目光与喜好，直接关系到文风，这一条实际上也是针对不正之文风而来的。对此建议，世宗即刻准行。

改革的效果是立竿见影。嘉靖八年（1529）张璁批阅会试卷后说：“观经义之文，多发明理致，不事浮夸，知初试之变也。”[②]万历时王世贞也说这次会试“初变文格，以简劲为主，其程文仅三百言云”[③]。

礼部还要求将这次会试录文结集刊行，颁示天下，以端正文体，其疏云：“窃见嘉靖八年会试录文皆简古纯正，既不失祖宗之旧式，而于圣贤经义亦多发明，与古文无甚远。或止以前录文体颁行天下，一体更正。”[④] 明世宗不仅立准，还强调科举文式“务在崇雅黜浮，以验实学”。此令一颁，天下遵行，文风更趋雅正。

然而，这种革新成果并未维持多久。随着世宗进取之心的丧失，怠政荒政之举日趋严重，文风又逐渐复旧。据杨慎所说，到嘉靖十九年庚子（1540）时，文风士习大变：“其高者，凌虚厉空，师心去迹，厌观理之烦，贪居敬之约，渐近清谈，遂流禅学矣。卑焉者，则拾掇丛残，诵贯蒲魄，陈陈相因，词不辨心，纷纷竞录，问则呿口。”[⑤] 这种文风愈往后便愈加“芜秽”。

---

① 张璁：《张文忠公集》奏疏卷三，万历四十三年增修本。

② 《张文忠公集》文稿卷一《会试录序》，万历四十三年增修本。

③ 王世贞：《弇堂别集》卷八十二《科试考二》，中华书局，1985 年。

④ 《明世宗实录》卷一百二十七，台湾“中央研究院”史语所校勘本，1962 年。

⑤ 杨慎：《云南乡试录·序》，《太史升庵文集》，万历张士佩刻本。

由于时代政治、经济及士风的影响，从嘉靖中期起，八股文出现了两种倾向：一是文风趋向秾丽，讲求巧法；二是联系现实，指点时政。两种做法都与传统的恪遵传注，尺寸不逾不合，弱化了八股文的经学性而强化了其文学性。妨碍八股取士制的育人选人，故受到统治者的禁止。对以文学性乱经学性的记载很多，对试图强化八股文的实用性而减弱经学性的做法，《明史》上有记载：

“嘉靖十六年，礼部尚书严嵩连接应天、广东试录语，激世宗怒。应天主考及广东巡按御史俱逮问。二十二年，帝手批山东试录讥讪，逮御史叶经杖死阙下，布政以下皆远谪。”①

经这番严厉惩治，八股文议时政的风尚被遏制。从此大结部分很少有人涉及时政。虽维护了八股文的经学性，却削弱了文体的实用性。直至天启年间，感于国危的士人才奋起以八股文作武器，抨击魏忠贤。而八股文的文学化倾向受时代的影响却无法遏止，到隆庆、万历，终于成为八股文的主流，对经学性形成颠覆性的冲击。而科举制建立在纯正经学性之上的选士功能和手段不能适应这种变化，故出现了不少的弊病。

正、嘉时期，由于刻书事业的发展，自弘治时刊售时文之事已蔚成气候，许多希图幸进的读书人只熟记程文选本，猜题剿袭，弃经不读，造成学风的败坏，直接危害到科举的选士功能和其公平性。

总体而言，正、嘉的八股文与科举制的契合是紧密的，有助于科举的育才选才。虽然受时代影响，八股文开始出现不守经注，追求文学化的倾向，但一禁即止，再现再禁，直至嘉靖后期，社会变化更为剧烈，才有禁而不止的情况出现。

---

① 《明史》卷七十《选举志》，中华书局，1974 年。

第六节　明代中叶的文学与八股文

自仁、宣以后，台阁体成为诗坛的主流，歌颂承平之世成为文坛的主旋律。这种歌功颂德、粉饰现实之作，词气安闲，雍容典雅，实则内容空虚，呆板平庸，久便令人生厌。到成化、弘治间，湖南茶陵人李东阳主持文坛，形成“茶陵派”，讲求诗文格律的谨严，文风却未脱台阁体的窠臼。这就是《明史》所指出的：“永、宣以还，作者递兴，皆冲融演迤，不事钩棘，而气体渐弱。”①

而明代中叶，政治、经济都与前期相比发生了很大的变化。商品经济逐渐走向繁荣，社会财富的积累越来越多，社会出现了追逐豪华及好奇求新之风。受这种风气的影响，一部分士人对台阁体统治文坛数十年所造成的空泛、平庸之风不满，希图挽救传统诗文的衰落，于是在弘治、正德和嘉靖年间，由前后七子掀起了一场文学复古运动。

由李梦阳、何景明、徐祯卿、边贡、康海、王九思、王廷相组成的前七子，和由李攀龙、王世贞、谢榛、梁有誉、徐中行、吴国伦组成的后七子，虽然他们所处的年代有先后，文学见解有差异，但具有很多的相似之处：其一，他们都科场顺畅，是八股文高手；其二，他们都受程朱理学的浸染很深，使命感强烈，风骨凛然；其三，他们都鄙视台阁体文风的陈腐平庸和茶陵派诗文的格律谨严，讲学问，求变革，主张“文必秦汉，诗必盛唐”。《明史·文苑传》说：“李梦阳、何景明倡言复古，文自西京、诗自中唐而下，一切吐弃，操觚谈艺之士翕然宗之，明之诗文，于斯一变。”②《四库全书总目提要》也说：“考自洪武以来，运当

① 《明史》卷二百八十五，《文苑传序》，中华书局，1974年。

② 《明史》卷二百八十五，《文苑传序》，中华书局，1974年。

开国，多昌明博大之音。成化以后，安享太平，多台阁雍容之作。愈久愈弊，陈陈相因，遂至啴缓冗沓，千篇一律。梦阳振起痿痹，使天下复知有古书，不可谓之无功。”① 他们恪守自己的文学见解与主张，创作出了不少好作品，或感时述志，或托物抒情，有的笔力雄健，有的清逸动人，使“明之诗文，于斯一变”。

然而，“复古派的诗文，有两点最为后人口实：第一，是摹拟或剽窃；第二，是虚矫或肤廓。剽窃是由于摹拟而来，凡摹拟未有不流于剽窃的”②。复古派盲目尊古，创作一味以摹拟剽窃为能，陷入了脱离现实，制造假古董的拟古主义。

分析前后七子文学主张的长处与短处，可以看出他们受时风的影响，尤其是当时八股文风的影响很深。其复古的主张，其实与八股文有千丝万缕的联系。

其一，“文必秦汉”的复古主张，是与八股文功令规定文中不能出秦汉以后之语言与人事相一致的。

八股文是代言体，作者要化自身为《四书》、《五经》中的圣贤，代他们立言。而这些人物都生活在先秦之世，既然要代他们立言，自然只能讲先秦的语言，述先秦的人事。八股文写作至正、嘉，已历时百多年，对不得出秦汉之后之语言与人事的规定已成为约定俗成的心理积淀，再加上八股文的写作已使士人树立了唯《四书》、《五经》的思想正确的观念，对先秦著作的推崇已成为明代的共同意识。而先秦、两汉的著作如《论语》、《孟子》、《左传》、《国语》、《史记》等，在艺术水准和写作技巧上也达到很高的水平，被后世认为是经典之作。所以，“文必秦汉”的观念在八股文写作所形成的语境中早已成为一种共识。

其二，复古运动的摹拟主张也与八股文有相通之处。

---

① 《四库全书总目提要·空同子集》，中华书局，1965 年。

② 宋佩韦：《明文学史·引言》，商务印书馆，1934 年。

李梦阳在《再与何氏书》中主张为文要机械摹仿，“独守尺寸”，反对“自立门户”。后七子的李攀龙，摹拟秦汉更甚，其文“要不出《左》、《语》、《国策》、太史书，属词缉缀奇奥”[①]，连官名、地名，都要用古称，而不用当时的称谓。

这种摹拟的做法，与八股文写作有惊人的相似之处。

八股文写作的根本点在代圣贤立言，即是说，要将题中圣贤的所思所想、所言所行、神情口吻一一再现出来，而且要越像越好。而这些圣贤都是先秦人物，明、清人要如何才能再现其精神风貌、言行口吻呢？这就只有靠摹拟想象之功了。写作时要从题目中去追想圣贤说此话时的心理、神色、口吻，揣摩透彻，下笔才能恰合题意，代言才会准确。到成化、弘治、正德、嘉靖，八股文已完全成熟并走向繁盛，揣摩代言之术也完全成熟并成为士人们的一种集体心理积淀。写作者们的摹拟想象水平虽有高低之分，对这一方法却无不熟悉并高度认同。

李梦阳、何景明等前七子，李攀龙、王世贞等后七子，都是进士出身，全在八股文中历练过数十年，不少人还是八股文名家高手，如李梦阳、王世贞等，康海还是弘治十五年（1502）壬戌科的状元。八股文写作的传统理念与思维方式，已深深地融入其思想之中，无法摆脱。而自正统以来政治经济的变化，逐渐造成了社会风尚的改变，到弘治、正德、嘉靖时期，要求变革的思潮越来越明显。作为身负深重的道义感和使命感的士人，前后七子已感受到时代将变的征候，平淡无奇，粉饰现实的台阁体和格律谨严的茶陵派诗文及实行骈体化的定型八股文已为他们所厌弃，欲化文章的排偶为散体，诗歌方面反啴缓为雄健，以之来拯救传统诗文。

但是，他们受八股文写作已形成的思维定式的束缚，虽有才

---

① 刘凤：《读李于麟集》，《明文海》卷二百四十九。

华却创造力不足；虽有学问却跳不出程朱理学的框框。所以，他们只能下意识地循着八股文尊奉先秦之文的道路前进，使用摹拟的方法，喊出了最易为世人认同的“文必秦汉，诗必盛唐”的口号，形成文道俱载，内容形式摹拟，体现时代需求风尚和特定审美理想的文学复古运动。

至于崛起于复古运动流风极盛时期的唐宋派，与八股文的关系较前后七子的复古派更为紧密。

以王慎中、唐顺之、归有光、茅坤为代表的唐宋派都是古文高手，更是八股文的名家，其中唐顺之、归有光、茅坤还是开宗风的大师级人物。

唐宋派古文观念与八股文写作理念有极为切合之处。

唐宋派要求闻理道而裨世教的文学主张实质上就是八股文经学化的翻版。八股文就是要以经学化的内容而传输程朱理道。

唐宋派古文宗唐宋八大家并远尊司马迁，其目的是要从唐宋古文及《史记》中学到写作的技巧笔法并运用于八股文写作之中，改造八股文的呆滞，化解八股文趋于繁盛后士人们苦于刻板束缚，必然出现的厌弃之情。反过来，其八股文写作的理念，即以古文为时文又影响其古文，出现了以时文为古文的趋势，而沾上了浓郁的八股气息。

唐宋派受时代社会思潮的影响，即阳明心学的启迪，倡导主体精神的独立自觉和自由表达，这也与当时八股文的变化相吻合。八股文发展至嘉靖，士人开始对定型后的标准体式苛严的束缚产生不满。这就是黄宗羲所指出的：“经史，才之薮泽也，片语不能搀入。限以一先生之言，非是，则为离经叛道，而古今之书无所用也。”[①] 受时代开放风气的影响，八股文也逐渐由“我注

① 黄宗羲：《南雷文定四集》卷三，《蒋万为墓志铭》，扫叶山房，1919 年。

六经”向“六经注我”转化，即对经文传注，更注重于各人的体悟，强调主体精神的独立和自由表达。这与唐宋派古文提倡本色，重个人见解的做法高度吻合。这也反映出正、嘉年间八股文与古文的关系。

总之，八股文对明代中叶文学的影响是巨大的，尤其是古文，还出现了与时文明显合一的趋势。

上观洪武、建文、永乐、宣德、正统等朝，八股文使用的时间还不长，还处于未定型、不成熟的发展阶段，八股文写作的理念与方法尚未模式化而成为一种影响人的心理积淀，故它对明代前期的诗文创作虽有影响却不大。如台阁体的中坚人物“三杨”，杨士奇不是科举出身，而是靠荐举上来的，八股文基本上未对他造成过影响；杨荣和杨溥两人虽同为建文二年（1400）的进士，但该时的八股文属初创阶段，其写作理念与作法对人的心理影响尚轻，故他们的诗文多为歌颂太平、宣扬教化的雍容典雅之作，在宣扬教化这一点上虽与八股文有相通之处，但二者这一相同的功效的由来是缘于时代的政治需要，而不是相互间影响的结果。

到明代中叶，八股文已有百多年的写作历史，完全成熟定型，并进入繁盛时期。模式化的体式，刻板的思想内容，一整套的写作理念已培训出一种固定的思维方式而积淀于士人心里，在他们的头脑中已深深植根。所以，当他们功成名就，以馀力作诗文时，有如孙行者再怎么努力也跳不出如来佛的手掌心一样，他们也逃脱不了已成为心理积淀的八股文写作理念与方法。尽管他们对现实的诗文状况有不满，力图革新，但受束缚的心灵已丧失了创新能力，这种革新总跳不出八股文的窠臼，无论是理念和方法，都或多或少地掺杂着八股文的因素，甚至出现两者你中有我、我中有你的状况。风行文坛的以古文为时文，以时文为古文便是明证。分析明代中叶至清代的文学运动与流派，只要其成员是以进士为主体，无论是前后七子的复古运动，唐顺之、归有光的唐宋派，三袁为主的公安派乃至方苞、姚鼐等人的桐城派文学，无不如此。只有民间的歌谣、话本小说等，因出自未经八股文训练的农夫、商贩、市民之口，是率性而为，脱口而出的真情流露，才是真正的文学之作。

综观明代中叶的文坛，由于相互渗透、影响，八股文中的文学因素在不断扩张，经学性在逐渐削弱。而诗文中的道学性或说是经学性在增长而文学性却在逐渐丧失。这是明代中叶以后文坛的普遍现象。

第七节　以古文为时文的开创者唐顺之

以古文为时文，是明代嘉靖年间声势最为显赫的八股文流派，其开山祖师当属唐顺之。在八股时文中融入古文的写法，这在成化、弘治时已有人为之，但未成气候。至嘉靖初年，唐顺之将古文写作之理念、技法全面引入八股时文，使八股时文面目为之一新，方才为八股时文界所广泛接受，并形成一大流派。

在明代文坛，唐顺之可称之为名家，他既擅长古文写作，为“唐宋派”的主脑人物，又精研八股时文，为以古文为时文的开创者。更叫人称羡的是，他不仅是文坛健将，下笔千言，文不加点，还通算学，富韬略，善用兵，曾统兵平剿过倭寇，属中国历史上为数不多的文武全才。

唐顺之，字应德，一字义修，江苏武进人。出身于官宦世家。

唐顺之“生有异禀，稍长，洽贯群籍”[1]，并潜心于八股时文写作，受到儒家经典的浸染。二十三岁时，便举嘉靖八年乙丑（1529）科会试第一，改庶吉士。

其座主张璁为嘉靖权臣，在大议时因坚决支持世宗而深受世

① 《明史》卷二百五《唐顺之传》，中华书局，1974 年。

宗倚重。此时他将思想僵化保守的翰林院庶吉士全部赶出翰林院改任六部部曹，“独欲留顺之”[1]，可见唐顺之的才学与人品都是受到张璁赏识的。但唐顺之受儒家正统伦理道德观的影响很深，把张璁等人支持世宗立其生父为皇考的行为视为违背了程朱理学，因而不愿与张璁为伍，尽管他是张璁的门生弟子，他也不领老师之情，乃调兵部任主事。后因“与罗洪先、赵时春请朝太子，复削籍归”[2]。

此时正是人欲横流之时，满脑子儒家正统观念的唐顺之却卜居阳羡山中，读书十八年。

嘉靖三十三年甲寅（1554），倭寇袭扰大江南北，抢掠烧杀，民不聊生。侍郎赵文华被派出京视师，上疏推荐唐顺之，唐顺之方才被恩准起用，任南京兵部主事。但因其父丧期未满，没有出山。等到免丧时，召为兵部职方员外郎，进郎中。“出核蓟镇兵籍，还奏缺伍三万有奇，见兵亦不任战，因条上便宜九事”[3]，事事皆切中时弊，显示唐顺之具有很强的军事才干。

不久，他被派至南京、浙江一带督师，协助总督胡宗宪围剿倭寇。唐顺之“以御贼上策，当截之海外，纵使登陆，则内地咸受祸”[4]。他亲自率兵下海，大破倭寇于崇门、三沙。唐顺之“督舟师邀之海外，斩馘一百二十，沉其舟十三”[5]。论功行赏，唐顺之升太仆寺少卿。胡宗宪上疏言唐顺之权轻，又加右通政。

后唐顺之闻倭寇进犯江北，急忙调兵遣将，在姚家荡大破贼兵。不久，唐顺之被提拔为右佥都御史、凤阳巡抚。是时，唐顺之的蛊胀旧病已经很严重了，因为兵事紧急，故不敢辞。淮、扬

---

① 《明史》卷二百五《唐顺之传》，中华书局，1974 年。
② 《明史》卷二百五《唐顺之传》，中华书局，1974 年。
③ 《明史》卷二百五《唐顺之传》，中华书局，1974 年。
④ 《明史》卷二百五《唐顺之传》，中华书局，1974 年。
⑤ 《明史》卷二百五《唐顺之传》，中华书局，1974 年。

一带大饥，唐顺之便条陈海防善后事九件。

嘉靖三十九年（1560）汛期至，正是倭寇蠢动之时，唐顺之“力疾泛海，度焦山，至通州卒，年五十四。讣闻，予祭葬。故事，四品但赐祭，顺之以劳得赐葬云”①。

唐顺之博学多才，“于学无所不窥，自天文、乐律、地理、兵法、弧矢、勾股、壬奇、禽乙，莫不究极原委。尽取古今载籍，剖裂补缀，区分部居，为左、右、文、武、儒、稗六编传于世，学者不能测其奥也”②。

然而，最受世人称道的，还是他的古文写作。《明史》中称他“洸洋纡折有大家风”。他与王慎中、陈束、李开先、赵时春等号称“嘉靖八才子”。当时文坛以李梦阳、何景明等为首的“秦汉派”盛行，主张“文以秦汉”为模式，滞古不化。唐顺之受风气影响，亦“始尊秦汉”，效法李梦阳。及遇王慎中，受他影响，尽变旧说，共同倡导学习唐、宋古文，力矫李、何之弊，形成了“唐宋派”，并与王慎中同为其领袖人物。两派同是师古，但“秦汉派”只是学习古代的词汇、句法，取貌遗神。而“唐宋派”则学习古文的写作方法，学得较为灵活。所以“唐宋派”的文字较为委婉畅顺。不过，唐顺之名义上是唐、宋并尊，实际上独宗宋学。他“生平苦节自励”③，尊奉的都是儒家正统学说，所谓宗宋，说到底就是宗奉宋代的理学。他说，他“近来有一僻见，以为三代以下之文，未有如南丰；三代以下之诗，未有如康节者”④。唐顺之真正推崇的，是宋代的理学而不是文学，因曾巩之文，邵雍之诗，即便在宋人中间，文学气味也是最为淡薄，而

① 《明史》卷二百五《唐顺之传》，中华书局，1974年。

② 《明史》卷二百五《唐顺之传》，中华书局，1974年。

③ 《明史》卷二百五《唐顺之传》，中华书局，1974年。

④ 唐顺之：《荆川先生文集》卷七《与王遵岩参政》，《四部丛刊》本。

道学之气却是浓郁难化的。所以唐顺之虽在评说诗文，其评价的标准却是道学。

唐顺之论文，都是从维护道学的立场出发，重弹宋儒以来“文道合一”的老调，叫嚷“文与道非二也”①，从根本上认为文学本身是有害于道的东西而加以贬斥，如他曾说诗文是“枝叶无用之词”②。其黜文的目的是崇道，故他又说，“程朱诸先生之书”“字字发明古圣贤之蕴”③。正是有了这样的思想基础，唐顺之才会以古文为时文，即以古文的写作理念与方法来改善时文，使这个最好的载道工具更具活力。

嘉靖年间，阶级矛盾进一步激化，社会危机继续加深，封建伦理道德陷入深刻危机。在封建制度已成为社会发展的桎梏却又无法变革的环境中，一部分士大夫则颓唐放纵，以风流自命，行为每出于礼法之外，造就一代求新尚奇的情趣。一部分士人则从不同的角度开展对程朱理学的批判，要求进行变革。而另一些有社会责任感、有担当，真正崇奉儒家学说之人则希图去弊起衰，挽狂澜于既倒。唐顺之就是这样一个人。晚年他还宗尚王阳明心学，“又闻良知说于王畿，闭户兀坐，匝月忘寝，多所自得”④。他试图挽狂澜于既倒的主要表现一是削平倭寇，使天下归于久安；其次便是以古文为时文，改变八股文的面貌，使之能引起人们的兴趣，以化育读书人，更好地担当起载道的重任。

受时代的影响和八股文自身弊端的制约，至嘉靖初期以后，八股文的衰败之相已经显露，特别是它作为承载程朱理学之道的工具，更受到一些要求变革者的质疑。程朱理学本来是一种脱离

---

① 唐顺之：《荆川先生文集》卷六《寄黄士尚》，《四部丛刊》本。

② 唐顺之：《荆川先生文集》卷七《与蔡白石郎中》，《四部丛刊》本。

③ 唐顺之：《荆川先生文集》卷六《与王尧衢书》，《四部丛刊》本。

④ 《明史》卷二百五《唐顺之传》，中华书局，1974 年。

人们生活实践，束缚人们思想的僵化的理论体系，充满着虚伪的道德说教。这样的理论一旦成为士人追求功名利禄的敲门砖，其虚伪的本质就更加暴露无遗。但若改变了八股文用以灌输程朱理学的功能，八股文就会名存实亡，使统治者丧失统一思想的利器，进而会危及明朝政权的巩固。故以天下为己任的唐顺之在“惊叹天下事鱼烂极矣”① 之馀，决心要做“真正英雄”，拯救时局。大约在他宦游京师，与王慎中相交之后，四十岁之前便在思考、从事以古文为时文来挽救八股时文命运之事了。从他与蔡可泉的一封信的回忆中可以看出这段心路历程：

“兄书中有‘发明性真，开示来学’之说，仆又非其人也。且所以发性真而示来学，固绝不在言语文字间，行已多缺而强饰之于言语文学，此性真所以益凿，而先辈之所以误后学而眯其目者也。仆自三十时，读程氏书有云：自古学文，鲜有能至于道者。心一局于此，又安能与天地同其大也？则已愕然有省，欲自割而未能。年近四十，觉身心之卤莽，而精力之日短，则慨然自悔，捐书烧笔，于静坐中求之，稍稍见古人途辙可循处，庶几补过，桑榆不尽枉过。”②

唐顺之是个坚定的道学派，既然在他四十岁之时已明白文学鲜能“至于道”，他便转而接受王阳明心学，“捐书烧笔，于静坐中求之”了，所以只有在此之前，才能致力于挽救八股文这个专门用以载道的工具。将古文的写作理念和方法输入八股文以增强其活力，使之更有效地为载输程朱理念服务，这也成为他救时的一项重要任务。“以康济斯世者康济此身，以除戎攘寇手段用之惩忿窒欲，克己复礼之间，此古之所谓真正英雄也。”③ 唐顺之便是要做个“真正英雄”，以拯救八股文来拯救时局。

① 唐顺之：《荆川先生文集》卷六《与胡柏泉参政》，《四部丛刊》本。

② 唐顺之：《荆川先生文集》卷七《答蔡可泉》，《四部丛刊》本。

③ 唐顺之：《荆川先生文集》卷六《与胡柏泉参政》，《四部丛刊》本。

他的八股文随其探索的深入可分三个阶段，这就是俞长城所说的："唐荆川先生教学里中时有教学文，为吏部时有吏部文，为中丞时有中丞文。好学深思，至老不倦，文之传也宜哉。"① 明代茅坤则说："荆川文大略有三体：诸生时自鹤滩得之，而典则可诵，尤极匠心，此于公为绳墨之作也。已而吏部翰林时，尝手改予同年莫子良，吴峻伯稿……则近解矣，予所最喜。已而聚徒游塘，时予尝过之，公之文涉于深矣。然要之尺度风神，种种自别。盖其意见大都本之经术，取其镂心刻骨处，则又往往宗作者之旨。以故所向入解，淡而不入于枯，丽而不涉于靡，纵而不流于荡，奇而不迫于险，质而不至于陋。"② 作为以时文为古文的理论家和唐顺之的同志好友，茅坤这番话既阐明了唐顺之在以古文为时文探索过程中风格的变化，又精确地概括出其时文的特色。大略而言，中进士前，其文识理精确，文采斐然，颇似苏轼应试之文，规圆矩方绳直准平。中进士后，为官吏部，以唐宋古文相倡，笔似更加纵横奇宕而又典雅平正，被俞长城评为"文似东坡，法律本守溪（王鏊）"，能使八股文充满古文气势与神理。这是典型的以唐宋古文为时文的做派，也是唐顺之被目为以古文为时文的开山之原因。

唐顺之是以古文为时文的首创者。由于他既精通古文，又是八股时文的写作高手，且经过在山中潜心读书的深思熟虑，故一出手，就不同凡响。

唐顺之是个坚定的道学派，他写作八股文首先着眼的是如何把握并深入揭示经文与程朱传注的真谛，故他十分重视相题、认题、如题，依题作文。他对题之宾主轻重，前按后断的关系把握

---

① 俞长城：《可仪堂一百二十名家·题唐荆川稿》，康熙三十八年刻本。

② 钱时后、钱文光编《皇明会元文选》卷首《摘录诸家谈艺》，明万历刻本。

得十分准确，所以下笔即能切题。如《昔者太王居邠　合下二节》题文，属对之巧，制局之奇，细细琢磨，确实不可移易，恰到好处，之所以能达此水平是由于他对题之主宾轻重的天然部位有准确把握所致。题本分前断后按，文便前整后疏且笔力圆劲，故读之可开拓心胸。

唐顺之作八股文时，总要先仔细认题，并把古文处理文题的方法运用于时文相题，从而将题中应有的意义一一搜剔而出。认题既真，故纵笔所及，无不合节。虽未尝务为新奇，其拾掇眼目，皆本古文法脉，所以别人自不能比。

唐顺之善于依题立格，其《牛山之木尝美矣　二节》题文便是这样，该文融题入化，裁对处熔炼自然，有行云流水之趣。

唐顺之对欧阳修、曾巩的古文研究很深，对他们的作法运用纯熟，在作八股时文时能自然地将古文作法融入而不露痕迹，给时文增色不少。所以他有资格也有能力在时文界力倡手眼别出，我行我法，以古文为时文，于熟圆出苍坚。他的出自《孟子》的《子莫执中，执中为近之，执中无权，犹执一也》题文是明代八股文中之名作，体现了他我行我法，以古文为时文的特点。

子莫执中，执中为近之，执中无权，犹执一也

时人欲矫异端之偏，而不知其自陷于偏也！盖不偏之谓中；而用中者权也。

子莫欲矫杨墨之偏而不知权焉，则亦一偏而已！此孟子斥其弊以立吾道之准也。

且夫吾道，理一而分殊，而为我之与兼爱，固皆去道甚远者也。吾道以一而贯万，而执其为我与执其兼爱者，固皆执一而不通者也。

于是有子莫者，知夫杨墨之弊，而参之于杨墨之间，以求执乎其中焉。盖曰：其孑孑然以绝物如杨子者，吾不忍为也，但不至于兼爱而已矣。其煦煦然以徇物如墨子者，吾不暇为也，但不至于为我而已矣。自其不为为我也，疑于逃杨而归仁。自其不为兼爱也，疑于逃墨而归义。子莫之于道似为近也；然不知随时从道之谓权，以权应物之谓中；而杨墨之间，非所以求中也！

徒知夫绝物之不可，而不知称物以平施，则为我固不为也。而吾道之独善其身者，彼亦以为近于为我而莫之敢为矣！

徒知夫徇物之不可，而不能因物以付物，则兼爱固不为也，而吾道之兼善天下者，彼亦以为近于兼爱而莫之肯为矣！

虽曰将以逃杨也。然杨子有见于我，无见于人；而子莫有见于固，无见于通；要之均为一曲之学而已！知周万变者果如是乎！

虽曰将以逃墨也。然墨子有见于人，无见于我；而子莫有见于迹，无见于化；要之均为一隅之蔽而已！

泛应不穷者果如是乎！

夫为我，一也；兼爱，一也；故杨墨之为执一易知也。中，非一也；中而无权，则中亦一也，故子莫之为执一难知也。非孟子辞而辟之，则人鲜不以子莫为能通乎道者矣！

唐顺之的八股文师宗王鏊而又自成一格。此文认题真，将题中蕴含的意义一一体认明白，虽未尝务为高奇，而其文内坚凝而外浑厚，如一笔书成，曲折相生，反正相顾，平舒叠幻，如山川之出云，达到古文中之老境，非一般人所能比拟。

唐顺之精于制义时文，他曾作诗云："文人妙来无过熟，书从疑处更须参。"这是他自道其所得。他于先秦西汉、唐宋古文作法烂熟于胸，运用纯熟，尤精于开合首尾、经纬错综之法。熟极生巧，唐顺之下笔即有极巧之文，其实不过是极熟。如其《不揣其本而齐其末　两节》题文，叠下两比喻，一反一正，文气流走不齐。唐顺之在制作两扇时，使之齐中有两语递过。通篇读来，又只似流水不齐文法，这便是所谓的熟能生巧。两扇中作一纽遥对，便自唐顺之开始。其文为：

且夫两物相形而高下异焉，所以辨其高下者，未尝不兼本末而较之也。故寸木之与岑楼，其高下至易知也。今也不复揣其下之平，而但取其上之齐，是寸木固可使之高于岑楼矣。

今论礼者，不究其本而必曰礼食亲迎而已；论食色者，不究其本而必曰饥死与不得妻而已，是食色固可使之重于礼矣。任人之说，似亦无足怪者。

虽然，此特自其一偏而言之耳，而非所以道其常也。何者？两物相形轻重异焉，所以辨其轻重者，未尝不等其轻重而较之也。故金之与羽，其轻重易知也。今以钩金之寡，而较一舆羽之多，而谓足以概金羽之轻重也，岂理也哉？

今论理者，不量其多寡而必曰礼食亲迎而已；论食色者，不量其多寡而必曰饥死与不得妻而已。如是而谓足以较礼与食之轻重，又岂理也哉？任人之论，其不可也，明矣。

从源流上说，唐顺之的八股文取法唐宋，师承王鏊。由于唐顺之对古文和八股文皆有精深之揣摩，作法极为纯熟，故能神明王鏊之矩矱以自出变化。大抵制义时文，体气至王鏊而正，规模至唐顺之乃大，因其将时文作法与古文相融合。唐顺之作八股文，除师承王鏊外，尚转益多师，尤其注重从《史记》、《汉书》和唐宋八大家古文中汲取营养，学其聚势炼气，学其写作技巧，故其文纵放如苏东坡，拗峭似王安石，放而能收，散而能敛，一开一合，汪洋曲折。如其名作《令尹子文三仕为令尹　六句》题文即可看出这些特点。

此文用的是两扇作一纽遥对的方法，以上下两大股来阐释文题。全文以文臣立论，身国对勘，反正相形，全是古文笔法，而令尹子文的精神风貌已全现。但用的仍是题中子张发问时的口吻，于题位分寸不溢。文中出股从修身养性方面着眼，赞扬子文在穷达、贵贱面前所持的态度。对股则歌颂了子文在国事上的公而忘私。作者用子文三仕三已之史事，宣扬儒家的为臣要忠与仁的观点。文中两大股句法大体相似，字数大体相等，有化比偶为散句的倾向，这也是引入古文笔法的结果。方苞在评价唐顺之的八股文时说："唐则指事类情，曲折尽意，使人望而心开。"[①] 并指出这是因为他"一深透于史事，一兼达于经义也"[②]。从这篇文章来看，这些特点都有较为鲜明的体现。

正如唐顺之的古文对清代桐城派有很大影响一样，他的八股文对明代也产生了重要影响。明末的八股文大师艾南英对唐顺之就十分推崇，他曾说唐顺之的《武王缵太王、王季、文王之绪二节》题文最脍炙人口，现录其文于下：

武王缵太王、王季、文王之绪，壹戎衣而有天下，身不失天下之显名，尊为天子，富有四海之内，宗庙飨之，子孙保之

《中庸》详二圣之事，有得征伐之时者，有得制作之时者。

盖道以得时为中也。武王之征伐，周公之制作，一以时而已矣。

夫岂无忌惮者哉！《中庸》引孔子之言，明费隐之义至此谓也。夫武王、周公之作也，以事观之，则为非常之变，以道观之，则为庸行之常。

何则？征伐，天子之大柄也。然武王之时，殷且亡，周且昌，使区区守此，则三后之业，自我而隳；万方之罪，自我而任。仁人固如是乎？不得已而从事于征伐焉。载旆秉钺，而天讨以行；吊民伐罪，而独夫以诛；应天顺人，而显

① 见《钦定正嘉四书文》该文之方苞评点，光绪二年崇文书局刻本。
② 见《钦定正嘉四书文》该文之方苞评点，光绪二年崇文书局刻本。

名以遂。是上帝宠之，使尊惟一人而右序莫加，富有四海而万物毕献。有商之命已革也，皇天眷之，使享有七庙，而宗祧绵长；祚垂百世，而本支盘固，祚周之命已成也。是则武王之征伐以时，如此岂非《中庸》之道乎？

制作，天子之大权也。然周公之时，武王崩，成王幼，使区区守此，则二后之德，自我而斩；一代之治，自我而陋。仁人固如是乎？不得已而有事于制作焉。追王之礼，及于古公；上祀之礼，及于后稷；义起之礼，及于天下。以为从死而不从生，夏商葬祭之礼未善也。必其丧从死者，祭从生者，使父葬于子，不论子爵而论父；子祭其父，不论父爵而论子，则礼无或僭，而情无不通矣。降亲而不降贵，夏商丧服之礼未善也，必其亲不敌贵，贵不敌亲。使期年之丧，自庶人而达于大夫；三年之丧，自庶人而达乎天子，则贵有降杀，而贱不加隆矣。是则周公之制作以时，如此独非《中庸》之道乎？

吁！因时之可为而大有所为，此武周所以同一道欤？

这个文题属于所谓的正大光明之类，在唐顺之之前不知有多少人写过，如永乐年间的杨慈即以此题所作之八股文而鸣世，再写难出新意。唐顺之因博学多识，对经史均能融贯，且能在相题上下工夫，他抓住“武王之征伐，周公之制作”作文章，另辟蹊径，让人耳目一新。全文才思豪荡，气魄磊落，在明代八股文中别具一格。因其相题真切，故纵笔所致，无不合节。文中采用古文法脉，如以两大股来阐释题旨，而每股不强求对偶，有散文化的趋势。文中“运以坚劲之骨，雄锐之气，读之可开拓心胸，增长知识”①。

由于唐顺之尊崇程朱理学，故他对八股文这个载道的工具十

① 见《钦定正嘉四书文》中该文方苞评语，光绪二年崇文书局刻本。

分重视。在他未中进士之前，他当然会尽全部心力去钻研八股文，如在教学里中时便写有“教学文”。中了进士之后，一般人便会把它当作敲门砖而丢弃，他却仍在不停地写作，在吏部时有“吏部文”，为中丞时有“中丞文”，至老不倦，故其八股文写得好，得以流传也是必然之事了。他在中进士时，年纪很轻，“主司见其文坚老，疑为宿儒”①，可见他天分很高，年轻时即对八股文有精深之研究，写出的文章非同寻常。

因唐顺之的八股文写得好，后世常把他与王鏊、钱福、瞿景淳并称时文四大家。归有光成名之后，又去掉瞿景淳，加入归有光，号称“王、钱、唐、归”四大家。八股文名家茅坤最推崇唐顺之，认为他的八股文在明代当数第一。不过也有人认为唐顺之不如归有光，因唐顺之的八股文虽冲淡纯粹却骨力稍松，气势稍薄。归有光则精理浩气，古厚雄博，高不可攀。这种看法当然有其道理。但唐顺之的八股文“兼利初学，归则专资成材。如二公之先后辉映，颉颃上下，盖均足笼罩百家，奉为不祧之祖焉”②。

第八节 在八股文写作与理论研究上均有建树的茅坤

茅坤在明代八股文史上的地位，不仅在于他是以古文为时文运动中的一员健将，是八股文名家，还在于他曾对八股文的写作有过较为系统的研究，并留下了不少的论述，对后世八股文的写作产生了较大影响。

茅坤，字顺甫，号鹿门，浙江归安（今吴兴）人。嘉靖十七年戊戌（1538）科进士。曾任过青阳、丹徒两县的知县。因母亲去世而丁忧回家。服除，迁礼部主事，移吏部稽勋司，“坐累，

---

① 见《制义丛话》卷之五，咸丰九年广州重刻本。

② 《明文钞》（三编），双桐书屋乾隆五十一年刻本。

谪广平通判”[1]。以后累升至广西兵备佥事，辖府江道。

茅坤是中国历史上为数不多的既在文坛上有建树，又能统兵作战、立有战功的文人。他平时即喜欢钻研军事，雅好谈兵。在广西任上，正遭瑶民起事，“据鬼子诸寨，杀阳朔令，朝议大征”[2]。总督以此事问茅坤，茅坤却说：“大征非兵十万不可，饷称之，今猝不能集，而贼已据险为备。计莫若雕剿。倏入歼其魁，他部必袭，谋自全，此便计也。”

总督认为他讲得有理，便把进袭的兵事全都委任于他。茅坤以奇兵进袭，连破十七寨。战后论功行赏，茅坤晋秩二等。当地百姓为他立祠祭祀。

其后升至大名兵备副使，总督杨博叹为奇才，特荐于朝廷，却被忌妒者暗算，削职归田。

当时东南一带倭寇猖狂侵扰，总督胡宗宪将他请至幕中，参筹兵事。胡宗宪十分欣赏他的才干，奏请授他为福建兵备副使，却因吏部作梗，只好作罢。

此后，其家人横行乡里，被巡按所劾，削籍为民。

茅坤真是个多才多艺之人，当了平民百姓之后，便用心去经营产业，结果家中变得十分富裕。

万历二十九年辛丑（1601），茅坤去世，时年九十岁。

茅坤善古文，与王慎中、唐顺之、归有光等，同为唐宋派的代表人物。

茅坤与唐顺之一样，是个“文道合一”论者。他坚定地尊奉程朱理学，认为“文特以道相盛衰，时非所论也”[3]，主张“世之文章家，当于六籍中求其吾心者之至，而深于其道，然后从而发之为文”，假若“文不本之六籍，以求圣人之道，而顾沾沾焉，

---

① 《明史》卷二百八十七《茅坤传》，中华书局，1974 年。

② 《明史》卷二百八十七《茅坤传》，中华书局，1974 年。

③ 茅坤：《茅鹿门先生集》卷十四《唐宋八大家文钞总序》。

浅心浮气，竞为拮据其间，譬之剪彩而花，其所炫耀烩者，若或目眩而心掉，而要之于古作者之旨，或背而驰矣”[①]。

正因为他与唐顺之同心相印，故“最心折唐顺之。顺之喜唐、宋诸大家文，所著文编，唐、宋人自韩、柳、欧、三苏、曾、王八家外无所取，故坤选《八大家文钞》。其书盛行海内，乡里小生无不知茅鹿门者。鹿门，坤别号也”[②]。

这本《唐宋八大家文钞》，以八家为宗，以唐、宋为派，不仅内容皆合于儒家正统观念，建立起由八家而上窥西汉作者，由西汉而上窥孔门文学之科的文统说，还“稍为批评之，以为操觚者之券”[③]，在写作方法上为学文者指示途径，于当时及以后均产生了很大影响。特别是给以古文为时文提供了一本指点门径的工具书，使嘉靖时对八股文的改进有了依据，从而推动了以古文为时文的普及。

茅坤既是“唐宋派”的主将，亦是以古文为时文的骨干，他的八股文由于有精湛的古文基础，故形成了独自的风格，自成一家。晚明的八股文大家艾南英论八股文首推归有光，后来又改变这一看法，以茅坤为上，二说虽相持未定，但可看出茅坤在嘉靖八股文坛地位之重要。从总体而言，归有光的八股文固然涵盖一世，但论古雅温醇，茅坤与之不相上下。

茅坤视古文、时文为一体，对时文写作极为用心。他审题极确，要把题中字眼逐个想出精意来，故其文语语皆见深情。他最擅行文之法，开合顺逆错综一本唐宋大家，行文舒展从容，颇得古人神理。他长于作叙事题，条理明晰，从容不迫，具淡逸飘洒之风。

茅坤贯通经籍，悟性极高，善于抉取古人之奥旨。他的八股

---

① 茅坤：《茅鹿门先生集》卷四《谢陈五岳序文刻书》。

② 《明史》卷二百八十七《茅坤传》，中华书局，1974 年。

③ 茅坤：《茅鹿门先生集》卷十四《唐宋八大家文钞总序》。

时文，笔法师法司马迁，并以韩愈、柳宗元、欧阳修、苏东坡为友，在明代则师法王阳明，然后再吸取唐顺之八股文的长处，经过消化融合，终于形成了古雅清空的风格。

茅坤的八股文在当代师法王阳明与唐顺之，不仅是他们的文章确有可以学习之处，还在于他与这两个人有着相似的经历与品性。王阳明平定宁王之叛，生擒朱宸濠；唐顺之大破倭寇，威镇东南，都是以文武全才享誉当世。而茅坤在广西与大名平乱，兵法精妙，出奇制胜，也有王、唐二公之风。可以看出，茅坤师法王阳明和唐顺之，不仅仅是文词而已，还有他们的才干与为人。所以茅坤又称得上是一个善于师法古今的人。

茅坤的八股文笔情逸宕，方苞评其文"一气旋转，轻清流逸，但少沉实坚峭处，后学者难于摹拟"①。这种特点，从其《乡人饮酒　一节》题文中即可看出。

乡人饮酒，杖者出，斯出矣

圣人饮于乡，而必严夫老老之节焉。

盖乡党莫如齿也，圣人侍饮于杖者之侧，而必时其出以为节焉，斯其所以尊高年也乎！

且夫乡人之饮酒，所以合比闾族党之众，而为岁时宴飨之会者也。时则乡人之所贵也以年，而礼之所先也以让。其有杖而饮者，一乡之人所共父事之，而不敢以筋力之礼相施报者也；则亦一乡之人所共齿尊之，而不敢以聚散之常相后先也。

杖者未出，而我或先之，君子以为亢矣。

杖者既出，而我或后之，君子以为命矣。

唯孔子则不然，不敢群少长相为宴言而已也，必也周旋

① 见《钦定正嘉四书文》该文评语，光绪二年崇文书局刻本。

于俎豆之间，时其起居而不离。

亦不敢唯酒食相为征逐而已也，必也俯仰于几席之际，时其动静而不违。

方杖者之献酬，为欢而未出也，惟见其与之伛偻也，与之左右也。为酒无算，益不敢乘之以跛倚之私，而孑然而先矣。

及长者之宴卒，成礼而既出也，惟见其与之盘辟也，与之携持也。举足不忘，亦不敢任之以流湎之情，而蹀然而后矣。

始之旅而进也，固曰：长者位上，少者位下，所以习齿让于始也。

继之旅而退也，亦曰：长者在前，少者在后，所以谨齿让于终也。

要之其侍食也，曰：父党在则礼然，而不敢不敬共矣；其辞而去也，亦曰：父党在则礼然，而不敢不肩随矣。吁！圣人之尊高年也如此夫！

这个文题出自《论语》，《四书章句集注》对这一节文的注解是："杖者，老人也。六十杖于乡，未出不敢先，既出不敢后。"茅坤这篇文章，既遵照传注之意，进行阐发，又能发明题中未尽之旨，对传注进行了补充，且所补都为题中所包蕴而传注没说到的。全文清空流利，首尾一气而少实义，充分体现了茅坤八股文的特点。茅坤总结出古文的种种写作方法与风格，但他自己写作八股文时，唯取古文中疏逸洒然这一路笔法，这也是他以古文为时文区别于其他人的地方。

茅坤对明代八股文的贡献还在于他较为系统地阐释了八股文的写作理念与方法，而这些理念与方法又融入了他自己从事古文写作的理念与方法，故显得别具一格，如他的《论文四则》便很受当时与后世的重视。现引其文于下：

一曰认题。

题中精神血脉处，学者须先认得明白，了了悉之心中，方可下笔，然后句句字字洞中骨理。

予尝论举子业，浅视之则世所剿袭帖括亦可掇一第。苟于中得其深处，谓之传圣贤之神可也。孔孟学问宗旨虽同，其间浅深、大小亦自迥别。学者苟以孟子论学之言搀入孔子，便隔一层矣。予故论为文须首认题。今之学者于题类多鹘突，焉能入解？他如问答题、议论题、序事题，其间千条万窍难以备述，其总要专以摹写虚字眼处，譬如掉百尺之帆，特在篷眼上转脚悬千钧之弩，特在弩机上觑的。

二曰布势。

势者，一篇呼吸之概也。大将提百万之兵以合战，其要只在得势。得势者百战百胜。学者为文亦然。

予尝读《史记》，至项羽之救钜鹿，引军渡河，破灶沉舟，持三日粮，示士卒无生还意。已而人皆死战，无不一当百，呼声动天地诸侯。旁观者十馀壁，人人惴恐。卒之覆秦而霸诸侯者，羽能呼吸三军之气以驰骤之，其势也。他如光武昆阳之战，周瑜赤壁之战，谢康乐淝水之战皆然。大略善将兵者操百万之兵如左右手，善为文者累数千百言如探喉而出，举业亦然。得其势则相题、言情如风之掣云，泉之出峡。苏文忠所谓行乎其所不得不行，止乎其所不得不止是也。

不得其势，则语意窘涩，扣之不成声矣。

三曰炼格。

格者，犹言品局也。后世论古文，首先秦、西京者，以其去古未远，神理浑融也。薄晋、宋以下者，以其世既衰薄而神理不振也。唐三百年仅得韩昌黎、柳柳州一二人，宋三百年仅得欧、苏、曾、王五六人。何者？诸君子能窥测理道，约六经之旨而成文，是以其格独高耳，馀则否。即如举子业亦然。世之名家，往往能深于六经，故其胸中所见既超卓，铿之为声响，布之为风藻，与人各别，不然终不免为卑品下局矣。

予尝过世家，往往阅其图书重器，便欣然神往。间过富人，纵纨绮满堂，不觉羞涩。嗟乎！观此可以论文矣。

四曰中彀。

彀者，式也。世所称中式也。以上三条，予所自喜独得其解者。然世之有司，往往操其耳目所向，绳墨所习以求士，而吾不能赴之，韩昌黎之所以三试礼部而不中者也。予故不得已特别为中彀二字以悬之于心。其规模大较，虽不出于前三者，而于三者之中。故令典则浅近，令人览吾认题处不必渊深而大旨了然；览吾布势处不必宏远而脉络分明；览吾炼格处不必高古而风韵可掬。斯则世之宗工大匠当属赏心，即如肉眼亦不我遗矣。①

茅坤的《论文四则》虽只短短千馀言，却将八股文写作的重要事项俱包揽在内，为八股文写作指出了门径。

他把认题列为第一，因为八股文讲究法从理生，理从题出。茅坤认为认题之关键在于摹写虚字眼处，因这是题情之所在。题之情不得，则题之理不真，所讲求之法也是死法。茅坤写作八股文，之所以特别重视认题、相题，其因盖出于此。

布势、炼局，本是古文写作的基本方法，茅坤明确提出要把它们运用到八股文写作中去。在他眼中，八股文只有做到理足气盛，品格高古，脉络分明，于博大中见整饬，方才是好文章。而要做到这些，又须在平日下苦功夫，只有那些“深于六经”，“大旨了然”，识见“超卓”者才能做到。这些见解，把茅坤这个尊奉理学的卫道士之观点显露出来。

茅坤还强调八股文要“中彀”，即合乎主试者规定的八股格

① 见《分课小题续编》，乾隆五十年令德堂刊本。

式。后来揣摩之说盛行，即是由他的见解开始的。归有光说：“科举自来皆撞着，必无穿杨贯虱之技。”① 所以，只有把八股文作得“中彀”，方才有在考场中有“撞着”的可能。这是茅坤根据科场考试经验得出的结论，也是为操举业者指出通向功名利禄的门径。茅坤本人的八股文大多是中规中矩的，不像唐顺之，经常把八股文写成两大股，开八股文两扇中作一纽遥对之先河。

茅坤是明代一个较为系统地对八股文写作进行理论研究的人，这为万历及后世大讲八股文的写作方法奠定了基础，也是茅坤对八股文发展所作的贡献。

第九节　明代八股文四大名家之一的瞿景淳

瞿景淳是明代中期最有名的八股文大家，与王鏊、钱福、唐顺之齐名，世称“王钱唐瞿”，后浙江人去钱福而易以薛应旂，他仍是四大家之一，号称“王唐瞿薛”，可见其在八股文界地位之高。

瞿景淳，字师道，号昆湖，江苏常熟人。明嘉靖二十三年甲辰（1544）科进士第二人，即俗称的榜眼。

瞿景淳自幼聪颖异常，据说出生仅十个月即能读《诗经》中的一些诗篇，八岁时即能写文章。但家中贫困，且时运不济，久困诸生，以教私塾为生。但他毫不气馁，刻苦攻读，终于在嘉靖二十二年癸卯（1543）科考中举人，次年会试得第一，俗称中会元；殿试为一甲第二名，授翰林院编修。后升侍读学士，掌翰林院事，改太常卿。又任南京国子监祭酒，升吏部右侍郎。隆庆初年为礼部左侍郎兼翰林学士，侍经筵，总校《永乐大典》、修纂《世宗实录》。

---

① 《震川先生别集》卷之七《与沈敬甫》，康熙刻本。

瞿景淳八股文写得好，他对从八股文写作中浸染到的儒家思想也真心信奉。在嘉靖那样一个人欲横流、贪污腐败成风的时代，仍能信守儒家伦理道德，洁身自好。他与恭顺侯吴继爵奉敕册封郑王之子为世子。临别时世子赠以重金，吴继爵笑纳，瞿景淳却坚拒不受。吴继爵见了，十分惭愧，连忙将所收重金退还。

瞿景淳在礼部专典制诰。权势熏天的锦衣卫指挥使陆炳怙宠骄横，请册封其第四妾，叫瞿景淳草拟制诰。瞿景淳认为这不合礼制，不肯答应。陆炳便请当时的权相严嵩为其说情。严嵩当时在朝廷一手遮天，许多高官唯恐巴结他不上，却在瞿景淳面前碰了个钉子。陆炳无法，便送去黄金作酬金，但瞿景淳长笑却之，说："我只依礼办事，不为重金所动。"陆炳恨得咬牙切齿，却无法可施。

瞿景淳身材矮小，其貌不扬，但刚正不阿，与皇亲国戚、权臣显官论事，必据理而言，寸步不让。他曾两任武举主考，一任乡试主考，一秉公正、公平取士，很受称赞。

瞿景淳以制义名驰天下，其文理淳气厚，体度冲夷，格律宏整。因为他学养深厚，故能将深奥之理以平易的语句说出，颇近自然。所以他能与王鏊、唐顺之并称，决非偶然。他的名作，文题取自《孟子》的《天子一位　六节》题文就能充分体现其为文之特点。

瞿景淳熟于经史，这篇八股制义议论极正大，又极精细，是深悟了经书之妙旨；叙述极简洁，又极富变化，是运用了史书的笔法。文章炼格炼意，却不着一词以障其间，所以格整而意自圆，文密而气愈浑。全文格律宏整，结构严谨，确能反映瞿景淳八股文之特色。

但瞿景淳的八股文过分讲求机巧，讲求圆美，十分成熟。因会元为风气之归，这种文章使人揣摩起来很便利，因而学习他的人很不少，便成为一个小宗派。然而到万历年间，学习其圆美的人，未得其实质，只袭其外表，故流入了卑靡，于圆熟中益之以芜秽之词，庸靡之调，颇受后人诟病。有人把此罪算至瞿景淳头上，这是不公正的。不过，他刻意追求构思机巧，为万历年间专讲机法开了先河，这也是不争之事。他那篇题目出自《论语》的名篇《事君敬事而后其食》的墨卷便可证明这一点。

事君敬事而后其食

圣人论人臣之义，惟务自尽而不求其利也。

夫为禄而仕，非所以事君也；事求自尽，而禄有不计焉。夫子之言，所以立人臣之防也。

盖曰：君之使臣也，固以厚下为深仁；而臣之事君也，则惟以奉公为大节，人惟不明乎分义，而臣节始微矣。以予观之，臣之事君，自一命而上。

孰不有事之当为者乎？是事也，所以熙帝之载也，存乎臣者也。

亦孰不有食之当得者乎？是食也，所以恤臣之私也，存乎君者也。

是必明乎内外之分，而可贞之守，每定于立庙之初。

严乎义利之辨，而匪躬之节，恒励于策名之日。

小而为服采之臣也，其事虽小，亦必有难尽者。是必思任使之，未称而精白以承之，翼翼焉，惟惧事之或忝而已矣。

大而为服休之臣也，其事愈大，尤必有难尽者。则必思付托之，未效而严恪以图之，兢兢焉，惟恐事之或旷而已矣。

上之求不负于吾君也，而非求以自利也。虽曰君之诏禄，因吾事以上下，然吾惧食浮于人，而不惧人之浮于食，则亦靖共尔位可矣，而他人又何知焉。

下之求不负所学也，而非求以肥家也。虽曰君之制食，视吾事之繁简，然吾方以素食为耻，而不以得禄为荣，亦无旷庶官足矣，而他又何计焉。

使事之不敬，而惟食之急焉。则其事君也，亦怀利以事之而已矣，臣道几何而不亡也？吁，夫子言此，所以励天下之臣节者，亦严矣哉！

这个文题依朱熹的解释是："君子之仕也，有官守者修其职，有言责者尽其忠，皆以敬吾之事而已，不可先有求禄之心。"

瞿景淳的八股文仍遵循恪遵传注的老传统，但在构思上却求新求巧。这个文题他就根据传注的意思，抓住事君之臣，"皆以敬吾之事而已"及"不可先有求禄之心"这两个关键点进行构思。对前一点，他以"事君敬事"来阐发；对后一点，他从反面着眼，以"自利肥家"之不该着手来阐发，似淡而实浓，似轻而实重。文章既未离朱熹的传注，又显得机巧、圆融，很受人称赞，成为他的八股文代表作。

方苞评述此文时说："未离化治矩矱，而易方为圆，渐为谈机法者导夫先路矣。然于揣摩科举文中较短絜长，则其功候已到。"①

应当说，方苞的评说的确抓住了本文在内容与形式上的特点，特别是他指出该文"易方为圆"的做法，逐渐为人所揣摩、摹仿，并形成一股风尚，为"隆万间兼讲机法，务为灵变"②开了先河，更是知文之谈。瞿景淳能成为明代八股文四大名家之一，就因为其文章风格的确影响了一代人，对明代晚期八股文的变化起到了推动作用。且此文为考场中之墨卷，能在紧张、局促的气氛下写出如此佳文，足见瞿景淳确实不愧为八股文高手。

---

① 见方苞选编《钦定四书文》中该文的评述，光绪二年崇文书局刻本。

② 方苞选编：《钦定四书文·凡例》。

第十节　以古文为时文的大师归有光

在明代八股文坛，归有光与唐顺之并称，甚至还有人认为唐不如归，故将归置于唐之前，号为“归唐”，不管这种说法有不有理，归有光在八股文坛之地位都是崇高的。

归有光，字熙甫，又字开甫，号震川，学者称之为震川先生。因他曾在昆山项脊泾住过，所以也自称项脊生。昆山（今属江苏）人。

归有光八九岁时就能读书作文，“弱冠尽通《五经》、《三史》诸书”①。十四岁开始应童子试，二十岁以第一名补苏州府学生员。同年赴南京乡试，不中。直到嘉靖十九年庚子（1540）科才举应天府乡试第二名，声名大震，时年三十五岁，有成百的举子来跟他学习。以他的制义水平和声望，举进士应易如反掌，却偏偏“八上春官不第”②。许多考官和举人都为他鸣不平，甚至说：“归生不第，何名为公车?”然而时也运也，也无可奈何。这种遭遇使归有光到中年以后，对八股取士制持批判态度。

嘉靖四十四年乙丑（1565）科他终于考上了进士，此时他已年达六十，还名列三甲，不能授馆职，只能外放至荒僻的长兴县当知县。

长兴长期没有知县，由胥吏把持县政。豪门大户则勾结官府，将粮役负担转嫁到农民头上，牢房里关满了无辜的百姓。归有光不愧是个儒家思想的忠实践行者。他到任后，“用古教化为治。每听讼，引妇女儿童案前，刺刺作吴语，断讫遣去，不具狱。大吏令不便，辄寝阁不行。有所击断，直行己意。大吏多恶之，调顺德通判，专辖马政。明世，进士为令无迁倅者，名为

① 《明史》卷二百八十七《归有光传》，中华书局，1974 年。

② 《明史》卷二百八十七《归有光传》，中华书局，1974 年。

迁，实重抑之也”①。

归有光仕途虽受挫，但他的所作所为，表现出其一心为民兴利除害，不畏强权的高尚品格，证明他确实不负所学，言行一致，是个儒家的忠实信徒。

隆庆四年庚午（1570），归有光被大学士高拱、赵贞吉引为南京太仆丞，留掌内阁制敕房，纂修《世宗实录》。归有光把这视为是多读内阁所藏秘本珍籍和表现文才的好机会，故抱病工作，不幸于次年病死于任上。

归有光虽蹭蹬仕途，却博览群书，而不像一般士子只知攻宋儒经注，研习八股文。他著作等身，涉及经史子集各个领域。而让他享大名，为当时及后世所尊奉者，是其古文写作。

归有光也是明中期“唐宋派”的主要人物之一。由于他科场不利，出仕较晚，在文坛的影响比唐顺之等人要迟。由于归有光所处的时代社会矛盾比唐顺之所处的嘉靖早期更为复杂尖锐，理学所受冲击更甚，故尽管他也主张为文要根据六经，宣扬儒家伦理道德，却与唐顺之等人的同类主张有所不同。他所主张的道，是传统的儒家之道，对宋代理学并无太多兴趣。他宗奉“龙门家法”，为文学习司马迁，但也不排斥宋、元诸大家。他为文重视抒情，认为“夫诗者，出于情而已矣”②。在这些思想的指导下，归有光的古文朴素简洁，讲究剪裁结构。读书作文，自出机杼，不惑于群言，不慑于势利，反对浮饰之风，雕琢之习，上继司马迁及唐宋八大家的传统，下开方苞、姚鼐等桐城派古文的先河。然而，“有光为古文，原本经术”，他的大量的文章还是充满了儒家道德的说教气息。

归有光是继唐顺之之后的又一个以古文为时文的八股制义大家，且为以古文为时文的集大成者，他的时文即具有其古文之风格。

---

① 《明史》卷二百八十七《归有光传》，中华书局，1974年。

② 归有光：《震川先生全集》卷之二《沈次谷先生诗序》，康熙刻本。

归有光之古文，源出于《史记》、《汉书》以及欧阳修，其八股制义则取径于苏轼、苏辙，肆之以恢宏，实能以欧阳修、苏辙、苏轼文章之气势，来表达程颐、朱熹的道理，且又能吻合于孔、孟当年的语意，气大声宏，凌驾于唐顺之且出于其上，对抑制纠正嘉靖末年八股文所出现的冗蔓、支离、空疏之风起了很大作用。俞长城在《可仪堂一百二十名家制义·题归震川稿》中说："嘉靖季年制义之道衰，蔓延排偶而古意荡然。方麓、莱峰、太冲、敬庵相继维之，犹未能复振。震川先生贯通经术，穷极理奥，而运以史汉八大家之气，其古文已成家，更深于制义，力挽颓风，跻之古人，使天下复见宋人经义之旧，厥功茂焉。"对归有光振兴八股文之功推崇至极。不过，"顾其制义，气则古文之气，法犹时文之法，较之守溪、荆川，源流一变，而于其法，曾不异也"①。如出自《孟子》的《天子一位　一节》题文便显现出这种特点。

天子一位，公一位，侯一位，伯一位，子、男同一位，凡五等也。君一位，卿一位，大夫一位，上士一位，中士一位，下士一位，凡六等

大贤详周室班爵之制，内外各有其等也。

夫爵者，先王所以列贵贱也；内外异等，而天下之势成矣。

且夫有天下者不以自私，而选贤与能以与天下共焉。兹明王所以奉若天道者也，而制尽于成周矣！

自其通于天下者言之，盖无所不统谓之天子；天子无爵也，而爵之所尊也；六合之内，无以加矣！于是乎天子端冕于内，六服承辟于外，锡之命而重藩翰之寄，胙之土而同带

① 高塘：《论文集钞·杂条》，光绪刻本。

砺之盟。公也，侯也，伯也，各一位也，名异而等不同也；子也，男也，同一位也，名异而等不异也，合之凡五等矣。要之先王非私天下而相与为赐也；顾寰宇之广，亿兆之众，苟非闻见之所及，则智虑有所不周，而天下之情，必有壅而不通者矣！故为之众建诸侯，而使之错壤以居以大弼成之义；而内外相统，远近相维，则运臂使指之势以成；而五服之长，外薄四海矣！然则有天子，必有诸侯，有诸侯，必有公侯伯子男者，势也。此先王所以联属天下而尽其大者也。

自其施于国中者言之，盖自天子至于子男，皆谓之君；君诏爵者也，而爵之所先也；域中之大，无以加矣！于是乎各君其国，则各统其臣，论官材而俾之咸熙庶绩，亮天工而俾之弼予一人。卿也，大夫也，各一位也，官异而秩亦异也；上士也，中士也，下士也，各一位也，士同而品不同也，合之凡六等矣。要之先王非侈名号而相与为荣也；顾委寄之重，几务之丛，苟非耳目之所寄，则聪明有所不及，而天下之事，必有偏而不举者矣！故为之广置官属，而使之分职以治以尽协恭之义；而上下相承，体统相系，则丝联绳牵之势以成；而九牧之长，阜成兆民矣！然则有君必有臣，有臣必有卿大夫士者，亦势也。此先王所以经理一国而尽其细者也。

是知合六等以治五等之国，合五等以一天下之势，周室班爵之制，有如此者。

此文高视阔步，置身题外以写题中，见识超卓，议论风发，气势磅礴，是明代八股名文。方苞说“自有归震川之文，制义一术可以百世不湮”，即是针对此文而发的感慨。

清代学者梁章钜说：“有光制举业，湛深经术，卓然成大家。”① 归有光虽是儒家正统思想的尊奉者，但受时代思潮的影

① 梁章钜：《制义丛话》卷之五，咸丰九年广州重刻本。

响，他对程朱理学也不完全遵从。他“湛深经术”，精通史籍，又能融会贯通，常将宋人语录精华融入文中，故在突破程朱传注的范围时，往往能言人所不能言，别出新意，从而充实了八股文的内容，起到革新八股文的作用。其取自《论语》的《〈诗〉三百　一节》题文中的一些见解，就冲破了理学家的传注，有着自己的思考与经验体会。

孔子以“思无邪”来说明诗歌的内容特征。朱熹在《四书集注》中谈到《诗经》时也说：“凡诗之言，善者可以感发人之善心，恶者可以惩创人之逸志，其用归于使人得其情性之正而已。”归有光的这篇八股文，认为《诗》的作用“不外乎使心得其正而已”，这一认识，与孔子和朱熹的认识并无二致。但他深于经史，且能融会贯通，常有心得。他的著作如《易经渊旨》、《尚书别解》、《读史纂言》、《两汉诏令》、《三吴水利录》、《诸子汇涵》、《道德南华经评注》等，涉及经史子集各部，且皆有创见。故他在写作八股文时，深入咀味圣人立言之意，汇众虑而为言，每能于题文与传注之外，别出新解。在这篇文章中，他认为诗歌“比物连类，其旨不可一而概之”，是“自然于音响节族而不能已”的产物，便突破了程朱传注的束缚。在这一点上，归有光与同为以古文为时文的唐顺之是不同的。唐顺之对程朱传注的尊奉比归有光要严格得多。

嘉靖时以古文为时文，八股文的文体格式没有大的突破，但既要引入古文写作的理念与方法，就必然会在语言的运用上冲破八股文实行的排偶体，化严格的对偶为单行散句。这样一来，便使八股文的语言回复了宋代经义的面貌。在写法上，归有光还能置身题外以写题中，绝去时文束缚之苦。凡直起直落，承题不复破题，起讲不复承题，如此古文佳境，唯有归有光能做到。《〈诗〉三百　一节》题文就体现了归氏八股文的这些特点。其起讲不重复承题的内容，在语言运用上，相对两股用了不少“词异而意同”的字句，两股内容也有些雷同，这都是以古文为时文而导致的时文的变化。方苞把它归结为“风气初开，文律未细”①，是没认识到这是八股文引入古文写法的必然结果。全文淳古淡泊，风格高逸，不愧是八股名文。

归有光的时文既无王慎中、茅坤等人的那种气势，也无唐顺之文章之洒脱，但他有两类文章高不可攀。一则淳古疏宕，运《史记》、欧阳修、曾巩之义法而与题节相合。一则通达事务，朴素发挥，明白纯粹如道家常事，人人通晓。题目出自《孟子》的《孰不为事　一节》题文，《尧舜之道　二句》题文及《宋轻将之楚　一章》题文都是其代表。现将后者录之于下。

宋轻将之楚，孟子遇于石丘，曰：“先生将何之?”曰：“吾闻秦楚构兵，我将见楚王说而罢之。楚王不悦，我将见秦王说而罢之。二王我将有所遇焉。”曰：“轲也请无问其详，愿闻其指。说之将何如?”曰：“我将言其不利也。”曰：“先生之志则大矣，先生之号则不可。先生以利说秦楚之王，秦楚之王悦于利，以罢三军之师，是三军之士乐罢而悦于利也。为人臣者怀利以事其君，为人子者怀利以事其父，为人弟者怀利以事其兄，是君臣、父子、兄弟终去仁义，怀利以相接，然而不亡者，未之有也。先生以仁义说秦楚之王，秦楚之王悦于仁义，而罢三军之师，是三军之士乐罢而悦于仁义也。为人臣者怀仁义以事其君，为人子者怀仁义以事其父，为人弟者怀仁义以事其兄，是君臣、父子、兄弟去利，怀仁义以相接也，然而不王者，未之有也。何必曰利?”

大贤闻时人有以利说君者，因遏其欲而扩之以理也。

夫拔本塞源，圣贤教世之心也，观其于时人问答之间可概见矣。

昔宋轻将为适楚之行，孟子遇于石邱之地。邂逅之际见

① 见《钦定四书文》该文评语，光绪二年崇文书局刻本。

此大贤，可谓遭逢之幸矣。

孟子未知其所往，故问其所之，而欲得其说也。轻则曰："吾闻秦楚交恶，兵民重遭其困。吾将入楚则说楚，入秦则说秦，庶几失此在于得彼，二王期于一遇也。兵民于此获休息乎！"轻之志如此。孟子欲攻其所蔽，故不求其详，愿知其指也。轻则曰："吾闻秦楚构祸，彼此兼失其利。秦固为失，楚亦未为得。使知不利之为非，将谓利之是从也。吾言舍是无馀策矣。"轻之号如此。

孟子于是揭诸古圣贤之道，人心天理之不可泯灭者告之曰：

天下纷纷于争，而先生从而欲息其争，志则大也。

人心滔滔于利，而先生从而和之以利，号则不可也。

且义利之辨严矣！

先生以利说乎二王，上悦而下从之。由是国之有臣，家之有子弟，争以利心事其君亲，天理亡而人欲肆，不夺不厌，其亡也忽焉。天下自此多事矣！

先生以仁义说乎二王，则上倡而下从之。由是臣之于君，子弟之于父兄，莫不以仁义激于中，人欲泯而天理明，不后不遗，其兴也勃焉。天下自此太平矣。

先生何必以大志而用乎小，舍仁义而求之于利哉！是则误其说，则其害甚大，扩以理则其效甚速。解纷息争，莫有要于此者。先生行矣，其以吾言告诸秦楚，吾将拭目而望太平之有日也。

《宋轻将之楚　一章》题文具清醇淡宕之致，是八股文中最上乘的文字，被历来八股文选家推为至极之作。题目长达二百八十馀字，归有光下笔时就扼定孟子反对言利，主张以仁义来化解两国干戈这一要旨，用"大贤闻时人有以利说君者，因遏其欲而扩之以理也"二句话即将题目破开，然后在承题、起讲中，以古文笔法，层层递进，并不重复前面说过的意思，在正文部分将言利之有害与言仁义之有益阐释得详尽明白。

全文明白纯粹，繁简得体，具有平淡朴实之格调，显现出归有光古文的风格。

归有光制义时文写作的优势在于他博览群书，学识超人。他精研经史，每能跳出程朱理学的框框，咀味出孔孟立言的真意，积之深厚，故能融经液史，攀唐跻宋，纵笔所致，能熔古今、经史、古文时文于一炉。既能发尽八股文题中所蕴含的真谛，别出新见，又能明白自然地将其表达，人人通晓，故其八股文达到了明代的最高水平。其题目出自《论语》的《吾十有五而志于学 一节》题文最能体现这些特点。

《吾十有五而志于学 一节》题文，分析孔子“十有五而志于学”，却必经历三十、四十、五十、六十这样的渐进过程，方才能于七十“从心所欲，不逾矩”的原因，是“以道久而后熟，故日有所不同”，且“知志者知此理也，立者立此理也，不惑而知之者亦此理也。至于耳顺从心，而理与心一焉，君子之学求至于是而已也”。归有光的这些见解，来自于他对经史的融会贯通，故比别人要高明通达得多。难能可贵的是他在起讲中说“夫天下待圣人过高，以为有绝德于天下，而不知夫圣人之所为孜孜而不已者，固吾人之事也”，这就打破了视孔孟为圣灵的神话，比起程朱把孔孟抬为神圣的见识不知要高超多少。程颐在“吾十有五而志于学”这节经文的传注中便美化孔子说：“孔子自言其进德之序，如此者，圣人未必然，但为学者立法，使之盈科而后进，成章而后达耳。”把明明是讲孔子进德的过程解释成并非孔子在自叙其经历，而只是为学者立法，这就显得多么的可笑。归有光出经入史，恢复孔子既是圣人，又是凡人的真实面目，在当时的历史环境中，是非常可贵的。

这篇文章，是以古文为时文的代表作，能以韩愈、欧阳修的气魄来表现程颐、朱熹之思想，且代孔子立言时又能吻合当年之语意。文章纵横起伏，层层递进，平易自然，后来所有作此文题的人，没有能够比得上归有光的。

正是因为归有光博学多才，能融经液史，故特别善于使用六经的语句来阐释题旨，更能置身题外以写题中，不受时文功令束缚。这种做法在成化、弘治之前许多八股文名家就经常使用。但归有光湛深经术，尤通史籍，故能运用经语如同己出，增强了文章的说服力，且精神之流通，气象之高远，都远出于前人之上。他的《大学之道　一节》题文，历用“昊天曰明，及尔出王；昊天曰旦，及尔游衍”；“人心惟危，道心惟微”；“立爱惟亲，立敬惟长”；“始于家邦，终于四海”；“道有升降，政由俗革”；“惟皇建极，惟民归极”；“会其有极，归其有极”；“知至至之，知终终之”各语，皆取自《书经》等书，然用在文章之中，都如其意之欲出此，自然贴切，为文章增添了生气与精神。像《诗经》中的语句，汉魏人用之即是汉魏人气息；汉魏乐府古诗，六朝人用之便是六朝人的音节一样，归有光在自己的文章中用经语，也达到了同样的效果。

归有光是有明一代最著名的八股文大家之一。当时人把他与唐顺之并称，且置名于唐氏之前，号为“归唐”。嘉靖、隆庆之际，胡友信博通经史，声名鹊起，与归有光齐名，又号称“归胡”。

明末八股文大家艾南英对归有光评价很高，他“于文首推归震川”，曾说：

“每读先生文，便觉古气磅礴，如在喉间。”

清代八股文名家方苞对归有光推崇备至，在他奉旨选编的《钦定四书文》中归有光的文章入选数目居第一，评价也最高。他称归有光的八股文“雄浑健雅”；“朴实淳厚，光辉日新”；“淳古淡泊，风格最高”；“古气磅礴，光焰万丈”；“古厚之气，直接先秦汉初”；“实能以韩欧之气，达程朱之理而吻合于当年之语意”；“严词伟议，屹然如山”；“沉潜先儒训义，积之深醇而出自显易”；“精理明辨，如万斛源泉，随地腾涌”……

他还说："文之疏达者，不能遒厚，矜重者不能优闲，惟作者（归氏）兼而有之。""其议论则引星辰而上也，其气势则决江河而下也，其本则稽经而诹史也，故自有归震川之制义一术，可以百世不湮。"

清代著名学者，对历代八股文均有极深研究的梁章钜对归有光也给予了极高评价，他说：

"有光制举业，湛深经术，卓然成大家。后德清胡友信与齐名，世并称归、胡。……明代举子业最擅名者，前则王鏊、唐顺之，后则震川、思泉。思泉，友信别号也。"①

他还说：

"熙甫年六十成进士，振正、嘉之衰，开隆、万之盛，谓之文字中兴，非过也。然其功名蹇滞，抑郁不快，文字中实征此象。学者究心性命之业，必得熙甫之全体，方为大雅学者。"②

清末周以清在《四书源流考》中说："震川宗法王（鏊）、钱（福）而理实过之，观其高古则秦汉也，其舒畅排宕则唐宋八大家也。而其法律精严，于题位不溢不漏，则又为时文之大宗，而实嘉靖来文章一大关键也。"可见其影响力直至清末而不衰。

归有光能获如此多文人学者的高度评价，绝非浪得虚名，而是他的确具有别的名家穷思毕精也不能达到的水平。

第十一节　嘉靖时的八股文名家及名作

由于正德、嘉靖是明代八股文的极盛时期，故名家辈出，仅嘉靖时的高手即在四十人以上，由于篇幅所限，只能从中择声名尤著者略加介绍。

① 梁章钜：《制义丛话》卷之五，咸丰九年广州重刻本。
② 梁章钜：《制义丛话》卷之五，咸丰九年广州重刻本。

王慎中

王慎中与唐顺之同为“唐宋派”的领袖人物，亦是以古文为时文的制义名家。

王慎中，字道思，又字遵岩，号南江，晋江（今属福建）人。他自幼聪颖，四岁即能诵诗。嘉靖五年丙戌（1526）科中进士，授户部主事，时年十八岁。不久改任礼部祠祭司。当时四方名士唐顺之、陈束、李开先、赵时春、任翰、熊过、陆铨等人都在六部任官，王慎之与他们共同研讨学问，进步很大。

后来，要简任部郎为翰林，大家首推王慎中。大学士张孚敬便想召他一见。王慎中是个恪守儒家正统道德观的人，认为不能私交权贵，便推却不去。张孚敬心中恼怒，便把他调至吏部任考功员外郎，后升验封郎中。

多年后，擢为山东提学佥事，赏拔了李攀龙等一批文士，又改江西参议，进河南参政。侍郎王杲奉命到河南赈荒，他把此事委托给王慎中，王慎中办得十分妥帖。王侍郎回朝后，向朝廷举荐王慎中可重用。这时正好是朝廷大计之年，“吏部注慎中不及，而大学士夏言先尝为礼部尚书，慎中其属吏也，与相忤，遂内批不谨，落其职”①。

王慎中最初是李梦阳、何景阳所倡导的文学复古运动的热忱追随者。不久，“已悟欧、曾作文之法，乃尽焚旧作，一意师仿，尤得力于曾巩。顺之初不服，久亦变而从之。壮年废弃，益肆力古文，演迤详赡，卓然成家，与顺之齐名，天下称之曰王、唐”②。

王慎中与唐顺之一样，是一个坚定的道学派，他为文主张

① 《明史》卷二百八十七《王慎中传》，中华书局，1974年。

② 《明史》卷二百八十七《王慎中传》，中华书局，1974年。

"文道合一"，坚决维护道学的伦理道德。他在《答李拙修》中谈到妻子去世后的心情："吾辈学问，用情中节第一难事，而七情之感，其于哀者尤难中节……故于此际尤宜审察，勿令为伤。不然，虽可为天常之厚，而未得为学问之功也。"由此可知，王慎中为了使学问合符程朱理学，竟可违背人性，可见他对身体力行道学思想之执著。王慎中的古文中充斥的都是这种道学气味。

王慎中与唐顺之一样，为挽救开始走向衰颓的八股文，积极地参与了引进古文笔法以改进八股制义的活动。由于他受道学思想影响过深，才情又不如唐顺之、茅坤、归有光等人，所以他的八股时文无论笔法风格，都无过人之处，内容恪遵程朱传注，陈陈相因，了无新意。因才学不如唐顺之、归有光，尽管也引入了古文笔法，却冲不破时文窠臼，难有创新之处。只是因为他曾治过古文，对古文气势的造作尚为擅长，故其八股文一般气势充沛，给人以理足气充之感。如其题目取自《论语》的《不得中行而与之，必也狂狷乎！狂者进取，狷者有所不为也》一节题文，他将狂狷志节和激励裁抑以进于道这些地方写得详细确切，完全合乎程朱传注且有所发明。全文层层递进，一气呵成，确有古厚之气盘旋于字里行间。但除此之外，别无长处，虽也算八股名文，但比起唐顺之、归有光的水准来，相距甚远。

薛应旂

薛应旂是嘉靖年间最著名的八股文大家，又是著名学者、文学家，在当时及后世均深受文坛尊崇。

薛应旂，字仲常，号方山，武进（今属江苏）人。嘉靖十四年乙未（1535）科进士，殿试原拟取为第一，因故未成，眼睁睁看着一顶状元帽子落到了别人头上。但后世论文者，必以他为首，因他无论文章道德，都受人敬佩。

他累官升至南京考功郎中，因忤奸相严嵩被谪建昌（今四川西昌）通判，后任浙江提学副使，因大计罢归。

在浙江提学副使任上，他释疑解惑，精心作育人才，待人严而有礼，被称为“薛夫子”。著名作家、画家徐渭即是他识拔的。徐渭为诸生时，有狂生之名，薛应旂却将他拔置为第一。他还三次主持乡试，甄别士类，慧眼识人，声名藉甚。

薛应旂博学多识，是明代中期有名的学者。梁章钜说他“贯通六经，发而为文，如金出冶，如玉离璞，光芒焕然。又精于史学，《宋元通鉴》、《昭代宪章》，皆有功当世”①。

他的八股文与王鏊、唐顺之、瞿景淳齐名，号为“王唐瞿薛”，有时文四大家之称。

薛应旂是明代中期一个著名的作家。他贯通六经，又精于史学，除著有《宋元通鉴》、《昭代宪章》之外，还著有《考亭渊源录》、《甲子会纪》、《四书人物考》、《高士传》、《薛子庸录》、《方山文录》等经史著作多种。《考亭渊源录》对朱熹的学说渊源作了精细的考证，说明他对程朱理学造诣很深。

正因为薛应旂是个学者，其八股文虽运用了古文笔法理念，但有着浓厚的学术特色，属于学者型的八股文。

他的八股文，对题目的内蕴及精义都有准确的把握。他强调认题，由于学识渊深，几乎所有文章都能做到题貌恰得，题情恰称，既符合程朱传注，经文原旨，又有所发明，时出新意。如《上如揖，下如授》文题，不过是述孔夫子动容周旋中礼而已，如果开口便说郊禘名分，礼乐征伐，不惟立论过大，还会牵扯出许多无端闲话。薛应旂作此题，因认题准，故文章能切中要害，把题情、题貌都完全阐释出来，且为文典雅，立论高逸，又能深入浅出地加以表达，成为一篇名文。

他的另一篇《赐也，女以予为多学而识　一章》题文说理深入透彻，也是其学者型八股文的范例，录之于下：

① 梁章钜：《制义丛话》卷之五，咸丰九年广州重刻本。

“赐也，女以予为多学而识之者与?”对曰：“然，非与?”曰：“非也，予一以贯之。”

圣人因贤者未知为学之本，必发其机而明以告之也。

夫天下之理，一而已矣。博而寡要者，意何所得哉？夫子所以发子贡欲达之机，而示以一贯之道也。子贡之在圣门，博物洽闻之功居多，而探本穷源之力未竟，故夫子问以发之。

若曰：人不学不知道，学而不知所本犹弗学也。赐也其谓我何?

彼天下之杂物撰德，粲然示人博矣。多闻而从之，吾固尝有是也。子其以我之为学专在多闻，而勉力以求之，将参伍以尽其变乎?

天下之殊事异文，泛然示人广矣。多见而识之，吾亦尝有是也。子其以我之为不专在多见，而殚心以图之，将错综以极其数乎?

夫子之言若是，盖探其所得以为施教之地也。子贡乃应之曰：天下之事物无穷，不多学而识之，则扞格不胜，而理必有遗矣，夫子之言其殆然与？一人之闻见有限，必事事物物而学之，则勤苦难成，而日亦不足矣，夫子之意抑或非与？是其疑信之间，有将达之机，而积学功至，可与语上矣。

夫子遂告之曰：天下之事同一理，天下之理同一原，予非多学而识之也，一以贯之耳。

盖学惟同一理也，吾则以一贯万。而化裁以达变，推行以尽通，尽性有以得天下之理，而凡天地之高深，鬼神之微显举不能违矣，是我之有所知也。盖贞夫一者也，曷尝多闻以为知乎?

理惟同一原也，吾则会万于一。而极深以研幾，疑议以成化，成性有以为道义之门，而凡古今之往来，事变之纷沓举莫能外矣，是我之有所知也。盖协于一者也，曷尝多见以为知乎？

由是观之，则圣人之蕴可悉得而闻，而其教人也，亦未尝诬其所未至也。

对于这个出自《论语》的文题，朱熹在《四书集注》中解释说："子贡之学，多而能识矣。夫子欲其知所本也，故问以发之。"薛应旂以其对经史的深湛功力，抓住文题中孔夫子为学"一以贯之"这个核心问题，进行深入阐释，将题情全盘揭示，是一篇典型的学者型八股文。

文章以"天下之事同一理，天下之理同一原"来阐释孔子"一以贯之"的"一"，显现出作者学养之深厚，下笔便能抓住关键所在。文中的"理"与"原"指的就是孔子的学说。孔子称其为学"一以贯之"就是指他能以自己的学说始终一致地去认识世界，解释世界的纷繁事物。由于文章对孔子为学"一以贯之"的思想阐释得深刻、全面、准确，故到今天仍有其现实意义，可见薛应旂学力之深湛。

薛应旂的学者型八股文的另一个特点是用经语确切，词语醇雅，文中无一闲文，无一冗字，很见学力。如题目取自《大学》之《君子贤其　二句》题文即是这样。

薛应旂的《追王太王、王季　二句》题文，以德、以功、以世次、以法、以统、以庙食，分疏精确，即晚明八股文大师艾南英所谓的"八字经"。后来人作这个文题，再也无法超出这个范围，可见他对题旨把握的准确与全面，充分显示了他的学者风格。

张居正

如果说薛应旂的八股文是学者型的，那么张居正的八股文便是政治家型的。他的八股文都显现出政论的风格。

张居正，字叔大，号太岳，湖广江陵（今属湖北）人。

张居正少时聪颖绝伦，十五岁中秀才。巡抚顾璘读了他的八股文感到惊奇，说："国器也!"不久，中了举人。嘉靖二十六年丁未（1547）科中进士，改庶吉士，"日讨求国家典故，徐阶辈皆器重之"①。

张居正为人，"勇敢任事，豪杰自许"②。他当上内阁首辅后，利用手中权力，雷厉风行地在嘉靖、隆庆以后推行革新活动，起了一定的进步作用。他具有鲜明的改革思想，认为"天下之事，极则必变"③。他讲求实效，凡事务实。为纠正嘉靖、隆庆时政局的混乱，他大力整顿吏治，铲除腐败；他量入为出，节约开支，整顿财政田赋，推行一条鞭法，对明代中叶以后商品经济的持续发展，起了促进作用。他"为政，以尊主权、课吏职、信赏罚、一号令为主。虽万里外，朝下而夕奉行"④。

张居正的举措，是明朝统治者为挽救明中叶以后积弱积贫的统治危机而搞的一次改良活动。嘉、隆时期，明朝的财政年年亏空，经过张居正的整顿，变得库有盈馀。在军事上，张居正当政前"虏患日深，边事久废"的局面也大为改观。从这些方面来说，张居正的革新是有成效的，他的确是中国历史上不可多得的政治家。

由于张居正在世时对明神宗事事牵制而引起他内心强烈的反感，张居正去世才几个月，他即下诏追夺张居正的官秩，接着又查抄了他的家。张居正的革新措施也大多被取消。从此，明王朝的政治日益腐败，一天天走向衰亡。

张居正不刻意为文，而其制作，"庄雅仲夷，真醇正大。无奇

---

① 《明史》卷二百十三《张居正传》，中华书局，1974 年。

② 《明史》卷二百十三《张居正传》，中华书局，1974 年。

③ 张居正：《张太岳集》文集卷十八《杂著》，上海古籍出版社影印万历刻本，1984 年。

④ 《明史》卷二百十三《张居正传》，中华书局，1974 年。

谲之态，无藻缋之色，无柔曼之容，无豪宕之气。读其文而得其所以为文，见宏邃之养焉，见精明之识焉，刲割之才焉，见笃实之学焉”[①]。吕坤对张居正诗古文词的评价，亦包括了其八股时文的特点。

文如其人，这一点在张居正的八股文中体现得特别明显。他是一个杰出的政治家，具有宏邃的学养，又具有精明的见识，一生相业，最以综核见长，这些于《生财有大道　一节》程文中即可见其大概。

生财有大道。生之者众，食之者寡，为之者疾，用之者舒，则财恒足矣

善理财者，得其道而自裕焉。

盖务本节用，生财之道也。果能此道矣，国孰与不足乎？

且夫聚人曰财，国而无财，非其国矣；理财曰义，财而不义，非其财矣。

是以君子之生财也有道焉，固不必损下以益上，而经制得宜，自有以裕于国也。

其于道也又甚大焉，固不必损上以益下，而公私两利，亦有以裕于民也。

然则何如？盖天地本有自然之利，而国家本有惟正之供。惟其力之不勤而用之无节，故恒见其不足耳。

诚能驱天下之民而归诸农，其生之也既无遗利矣，又且汰冗员，裁冗费，不使有浮食焉。

尽三时之勤以服乎耕，其为之也既无遗力矣，又且量所入，为所出，不使有侈用焉。

---

① 吕坤：《张太岳集·序》，上海古籍出版社影印万历刻本，1984 年。

斯则勤以务本，而财之入也无穷。

俭以制用，而财之出也有限。

以无穷之财，供有限之用，是以下常给而上常馀。虽国有大事而内府外府之储，自将取之而不匮矣。

百姓足而君亦足，虽年或大祲，而三年九年之蓄，自可恃之以无恐矣。

谓之大道，信乎其为谋国经久之计，而非一切权宜之术可比也。然则有国家者岂必外本内末，而后其财可聚也哉！

这篇文章，是张居正当主考官时写作的程文，给考生作范文用的，写得中规合矩，质实简严。

文中所阐述的理财的重要性，理财的原则与方法，凝聚着作者多年的经验与思考，俱是他的真知灼见。他当上首辅后所施行的理财理念与方法，正与此相同。所以顾开雍在评述这篇文章时说："一生服炼，借题吐出，精光奕奕，如对其人。"真是知人知文之言。

全文理足气弘，是作者"以豪杰自许"的雄豪心态的直抒，故有笼罩一世之气概。文如其人，这就是绝好的证明。

张居正的另一篇名作《先进于礼乐，野人也；后进于礼乐，君子也。如用之，则吾从先进》一章题文，也是一篇程文，是他主持隆庆五年辛未（1571）科会试时所作。文章阐释孔子论礼乐崇尚质朴的道理，写得真醇正大，文中"无奇谲之态，无藻缋之色，无柔曼之容"，却一气贯注，让人读后可见张居正学问之深，识见之明，以及求真务实精神之强。文章深入浅出，明白易懂，针对性强，具有很强的政治性。

这个文题与《生财有大道　一节》题，归有光在他之前都写过，且都是传诵一时之名作。其文高古深厚，叹为观止，再作者无人可及，只有张居正这两篇程文可以与之比肩。自明朝至清朝的两百多年里，八股文坛都把归、张这两篇文章等列齐观，奉为神品，其他人写作这两个文题的名作都被降一格视之！由此可见张居正不仅以大政治家闻名于世，对其文也应作如是观，应称之以写作高手，八股大师。

张居正对明代八股文的一个贡献，是与他推行政治、经济领域改革的同时，对当时芜靡已极的八股文也进行了改造。他利用手中的权力，对怪诞的试题和空疏的文风，仿效嘉靖革新中的做法，予以整顿，以倡导实学之风。他要求："试题必明白正大，无或离析章句以为奇异，无或避忌趋好以长谀佞。抡文必崇尚雅正，无或眩华遗实，以滋浮靡。有能综览古今，直写胸臆者，虽质弗弃；非是者，虽工弗录。"① 此举在万历前期一度使八股文风归之于正，受到后世八股文界的推崇。

王世贞

王世贞是明代中叶著名的学者、文学家和八股文高手。

王世贞，字元美，号凤洲，又号弇州山人，太仓（今属江苏）人。他生有异禀，书过目即终生不忘。十九岁时，举嘉靖二十六年丁未（1547）科进士，授刑部主事。

王世贞爱好诗与古文，到京师为官后，与李攀龙、宗臣、梁有誉、徐中行、吴国伦等相唱和，史称"后七子"。于诗文，他推崇前七子"文必秦汉，诗必盛唐"的复古主张，"始与李攀龙狎主文盟，攀龙殁，独操柄二十年。才最高，地望最显，声华意气笼盖海内。一时士大夫及山人、词客、衲子、羽流，莫不奔走门下。片言褒赏，声价骤起"②。

王世贞恪守儒家伦理道德。在刑部时，有奸人犯法，躲入权相严嵩党羽锦衣卫都督陆炳家。王世贞从他家中搜得。陆炳请严嵩为之求情，尽管严嵩当时权势熏天，王世贞也不买账，坚持依

① 张居正：《张太岳集》卷七，上海古籍出版社影印万历刻本，1984年。

② 《明史》卷二百八十七《王世贞传》，中华书局，1974年。

法办事，这就得罪了严嵩。杨继盛上疏劾严嵩十大罪，被下诏狱受酷刑，王世贞不时为之送汤药医伤。杨妻为夫伏阙上书申冤，其状纸为王世贞代草。杨继盛被冤杀后，他又为之棺殓。严嵩对他恨之入骨。吏部曾两次拟用王世贞为提学使都被严嵩否决，后把他派往青州任兵备副使。

严嵩没能对王世贞进行报复，便借王父在滦河失事之机构陷，将王父论死系狱。王世贞立即弃官为父奔走营救，甚至在严嵩门前整日跪伏，"涕泣求贷"，又与其弟跪在路旁，拦着贵人轿子，叩头乞救。但其父终于被严嵩阴陷杀害。王世贞"兄弟哀号欲绝，持丧归，蔬食三年，不入内寝"①。

张居正当权时，因与王世贞是同榜进士，有意提拔他。他却谨守儒家道德规范，不仅不肯去依附，反而借故讥讽张居正。张居正的妻弟侮辱江陵县令，王世贞论奏不留半点情面。事情多了，张居正不堪忍受，借机将他罢官。这些事情无不表明王世贞头脑中的儒家正统思想是何等深厚，这种思想也必然会体现在他的诗文及八股制义中。

后七子中数王世贞的才学最高。他文、史皆精，还是一位书法家、艺术评论家、宗教学家和园林艺术家，著述很多。晚明著名文学家袁宏道称他"才亦高，学亦博"是完全合乎事实的。他长期主持文坛，为太仓派之首领。他的诗文虽有嗜古之病，充满道德说教，但仍不乏优秀之作。他十分重视艺术形式，把它视为文学成败的关键。这些特点在他的八股文中也得到体现。

王世贞的八股时文清真峭拔，顾盼雄毅，高视阔步，出自其昌明博大之本色，实开隆万清真之先河。然其文有矜张之霸气。他既是学者，又是文学家，故其八股文既能准确把握题旨，长于说理，遣词用字极为准确贴切，又能以清新的文字，深入浅出，

---

① 《明史》卷二百八十七《王世贞传》，中华书局，1974 年。

明白易晓地将题之精义阐释发挥无遗。他还讲究文章作法，也引入了一些古文的写作方法，极善剪裁，使其八股文自然浑成，音节和畅，气格高逸。其题目取自《中庸》的《待其人而后行》题文，便参用了王鏊、唐顺之的写作方法，于转折处极自然和谐，层层递进，虚实相参，不凌驾而局自紧，不矜嚣而气自高，备文章之能事。

他的《天下大悦　咸以正无缺》程文，题目出自《孟子》，更是一篇受到当时和后世推崇的名作，现录于下：

天下大悦。《书》曰："丕显哉，文王谟！丕承哉，武王烈！佑启我后人，咸以正无缺。"

大贤赞元圣大顺之治，而必征诸《书》焉。

盖文武之谟烈盛矣，而实周公成之也，此天下所以悦其治与？

昔孟子释公都子好辨之疑及此，若曰：世之治也，有启运之君，必有翼运之臣。吾尝观于有周，而知周公一代之治功矣。盖文武嗣兴，虽足以对天下之心，而害有未除，民之望治犹未已也。周公相武王，而悉殄其害焉。

夫是以民安于拨乱，而万邦仰奠丽之休。

物阜于胜残，而群生蒙煦育之利。

有夏固已攸同矣，兹则太和洋溢，而民悦益为之无疆。

四方固已攸同矣，兹则至治浃洽，而民心益为之胥庆。

此固周公辅相之功，有以光照于前，而乘裕于后者也。《书》不云乎："丕显哉，文王谟！丕承哉，武王烈！佑启我后人，咸以正无缺。"

盖丕显以开厥后，文谋固无度也。而实周公勤施于上下，俾遹骏之声，愈显于无穷，而谟之尽善者，为可传焉。

丕承以贻孙谋，武烈固无竟也。而实周公翼赞于先后，俾缵绪之业，愈承于不替，而烈之尽美者，为可久焉。

以觐文王之耿光，子道尽而父道益著。

以扬武王之大烈，臣道尽而君道益隆。

此所以致天下之悦，而唐虞之盛，复见于成周也。然则领文武之德者，讵可忘周公之功，而一代之治，允有以缵禹之绪欤？

这篇程文是写出来供士子们作范文的，其文体格式完整，八股齐备，对偶整齐，音节和妙，其格调之高，气度之雅逸，在八股文中是非常突出的，明代有人说它“在制义已造其巅矣”①，并非虚言。

文章题目原是说周公引《书》，而王世贞在文章中却只说文王与武王的功绩，在文法上自然要求斡补。由于作者写作水平很高，在文中将斡补之处处理得天衣无缝，不见斡补的痕迹，使文章自然浑成，这一点是后之作者无法达到的。

王世贞的《形而上者谓之道，形而下者谓之器。化而裁之谓之变，推而行之谓之通，举而错之，天下之民谓之事业》一节题文，题目出自《易经》，其中的“道”与“器”、“变”与“通”的概念极难说清。由于王世贞是个大学问家，对儒家经典及史籍均烂熟于胸，故他在这篇八股文中，抓住“道”与“器”二者之间的关系进行阐释，以明白通晓的语言，深入浅出地将题中精义阐释无遗，既合乎传注，又有创见，显示出其学问功底之深。

许孚远

许孚远，字孟中，德清（今属浙江）人。嘉靖四十一年壬戌（1562）科中进士，授南京工部主事，“就改吏部”②，随即调至北京。许孚远笃信王阳明良知学说，并兴众讲学，为吏部尚书杨

---

① 见《明文钞》（五编）该文之评语，双桐书屋乾隆五十五年刊。

② 《明史》卷二百八十三《许孚远传》，中华书局，1974 年。

博所厌恶，欲借大计京朝官之机修理他，他便“移疾去”。至隆庆初年，才由高拱荐举起用为考功主事，又外放广东佥事，“招大盗李茂、许俊美擒倭党七十馀辈以降，录功，赉银币。旋移福建”①。

后出任建昌府知府，闲暇时召集诸生讲学。许孚远十分爱惜人才，在建昌府时引贡士邓元锡、刘元卿为友。后擢升陕西提学副使，更是极力培养人才。他移书当路，力荐邓元锡、刘元卿及陕西贡士王之士，后三人并得征用。

万历二十年壬辰（1592）擢升右佥都御史，巡抚福建，在这儿，他又一次显示出其文武全才，治国安天下之本领。他曾上疏请敕谕日本斩平吉秀，以打击其攻陷朝鲜之气势，可惜未得应从。福州有民掠官府，许孚远抓了为首者，使祸乱平息。他又在福建及沿海诸岛募民开垦荒地，筑城建营舍，聚兵以守，使海防大大加强。后累迁至南京兵部右侍郎，又改左侍郎，调往北京。走到半道上，“被论。乞休，疏屡上，乃许。又数年，卒于家，赠南京工部尚书”②。许氏为官，以民为本，廉谨勤勉。

许孚远笃信王阳明的良知学说，以性善为宗，认为“致良知”与孔孟之说无异，但反对“援良知以入佛者”，故与泰州学派的后学罗汝芳及其门人杨起元、周汝登等人有学术上的论争，说明许孚远的思想仍是尊奉儒家正统学说的。这种思想反映在他的八股文上，表明他仍是恪遵传注的传统派。

许孚远的八股文清切纯懿，中边俱彻，所谓理熟而词快，是嘉靖盛时的风格，犹未失宋人经义的原貌。这在嘉靖末年是极为罕见的，起到了纠正文风的作用，影响很大，故世人以时文中兴者目之。其题目取自《论语》的《夫子为卫君乎　一章》题文，即是许孚远的一篇代表作。

---

① 《明史》卷二百八十三《许孚远传》，中华书局，1974 年。

② 《明史》卷二百八十三《许孚远传》，中华书局，1974 年。

“夫子为卫君乎?”子贡曰:“诺,吾将问之。”入,曰:“伯夷、叔齐何人也?”曰:“古之贤人也。”曰:“怨乎?”曰:“求仁而得仁,又何怨?”出,曰:“夫子不为也。”

圣人之不为卫君,于其尚论古人而可知也。

盖古今是非,可以例见也。夫子深与夷、齐之让国,而肯为卫君乎?

昔者卫宁之薨,卫人奉辄而拒蒯聩。而托嫡孙当立之说,以辞于诸侯人伦之薄恶,莫有甚于此者也。是时夫子适在卫,而冉有子贡之徒存焉,想正名之论,夫子尚无因而发,而处卫之意,诸贤亦莫测其微。故冉有疑之而问于子贡曰:“夫子为卫君乎?”求非以私心窥圣人也,正欲以国之大故,而取裁于圣人也。子贡应之曰:“诺。吾将问之。”赐非智不足以知圣人也,不敢以无征之言,而遽释乎同列也。

然时事犹难于显言,而比类或可以相发。

古有夷、齐,固知其为逊国人也,倘非中道,能无不概于圣心者乎?而不知其清风高节,师表百世,贤人之名,夫子不得而泯之矣。

兄弟逊国,夫子称之为贤人似也,倘存矫激,其中岂能无怨悔乎?而不知其求仁得仁,甘心穷饿,无怨之志,夫子尤深谅之矣。

由是言之,夷、齐之逊国也,以求仁也;其无怨也,以得乎仁也。

假令夷也违父命,而齐也悖无伦,虽窃国为诸侯,不可一日安于臣民之上。

夫惟伯遂其为子,而叔遂其为弟,故弃国如敝屣,可以浩然存乎天地之间。

然则仁不仁之间,乃古人之所以审处,而父子见弟之际正仁不仁之所存也。以今观于卫辄之事,仁耶,非耶?其于夷、齐,贤不肖何如也。故子贡出而语冉有曰:“夫子不为也。”然后诸贤之疑释，而国之是非定矣。

许孚远是有精深学问的著名学者，经史均烂熟于胸，能信手拈来；他又是一个文武全才，能统兵打仗，考虑问题特别细致周到。这些特点，在《夫子为卫君乎　一章》这篇八股文中都有充分体现。作者驾驭文字的能力极强，仅用四百六十九个字，即把孔子不为卫君的原由及子贡、冉有请问时的心态一一叙述出来，准确全面，纤悉不遗。且娓娓道来，文气极安闲，极恬静，故方苞称后来此题的名作均不能及，评价很高。

许孚远的八股文很讲究结构布局，每文必精心构撰，其题目取自《论语》的《故君子名之必　一节》题文，以题文为通章结穴，文章能切中事理，不用斡补而题绪清晰，章脉贯通，坚重遒密，大有嘉靖盛时风格，很受人称道。其《君子上达》题文，一般人不肯靠实发挥，每求深反浅。许氏此文虽品质不甚高峻，而于“上达”本末源流，实能疏发透彻，故理实气盛，一气贯通，成为名文而传诵。

昔人说作八股制义须十年读书，十年钻研，这是有道理的。许孚远因学识渊博，于经史有极深领悟，故于题旨总能准确切实把握。如取自《中庸》之《肫肫其仁》一题，因题境象深微，极难下笔。许孚远作此题时，其仁实从经纶中指出，将极难之题写得清雅纯正，里外俱彻。所谓理精则文自高，学识不深之人是不可能做到的。

王锡爵

王锡爵是一个靠八股文写得好而得以致身内阁首辅的幸运儿。而他从政时的行为与表现也证明他的确在身体力行通过八股文灌输给他的儒家正统观念。

王锡爵，字元驭，号荆石，太仓（今属江苏）人。他自幼聪颖异常，乡试名列第四，嘉靖四十一年壬戌（1562）科会试第一，为会元。殿试名列第二，为榜眼。授翰林院编修，累迁至国子监祭酒，以一贯谨慎行事著称。

王锡爵为官后，事事按儒家伦理道德观来办，不畏权势。万历五年丁丑（1577），王锡爵以詹事掌管翰林院，此时权倾朝野的首辅大臣张居正之父去世，张居正“夺情”任职，这是有违儒家伦理观的，遭到许多大臣的反对。吴中行、赵用贤等首先上疏力谏，张居正大怒，“将廷杖张中行、赵用贤等。锡爵要同馆十馀人诣居正求解，居正不纳。锡爵独造丧次切言之，居正径入不顾。中行等既受杖，锡爵持之大恸。明年进礼部右侍郎。居正甫归治丧，九卿急请召还，锡爵独不署名。旋乞省亲去。居正以锡爵形己短，益衔之，锡爵遂不出”①。

然而，当张居正去世，受到反对派的肆意攻击，神宗也下令追夺张居正的官爵，并抄没其家，将家属发配充军，朝臣都以反对张居正为自己脸上贴金时，王锡爵却挺身而出，上书当权者，指出张居正为相时为国干了很多有益之事，于国有功，不应一棍子打死。

当神宗有废长立幼的打算时，已当了内阁辅臣的王锡爵又不顾个人安危，多次力谏神宗早立太子，以定国本。他见神宗不纳忠言，便以母亲患病为名，请假回乡不归，消极对抗。

他任首辅时，还奏准停止江南织造和江西陶器制造，减免云南贡金，出内库钱粮赈济河南饥民，为国为民办了好事。

王锡爵从不恋栈高官厚禄，因政见不同，他曾辞去首辅之位，回乡养老。此后神宗几次召他回任，他仍婉辞。

纵观王锡爵的一生，可以说他是个恪守了儒家伦理道德的人。

王锡爵好学，家中富藏书，自己擅长书画。其小楷清整秀劲，大可径寸，骨重脉和，尤深唐碑。

---

① 《明史》卷二百十八《王锡爵传》，中华书局，1974 年。

王锡爵是嘉靖后期的八股文名家，曾多次主持会试，推行其八股文主张，凌驾、奇矫之风得以大张，得其力不小。他从事八股文写作的时间基本上在嘉靖后期。此时受时代的影响，明代八股文文风大变，绝大多数人的八股文已偏离了成化、弘治、正德及嘉靖初年的传统，去经学化和靡丽之风大炽。而王锡爵基本上保持了正德、嘉靖初盛时的文风。

他的文章无不遵照传注来阐发题旨，义综其深，典举其大，说理透彻，且能融贯经史，运训诂之理于语气中，指示朗然而不露圭角。虽古厚之气不如前人，然意味雅密，尽题之能事，保持了嘉靖盛时雅醇正大之风格。明代八股文名家郑鄤称其文："法严不如唐（顺之），养粹不如瞿（景淳），骨贵不如邓（以赞），而昌明博大，跌宕开舒，有若象王回顾，狮子频伸。此种作手，自文恪（王鏊）而后未能或之先也。陈同甫（陈亮）云：堂堂之阵，正正之旗，风云雷雨交发而并至，龙蛇虎豹变现而出没，推倒一世之智勇，开拓万古之心胸。尝诵此语须眉俱张，举似太仓文，殆庶几焉。"① 对其雄荡之风，评价很高。袁宏道也对其文推崇有加："夫王（鏊）、瞿（景淳）者，时艺之沈、宋也。至太仓（王锡爵）而盛，邓（以赞）、冯（梦祯）则王（维）、岑（参）也。"②

他与正德、嘉靖初年的士人一样，遵从八股文格式，但又引入了古文的笔法，运古文气势于时文中，构意遣词，天然合度；开阖顿宕，从容自然，于平淡中求变化，文章较有生气。其《知止而后有定　一节》题文，题目取自《大学》，是当时名作，颇能代表其风格。

---

① 《明文稿汇选·王荆石序》，《峚阳草堂文集》，乾隆武进刻本。
② 袁宏道：《郝公琰诗叙》，《潇碧堂集》卷十一，万历刻本。

知止而后有定 一节

圣经推止至善之由，不外于真知而得之也。

夫学知所止，天下之真知也，而定静安虑因之，此至善之所由得与？则亦求端于知而已矣。

今夫明德止于至善，然后为天德之全，新民止于至善，然后为王道之备。入大学而求得乎此也，其亦先明诸心矣乎！

诚能功深于研极之久，而德业之会归者，有以洞晰而无遗。

理得于深造之馀，而人已之诣极者，有以周知而不眩。

是天下之理，本至是而极。而吾之所知，亦与之而俱至矣。

由是知之所在，志亦趋焉。以精而择者，将以一而守也，而定固因于知矣。

志之所至，心与俱焉。有生而虚者，将无欲而静也，而静又因于定矣。

静则安从生焉，私累而道心自裕，其万感俱寂者，即其万境不迁者也。

安则虑从生焉，泰宇宁而天光自发，其百遇皆顺者，即其百物皆通者也。

学至于此，则始也造其理妙，契乎体用之原，终也履其事，通极于神化之域。反之身心性情之微，而明德之至善，于是而得止也。推之家国天下之广，而新民之至善，于是乎得止也。则知止之功，其大人止至善之务乎？使不先于知止，则疑似乱其中，而私得以汩之，感应拂于外，而事得以眩之，安望止于至善也哉！

王锡爵这篇八股文，沿用了成化、弘治、正德时的笔法，而又有古文气脉，全文一气贯注，自然浑成。用词简洁精练，一语不溢，一字不浮，精理明辨。每句义理相承，不创奇格，循题写去，题旨毕陈，不愧为一篇名作，为后世传刊揣摩。

王锡爵出身于八股文世家，其子王衡在万历年间亦以八股文名世。王衡乡试中过解元，会试与其父一样，中过榜眼。

诸 燮

诸燮（生卒年不详），字子相，号理斋，浙江馀姚人。嘉靖十三年甲午（1534）科举人，次年乙未（1535）科联捷中进士。历任兵部主事、邵武同知。在任因有惠于民而有政声。曾镇守山海关，后因忤逆出巡的宦官而贬为茶陵同知。辞官回乡后筑东山别业，讲学著述其中。卒于乡。

诸燮有文武才，气质高俊超俗。他是明代有名的八股文作家，文以淡隽称。他是个学者型的八股文高手，于经文揣摩很透彻，于难解之题理，他都能融贯经史，予以确切的破解。故其文皆理圆辞坚，融先儒语如同己出，却无陈腐之气，体方而意备，很受称赞。他的文章以才气见长，率性而为，看似游衍散漫，无意求工，说理挥洒飘逸却不诡于理，淡雅平易，却意味悠永，看似无法而有法，非常人可能及。

他才气过人，善于体摹题中人物心理、语气，入口气代圣贤立言能再现当时语境和人物思想风貌。据李玉在《人天乐》第十七折中说："昔年诸理斋负笈遨游，囊中惟携《西厢》一卷，说道能活文机。"可见他这一功夫，系从戏曲中学得，也说明他的确对八股文为代言文体有确切的认识。他为文常运古文气脉，笔意高超又寄予衷情，故其文饶有意韵。文多散行，不单不偶，有明代早期文体之风，被人称为"不衫不履"，却开隆庆、万历盛时文风，被八股文坛视为继往开来之名家。

《德不孤必有邻》是其代表作，充分体现了他以才气为文，说理挥洒自如，淡雅平易却饶有意趣之特点。

德不孤必有邻

圣人于有德者而必其有亲，所以进人于德也。

夫人莫不有是好德之心，则其所以类应于德者，势也。曾谓有德者而孤立乎哉？夫子以是为立德者劝。

意谓：夫人之情，莫不信同而疑异，喜合而恶离。夫惟感之以自私之心，而后夫人之心疑；感之以拂天下之行，而后夫人之心沮。于是畏而莫之合，以至于穷焉而无所与者，是果德之罪哉？

夫德也者，原于天而具于人，非有我之所得私；足于此而通于彼，为人情之所甚便。

吾德之不修，吾无以孚于人，吾惧焉而已矣。

吾德之既修，固未有感之而不应者，而何病于孤耶？

盖德则公，公则有以通天下之志，而无所疑。

德则爱，爱则有以足其甚便之欲，而无所拂。

是虽无意于人我之同也，心同则相求，自将信其道而愿为之徒。

虽未尝强人以必从也，类同则相济，自将乐其便而安为之与。

莫非吾人也，则莫非吾徒也；莫非吾德也，则莫非吾与也。

苟以其私也，而恶吾之修，是固异于德者也，而何病于君子之同哉？

以其忌也，而畏吾之修，是自离于德者也，而何病于君子之合哉？

必也天下无君子，而后吾之德始孤；必也天下皆小人，而后相率以自外于吾德。今天下之不皆君子固也，亦未必皆小人，则吾德之有邻，而吾道之不至于终穷也，固可信其必然矣。

此文运古文气脉于排比中，屈盘劲肆，辞与意适。“不孤”

与“有邻”两意分为两柱，直叙到底，挥洒自如，又时作参差，极排宕恣肆之奇。中间转接变化，精神并出，大有归唐之风。

诸燮博学多才，其八股文倾欹偏侧，游衍散漫，与正格时文迥异，虽无意于工而不悖于理，靠的是其优长的学识与横溢的才气去统驭。所以后人欲仿效其文，却越仿越不像。这不是他们的文笔不及，而是其才学不足，俗病不能除。诸燮为文，多以散句行之，不单不偶，洋洋洒洒，看似散漫，却因奇气贯串充盈，有明代早期文体之风，故被人称为“不衫不履，物外遗人”。然而这种不倚不傍，别出心裁，自为一格的文章，便与凡俗之作画清了界限。其《夫妇之愚　八句》题文，就具有这种特色。方苞评曰：“理斋之文，全以气成，而此于正局之中运奇气，寓圆于方，尤不与归（有光）、唐（顺之）同调也。”

由于学识优长，故诸燮对题理的把握最为准确，哪怕最难辨析之题理，一到他手中，他都能确切揭示。《中庸》中“明乎郊社之礼，禘尝之义，治国其如示诸掌乎”一句，其义难明，何以便有治国示掌之功很难讲清。八股文大师方苞曾说“从理一处打通，则分殊处自贯”。话虽这么说，却未见过他以此为题写成文章，可见他对此题也未真正把握住。在八股文史上，只有诸燮以此为题所作之文为名作流传。其《明乎郊社之礼禘尝之义》说：

> 明乎郊社之礼，则能事天如事亲；明乎禘尝之义，则能事亲如事天。吾知知化则善述其事，穷神则善继其志，而天下之民胞而物与者，无一而非吾之所当仁、吾之所当爱，而吾之所以仁而爱之者，自不容已也。虽曰天下之物分，不能以皆齐也，然所殊者分也，而所以一之者理也。推亲亲之厚，以大无我之公，以不忍人之心，行不忍人之政，则天下可运于掌，而况于国乎？

《钦定四书文》中该文尾评云：“天地祖宗，是自吾身推而上的，天下民物，是自吾身推而广的。上头高一层，则下面阔一层，如只推到父母处，则旁阔只是兄弟；父母，生兄弟者也。推到祖宗处，则旁阔便有许多族姓；祖宗，生族姓者也。推到天地处，则旁阔便包得民物在其中；天地，生民物者也。人不孝于父母祖宗者，安能爱兄弟族姓？不孝于天地者，又安能仁民爱物乎？若真能事天地祖宗父母，则必能以天地祖宗父母之心为心，此治国所以如示诸掌。虽王、钱作此，意思不出此，却明目张胆言之。”可知诸燮在此文，将题理全行析出，不愧一代高手，可比肩王鏊、钱福。

诸燮其他的八股文，也都受到很高评价。

如《天下之言性也　一节》文，方苞评：“孟子指情以证性，此故之说也，但情也有不好一边，须指其一直发出，未经矫揉造作者，如乍见孺子入井，嘑尔蹴尔，不屑之类，才见得情之正，性之真。此利之说也，看得四通八达，而笔力又足以发之。归、唐而外，作者亦能自树立，非瞿、薛二家所能肩随也。”《夫妇之愚　八句》方苞评：“体方而意备，不复效先辈之含蓄，已开胡思泉蹊径。”

在八股文史上，诸燮以其独特的文风与写作理念而别树一帜，受到普遍关注。后世不少人去摹仿其风格，受其影响很深。他的文章既有正嘉盛时特色，又开隆庆万历之风，是一个在八股文史上继往开来的人物。

第五章 隆庆和万历：明代八股文的变革期

受时代的影响，明代八股文在嘉靖后期即开始变革，出现了明显的文学化趋向，被正统派人士称为“芜靡极矣”①。到隆庆、万历，八股文的变革终于形成一股不可阻挡的潮流，使得这一时期的八股文出现了争奇斗艳，空前繁荣的局面。

隆庆、万历是明代历史上的一大变局。随着商品经济的进一步发展，政治上的腐败进一步加剧，明王朝的统治危机越来越严重，加上王阳明心学已普遍为士人所接受，士风、学风、民风都发生了很大的变化，与其息息相关的八股时文也出现了一个大的变局。除少数恪守儒家正统思想的人仍在遵从国初或成化、弘治的传统，如其先辈一般严守科举功令，将八股文写得一如百年之前外，大多数士人都受时代的影响，对已趋僵化的八股文进行着变革。他们或讲机局，或尚才情，或喜词藻，追求文学化的倾向十分明显，使得八股文坛各种风格的作品并呈，炫人心目，影响深远。他们独独不讲恪遵传注去代圣贤立言，写出的八股时文其内容与明初、成化、弘治，甚至与嘉靖后期都大为不同，产生去经学化的趋势。大量八股文炫怪矜奇，标新立异，虽给人耳目一新之感，但因不遵从程朱理学，甚至将离经叛道的思想与语言引入了八股文中，使八股文从根本上偏离了其创制宗旨，颠覆了它的载道功能。在文体形式上，限制苛严，规范士人依注阐发的标准八股格式到万历时已极少有人问津，不少人干脆化比偶为单行，应用古文的散体形式，使古文与时文出现合二为一的趋势。

① 见梁章钜《制义丛话》卷之五，咸丰九年广州重刻本。

这种变革，于固守传统、日趋僵化的八股文来说，不无解放的因素在内。“五百年无一定之规”①，“时文之风尚屡变不一”②，这是八股文本身发展的规律，也是时代使然，从文体发展的角度来看，这种变革，无可厚非。从社会发展的角度而言，这更是代表着进步的希望，因为这种变革中不乏新的积极的因素。

然而，这种变革对于明代统治者来说，却是一场灾难，因为八股文是他们赖以控制士人思想，维护其统治的利器。这种利器一旦失去其统一士人思想，灌输正统理念的功能，反而异化为传播异端思想的平台，那就意味着其统治根基的瓦解。明代统治者多少看到了问题的严重性，曾几申禁令，欲制止这种变革的进一步发展。终因这是历史发展的必然，非权力可以改变，故屡禁不止，欲救不能，八股文的无序变革所导致的文学化即“芜靡”之势无可挽回，大明王朝的末日也就到来了。

第一节　隆庆、万历的社会环境促成了八股文的文学化变革

明代隆庆、万历两朝处于十六七世纪之交，是一个骚动不安、狂躁多变的时代。一方面，商品生产不断发展，经济在进一步繁荣；另一方面，明王朝的统治危机在一步步加剧，明代社会的大变局在这个时期孕育形成，从而出现了其他时代所不曾有过的特征，对八股文影响至深。

嘉靖中期之后，随着明世宗帝位的日趋巩固，其进取求治之心日渐淡漠，为巩固其帝位而在前期推行的革新进程日益缓慢，终至于停滞不前。至后期，世宗更退居深宫，希求长生不死。他怠政废事，使前期的革新措施日渐废弛，革新成果逐渐丧失。这

---

① 李祖陶：《文选制义·序》，道光十六年南塘聚星堂刻本。

② 乾隆皇帝：《钦定四书文·上谕》，光绪二年崇文书局刻本。

种状况，给明代统治者带来了严重的统治危机。

万历初年，张居正推行一系列改革措施，曾使正德、嘉靖以来的政治腐败在一定程度上得到遏制和矫正。但随着张居正的去世和神宗皇帝对其改革的反攻倒算，以及皇帝本人的荒淫、软弱和懈怠，官场的腐败日益加深，官僚机构的运转和秩序都受到严重影响。神宗“自万历二十年来，深居大内，大小臣工，莫能相见，朝夕左右，不过宦侍之流”①，以致“职业尽弛，上下解体”②。这种状况为宦官干政提供了机会，又为朝中党争创造了条件。明代宦官擅权乱政之深和朝廷党争之烈，为历史上少有，晚明更烈。两者皆扰乱了封建统治秩序，破坏了朝廷的职能，使得王纲动摇，统治阶级对社会的控制力大为削弱。

在经济上，自明代中叶以来开始繁荣的商品经济到万历年间更有所发展。由于农业、手工业生产工具的改进，生产技术的改良，促进了农业和手工业的进步，明万历时期的社会生产力较前更有提高。不仅传统的纺织业、陶瓷业等兴旺发达，一些业者富可敌国，并且以东南地区为主的商品经济还向其他地区延伸，不少地方的矿业、冶铁业也发展至相当规模。商品流通的规模日益扩大，白银已成为主要的货币，商品市场在国内外均有较大拓展，以进行商业活动或从事一种手工专业的城镇大量涌现，特别是在江南的苏州、常州、嘉兴、湖州、杭州五府地区，商品经济发展更快，这种城镇出现得更多。

以商业和某种手工业品生产为主的小城镇大量涌现，使得明末社会出现了市民阶层。这是一个崭新的社会阶层，有着与其他社会阶层不同的政治、文化要求与生活习俗。明代叶权在《贤博编》中记叙道：“今天下大马头，若荆州、樟树、芜湖、上新河、

① 《明通鉴》卷二十七，光绪二十二年湖北官书处刻本。
② 《明通鉴》卷二十七，光绪二十二年湖北官书处刻本。

枫桥、南濠、湖州市、瓜州、正阳、临清等处，最为商货辏集之所，其牙行经纪主人，率赚客钱。架高拥美，乘肥衣轻，挥金如粪土，以炫耀人目。”他们在饮食、衣着、审美情趣、欣赏习惯等方面都在追新逐奇，冲破了在儒家思想长期禁锢下的社会单一色彩，使士人们长期受到抑制的，人类所共有的好异贪欲心理被诱发出来，在隆庆、万历时期产生巨大的社会影响力，明末社会的心理与风气为之一变。

明代中叶以来政治、经济的变化，影响到隆庆、万历社会的各个方面，尤以士风、学风、风俗民情的变化最为显著。

由于商品经济的发展，经商赚钱成为人们羡慕的行业，商人的社会地位大为提高。到万历时期，许多贵族、显宦都争相做买卖。黄省曾在《吴风录》中说：“吴中缙绅士夫，多以货殖为急。若京师官店，六郭开行债典，兴贩盐酤，其术倍克于齐民。”嘉靖、隆庆之前，士大夫讲求名节，做官归来，若有人问他赚了多少钱，他会生气。到了万历年间，做官等于做买卖，官员们相聚，公然谈论各种官职可赚多少钱。对那些得肥缺，搜刮钱财多的人，人人艳羡；对那些搜刮钱财少者，群加讥嘲。读书为了做官，做官为了发财，已成为一种社会风尚。[①] 升官要靠行贿，时称“送礼”。

嘉靖以前，社会崇尚俭朴，到万历年间，风俗转向奢华。崇祯七年刊本《郓城县志》中说，当地百姓浑朴，易于治理，到嘉靖之后，风俗为之一变，“齐民而士人之服，士人而大夫之服，饮食器用及婚丧游宴，尽改旧意，贫者亦槌牛系鲜，合飨群祀，与富者斗豪华，至倾囊不计焉。里中无老少，辄习浮薄，见敦厚俭朴者窘且笑之。逐末营利，填溢衢巷，货杂水陆，淫巧姿异，而重侠少年复聚党招呼，动以百数，槌击健讼，武断雄行。胥隶

① 见陈邦彦《陈岩野先生集》卷一《中兴政要书》，清刻本。

之徒，亦以华侈相高，日用服食，拟于市宦。”万历《歙县志》中说：“成、弘以前民间少椎少文，甘恬退，重土著，勤穑事，敦厚让，崇节俭，而今则家弦户诵，夤缘进取，流寓四方，舞文珥笔，乘坚策肥。”逐利和奢侈之风的盛行，反映隆庆、万历时期的社会生活方式发生了重大变化，必然会造成士风的改变。

既然民风竞逐奢华，在文化娱乐上自然就追求感官刺激。万历时期，民歌俗曲中大量流行的是反映男女情爱内容的作品，其中不少是猥亵下流的，但这些歌曲却风靡一时，大受市民及农民的欢迎，不少士人也竞相征逐。

追逐色欲也成为万历时期士人的一种风尚。由于封建统治者对社会控制力度的削弱，万历时期人们的思想有了相当程度的解放，士人们纷纷抛弃束缚人性的理学教条，追求个人的自适与享受，由思想的解放进而到了身体的解放。万历时期蓄优童，拥丽姬，泡歌场，逛青楼，成为士人的一种风尚。沈德符在《万历野获编》卷二十四《风俗》中说，万历时追逐男风“成俗，如京中小唱，闽中契弟之外，则得志士人致娈童为厮役，钟情年少狎丽竖若友昆，盛于江南而渐染于中原”。明代前期曾严禁官吏嫖妓，而嘉靖以后文人捧歌女，官吏嫖娼妓，却被认为是风流雅事。特别在吴中一带，此风更盛。

万历期间，赌博也成为一种风习。官吏、士人以不会打马吊纸牌赌博为耻。平民百姓也争相赌博打纸牌，大有举国上下无人不赌之势。

总之，在五光十色、人欲横流的现实诱惑下，士习发生了很大的变化。士人们追新逐异，率性而为，“往往出名教外”；性格狂简疏纵，“好轻遽议论，放乎礼法之外，恣恃其私意”①。

① 康海：《康对山先生集》卷三十《送苏榆次序》，万历十年潘允哲刻本。

士习大变，学风也随之而变。万历时沈承在《文体策》中对当时士习、学风之坏，有着准确的剖析："然而横襟攘袖，借笔舌为先资，而又不肯深心学问，何也？曰：习坏也。才术精神全工于奔竞窥瞰，暖一青毡不暇，何暇理残卷。是故挟刺悬书，望门钻穴，卖名声，攫通显，习染成习，不复知耻。"

《四库全书总目提要》说："正、嘉以上，淳朴未漓。隆万以后，运趋末造，风气日偷。道学多侈谈卓老（李贽），务讲禅宗；山人竟述眉公（陈继儒），矫言幽尚。或清谈诞放，学晋宋不成；或绮语浮华，沿齐宋而加甚。著书既易，人竟操觚，小品日增，人言叠煽。"这将晚明学风作了贬斥性的概括。

士人们是八股文写作的主体。这种孜孜名利、不惜名节、钻营苟且的士习和崇新慕奇、空疏狂躁的学风，必然会对隆庆、万历时的八股文产生巨大影响。这个时期的八股文一改正德以前简易平实的文风，追求奇矫新巧和华词丽藻以吸人眼球；只求机法，不顾内容；模仿抄袭之风大盛，以求速成，被后人视为"芜靡"的原因即在此。

新的经济形态，市民阶层在晚明出现，必然会产生为其服务的新思想和文化，再加上封建统治阶级对社会的控制力大大削弱，各种社会思潮在万历时期纷纷出笼，你方唱罢我登台，虽标榜各异，但其不遵封建理教，要求个性自由的目标却是大体相似的。

王守仁的"良知说"与"知行合一说"至隆庆、万历时已大为盛行，并为士人普遍接受，《明史》说，其"门徒遍天下，流传逾百年，其教大行"[①]。虽然这种学说是在不背离儒家传统和理学精神的原则下，对儒学和理学进行的一种自我性的发挥，以调整已面临崩溃的封建伦理道德体系，是从维护封建统治的目的出

① 《明史》卷二百八十二《儒林传·序》，中华书局，1974年。

发而创立的，但它终究对传统道德观和价值观形成了较大冲击。

受到商品经济大潮的冲击，以抑制人性，否定人欲为特征的儒家正统道德观已失去号召力，它既不为统治者所遵行，更不为市民阶层和受到商品经济影响的士人们所信奉。社会本身的进步，已经形成了对旧有的封建伦理道德和价值体系进行冲击的力量。于是在王阳明学说的基础上又产生了被封建统治者视为异端邪说的李贽学说。

李贽的学说，吸收了王守仁学说和禅宗思想的某些成分，却又远远超出它们的思想范畴，鲜明地代表了社会变革的要求。他非孔斥圣，嘲孔孟，轻六经，具有比前人更为彻底的反权威、反偶像的精神，要求尊重个性和自由。他重视商人，认为开矿贩货都是于国于民有利之举。与此相联系，他充分肯定人欲的合理性，宣扬追求物质享受，认为好色好货、为己谋利皆为人之天性，主张率性而行，顺人之性。对于禁欲主义和假道学，李贽给予了不遗馀力的揭露与批判。

李贽的思想及其表述方式，具有中国传统士人所缺乏的深刻、尖锐、透彻、大胆而又富有新奇性，故他的著作及讲学吸引了许多追新求异的士人。“海以内无不读先生之书者，无不欲尽先生之书而读之者，读之不已咸并其伪者而亦读矣。”[①] 万历十一年癸未（1583）科进士，当过礼部尚书、东阁大学士的朱国桢也在其著作中记叙了李贽著作风行的情景：他说，当时士人们“全不读《四书》本经，而李氏《藏书》、《焚书》，人挟一册，以为奇货”[②]。

在各种社会思潮，特别是王阳明学说和李贽学说的冲击下，程朱理学的权威性土崩瓦解，朱元璋苦心构筑的思想文化大一统

---

① 汪本钶：《续焚书》卷首《续刻李氏书·序》，中华书局，1975 年。

② 朱国桢：《涌幢小品》卷十六，中华书局，1959 年。

的局面被破坏，“嘉、隆而后，笃信程、朱，不迁异说者，无复几人矣”①。建立在程朱理学基础之上的八股文必然会受到影响，其恪遵传注的功令必然会被冲破，八股文变革在所难免。

第二节 隆庆、万历时八股文与科举的关系

除开政治、经济所造成的士风、文风、民风的变化会对八股文造成影响外，八股取士制本身的弊端在隆庆、万历时也更加显露，对八股文造成的破坏也越来越大。如科举考试选才只重首场的七篇八股制义的作法，到隆、万时已成定制，士人为功名利禄而利用八股文本身的弊端弄虚作假，造成了不读经书只背程文的空疏学风，对八股文保持其原生状态造成了巨大障碍。

由于整个士大夫队伍都受到社会变化的影响，那些担任衡文重任的提学使和主考官们也依时风的变化来选文录士，万历时沈承在《文体策》中说：“功令月旦而申，一则曰正文体，再则曰正士习，而士卒决裂不顾者，何也？曰：‘上之人教之也。’主司藉口还淳，已未免以利器示人，而又激扬太过，使名实不蒙，间且羊质混矣，间且鱼目投矣，间且赝鼎售矣。士且见上之眼可以五色迷，而下之才又未必以一纲尽，于是稍稍叛去，而文章始不足为重轻，虽欲不走捷径，不可得，况又有登高招之者哉！”② 既然手握衡文大权的人眼睛都“以五色迷，而下之才又未必以一网尽”，士人们自然不会以文章为重，而另去钻营投机走捷径，以博取功名利禄，八股文在士人心目中的地位便每况愈下了。黄洪宪在万历时说“正文体必先端士风”，并“疏陈六事：一曰去浮靡，二曰止奔竞，三曰明是非，四曰禁佞谀，五曰禁党锢，六曰

① 《明史》卷二百八十二《儒林传·序》，中华书局，1974 年。

② 沈承：《文体策》，载《古今图书集成·选举典》第七十六卷。

禁清议”[①]，便是针对上述现象而发的。

八股文又称为时文，是相对于古文而言，但既被称为时文，就必包含有随时代而变，与时代的需要相符的因素在内。清代道光时李祖陶说八股文“日新月异，五百年无一定之规”[②]，即是从这个意义上而言的。虽然隆庆、万历时八股文受时代影响所产生的变革从根本上违背了八股文创立的宗旨，使原欲以向士人灌输儒家正统思想的八股文，变成了瓦解程朱理学的工具，但它是新的经济因素对固有的社会纽带腐蚀的结果，是思想解放和社会风尚放纵颓废的反映，带有与传统观念相冲突的积极因素，显示了社会进步的些微希望。

万历时八股文变革的情状，从当时一些学者的言论中可以看出。

明末著名的八股文大家艾南英在《文待序下》中说：

“国初，功令严密，非程朱之言弗遵也。盖至摘取良知之说，而士稍异学矣。然予观其书，不过师友讲论，立教明宗而已，未尝入制举业也。其徒龙溪、王畿、绪山、钱德洪阐明其师之说，而又过焉，亦未尝以入制举业也。”

但到了隆庆，尤其是万历之后，“时方崇尚新奇，厌薄先民矩矱，以士子所好为趋，不遵上指”。“士子谈经义辄厌薄程朱，为时文辄诋訾先正，而百家杂说、六朝偶语，与夫郭象、王弼、《繁露》、《阴符》之俊句，奉为至宝。”[③]“又其甚者，名挂孔孟之籍，而阴附诸子百家为高；割裂程朱之语，而掇拾南华、西竺为奇；放言恣放，荡行弃检，以之家修，则心术坏，施之廷献，则政事废。”[④]

---

① 见《制义丛话》卷之六，咸丰九年广州重刻本。

② 李祖陶：《文选制义·序》，道光年刻本。

③ 艾南英：《增补文定待·序》，崇祯刻本。

④ 梁斗辉论明代选举，见《古今图书集成·选举典》第四卷。

朱国祚以其亲见亲闻，指陈隆庆、万历时八股文之弊状，他说，八股文从嘉靖末年“乃至于今，又有深可慨者，艳词逞辨，穷极瑰丽，以骇里耳，为夸而已矣。旁引不经，过为诡诞，使人不可究解，为怪而已矣。雕镂刻画，棘喉滞物，以呈其工，为巧而已矣。数者之敝，相寻不已，而文体遂至决裂。议者乃谓文之日趋于敝，犹江河之趋海而不复返”①。

万历时当过礼部尚书，拜东阁大学士，入参机务的李廷机在谈论八股文时说：“今天下之文，竞趋于奇矣。”“彼为奇者，其立意固薄简易，卑平淡，将跨躐区宇，蹈轶前人，以文雄于世，而不知其滋为病也。”②

八股文是维系明王朝思想文化大一统的最有效工具，这种背离了八股文创立宗旨的变革关系到明王朝的命运，所以一些有政治眼光的高官们上疏献策，意欲矫正时弊，使文体归于正。隆庆初，提学御史耿定向即奏科场事宜，指出“时义体制浮蔓，宜严立程式”③。

张居正早就对这种“崇尚新奇，厌薄先民矩矱”，竞为浮华放诞之言，破裂经传的空疏文风和怪诞的试题心存不满，曾利用主持乡、会试的机会，对好异尚新的文风加以痛抑，凡不合格式者一概摒斥。他主持隆庆五年辛未（1571）科会试，亲自写作范文，那篇有名的《先进于礼乐　全章》题文即是在这次会试中写就，供考生们揣摩的程文。该文高古深厚，合规中矩，与归有光的此题名作并肩抗行达二百多年，很有影响。这次会试，张居正专选文字雅正，文体正大之文，凡险怪新奇之作一概不录。邓以

---

① 朱国祚：《正文体议》，载《古今图书集成·文学典》第一百八十一卷《经义部艺文》。

② 李廷机：《正文体议》，载《古今图书集成·文学典》第一百八十一卷《经义部艺文》。

③ 雷礼《皇明大政记》，万历三十年博古堂刻本。

赞和张元忭两人，因其文雅淳，严格遵照功令，虽事座主不阿附，也不奔走钻营，张居正却将他们一个录为会元，一个荐于皇帝御前，被定为状元，成为八股文坛上一桩美事。

张居正当上首辅后，又仿效嘉靖革新中的做法，大力整顿八股文风，如万历元年曾“奏准试录序文，必典实简古，明白正大，俱若成化、弘治年间文体。督抚等官不许妄加称奖，以蹈浮靡之弊”①。这种雷厉风行的措施，在万历前期收到明显成效，八股文的空诞、新奇、空疏之风得到了扭转，实学之风开始为士人所接受。但张居正去世后，其革新措施被陆续废弃，八股文整顿的成果也毁于一旦。随之而来的是一种带有反攻倒算意味的复原，且文字的浮靡、思想的杂乱、文体的空疏、手法的新怪，都达到无以复加的地步。以致万历十三年（1585）二月，礼部上疏议科场事宜祛积弊，对各省乡试考官的任命，程式的规定，考卷的考核等都有种种建议，以纠正文风。② 万历十六年（1588），礼部参浙江、江西提学官，取怪诡之卷为优等，题为“士风随文体一坏，恳乞圣明严禁约以正人心事”，说：“近年以来，科场文字渐趋奇诡，而坊间所刻及各处士子之所肄习者，更益怪异不经，致误初学。”“自臣等初习举业，见有用六经语者，其后以六经为滥套，而引用《左传》、《国语》矣，又数年以《左》、《国》为常谈，而引用《史记》、《汉书》矣。《史》、《汉》穷而用六子，六子穷而用百家，甚至取佛经道藏，摘其句法口语而用之。凿朴散淳，离经叛道，文章之流弊，至是极矣。乃文体则耻循矩矱，喜创新格，以清虚不实讲为妙，以艰涩不可读为工，用眼底不常见之字谓为博闻，道人间不必有之言谓为玄解。苟奇矣，理不必

① 见《明会典》，中华书局影印《万有文库》排印万历重修本，1989年。

② 王世贞：《弇山堂别集》卷八十三《科试考三》，中华书局，1985年。

通，苟新矣，题不必合，断圣贤语脉以就己之铺叙，出自己意见以乱道之经常，及一一细与解明，则语语都无深识。青天白日之下，为杳冥魍魉之谈，此世间一怪异事也。夫出险僻奇怪之言，而谓其为正大光明之士，作玄虚浮蔓之语，而谓其为典雅笃实之人，可乎？如谓人自人而言自言也，则以文取士者，独以其文而已乎？”[①] 这些话将万历中叶八股文求新求异，向文学化的方向急进而破坏其经学性的状况都概述出来。参文认为，文体之变，进而会破坏科举取士制。这些言论虽然是站在保守派立场上说的，但却真实反映了隆、万时八股文的变革对科举的影响。万历二十二年甲午（1594）七月，礼部在复御史薛继茂《敷陈科场事宜八条》中，强调以正文体为第一义，指出“纯正典雅之词不出倾邪侧媚之口，怪诞险诐之说必非坦夷平易之衷。近日士习敝坏，皆由主司不务崇雅斥浮，而奇诡获售，宜其从风而靡也”[②]。礼部复文中规定：“今后会试主考，宜申饬分房，务取纯雅合式，不得杂收奇僻，为海内标。其两京各有试录朱墨卷，解到礼部，逐一看详。如仍踵弊风者，士子除名，试官有参处。”[③] 然而，由于“时方崇尚新奇，厌薄先民矩矱，以士子所好为趋，不遵上指也”[④]，礼部的规定虽经神宗皇帝允准下颁，却丝毫未见成效，文风愈趋怪诞靡丽。

因为时代风会所致，八股文的变革是一种必然，种种维护八股文道学性的努力都是白费。万历三十年（1602）礼部尚书又上疏赞誉禁毁李贽著作之举，指斥当时的八股文坛“自人文向盛，

---

① 王世贞：《弇山堂别集》卷八十四《科试考四》，中华书局，1985年。

② 顾炎武：《日知录集释》卷十六《经义论策》，岳麓书社，1994年。

③ 顾炎武：《日知录集释》卷十六《经义论策》后之注释，岳麓书社，1994年。

④ 《明史》卷六十九《选举志》一，中华书局，1974年。

士习寝离，始尔厌薄平常，稍趋纤靡，纤靡不已，渐务新奇，新奇不已，渐趋诡僻。始犹附诸子以立帜，今且尊二氏以操戈，背弃孔孟，非毁程朱……臣请坊间一切新说曲议，令地方官杂烧之，生员有引用佛书一句者廪生停廪一月，增附不许帮补，三句以上降黜。中式墨卷引用佛书一句者，勒停一科，不许会试，多者黜革”①。

万历四十三年（1615）十二月，八股文的无序变革使得文风芜靡已极，连一般人都看出这将危及大明王朝的统治，于是礼部再度行文申饬科场事宜，明文规定：“文必尔雅纯粹，平正通达，一一合先民典型者收，如否则虽才情奇艳者不录，怪僻者贴出示戒，甚否仍议罚科。其限字以五百为率，揭晓后，本部会同礼科细阅。”② 然而，大势已去，旧弊未纠，新弊又生，据礼部疏文云：“往年文体之弊，在于冗长，自限字之法行，则又流于空虚，甚且文以子史粗疏之字，杂以异端隐僻之谈，而文体益坏矣。去岁已经本部申饬厘正，又经颁示正式，用为模范，所以挽浮诡而还之雅道者，已不遗馀力，夫何士习日漓，积弊未祛。”③ 此时“以出入经史百氏为高，而恣轶者亦多矣。虽数申诡异险僻之禁，势重难返，卒不能从”④。从《明史》的撰写者饱含感慨的言词中，可以看出问题之严重及后人对当时有心纠弊，无力回天状况的悲哀与无奈。

① 转引自顾炎武《日知录集释》卷十八《科场禁约》。

② 顾炎武：《日知录集释》卷十六《经义论策》后之注释。

③ 王世贞：《弇山堂别集》卷八十四《科试考四》，中华书局，1985年。

④《明史》卷六十九《选举志》一，中华书局，1974年。

第三节　王阳明学说对隆庆、万历八股文内容和思维方式的影响

社会的发展有其规律。新的经济形态，市民阶层既在晚明时应运而生，必然会产生为其服务新的思想和文化，其代表为阳明后学之泰州学派。

隆庆、万历时，王阳明已去世多年，王学化为众多门派。这些门派的学术观点各有不同，如浙中王学和江右王学虽兴盛一时却日趋保守空疏，而由王艮所创始的泰州学派，则把王阳明思想的精华即独立思考的主张大大推进了一步，具有了浓烈的异端色彩，被后人称为王学左派。

王艮是一名平民出身的学者，他继承了王阳明关于致知格物高官平民人人皆可做到的人性平等思想，更发展为“百姓日用之道”。他认为“百姓日用”是“道”的核心，也是“道”的标准，“圣人之道”也是以“百姓日用”为准则的，“圣人经世，只是家常事”①，并认为人欲即天理，“天理者，天然自有之理也，才欲安排如何，便是人欲”②。这种思想，与“存天理，去人欲”的理学思想形成了对立。他反复印证良知之学，根据自我身心实践，鼓扬“率性”。他还主张争取人的生存权利和维护人的尊严，有着初始的追求社会平等，否定封建特权和等级的革新思想。

王艮的思想，在万历时得到广泛传播，出现一批在当时有影响力的泰州学派学者，如何心隐、罗汝芳等，特别是李贽在当时影响更大。其学说开始渗入八股文中。

王阳明学说进入八股文经历了一个渐进的过程，它是在王阳明学说兴盛，并进入经解后才开始的。它随着王学的兴盛而兴

---

① 《明儒王心斋先生遗集》卷一《语录》光绪石印本。

② 《明儒王心斋先生遗集》卷一《语录》光绪石印本。

盛，又随着王学的衰落而被排斥出八股文。

王阳明学说的兴盛，源自嘉靖时。由于嘉靖帝在大礼议中破坏了封建礼制，在社会上便产生了一种与程朱道学不相谐和的思想。因尊王轻朱可为大礼议的举动作遮饰，王阳明学说便在此背景下得以兴盛。于是，从嘉靖中期始，便有一些《四书》评注之类的书出现以王学新说代程朱传注的倾向。如嘉靖四十二年（1563）徐旷所编的《四书初闻》便称“良知”说是理解《四书》的关键。他还以王阳明心学来解释“心传”，称“心即道，道即心，心为道之主宰”①。这就为王阳明学说进入八股文埋下了伏笔。

自隆庆二年（1568）始，八股文开始按阳明心学来解经，但尚未大举进入。至万历中期，随时代的变化，各种学说兼容并蓄，王阳明学说开始大举进入经解。明代著名学者、状元、翰林院编修焦竑在其于万历二十二年（1594）编辑的《新锲皇明百名家四书理解集》中，除收录秉承程朱正统的诸家解说外，王阳明及王门后学的见解亦有所反映。这种兼容并包的倾向，甚至在程朱理学家中也所见非罕。如恪守程朱理学的东林党魁顾宪成对十七世纪初王门左派的批判十分激烈，但对王阳明本人则有所保留。这种兼容并蓄的经解类书籍编纂原则，使得这类书籍在士子中大为热销。熟读这类书籍的人写起八股文来，以王阳明来解题便是水到渠成之事。

虽然此时程朱理学势力仍大，朝廷为了维稳，也大力维护理学的权威性，但王学运动波澜起伏，几乎无人不受其影响。明末清初时的程朱道学，在许多方面都是受王学刺激才复兴的。这也影响到当时的八股文选评本的编纂。艾南英等靠大量选评来复兴八股文，就是要对王氏学说进入时文予以遏制。但隆庆、万历时

---

① 徐旷：《四书初闻》卷三，万历刻本。

有大量以王学解题的时文制义选评本问世，并因其新颖独特，受到士人的追捧。

随着越来越多内蕴王阳明学说的八股文的出现，佛道思想也渐渐侵入四书文和《四书》传注。以禅学入八股的第一人为著名学者、八股文名家杨起元。他于万历五年丁丑（1577）科中进士，其房师即王学宗奉者罗汝芳。艾南英、顾炎武都指斥其会试墨卷中充满禅宗教义。

除身受王阳明学说影响的士人的八股文中出现异端因子外，隆庆、万历经学研究的另一取向是复兴明初钦定《四书五经大全》中所未收入的汉唐传注。时代的变化，使一些学者对《大全》日益不满，转而试图结合考据与四书学以复兴经学。早在正德十一年（1516）浙江乡试就有一篇策论指斥了从十五世纪起明代科考八股文中出现的考据学倾向。清初方苞也曾批评明代中期八股文不得汉唐传注要领。可见明中叶以汉唐传注来对抗、排挤程朱一派传注的势力已成气候。这样，在隆庆、万历时又兴起在八股文中作考据，对程朱理学又增加一种挤压。明代的经学特别是四书学先近王学后近考据学，其偏离程朱道统已到空前的地步。

晚明各种思潮对八股文均有影响，但对八股文起到瓦解作用的还是王学。王阳明学说对八股文的影响主要体现在几个方面：

一、动摇了自明初以来构建的八股文写作理念与方式，新的写作理念和方法出现萌芽。

自明初以来，士人在政治高压、文化专制的逼迫和功名利禄的诱使下，八股文经学化的理念已成为一种集体无意识而深入大多数士人的心中。他们提笔作文首先考虑的是如何依经守注，只会依据程朱集注的教条去硬套语旨，使用的是机械的格物穷理之思想方法。而到隆庆、万历时期，受泰州学派和李贽学说的影响，许多士人接受了“百姓日用”即“道”的观念，明白了“百姓日用”即“道”的核心和标准。这样，他们便开始用“百姓日用”的观念去阐释《四书》、《五经》，在写作八股文时，即以之去阐释题旨。李贽在收集了他所作讲章及八股范文的《说书》序文中说：“独《说书》四十四篇，真为可喜，发圣贤之精蕴，阐日用之平常，可使读者一过目便知人圣之无难，出世之非假也。”① 晚明学者钱谦益在《家塾论举业杂说》中说到这种现象：“王龙溪（王阳明高足王畿）云：‘举业不出读书、作文两事。读书如饮食入胃，必能盈溢输贯。积而不化，谓之食痞。作文如写家书，句句道实事，自有条理。若替人写书，周罗浮泛，谓之沓舌。于此知所用心，即举业即德业，非两事也。’追忆邹东廓往年赴会，少子颖泉垂龆相随，动静俨如成人，不屑屑于章句，而大旨大端，默有契悟。命题操笔，绝不为俗套所泥，务出新意，发难显之词，而亦不乖于度。兄弟子侄，相继者数辈，是第一等万选青钱，举业者之榜样。诸友反而求之，始信余言之非妄也。”②

钱谦益所引王畿之言已将王阳明后学的八股文写作理念阐述得明明白白，即“作文如写家书，句句道实事，自有条理”。要是谨守传注，依之阐发，“若替人写书，周罗浮泛，谓之沓舌”。他还举了王门学者、八股文名家邹东廓之子邹颖泉在赴八股文会时“不屑屑于章句，而大旨大端，默有契悟。命题操笔，绝不为俗套所泥，务出新意，发难显之词，而亦不乖于度”来概括具有王学思想者的八股文写作理念，即不拘守章句，只重契悟；不泥俗套，务出新意。

二、将王阳明的心学直接引入八股文，从而破坏了八股文经学性的纯洁度，起到了瓦解程朱理学的效果。

尽管早在正德十一年（1516）就有人在八股文中隐晦地抨击

---

① 李贽：《续焚书》卷二《自刻〈说书〉序》，中华书局，1975 年。

② 钱谦益：《钱牧斋全集·有学集》卷四十五，上海古籍出版社，2003 年。

程朱道学，但被考官斥以离经叛道的诳语而扼杀后，直到隆庆，其他学说，包括王阳明心学都没有进入八股文，但局面很快被改变。

晚明著名八股文理论家、评选家艾南英在《历科四书程墨选序》中说："嘉、隆以前，姚江（王阳明）之书虽盛行于世，而士子举业尚谨守程朱，无敢以禅窜圣者……自兴化、华亭两执政尊王氏学，于是隆庆戊辰（二年）《论语》程义首开宗门，意端肇于此矣。此后浸淫无所底止，科试文字大半剽窃王氏门人之言，阴诋程朱。"[1]

艾南英所指斥的隆庆二年（1568）会试，首开以王阳明心学入八股文记录的主考李春芳就是王阳明心学的宗奉者。他写作的《论语》题程文《子曰由诲汝知之乎 一节》便以王氏心学入文，其破题为"圣人教贤者以真知，在不昧其心而已"，"真知"、"不昧其心"便是出于《庄子》的阳明心学语言。[2] 他取中的《论语》题八股文都是以阳明心学来解题的。不久，万历五年丁丑（1577）科会试，王学高徒杨起元更以禅学入文并被取中。宗门一开，以王阳明心学入八股制义便成家常便饭。

以王阳明心学入八股文，常有妙悟精洁之作出现，因它在释题时往往能灵心独运，透过表面，深入题理，发出至理妙意，醒人心脾，增强了八股文的吸引力。故袁宗道说："文章最上乘曰妙悟。"[3] 但它却瓦解了程朱理学独霸制义的局面，在一定程度上颠覆了八股文的经学性，使"国家以经术取士，自《五经》、《四书》、《二十一史》、《通鉴》、《性理》诸书而外不列于学宫，而

① 艾南英：《明文海》卷三百十二《时文序》。

② 见顾炎武：《日知录集释》卷十八《破题用庄子》，岳麓书社，1994年。

③ 左培：《书文式·文式》卷上《历科诸先生文语·袁玉蟠》。日本享保三年京都刻本。

经书传注又以宋儒订者为准，此即古人罢黜百家独尊孔氏之旨”[①] 归于空谈。

更为严重的是，自王阳明学说闯破经学独霸的大门，进入八股文后，其他诸子百家，甚至佛道思想、语言也呼啸而上，纷纷拥进门去，各自以自己的见解和语言去解释题旨，这就是万历三十一年（1603）礼部尚书冯琦奏疏中所说的：“始犹附诸子以立帜，今且尊二氏以操戈，背弃孔孟，非毁程朱，惟《南华》、西竺之语是宗是竞。以实为空，以空为实。以名教为桎梏，以纪纲为赘疣，以放言高论为神奇，以荡轶规矩，扫灭是非廉耻为广大。取佛书言心言性略相近者窜入圣言，取圣经有‘空’字、‘无’字者强同于禅教，语道既为舂驳，论文又不成章。世道溃于狂澜，经学几为榛莽。”[②] 冯琦说在王阳明学说的带动下各种社会思潮纷纷进入八股文，使得“经学几为榛莽”之说虽不无夸大之嫌，但对万历时八股文经学性的瓦解甚至颠覆是可以想见的。而经学性的削弱、瓦解则为隆庆、万历时八股文的变革创造了必要的条件。

三、王阳明学说的广泛传播，造成了士人思维方式的转变，为隆庆、万历时八股文的文学化打下了思想基础。

在正德、嘉靖以前，八股文必须依经傍注，遵循的是一种循规蹈矩，摹拟刻板的思维方式。

到正德、嘉靖时，王阳明心学开始传播，这种学说采用一种体悟式的思维方式去认知，主张“率性”，各行己意。它强调的不是依照旧的依经傍注的思维方式，而是要采用新的思维方式来行文。这种新的思维方式，清代学者彭绍升在其《论文五则》中

① 万历时冯琦奏疏语，转引自顾炎武《日知录集释》卷十八《科场禁约》，岳麓书社，1994 年。

② 转引自顾炎武：《日知录集释》卷十八《科场禁约》，岳麓书社，1994 年。

作了中肯的揭示：

“明初学者，多墨守章句，并为一谈。自阳明先生作，而承学之士始知反求诸心，要于自得。”①

这种“反求诸心，要于自得”的思维方式，是靠内心顿悟来理解经义，靠灵心妙转来爆发新见。它要求人们不要一味地去依傍程朱传注，而要靠各人内心的感悟、体认去阐释《四书》、《五经》。这是一种创新型的思维方式，往往能别抒独见，出新出奇，也易于表露真性情。以之去作文，势必写出与以往大为不同的文章来。这种做法，在当时被称为“凌驾”、“奇矫”。以这种方法来作八股文，正如彭绍升所指出的，“其见于文往往如圆珠出水，秋月写空”②。淡化了道学气，充盈着文学色彩，或有奇情逸趣，或有创见新解，或见机心濬发，总之是沁人心脾，如读古文。八股文在隆庆、万历时文学化色彩颇为浓重，不能不说与王阳明心学的深入士人之心改变了他们八股文写作的惯有思维方式有很大关系。

第四节　隆庆、万历八股文发展的三个阶段及其特点

《明史》说：“论者以明举业文字比唐人之诗，国初比初唐，成、弘、正、嘉比盛唐，隆、万比中唐，启、祯比晚唐云。”③ 把隆庆、万历的八股文比之为中唐之诗，若从时间段与两者的风格与写作技巧的多样性而言，确有其精到之处。如中唐诗或雕琢炼饰，追求丽藻华词；或崇俗尚质，追求浅切尽露的平易之风；或崇奇尚怪，追求笔补造化的人工之美，都与隆庆、万历的八股文

---

① 彭绍升：《二林居集》卷二，嘉庆四年味初堂刊本。

② 彭绍升：《二林居集》卷二，嘉庆四年味初堂刊本。

③ 《明史》卷六十九《选举志》一，中华书局，1974 年。

有惊人的相似之处。但若从两者的内容实质而言，却有着根本性的差别。如中唐诗多反映出深重的忧患意识，作者感受到当时的苦难，发而为诗，往往带有杜甫那种沉郁顿挫的风格。隆庆、万历时的八股文却不是这样，虽然社会矛盾已十分尖锐，明王朝已坐在一座即将爆炸的火药库之上，但由于承平日久，商品经济在继续繁荣，绝大多数士大夫和士人仍在醉生梦死，追欢逐乐。故写出的八股文多呈靡丽之象，反映出的是一种恬嬉人生的心境，与中唐诗歌相去何止十万八千里。

既然把隆庆、万历时的八股文比为中唐之诗并不确切，那么隆庆、万历的制义时文究竟有什么特点呢？

隆庆、万历时的八股文既有总体特色，也有不同发展阶段的特色。

此时八股文的总体特色，明、清两代均有种种论述，比较权威的有如下几种：

清康熙时八股文高手、理论家戴名世说："经义之文，自天顺以前，作者第敷衍传注，或整或散，初无定式。而成化以后始有八股之号，嗣是以来，文日益盛，而至于隆庆及万历之初，其法益巧以密，然而其波澜意度各有自然者，历数百年未之有异也。"①

戴名世以作法之"巧以密"来概括隆庆、万历八股文之特点。

《四库全书总目》中概括了明代不同时期八股时文的特点，当然也点明了隆庆、万历的时文特色："明洪武初，定科举法亦兼用经疑，后乃专用经义，其大旨以阐发理道为宗。厥后其法日密，其体日变，其弊亦日生。有明二百馀年，自洪、永以迄化、治，风气初开，文多简朴。逮于正、嘉，号为极盛。隆、万以机

① 《戴名世集》卷四《丁丑房书序》，中华书局，1986 年。

法为贵，渐趋佻巧。”

方苞在谈论明代八股文的特点时指出：“隆、万兼讲机法，务为灵变，虽巧密有加，而气体颓矣……隆、万为明文之衰，有气质端重间架浑成者，亦有专事凌驾轻剽促隘，虽有机趣而按之无实理真气者。”①

道光时李祖陶在论及明代八股文的特点，说及隆庆、万历时说，此时“或讲机局，或尚才情，或喜词藻”②。

这些评论，字句虽有不同，但都指出隆庆、万历继嘉靖之后，八股文易方为圆，渐趋圆熟，崇尚机法，专事凌驾，轻剽促隘，务为灵巧，虽巧密有加，而气体颓然。不过，这种综括性的揭示过于笼统，要确切认识隆庆、万历八股文的特点，要从这一时期八股文发展变化的不同阶段去把握。

隆庆、万历的八股文可分为三个阶段，即承继阶段、反正阶段和大变革阶段。

从隆庆初年至隆庆五年（1571）属于承继阶段。这一阶段无论从内容到形式都承袭了嘉靖末年的形态。

据《万历野获编》所说：“嘉靖末年，时文冗滥，千篇一律，记诵稍多，即掇第如寄……至壬戌（嘉靖四十一年）而滥到极矣。”③ 嘉靖四十四年（1565）直隶学使耿定向的奏疏中说：“迩来经书时义，体制大坏，有浮蔓至千馀字者。”④

总体而言，嘉靖末年的八股文一是内容上求新逐异，已出现不遵从程朱传注的现象。二是冗长浮蔓，不守体制，字数长达千多字。三是因刻板印刷技术的进步，造成时文选本的大量流行，

① 引自《制义丛话》卷之一，咸丰九年广州重刻本。

② 李祖陶：《文选制义·序》，道光年刻本。

③ 《万历野获编》卷十六《科场》，中华书局，1959年。

④ 王世贞：《弇山堂别集》卷八十一《科试考一》，中华书局，1985年。

为那些希图捷取功名者大开了背诵的方便之门，致使抄袭之风大盛，八股文千篇一律，毫无创意。四是此时的八股文已出现较为明显的文学化倾向，讲求词藻、机巧而轻忽程朱传注即内容者开始出现。凡此种种，使此时的八股文与过去的雅正之风大相径庭。而隆庆初至五年（1571）的八股文坛，完全承袭了嘉靖末年的风习，与嘉靖末年一样被人指为“冗滥”。

从隆庆五年辛未（1571）科会试之后至万历十一年（1583）左右为第二阶段。这一阶段，由于铁腕人物、首辅张居正大力整顿科场文风，使八股文“复见弘、正风规”①，诸名家能于平淡疏宕中见古逸，深得欧阳修、曾巩之古文神法，与此前大为不同，故称之为反正阶段，即去文学化返经学化。

张居正以其犀利的政治家目光看出嘉靖末年八股文“冗滥”对统治阶级的危害而深恶痛绝，一旦当上首辅，大权在握，即着手整治文风。隆庆五年主持辛未（1571）科会试，他亲写程文示范，晓以明白正大之风。取录时坚持取录文词雅正，文体正大之文，排斥一切新奇、空疏、怪诞之文，科场为之一震。此后他又下令力矫各行省乡试文风，终于使这一时期的文风返归弘治、正德盛时景象，受到那些力主程朱理学独占八股文者的高度评价。清初吕留良即称“隆庆辛未，复见弘、正风规，至今称之”。

清学者、八股文名家何焯说：“隆庆时，江陵（张居正）柄国，黄葵阳（洪宪）、邓定宇（以赞）素所受知。辛未主试，抑葵阳而元定宇，又复刊其行卷而程式天下，是科之后文归正雅。……江陵之为政也肃，用才也锐，而士气与文格亦应之。削冗长，刷眉目，廓清于辛未，而甲戌以后，皆禀承其尺度，弗敢越轶，精严敏妙，极研墨之工，论其气脉浑厚，或不及王、唐，固

① 吕留良：《吕晚村先生论文汇钞》，康熙五十三年刻本。

中叶之极盛也。”[1] 对这一阶段之文作出准确评述。但不久又有变化，吕留良说：“丁丑（万历五年）以前犹属雅制，庚辰（万历八年）始令限字，而气格萎苶。”[2] 即是说，从万历八年（1580）开始，又出现冗长之风，故要下令限字，且文风又开始变化，开始偏离明白正大之风，文风渐趋奇矫，圆媚之作也大量出现。他称之为“气格萎苶”。这一时期的主要八股文名家以雅纯称者有黄洪宪、邓以赞、张元忭等，以平淡清雅称者有汤显祖、万国钦、叶修，以圆媚称者有董其昌等。

从万历十一年（1583）至万历末年为第三阶段。这一阶段八股文的特点是不断变革，追求作法，求新求异，各种风格的作品纷呈，文学色彩浓郁。对这一阶段的看法，当时及后世的分歧最大，有全盘肯定的，有部分肯定部分否定的，也有全盘否定的。

全盘肯定者可以清彭尺木（绍升）的言论为代表，他在《论文五则》中说：

“文之用有三，曰明天德，陈王道，辨物情。而所以行之者四，曰恻隐之心，羞恶之心，是非之心，辞让之心，是四者，根于性，效于情，而成于才。才者，性情之所由达也。而泥注疏之体者则曰无事才，方恶人之以才汩之也。不知才不尽，恻隐、羞恶、是非、辞让之心不可得而著也，后之读其文者，恻隐、羞恶、是非、辞让之心不可得而兴也。若是者，不作可也。吾读有明中晚诸先辈文，而四者之心不觉其勃然兴也。天德、王道、物情因是益辨晳而察焉。”[3]

否定隆庆、万历文的焦点集中在其内容，彭尺木却把隆、万八股文的内容抬到读后能使恻隐之心、羞恶之心、是非之心、辞让之心四者“不觉其勃然兴也”的效果，可见在他眼中内容是如

① 何焯：《义门先生集》卷十《两浙训士条约》，道光刻本。
② 吕留良：《吕晚村先生论文汇钞》，康熙五十三年刻本。
③ 彭绍升：《二林居集》卷二，嘉庆四年味初堂刊本。

何之纯正动人。原四川大学教授，被誉为“近代学术史上英年早逝的天才学者”之刘咸炘（1896—1932）则赞同他的话，说：“此论之精正与实斋同，知此则何疑于时文之非立言邪？尺木之独举中晚而讥拘者，有深意焉。盖中晚为明文之极盛，知言论世之资，中晚为最富，而论者多轻忽之也。”[①] 他还说：“论其源流，大抵化、治、正、嘉为正，而隆、万、启、祯为变。正者不过注疏讲义之支流，变者乃成知言论世之渊海。”[②]

既有肯定又有否定者可以清方苞的评述为代表，他在《钦定四书文·凡例》中概述明代八股文的特点时说及隆庆、万历之文：

> 明人制艺，体凡屡变。自洪、永至化、治百馀年中，皆恪遵传注，谨守绳墨，尺寸不逾。至正、嘉作者，始能以古文为时文，融液经史，使题之义蕴隐显曲畅，为明文之极盛。隆、万间兼讲机法，务为灵变，虽巧密有加，而气体苶然。至启、祯诸家，则穷思毕精，务为奇特，包络载籍，刻雕物情，凡胸中所欲言者，皆借题以发之。凡此数种，各有所长，亦各有所蔽。化、治以前，亦有直写传注寥寥数语及对比改换字面而意义无别者。正、嘉而后，亦有规模虽具、精义无存及剽窃语录、肤廓平衍者。隆、万亦有轻剽促隘、无实理真气者。启、祯名家之桀特者，思力所造，涂径所开，或为前辈所不能到，其馀偭弃规矩以为奇，剽剥经、子以为古奥，雕琢字句以为工雅，而圣经贤传本义转为所蔽矣。

应当说方苞之论述是比较客观公正的。隆庆、万历时的八股

① 刘咸炘：《四书文论》，《刘咸炘学术论集·文学讲义编》，广西师范大学2007年。

② 刘咸炘：《四书文论》，《刘咸炘学术论集·文学讲义编》，广西师范大学2007年。

文确有前后世皆不可及之处，故有人认为此时乃八股文的极盛时期。因为世间事物，只有不断去旧图新，才能欣欣向荣，臻于繁盛，八股文当然也不会脱此规律。所以充分肯定这一阶段时文的言论是有其精到之处的。

对这一阶段之文持全盘否定态度的后世大有人在，如明末清初的顾炎武与吕留良等人皆是这样。吕留良说：

> 洪永之文，质朴简重，气象阔远，有不欲求工之意，此大圭清瑟也。成、弘、正三朝，犹汉之建元、元封，唐之天宝、元和，宋之元祐、元丰，蔑以加矣。嘉靖当极盛之时，瑰奇浩演，气越出而不穷，然识者忧其难继。隆庆辛未（隆庆五年，1571），复见弘、正风规，至今称之。文体之坏，其在万历乎？丁丑（万历五年，1577）以前，犹属雅制，庚辰（万历八年，1580）始令限字，而气格萎苶。癸未（万历十一年，1583）开软媚之端，变徵已见，己丑得陶、董中流一砥，而江河已下，不能留也。至于壬辰（万历二十年，1592），格用断制，调用挑翻，凌驾攻劫，意见庞逞，矩矱先去矣。再变而乙未（万历二十三年，1595），则杜撰恶俗之调，影响之理，剔弄之法，曰圆熟，曰机锋，皆自古文章之所无。村竖学究喜其浅陋，不必读书稽古，遂传为时文正宗。自此至天启壬戌（天启二年，1622），咸以此得元魁，辗转烂恶，势无复之。于是甲乙之间，继以伪子、伪经，鬼怪百出，令人作恶。崇祯朝加意振刷，辛未（崇祯四年，1631）、甲戌（崇祯七年，1634）、丁丑（崇祯十年，1637）崇雅黜俗，始以秦汉唐宋文发明经术。理虽未醇，文实近古。庚辰（崇祯十三年，1640）、癸未（崇祯十六年，1643）忽流为浮艳，而变乱不可为矣。此三百年升降之大略也。先民精于理学，每自有发明，不由训诂，却正得传注之妙。自嘉、隆以后，邪说浸灌，叛道反攻，若有发明，必悖程朱，又不如墨守之为愈近。时名为遵注，实不明注义，但声唤几

个注中字样，便自谓得法作家，芜秽满纸，此不特为邪说所鄙笑，并训诂老学究，亦概讪其不通矣。将来穷则必变，此一群枵腹捷舌之徒，岂能出二氏之手，其必折而入于邪说可知。①

吕留良以其深厚的文史素养和八股文史知识，一眼即看出万历年间八股文极尽变化之能事，以及追新求奇，专务机法的特征。但他是尊程朱而斥阳明的，故对这一时期的八股文极尽贬斥，这不是客观公正的态度。

万历十四年丙戌（1586）科会试之后，凌驾之法大炽，清代康熙时的八股文名家戴名世在《丁丑房书序》中说：

"经义之文……而至于隆庆及万历之初，其法益巧以密，然而其波澜意度各有自然者，历数百年未之有异也。今之论经义者有二家，曰铺叙，曰凌驾。铺叙者，循题位置，自首及尾，不敢有一言之倒置，以为此成化、弘治诸家之法也。凌驾者，相题之要而提挈之，参伍错综，千变万化而不离其宗，以为此《史》、《汉》、欧、曾之法也。于是言铺叙者则绌凌驾，言凌驾者则绌铺叙，两者互相诋訾而莫之有定。"②

戴名世指出了隆庆、万历八股文的最主要特点即讲究机法，且"其法益巧以密"，"其波澜意度各有自然"，而这就形成"凌驾"之法。所谓"凌驾"，就是要抓住题目之要旨而使用"参伍错综，千变万化"之技法加以揭示。实际上隆庆、万历时许多士人在抓题旨的过程中往往不遵循程朱传注，代以己意，再用各种出奇出新出巧之法加以表现，这才是"凌驾"的真正含义。

凌驾之风由王锡爵力倡而兴，其代表人物有袁宗道、陶望龄、吴默、王思任、项煜等。清代学者何焯阐述了此风形成的

① 吕留良：《吕晚村先生论文汇钞》，康熙五十三年刻本。

② 《戴名世集》卷四《丁丑房书序》，中华书局，1986 年。

经过：

"鄞县（沈一贯，曾任首辅）癸未（万历十一年）所收多异才，而元卷犹主于和平温润。袁伯修（宗道）变而为峭峻，气味与孙（鑛）、冯（梦祯）绝不相入矣。同考杨公复所（起元）出而语人曰：'吾《书》二房应取人十二卷，既足数矣，陆葵生过阅，谓平平无奇，恐不当荆石（王锡爵）先生意。余因偕之遍观各房一二新奇出色，乃将落卷遍阅，重取十六卷。'此足征太仓（王锡爵）之赏好，又一变矣。"①

何焯指出万历十一年癸未（1583）科会试就力主取中新奇出色之文，虽然这一科的会元取中"和平温润"之卷，仍被吕留良斥为"开软媚之端"，而"变徵已见"，即已开凌驾之风。到万历十四年丙戌（1586）科会试，由王锡爵主试，更主峭刻、奇矫为文，取中会元袁宗道，而名士陶望龄之卷因走了"和平温润"的路子而落榜。陶望龄便一改文风，务求奇拔峻刻，极尽凌驾之法，内容和形式均奇矫警拔，下一科即万历十七年己丑（1589）科会试，由大学士许国等主持，以陶望龄奇矫之文为会元。从此凌驾为文之法大盛。

万历十六年（1588）礼部以《士风随文体一坏，恳乞圣明严禁约以正人心事》的疏文参浙江和江西提学，对隆庆、万历的文风有准确的概述，指出："近年以来，科场文字渐趋奇诡，而坊间所刻及各处士子之所肄习者，更益怪异不经，致误初学……凿朴散淳，离经叛道，文章之流敝，至是极矣。乃文体则耻循矩矱，喜创新格，以清虚不实讲为妙，以艰涩不可读为工，用眼底不常见之字谓为博闻，道人间不必有之言谓为玄解。苟奇矣，理不必通，苟新矣，题不必合，断圣贤语脉以就己之铺叙，出自己

① 何焯：《义门先生集》卷十《两浙训士条约》，道光刻本。

意见以乱道之经常，及一一细与解明，则语语都无深识。”①

礼部参疏虽点出了万历十一年后八股文的特点，却持否定态度，认为此等文章，“及今不为严禁，恐益灌渍人心，浸寻世道，其害甚于洪水，甚于异端……是所坏者不止文体一节，而亦于世道人心大有关系……言者心之声，而文者言之华也。其心坦夷者，其文必平正曲实，其心光明者，其文必通达爽畅，其不然者反是，是文章之有验于性术也如此”②。不过，它指出“文者言之华也”，还是有一定道理的，凌驾为文说到底就是开启了八股文的文学化道路。因为它追求的是以己意解题，中多个人的意趣，并用“参伍错综，千变万化”之笔调出之，这种文字自然少道学气而多人情味，少刻板呆滞，多新奇自然，少晦涩难解，多晓畅平易，这便是文学化了的八股文。明代范光父曾指出以凌驾为文而著称者的文学特征：

“袁公安（袁宗道）骨气遒劲，自是陶铸中来，非复世人饾饤语。陶会稽（陶望龄）吞吐珠玉，为齐纨蜀锦之文，而叩之有声，览之多色，令人低回不忍释。吴松陵（吴默）洞心呕血，搜精抉玄，直欲言人所不能言，而驰骋风云，万夫辟易，前辈多无此格调，此又文章家一大变也。”③

这番话概括出凌驾为文者的文学性质，更指明“前辈多无此格调，此又文章家一大变也”。

万历中期以后，八股文坛大讲机法，除以凌驾之法写奇矫之文外，还有一些人专门去讲求篇法、股法、句法、字法，其关键在操纵、开合、抑扬、起伏、顿挫、错综六种技法的运用。这些人以董其昌、汤宾尹、许獬为代表。他们也受王阳明后学的影

① 王世贞：《弇山堂别集》卷八十四，《科考四》。中华书局，1985年。

② 王世贞：《弇山堂别集》卷八十四，《科考四》。中华书局，1985年。

③ 钱时后、钱文光：《皇明会元文选·摘录诸家谈艺》，万历刻本。

响，讲究对题理的感悟而不看重对程朱传注的依傍。董其昌说："圣贤语岂无缺漏处？须作者用意斡旋，李长吉云'笔补造化天无功'是也。"① 以己意去斡补圣贤语，这就是他们的题理观，在这一点上，就与凌驾为文者区别开来。凌驾为文者是"相题之要提挈之"，虽强调感悟，但要抓住题之要旨去进行，而专讲机法者却是要凭个人感悟，抓住题中缺漏处去加以斡补。"缺漏处"是什么很难把握，这就易远离题旨，甚至违背题旨。两者都重视作法。凌驾为文者"参伍错综，千变万化而不离其宗"，即手法虽千变万化，却是为阐发题旨服务的，而讲机法者却是以各种手法来制造耸人眼珠的效果，以便在科场中容易取中。这些人中的高手，能把文章写得鲜艳尖隽，但色胜而味薄。

万历时的八股文理论家李尧民曾对其同僚、河南提刑按察司副使陈简说："迩来士习竟奇，由奇入险，由险入僻，试以累黍程之必不合也。夫文贵法耳，缩于法之内不可，轶于法之外亦不可。诸士子轶矣，盖以法止之。"② 李尧民指出万历中叶以后由于机法的过度使用，人们厌常喜新，标奇揽异，取快于口耳声名，故无论凌驾为文也好，使机用巧为文也好，都由奇入险，由险入僻，易入魔道，所以他认为要正确使用法。

袁宏道曾在《时文序》中说："举业之用，在乎得隽，不时则不隽，不穷新而极变，则不时。是故虽三令五督，而文之趋不可止也，时为之也。"

袁宏道以自己的亲身感受，指出了万历中叶以后八股文之用体现在科场考中，而不合时趋新则不能"得隽"，要合时，又必须"穷新而极变"，就这样，造成了万历十一年后八股文纷变不已的局面，这是时代使然。到万历末年，"极变"后的八股文出

---

① 左培：《文式》卷上《历科诸先生文语·董思白》，日本享保三年京都刻本。

② 陈简《跋》，见李尧民评《皇明四书文选》，万历二十四年刻本。

现了种种靡丽之象，已与朱元璋设计的八股文本意大相径庭。因此时大明王朝陷入了空前的统治危机之中，故人们往往把大明王朝的衰落与八股文的变革相联系，对其加以贬斥。这当然有其合理性，但又反映一些人的保守观念，他们对文体的变革总是持反对态度，稍有一点变动便看不惯，要痛加斥责。这种人到今天亦常有所见，这是民族的悲哀，因为世上一切事物，不变则僵，只有“穷新而极变”才是生路。即使变中有错，也是前进中的问题，只要坚持变革，终会进步。

第五节　贯串隆庆、万历时期的传统派八股文

隆庆、万历时的八股文坛处于一个变局之中。八股文因时而变，呈现出浓郁的文学色彩，各种风格、各种流派的作品都涌现出来，“厌常喜新，标奇揽异，取快于口耳声名”① 者为其主流，这些人可称为革新派。但在这个时期，仍有一部分具有深重道义感和使命感的士人坚守成化、弘治、正德、嘉靖初、中期的文体风格，虽然受时代的影响，也打上时代的烙印，但总体上保持雅醇的传统，这些人可称为传统派。传统派在隆庆、万历早、中期有较大的影响力，这不仅是其文，更因为其人格操守都受当代及后世称赞。其代表人物为隆庆年间中进士的邓以赞、黄洪宪、黄汝亨、张元忭及万历时的进士赵南星、顾宪成等。

隆庆时的传统派名家各有风格，很受后人推崇，清代周以清在《四书文源流考》中说：

“（八股文）传至隆庆，胡思泉（友信）、邓定宇（以赞）、黄葵阳（洪宪）三家鼎峙。胡思泉之文原本经术，出以洁气定数，颇似守溪，而评家又谓黄有意于奇，邓无心于巧。故世之习

---

① 王世贞：《弇山堂别集》卷八十四《科考四》，中华书局，1985 年。

时文者圆融正当即号定宇一派。吕氏矫之，复以葵阳为胜。要之邓以度胜，黄以骨胜，彼二公实皆文章正轨也。”①

明末陈名夏评黄汝亨时说：

“贞甫先生得名于时最早，成进士最后，然文章以是传，高山大壑龙虎变化，时人望之有雄杰魁梧之气，彼小言之夫恶足以语此。茅鹿门（坤）先生才雄一世，沉涵百家，先辈诸君自守溪（王鏊）、荆川（唐顺之）而外罕所许可，然予闻鹿门馆穀先生数十年，岂非所谓壁垒相当者耶？”②

他们要么将传统派名家推为与胡友信这样的八股文大师并肩，要么拉出以古文为时文的开创者茅坤来说事，实是因为这些人的时文的确有其出色当行之处。他们为文谨守矩矱，不因时代趋新尚奇之风气而改变其忠实于传统之志。邓以赞、黄洪宪、张元忭等人还是王阳明学说的信徒，却“无流入禅寂之弊”③。

至于万历时的传统派杨继盛、赵南星、顾宪成等人节操凛然，故往往以沉雄之气势，抓住题之要旨，联系现实切实发挥，虽不追求技巧的使用，却富有战斗性、冲击力，文章一出即不胫而走。如杨继盛的名作《王勃然变乎色》即是如此。

王勃然变乎色

时君之恶直言也，征于色矣。

夫孟子论贵戚之卿，直言也。直言闻而王色变，尚可与言哉！

尝谓暴国之势，尊君而抑臣，骄主之心，好谀而恶直。义矣夫，直言之易忤也。

---

① 《学海堂集》卷八，光绪启秀山房刻本。

② 陈名夏编《国朝大家制义》卷四十一《黄贞甫先生制义序》，明末陈氏云居刻本。

③ 《明史》卷二百八十三《邓以赞、张元忭传》，中华书局，1974 年。

齐王闻所谓贵戚之卿矣！盍思曰：过之不可有也如是夫？吾饬吾躬，而常使之无可谏。

位之不可恃也如是夫？吾虚吾听，而常使之无可易。

则于孟子之言不和颜以受之，即改容以礼之矣，而乃勃然变乎色焉？

以为君者，卿之君也，天泽之分甚严也。以卿而加乎君，天泽之谓何？

卿者，君之卿也，冠履之辨甚明也。以君而听乎臣，冠履之谓何？

纵心败度，人恒有之，而向之听吾予夺者，乃今一旦而可夺我也。是设卿固自危也，吾何乐乎有卿。

饰非拒谏，人孰无之，而向之听吾进退者，乃今一旦而可以进退我也。是擅国不在王也，吾何乐乎为君。

社稷有常奉，而亲臣、世臣，方且议长短而操废置，即弑君篡国，其谁复禁焉。吾恐教天下以忠者，其言不若此矣。

长君犹践祚，而伯父、伯兄，且敢挟公议而除共主，脱主少国疑，其谁肯服焉。吾恐教天下以乱者，其机必自此矣。

是故逆乎耳遂逐乎心。发于心而遂征于色。

由是推焉，设有大过，而贵臣为之强谏，必不听矣，位亦危亦哉！

作者以《孟子·梁惠王章句下》中齐王听了孟子之直言而"变乎色"，来影射万历皇帝之拒谏及可能造成之恶果。文章雄快犀利，抓住齐王闻直言而勃然变色，以六股来发挥所以勃然色变之故，却只用二小股来敷衍题面。其敷衍题面处，仍将"逆于心"陪起"征于色"之原故，也即上面六股之意。这种贵在发挥题意，不贵敷衍题面，是隆庆、万历间传统派名家的看家本领。如果着重从题面来摹写"勃然"，只要几句话便可说完。而推明所以“勃然”之原因，不仅可写出齐王闻言愎谏，连平日之骄暴种种肺肠，都可和盘托出。而当时齐王的面目，自不待描摹自然就发露出来了。这就是杨继盛等传统派人士作文之所以重在发挥题意的原因所在。

清代理学名臣陆陇其评点该文说：

“看其发题意处六股，首说以卿而加乎君，以君而听乎臣；次说予夺我进退我；次说弑君篡国，主少国疑，此是由浅渐深之法。”

由此文即可看出万历时传统派八股名家写作的基本套路及特点。

在隆庆、万历时期，虽然八股文处于大的变局之中，各种风格，各种形态的文章纷纷登台，标新立异，琳琅满目，确实造成一种夺目的色彩。但是，恪守经注，秉承传统的文风仍有很大势力。因为八股文是士人用于取功名的，朝廷则靠它去传输儒家正统思想，培养、识别具有儒家伦理道德观的人才。尽管受时代影响，个别考官取文时也会喜奇爱新，致使文风一变。但功令所在，大多数主考仍会坚持内容雅正的传统，故传统的八股文仍是一股不可小觑的力量。到崇祯及清代更成为主流。

第六节　隆庆、万历时各类八股文的特征

隆庆、万历时的八股文名家高手们无不在新、奇二字上下功夫，欲以此来耸动世人眼球，他们挖空心思，讲求作法技巧，故此时的机法已运用至极致。连传统派也不固守先贤作法，也在出新出奇。所以这个时期的八股文呈现出各有主张、各具特色又相互渗透的特点。

对于传统派来说，其八股文最大的特色在于认题极细、极真切，故于题旨的阐释也极准确。

八股时文所论，皆孔孟之绪馀，精微之奥旨，在八股文史

上，从未有不深明书理而被称为佳文者。明代号称为时文大家的王鏊、唐顺之、瞿景淳、薛应旂等，都是寝食于经书之中，冥搜幽讨，殚智毕精，始于圣贤之义理，心领神会，融液贯通，参以经、史、子、集以发其光华，范之规矩准绳以密其作法，使书理毕陈无遗。而要达到这种程度，又须先做好认题。邓以赞这批传统派，在先辈熟经文，穷书理，认题真的基础上又有新的开拓。他们不仅潜心于经典的攻读，还遍读王鏊等大家之八股文，揣摩其思想，故认题之细密，远远超过前人。

八股文是命题作文，若要文章精确，首先要切题。而要文章切题，首先要认题真切，于题之轻重详略，字字体贴入微，方能因题成文，不枝不蔓，详虑周察，循题之脉络窍会，为之起落转接，以尽题中奥旨。如徐日久的《象日以杀舜为事　全章》题文，题目出自《孟子》，其认题极细，题中义蕴，无不发掘，题中委折，悉就范围。更能于题外寻出波澜，以鼓荡题情，故受到各种文选家的推崇。邓以赞的《生财有大道》一文，是他隆庆时中会元的墨卷，认题至细，故能与张居正在主持这场会试时所作的程文媲美。其文肖题立格，依法作疏，气体高宏，肌理缜密。

至万历中、后期，随着李贽非孔斥圣思想和要求个性解放风气的大流行，士人中普遍对程朱理学心存非议，故八股文中能括综经旨，浸渍程朱理学，搜体遗绪的人越来越少。而顾宪成、赵南星、黄道周等人则是为数不多的，能大体遵照前辈传统，不诡圣道之训的代表人物。他们的八股文，既继承了邓以赞等人认题至细的特点，又融入了时代某些新的见解与作法，意测经旨，于经文往往参以己意，扼定大旨，揣摩语调，仿佛口气，务期克尽代圣贤立言之义，而又针对现实，故对题旨体认亲切，为文则细密精详。

从总体而言，隆庆、万历时的传统派八股文由于认题至细至真，故其文能融会六经，剔发精微，为经传传神，文风则清切简直，以神韵清微取胜。所以他们才能在高手如云，美文遍地，写法新奇，反理教的呼声响遏行云的隆庆、万历占据一席之地，也守住了程朱理学的这块世袭领地。

不过，在隆庆、万历能坚守传统，依理作文的传统派文士毕竟是少数，相当多的士人受时代影响，不遵传统，以各种方式参与对八股文的变革。他们的宗旨或有不同，作法各自有别，但不满于八股文的传统则是一致的。他们可统称为变革派。在内容上，他们的八股文往往透出与程朱理学不相谐和之音。他们不仅不遵从传注，熟读经书，反而在文中散布与程朱不同之见，甚至与之驳难；有的人还在八股文中宣扬异端思想，非孔斥圣，从根本上违背了八股文创立的宗旨，受到后世，尤其是明末清初八股文界、学术界的大量指责，被斥为“芜杂”、“沉浸于异端”，甚至把明朝之亡，全都归之于八股文的异化上。

隆庆、万历时变革派的八股文改变了其载孔孟之道的性质，甚至变为反对程朱理学的平台，其原因是多方面的，首先是到此时程朱理学的权威已丧，受到了士人的普遍反对。

受商品经济大潮的影响，从明代中期开始，学术文化的多元化、平民化蔚为一大风会，整个思想文化界孕育着的深刻变化终于在隆庆、万历时发生。许多士人已经认识或感受到人的生存欲望和扩大财富的贪欲是怎样支配他们的行动，从而看透了那些实际上在追逐名利却满口仁义道德，对情欲讳莫如深的道学家的虚伪性，反对程朱理学和要求个性解放便成为一种社会时尚。而王阳明学说和李贽的思想更给这种离经叛道的思想倾向提供了理论武器，于是“嘉、隆而后，笃信程朱，不迁异说者，无复几人矣”①。八股文创立的根本宗旨便是要以之载道来向士人们灌输程朱理学，现在程朱理学既已在士人心目中失去了旧有的权威，成为人们讥嘲的对象，那么由这些失去信仰的人写出的八股文不再

① 《明史》卷二百八十二《儒林传·序》，中华书局，1974年。

以程朱传注为依托，转而信奉诸子百家，割裂程朱之言，拾掇佛道之词，甚至离经叛道便是很自然的了。

况且，官方的种种举措，也给予了人们在八股文中不尊奉程朱理学以各种便利。一是截头缩脚的小题，特别是“割裂上章，连下章极不相蒙之文，但取字迹相似者以命题”[①] 的截搭题至隆庆、万历时更得到普遍使用，主司“以破句断章，随拈即是”的方法命题成为风尚。这是官府“以功令束人，使相效以趋于卑陋，侮圣言而莫敢违之”[②]，给本已对程朱理学心怀不满者提供了一个可以公然曲解程朱理学的平台。

隆庆、万历时的八股文的另一个特点是改变了成化、弘治以来的八股格式。八股格式对人束缚拘牵太甚，士人普遍觉得苦厌。魏禧曾指出：“八股之法，病在于排比有定式。夫一题之义理，有博衍数十端，然后足以尽之者；有举其一端，扼要而无遗者。今必勒为一排比，则是多端者不可尽而得，其一说而毕者，必将强为一说以对之，又必摹其出比之语，斤斤然句栉字比而不敢或乱。以之而译圣经贤传，其陋可知矣。”[③] 隆庆、万历时八股格式出现了较大的改变。此时的制义时文，少用八股，多为六股、四股、两股，甚至有的根本不分股，只以两大段来阐述文题。这种变化，在嘉靖时即已出现，但尚未成风。到隆庆，特别是万历中期以后，使用八股标准格式的已是凤毛麟角，而采用散体者比比皆是，就连传统派人士也不能免。如赵南星的《齐景公有马千驷　二段》题文，题目出自《论语》，它的起讲直叙上段题文，紧接着连叙下段题文，再用两比阐释题之主旨即进入大结。这表明万历后期不按八股格式作文已成为一种风尚，连赵南星这样的传统派也不能不受影响，不能不有所改革。

---

① 王夫之：《夕堂永日绪论外编》第五十一则。

② 王夫之：《夕堂永日绪论外编》第五十一则。

③ 梁章钜：《制义丛话》卷之七，咸丰九年广州重刻本。

不仅如此，隆庆，主要是万历中期之后，功令中规定的八股要讲对仗、声律，犯上侵下都为违规等守则都被打破，即便是分股之文，也不一定要两两相对，讲求声律，而可用散文化的句子来取代排偶句。一些人的八股文写得有如唐宋时的论说文，这在当时也被视为当然。明末陈弘绪就说过："予尝谓八股之艺，至连十馀句为比偶，体陋而幅隘，决不能垂之后世。而薄海亿万之众，毕聚精神于中，则虽以禹、汤之法令，孔、颜之学术，犹不能禁其好新趋异之想，然则时艺亦徒然而已。"① 倒是那些严守格式者反被人视为异类。其实文章之道，随着时代的变化，人心的日渐开放，必然会变。袁宏道就看得透彻，他说："世道既变，文亦因之。"② 既然八股文至万历时已不讲求谨尊传注，阐发题旨，专为规范题旨阐发的八股格式必然会发生变化。此时士子们既然强以经文就己意，于题专事凌驾，为阐述自己的见解，必然会放弃八股格式，在顺题成局相沿已久之后，变而低昂其势，疾除其节，又有何不可。能以传、经之理为主，顺逆正变，又能恰适肖题，这是变而不失其正。至于任意曲解题意，乱用倒提，故为串插，对于文题只有字眼而无理路，于文则有巧而无气，纤佻诡谲，邪态百出，则不能将之归咎于文体的改变。

隆庆、万历时八股文的又一个特点是讲究遣词造句，追求语言华美。锤炼词句，原本是质文递运，自然之势，是一种文体发展到成熟阶段必然出现的现象。何况受商品经济大潮的影响，隆庆、万历时人们一改明代前期"民俗勤俭，不竞浮华"的风俗，追逐着与日俱长的"去朴从艳，好新慕异"的风潮。在这种世风之下，八股文的文词追求华美亦是应有之义。造成这种现象的更内在的原因是对八股文传统的反动。既然隆庆，特别是万历中后

① 陈弘绪：《甲戌房稿辨体序》，载《明文海》卷三百十三《时文序》。

② 袁宏道：《袁中郎集·与江进之》，崇祯二年武林佩兰居刻本。

期可不遵循程朱传注为文，人们行文可使题旨强就己意，为让自己的见解吸引人，必然会打破国初，直至成化、弘治时文字简朴，甚至是“枯寂”的做法，精心锤炼，讲求文词的华美，以天花乱坠的文风去取悦于人。王夫之便指出，隆庆之后，“人士皆束书不观，无可见长，则以撮弄字句为巧，娇吟蹇吃，耻笑俱忘”[①]。但八股文相推相激，愈趋愈变，是自然之势，不能妄加臧否。何况隆庆、万历时的名家名作，既讲求文词的华美，又注意炼局炼气，故其格调仍自高雅，不露俗气。如赵南星的文章特别讲究遣词造句，一字一句，都经百炼，其名作《名不正　必可行也》题文，题目出自《论语》，文章以“名不正”提头，用九个“不”字一气叠下，箭锋所指，与末节两个“必”字相呼应，钩锁极紧，而文气宽然有馀。用字虽到了咬文嚼字的地步，文章却高雅格古，很受时人推赏。徐时进的《凯风亲之过小者也　四句》题文，题目出自《孟子》，文章中将《凯风》与《小弁》二首诗组织进去，文字华若天孙云锦，被历代八股文评家“叹为绮丽”，因其字字体贴人细，准确形象，也被人视为“字字隐秀……比事属词中，寓温柔敦厚者是也”[②]。汤显祖以一个才华横溢的文学家去写八股文，其文词之华美更是一般人所不可企及的。但他的文字虽“笔授天花”、“穷工极妍”，却因书卷气足、风骨高洁、丰韵逸出，而被人评为“岩吐清气”、“隽味秀骨”[③]。

隆庆、万历八股文还有一个特点，即普遍以佛经、《道藏》、“坊刻纂辑饾饤之经、子、史、汉、六朝、唐、宋诸杂文绮语”，甚至市井里巷之语人文。王阳明语录也大举进人八股文。自从李春芳、徐阶两位首辅大臣尊崇王阳明之学，于隆庆二年戊辰

① 王夫之：《夕堂永日绪论外编》第二十二则。

② 见《明文钞》（五编）该文吴蔚若之评述，乾隆五十五年刻本。

③ 见《明文钞》（五编），汤显祖《孔子有见行可之仕》三句题文后评述。

（1568）的程文中首次引用王阳明语录和《庄子》中用语，此后便浸淫无所止了。以禅语入时文则起自杨起元。万历丁丑（1577）科杨起元以禅语入时文被录为进士，自此佛经开始入八股制义。以市井语言写八股文，则始于万历末年。明末八股文大师艾南英说：

“制艺自震泽（王鏊）、毗陵（唐顺之）高步成嘉之际，如规矩之于方圆，盖文之能事毕矣。万历之季，此风浸远，二三轻薄少年，中无所得而以浮华为尚，相习成风。其文非经非史，非韩（韩愈）、柳（柳宗元）、欧（欧阳修）、曾（曾巩）诸大家之言，其人皆登馆阁台省，则自南宫之试，至两畿各道所为典试校分闱者，又皆其人主之，居高而呼，其应愈众，而近日十八房稿之文为甚，于是制艺中大都以里巷之语代圣贤之言。”①

任何一种文体，包括八股文都是在不断发展变化的。自明太祖朱元璋创制八股文以来，其用语屡变。最初，其文以阐述圣贤的微言奥旨为目的，其语言简朴，规定必用《四书》、《五经》之语言代圣贤立言，只要将义理说清即行。为保证题旨得到深入、全面的阐发，从永乐末年开始，八股体式逐渐形成，至成化年间定格后，已经历了百馀年。在这期间，先秦以前典籍中的语言被亿万次地使用过，已了无新意，它们与时代的距离越来越远，与士人的生活距离越来越大，引入新的语言，对其进行改造是必然的趋势，已成为一种社会共识，不少有识之士对八股文的传统语言进行过多方抨击。被艾南英视为“轻薄”的那些少年后进，思想活跃，他们大概就是想利用手中的衡文选士权力来呼应时代的要求，把各种平民百姓的村言、俚语、俗谚、佛经、《道藏》、诸子百家、《国语》、《战国策》、《史记》、《汉书》及唐宋八大家的

① 艾南英：《序王子巩观生草》，载《明文海》卷三百十二《时文序》。

语言引入八股文，使得八股文的面貌焕然一新，从而增加了魅力，打破已经僵化、有碍进步的用语模式，这又有什么不好？故万历时不少人在大量进行语言的改换之后，或以其绮丽，或以其清新的语言获得了当时人和后来者的高度赞赏。汤显祖、黄汝亨、董其昌等人的一些八股文文词华美富丽，一字一句都经过千锤百炼，且运之以气势，故在万历年间形成一道亮丽的风景线，吸引了万千作者去揣摩学习。

但是，隆庆、万历以佛经、《道藏》、语录及诸家百子、市井村言入八股文，从根本上打破了八股时文必须入口气、代圣贤立言的宗旨。孔孟等人都生活在春秋时期，如用后世的语言来代之立言，所说所述必非圣贤语气。代圣贤立言目的是要使士人通过这一手段设身处地地去体味孔孟的思想，现在既改变了孔孟的语气，八股文势必会以“浮华为尚，相习成风，其文非经非史，非韩（韩愈）、柳（柳宗元）、欧（欧阳修）、曾（曾巩）诸大家之言”，瓦解了八股文的经学性。故隆庆、万历时期，朝廷几经下文严禁，但时势使然，禁也无用。

崇尚文词华美带来的另一个问题是大多数士人的文章堆砌词藻，思想空虚。使用丽词华藻来写文章是需要才情的，所以汤显祖、顾宪成、董其昌等才华横溢、学问精深的人就能很好地驾驭词句，使之为表达内容服务。董其昌的《春省耕而补不足　为诸侯度》题文文词绮丽，但他炼格宽然有馀，故神理绵密，韵致不亚于汤显祖的丽词之作。而大多数士人的才情平平，却要模仿他们去使用丽词华藻，就显得力不从心，不但不能驾驭词藻为内容服务，相反，华词丽藻及俗语村言用得不是地方，便会以词害文，“遂至于庸靡臭腐而不可读”。有些文士，虽“尚未敢偃然树帜异端，争名道术，独偷取逢市之语，靦颜自恣、展转相师，漫漶无已"[①]。王夫之对其中弊病，看得更为透彻。他说，这种弊病，至"隆、万之际，一变而愈之于弱靡。以语录代古文，以填词为实讲，以杜撰为清新，以俚语为调度，以挑撮为工巧。若黄贞父、许子逊之流，吟舌娇涩，如鸲鹆学语，古来无此文字，遂以湮塞文人之心者数十年"[②]。

隆庆、万历时八股文的最显著的特色是专讲机法，评述文章以机法高者为贵，从而涌现了一大批写作技巧高超，文有机趣的八股文。比起明初甚至是嘉靖中期，面目都大为不同，其高者既形式活泼而又兼具典雅；其卑者，则专事凌驾，只有机趣而无真理实气。

讲机法在嘉靖后期即已开始，但不若隆庆，特别是万历时那么盛行，那么普遍。万历时哪怕是恪守传统的人也会在写作中使用各式各样的技巧方法，务求出奇出巧。万历二十年壬辰（1592）后，随着李贽思想的风行，士人对程朱理学的厌弃更甚，八股文中普遍背弃传注而用抽象之言以发抒己意。为掩饰其内容的异化，士人们更加追求机法，欲以精巧的形式来吸引人。加上此时武之望、李廷机、董其昌等名人、八股文高手又对八股文的笔法、技巧加以总结，更为万历时大讲机法的热潮起到推波助澜的作用。武之望的《新刻官版举业卮言》，李廷机的《举业筌蹄》，专讲八股文作法。董其昌则有《华亭九字诀》传世，为八股文作法之总结。

清康熙十一年壬子（1672）王宾曾说：

"制艺一道，以理为主，气以行之。文不切理，虽有惊人奇句，无当圣贤之旨。然理是矣而无大气举之，谈理亦不快意。至于理真气足，根本已得，而文犹不工，何也？无法以运之故也。

---

① 罗万藻：《庚辰房书衡序》，载《明文海》卷三百十三《时文序》。

② 王夫之：《夕堂永日绪论外编》第十五则。

法者，题中天然之度，如匠氏之绳尺，乐师之律吕，行军用兵之行伍阵势也。题不一，题法不一……亦莫不各立一天然之度为作文之准则，学者规抚摹仿，久久纯熟，无意之中自中节度，法果可废乎?"①

王宾指出，八股文首先要讲理、讲气，在理足气充之后，必须讲作法。作法是“题中天然之度”，是作文的准则，无此准则八股文就不会写得工整。这些见解无疑是有其道理的。只有总结出八股文写作的规律与技巧，让“学者规抚摹仿，久久纯熟，无意之中自中节度”，方能提高八股文写作水平，这也是八股文自身发展的必然。

所谓机法，就是运用妙心，来使用八股文的写作技巧与写作方法。隆庆、万历讲求从《史记》、《汉书》、唐宋八大家文及前人的八股文写作经验中探求写作方法与技巧。有人说嘉靖以前，如王鏊、唐顺之、归有光，文以实胜，而隆庆、万历之后，文以虚胜。嘉靖文转处皆折，隆庆、万历始圆。圆机，邓以赞开之。嘉靖文妙处皆生，隆庆、万历始熟。熟调，汤显祖、许獬开之。圆之极而趋于薄，熟之极而入于腐。② 这番话，高度概括了隆庆、万历时八股文写作方法的特点及其形成原因。因为隆庆、万历时已普遍背离程朱传注，士人们在文中所陈述的皆为哲理抽象之言，出语则面面可通，毫无实在内容。为使敷衍成篇，且让人爱看，必在布局、谋篇、出新用巧上下功夫，故到隆庆、万历时八股文便专讲机法，以便将其写得圆熟。

在隆庆、万历，追求写作方法与技巧，以便将八股文写得新奇夺目，是一种普遍行为，连传统派们都不免，就更不用说革新派了。这表明八股文也遵循文体发展的规律，由明初的敷衍传

---

① 王宾:《狐白前集文·序》，雍正刻本。

② 见《制义丛话》卷之六，咸丰九年广州重刻本。

注，到成化、弘治时的简质，又发展到偏重形式的阶段，即由简趋繁，由质到文，由方变圆，越变越离其宗的方向发展。

在注重机法的人中，有一些人靠揣摩中过会元者的墨卷而悟得写作技巧，并加以发挥而将其系统化，形成一套完整、细密的八股文作法。这些人中的名家尚圆美而逞才华，文虽机巧，却归于肃穆，如汤宾尹、许獬等。其末流则只袭其形貌，未得其精髓，将法诀越分越细，也越来越俗，文体纤仄，陈陈相因，至万历末年，终成滥调俗腔，被后人斥为“芜靡”。

隆庆、万历时专讲机法的一个标志是此时八股文的各种写作方法与技巧都已规范化，且配套成龙。如钩锁法，在嘉靖时虽已使用，但尚未总结出八股文必须前钩后锁的结构方法与技巧，而此时则为士人们所普遍使用。钩锁之法愈用愈巧，既使文章紧凑，一气贯通，又不露钩锁痕迹。又如上下照应之法，嘉靖以前无此一说，到隆庆末年、万历初年才总结出来，并很快使之达到精巧的程度。黄洪宪是将此法使用得最纯熟之人，他的《身修而后家齐合下节》题文，在使用上下照应之法时，皆于实理发挥，实理联贯。而后人只是从词句间去讲求上下相应，这就是浅陋的做法，故方苞称黄洪宪这篇文章为“大雅”。其他如反起正倒法、虚起实承法、首尾相应法、开合取机法、移步换形法、前用正后用反、反正相生法、相题立义法、回环映带法、反点作势等作法，都是在隆庆、万历间总结出来并广泛使用的。并且，每种作法都有详细规定。如开合取机法就分为唤法、转法、应法、宕法、收法，让人操作起来很便捷。此外，还有炼气炼格之法，聚势之法。八股文写作最贵聚势，势聚则文章可以陡起散叙，忽回忽合，否则须循题而叙，文章就难有波澜起伏。炼格之法要虚操其势，徐布其阵，常留不足以振馀思。

篇法、股法方面，在嘉靖的基础上更有所拓展，其法讲究有前有后，有深有浅，有虚实，有顺序，有平侧，有分合，百法俱备，无美不臻，比起嘉靖时来更为系统化，更有操作性，使用起来也更方便。

隆庆、万历间专讲机法的又一个重要标志是此时已将八股文文题进行了细致的分类，并给每类题总结归纳出详细的作法。这在正德、嘉靖年间是没有的。

不同类型的题目，应有不同的作法，这是命题作文的常识。但在正德、嘉靖以前，并没有人出来对八股文题进行分类研究。因为其时只求所作之文合章旨、得题神、明书义；评论文章的好坏，只取神、取骨、取理、取气，字句及机法都是次要的。到了嘉靖时，以古文为时文的作法必然促使人们去研究八股文的写作技巧与写作方法，但仍无人对各种类型的题目的作法进行认真、详尽的研究。到了隆庆和万历，八股文界将文章的作法提到一个空前绝后的高度。为使不同类型的题目都写得各具特色，才有人出而对之研究，在总结前人写作经验及吸收古文作法的基础上，对各类题型的作法进行了规范，以便在规范的束缚中见巧思，在规范中用巧法以显才情。

据笔者所见，明代万历时期已经总结出的题型有：理题、长题、两句滚作题（也称上下相因题）、段落题、典制题、截题、搭题、截搭题等等。相应每种题型，又规定了具体作法，如作滚作题务必从上下交关之处，力透所以然，这样上下神理，自然融贯透露，这便是滚作题必须遵循之法。邓以赞的《礼乐不兴则刑罚不中》便是依此作法写成的名作。又如凡作理题必须与儒家祖辈之言论相比附，否则必作不好。但在写作时，又要做到融语录之粗而使之雅，因为语录是孔孟信口之言，由其门生记录未加整理加工者，故要去其粗，还要去掉训诂的套话使之浑然一体，这样才能做到文章无弊病。王肯堂的《出门如见大宾》即是依此法而写就的名篇。

万历年间，对长题的写作最为重视，因为这种题非常难作，且长题都属大题之类，乡、会试用得最多。万历时对这类题研究也最为透彻，作法最为齐备。长题往往是数节甚至数章经书，字数多至上百，内容复杂，头绪繁多，故作此类题先要认题细致，看题通脱。要识得题中紧要所在，然后擒定题旨，繁者简之，散者整之，使纷繁的题意浑成一片。陶望龄的《民事不可缓也　三节》题文即是看题通脱的代表作。它以民事为纲，恒产正属民事。文章抓住这一紧要之处，回环向背，节节相生，且势宽气沛，别人很难企及。作长题还要抓住关键字眼为线索来贯串全文，文势方能一气。长题中若有数人说话，须以一人之言为主，以驱驾其他人之言，前呼后应，方能一气旋转，这就是所谓的炼格。作长题、段落题，炼格是最重要的方法。陶望龄的《子问公叔文子　全章》题文，题目出自《孟子》，用的便是这种方法。通篇以“过”字作线，文势如生铁铸成，不可移易。凡长题不能凌驾，凌驾则破坏了体式。又不能铺叙，若铺叙就索然无味。唯有相题裁制，逐段关锁，逐段穿插，局紧而气贯，方才说得上得其精髓。文在中的《其为气也　勿助长也》题文即是这种作法的名篇。作长题要做到波澜起伏才能算得上好，如果无波澜而只去追求剪裁，终非佳境。郑鄤的《齐桓晋文之事　全章》题文，题目出自《孟子》，题字是文章的几倍，文章却将题目之关节脉理，全都揭示无遗。这固然是熟极生巧，作者在读书时即已领悟了这节书的纲要所在，但作者在行文时能随势点化，于跌宕处起波澜，一层波澜即阐释出题中一个关节的写法也是成就这篇名文的重要原因。长题宜作得简短精练，这样便容易使文章如题起伏，中题之节，言有馀情。郝敬的《乃若有情　四节》题文，题目出自《孟子》，即是运用这种作法的名篇。

万历时八股文界还推崇机调，讲求灵变。一些名家名作以实气运机，以淡笔出巧，题中虽有虚字，皆于实处得神，故文章神韵清微，气体高华，活泼灵动。但大多数文士因才情不足，读书不多，外不求名理，内不求性情，腹笥空虚，便以虚挑为灵，以吸后为韵，以轻扬佻巧为工。通篇播弄，无非“者”“也”“之”“乎”；满纸机锋，尽属“然而”“虽未”。以挑剔字影，弄机锋、下转语为妙悟；以破句断章随拈即是为宗风；撮弄字面，以一句争胜为名文。如此等等，皆造成了时文的庸腐。

隆庆的中后期，在八股文界流行着元脉之说。所谓元脉，就是乡试中解元，会试中会元，殿试中状元，都有其规律，即要按照某一类或某个大家的文章气脉去写作，方有可能中元。此说一出，更使士人们探求八股文写作技巧之风大盛。

第七节 隆庆、万历年间古文与八股文的融合趋势

隆庆、万历是八股文变革的时期，这种变革集中体现在此时古文与时文合二为一即文学化的趋势上。

成化之后，一心只求取功名的文士除《四书》、《五经》及八股程文与墨卷之外，可以不读他书。凡所为散文、骈文，都是空疏饾饤之作，所以李梦阳、何景明等“前七子”提倡读秦汉以前之文，学盛唐之诗以纠时弊。他们提倡复古的结果使天下士人知道《四书》、《五经》之外亦有好书可读，除八股文外还有古文可写。这就为以古文为时文作了铺垫。

不过，李梦阳、何景明等之文，都是袭貌遗神，只是优孟衣冠而已。所以至正德、嘉靖年间，有王慎中、唐顺之等“后七子”挺身而出，提倡学习唐、宋八大家来矫正其弊，海内士人争相效之。这就为以古文为时文创造了契机。

明代八股文发展至正德、嘉靖，虽然进入了繁盛时期，但囿于顺题释经，并限制在八股格式之内完成对题旨全面阐释的程式化写法，严重地束缚了士人的思想，自身也失去了活力。而这时因商品经济的发展，造成了人们求新思变的思想，要求改变八股文僵硬面貌的呼声越来越强烈。唐顺之等唐宋派就是顺应了这种时代的要求，在嘉靖初年，以古文为时文，既“融液经史，使题

之义蕴隐显曲畅”，又“脱去排比之迹”①，用比偶而实单行，不露其痕，欲以此挽救八股文的危机。归有光则崛起于嘉靖末年，以其才华学识，将以古文为时文的运动推向高潮。两人力求返虚入浑，积健为雄，使八股文的面貌为之一新，受到了广大士人的欢迎。

经过几十年的写作实践，至隆庆年间，不仅以古文为时文的理念与方法已为士人普遍接受，还使以古文为时文的运动提升至一个更高的层次，即二者开始合二为一，时文开始古文化。

古文，指的是古论、记叙文、序文、志传、赠文、祭文等传统文体。所谓的以古文为时文，实际上就是引入古文的语言、古文的写作理念、写作方法来改造八股文。这种做法在一定程度上改变了八股文因固守程式和陈陈相因的内容所形成的僵硬面孔，使其变得生动活泼了一些。

然而，嘉靖时以古文为时文尚停留在“古文气息，时文法脉”的较低层次，而没认识到“时文本于古文，体裁格律，原自相通。试玩古文，单行中必有两意相衔，回环往复，整齐于参差，从无一意直泻者。推之六经诸子，无不皆然”②，即是说尚未解放思想，知道古文与时文原本是相通的。即便是归有光，“顾其制义，气则古文之气，法犹时文之法，较之守溪、荆川，源流一变，而于其法，曾不异也”。而更早一些的王鏊及唐顺之，“观其古文，纵横奥衍，不受羁勒。及为制义，则屏息怵志于法度，不敢稍有逾越。彼非奇于古文，而不奇于今文也。顾以为时文，有语气，有方幅，如为人写照，一笔不肖，则全体无当。震川之于时文亦然”③。所以当时用古文写作的理念、语言和方法来写八股文，还存在“隔”的弊端。虽然中国古代的各种文体，其推

---

① 高塘编：《论文集钞》，光绪刻本。

② 《古文分编集评·凡例》，乾隆刻本。

③ 高塘：《论文集钞·杂条》，光绪刻本。

理、叙事思维的过程都存在某些同一性，但不同文体毕竟又各有特点，有着独特的思维方式、写作方法和表达语言，否则就用不着人们去花气力研究和区分各种不同的文体特征了。如《国语》、《战国策》、《史记》、《汉书》等史籍的思维方式和写作方法是适应叙史的需要的，其语言也与史传文体相吻合，所以才被人视为史传体的经典之作。虽然它们的序、赞等部分也有议论，但毕竟不同于用以阐释《四书》、《五经》及其传注的八股文的思维方式、写作方法和语言。唐、宋八大家的碑记、序记、表、传等在古代属于杂文之列，也有其独特的叙事方式、言论方式和表现语言。且唐、宋八大家又各有各人不同的写作特点和语言，形成了各自独有的风格，否则就不会被称为“八大家”而是一大家了。所以古文与时文两种不同文体之间存在的差异会产生拒他性，在以古文为时文的初级阶段必然会出现许多难以磨合的地方。

由于这些原因，融液经史，以古文为时文虽使八股文陈陈相因的僵化面孔有所改变，但在打破了历经百多年的磨合方才形成的八股文外在形式和文章内容的和谐结合之后，又出现了新的不和谐。许多人生吞活剥地使用古文的写作方法和语言使八股文变得非驴非马，既不能承担古文之效能，又不能发挥八股文之功用，产生了许多新的弊端，受到卫道士们的攻讦。此时“正文体”之议甚嚣尘上即是明证。

更为重要的是，嘉靖时的以古文为时文运动只是一种体式内的调整，强调的是要尊奉功令，不得违背体会语气，恪遵程朱传注的传统，不得改变其载输孔孟之道的经学性质。这对隆庆、万历时专“以攻背朱注为事”的士子来说，更是不可容忍的折磨。

于是，一些士子发出“文章之变，随人心而日开。于顺题成局，相沿已久之后，变而低昂其势，疾徐其节，亦何不可信”[1]的呐喊。明末思想家傅山在《霜红龛文·杂记》中也说：“韩（愈）、柳（宗元）、欧（阳修）、苏（轼）文章妙矣，终觉闲话多。王（鏊）、瞿（景淳）、薛（应旂）文章妙矣，然只觉惟有格套而已。”基于这些认识，不少士子对八股格套进行挑战，勇敢地冲破八股文的功令限制，改变八股文的文体格式，放弃恪遵传注的传统，即全面打破当时一些人“制举之文，意不必创，而依于传注；法不必古，而束于排偶”[2]的守旧主张，使八股文与古文合二为一。他们在以古文为时文的过程中全方位运用古文的写作理念与方法，消除了心理上、文体上的障碍，使时文融经液史，浑然无痕；改变股法，化比偶长句为单行散句，脱去排比之迹。

就这样，到隆庆、万历时，时文的古文化，即两者合二为一的进程便开始了。换言之，就是此时以古文为时文不仅仅停留在对古文的语言、写作理念、写作方法的揣摩运用之上，而是在探究如何将古文的写作方法和古文语言使用得天衣无缝，浑然一体。隆庆、万历时专讲机法便是这样出现的。更为重要的是这时连关系到八股文创制宗旨的内容和文体格式都被突破，越来越向古文靠近。隆庆、万历时的八股文与古文无论写法、内容与外貌都越来越趋一致。八股文的经学性被逐渐削弱，而文学化的趋势越来越明显。到万历末年，时文与古文合二为一，呈现出不可逆转之势，文学化成为了历史的必然。

这种局面的出现在八股文史上是一件划时代的大事，它标志着八股文在正德、嘉靖达到繁盛之后便迅速进入了自我调整以消除自身弊端的阶段。它打破了传统的写作理念和标准的八股格

---

① 吴默《故大德必得其位　二节》题文评语，见《明文钞》五编该文之后的评语。

② 娄坚：《张伯偶稿序》，载《明文海》卷三百十二《时文序》。

式，使僵硬的八股文获得了一定的自由度，恢复了活力，使其生命得以大大延续。所以，融液经史，以古文为时文，改变八股格式的做法便延续到清朝，虽然清代人在八股文的章句、义理的探究上比明代隆庆、万历之后有所深入，而其不固守八股标准体式，贯通六经、子、史的做法皆是从晚明沿袭而来。所以，不管当时有多少正统派人士因隆庆、万历时八股文背离传注，以己意凌驾经文，打破了八股格式，致使朱元璋欲以八股文来控制士人思想的意图受到破坏而多方加罪指责，隆庆、万历时时文古文化的发展趋势，即时文与古文合二为一的做法都无法遏制，因为这是八股文的一种自我疗救的改革，增强了八股文的生命力，赋予其新的功能。否则明亡则八股文便会随同灭亡，而不可能为清朝统治者再沿用两百多年。

隆庆、万历时八股文与古文融合的趋势从当时不少人的言论与八股文作品中可以看出来。

王思任是万历时著名的文士，擅长八股时艺，又为古文名家，其时文与古文诗词皆有融合之象。汤显祖在为其八股小题文作序时说：

“时文字能于笔墨之外言所欲言者，三人而已。归太仆之长句，诸君燮之绪音，胡天一之奇想，各有其病，天下莫敢望焉。以今观王季重文字，殆其四之。而季重以能为古文词诗歌，故多风人之致，光色犹若可异焉。”①

能于笔墨之外言所欲言者，非八股文之功能，而是古文、诗词等文学作品之特点，汤显祖认为当时只有归有光、诸燮、胡天一等四人能使八股文“于笔墨之外言所欲言者”，说明这四个人的时文与古文已相融合，而王思任即是其中之一。且王思任的八

① 汤显祖：《王季重小题文字序》，载《明文海》卷三百七《时文序》。

股文因其“能为古文词诗歌，故多风人之致”，即带有诗意，这更是其时文已与古文相融合的标志。

明末曾异撰在为王有巢的八股文集写序时说：

“有巢氏制科义兼有长吉（李贺）之幽险，扬子云（扬雄）之蕴奥，而更以小李广将军之笔意而刻画乎古先圣贤之须发眉目与夫毛孔、衣折之微，靡不精至。”①

李贺是有名的诗人，扬雄是有名的古文家，小李广将军是有名的人物画家。王有巢的八股文既具有李贺、扬雄之诗歌、古文的风致，更具有小李广将军精细之笔意，在八股文中将孔子、孟子等先圣贤之思想精义刻画得细致入微，无不精当，可见王有巢这个默默无闻的文士的八股文水平之高，不仅与古文相融合，并具有诗的意境和画的笔意，这是隆庆以前的八股文作者所根本不可想象的。

明代一佚名者在《代耕编序》中说，他的朋友梁渐子善八股文，“梁子业举子，皆以其所为史与古文者为之，于时体甚合”。梁渐子以史与古文为时文，而“于时体甚合”②，可见当时的八股文与古文已无多大区别了。

八股文与古文相融合的另一个标志，是古文也与时文相似，当时普遍认为，作古文与诗的人须先学会作八股文。明末著名文人陈弘绪曾对其友人傅占衡说：

“八股，学问、聪明之会也。三百年人主玉帛在是，即人才川岳亦在是。故辛亥（洪武四年，即公元1371年，朱元璋在这一年开始第一次会试）以来，八股未窥而能诗、古文者，鲜矣。……风、赋、比、兴、雅、颂，此诗人六艺，特时文中一体耳，古文亦然。”③

---

① 曾异撰：《叙王有巢文》，载《明文海》卷三百九《时文序》。

② 佚名：《代耕编序》，载《明文海》卷三百九《时文序》。

③ 傅占衡：《晁次柳馀草序》，载《明文海》卷三百十三《时文序》。

陈弘绪博学多才，诗、古文皆通，又是明末有名的八股文写手，他认为自有八股文以来，没有不懂八股文而能写好诗和古文的。他还认为八股文中即包括了诗歌与古文的表现手法，诗与古文“特时文中一体耳”。这就表明，当时人已把古文视为了时文的一部分，可见其时二者融合程度之高。

隆庆、万历时八股文与古文的融合，首先表现在八股文的内容大为拓展，在向古文所表现的内容靠近。明末八股文大家艾南英曾指出：“制举业之道，与古文常相表里。”① 艾南英于古文、时文均有精深之研究，他所说的“制举业”即八股文“之道与古文常相表里”，是对当时八股文与古文内容相融合现象的一种表述。

“制举业之道”指的是什么呢？明末刘绘指出八股文应“括综经旨，浸渍圣术，搜体遗绪，抈衍微响”②。刘绘所述便是八股文的“道”也即内容。刘绘是个正统派，他认为八股文的内容“非若辞赋歌诗犹可以驰浮艳，侈枝叶也，其业淳正沉淡，不诡圣贤之训”③，即要经学化。

然而，这种传统八股文中的“道”即经学性，到了隆庆、万历时，却因时代风气之改变，“虽以禹、汤之法令，孔、颜之学术，犹不能禁其好新趋异之想”。李贽非孔斥圣思想的传播；八股文小题对经文章句的割裂所造成对经文理解的歧见纷陈；士人们对八股文内容陈陈相因的厌弃等原因都导致隆庆、万历时的八股文再也不是那种“一本注释，就题诠题”④ 的传统八股文了。特别是以古文为时文之后，八股文“一本古文，夹叙夹议也”⑤，

① 艾南英：《金正希稿序》，载《明文海》卷三百十二《时文序》。

② 刘绘：《醒泉窗稿序》，载《明文海》卷三百七《时文序》。

③ 刘绘：《醒泉窗稿序》，载《明文海》卷三百七《时文序》。

④ 刘熙载：《艺概》，《古桐书屋六种》，同治十二年刻本。

⑤ 刘熙载：《艺概》，《古桐书屋六种》，同治十二年刻本。

使得八股文的内容产生更大变化，“学者牵于所见，以其近已而俗变相类，论卑而易行，是以不能深究先正之法”①。

艾南英在天启年间曾为文抨击万历时的八股文内容的芜杂，他说：

“其最陋者，厌薄成祖文皇帝所表章钦定之《大全》，而骄语汉疏以为古，遂欲驾马、郑、王、杜于程、朱之上，不知汉儒于道十未窥其一二也。宋大儒之不屑，而今且尊奉其弃馀，其好名而无实，亦可见矣。若夫取刑、名、农、墨、黄、老之学，阴窜入以代孔孟之言，自以为奇且古，而不知其是非，颇谬于圣人，此又马、郑、王、杜诸君子之所不屑也。”②

艾南英在《增补文定待序》中还对隆庆、万历八股时的内容进行抨击说：

“十馀年以前，士子读经义辄厌薄程、朱，为时文辄诋訾先正，而百家杂说，六朝偶语，与夫郭象、王弼、《繁露》、《阴符》之俊问，奉为至宝。”

艾南英为纠正天启、崇祯时的文风，曾选编过大量八股文墨卷和程文，见多识广，他这番话都是在其八股文选本的序中所说，其真实性都是可靠的。百家杂说，六朝偶语，郭象的《庄子注》，王弼的《老子注》、《周易注》，《阴符经》、《春秋繁露》等道家和谶纬之学，都是明代中、后期士人所写古文中常见的内容，至于取刑、名、农、墨、黄、老之学人古文，在万历时期更是常事。所以隆庆、万历时受到抨击的八股文内容正是当时古文的内容。隆庆、万历时古文与时文在内容上的融合由此可见。

隆庆、万历时古文与时文相融合的另一个表现是此时八股文的文体格式已被普遍突破，越来越与古文接近。

---

① 陈弘绪：《甲戌房稿辨体序》，载《明文海》卷三百十三《时文序》。

② 艾南英：《文待序上》，崇祯刻本。

八股文的标准体式自确定之后，其两两相对之八股格式对人们思想束缚过严，士人们对这种僵硬的格式已有厌弃之心。陈弘绪就说过：

“予尝谓八股之艺至连十馀句为比偶，体陋而幅隘，决不能垂之后世。”①

顾炎武也说过：“文章无定格，立一格而后为文，其文不足言矣……明之取士以经义，而经义之不成文又有甚于前代者，皆以程文格式为之，故日趋而下。”②

嘉靖末年便有人开始对这种“连十馀句为比偶，体陋而幅隘”的八股体式进行抨击，至隆庆、万历时这种体式已被完全突破。据艾南英说，这时的八股文体式已五花八门，形式多样：

“制举业之体，自八股而外为两平、三平、四平，为前后截，为散体，其局虽一，然常以出于近科纤俊软腐者为时文，而出于先辈能根据经史理学，高伟朴拙、杰然自名一家者为古文，犹昔人文集，其名为碑记、序记、传状之体则一。”③

艾南英在这里，明确地告诉后人，当时的时文体式除八股之外，还有多种样式，其中的“为前后截，为散体”，则恢复到了明代初年制义体式未定时的状况，与古文体式完全一致了。正因为古文与时文如此地融合，所以当时人的理念也发生了很大变化，将八股文又区分为时文与古文，可见到万历时人们认为古文即时文，时文即古文，二者的概念已经合而为一了。

顾炎武曾说过：“嘉靖以后，文体日变，而问之儒生，皆不知八股之何谓矣。”④ 这种状况正是隆庆、万历时八股文与古文在

① 陈弘绪：《甲戌房稿辨体序》，载《明文海》卷三百十三《时文序》。

② 顾炎武：《日知录集释》卷十六《程文》，岳麓书社，1994年。

③ 艾南英：《王承同四书序》，载《明文海》卷三百十二《时文序》。

④ 顾炎武：《日知录集释》卷十六《试文格式》，岳麓书社，1994年。

体式上融合的结果。可惜的是当时许多体式完全古文化了的时文因其内容背离了程朱理学而无法留存，以致今天我们只能根据合符明清两代统治者要求而流传下来的隆庆、万历八股文去分析其与古文合二为一时的体式特征了。

根据现存的八股文来分析，隆庆、万历时与古文相融合了的八股文体式可分为两种：一种是虽遵八股格式，其八比部分的句法却采用了古文的格式，虽然出股对股两两对照，却长句短句参差洒落，颇近于古，而不似王鏊在成、弘时所作八股文那样讲求对偶，截对整齐。其破题、承题等程式，一开始便提纲挈领总括全题的写法，及起、承、转、合的逻辑安排，与古文也无多大差别。这种八股文因其体式尚依传统，写作技巧一般都很高，故从隆庆、万历直至清代，都被视为八股文之正宗，为各种选本大量选刊，以供士人揣摩学习。石有恒的名作《国公谓鲁公曰 一章》题文，题目出自《论语》。该文只用四比来分疏题旨，句句典切，纯为古文语言，虽四比分疏，糅用排调，却不见句子堆砌，全系古文的散文化句式。清代俞世宁称其“文体典而则，华而不缛”，叶圣野称其为“古雅似诏诰，然不失制义体，故佳”。储同人也称其为“训诰体”。因其文皆摹古，又让人难以察觉，方苞便把它视为“真古文”。他说：“凡摹古之文，易入赝体，可以此作正之。”[1] 可见，此类时文虽不改八股体式，其实质则与古文无异。

隆庆、万历时的另一类八股文，已完全抛开了八股体式，采用了与古文相近似的结构，这就是艾南英所说的两平、三平、四平，或者用上下两截式，甚至干脆用散体。文中全用古文句式，采用的是古文笔法。这种八股文与古文中的论说文已相差无几，甚至就是道地的古文。这种八股文在万历时风行一时，以至于顾

---

① 以上引文均见《明文钞》（五编）该文后之评述，乾隆五十五年刻本。

炎武要惊叹自嘉靖之后，文体日变，儒生们皆不知八股为何物了。

赵南星在内容上是位恪遵传注的传统派八股文名家，而在文体格式上却能紧随时代变化，敢于突破传统体式的束缚，并使用古文笔法，将其八股文写得古气盎然。其题目取自《论语》的《齐景公有马千驷　二段》题文，即是一篇冲破传统体式，用司马迁及欧阳修的史笔写就的类似古文的八股文。其起讲直叙题之上段，入题处连叙题之下段，题中“留民称之”句，于文中仅有的两股正文中发挥。这种体式被人称为“乍视之奇奇怪怪，反复讽咏，其立局措语，无一非题中神理”[①]。笔法既得司马迁之神髓，文字亦是《史记》中的文字；既学得《史记》的结构之法，又得其精神，是一篇打破了八股体式而写就的与古文处处相融合的八股名文。

冯元飚的《故大德必得其位　笃焉》题文，更是一篇根本不用股法，只分题为上下两截来阐释题旨的八股文。现将该文抄录于下：

故大德必得其位，必得其禄，必得其名，必得其寿，故天之生物，必得其材而笃焉

必大德之得天，必之以因也。

夫人主得而天主因。因也者，因其德也，故曰必也。

且千古莫奇于舜孝矣。其求得之亲也，若天之不可必，而追其必之天也，即所生不啻焉。

说者曰：“天也，非人之所能为也。”而吾独曰：“德也，非天之所能为也。”

如以为天亦何莫而非天也哉！位天，位也；禄天，禄

① 见《明文钞》（五编）该文后之评述，乾隆五十五年刻本。

也，而且以为升闻，则亦云天锡也；而且以为不朽，则亦云天年也。苟求其故，则非天也，德也，抑非直德也，大德也。

孝以德大，德还以孝大。孝以德之无不致者为大，德更以孝之无不征者为大。穷人无归者谁乎，而竟为天子父乎？历山躬耕者谁乎？而竟以天下养乎？不可为人，不可为子者又谁乎？而竟尔干顽嚚之蛊，永终身之慕乎？

试且遐而想其境，何其不可必也，故曰非人之所能为也，天也。试且还而握其券，又何其可必也，故曰非天之所能为也，德也。此其故在天之生物矣。

请试以德为材，以禄位名寿为笃，以得之于德者为天所自因之物，而以德之必得者，转为物所必笃之生。穷人无归，植其材矣。历山躬耕，炼其材矣。不可为人，不可为子，更多方以老其材矣。而因笃之以其位，而因笃之以其禄，而因笃之以其名、其寿，可谓非天乎？可谓尽由于天乎？

天以生物之心，默用之于舜。能为笃，不能为材，而舜即以生物之理，隐用之于天。自为材，亦自为笃，必得之说，不更彰明较著矣哉！此终非人之所能为也，故曰天也。此终非天之所能为也，故曰德也。

这篇文章阐释题中有大德者必得于天的义旨，全不用八股格式，纯用古文句式和笔法，是一篇时文、古文合二为一的八股文。

该文将题分为上下两截，起讲用借挑法以扣题。其后一段“说者曰：‘天也，非人之所能为也’”云云叙题之上截的禄位、名寿，以“天”字串出，却仍归大德。第二段“孝以德大，德还以孝大”云云，是就上截虚顿，暗抱禄位、名寿，却不说尽，留“德”字在下点，为后文蓄势。“试且遐而想其境，何其不可必也”这一段于应提处作渡，落清“必”字，趁势即入下截题旨。

"请试以德为材，以禄位名寿为笃"云云这一段叙题下截"必得其材而笃"，串禄位、名寿在内，仍正归"天"字。"天以生物之心，默用之于舜"云云一段，从题下截逆挽题上截。最后于应提处作收结。文章以"德"作题上截之主，以"天"字作下截之主，阐释禄位名寿，皆得于天。而所以得禄位名寿，皆本于德。文章以"天"字为开，以"德"字为合，则题上截必得与题下截因材之义，即在其中，因题制局的技巧，也在于此。这种不讲排偶，而以题之上下两截来阐述题旨的体式，在隆庆，特别是万历时最为常见，但终归不合于八股正宗，故方苞在选编《钦定隆万四书文》时并未将其选入，后人却对此文评价很高。储同人便称它"忽操忽纵，一片神行"。吴蔚若则称赞说："神机鼓舞，着纸欲飞，按之题分，却丝毫不紊，岂非绝作。"①

万国钦的名作《舜其大孝也与　全章》题文，题目出自《中庸》，更是一篇以古文的散体形式写就的八股文。

舜其大孝也与？德为圣人，尊为天子，富有四海之内，宗庙飨之，子孙保之，故大德必得其位，必得其禄，必得其名，必得其寿，故天之生物，必因其材而笃焉，故栽者培之，倾者覆之。《诗》曰："嘉乐君子，宪宪令德。宜民宜人，受禄于天。保佑命之，自天申之。"故大德者，必受命

圣孝之大，一德之所致也。

夫诸福咸备，事亲如舜至矣，非有圣德，孰能受命而臻此乎？

且帝王之孝，与士庶不同。人莫不以为天之所助，而不知圣人之事亲，即其所以事天者，盖亦有人道焉。

何也？古今之言孝多矣，而以大称者，其惟舜也欤？继

① 见《明文钞》（五编）该文之评语，乾隆五十五年刻本。

往开来，既已躬上圣之德矣。而且贵为天子，尊莫尚焉；抚有四海，富莫加焉。以之追崇，享宗庙矣；以之垂裕，保子孙矣。此岂不塞乎天地，通乎神明，位与禄而并隆，名与寿而俱永耶？受命之符，可以见矣。

然非天之私厚于舜也，亦非舜之私受于天也。栽培倾覆，天于凡物皆然，而况于人乎？

且《诗》有征焉，谓嘉乐而宜民宜人，纪显德也。谓受禄而保佑申之，纪成命也。其承藉也厚，则其收效也必巨。其凝聚也固，则其发祥也长。大德受命，往往如是，又何疑于舜乎？

是故德之大者，所以成其孝之大也。彼不论其本末而概谓舜以天下养也，天与之过矣。

这篇八股文，题目长达一百零一个字，头绪繁多，作者只用三百零四个字却将题目旨意阐述得明明白白，可见作者概括能力及驾驭题目能力之强。全文全用《史记》、《汉书》的笔意，直将题目作本传。而文章义理精括，笔气雄浑。第一段详叙题之首节，为通篇立案，并以“此岂不塞乎天地，通乎神明，位与禄而并隆”顺带题之次节，又插入“受命之符，可以见矣”一句直透下节，使文章结构紧凑。第二段则叙题之二、三节内容，文字极为简洁。第三段将题之四、五节一并叙述，前后几个“也”字使精神齐收，极为凝练。用“大德受命，往往如是”一句，将前段未曾提及的“大德”至此并点。全文议论风发，有如《史记》、《汉书》中之“论”与“赞”两种文体。通篇不见分股，全为散体，纯系一篇古文。清代王耘渠称它“遂于制义常格之外，得此奇观”。明末艾南英说它“随题叙置，而其剥落呼吸，掉折渡落处，时文中史、迁也”①。方苞则称赞说：“章法之转运，气脉之

① 见《明文钞》（五编）该文后艾南英之评述，乾隆五十五年刻本。

灌输，如子美七言古诗，开合断续，奇变无方而使读者口顺心怡，莫识其经营之迹。”①

隆庆、万历时八股文与古文相融合的另一个表现在两者所用语言之相同上。

八股文原本是用以阐释儒家经典的奥旨，代圣贤立言的。其语言规定只能用六经之中及先秦以前儒家的经典词句，故其语言皆简朴无华，甚至显得干枯。到隆庆、万历时，这种规定已成为一纸空言。以古文为时文及崇新尚奇的风尚，不仅使诸子百家、《史记》、《汉书》、唐宋八大家的语言入于八股文，连医卜星相、方言俚谚、俗语村言也都引入八股文。至于以佛经、《道藏》之语入文，更属常事。康熙时的明代八股文评选家俞长城曾说过：

“《南华》、《楞严》，古文中逸品也，能拟之而传者谁欤？万历之末，异学横行，二氏浮词尽入文字，理既不实，语又不驯，不师其意而师其词，未有能传者也。夫《南华》之美在奇变，《楞严》之美在妙悟，有是二美，而原本于经、史，折衷于程、朱，然后可传。”②

庄子《南华经》及佛家《楞严经》，既被视为古文中之逸品，而万历末年被人普遍运用于八股文之中，无论其是否得当，八股文的语言都会因之而呈现出古文之色彩，那是毋庸置疑的了。至于万历时不少八股名家在运用其语言时“本于经、史，折衷于程、朱”，使其八股时文产生出奇变、妙悟之美，就更会呈现出古文的特色。因为嘉靖以后，在古文中，一直沿用《史记》、《汉书》、唐宋八大家时代的文言，以及释、道、诸子百家的用语。由此可见时文、古文语言融合之深。

明末艾南英在分析万历末年时文语言与古文语言已融合为一

---

① 见《明文钞》（五编）该文后方苞之评述，乾隆五十五年刻本。

② 引自《制义丛话》卷之八，咸丰九年广州重刻本。

家时曾说过一番颇为中肯的话。他说当时“于文辞则又欲于八股中抑扬其局，错综其句，出入于周、秦、西京、韩、欧、苏、曾之间，以为不如是则制举一道不能见载籍之全。而不如是恐于立言之意终有所未备，则势不得不搜猎经、子、百氏，网罗迁、固，兼捻唐宋大家。而始变而及于董江都，再变而入于郭象、王弼。好奇爱博之势相激使然，无足怪者。而天下亦遂骎骎向风矣”①。

总之，隆庆之后，特别是万历中、后期，八股文中普遍使用《史记》、《汉书》及唐宋八大家的语言、句式，连野语村言也可入文。其风格趋于华丽新奇，与当时的古文相差无几。

隆庆、万历时八股文与古文相融合的另一个重要方面是两者所使用的表现手法和技巧都出于一源，即出于《史记》、《汉书》及唐宋八大家文。特别是茅坤在《唐宋八大家文钞》中以评语的形式总结了古文的许多写作方法，为八股文写作者揣摩古文写作技巧开辟了门径，此书在当时十分盛行。《明史·茅坤传》中说："其书盛行海内，乡里小儿无不知茅鹿门者”。隆庆、万历时以古文为时文之法，大都出于其书，故时文与古文之作法相同，便不足为怪了。袁中道万历年间在丹阳拜访县令赵凤白，他出示其二子之八股文请袁中道指教。袁中道“读之大都于时文中出古法，具见弹丸脱手之妙”②，可见当时使用古文写作技巧已蔚然成风。

无论从哪个方面说，以改造面临危机的八股文为目的的融液经史，以古文为时文的变革之举从嘉靖初年肇始，至万历中期以后，已大见成效。不仅使传统八股文陈陈相因的内容和刻板的程式大为改观，更使二者出现了合二为一的融合之势。八股文由庙堂之文变得世俗化了，具有些许人间烟火之气，充盈着文学气

① 艾南英：《四家合作摘谬序》，载《明文海》卷三百十二《时文序》。

② 袁中道：《珂雪斋集》卷之十《二赵生文序》，万历刻本。

息，也便具有了活力。虽然被一些正统派骂为“文体芜秽”[1]、语言“庸靡臭腐而不可读”[2]，是“浮薄不根之文”[3]，“举业至万历之季，卑陋极矣”[4]，“嘉、隆以来，一二崛强剽猎浮华以为古”，甚至将明朝之亡也归罪于隆庆、万历时八股文的变革，但这些看法无疑是片面且浮浅的，是卫道士之言。八股文的变革对统治者来说，当然不利，因为这么做是去经学化，强文学化，破坏了维持其统治的思想基础。但若从社会发展的角度看问题，这场变革则有着进步的意义。那些被斥为“芜秽”即文学化了的八股时文，是广大士人反抗理学束缚，追求个性自由，在八股文中引入了新理念、新技法的结果，体现了时代的精神。

任何一种文体，只有随时代的需要而变化才会永葆活力。八股文历经两百年的发展，至嘉靖后期衰败之相渐显，只有进行改造才能存活。如果这时能有一些有远见，有学识，有才能且又有地位者出来因势利导，再辅以其他措施，也许可以将八股文改造成为能适应时代需要的具有活力的新的考试文体。然而，明代统治者恪守祖制不可改变的祖训，八股文的彻底改造是不可能的，而只能听任这种变化无序地进行。到万历晚期，这种各陈己见的无序变化终于将八股文弄得非驴非马，新的功能没有形成，旧的功能又逐渐丧失。到天启、崇祯年间，随内忧外患的加深，无序变革虽仍在进行，一场与之对立的，以救亡图存为目的的八股文起衰振兴运动掀起来了，其声势很快压倒了这种无序变革。

第八节　隆庆、万历时八股文选评的兴盛

在明代，专门讲述八股文理论的著作极少，八股文的选评刻

---

① 俞桐川语，见《制义丛话》卷之八。

② 艾南英：《序王子巩观生草》，载《明文海》卷三百十二《时文序》。

③ 艾南英：《黄章丘近艺序》，载《明文海》卷三百十二《时文序》。

④ 艾南英：《四家合作摘谬序》，载《明文海》卷三百十二《时文序》。

本是八股文理论的主要载体。八股文作法的阐述、文体地位、本质及其发展变化过程、与其他文体的关系，主要是在八股文的选评刻本中得以揭示的。

从现存资料来看，八股文的评点，源起于南宋。此时科举罢诗赋，而以经义论策试士取士。为指导士子们从应试诗赋写作向科举古文写作转变，就出现了专门解析科举古文义法的文学批评样式，即选编合乎科场规范的样文，加以批注评论和标抹圈点，以指明文章的作法。早期著名的评点文本，有吕祖谦的《古文关键》、真德秀的《文章正宗》及谢枋得的《文章轨范》等。

八股文作为一种科举应试文体，沿用选评的方式来传授八股文作法，是广大应试士人所喜闻乐见的，也是那些八股文高手所愿意操盘的。

因资料的缺失，明代八股文选评本的出现时间难以确认，从情理上推测，应始于成化年之后。因此前八股文处于一种变化不居的状况，标准体式尚未确定，好文章的标准也在不断变化，这个时期认为是好的作品过几年便不再认为是佳作了。故无论选还是评，其价值都不大，无多少人愿去看它，选评工作自然就无人问津。明代正德、嘉靖学者郎瑛就在其《七修类稿》中指出："成化以前，世无刻本时文，吾杭通判沈澄刊《京华日抄》一册，甚获重利；后闽省效之，渐至各省刊提学卷也。"①

八股文的选评，到成化、弘治时应该开始出现。因为八股体已成为标准格式，功令所在，人人都要写作，自然就有人来选编合式的优秀之作并加以评点，以之向士子们讲述其作法之优点，以便他们仿效。但其时的选评本及有关记载，今天犹未得见，只是一种情理上的分析。

---

① 郎瑛：《七修类稿》卷二十四《时文石刻图书起》，文化艺术出版社，1998年。

八股文选评事业的大发展，应该出现在嘉靖中期以后，到万历时期进入繁盛。晚明钱谦益在《家塾论举业杂说》中说："嘉靖以前，士习淳厚，房稿坊刻，绝无仅有。……嘉靖末年，始有《正脉》、《玄览》之刻。……万历之中，娄江王逸季始大操月旦之评……万历之末，武林闻子将始建立坛坫之帜。"① 这是因为当时的刻书事业有了很大发展，而当时科场作弊之风渐盛，士子为了揣摩风气，以便写出合乎时代特别是考官认可的文章而取中，也需要大量好的选评本供学习甚至背诵。更为重要的原因在于万历时八股文坛大讲作法，无论社会上还是科场，都以文章是否能运用巧法将文章写得新奇醒目来衡量其优劣，一些八股高手名家很愿意借选评之事来宣扬自己的主张，或辨证文体，或标举宗尚，或炫耀己才。就大多数人而言，种种巧法的学习并运用，不是独自所能做好的，非得有高师作指点不可。而要得高师指点也不是人人能有此幸运，对绝大多数的人来说，最好的也最便利的方式就是读八股文名家的选评本。这样，八股文选评事业在万历时期便蓬蓬勃勃地发展起来。

现有的史籍记载也可证明这点。

《明史·选举志》一中说：

"万历十五年，礼部言：'唐文初尚靡丽而士趋浮薄，宋文初尚钩棘而人习险诡。国初举业有用六经语者，其后引《左传》、《国语》矣，又引《史记》、《汉书》矣。《史记》穷而用六子，六子穷而用百家，甚至佛经、道藏摘而用之，流弊安穷。弘治、正德、嘉靖初年，中式文字纯正典雅。宜选其尤者，刊布学宫，俾知趋向。'因取中式文字一百十馀篇，奏请刊布，以为准则。"②

清代学者赵翼在《陔馀丛考》中说：

---

① 钱谦益：《有学集》卷四十五，上海古籍出版社，2000 年。

② 《明史》卷六十九《选举志》一，岳麓书社，1996 年。

"《云谷卧馀》载杨常彝云：十八房之刻，自万历壬辰（二十年）《钩玄录》始，旁加批点，自王房仲选程墨始，其后坊刻渐众。"①

这些记叙，都表明选编评点八股时文之事业，在万历时已十分兴盛。但因时代久远及废八股文等原因，万历时的八股文选评刻本存世者寥寥，在存世者中，又多为名家高手选评。如汤显祖选评的《汤若士先生点阅汤许二会元制义》，当过提学御史、大理寺少卿、应天府尹的李尧民点评的《皇明四书文选》，钱时后、钱文光选编的《皇明会元文选》，佚名的《猛虎斋时文选》等数种。要以区区几种存书来全面正确地分析万历年间八股文的选评之事显然是不够的，从这几种书来看，所选之文均为历代名家名作。而评点的方式有眉批、夹批、尾评、圈、点等。

从评点的内容来看，它们涉及八股文作法、技巧的指点，对时代八股文的发展变化规律的探究、对名家写作风格、手法的揭示，以及对作品的欣赏解析等方面。

从对具体作品的分析点评中来概括各类八股文的写作方法与技巧，是万历年间选评刻本中最主要的内容，因为这是时风所在，也是受众最希望见到的，更是操选政者传扬自己的八股文观的最好处所，故选评者于此下力最大，评点尤多。

在李尧民的《皇明四书文选·序》中，首先指出作法对八股文的重要性，并指出法与遵经守注的关系：

"举业者，疏圣贤之意，传圣贤之神，达此之谓才，范此之谓法。太上适圣贤，其次适己。适圣贤者其情万变，其文亦万变，情文互生，意象传合，若不尽言而若有馀；适己者文变而情不变，不强境以从我，则舍我以附境。"

他在文章的评点中更是结合文章揭示其写作方法。如评尤瑛

① 赵翼：《陔馀丛考》卷三十三《刻时文》，乾隆湛贻堂刻本。

《寡人之于国也　全章》题文的尾评中说：

“最严整之文露最奔逸之气，时艺中良不易得。常山蛇势，击首则尾应，击尾则首应，击中则首尾俱应，此法俱在此文。”

在汤显祖选评的《汤若士先生点阅汤许二会元制义》中则在夹批和尾评中，用极精练的语言对文章作法予以概述。如《君子务本　一节》题文的尾评中用一句话点明其作法之妙：“先提比二比本题四句，只一气不断了。”

有的评点还用以阐述作者的八股文理论。如佚名的《猛虎斋时文选》在评许獬的《上好礼则　六句》题文的尾评中，采取以偏见全的方法，从许獬此文生发开去，谈及八股文写作时“识”的重要：

“文章大处开经，要处斡旋，自然笼罩一世。此题不是论君民感应，是见樊迟问稼圃，全没大意思，故把平日学问指点如此如此。上节有小人字面，此节分明以大人之事与他说，此文矢口道破，何等识尔。”

对八股文作法的评点，更促使万历八股文朝着新奇的路上发展。

有的还在评点中发表了对八股文发展规律的己见，如李尧民在《皇明四书文选·序》中指出，自朱元璋创制八股文后，直至成化、弘治年间，仍遵守功令，“彬彬质有其文”。至弘治末年，文风“靡然若草木之绝根，不得不求之以简实。简实弗竟，沿为萎苶，不得不振之以古，至于非周秦之书非陈，非河上漆园盲腐二史之言弗绎。甚者厌薄一切，渔猎玄禅以佐之。才者驾古，不才者企于古。驾古者宁伸才而绌法，企于古故宁不受法而饰才”[①]。这就将弘治之后，一些人希图用简实来改变萎靡之文风，而走上复古之路，到万历时又出现了种种弊端的发展变化过程揭

① 李尧民选评：《皇明四书文·序》，万历二十四年刻本。

示了出来，发人之所未发，确有见识。

万历八股文评点盛行，影响所及，与文学家宣示文学主张的要求相结合，使得当时的诗歌、古文、戏曲的评点也时行起来，成为引导文学风尚的一种重要手段，此时的文学出现时文化的趋向。诗、古文、戏曲都出现八股文的构成元素。反过来，又促使时文向着文学化的道路发展。

第九节　隆庆时的八股文大家胡友信

嘉靖末年，归有光继唐顺之等人之后，以古文为时文，高视阔步，实大声宏，驾顺之而出其上，名震宇内。之后能与之并驾齐驱者，只有胡友信，举世并称“归胡”。

胡友信，字成之，号思泉。德清（今属浙江）人。嘉靖二十八年己酉（1549）科举人，隆庆二年戊辰（1568）科进士。授顺德知县。

胡友信博通经史，学有根底，从小即浸淫于八股文之中，故受儒家思想影响很深。立身处世，皆以儒家道德价值观规范自己，为人正直，为官勤政爱民。

他任顺德知县时，“岁赋率奸胥揽输，稍以所入啗长吏，谓之月钱”[①]。他一上任，即革除此项弊政，“与民约，岁为三限，多寡皆自输，不取赢，闾里无妄费，而公赋以充”[②]，表现出他廉洁自爱的品格和很强的行政能力。

顺德临海，时有海寇侵扰，官兵去清剿，则会骚扰民间。胡友信便采取抓捕海寇内线，捕诛境内海寇头目的办法，使海寇瓦解。为防备外来大股海寇入侵，他在乡间成立四应社，“一乡有警，三乡鼓而援之，不援者罪同贼，贼不敢发”。

---

① 《明史》卷二百八十七《胡友信传》，中华书局，1974 年。

② 《明史》卷二百八十七《胡友信传》，中华书局，1974 年。

《明史》说他“治县如家，弊修堕举，学校城池，咸为更新。督课邑子弟，教化兴起。卒官，士民立祠奉祀”①。

胡友信在释褐前一心攻读《四书》、《五经》，专习八股时文。刚中进士即任一县之令，在任上政绩斐然，显示出很强的行政管理水平，获得百姓如此尊崇，不能不说长期的八股文写作对他确实起到了培育作用。

胡友信能于青史留名，《明史》将其列入《文苑》人物列传之中，最主要的原因还在于他的八股文能独树一帜，影响深远，其为官功绩只是八股文写作对他长期陶铸的结果。

胡友信博通经史，其文沛然出之，雄深博大，虽无长篇大论，局敛而气自开拓，形成了自己的风格，卓然自立，很受八股文界的推崇。其文被选入各种选本，有无数士人揣摩学习。《明史》中说：

“明代举子业最擅名者，前则王鏊、唐顺之，后则震川（归有光）、思泉。思泉，友信别号也。”②

胡友信的八股文具有理真义精的特点，虽然受时代风尚的影响，胡友信不再恪遵传注，对经文的理解也参入己意，说理务求新奇，已开万历时的风气，但从大旨而言，并未背离儒家正统观念。从这点而言，他又与万历时风有区别，保留了正德嘉靖盛时做派。这种特色的形成固然与其处于嘉靖、隆庆之际，反程朱理学的思潮尚未大炽有关，也与胡友信学识广博，对经史皆能领悟其精要不无关系。正因为其文内容可归入雅正之列，所以明清两朝统治者都把它们当作范文供天下士人学习观赏。其《臣事君以忠》题文，题目出自《论语》。文章只体味尽己以洗发“忠”字，便亲切入理，无血性粗浮。惟其理真，故全文一气贯注，结

① 《明史》卷二百八十七《胡友信传》，中华书局，1974年。

② 《明史》卷二百八十七《胡友信传》，中华书局，1974年。

构谨严。

他又善用机法，以文句齐整，音调铿锵，手法新奇见长。其文气势不如归有光宏大，但说理比他显豁通达。用意比唐顺之奇特，因他注重炼局炼意。他是隆、万文善用机法的开风气者，其思甚周而笔力极圆，机法极变，清微雄深，兼擅其长。清代高塘在《明文钞（五编）序》中说："文至隆、万，变化、治之老法而行之以机，变正、嘉之朴实而运之以巧……首曰胡思泉，铜墙铁壁之称，前人以之追配太仆也。"

胡友信的八股文理真义精的特点，表现之一是其文无不肖题。作八股文，要讲题理、题神。因为各题都有其形貌，所作之文必与之相称，而后才能肖题。胡友信的《是故君子笃恭而天下平》题文是其代表作之一，方苞称赞此文非徒入理深厚，并与题之形貌相称，是八股文肖题的典范，现录之于下，以备一体。

是故君子笃恭而天下平

圣人不显其敬，而天下化成焉。

盖敬者天德王道之本，不显其敬而敬纯矣。天下有不化成者哉？此子思自下学立心之始而究其极也。

意谓：道有至极，学有全功。吾尝咏不显其德百辟其刑之诗，而得君子为己之极矣。

彼其奏假无言，犹存敬信之心。民劝民威，犹有化民之迹，而君子为己之心，未已也。

是故君子自内省之诚，积而入于神明之域，驯敬信之念，退而藏于渊默之衷。

惕厉固所不存而斋戒亦所不事；矜持固所不作而兢业亦所不知。

天命人心，浑为一机，而无思无为者，忘于己；若启若翼者，忘于天；修身立命之原，诚有鬼神不得而析其机者矣。

天德王道，融为一源，而冲漠无朕者，不为无日；出万幾者，不为有敬；天勤民之本，盖有造化不得而泄其秘者矣。

由是神之所存，化必达焉，而天下咸囿于不言之信。

德之所及，举必究焉，而天下默成其不戒之孚。

陶熔于礼乐之中，而其相揖让也非为名分，相歌咏也非为性情，熙熙然各通于圣人之性而莫之知也。

渐靡于刑政之外，而其为善良也非出于感悟，无颇僻也不待于激昂，陶陶然相遇于圣人之天而莫之识也。

君无可称之迹，民无可归之功，朝无颂圣之臣，野无歌德之俗，此之谓中和，此之谓位育。至此则无几之可知，而君子为己之能事毕矣。

朱熹在其传注中说："笃，厚也。笃恭，言不显其敬也。笃恭而天下平，乃圣人至德渊微，自然之应，中庸之极功也。"胡友信在文中阐释笃恭是内省敬信之所积而自致者，就如律己正南面，是敬德之容一样。朱熹在《中庸》第三十三章的总注中说："以驯致乎笃恭而天下平之盛。"可见"笃恭"也是效验。胡友信在文中不用力作转语，故文与题之形貌相合，否则便会使文章变成阐述"笃恭而驯致乎天下平"，就有失题旨了！可见胡友信思理精细，得题之神，气力深厚，文必肖题，笔墨已至化境。所以王巳山称赞此文为"思泉集中神到之作，但觉元气淋漓，不复见为苦心烹炼"。方苞称赞此文"刻挚之思，雄古之气，非独入理深厚，并与题之形貌亦称"。细读此文，知这些评述并非虚誉，确实概括出该文的特点，也即胡友信八股文的一大特点。

胡友信的八股文的另一个特点是布局宏阔，大气磅礴，精神一气贯注，使其文章具有浑浩流转之势，而又能出经入史，典雅纯正。题目出自《中庸》的《书同文行同伦》便是这方面的代表作。

"书同文，行同伦"一句，按照《四书集注》中的传注，是

"言天下一统也"。该文抓住"同"字，阐释周天子以德一统天下之气象。全文大气盘旋，雄浑典雅，被王耘渠称之为"典制题之极则"，说"自来以思泉先生配震川，以集中有此巨制耳"。江若度则夸它"精微广大，真是文章巨观。此在先生集中，是最上乘文字"。马君常则感叹说："高文大篇，不读此不知先辈开辟手也。"① 只要认真读一下该文，便会感到有一股浑浩之气贯串全文，称得上是理足气充，故知上述评语并非虚誉。

受时代的影响，胡友信也融液经史，以古文为时文，所以他与其他人一样，十分重视移植古文的写作方法，对传统的八股体式也有所突破，其八股文往往写得机巧工整，非常人所能及。如其《参乎吾道一以贯之　一章》题文，构思巧妙，结构谨严，篇法、股法俱求精雅，"清机洒脱，使阅者心且一开"②。其《天下有道　一章》题文，被方苞誉为"气清法老，古意盎然，几可继唐（唐顺之）、归（归有光）之武"③。

由于胡友信的八股文具有以上特色，故被人称为八股文大家，并将之与归有光并称。然而胡友信为文过分追求技巧，常有雕琢之痕，不若唐顺之、归有光之文"出之若不经意"。其文虽体大思精，理真法老，但由于在古文与八股文的融合上尚未达炉火纯青之境界，故古文疏宕之气，先正清新之韵在其文中就难找到，这也是作者所以不及归有光、唐顺之的地方。

第十节　才子型的八股文名家汤显祖

在高手如云的隆庆、万历八股文坛，汤显祖是一个出类拔萃

① 以上引文，均见《明文钞》（五编）该文评语，乾隆五十五年刻本。

② 见《明文钞》（五编）该文评语，乾隆五十五年刻本。

③ 见《明文钞》（五编）该文评语，乾隆五十五年刻本。

者。当时有“江西四隽，缺一不可”之说，这四个人即邹泗山、万国钦、汤显祖、叶修。他们同是江西人，同为万历十一年癸未（1583）科进士，且同是隆庆、万历年间八股文名家。邹泗山以文风冲夷，万国钦以简古，汤显祖以名隽，叶修以理解精醇、机法绵密著称于世，故又有“四隽一榜并列”的说法。到清代，赵吉士则把他与王鏊、唐顺之、瞿景淳、薛应旂、归有光、胡友信、杨起元等并列为明代“举业八大家”①，特别推崇他的八股文。不过，长期以来人们只讲汤显祖的文学成就，却只字不提对其一生思想和文风有重大影响的八股文，因而对汤显祖的认识和研究就不能深入，这不能不说是一种遗憾。

汤显祖，字义仍，号若士、海若、海若士，自署清远道人，晚年自号茧翁。所居书斋自名为玉茗堂、清远楼。抚州临川（今属江西）人。为中国明代杰出的戏剧家、文学家。他的传奇作品“临川四梦”，以横溢的才华和遒劲的笔墨塑造出生动而又丰满的艺术形象，同时也融会了晚明进步社会思潮的精华，使其登上了时代思想文化的顶峰。

汤显祖出身于书香门第，祖上四代皆有文名。祖父汤懋昭，幼年即补了弟子生员，地方上的读书人推他为“词坛上将”。其父汤尚贤，少年时即为廪生，知识渊博，作文古奥，是位举行端方的儒者。汤显祖生于这样的家庭，自小即受八股文和诗文写作的训练，儒家经典烂熟于胸。因八股文讲求排偶，他从小即学会作对子。五岁时以善于作对子而闻名于乡。十三岁时，县学训导主持考试，要汤显祖以“形而上学”为文题当场作个破题。汤显祖指着课桌说：“形而上谓之道，形而下谓之器。”县学教官无不惊叹称奇。次年，他即考中秀才。二十一岁时中隆庆四年江西庚午（1570）科举人，声名大著。

---

① 赵吉士：《寄园寄所寄》卷上，大达图书供应社，1931 年。

从小即开始的八股文写作，使儒家正统思想在其头脑中深深扎根。他中举后进京会试，这时首辅张居正在网罗海内名人，以壮大子侄声势，特邀汤显祖与其子交游。汤显祖为人刚正，认为这与圣贤之道不合，毅然拒绝。结果，万历五年丁丑（1577）科、八年庚辰（1580）科两次会试，张居正的两子嗣修、懋修分别中了探花、状元，而才华横溢的汤显祖却名落孙山。直到万历十一年癸未（1583），即张居正去世后的第二年，汤显祖才考中进士。次年，被授以南京太常寺博士之职，后任南京礼部主事。

万历十九年辛卯（1591），天下灾异相连，三月又逢星变，汤显祖忧国忧民之情大涨，便上《论辅臣科臣疏》，弹劾大学士申时行等人误国，字里行间对神宗皇帝也予以讥刺。为此，他被贬为徐闻县（今属广东）典史。两年后，迁任遂昌县（今属浙江）知县。

汤显祖在遂昌任职五年，显示出很强的行政才干，他为民兴利除弊，政绩卓著，深受当地百姓的爱戴。他的事迹，在遂昌百姓中代代口耳相传，直至道光年间，他为民写的《听说迎春歌》犹在当地传唱。然而，此时已是一个不要理想、不讲人格、只认金钱的时代，汤显祖所奉行的儒家道德观和价值观已不合时宜。虽然汤显祖在遂昌深受百姓爱戴，可是由于他对朝廷的腐败政治始终采取一种批判的态度，所以受到朝廷当权者的排斥。汤显祖开始察觉到这个社会与自己的理想是如此的格格不入，决计投劾还乡。万历二十九年（1601），首辅沈一贯等人借察政之机，以“浮躁”的罪名将他罢职“闲住”。从此之后，汤显祖在临川过着隐居著述的生活，直至病死。

纵观汤显祖的生平，可以看出在他任遂昌知县之前的岁月里，虽屡经挫折，还保持着一种极力探求社会和人生出路的积极态度。此后，他因无路可走，奋斗终究归于失败而看破红尘，陷入了“厌逢人世懒生天”① 的深沉悲哀之中。他的所有文字，包括其文学作品和八股文，也以此为分界线，大致呈现出比较昂扬或比较低沉的格调。

早年，儒家正统观念在汤显祖的头脑里占据统治地位。虽然他在少年时期即拜王阳明学说的分支泰州学派著名学者王艮的三传弟子罗汝芳为师，但直到他中进士之前，泰州学派的思想并未对他造成大的影响。他的诗文，特别是他的八股文中所表现出的是正统的儒家思想，即便是到了汤显祖被追论削籍，回乡闲住，在指点那些慕名而登门求教八股文的弟子，如中进士后当过达州、遵义知府，官至福建盐运使的黄太次，号称临川“后四才子”的晚明八股文大家陈际泰、罗万藻、章世纯、艾南英等人时，他仍授之以正统的儒家观念。陈际泰、罗万藻、章世纯、艾南英四人在天启、崇祯年间能掀起一场八股文回归传统的运动，与汤显祖的教诲不无关系。

汤显祖的八股文一般都思想纯正，然而针对性强，言之有物，无当时的空疏之风，且讲究写作技巧，这从他十四岁考中秀才的《女有馀布》题文中即可看出。

这是汤显祖十四岁考秀才时的试卷。试官读后大为惊喜，说：“一尺布作九州被，真奇才也。”② 立即将其取为生员。

该文虽是考场中匆匆所作，且汤显祖当时还是个少年，故显得有些稚嫩，但能因小见大，理精气足，故令试官一见即感到惊奇。文章须阐释女所织之布不通功必致有馀，一有馀不但积压无用，且会带来种种弊端。这些意思须一层层推出，题目却不能混拈，因为这个题目之上下文为：“子不通功易事，以羡补不足，则农有馀粟，女有馀布。子如通之，则梓匠轮舆，皆得食于子。

① 《汤显祖诗文集》卷十四《达公来，自从姑过西山》诗，上海古籍出版社，1982 年。

② 见《小题初集·启蒙》该文评语，乾隆刻本。

于此有焉，入则孝，出则悌，守先王之道以待后之学者。而不得食于子，子何尊梓匠轮舆，而轻为仁义者哉。”如混括，便易与题之上文相连，犯连上之病。汤显祖却分括“女”字和“布”字，两层一线，次第相生，脱卸承接之法运用自如，即便是老手也不能超过他。从而使得篇法极为谨严，极为明了，加之内容又合乎传注，并一气贯串，故成为一篇佳构，令试官一见称奇。

汤显祖的八股文是一个著名文学家的八股文，故其八股文无论是语言或格调，都尚圆美而逞才华，带有文学的色彩，有明显的古文化趋向。且说理透辟，新义时现，不同流俗。两者兼长，显出魏晋清新别致，整饬流宕之文风，在八股文坛别具特色。如题文出自《论语》的《我未见好仁者　一章》题文墨卷即有这种特色。

我未见好仁者　一章

圣人慨成德者之难，因言弃德者之众焉。

夫好仁恶不仁非绝德也，特自弃者不用其力耳，圣人所以重有慨与！

想其意曰：君子之学也，以为仁也；君子之成仁，以其能自力也。有仁焉而无力以成之，吾能无慨然于今乎？

于今观之，仁可好也，而好仁者我未见也。不仁可恶也，而恶不仁者我未见也。

好仁者之名，夫人乐得之，而吾以为未见者，以好非感发之好，乃无以尚之之好也。

恶不仁之名，夫人乐得之，而吾以为未见者，以恶非愤激之恶，乃不使加身之恶也。

惟其如是，是以难也，虽然，未尝难也。

有人焉奋然而起，深明乎仁不仁之分；惕然而思，实用乎好恶之力。

吾知有弗好，好则仁必从之，盖无以尚之之好，亦起于一念之好也。我未见好仁者，亦何尝见好焉，而力不足者乎？

有弗恶，恶则不仁必去之，盖不使加身之恶，亦起于一念之恶也。我未见恶不仁者，亦何尝见恶焉，而力不足者乎？

盖天之生人不齐，人之受质非一，则力不足于用者，或有其人。

而有志于仁者恒少，无志于仁者恒多，则吾之于斯人也，实未之见。

夫力之足不足也，以用而见也，未有以用之，胡为而遽罪乎力？

仁之成不成也，以力而决也，未有以力之，胡为而绝望于仁？

然则吾之所见者，非天有所限，彼自限之而已矣，非仁远于人，人自远之而已矣。安得实用其力者，一起焉而副吾之望哉？

朱熹《四书集注》对这个题文的注释为：“夫子自言未见好仁者，恶不仁者。盖好仁者，真知仁之可好，故天下之物，无以加之；恶不仁者，真知不仁之可恶。故其所以为仁者，必能绝去不仁之事，而不使少有及于其身。此皆成德者之事，故难得而见之也。”

汤显祖这篇八股文，谨守朱熹传注，将题旨归纳为孔子“慨成德者之难，因言弃德者之众”这样一个主旨，以八股格式，层层深入地将这个主旨全面地阐释出来，显示出汤显祖对儒家经典把握之准确、深入。

汤显祖是个文学家，其行文主张“不在步趋形似之间，自然灵气，恍惚而来，不思而至”①。这种观点，在其八股文中也得到体现。这篇文章语言平易，条理清晰，不引经据典，不使用晦涩古奥的词句，却使孔子的思想“神气毕出”。

汤显祖是个杰出的戏剧家，最善于塑造人物形象，他的这种艺术才能在其八股文中也有所显现。他的八股文最擅长入口气代圣贤立言。由于他学识渊博，能发题旨之精义，又有艺术才华，极富想象力，又擅长剖析人物心理，能发掘其隐微难明之意，又恰合圣贤思想，能将这些微言奥旨以圣贤的口气生动传神地表达出来，故使其八股文呈得深刻、新奇、生动、自然。本文摹仿孔子语气代其立言，由于汤显祖从题文中牢牢把握住了孔子说此话时的心理与思想精义，在行文上大量使用问句，恰当地使用了语气词，便让人觉得真的是孔子在娓娓而谈，使此文具有其他八股文所难以具有的吸引力。所以方苞将此文选入《钦定隆、万四书文》，并称赞它说：

“无事钩章棘句，而题之层析、神气毕出，其文情闲逸，顾盼作态，固作者所擅场。”

方苞的看法是非常准确的，将汤显祖的八股文为文学家的八股文这一特点揭示得十分准确。

汤显祖是个才华横溢的大才子，其为文又具有才子的特点：文章讲究技巧，富有文采，其《其君子实　四句》题文，便是这方面的代表作。

这篇文章的题目，按朱熹的传注，其意思为“言商人闻周师之来，各以其类相迎者。以武王能救民于水火之中，取其残民者诛之，而不为暴虐耳。君子，谓在位之人。小人，谓细民也”。本文就围绕商朝百姓喜迎周武王伐纣之师的情景，对题旨进行深

① 汤显祖：《合奇序》，《汤显祖全集·诗文》卷三十二，北京古籍出版社，1989年。

人全面的阐释。作者施展才情，使用唤法、转法、应法、宕法，先揭示商人相迎周师之原由，后写相迎之场面。虽用巧法，然大雅天成，不伤于纤佻，因为其书卷味浓，而笔姿有若天授。文章打破八股体式，只用两大比，或就两君子、小人生情，或就迎字生情，或就玄黄箪食壶浆生情，或在题前，或在题后，顿挫跌宕，一步一曲，如游武夷山，步步引人入胜。其对仗的工巧，还是馀事。作者熟悉典籍，融液经史得心应手。文中写君子怒用《诗经》，写小人戚用《左传》，都恰到好处。

汤显祖才华横溢，故此文写得文采斐然。储同人称作者“笔授天花，胸罗万卷，一气写去，穷工极妍”。方苞说此文“局势通博，一句一字，穷极工巧”。王巳山说此文“近照救民水火，远注举首而望，欲以为君妙于题中四其字两两对照，运掉清妍，顿挫委婉，致有深意。但以绝妙好辞相赏，犹不免辜负渠侬”[①]。吴蔚若称它为“绝世奇文”。如此等等，可见八股文界对其评价之高，推誉之盛。而汤显祖以其生花妙笔写时文，当然会被人视为“人巧极、天工错，这便是才子手段”[②]。

汤显祖学识皆优，经史兼长，又能融会贯通，故其文能出经入史，使文章浑朴醇厚，底蕴很深。清学者何焯在《两浙训士条约》中评价他中进士之文说：“癸未（万历十一年）汤若士之文厌饫五经三史，以发其深情逸韵，自言宗师王（鏊）、钱（福），信乎能得其髓者也。”这番话把汤显祖学识优长，善于以经史来发抒其深情逸韵，抒写其性灵的特点揭示出来。有人甚至称其八股文无一字无出处。钱谦益在《家塾论举业杂说》中说：“天启初，汤临川之仲子大耆偕朱如容掌科游长安。如容盛谈时艺，称

---

① 见《明文钞》（五编）该文评语，乾隆五十五年刻本。

② 见《明文钞》（五编）中之《民之归仁也》一文之评语，乾隆五十五年刻本。

临川文如杜诗，无一字无出处。”[①] 可见汤显祖熔经铸史的能力与学识是何等之高，故他对万历之后的八股文坛影响很大，江西四子是其门生，云间陈子龙等的尚才情，包罗载籍、务为奇特的做法与其一脉相承。

汤显祖受时代影响，加上是个才华横溢之士，当然会追求新奇之趣。但他是饱饫五经三史，又不拘泥于经史，而是以其巧睿之心灵熔经史于一炉，发其精奥之秘，并以才子的清词隽语出之，故其文便显出一种深情逸韵，这是八股文史上独具的格调，也使他得以列入明代八股文八大家之列。这种格调表现在他不受题目与程式的拘牵，能以灵动的文思，随心如意地抒写出自己的见解与情致。如《我未见好仁者　一章》题文，起二股将好仁、恶不仁对讲，中二股承上启下接入末节二股，后二股由末节回应上二节，环环相扣，中以灵气运之。明八股文名家章世纯评云："文以灵为佳……此文'是以难也'等句，此运掉之灵。'亦何尝见好而不足'等句，此衬句之灵……结逆流而上，逐步收转，如道家之运通督脉，一身营卫，收归一路，又其最灵者矣。"[②]

如此种种，形成了汤显祖制义的特色，也奠定了他在八股文史上之地位。

第十一节　讲机法，以"九字诀"传世的八股文名家董其昌

在万历年间，董其昌不仅以其八股文，更以其对八股文的写法作过系统的研究，总结出"九字诀"而闻名于八股文坛。

董其昌，字玄宰，号思白、香兴居士。松江华亭（今属上

---

① 钱谦益：《牧斋有学集·有学集》卷四十五，上海古籍出版社，2000 年。

② 均见《明文钞》（五编）该文尾评，乾隆五十五年刻本。

海）人。举万历十七年己丑（1589）科进士，授庶吉士。

董其昌重情义，礼部尚书、八股文名家“田一儁以教习卒官，其昌请假，走数千里，护其丧归葬”①，博得世人称赞。后“督湖广学政，不徇请嘱，为势家所怨，嗾生儒数百人鼓噪，毁其公署。其昌即拜疏求去，帝不许，而令所司按治，其昌卒谢事归”②。

天启五年（1625）拜南京礼部尚书，以魏忠贤等阉党柄政，屡上疏乞休，后诏加太子太保致仕。八十三岁时卒。

董其昌“天才俊逸，少负重名”，以善书“名闻外国”。其书风率易中得秀色，章法秀逸疏宕，为一代大家。又擅山水画，“集宋、元诸家之长，行以己意，潇洒生动，非人力所及也”③。论画标榜文人气息，以佛教宗派喻画史各家为“南北宗”，推崇南宗为文人画之正脉，影响波及至今。他还“精于品题，收藏家得片语只字以为重”。其性格和易，“通禅理，萧闲吐纳，终日无俗语”。人们把他比之为米芾、赵孟頫等大师。

董其昌还是万历时一个有名的八股文高手，只不过其文名被其书画名所遮掩，不被后人所知。

董其昌的八股文亦属才子型，为文潇洒，讲究韵致，讲究词藻，善用机法，讲求工巧，圆润秀逸，神韵清丽，在晚明声名赫赫。出于其才子的不羁个性及受时代的影响，其文无论是在形式或内容上，都对传统的格局有所突破。在内容上，他虽然不敢公然离经叛道，却不株守程朱传注，时有己意参入。在形式上，他亦不株守八股程式，时常别出心裁，颇见机巧，特别讲究在转折处下功夫，而使文章显得圆润。这些特点，从其八股文代表《春省耕而补不足　为诸侯度》一文中可见一斑。

---

① 《明史》卷二百八十八《董其昌传》，中华书局，1974年。

② 《明史》卷二百八十八《董其昌传》，中华书局，1974年。

③ 《明史》卷二百八十八《董其昌传》，中华书局，1974年。

这篇八股文文题出自《孟子》,《四书集注》中朱熹对题目的传注说:

“春秋循行郊野，察民之所不足而补助之，故夏谚以为王者一游一豫，皆有恩惠以及民，而诸侯皆取法焉，不敢无事慢游以病其民也。”

董其昌这篇文章其内容大体上遵循了朱熹的传注，但他却抓住百姓感戴之“情”这个理学家们禁言之词大加铺叙，便与理学家们拉开了距离。他在起比中摹写题之上半截，将下半截情事涵括在内。后二比从夏谚生情，即紧抢题之上半截，揭示百姓因受惠而感激，故其情真意切。因作者炼格而宽然有馀，炼词而清丽婉然，又不拘泥于题面，“全以叹想传情，畜君意已奕奕生动。上含下抱，神理绵密，韵致殆不减玉茗（汤显祖)”①。

这篇文章，以晏子的口气代言，由于作者才情横溢，将晏子的心理琢磨得很透，且以其丹青高手之笔，将其言刻画得细致生动，使晏子的形象跃然纸上，非一般八股文高手所能比肩，这就是才子手笔的魅力。

董其昌的八股文将机法之妙运用至极致，别人用方之处他使圆，实处使虚，滞处使灵，一篇之呼应，一股之开合，莫不自具匠巧，故其文神态丰韵却又活泼生动，有一种圆熟之美透出。其名作《如其善而莫之违也不亦善乎》题文就妩媚多彩。清代著名八股文选评家王汝骧就评云:“制艺至文敏，巧极矣。如此篇入理之细，运题之化，真天地自然之文，不得更以巧目之。”②

隆庆、万历是个推重机法的时代，研究古文和八股文的作法蔚然成风。董其昌是个对理论很有兴趣的人，他善书，即有书法论；他会画画，即有画论。同样的，对八股文，他也有精到论

---

① 见《明文钞》(五编）该文顾备九之评语，乾隆五十五年刻本。

② 见《明文钞》(五编）该文尾评，乾隆五十五年刻本。

述，这集中体现在晚明及清代八股文坛影响很大的“九字诀”中。

华亭九字诀

一曰宾。

昔洞山禅立四宾主，主中主，宾中宾，宾中主，主中宾。故曰：“我向主位中来，尔向宾位中接。”又曰：“忌十成死语。”文章亦然。一部《庄子》，莫非寓言，并无一句犯正位，然未尝一句离正位。若一犯正位，则如《逍遥》、《齐物》、《秋水》诸篇，正意不过数句可竟，何得曼衍恢奇乃尔。何谓正位？正位者，主也。正位如君王拱默威严，外人莫睹，而三公九卿、六部王府皆承天子威光建立功业。若必要天子口倡手提，济得甚事？《诗》则赋为主，比兴皆宾也。《易》则羲画为主，六爻皆宾也。以时文论，题目为主，或进前一步，或退后一步，皆谓之宾。或斤斤讲而题意反不透露，是高品、俗品之分。苏子瞻《表忠观碑》惟叙蜀汉抗衡不服，而钱氏顺命自见，此以宾形主也。此窍毋论前辈、大家、名家，但执管者即已游于其中，自不明了耳。往往有单门浅学而早取科第者，彼虽不知所以，要未尝不暗合。今夫农人之歌，岂知声律？然一唱众和，前轻后重，若经惯习，虽善歌者不能易之。于此见人心有自然之节奏，以此机相感，洒然善矣。但不可作宾中宾，谓于题目旁意中又入旁意，则是臣子不奉天子威光，擅自称制，乃野狐禅也。惟宾中有主，主中有宾，明暗相参，生杀互用，步步恋着正意，而略不伤触，乃为宾字法门。

二曰转。

文章之妙全在转处。转则不穷，转则不板。如游名山，至山穷水尽处，以为观止矣，俄而悬崖穿径，忽又别出境界，则应接不暇。武夷九曲，遇绝则生。若千里江陵，直下奔迅，便无转势矣。文章随题敷衍，开口便竭。须于言尽语竭之时，别行一路。太史公《荆轲传》方叙荆轲刺秦王，至始皇环柱而走，所谓言尽语竭，忽用三个字转云：“而秦法。”自此三字以下，又生出多少烟波。制义如化、治间大家，元气浑浩，势取直捷，转处无形。至文恪公齐景公二段文，则珠走盘而不出于盘，圣于此法矣。但拙者为之，则头脑多而不遒劲，病在不审宾中之主。

三曰反。

文字从反语曰：文者言之变也。又曰：拟议以成其变化，作文谓以变合正。古文耸动人精神者，莫如《国策》。策士游说，不曰不如此不利，而曰不如此必有害。其所以敲骨打髓，令人主陡然变色者，专用此法也。韩昌黎说周公好士，正言已尽，却又一反云向使周公辅理承化之功未尽，章章如是，而无圣人之才，而非叔父之亲，则将不暇食与沐矣，宁止吐哺握发之勤而已哉！得此一反，并吐哺握发，精神奇警。时文有全篇用反者，如君子三戒，戒之在色，戒斗、戒得，只应痛说色、斗之为害，而戒字意自明。若随题讲云若何以戒之，则俗格矣。癸酉，南京江文明《修身则道立》墨卷，讲完修身，写则道立云：“不然，天下虽有观刑之心，而君极未立，其何以近天子之光哉。”得此一反，则则字精神遂露，便有责望哀公意，不止说效矣。又如癸未《孟子》程文讲《孔子有见行可之仕》句云：“不然东周之志，三代之思，将托之空言矣”，皆是淡中设色。

四曰斡。

李长吉云：“笔补造化天无功。”此斡之所自始也。以时文论，虽圣贤语，岂无待作者斡旋处？如禹稷当平世，三过其门而不入。既平世矣，何为却须三过其门不入？程文则云：“盖洪水艰食天下，虽若犹未平也。而君明臣良，则天下有所赖以平也。”出人意表。故凡题中有缺漏处，须用意斡旋。

五曰代。

代者，谓以我讲题，只是自说，故又代当时作者之口，代写他意中事，乃为注于不涸之源。且如《庄子·逍遥篇》说莺鸠笑大鹏，须代他说曰："我决起而飞，抢榆枋，时则不至而控于地而已矣，奚以之九万里而南为?"此非代乎?若不代只说莺鸠笑之不足矣。又如太史称燕将得鲁连书云：欲归燕，已有隙，恐诛。欲降齐，所杀虏齐人甚众，恐已降而后见辱。喟然叹曰："与人刃我，宁自刃!"此非代乎？时文如邵北虞桃应问曰："文云居舜之地，谅舜之心，必将曰在朝廷则情为重，法为尤重。而时穷于不可夺。在海滨，则天下为轻，亲为重，而法泯于无。"所加是代也。凡作文，原是虚架子，如棚中傀儡，抽牵由人，非执定死煞者也。

六曰翻。

刘勰曰："词徵实而难巧，意翻空而易奇。"夫翻者翻公案之意也。老吏舞文。出入人罪，虽一成之案，能翻驳之。文章家得之则光景日新。且如马嵬驿诗，凡万首皆刺明皇宠贵妃，只词有工拙耳。最后一人乃云："尚是圣明天子事，景阳宫井又何人。"翻尽从前窠臼。曹操有疑冢七十二，古人有诗云：直须尽发疑冢，七十二已自翻矣。后人又云：以操之奸，安知不虑及于是，七十二冢必无真骨。此又翻也。昔齐鬼说善解结，邻国以必不可解之结致齐王。齐王令鬼说解之。鬼说曰："此结不可解，臣乃以不解解之也。"此非翻乎？又如法眼和尚曾问徒弟曰："猛虎项下金铃是谁解得?"人多不能对。其后有一僧出曰："系者解得。"此非翻乎？时文有虽孝子慈孙百世不能改也。束曰："有尧舜为之祖父，则难有朱均之不肖，而无改于唐虞之令名。有幽厉为之祖父，则虽以宣平之中兴，而无补于二君之逆德。"又云："不然，则暴其民者得一贤子孙足矣，何足惧哉。"此善翻案者也。唐荆川《匹夫而天下》文云："舜不遇尧，一耕稼之夫而已矣；禹不遇舜，崇伯之子而已矣。"俱是翻格。

七曰脱。

脱者，脱卸之意。凡山水融结，必于脱卸之后，谓分支劈脉。一起一伏，于散乱节脉中直脱，至平夷藏聚处乃是绝佳风水，故青鸟家专重脱卸。所谓急脉缓受，缓脉急受。文章亦然。势缓处须急做，不令扯长冷淡。势急处须缓做，务令纡徐曲折，勿得埋头，勿得直脚。

八曰擒。

杜子美曰：擒贼先擒王。凡文章必有真种子，擒得真种子，则所谓口口咬着。又所谓点点滴滴雨都落在学士眼里。且如王文恪、邵北虞皆有《五就汤五就桀》文字。若以纵横逸宕论，邵作似胜。但文恪小讲云："择君而事者，智士之所以定其交也。委心不变者，忠臣之所以介其守也。而伊尹则有不必然者。"便高出邵公几等。何则？此题真种子要在何必同，而邵却单做伊尹五就。虽词章挥霍，已离于宗，故不得为大家。己卯石昆《王舜亦以命禹》墨卷，承即云："道至于中，则不宜有所异也。"以后云："中之上本无所加，而圣人又何所加于此中之上乎？"此是题中真种，擒得此，不必照顾亦字，而未尝非亦字矣。萧会元《如有王者》，破云："无近功者也。"一篇主张，不出此三字。魏昆溟破云："志其盛也。"便自走作。此全在有识。

九曰离。

文字最忌排行，贵在错综其势。散能合之，合能散之。离者，散也。左氏《晋语》云：太子之善，在于早谕教，与选左右。早谕教，选左右，是两事也。贾谊《政事疏》却云：心未滥而先谕教，则化易成也。开于道术智，谊之指则教之力也。此是早谕教下云，若其服习积贯，则左右而已。此是选左右。以此二事离作两段，全不排比。自六朝以后，皆画段为文，少此气味矣。时文《如出门，如见大宾　四句》，主敬行恕，后来印板也。陶石篑作此题，先将出门使民二句相对，却用一过文另做“己所不欲”二句，破板为活，深得离之趣。

董其昌以其广博的知识，精湛的学力和八股名家的经验所概括出来的“九字诀”，将八股文写作技巧的基本构成元素作了精到阐释，被世人视为“后学津梁”，流传甚广，使董其昌在书、画之外，又获一赫赫声名，成为万历时集机法之大成者。此后的八股文坛无不受其影响。董其昌对机法的总结，都举其大端，而不陷入琐屑，这是讲写作技巧的正确方法。不过，他的《九字诀》对“离”字的解说不甚得当。张侗初有云：“题本如此，文却如彼，离而不出乎宗，所谓意与题相生，不与题相迫，解此方知离字妙用。”① 张侗初的批评是确当的。到万历末年，奉董其昌所讲之法为圭臬者将其法加以扩充，越分越细，动笔辄有法，将机法引入庸俗的境地。许多人的文章只讲形式机巧，而不论其内容如何，于是将八股文弄得“芜靡”不堪而受到后人抨击。

第十二节　为人谑浪却为文高洁的王思任及其新奇之小题文

万历年间，八股文坛有个声名显赫的高手名叫王思任。说起来，从明末到民国年间，王思任在越中地区都算得上是个声名赫赫的人物。他那句怒斥晚明权奸马士英的名言“吾越乃报仇雪耻之国，非藏垢纳污之区”，曾激励过多少越中士人。

王思任，字季重，号遂东，又号谑庵，绍兴山阴（今浙江绍兴市）人。明万历三年（1575）生于北京，清顺治三年（1646）

---

① 见王步青编《分课小题续编·发凡》，乾隆五十年令德堂刊本。

逝于绍兴。

和当时所有的世家子弟一样，王思任自小即研读儒家经典，攻习八股时文。他天才英发，又幸运万分，在科举这条崎岖小道的攀登上异常顺利。他五岁即遍读《四书》、《五经》，十岁即开始作八股文，十九岁中举，二十岁即成进士，少年科第，风光无限。

不过，当他释褐步入官场，即运交华盖，坎坷异常。

由于他恪守儒家正统的伦理价值观，居官通脱自放，不事名检，性好谑浪，遇达官大吏，疏放绝倒。为人正直而有骨气，初任县令，便为民请命，意轻五斗，三仕三黜，偃蹇宦途。他不肯党附东林，又不愿依归阉党，故两头受击。通籍五十年，三为县令，一为推官，一为教授，两为臬幕，三为主政，一为兵备使者，一直沉沦下僚。直至明亡，鲁王监国，始任宫詹，晋少宗伯，但没几天鲁王就被打败，他便逃回家乡。他曾总结自己落得如此下场的原因说：他“不曾投刺东林、魏党，乞食墦间，沽名井上。所以然者，脚底有文，脚心有骨”。应该说，这些话说到了点子上，其骨气确为他带来了厄运，他却因此而对朝廷大官及皇帝有了较为清醒的认识，敢于批评他们。王弘在《山志》中记叙：“思任居官不慎罢归，以私怨郑冢宰（郑三俊）及于先帝。乱后有与解拙存太史书，讥先帝克剥自雄。”[①] 这种态度也影响到他的文风，周作人说他的文章“及至末期，不谑不笑骂，只是平凡的叹息。此时已是明朝的末日也即是谑庵的末日近来了”。

王思任不愧为儒家思想的忠实执行者。清兵南下，占据绍兴，有人邀他投诚。他闭门大书不降。他誓不朝见，不剃发，不入城，仅携书一卷，棋一枰遁入山中。当他听说有人向清朝诸王举荐他时，便写信给其表弟说：“我非偷生者，欲保此肢体以还

---

① 王弘：《山志》二集卷三，《吴司业》，中华书局，1999年。

我父母耳。时下尚有旧谷数斛，谷尽则逝，万无劳相逼为。”果真，他偶患小病即绝食僵卧，待新谷登场时他已绝食而亡。临终时书“忠孝文章”四字令人悬于中堂，然后大呼“高皇帝”三声才瞑目。王思任以其悲壮的举动，为后人留下一个供万世景仰，能舍生取义的忠烈形象。

王思任有隽才，钱谦益说他“好以诙谐为文，仿大明律制《奕律》，吾以为必传，枚皋，郭舍人之流也”[1]。十岁能文，古文、词、诗歌及书法、绘画皆名重一时，然而令他文名显赫的，还在于他的八股时文。他不仅选编过《庆历小题选》、《明文珠玑选》等八股文选本和大受欢迎的自己的时文集《小题怡赠》，还因在八股时文界的名声大、地位高，而为许多友人或慕名而求的士人撰写过不少时文集序言。在这些序言中，王思任阐述了许多独到的见解。他认为时文与古文是两个不同的概念，“时文面终时，古文声口终古”。时文“有二字诀，曰轻，曰活”，“时文之道，要在精诚。上不通天，幽不泣鬼，见不惊贤，和不媚俗，皆其精诚无所不到处”。这就把他认为八股文要求新出奇，及要发抒心中真实思想的主张全盘托出。他针对万历八股文变革时不遵经文，率自抒发胸臆，自作评论，不顾题目的作法，总结出一套既不墨守成规，敢于创新，又不动摇时文宗旨的新相题法则，他说：“孔孟语言，无有小处。大题小做，小题大做；题外生文，题中归命；一部缩入一章，一章缩入一句，知是者吾与之论文矣。”[2] 这种相题法在当时和清代，都被八股文坛视为时文正宗。他特别重视破题的作用，说：“抡文如选色，其面在破，其颈在承，其肩胸在起，其腰肢在股段，其足在结束，其大体在长短纤

---

① 钱谦益：《列朝诗集小传》丁集中《王佥事思任》，古典文学出版社，1957 年。

② 以上均见王思任《文饭小品》卷五《小题怡赠自序》，岳麓书社，1989 年。

肥，神态艳媚，若远若近，是耶非耶之间。而总之以面为主，面不佳，百佳费解也。岂有不能破而能文者乎？"① 所以当时科场中，"原以破题定甲乙"，"看其破题，元必高于魁，魁必高于诸进士"。他还总结出"大题可以逃败，乡愿居之；小题可以见才，狂狷居之"② 的规律，这就把八股文的风格与各人的个性、才情结合起来，有助于人们对八股时文的认识。

令王思任驰名于明清两代文坛的还要属其八股文。他为文务求新奇、动人，有语不惊人死不休之概，决不与时人之文有相同之处。王思任十三岁就读于万历八股文名家黄洪宪家中。他"落笔灵异，葵阳大喜而斧藻之"，传授他八股文技法，他"学业日进"。他中举成进士，"房书出，一时洛阳纸贵。士林学究，以致村塾顽童，无不口诵先生之文。其幼小题，直与钱鹤滩（福）、汤海若（显祖）争坐位焉"③。汤显祖曾把他与归有光、诸燮、胡天一称为"时文字能于笔墨之外，言所欲言者"。而王思任的八股文因"能为古文词诗歌，故多风人之致，光色犹若可异焉"。认为"其为文字也，高广其心神，亮浏其音节，精华甚充，颜色甚悦眇焉"。其小题文字能于放纵之中谐趣横生，特别是那些说物说事单句题，"与义无与，亦无所碍"，他能"以灵隽之思致，写令生活"，"洁净中含静光远致，聊拟其笔意以骀宕心灵"，很受王夫之称赞，将他与汤显祖、赵南星、刘侗称为善作此类题之高手。《许子冠乎》即为其小题名作。

这个题目来自《孟子·滕文公》，原是孟子为揭穿许行抹煞劳心与劳力者分工不同之虚伪性时所说大段话中的一句。

王思任博学多才，精通儒家经典，又坚守相题必遵循孔孟真

---

① 王思任：《文饭小品》卷五《著坛搜逸序》，岳麓书社，1989 年。

② 王思任：《文饭小品》卷五《小题怡赠自序》，岳麓书社，1989 年。

③ 张岱：《王谑庵先生传》，《琅嬛文集》卷之四，岳麓书社，1985 年。

义的原则，在作《许子冠乎》时，精心揣摩题旨，对孟子驳斥许行言行时的心理、语气把握十分准确。他遵循孟子语意，以许行“未必冠”与“未必不冠”两条线来进行阐发，烛幽照微，层层剥茧，从而将许行言论的虚伪性揭露得淋漓尽致，真正达到了代圣贤立言之目的。由此可见作者学力之深，领悟力之高。

作者以文学家雅洁、流利的语言，摹声摹神，叙写人物，只将“未必冠”、“未必不冠”两意反反复复勘驳到底，一步步将孟子说“冠乎”的“乎”字时那种轻蔑的语调全盘托出，令人如闻其声，如见其人，“乎”字神情，活跳纸上。王思任的文章大都有放纵而谐趣横生的风格，这种风格与其通脱自放，不事名检的谑浪个性有关。个性所致，他常以诙谐为文，喜欢使用戏谑的言语。本文是为了揭露许行之伪，故笔下颇带讥讽之词，使文章显得生动、通俗，没有一般八股文的那种僵硬气味。然而其吐属皆雅，了无芜秽语，这是为其学识素养所决定的。

王思任深受儒家思想的熏陶，坚持八股文要恪遵经旨的功令，但他绝不是个保守主义者，在八股文的格式及相题的方法上他绝不墨守陈规，敢于突破那些不顾阐述题之义理的需要，只求合乎格式与规定而不惜削足适履的做法。本文就根据行文之需要只采用六股，且其对股的字数又不摹其出股之语，斤斤然句栉字比，而是敢于使用散文句式，化比偶为单行，从而使这篇八股文具有了古文的色彩。八股文旧有的相题之法规定，在作本题时，其内容不得牵涉题之上下文，不得使用上下文中的词句。但王思任为了较为自由地表达自己的思想，深入地开掘题旨，他就大胆地打破这一陈规。如后比的出股中出现的“烦”字，即映题之下文中的“阿许子之不惮烦”的“烦”字。后比的对股中的“伪”字，即映下文的“国中无伪”及“相率而为伪者也”等句子中的“伪”字。这些地方都是明露下文字面，是严重违规的，所以清代一些八股文名家对此惊叹道：“前辈之无忌讳如此。”这些做法表明明代万历年间以后八股文的写法在变革的潮流中的确发生了巨大的变化，变得亲切一些了，变得人性化一些了。

王思任的小题文善于刻画剖析人情心理，能揭示其中的奥秘，言人所不能言，思人所不能思，显出新奇的特征，加上常用诙谐谑浪之语出之，故具吸人魅力。《人莫知其子之恶》题文即是一例。

人莫知其子之恶

谚有讥人父者，偏爱之一证已。

夫人之爱一偏，而最近之子，遂不知其恶，用情也而可忽诸?

传者谓齐家必本修身，而家之中，莫亲于父子，亦莫疏于父子。非父之疏其子也，亲极反更疏耳。谚有云："人莫知其子之恶。"

人有不可解之情，凡在人者，俱胜己，独及其子，则己胜人。人又有不可解之情，凡言人之子俱不美，独言及其子则无不美。

是故人无不知，而其子反不知也。人之恶即无不知，而其子之恶竟不知也。

本愚也，而以为诚笃；本狂也，而以为高明；本不才也，亦且初恨之而终原之。总之，一事之偶长，即可以盖终身之万短，甚至于宗绪败谋，箕裘将坠，而其父方为之坐视而保奸。夫谁发之，而谁知之。

誉言至，则惟恐其不详；毁言至，则惟恐其太尽。即正言至，亦且阳感之而阴忌之。总之，千百人之万言，不若其子之一诉，甚至于明师益友，药石成仇，而其子反为之居间而排难。夫谁省之，而谁知之。

缙绅之族，不少淫嗣；田舍之翁，亦有骄子。彼盖离里在旁，朝亲夕爱，而无所动其觉察也。

虽有忍亲，骨肉难割；虽有严父，责善不行。彼盖容隐姑息，日久月长，而不忍用其提撕也。

夫义方有同心，岂真愿子之恶，而无奈其苦于不知。

知子莫若父，岂真不知其子，而无奈其苦于知而不知。

其所谓好而不知恶者欤？谚可谓善言人父者矣。

这是王思任的又一篇八股名作。

朱熹对题目所在的经文注释说："常人之情，惟其所向而不加察焉，则必陷于一偏，而身不修矣。""溺爱者不明，贪得者无厌，是则偏之为害，而家之所以不齐也。"

在晚明以放浪著称的文士中，王思任是一个通脱自放，却又能在大原则上遵守儒家正统观念的人。正因为如此，他的八股文在万历后那个反叛传统，各行其是，纷纷背离朱熹传注，冲破八股格式樊篱的变革时代，仍能不违矩矱，遵守功令，是万历时典型的正统派八股文。《人莫知其子之恶》就具有当时正统派八股文的三大特点。

在内容上，该文能遵经依注去发掘题中包蕴的微言大义，且使隐晦曲折的题旨变得明白畅达，让人易于知晓。

王思任的这篇时文，根据经文中的"故好而知其恶，恶而知其美者，天下鲜矣"及朱熹注释中的"常人之情，惟其所向而不加察焉，则必陷于一偏，而身不修矣"的思想，对"人莫知其子之恶"进行了深入的阐发。王思任是个熟知世情的人，深知造成"人莫知其子之恶"的原因在于溺爱。溺爱二字世人皆知，但很少有人能说出其中的所以然。他便在文中将世上常见的父母溺爱其子的种种情状一一罗列，使溺爱所造成的遗害暴露无馀，从而警醒天下父母，不再溺爱子女，这就达到了代圣贤立言之目的。

为使认识到的题旨能透彻发挥，王思任在写作时使用了"加一倍法"。八股文写作特别重视审题，用行话来讲就是"相题"。相题有法，规定首先要认清题之本面，再理出题之对面。"人莫知其子之恶"的本面是其子，对面即其父。题又有正面和侧面之分。此题的"莫知"是正面，"他人知之者"是侧面。在相题时，要发掘出本面的各个层次的意思，才能将题意写透。王思任的笔下，“莫知”分二层：一是不知不觉，不知不觉是因其父不智，是真的不知；一是故意不知，故意不知是因为用心不诚，是假装不知，这就是朱熹在注释中所说的“溺爱者不明”，故“偏之为害”。

王思任作此文是以提比和中比的侧面对正面，后比和束比则以对面对本面。八股中股股相生，无非就不知不觉、故意不知两意变化言之，不仅使题之正面和本面阐发透彻，又切中人情、洞合世事，使俗谚成为千秋龟鉴，完整地阐发出孔子与朱熹的思想。

本文第二个特点是八股体式完备。八股体式是为了保证题旨得以准确、全面、深入阐发而设置的。由于这种体式使得士人在写作过程中对程朱理学的依赖性越来越大，思想束缚越来越严，故万历年间的八股文的变革之风便直指这一根本问题，八股体式几乎被人丢在脑后。王思任这篇时文却使用了标准的八股格式。不仅破题、承题、起讲、提二比、中二比、后二比、后二小比、收结无不齐全，连原题、入题都一项不少，这在当时是殊为少见的。八股部分股股相生，胪列情状从四面八方写来，层层捋剥，而溺爱不明之弊，全盘显出，从而警醒世人。且每比前用挑剔引其端，后用咏叹足其意，无一字作含糊语，说个尽，发得透，便足以使人动色相戒。

当然，王思任身处万历那个挑战传统的时代，他又不是一个道学家，他的八股文也不会恪遵八股体式，也会依照行文需要而加以改变的。例如，此文的破题就犯有连上之病。《人莫知其子之恶》是个截上题，它截去了上半句“故谚有曰”。按规定，截上题不能从已截去的字面说起，可是王思任在作破题时竟说：“谚有讥人父者”，亮出了被截去的“谚”字，这就属连上，违背了八股功令。八股作法特别强调，若所截去的上半句中有“曰”、“诗云”、“书云”、“子曰”、“孟子曰”等字者，都不能从题字上说起，王思任偏偏要从“谚”字说起，便是有意在挑战功令，表明他并不是个墨守成规者。

此文的第三个特点是突显出了作者的个性。

当代许多人一说起八股文，便认为它死板，是一种文字游戏，束缚了个性，显现不出作者的性格与气质。其实，这是不懂八股文之所致。优秀的八股文如同好的古文一般，能尽显作者的学识与才情，表现出其独特个性。只是这类文章在八股文的初创阶段为数不多，因为其时特别强调恪遵传注，体会语气，谨守绳墨，尺寸不逾，不过敷衍书义而已，且当时管制极严，人们不敢，也无法表现其才情、个性。到正德、嘉靖之后，唐顺之、归有光之徒，以古文大家气魄，运之时文，八股文的格局为之一新。特别是到万历之后，八股文大变，人们或讲机局，或尚才情，或喜词藻，日新月异，八股文就成了人们发表崇论宏议的平台，表现个性的工具。议论纵横，气势雄浑之文有之；体气宏大，表露性情之文有之；拟声摹神，生动活跳之文有之，故不能一律将其视为死板。

例如徐文长为人狂放、尖刻，他的八股文就表现了这种性格。其《今之矜也忿戾》文云：“其视己也常过高，而身心性情之际，每怀不平；其视人也常过卑，而亲疏远近之间，鲜能当意。义利之辨未尝不明，但其所见者自以为义，而谓天下则皆利也；是非之故亦未尝不悉，但其所执者自以为是，而谓天下则皆非也。此非直浑厚惇大之体无所望也，好胜不已，而其势必至于争矣。”言为心声，古今诗文往往能自肖其人，八股文也不例外。此文刻画矜字、忿戾字入骨，直肖徐文长其人，八股文之可以表达人之性情于此可见一斑。

王思任的八股文也常表达出他的个性，《人莫知其子之恶》即是明证。

王思任聪明绝世，伶牙俐齿，为人谐谑，风趣尖刻，举世无双。他自称“兴还高，人不腐。舌如风，笑一肚。要读书，恨愚鲁。半通今，半博古”，便是这种个性的自我描述。这种个性，不仅在其诗文中得以反映，在其八股文中也有表现，使它们带有明显的王氏印记。

如作者在概释父子关系时说：“而家之中，莫亲于父子，亦莫疏于父子。非父之疏其子也，亲极反更疏耳。”这番话一语道破父子亲疏相互依存的辩证关系，读了便让人明白父子间过分亲爱便是自我疏离，从而领悟到溺爱之极便是害子之极。寥寥数言，句句存作者尖刻之性，出其矢口放言，略无忌惮之情。

文中多讥讽之语，如在描写父母偏爱时说：“凡言人之子俱不美，独言及其子则无不美”；“本愚也，而以为诚笃；本狂也，而以为高明”；“誉言至，则惟恐其不详；毁言至，则惟恐其太尽”。这些话描述出父母溺爱子女的种种情状，语带戏谑，内含讥刺，无不是王思任性好谑浪的反映。

用八股文表达性情源起于正德、嘉靖以古文为时文之际，盛行于万历之后。王思任此文是一篇议论纵横、用语诙谐、妙趣横生又说理透彻的好文章，它充分展现了王思任的个性，可视为万历时用八股文表达人之性情的代表作。

王思任是晚明一位卓有成就的文学家，其散文创作颇受当时及后世推崇，在戏曲界也很有声望，故其八股文不可避免地会向文学化的路上发展。写出来的文章务求“使人可惊可喜”[①]，长于描摹，善于心理分析，且酷肖口气，都可与古文相媲美，他称雄于晚明八股文坛也是当然的了。

第十三节　隆庆、万历时的八股文名家及名作

隆庆、万历是八股文大变革的时代。受时代潮流的影响，士

---

① 见吴懋政《八铭堂塾钞二集》卷首《闱试总论》，乾隆癸丑年刻本。

人们欲从八股文这种对思想束缚最严的文体中解放出来，故对其内容及体式都进行了变革。正因为其体式及内容都在变革之中，对写作者的束缚力大为减弱，士人们可各逞其才，各行其是，讲机法，用奇矫，不守传注，专求新奇，将八股文写得千人千面，不拘一格。所以，在隆庆、万历时，八股文文坛流派纷呈，名家高手如云，奇文佳构迭出。仅据清初俞长城选入《可仪堂一百二十名家选》中的八股文名家隆庆有胡友信、邓以赞、黄洪宪。万历有孙鑛、赵南星、冯梦祯、杨起元、顾宪成、邹德溥、万国钦、汤显祖、叶修、张寿朋、钱士鳌、陶望龄、董其昌、郝敬、吴默、顾天竣、孙慎行、黄汝亨、许獬、张以诚、方应祥、顾锡畴、石有恒、王士骕二十四家。其间之自辟门径者，如邓以赞之风逸；杨起元之精敬妙悟；邹德溥之冲夷逸宕，克绳祖武；万国钦之简洁；赵南星之雄豪激昂；冯梦祯之深构妙想，顾宪成之平正通达，皆能自成一体，不与时为升降。汤显祖以其精醇名隽；许獬以其遒炼古腴；董其昌以其直截简易，文采斑斓；叶修以其理解精醇，机法绵密名世。他们都为才子型八股文高手，于文中驰骋才华，而又能归于肃穆，皆无愧于名家之称。其他如张寿朋之搜抉细微，穷极幽渺；李九我之温厚和平，气体宽博；钱士鳌之精实简贵；陶望龄之奇峭凌驾，袁宏道之清丽峻峭，擅长说理；王思任的谐谑奇诡，长于描摹刻画，都各有特点，各成一家。因篇幅所限，只能择取有代表性的几位略加评介。

赵南星

在隆庆、万历八股文坛上，赵南星是一个能以文见性，以文刺世的八股文高手，因此，他在八股文坛上便独树一帜。

赵南星，字梦白，号侪鹤，别号清都散客。高邑（今河北石家庄）人。万历二年甲戌（1574）科进士。“除汝宁推官，治行廉平，稍迁户部主事”[1]，历任吏部文选司员外郎、考功司郎中、太常卿、吏部尚书等职。

赵南星是一个恪守儒家理念的政治家，为人刚正廉直，忧国忧民，为东林党中重要人物，与邹元标、顾宪成号为“三君”。张居正当权时，便对张居正的一些举动进行过抵制，“张居正寝疾，朝士群祷，南星与顾宪成、姜士昌戒弗往”[2]，这在当时是需要勇气的。

他立朝一贯不畏权贵，凡属不合儒家伦理道德观的事和人，他都敢上疏弹劾，坚决与之斗争。对于正人君子，他尽力扶持，使得“众正盈朝”。

他当吏部尚书前，“人务奔竞，苞苴恣行，言路横尤甚。每文选郎出，则邀之半道，为人求官，不得则加以恶声，或逐之去。选郎即公正无如何，尚书亦太息而已。南星素疾其弊，锐意澄清，独行己志，政府及中贵亦不得有所干请，诸人惮其刚严不敢犯。有给事为赀郎求盐运司，即注赀郎王府，而出给事于外”[3]。

天启中，宦官魏忠贤专权，政治黑暗，他不顾个人安危，坚决与之斗争。“忠贤及其党恶南星甚，每矫敕谕，必目为元凶。”各级官吏，凡属“为南星摈弃者，无不拔擢。其素所推奖者，率遭奇祸”。赵南星就这样被这些重新登台的贪官污吏所诬陷，而谪戍代州，并罪及全家，十分悲惨，终至卒于戍所。崇祯初，赠太子太保，谥忠毅。

后人对赵南星等人推崇备至，《明史》中“赞曰：赵南星诸人，持名检，励风节，严气正性，侃侃立朝，天下望之如泰山乔岳”。

---

① 《明史》卷二百四十三《赵南星传》，中华书局，1974年。

② 《明史》卷二百四十三《赵南星传》，中华书局，1974年。

③ 《明史》卷二百四十三《赵南星传》，中华书局，1974年。

赵南星博学多才，是明代有名的散曲家。其笑话集《笑赞》，多有讽世之作。著有《赵忠毅集》、《味檗斋文集》、《芳茹园乐府》、《史韵》、《学庸正说》等。

赵南星是隆庆、万历时的八股文名家。作为一个恪遵孔孟之道，持名检，励风节之人，他的八股文自然会遵循程朱传注，不过因其才高学博，对经文每有己见，可补传注之不足。如其《用下敬上　一节》题文，题目取自《孟子》，文章十分注意融括通章意旨，细意推寻其中的微言大义，将上应如何礼贤下士，士应如何尊奉君上的关系阐释得深刻全面，一起一结，尤可见其见识之高卓。

赵南星八股文的最大特色，使他能独树一帜的，是他在八股文中以雄浑的气势，刚健的风格，犀利的语言，指点时事，评议时人，苟利国家，生死不顾，表现出其超出等伦的高风亮节。俞长城曾说：

"赵高邑赋性刚介，不能容物，悲时悯俗，恶佞嫉邪之旨，尽发于文。"①

他漠视张居正之权势，急攻魏忠贤的死党崔呈秀，不在淫威之下改变其操守，不因阉党势焰熏天而违背原则。丹心再剖，听如充耳；削官未已，加以谪戍；著书明道，至死不回。这些精神，在其文中都得到体现。俞长城说："先生登第时，主司梦大鹤飞下，乃得公卷，故号侪鹤。今观其文行，可不谓鸡群鹤立者欤？"俞长城是清初著名的八股文选评家，称赵南星的八股文为鹤立鸡群，可见其推崇之至。

赵南星八股文的这一特点在其大多数文章中都有所体现，现只举其名作《非其鬼而祭之，谄也》来略加评析。

---

① 转引自《制义丛话》卷之五，咸丰九年广州重刻本。

非其鬼而祭之，谄也

圣人戒谄而及于妄祭者焉。

夫谄而用于祭，侥幸之极思也。此夫子举之以示戒欤。

且夫古之君子，不回遹于势利，是以上交不谄。天下之有谄也，则世道人心之邪也，而孰知其无所不谄哉？昔者圣王之制祀典也，比之以其类，凡所祭者，皆出于心之不容已；秩之以其分，凡所祭者，皆出于礼之不可废。

若乃非其类也，非其分也，则是非其鬼也而祭之，何也？

明于天地之性者，不可惑以神怪。斯人非独可惑也，夫亦求福之心胜，而用是以行其佞谀之计耳。

通于万物之情者，不可罔以虚无。斯人非独可罔也，夫亦窥利之志殷，而藉是以售其媚悦之术耳。

凡好谄者，见其常然，则不以为感，而恒于其不意，即以此揣鬼之情。古典之所不载，一旦而胪于俎豆，岂以将明信哉？

凡挚谄者，修其常式，则不以为敬，而恒于其非道，即以此窥鬼之微。淫祀之所宜禁，一旦而畛之祝词，岂以尽仁孝哉？

世之可以富人、可以贵人者，亦既尊而奉之矣，而富贵之未至，意者其乏冥助耶？是故为之祭以祈之，而逢迎之态，何所不备。

世之可以困人、可以苦人者，亦既柔而下之矣，而困苦之未祛，意者其有阴祸耶？是故为之祭以禳之，而颠蹶之请，岂所忍闻。

自下而干上，是之谓僭。僭之所不敢避，乃足以明虔，冀所祭者之亮之而据之也。

有废而私举，是之谓乱。乱之所不敢辞，乃足以效诚，冀所祭者之哀之而庇之也。

藉灵宠于有位，既以谄鬼者而谄人，求凭依于无形，又以谄人者而谄鬼。吾不意世道之竞谄，一至于此也。

朱熹对文题经文的传注云：“非其鬼，谓非其所当祭之鬼。谄，求媚也。”

作为题目的这句话，是孔子目睹三桓谄事齐、晋，强臣凌压其君，而季氏旅泰山，立炀宫，又用邪媚求助于鬼神帮助驱逐其君的种种行为而发的。赵南星的这篇文章，根据传注之意，抓住“非其鬼”与“谄”而大发议论。他指出，对那些不当祭之鬼要去祭拜，是谄媚。而谄媚的目的是想“求福”、“窥利”。在中二比和后二比，作者用对偶排句，将谄媚者之心态、行为摹画人神，毫末毕现，淋漓尽致。似于题外别生枝节，其实正是作者学力高深，嫉邪恶佞，刚正严明个性的表现。这些话将孔子意中有，而题文中却没有明说的微言奥旨发掘了出来，并用以针砭时事，感时伤世，读后令人浮想联翩。

清代朱梅崖指出，此文是刺张居正病时，“朝士并走群望”①之举动。这种说法是有道理的。因张居正当时权倾朝野，可一言定人富贵，故他一生病，“朝士群祷”，他们看中的便是张居正可以给他们富贵金钱。而“南星与顾宪成、姜士昌戒弗往”②，他们认为张居正手握致人于富贵的大权是一种僭越，是侵夺了皇帝的权威，朝士为之“群祷”，是“非其鬼而祭之”。赵南星的大多数八股文都在针砭时事，其锋芒所指，由此可见一斑。

赵南星的八股文激昂慷慨，犀利雄快，大多能反映其刚直、爱国的个性，如《齐景公有马千驷　一章》文，将其忧国忧民，悲天悯人的思想情怀表现无遗。文中将“齐景公有马千驷，死之日民无得而称焉”，与“伯夷、叔齐，饿于首阳之下，民到今称

---

① 转引自《制义丛话》卷之五，咸丰九年广州重刻本。
② 《明史》卷二百四十三《赵南星传》，中华书局，1974 年。

之”作比较发挥，谴责了“景公之以贼臣为德”，实则针砭世事，悲天悯人，语气十分沉痛。文中云：“天道神而莫测，昏庸者富厚，仁贤者饿死；民心愚而至公，富厚者与草木同朽，饿死者与日月争光。有志之士，将何从焉？”朱梅崖说：“似此慷慨激昂，不减屈原天问。”[①] 评价虽高，确如其分。韩求仲则说“此文于凭吊感慨外，则有寸铁杀人手段”[②]，是就其针砭时弊之深刻而言，也很精当。

春秋以前，强臣专政者有之，鄙夫横恣者尚少，秦汉以下乃有祸人家国者，至明朝末年此祸尤烈。赵南星抚心蒿目已久，不吐不快，故于《鄙夫可与事君》题文中言之，至为深痛，其中幅云：

> 夫人之所患在此，则其所悉智力图之者必在此。未得而患得，则彼一匹夫耳，摈而不用已耳，亦何能为者。苟其既得而患失，则内怀无穷之欲，而外乘得肆之权，负乘以致寇，众所不能容也。而得之自我者，必不肯失之自我，则于事何所不为？折足而覆餗，上未必弗觉也。而受之于君者，必不肯归之于君，则于人孰不可忍。不攻之，恐为国家之蠹；必攻之，则为善类之殃。缓去之，恐滋蔓于方来；骤去之，则祸成于一旦。盖至是而斯夫也，非向之所云鄙夫也，乃天下之大奸大恶。无论他人不意其至是，而斯人之初心亦未料其至是也。然患失则未有不至是者，夫鄙夫而可与事君者，则天下有不患失之鄙夫耶？以人事君者奈何忽诸？

赵南星借孔子“鄙夫可与事君”一题，来讥斥明末那些因患得患失而行大奸大恶、残民祸国者，既入骨三分，又沉痛至极，充分显示出赵南星的性格与情怀。梁章钜说：“鄙失之患，至明

---

① 转引自《制义丛话》卷之五，咸丰九年广州重刻本。

② 见《明文钞》（五编）该文评语，乾隆五十五年刻本。

季而烈，古以杜诗为诗史，此可当时文史矣！”[①]

赵南星虽恪守儒家观念，却并非守旧不化者，其时文也紧随时代潮流而变，他也成为以古文为时文的高手。且因其学识渊博，又是个文学家，故其八股文叙事生动传神，得司马迁《史记》之神髓；议论深刻精到，得韩愈之丰神。方苞评论其《齐景公有马千驷　二段》题文时说：“乍视之奇奇怪怪，反复讽咏，其立局措语，无一非题中神理。欧阳修《五代史》‘论’、‘赞’，深得史迁神髓，斯文其接武者欤?”其《齐人有一妻一妾　一节》题文，打破八股格式，分两半阐释文题。前半部分叙述齐人与其妻妾之故事，一波一折，历历如缕，将齐人之虚伪，妻、妾之精细，见其夫偷食祭坟之酒肉后的羞耻写得生动传神；后半部分议论，都与下节神脉相注射，精确独到。清人乔君求称此文“貌太史公毛发，而得其生动处”。文韵评说此文：“只将本题略点数言，便为颊上三毫。”顾备九说“是题文无有过于此者”[②]，都是称赞赵南星写作技巧之高，文章写得生动传神。

杨起元

杨起元，字贞复，归善人。万历五年丁丑（1577）科进士，选庶吉士。任过翰林院编修，曾“分校礼闱”，当过国子监司业。泰州学派著名学者、王艮的三传弟子罗汝芳以云南参政人贺至京，杨起元为其学说倾倒，便从他学习泰州学派的哲学思想，并将罗汝芳的言论编辑为《近溪（罗汝芳之号）会语》。

罗汝芳在北京时，曾在广慧寺讲学，许多达官贵人纷纷去听讲，“张居正方恶讲学，汝芳被劾归，而起元自如，累官吏部左侍郎。拾遗被劾，帝不问，未几卒。天启初，追谥文懿”[③]。杨起

① 梁章钜：《制义丛话》卷之五，咸丰九年广州重刻本。

② 见《明文钞》（五编）该文评语，乾隆五十五年刻本。

③ 《明史》卷二百八十三《杨起元传》，中华书局，1974 年。

元对李贽也十分仰慕，称之为“真休歇汉，世上难觅”，曾到李贽隐居的麻城拜访过他。罗汝芳死后，又去信李贽，表示愿为其弟子，今后将“罄所欲言”[①] 以请教。李贽也与他多有信件往来，并称赞他“是大作家”[②]，其作“透彻明甚”[③]。李贽有困难时，他还慷慨赠俸。

杨起元的八股制义能自成一体。虽然他信奉阳明心学，但曾入侍经筵，崇志勤学，被人视为醇儒。在日常生活中，无不尊奉儒家的道德观，曾扶丧哀毁，感寒成疾，近于笃行。有这样的思想基础，他早年的八股文不仅恪遵传注，还能有所发明。如“耕也馁在其中矣，学也禄在其中”题，旧说都言学中有禄，故食不必谋，只有杨起元偏言学中有禄，故谋道者易兼谋食。虽似翻案，却是的解。其文云：“所以养有道之士而为所学之验者，此禄也；所以杂谋道之心而为所学之累者，亦此禄也。盖既有得禄之理，益不可有得禄之心，一有得禄之心，则是学也，乃谋食之精者耳。是以君子而兼小人之利也，耻孰甚焉。”如此逼起下句，更为警切。但他后来受时代潮流的推动，积极投入到八股文的变革之中去，率先将禅语引入制义。其八股文中多佛、道两家之言，艾南英说：“以宗门之糟粕，为举业之俑者，自斯人始。呜呼，降而为传灯于彼教初说，其浅深相去已远矣，又况附会以援儒入墨之辈，其鄙陋可胜道哉！”[④] 厌恶之情溢于言表。

其实，艾南英完全是站在卫道者的立场，反对八股文的变革。杨起元以禅入制义，每出妙语，故其作常有精警妙悟高法之篇，非常人所能及，使八股文的面目为之一新，吸引了大批士人去揣摩习作，对八股文生命的延续不无作用。归有光、胡友信以

---

① 杨起元：《证学编》卷二《李卓吾先生》，晚明刻本。

② 李贽：《焚书》增补二《复焦弱侯》，中华书局，1975 年。

③ 李贽：《焚书》增补二《复焦弱侯》，中华书局，1975 年。

④ 艾南英：《文待序下》，崇祯刻本。

雄博深厚成为大家，杨起元能在隆庆、万历时与他们两人并肩比高下，并与王鏊、唐顺之、瞿景淳、薛应旂、归有光、胡友信、汤显祖一起被尊为“举业八大家”①，全得力于他对八股时文的大胆变革，尽力探索为文活泼生动之道。事实证明他引禅入制义的做法是有成效的。况且以释、道二氏，诸子百家及市井村言入文，这在古文中是常见之现象，为什么引入八股文就不行呢？从根本上说，古文与经义是一体。《宋文鉴》中载张才叔的经义《自靖人自献于先王》，隐然以经义与古文为一体，难道是在自乱其体例？宋代以前又有韩愈省试文《颜子不贰过论》，也被后人奉为古文典范。可知经义未被著以种种功令约束之时，它们原本可命名为古文的。隆庆、万历时以古文为时文，使时文与古文出现合二为一的态势，艾南英在天启、崇祯时虽提倡八股文回归到正德、嘉靖初年前的形态，但并不反对以古文为时文，杨起元将禅语引入时文，原本是古文写作的一种常见作法，又有何值得大惊小怪的呢？至于那些在文章中大量运用释、道二氏语言，却不知其义，一味堆砌，以致造成以辞害义的现象，只能怪那些人的好奇趋新却无力驾驭，而不能怪罪于杨起元。

顾宪成

顾宪成在明代八股文史上是一个重要人物，他于万历中后期曾奋起倡导八股文回归传统，开了天启、崇祯年间艾南英等江西派八股文振兴运动之先声。

顾宪成，字叔时，号泾阳先生。无锡（今属江苏）人。万历四年丙子（1576）科举乡试第一名。万历八年庚辰（1580）中进士，授户部主事，转吏部。后谪桂阳州判官，历任处州、泉州推官、吏部考功主事、员外郎、文选司郎中。后因议论“三王并

① 赵吉士：《寄园寄所寄》卷上，大达图书供应社，1931 年。

封”及廷推阁臣，“忤帝意，削籍归”①。“宪成既废，名益高，中外推荐无虑百十疏，帝悉不报。至三十六年，始起南京光禄少卿，力辞不就。四十年卒于家。”

自小即开始的八股文写作使顾宪成牢固地树立起了儒家正统观念。他立朝讲求节操，“举公廉第一”②，与赵南星、邹元标同称为“三君”。在朝廷不畏权势，敢于直言，因上疏指责执政者处事不公而被谪贬，回朝后又上疏反对神宗三王并封事。万历二十一年癸巳（1593）京察，他协助赵南星等人“秉公澄汰”③，“尽黜执政私人”。任文选司郎中时，“所推举率与执政相抵牾”，廷推阁臣又忤帝意，被罢官归里。

出于儒家正统观念，从维护明王朝的统治出发，顾宪成对隆庆、万历年间的八股文变革是极不认同的。在他看来，这种变革，使得程朱传注被歪曲甚至是背弃，让各种社会思潮甚至是异端邪说堂而皇之地进入了八股文。万历十年壬午（1582）前八股文尚有正大和平之馀气，至万历十七年己丑（1589）之后则全为幽深奇诡之文。万历二十年壬辰（1592）之后，文之陋俗，亘古未有。工揣摩者，率尚富丽。喜奇峭者，争尚凌驾，插入诙谐恶套，补衬烂熟《国策》、《史记》套语，全章数节，稍加点窜，即成一篇文字。正统人士认为，在这样的文风影响下士人的思想必然不纯，以这样的八股文选拔出来的官员队伍整体素质必然下降，故官场道德沦丧之人屡见不鲜，层出不穷。作为掌管天下官员任用大权的文选司郎中，顾宪成对这一点的认识比谁都真切，故立志矫正八股文之流弊，开始了他欲使八股文重归传统雅正之路的努力。所以在他罢官归乡之后，便在宋儒杨时书院旧址创建东林书院，欲以杨时师事二程，精研孔孟绝学为榜样，倡导程朱

---

① 《明史》卷二百三十一《顾宪成传》，中华书局，1974 年。
② 《明史》卷二百三十一《顾宪成传》，中华书局，1974 年。
③ 《明史》卷二百四十三《赵南星传》，中华书局，1975 年。

正统学脉来拨乱反正，清除“衍于正、嘉而盛于隆、万”[①] 的王阳明心学影响，对抗李贽风靡天下的异端学说。他认为只有这样才能使承负“载道”与“代圣贤立言”，塑造士人灵魂的八股文归于雅正，进而达到重整道德，提高官员队伍的整体素质，澄清吏治的目的，以挽救乱象已成之时局。

而要拨世事之乱，反思想之正，就不能不论及当时八股文无序变革时出现的种种弊端，就不能不触及时事，触及朝政。东林书院大门上那副有名的对联“风声雨声读书声声声入耳；家事国事天下事事事关心”即反映出顾宪成等人所素有的忧患意识和参与意识。所以《明史》中说顾宪成“讲习之馀，往往讽议朝政，裁量人物。朝士慕其风者，多途相应和”[②]。

顾宪成采用兴办书院讲学的方式阐扬程朱正学，切入时事，欲正时弊，使在无序变革中的八股时文重归雅正的传统，并非纯粹的学术研究。

基于对儒家理念的坚定信仰，顾宪成的八股文的最主要特点表现在其内容的纯正，义理的精深上。内容的纯正深邃及气势的沉雄奔走，是其八股文的基本特点。他的文章，无不理路清晰，入口气，代圣贤立言无不切合孔、孟等人的身份、思想。由于他对儒家经典钻研深透，故无论题目内容如何繁杂，无一节可脱略，他都能驭繁以简，毫发无遗，出以自然。其《诚者自成也一章》题文，阐释“诚”与“人道”之关系，破题即抓住诚字，再转到“道”字，归于本心之上，直提“性”字，已得主旨，全文的原委便都贯通。然后再阐释诚之为贵，诚与仁、智的关系，最后用“以诚为贵矣，不然，其不流于无物几希”作归结，点出全文言人道之旨。全文理路极清，文境极熟，故运重如轻，举难若易，又以磅礴奔放的气势，将儒家深奥之道理阐释得准确清

① 见《制义丛话》卷之四，咸丰九年广州重刻本。

② 《明史》卷二百三十一《顾宪成传》，中华书局，1974 年。

楚。韩求仲说此文“开合极大，针线极密，神情极暇，题理一分不乱，总不见其融合之烦，已入化境”①。细读全文，可知此言并非虚誉。

顾宪成写八股文虽坚持内容的纯正，平正通达，不尚诡异，卓然儒者之言，但在写法上他却接受以古文为时文的观念。其文融液经史，讲求技巧，水平并不亚于时艺的革新派，但不刻意去追求新奇，不在机法与奇矫上着力，不求技巧的圆熟，也不以偏锋取胜，纯从义理的开发融会上出新，并以之触及时事。他的名作《敢问交际何心也　全章》题文，便充分证明了这一点。

万章问曰：“敢问交际何心也？”孟子曰：“恭也。”曰：“却之。却之为不恭，何哉？”曰：“尊者赐之，曰：‘其所取之者，义乎？不义乎？’而后受之，以是为不恭，故弗却也。”曰：“请无以辞却之，以心却之，曰：‘其取诸民之不义也。’而以他辞无受，不可乎？”曰：“其交也以道，其接也以礼，斯孔子受之矣。”万章曰：“今有御人于国门之外者，其交也以道，其馈也以礼，斯可受御与？”曰：“不可。《康诰》曰：‘杀越人于货，闵不畏死，凡民罔不憝。’是不待教而诛者也。殷受夏，周受殷，所不辞也。于今为烈，如之何其受之？”曰：“今之诸侯取之于民也，犹御也。苟善其礼际矣，斯君子受之，敢问何说也？”曰：“子以为有王者作，将比今之诸侯而诛之乎？其教之不改而后诛之乎？夫谓非其有而取之者盗也，充类至义之尽也。孔子之仕于鲁也，鲁人猎较，孔子亦猎较，猎较犹可，而况受其赐乎？”曰：“然则孔子之仕也。非事道与？”曰：“事道也。”“事道奚猎较也？”曰：“孔子先簿正祭器，不以四方之食供簿正。”曰：“奚不去也？”曰：“为之兆也。兆足以行矣。而不行，而后去，是以未尝

① 见《明文钞》（五编）该文评语，乾隆五十五年刻本。

有所终三年淹也。孔子有见行可之仕，有际可之仕，有公养之仕。于季桓子，见行可之仕也。于卫灵公，际可之仕也。于卫孝公，公养之仕也。”

大贤论交际，始终以为不可却也。

夫君子未尝一日忘情于天下也，如是而欲绝诸侯之交际者，过矣，是故圣人不为也。

且圣贤处世，甚无乐为已甚之行也。已甚则天下欲有所以交于我，而疑于我之不能容，我欲有所以用于天下而阻于天下之不敢近。道之不行，夫岂独人之过哉！

孟子当战国而受诸侯之赐，凡委曲以为行道计耳，胡万章之未谅乎！

夫所谓交际者，何从而起也，起于心之恭也，以辞却之。君子病其峻，以心却之。君子病其伪，无一可者也。吾以为其交也，协诸道焉，虽以生民未有之圣，亦不得不为道而受。其接也，协诸礼焉，虽以大成时中之圣，亦不得不为礼而受。其不受者，必御人于国门之外者也。移此心以待诸侯，是御人之盗，王者不教而诛之。取民之诸侯，王者亦不教而诛之矣。孰知充之以义，则天下无可交之人；通之以权，则天下皆可仍之俗。故鲁人猎较，孔子亦从而猎较也，非徇也。始也以道革人，而有簿书之正。终也以道洁己，而无三年之淹。圣人之行权以济天下，类如此也。

吾因是知圣人有三仕焉，其上则行可之仕矣。其次则际可之仕矣。又其次则公养之仕矣。可以仕桓子，而亦可以仕灵公。非区区之仪文，果足以縻圣人，而圣人自不忍示天下以亢也。谓夫人之所以非礼貌我者，其犹近于恭也。可以仕灵公，而亦可以仕孝公，非区区之馈养，果足以羁圣人，而圣人自不忍待天下以刻也。谓夫人之所以礼遇我者，其犹近于恭也。

使必夷诸侯于御人之盗，而却天下之交际焉。天下虽有好贤好士之君，将何因而得通于君子之侧。君子虽有获君行道之念，将何因而得进于人君之前。吾见鲁、卫之庭，必无孔子之迹也，可乎哉！

这是一个长题，出自《孟子》，它的字数达三百七十五个，内容纷繁杂乱，要将题旨阐释清楚，没有很强的概括能力和很高的文字驾驭水平是不行的。

顾宪成由于对儒家经典钻研深透，认题真，对题旨把握准，故能以意驭文，将题目的内容分别轻重，挈题之领，以交际为主，打通事道，将全章经文的各节分详略来阐述。因题成文，不立闲架，而题之腠理曲折，无不操纵如化，将纷乱之题写出浑成一片，题目节节俱见的好文章来。写作技巧之高，令人叹服。所以王耘渠称赞此文说：

“于题之轻重详略，字字体贴入细，而以文之疾徐伸缩应之，极变化，正是极自然。故泾阳先生之文，视前辈已为巧极，而迥不得以万历间机法目之，惟其得于自然者至矣。”①

陈名夏则认为“长题当以此为式”。

更值得一提的是，顾宪成虽倡导万历时的八股文的内容要恢复雅正的传统，但他对八股文的体式却不墨守成规，敢于突破。这表明他对以古文为时文已游刃有余，且已到了能将时文与古文融合无痕的地步。这篇八股文的体式就与古文没有了区别。除破题、承题、起讲及大结之外，正文已不分股，而是分为两大段，将题目的各节内容分别于前后两段阐释之，这已完全是古文的结构了。由此可知万历时八股文变革潮流影响之大，连顾宪成这样的正统派也在所不免。

顾宪成的另一篇名作《惟仁者能以大事小　一节》题文，也是一篇思想纯正，文字典雅，写作技巧很高的八股文。

---

① 见《明文钞》（五编）该文评语，乾隆五十五年刻本。

顾宪成此文，全是依据朱熹的注释而加以阐发的，且循题之脉络窍会，为文之起落转接，能以无厚入有间。

全文根据题中“征之古”之四事，代孟子立言。由于认题真切，故口吻毕肖，说理深入。作者以两大段文字，从正反两方面来阐释仁者交邻应有之道，讲得正大典切。其文字简练准确，表现作者驾驭文字能力之强。

此文在体式上亦不循常格，正文不用八股而以两大段来阐释题旨，这两段虽也应用排偶，但不严守其法，虽法比偶而实单行，这也是万历年间八股文变革时常见之体式。

艾南英说此文“庄雅有度”；方苞说它“极平淡中清越疏古之气，足以惬人心目”①，平心而论，都是知文之言。

顾宪成有多副笔墨，他不一味地作沉雄状，有的文章也写得清新空灵。其《尽心者　一节》题文，方苞就评述说：“嘉隆浑重，体质至此一变，而清莹空明，毫无障碍，可为腐滞之药。”②由此可知，顾宪成是八股文坛一位多面高手。

陶望龄

在隆庆、万历年间，陶望龄是一个受时代新思潮影响很深，对八股文的变革起过带头作用的人。其文独具一格，追从者众，在明代八股文史上占有重要地位。

陶望龄，字周望，号石篑，晚号歇庵居士，浙江会稽（今绍兴）人。

陶望龄出生在一个官宦之家。他的父亲陶承学当过南京礼部尚书，其叔父陶大临嘉靖时中过榜眼。他自小即开始接受八股文写作教育。

---

① 见《钦定四书文》中该文评语，光绪二年崇文书局刻本。

② 见《钦定四书文》中该文评语，光绪二年崇文书局刻本。

陶望龄少有文名，极为聪明，于八股文所必学的对偶颇为擅长。五岁时，有人出一上联“中举中进士”来考他，那人话未落音，他即脱口而答：“希贤希圣人。”这个下联全出自《四书》，可见他小小年纪，不仅思维敏捷，且对《四书》已烂熟于胸。

十七岁时，考中诸生。浙江督学林景庸十分欣赏其文章，评价极高，又升其为廪生。

万历十三年乙酉（1585）科乡试，陶望龄考中第二名，时年二十三岁。万历十七年己丑（1589）科会试，他夺得会元，殿试时取为第三名及第，俗称探花，授翰林院编修。历任正史纂修官、国子监祭酒。

受时代的影响，陶望龄对王阳明良知说和李贽的学说深感兴趣。在担任正史纂修官时，即与李贽的好友、著名学者、与他同榜的状元焦竑，著名文学家、公安派创始人袁宗道等人共同研讨性理之学，尤其痴迷王阳明学说。在焦竑的介绍下，他于万历十七年（1589）结识了李贽，对他更是钦佩不已。他在《奉刘晋川先生》中追述他对李贽的仰慕说：

“望龄在京师时，从焦弱侯游，得闻卓吾先生之风，继得其书毕习之，未尝不心开目明，尝恨不能操巾拂其侧。”①

陶望龄对李贽还以师视之，在《与刘晋川》中，表示咨请的愿望，说“生襄事后，庶亦可遂咨请之愿也”。

凡此种种，无不表现他对李贽尊慕之情，溢于言表。

而李贽对陶望龄也十分器重，与之时有书信往来，品评人物，研讨学问。李贽生活中的困难，也在信中向陶望龄倾诉，如万历二十年（1592），他在给陶望龄的信中就说：

“生因质弱，故尽一生气力与之敌斗，虽犯众怒，被讪谤，

---

① 陶望龄：《歇庵集》卷十一，《续修四库全书》影印明万历乔时敏刻本。

不知正是益我他山之石。”①

万历三十年（1602）李贽于狱中自杀，陶望龄闻讯极为悲痛，并与友人在信中分析李贽的死因：

“此间（指北京）旧有学会，赵太常、黄宫庶、左柱史主之，王大行继至，颇称济济，而旁观者指目为异学，深见忌嫉。然不虞其祸乃发于卓吾也。七十六岁衰病之身，重罹逮系，烦冤自决，何痛如之！嗟嗟！儒者所宗尚，莫如程、朱二先生。而今所谓正宗者，即当时所攻为伪学者也。古今谈学者众矣，其谁不伪之？然则贪名逐利败度圮族者，乃称真乎？”②

正是由于这种密切的关系，使陶望龄了解了李贽的学说，受到了李贽思想的深刻影响，成为了隆庆、万历时八股文变革的领头人。

陶望龄还对佛教禅宗深有研究。在北京时常与袁宗道等人在一起聚谈禅学，影响很大。据万历时沈德符说：

“己亥、庚子（万历二十七、二十八年）间，楚玉蟠太史（宗道）同弟中郎（宏道），与皖上吴本如、蜀中黄慎轩（辉），最后则浙江陶石篑（望龄）以起家继至，相与聚谈禅学，旬月必有会。高明士翕然从之。”③

陶望龄是万历时有名的文人，所有这些思想，必然会在其写作中有所体现。

他为诸生时，即致力于古文辞，到万历后，更“搜讨百氏，力追先秦，广涉各书”，并力学苏轼兄弟。他工诗善文，早年“诗格清越，超然似神仙中人”。到万历中年之后，受王阳明、李贽、禅宗思想的影响，“讲学逃禅”，风格大变。特别是与袁宏道

① 李贽：《续焚书》卷一《复陶石篑》，中华书局，1975 年。

② 陶望龄：《歇庵集》卷十一《与周海门先生》，《续修四库全书》影印明万历乔时敏刻本。

③ 沈德符：《万历野获编》卷二十七《释道》，中华书局，1959 年。

相识后，为文力主创新，接受了袁宏道“独抒性灵，不拘格套”，以及不师古人“机格与字句”之主张。其诗文追求新奇，以致一些守旧之人讥评他如“白沙在泥，与人俱黑”，由一个儒家正统之士变成了一个追求新潮的异端之士。

其实，陶望龄在思想上追求新潮，在为人处世上却依然尊奉儒家伦理道德观。当首辅沈一贯欲借“妖书”一事，来陷害“博通经籍，勇于任事，有经济大略，自守介然，故人望归之”① 却不肯依附权贵的郭正域时，陶望龄不顾个人安危，立即与状元唐文献、同僚杨道宾等去拜见沈一贯。他以正言厉色责以大义，并愿弃官与郭正域同死，郭正域之案情才得以缓解。

让陶望龄声名大著的，还在于他的八股文。陶望龄的八股文写作，与他的诗文一样，也经历了一个由遵循传统到变革创新的变化过程。

受家庭教育的影响，陶望龄早期的八股文走的是嘉靖以前先正们的老路，追求内容的雅正和体式的完备。到了后来，受到王阳明学说的影响，对《四书》、《五经》的理解开始偏离程朱传注。这时，王锡爵对其文的评价给了他极大的刺激。在万历时期，王锡爵以其名望地位在文坛有一言九鼎的作用，许多文士一经他品评抬举，便身价顿隆。陶望龄在应万历十四年丙戌（1586）科会试时，主考王锡爵深厌当时圆熟之文风，读了他第一场七篇八股文后给了个“七作平平”之评。心高气傲且悟性很高的陶望龄经过一番思考，终于走上了大胆变革之路，开始尝试力为奇矫之文，务求警卓，气势崚嶒，追新逐奇。他笔走偏锋，抓住一点，挑起全文，以思致独特取胜，令人耳目一振，故立即得到世人认可，在万历十七年己丑（1589）科以其文之奇矫一举夺得会元。墨卷刊行后，天下士人无不争相摹仿。

---

① 《明史》卷二百二十六《郭正域传》，中华书局，1974 年。

陶望龄大胆变革八股时文，虽是顺应文体变化之规律，在顺题成局，相沿已久，人心生厌之后所采取的正确行动，却招致许多正统派人士的骂詈，认为他是引领奇矫为文潮流、败坏八股文的罪魁祸首，致使他这个属于公安派的作家很少有人提及。

实事求是地说，陶望龄的八股文无论是与隆庆、万历，还是与成化、弘治、正德、嘉靖时的名家高手相比，都毫不逊色，且能独树一帜，比许多名家还要高出一筹。其融合古文与时文已达无痕的程度。

其文虽力为奇矫，无论炼格谋篇，句法股法都力求出巧出奇，然而其文气博大，说理透辟，议论到位，富有说服力，故文虽巧而无纤佻诡谲之气，风格峻峭却无凌厉之感。他于题旨的探求上，虽力求去旧图新，不沿袭陈言而时出己见，但他基本上能以经传之理为主，能抉题之精蕴，顺逆正变期于恰适肖题，理精词卓，故虽求变而不失其正。平心而论，他还是属于维护八股文载道功能之传统派，只是所用手法不同而已。

由于他对文题体认亲切，故其文能达“明辨晳也，纯粹精也”的境界。这些特点，从其《子问公叔文子　全章》题文可略见一斑。

子问公叔文子于公明贾曰：“信乎，夫子不言，不笑，不取乎？”公明贾对曰：“以告者过也。夫子时然后言，人不厌其言；乐然后笑，人不厌其笑；义然后取，人不厌其取。”子曰：“其然？岂其然乎？”

时人之拟大夫皆过，圣人终于不信也。

夫不言不笑不取，非人情也，而知贾之所称，则又过矣，夫子安得而信之。

且夫论人于春秋之世，或可以几廉静，而未可以语时中；可以邀世俗之虚称，而未可以逃圣人之藻鉴。

公叔文子，卫之良也。吾观其大概，盖沉静廉洁士哉，何世之人迹其沉静，而遂以为不言不笑也；迹其廉洁，而遂以为不取也。

夫子以为过而问之公明贾。公明贾亦已知告者之过，而其言之过也，乃弥甚。

人曰不言。贾则曰：夫子时然后言，而人不厌其言。视不言，抑又难矣。人曰不笑。贾则曰：乐然后笑，而人不厌其笑。视不笑，抑又难矣。人曰不取，贾则曰：义然后取，而人不厌其取。视不取，又难之难矣。

夫言笑辞受之间，人情皆不能无。文子而人乎？吾固知其不免也。

言笑辞受之节，非圣人皆不能中。文子而犹乎人乎？吾又知其不尽然也。

充积未盛者，难与随时，故谈时中于曲谨之士，则大而无当。

发见未时者，易以起厌，故称不厌于清修之士，则诬而失真。

夫子心知其过也，乃曰："其然，岂其然乎？"盖溢美之言，不敢辄信，而为善之文子，又未敢轻訾而直议之也。

此以知天下惟时措为最难。论人者，未可以易而许人，学道者，不可以难而自阻。

这篇文章的题目出自《论语》。朱熹《四书集注》对这一章文的注释云：

"厌者，苦其多而恶之之辞。事适其可，则人不厌，而不觉其有是矣。是以称之或过，而以为不言、不笑、不取也。然此言也，非礼义充溢于中，得时措之宜者不能。文子虽贤，疑未及此。但君子与人为善，不欲正言其非也，故曰：'其然，岂其然乎？'盖疑之也。"

这是陶望龄未中会元之前力为奇矫的一篇名文，也是他得意之作。

将陶望龄的八股文与朱熹的注释两相比较，即可看出陶文对题旨的阐发，基本上是遵循了程朱传注的。但陶望龄学识渊博，于题旨奥窍洞彻深知，知道要从何处发挥才能出新。他深受当时正在冲击着传统价值观的市民意识，以及王阳明、李贽思想的影响，承认欲望与私念的合理性。所以，他便抓住孔子不相信公叔文子非人情之举，放言论述“言笑辞受”是“人情皆不能无”。这就突破了程朱理学的樊篱，借代圣贤立言的八股文而论述了私欲的合理性，在内容上就出奇创新。虽有凌驾题旨之嫌，但他是紧贴孔子之言与朱熹之注作发挥，却又不留凌驾之迹，可见其思虑之周密，手法之巧妙。

此文奇矫之特点，更主要表现在其写法力求出奇出新，技巧高超之上。这篇文章题目较长，但作者显示出高度概括力，破题的上句将人言和公明贾之言包含在内，下句则将题中有关孔子的两层意思概括其中，十分精练。起讲浑讲大意，为下面发挥留下馀地，却又面面俱到。进入正文，并不用八股体式，而是用散文段落，第一段入手便就公叔文子先立断案。随即以“夫子以为过而问之公明贾”三句，从孔子问入公明贾言，敏快老辣，用了运题法。第三段“人曰不言”云云叙题中公明贾之言，以人言陪出，用了驾题之法。八股文中以整段文字重复题目，这是极为少见的，这也是陶望龄的八股文与众不同之处。其后之二比承上段重述的公明贾之言，一宾一主，落出末二句，机活局紧。后二小比阐发题之末二句，极为精确独到。最后一段“夫子心知其过也”云云，带定“过”字作前后关键，以“盖溢美之言，不敢辄信”，补点“信”字。最后的收结是正意又是馀波，虽笔力崭然，却给人无限回思，足见作者写作水平之高。

全篇以过字作线，文势如生铁铸成。作者对长题的把握手法极高。此题中有数人说话，作者却只以孔子之言为主，以驱驾公明贾及时人之言，所以文章便能前呼后应，一气旋转，这就是所谓的炼格，也是作长题和段落题的重要方法。所以清人王耘渠评论此文说：

“炼格诚奇矣，乃其用笔之圆捷浑脱，尤可想见其烹炼之功，下视他人，直是草草耳。”①

方苞对此文评价很高，他说：

“点化题句，手法灵绝，更有峭劲之气，游荡其间。”②

《出门如见　四句》题文，是陶望龄会试中会元的墨卷，也是开奇矫文风先河之作。

这个文题是《论语》中孔子回答仲弓问仁的四句话。在《四书集注》中，程颐对这段话注释说：“孔子言仁，只说出门如见大宾，使民如承大祭，看其气象，便须心广体胖，动容周旋中礼，唯谨独，便是守之之法。”朱熹则说：“克己复礼，乾道也；主敬行恕，坤道也。颜冉之学，其高下深浅，于此可见。然学者诚能从事于敬恕之间而有得焉，亦将无己之可克矣。”

此文即按程朱传注来阐释题旨。作者抓住朱熹所说的“敬”、“恕”二字而分两对，这是从传注来立格，而不完全遵照题目之本文，便是陶望龄的别出心裁，是对八股文文题理解的一种改革。题中“出门”二句，语本平对，文章即以平对还之。“己所不欲”二句，语本单行，陶望龄即以单行还之，并非仅是化两为三。起、结仍用“敬”、“恕”作提纲归结。因《四书集注》中原本是大纲分说，则说到底文章又是遵从了传注，并未背离经旨，作者构思之妙，不细细体味便看不出其奇矫之处。全文最精警之处在一起二结比，独擅胜场，使作者能一举而夺会元。

文章又精警又明快，一字一珠，体现出大家气度。其篇法、股法、句法，皆巧而齐备，气局皆灵。汪武曹称赞此文说：“前后照注，以‘敬’、‘恕’对，中间依题，仍作三段，最为得法。

---

① 见《明文钞》（五编）该文评语，乾隆五十五年刻本。

② 见《钦定四书文》该文评点，光绪二年崇文书局刻本。

语更简练，后股内外，有间无间等语，一句一击节，开讲亦精。”① 从这些话中，可看出陶望龄确系一个八股文高手。

其《孟献子曰 一节》题文，只扼定“国不以利为利，以义为利”二句作文章，其馀各句，轻轻带过。全文奇矫雄健，全以笔力抓人，是一偏笔走偏锋的妙文。明代有人夸他“吞吐珠玉，为齐纨蜀锦之文，而叩之有声，览之多色，令人低回不忍释”②。

冯梦龙

冯梦龙是万历中、后期以擅长《春秋》题文的写作，以及对《春秋》题八股文写作有深湛的研究而闻名于明末八股文坛的。

冯梦龙，字犹龙，又字子犹、耳犹，号墨憨斋主人，又号龙子犹，还有吴下词奴等多个笔名。他是明代杰出的文学家、戏曲作家、民间文艺学家、通俗文学家和编辑家。明代南直隶苏州府吴县籍长洲（今苏州）人。

万历二年甲戌（1574），冯梦龙出生于一个封建上层家庭。自小即受到八股文写作的教育。他自幼聪颖异常，八岁被举为“神童”，十一岁即考中秀才，③ 从此，他开始了对《春秋》的钻研及对《春秋》题文的写作。因为明代承继宋代的做法，士子各自认习一经，在乡、会试中以此一经的试题作为首艺而决定取录与否的首要条件。

据冯梦龙自述其研治《春秋》的经历说：“不佞童年受经，逢人问道，四方之秘笶，尽得疏观，廿载之苦心，亦多研悟。纂而成书，颇为同人许可。”④

---

① 见《明文钞》（五编）该文评语，乾隆五十五年刻本。

② 明范文光语，见钱时后等编《皇明会元文选·摘录诸家谈艺》，明万历刻本。

③ 参见拙作《冯梦龙十一岁人学游庠及久困诸生考》，载《冯梦龙新论》，湖南人民出版社，2002 年 11 月第 1 版。

④ 冯梦龙：《麟经指月·发凡》，崇祯金阊叶氏书林刻本。

冯梦龙治《春秋》的水平在万历时是誉满天下的。连以治《春秋》水平之高，人才之多，以《春秋》而获进士功名者之众而驰名全国的麻城人也邀请他去切磋学艺。

明代著名书商、苏州书林叶昆池说："犹龙先生以《春秋》负重望。"①

以《春秋》为首艺而获取天启二年壬戌（1622）科状元的八股名家文震孟，以及其外甥，同为万历时八股文名家的姚希孟都是他的文友，对其攻习《春秋》的功力无不钦佩。

以才识渊博、学贯古今而著称于明末的八股文名家黄道周也称赞冯梦龙说："海内言《春秋》家必以君为祭酒。"

冯梦龙不仅《春秋》文题的八股文写得好，他还编纂了《麟经指月》、《春秋衡库》、《别本春秋大全》、《春秋定旨参新》等多种深受操举子业的士人们欢迎的《春秋》制艺辅导书。其中尤以《麟经指月》最为风行。书林叶昆池说，冯梦龙的"经稿久传海内，兹书则帐中秘也"。当他多方请托，将此书稿拿到手后，欣喜异常，称"在本坊如获拱璧，愿海内共宝夜光"②。

为什么此书会如此受欢迎呢？这与冯梦龙对《春秋》有着深刻的把握有关。这本书，他采用的编写方法是既满足士子们猜题的需要，又不是指引他们去背诵"烂旧时文"，而是启发他们去钻研《春秋》的经传。在此书中，他将《春秋》能够出的文题一一列出，做到了"题虽择而不漏"。然后，他以自己高超的八股文写作能力在每道文题的后面作一个破题。在破题之后，又详尽地指明该题的要旨和作文之重点与方法，做到了"传无微而不彰"，让士子们自觉地去攻读《春秋》本经。

《四书》文是明代各级科举考试的必试项目，冯梦龙自小钻

---

① 叶昆池：《麟经指月·识语》，崇祯金阊叶氏书林刻本。
② 叶昆池：《麟经指月·识语》，崇祯金阊叶氏书林刻本。

研，《四书》文写作的水平也很高。他在丹徒县县学当训导时，还编纂了颇合时用的《四书指月》，以供县学生员们学习写作《四书》文而用。此书逐章逐节按程朱传注对其要旨进行阐发，并采用眉批与附注的形式来指点作文之要点与方法。这种做法是针对万历时八股文写作非常注重写作方法这一特点而采取的，故能满足时代的需要，深受士人们的喜爱。

尽管冯梦龙的八股文写作水平很高，读了其书受了启发而中了举人进士的不知有多少，他自己却在十一岁中了秀才之后，又从事了四十六年的八股文写作，岁试、科试、乡试不知经历了多少，却考不中一个举人。他是一个醉心于科举功名的人，自小便种下了科第情结。童年早中秀才，更坚定了他应科举，登金榜的信心。然而，岁月的蹉跎，现实与理想的矛盾，前荣后羞的反差，给他的心灵造成了巨大的创伤。他怀才不遇，嫉世愤俗。万历是人性全面复苏的时代，在这种情况下，他便接受了时代潮流的影响，放浪形骸，出入青楼舞馆，还崇拜李贽，接受其学说，开始发出与儒家正统思想的不谐和之音，一度放松了对《四书》、《五经》的钻研和八股文的写作。直到他三十四岁前后，其热恋的名妓侯慧卿嫁给了一个商人，给冯梦龙心灵以巨创，他才毅然回头，重操举业。在经历了西堂读书和麻城游学之后，学业大进，名声大著。由于明代科举考试和八股文本身的种种弊端，加上衡文者的不识文或喜好不同等种种原因，他仍然考不中举人，①摆在他面前的只有出贡当贡生选教官一途。而举贡一途所选之官，不仅位卑俸低，还极难获选，远不如进士一途之顺畅。据明臣韩邦奇说：

"即使二途并用，年岁亦不可齐。进士中式年未二十即授官；

---

① 有关冯梦龙为何久困诸生的原因，请看拙著《冯梦龙新论》，湖南人民出版社，2002年11月第1版。

举人虽二十中式，坐监历事听选，三十以后方得选官；岁贡二十补廪，五十方得贡出，六十以上方得选官，前程能有几何？”①

冯梦龙十一岁中秀才，因在岁考与科考中成绩优秀，故“超增补廪”，很快就跃居于生员中待遇最优的廪膳生员的行列。由于年资久，曾有过几次出贡的机会，他都让给了别人，一是因为他对科举之途仍未死心，二是因为家中贫困，出了贡即没有了“学中年规这几两廪银”的补助，一家难以存活。加上廪生至少要等二十多年才能出贡的规定，他直拖到五十七岁时才出贡当了贡生，方才离开了八股文的写作。虽然他在丹徒县学当训导还要批改生员的八股文卷子，偶尔也要写几篇范文；在寿宁知县任上，他也关心县学生员的学习，亲自指导他们读《四书》、《五经》，指导他们写作八股文，但这都与其功名无关了。没有了压力，也就没有了动力，故冯梦龙这时的八股文写作水平自然不会有什么提高，相反还有退步的可能。

值得一提的是自小开始的八股文写作使他树立了牢固了儒家正统观念，虽然他一度受到过时代氛围的影响而追新逐异，寻求个性的解放，还成为李贽的崇拜者，但最终还是儒家正统思想战胜了它们的影响。在寿宁知县任上，他按儒家伦理道德观行事，以八股文培养出来的思维方式和思维能力施政，获得了循良之美称。当明朝灭亡之后，他不顾年高，长年在外奔走，以图复国抗清。八股文的功用，在冯梦龙的一生得到了完整的体现。

钟 惺

钟惺是万历时独树一帜的八股文名家，又与谭元春同为竟陵派的领袖，有共同的文学思想，且同为以古文为时文的八股文高手。

---

① 韩邦奇：《苑洛集》卷十九《见闻考随录》，乾隆刻本。

钟惺，字伯敬，号退谷，湖广竟陵（今湖北天门市）人。

他于万历三十八年庚戌（1610）科考中进士，初授行人司行人，稍迁工部主事。后改任南京礼部主事、郎中。天启初年，擢福建提学佥事，在任上要讲授《四书》、《五经》，评阅岁、科试的八股文试卷，及写作八股文程文。后以父逝丁忧回乡，卒于家。

《明史》本传中说钟惺“貌寝，羸不胜衣，为人严冷，不喜接俗客，由此得谢人事”①。他的这种性格对其文风有一定影响。

钟惺“与同里谭元春评选唐人之诗为《唐诗归》，又评选隋以前诗为《古诗归》。钟、谭之名满天下，谓之竟陵体。然两人学不甚富，其识解多僻，大为通人所讥”②。钱谦益便说：“《诗归》出，而钟谭之底蕴毕露，沟浍之盈于是乎涸然无馀地矣。”③

钟惺擅长古文。他为文既不愿剿袭前后七子，“取古人之极肤、极狭、极熟，便于口手者”，又不愿学公安派“戏谑嘲笑，间杂俚语”，“思别出手眼，以求绝出于时俗”④，终于形成与其个性相契合的“深幽孤峭”⑤，及简约精警，别出心裁的为文风格。

钱谦益评钟惺竟陵体诗文时说：“当其创获之初，亦尝覃思苦心，寻味古人之微言奥旨，少有一知半见，掠影希光，以求绝出于时俗。久之，见日益僻，胆日益粗，举古人之高文大篇铺陈排比者，以为繁芜熟烂，胥欲扫而刊之，而惟其僻见之是师。其所谓深幽孤峭者，如木客之清吟，如幽独君之冥语，如梦而入鼠

① 《明史》卷二百八十八《钟惺传》，中华书局，1974 年。

② 《明史》卷二百八十八《钟惺传》，中华书局，1974 年。

③ 钱谦益：《列朝诗集小传》丁集中《钟提学惺》，古典文学出版社，1957 年。

④ 钱谦益：《列朝诗集小传》丁集中《钟提学惺》，古典文学出版社，1957 年。

⑤ 《明史》卷二百八十八《钟惺传》，中华书局，1974 年。

穴，如幻而之鬼国，浸淫三十馀年，风移俗易，滔滔不返。”① 应当说，这是中肯之言。

陆云龙在《皇明十六家小品·钟伯敬小品序》中说：“至其为文，类曰：‘宁选而后作，无作而后选’，则其锤炼、推敲，皆备良工之苦心者。”又说他“苦于锻局”，“苦于修词”，“宁简无繁，宁新无袭，宁厚无佻，宁灵无痴，工苦之后，还于自然”。钟惺古文写作的特点，同样表现在其八股时文之中。

钟惺是一个以古文为时文的八股文名家，他把自己古文写作的方法都运用到了八股时文的写作当中去，故他的时文最像其古文，除开文体格式还大体保持八股文的部分要素外，其谋篇、炼局、推敲、修辞，所追求的文风，都酷似其古文。可以说，其时文是竟陵派时文，具有与其他人的时文不同的特点，这从其代表作《孔子曰诺》中可见其一斑。

这篇文章的题目出自《论语》，它所在的这一章经文为：

“阳货欲见孔子，孔子不见，归孔子豚。孔子时其亡也，而往拜之。遇诸涂。谓孔子曰：‘来，予与尔言。’曰：‘怀其宝而迷其邦，可谓仁乎？’曰：‘不可。’‘好从事而亟失时，可谓知乎？’曰：‘不可。’‘日月逝矣，岁不我与。’孔子曰：‘诺，吾将仕矣。’”

《论语》中的这节经文，论叙的是阳货欲见孔子，孔子不见的情节。看起来孔子似乎有些狡黠，两人不巧相遇于途，又颇具戏剧性。阳货其人，为季氏家臣，他把季桓子囚禁起来，自己把持了鲁国的政权，并想请孔子出来做其助手，对这样的人，孔子是不可能与之合作的。阳货也很聪明，利用孔子一贯讲求“仁”与“知”来讥刺孔子。而孔子认为，与阳货合作，不能算“仁”，接受阳货给予的出仕机会，是违背了“知”，所以孔子便敷衍他说：“诺。”

---

① 钱谦益：《列朝诗集小传》丁集中《钟提学惺》，古典文学出版社，1957 年。

从这节文字中可以看出孔子不为富贵、贫贱所动，坚持自己的理想，无怨无悔的人格特征。故《四书集注》中说：“货语皆讥孔子，而讽使速仕。孔子固未尝如此，而亦非不仕也，但不仕于货耳。故直据礼答之，不复与辩，若不喻其意者。阳货之欲见孔子，虽其善意，然不过欲使助己为乱耳。故孔子不见者，义也。其往拜者，礼也。必其亡而往者，欲其称也。遇诸涂而不避者，不终绝也。随问而对者，理之直也。对而不辩者，言之孙而亦无所诎也。”

钟惺这篇八股文，扼住孔子为何要说“诺，吾将仕矣”来代圣人立言，阐述孔子既不愿助阳货，又要说“诺”的道理。钟惺文中发掘出孔子说“诺”，非阳是而阴非，文中以孔子之语气，说出许多证据证明，恰好他自己的生平行迹，与阳货的话相合，便可显示孔子之言并非虚假。

钟惺此文，是借用了八股文的躯壳来作说明文。他以流畅生动的文笔描述题面，既阐释了“诺”之神，又风流蕴藉，表现了作者“冷眼颖心”的古文构思特点。

该文的每股文字束兜住“诺”字，或用虚笔，或用实笔，或用反笔，各极变化，而神味稳合，“尖新割剥，以噍音促节为能”[1]，充分显示出钟惺的八股文也在极力避免“繁芜熟烂”；在内容上以自己的“僻见”为师，表现自己的“幽情单绪”；在手法上追求奇险，以表现出深幽孤峭之风格，这也是其古文之特色。

钟惺八股文的这些特点，在其另一篇名作《象日以杀舜为事》中表现得更为鲜明。

---

① 钱谦益：《列朝诗集小传》丁集中《钟提学惺》，古典文学出版社，1957年。

象日以杀舜为事

舜之不幸，观其弟所有事者而已。

夫杀非仁人所忍言也，而日以为事，况施之于兄乎？舜亦不幸而有此弟矣。

且从古必无之人，必有一时有之；人生必无之事，必有一人为之，此固造物之戾气，生人之奇遭也。

所谓必无之人者何也？欲杀其兄之弟是也，其人未之前闻也。所谓必无之事者何也，弟欲杀其兄而日以为事者是也。其事吾尤未之前闻也，其惟舜之有象乎？

不易有者，日也。象之生，非此似无以为日。

不能无者，事也。象之日，非此似无以为事。

人之日营营，而有事者在，圣贤以此养亲、悦亲。象则曰：吾杀舜而牛羊父母矣，仓廪父母矣。所以养亲、悦亲之道，事有捷于此者乎？虽欲不日营营而不可得也，亦若舜之耕稼陶渔而已矣。

人之日劳劳，而有事者在，庸众以此自奉、自适。象则曰：吾杀舜而干戈朕、琴朕、弤朕矣，二嫂使治朕栖矣。所以自奉、自适之术，事有急于此者乎？虽欲不日劳劳而不可得也，亦若民之饮食作息而已矣。

未杀之先，曰谟谟者，始事者也，是象焦劳之日也，心思手足之所毕赴也。

已杀之后，曰绩绩者，终事者也，是象受享之日也，身家子孙之所攸赖也。

夫象不足道也，舜岂堪一日有此弟哉！

这个文题出自《孟子》，它所在那节的上下文为：

“万章问曰：‘象日以杀舜为事。立为天子，则放之，何也？’孟子曰：‘封之也。或曰：放焉。’”

若按八股文的传统作法，就本题，或本节至多融合本章之旨来阐释该题之意蕴，则极难着笔，故从来没有人就这个题目写出佳作来。因该题之上下文皆虚，本章内容更与题目无关，特苦深文无据。文贵肖题，题中既有“日以杀舜为事”，便须紧贴“日”、“为事”来作文章，要就此尽力形容，极情尽致。而欲达此目的，非另辟蹊径不可。

正如钟惺敢于对古文进行革新一样，他在写作这个文题时打破了八股文写作的成规，别出心裁，敢于出奇，不怕犯险，将上章的内容直接摘来用于此文之内。因为这些内容正好是讲述象数次杀兄，乃至日以为事的。这些经文是：“父母使舜完廪，捐阶，瞽瞍焚廪。使浚井，出，从而掩之。象曰：谟盖都君咸我绩，牛羊父母，仓廪父母，干戈朕，琴朕，弤朕，二嫂使治朕栖。”

作者即将上章谟盖数语直接摘用于文，中比和后比便凭这些话来描述，将题句虚情实做，笔翻波澜，竟似凿凿真言。写得独出心裁，别开生面，简约精警，完全不同于八股文的传统作法，可又是一篇基本遵循了八股体式的八股妙文，令人叹为观止。

陆文龙在评论钟惺的古文时曾说，其“格局皆超，不经意语中俱伏深情奥旨”。这些评语，移用至其八股时文上也是适用的。钟惺本人就是一个具有较强革新思想的文人，在万历年间的八股文变革浪潮中，他便是积极推行古文与时文相融合，并取得较高成就的人。他的时文大量运用了古文的写作理念和方法。比别人高明之处在于他既敢于冲破八股时文的陈旧框套，独出心裁，又能大体上坚持八股文的体式，故他的制义既能获得官方的认可，又能获得革新者的广泛认同，而且没有沾上当时的各种流行的庸腐弊病，这是很不容易的。

袁宗道

袁宗道，字伯修，又字玉蟠，湖广公安（今湖北公安）人。幼聪颖好学，万历十四年丙戌（1586）科中进士，授翰林院编修，历官春坊中允，至右庶子。万历二十八年（1600），年四十卒。与弟宏道、中道俱因文名，世称“公安三袁”。

袁宗道有文才，入翰林时，正当王世贞、李攀龙等复古派大盛之时。他与同馆黄辉、弟宏道、中道力排其说，主张性灵。于唐人中好白居易，于宋人中崇苏轼，故称其居所为“白苏斋”，以自别于时流，世目为公安体。其才不及其二位弟弟，而公安一派却是自他而发之。有《白苏斋集》。

袁宗道是万历年间的八股文高手，他为文主妙悟奇矫，峭刻警卓，万历十四年丙戌（1586）科会试以峭峻之文风深获主考王锡爵的喜爱而取为第一名会元。信息传出，天下为之一震，士人们为功名计，开始改变圆熟软滑之文风，向奇矫进军。可以说袁宗道不仅是“公安体”的开创者，又是奇矫为文的开宗者。此后数科会试都以奇矫之文为会元，于是天下八股文风为之大变。

袁宗道及其二位弟弟都受王阳明后学，特别是李贽的影响，以禅学入时文的杨起元是其会试的房师，故为文讲究妙悟。他说：

“文章最上乘曰妙悟。妙悟非高深之谓，易简之谓也。人不能镂空画天，亦乌用镂空画天，而反尊可镂可画者号为天与空，可乎？文有题，题有窍，一窍已具万窍，而必将心觅心，象外起象，譬如衲子不寻着衣吃饭家风，而先注心于璎珞宝珠，不足当虾蟆禅，况云悟耶？”①

所以，他的八股文反对模仿，反对陈陈相因，众口一词。其文虽不大背传注，却往往以个人的体悟去解经释题，故深刻鞭辟，时出新见，显出有别于常人的深邃之状，而被人目为峭刻。

袁宗道为文讲究气骨与文采，又从这些方面去出奇出新。明代范光父说：“袁公安骨气遒劲，自是陶铸中来，非复世人饾饤语。”②

由于内容与形式上的独特追求，故形成了袁宗道时文的峭峻风格。清八股文高手、著名学者何焯说：“鄞县（沈一贯）癸未

① 左培：《书文式·文式》卷上《历科诸先生文语·袁玉蟠》，日本享保三年京都刻本。

② 见《摘录诸家谈艺》，载钱时后等《皇明会元文选》，明万历刻本。

(万历十一年)所收多异才,而元卷犹主和平温润。袁伯修变而为峭峻,气味与孙(镛)、冯(梦祯)绝不相入矣。"[①] 这番话,将袁宗道的八股文风概括无遗。

周延儒

万历年间的八股文坛有一个名声不好的高手,就是在崇祯时二任首辅的周延儒。

周延儒,字玉绳,号挹斋,南直隶宜兴(今属江苏)人。

他幼时有"神童"之称,万历四十一年癸丑(1613)科"会试、殿试皆第一。授修撰,年甫二十馀……天启中,迁右中允,掌司经局事。寻以少詹事掌南京翰林院事"。崇祯时,召为礼部右侍郎。

周延儒性格警敏,极会揣摩明思宗的心意。这种本事可能是从小练习八股文时造就的,因八股文专讲揣摩圣贤口气,代圣贤立言。"崇祯元年(1628)冬,锦州兵哗,督师袁崇焕请给饷。帝御文华殿,召问诸大臣,皆请发内帑。延儒揣帝意,独进曰:'关门昔防敌,今且防兵,宁远哗,饷之,锦州哗,复饷之,各边且效尤。'帝曰:'卿谓何如?'延儒曰:'事迫,不得不发,但求经久之策。'帝颔之,降旨责群臣。"

他知道思宗生性多疑,便在他单独召见自己寻求对策时说:"兵哗必有隐情,怕只怕骄兵悍将在煽动士兵闹事,以胁迫袁崇焕。""帝方疑边将要挟,闻延儒言大说"[②],从此便宠信周延儒了。

崇祯二年(1629)十二月,思宗不顾御史对周延儒"生平秽行"的弹劾,特旨拜他为礼部尚书兼东阁大学士,后又当上了首辅。

以周延儒的才识和机敏,当上首辅,若能走正路,当可为国

① 何焯:《义门先生集》卷十,《两浙训士条约》,道光刻本。

② 以上引文均见《明史》卷三百八《周延儒传》,中华书局,1974 年。

为民干些大事好事。可是，他为人贪婪，一心向思宗献宠固位，并提拔任用亲戚故旧，在朝中结党营私，对朝纲起到瓦解作用。

崇祯六年（1633），周延儒结党营私引起朝野的不满。加上其子弟在家乡胡作非为，激起民愤，乡人烧了他家的房，挖了他祖宗的坟，此事成了大家攻击他的导火线。许多大臣都上疏弹劾他。周延儒站不住脚，只得称疾归乡。

周延儒里居时，曾与东林党人交游，尤与八股文高手姚希孟等关系密切。他主持会试时，所取录的张溥、马世奇等人，既是八股文名家，又是东林重要党人。但由于他参与陷害钱谦益，便与东林党人结了仇。这次失势归乡，良心有所发现，内心感到惭愧。

张溥等复社人士认为周延儒有才干，如果他能痛改前非，让他出掌朝政，可以收拾残局。于是去劝说周延儒："公若再相，易前辙，可重得贤声。"① 周延儒深以为然。在张溥、吴昌时等人的帮助下，周延儒被重新起用，并二次入阁。

这次周延儒倒是力求有所作为。"延儒被召，溥等以数事要之。延儒慨然曰：'吾当锐意行之，以谢诸公。'既入朝，悉反体仁辈弊政。"② 他还提议提拔一批东林人士和追赠文震孟、姚希孟等，思宗无不欣然从之。一时间，朝政为之一新，朝野交相称赞。思宗也更器重周延儒，"尝于岁首日东向揖之曰：'朕以天下听先生。'"

然而，天下已大乱，明朝灭亡的命运已无可改变，周延儒也无挽狂澜于既倒的才能，况时间一长，周延儒贪婪的本性复发，又重新结党营私，天下事一发不可收拾。

崇祯十六年（1643），清兵劫掠山东后北还，抵近北京，朝野震惊。周延儒不得已自请去督师，却驻兵通州不敢迎战。每天只知与幕僚们饮酒作乐，却连连飞报奏捷。思宗信以为真，特赐

---

① 《明史》卷三百八《周延儒传》，中华书局，1974 年。

② 《明史》卷三百八《周延儒传》，中华书局，1974 年。

书嘉奖。清兵自动退军后，他又谎称是他将清兵击败，凯旋还朝。思宗极为高兴，特加赏赐，并加封太师。几天后，其谎言被锦衣卫揭穿，以后又陆续得知其他罪行，思宗怒极，下旨赐死。

作为连中会元、状元之人，周延儒的八股文的确有特色，不愧八股名家。作为一个在万历年间成长起来的八股文高手，其八股文不可避免地打上了时代的烙印。他的八股文不再恪遵传注，而是自出己意。他特别注重机法，追求新奇，讲究写作方法与技巧，以古文为时文。小题文写作尤为出色当行，其思致之奇巧，令人叹为观止。由于他学识广博，又具有高超的写作技巧，故其文能发掘题目言后之旨，得题目言外之神，显得意蕴无穷，秀雅飘逸。其《小子》题文即是如此。

小子

大贤有意于门人，而呼之使自觉也。

夫小子则有小子之身矣，呼之而有不悚然者哉！

在昔夫子以一贯之统传曾氏也，有所以呼之者曰参乎。迨曾子以守身之法，语门弟子，而亦有以呼之曰小子，此正曾子言下之提撕，小子当身之指示也。其情迫，其指切，吾试揣而拟之。

若谓而今而后，吾始信吾之能免也；

而今而后，吾尤觉小子之不能忘情也。

启予之足者，小子耶？启予之手者，小子耶？而小子亦还自念其手足耶？

鉴予之如临者，小子耶？鉴予之如履者，小子耶？而小子亦自还凛其临履耶？

孰有身而非百年必尽之身，孰有身而非即千载不朽之身。小子思之，其所以必尽者谓何，而其所以不朽者亦谓何，则小子之无歉于小子者，固自有在而能不为之恻然也。

孰是身而可不为一息千古之身，孰是身而又可不为一日三省之身。小子念之，其所谓千古者何若，而其所为三省者又何若，则小子之无忽于小子者，尤自有在而能不为之惕然也。

盖予之日短，小子之日长。借予去日之冰渊，正可迫小子来日之勤励，小子断无容自宽。

予之责轻，小子之责重。证予已竟之成局，正可惕小子未至之前途，小子断无容自贷。

已焉哉！吾何以语小子哉！小子不必问吾，小子问小子而已。已焉哉！吾何以谕小子哉！就予今呼而能觉之，小子即异日受而全归之小子矣！小子！

这是一篇既遵循了万历时已经发生了变化的八股格式，又写得生动活泼的小题八股文，这样的时文在明代八股文史上是不多见的。特别是该文摹拟孔子的口吻，代圣贤立言，真个是惟妙惟肖，如见其人，如闻其声，叫人拍案称绝。写八股文犹如带着镣铐跳舞，螺蛳壳里做道场，十分不易，如像此文把舞跳得如此活泼美妙，把道场做得如此风光热闹，不能不让人叹服。由此可知周延儒才气之高，连中会元、状元就不足为奇了。

更叫人称赞的是，本文能于言外传神，馀味无穷，这是一般八股文名家都难以做到的，周延儒却做到了。

写八股文，凡题语未完，题意也未尽者，必须得其言后之旨；若题语已完，而题意尚未尽者，又必须得其言外之神，方才算得上是佳作名篇。

《小子》这个文题出自《论语》，这个题目所在的全章文为：

“曾子有疾，召门弟子曰：‘启予足！启予手！《诗》云，战战兢兢，如临深渊，如履薄冰。而今而后，吾知免夫！小子！’”

该篇文题，取自最后一句，题后再没有一个字，但曾子将死前为保全受之父母的身体，免受毁伤，故最后又叫一声“小子”，

“以致反复叮咛之意，其警之也深矣”[①]，曾子的无限深情，都寄托在小子身上。作者正是推想出当日口呼“小子”的情景，曾子会有多少唏嘘叹息之声，故于文中千呼百唤，语语惊心，出人意表处，无不动人情魄。清代臧括斋评此文说：“此题后更无一字，而深情微旨，正复缭绕不穷，文于言外传神，故称独绝。”[②] 这番话正道出了此文的特点。

周延儒擅长小题文写作，能以精巧的构思，生动活泼的文笔将极难写的小题文写得花团锦簇。在万历，他与王思任堪称小题文写作的双雄。由于生性趋时，又成长于晚明之世，大受文求通俗时风影响，其八股文大多明白通晓。即便是割裂经文，“截头缩脚”[③]，题意不完整，最难下笔的小题文，他也善于就文句求语气，脱卸吸引，写得清新工巧，颇见功力。其《微服而过宋》题文，题目出自《孟子·万章》中之一节。该节经文是：“孔子不悦于鲁、卫，遭宋桓司马，将要而杀之，微服而过宋。是时孔子当厄，主司城贞子，为陈侯周臣。”“微服而过宋”是其中一句，要将这样的题目写好，殊为不易，而周延儒却将它写得明白晓畅，义理尽出，令人叹服。

《孟子》一书多叙事之文，作此类叙事题必须擒定主脑，其馀琐碎之事，不妨任我斟酌去取。不过，这个定主脑，酌去取的过程，颇要功力。孔子曾“畏于匡，困于蒲，厄于陈蔡”，都能“祸至不惧”，从容相对，而这次“遭宋桓司马”，却要改变服装以避人耳目逃离宋国，这是为什么呢？汉儒宋儒有种种不同看法，而周延儒却从中看出了孔子立命修身，“秉礼守义”的变通之才。文章以此为主脑，舍弃其馀情节，展开阐发，这等识力目光，超出常人之上。最妙的在中间一段，说桓子这个凶徒“摩厉

① 见《论语集注·泰伯第八》该章朱熹注，光绪刻本。

② 见《明文小题传薪》该文评语，嘉庆刻本。

③ 王夫之：《夕堂永日绪论外编》第四十九则。

以须，政盱衡一峨冠博带之孔丘而剚之刃”，孔子却已平安过宋，以此一衬，孔子的才能即更加突出。虽然运用的只是尔我相生的写作方法，却“正恐他人数日想不到也”①。

该文写得生动活泼。描述孔子改换装束时“冠去其章甫，衣变其缝掖；长人而饰齐民之貌，怀玉而行被褐之权”，及混迹于市民之中潜行的情景都运用了诗赋手法，栩栩如生，这是对八股文写作的一种突破。在其《岂不尔思》、《逾东家墙》等小题文中，也采用了诗赋手法，以渲染气氛，并运用了世俗口语以状写男女恋情，使文章生动传神而又不违题旨。周延儒这种以精巧的构思，通俗易晓的语言，将小题文写得生动活泼却又能不失题旨之真的本领，丰富了八股文的写作方法，本应在八股文史上大书一笔。但是，由于其奸佞的人品，误国祸民的罪过，使其文名大为逊色，一些八股文论者称之为软媚俗冗，可见以孔子之是非为是非，始终是八股文坛衡文的标准。其中，以王夫之对周延儒的批判最为苛严。他说：

“妖孽作而妖言兴，周延儒是已。万历后作小题文字，有谐谑失度，浮艳不雅者，然未如延儒；以一代典制文字引伸圣言者，而作《岂不尔思》、《逾东家墙》等淫秽之词，其无所忌惮如此。伏法以后，闺门狼藉不足道，乃令神州陆沉而不可挽，悲夫！”

王夫之因周之为人而对其八股文，特别是对其最为擅长，且最有特色的小题文全盘予以否定，从道义层面上说完全可以理解，但并不符合事理。明朝灭亡，亡在明代最高统治者手中，周延儒不过一个小帮凶而已。周延儒的小题文是对明代八股文较为成功的一种改进。王夫之站在封建卫道士的立场，在总结明朝灭亡的教训时，得出了明朝亡于各种新兴学说，特别是王阳明学说对儒家正统伦理学说的破坏，因而将周延儒在万历时期对八股文改革中的贡献一笔抹杀，是一种偏激之见，应予以澄清。

---

① 见《明文小题传薪》该文评语，嘉庆刻本。

第六章　万历末与天启：八股文的全面去经学化时期

在明代八股文史上，万历末年到天启文备受后世指责，大多数人认定此时的八股文芜靡已极，进入了全面的衰颓。

这种传统的看法与事实不符，是一些主张八股文要恪守遵经守注，墨守程朱理学者的攻击之论。以事求实，这一时期的八股文既有全面去经学化之状，又有异彩纷呈文学化空前普及的一面。之所以被人视为全面衰颓，是一些思想守旧者只看到文学化颠覆了经学化，而没有看到八股文所具有的与时俱变这一根本特质而产生的。

明末学者陆符曾指出，八股文“所号为时文者，将与时浮沉”[①]。在历史上，八股文“与时浮沉”表现得最为充分的，莫过于从万历末至天启这一时期。

万历末年和天启时期，皇帝荒诞，党争激烈、阉党专权、政治空前黑暗，朝廷的政治控制力进一步下降，商品经济的发展停滞，而北方边防屡屡告警。在这种环境的催化下，八股文的文学化在更为宽松的言论氛围中较前更有所发展：讲机巧，讲奇矫的风气更为普遍；坊刻墨卷、房稿铺天盖地，供一些投机取巧者揣摩抄袭。万历八股文的优长与弊端，与新生的病灶同生并长，使此时的八股文出现了纷繁复杂的局面。无论是内容还是体式都与初创时的宗旨相背离，出现极大变化。八股文的全面去经学化，

① 陆符：《时文易题辞》，《明文海》卷三百一十，中华书局影印本，1987 年。

使其文学性大增，但也使八股文丧失了输道功能。其下者成为俗调滥法，气体不振，内容芜杂，甚至阴诋程朱理学。许多人空疏不学，对题旨任意发挥，粗率浅陋。所培养选拔的人才，“一入仕途，辄多不轨不物”①，给本已危殆之极的当时政局更增添了几分变数和破坏力。

而另一方面，不少人善用机法，独抒性灵，将八股文写得或清新秀丽，或圆美婉畅，或奇矫深刻，或机趣盎然，在八股文坛别树一帜。还有部分志士，受严酷现实的刺激，唤起了天下兴亡之叹，欲用八股文作为与现实抗争的工具来唤醒世人。于是此时出现一种以拯世为旨归，切入时政，慷慨沉雄，一别于历朝的八股文，为万历末年至天启的八股文坛平添了一股生气，形成了一道亮丽的风景线。所以，以芜靡已极来评价从万历末到天启的八股文是不公正的。此时的八股文坛是衰颓与革新并存，失望与希望同在。

第一节　全面去经学化的原因

万历四十八年（1620），久已荒殆朝政的神宗皇帝弃世，留下一个危机四伏的国家。而嗣位的光宗仅一个月又身亡。熹宗朱由校于同年登基，改元天启。

从万历末年开始，明代八股文进入了一个经学化与文学化，载道与言情，格式化与自由化，模仿与创新相互抗拒，此消彼长，消长不定的复杂时期。文学化在此时得到广泛普及与认同。

这时的八股文带着隆庆、万历八股文长期探索、革新所积淀的优长与弊端，以一种眩人耳目的文学化面孔进入天启，并在当时的社会氛围中，将所有的优长与弊端发展到极致。以致八股文

---

① 凌义渠：《正文体疏》，《古今图书集成·文学典》第一百八十一卷《经义部艺文》。

出现了全面的异化，文学性超过了经学性，遵经守注让位于言情表性，阳明心学排拒着程朱理学，因而受到当时及后世许多学者的抨击，称之为“空疏庸腐，稚拙鄙陋”[1]，“纤俊软腐”，“庸靡臭腐”[2]，“天、崇之间，文体败坏已极”[3]。

八股至隆庆末已弃方为圆，至万历时因讲工巧而呈圆熟。圆之极而趋于薄，熟之极必入于腐，这是文体发展的一般规律，八股文自不能置身于规律之外。故明末艾南英在《文定序》中说：“夫文章之道，始而质，终而文，然后盛极而衰。”八股文至隆庆、万历是盛极，此时八股文坛极尽变化，欲以文学化的方法来改造八股文，挽其颓势。至万历末年，“奇变百出，殆出于恒情之外”[4]。这种变革至天启，造成另一番局面。清代著名八股文评选家王步青就说：

“文至天、崇而变已极。或以是为文之盛，或以为衰，皆非也。夫文莫衰于万之季，气靡理蒙，柔筋脆骨，赖大力（章世纯）、千子（艾南英）、正希（金声）、大士（陈际泰）诸公起而持之，而文进于古，不可云衰。”[5]

王步青认为至天启文变已极，因一批志士的振起，“文进于古”，这不能说是衰颓，这种见解是颇有见地的。但他没看到，由于万历末年到天启初年之变是在一种无序状况下进行的，故产生了不少弊端。这种弊端，经天启年代特殊的政治、文化环境的催化，使得天启的八股文出现了背反的现象：一为芜靡，一为兴盛。

---

① 艾南英：《前历试卷自序》，《明文海》卷三百十二。

② 艾南英：《序王子巩观生草》，《明文海》卷三百十二。

③ 郑浩若：《四书文源流考》，载《学海堂集》卷八，光绪启秀山房刻本。

④ 黎遂球：《李笃侯窗稿序》，《明文海》卷三百九。

⑤ 王步青：《巳山先生别集》卷二《题程墨所见集四》，乾隆吴昌三槐堂家刻本。

隆庆、万历时，由于时代的推动，以及融液经史，以古文为时文的普遍推行，引发了一股八股文的变革浪潮。这场变革的特点是突破传统，改变体式，崇尚机法，渐趋工巧。它与当时趋新逐奇之士风和士人们对八股文拘泥于传注与程式，久已陈陈相因的做法不满相合拍，出现了古文与时文融合，也即八股文文学化的趋势，很快被士人们所接受而传布全国。明代八股文与古文产生合二而一的融合趋势，改变了八股文已经僵硬了百多年的面孔，产生了明显的吸引力。如能正确引导，这场变革有可能促使八股文出现脱胎换骨的变化，成为一种新的，与时代变化同步，弊端较少的科举考试文体。

然而，万历中期之后，是一个难以产生权威的时代，不可能再出现像丘濬、吴宽、张居正这样有权威、有才识、有影响的人物来规划及主导这场八股文的变革。而万历又是一个追求个性解放和思想自由的时代，当时的社会环境也给了士人们一定的个性解放的空间和思想的自由度。士人们便各逐所好，各行其是，各逞其才，使这场变革在一种无目的、无序的状况下进行，弊端与问题的大量产生是势所必然。

试官水平的高低，敬业精神之好坏，是关系科举考试成败的一个永恒议题。然而那些并无真才实学，又不负责任的乡、会试主考官和各省提学使的无知和喜好更对这种无序发展起到了推波助澜的作用。

万历时手握衡文选士大权的乡、会试主考们大多是一些崇尚浮华、追新求异的少年新贵。万历、天启时不少学者都对他们进行过揭露和抨击。晚明的八股文大家艾南英就指出：

“制艺自震泽、毗陵高步成（化）、嘉（靖）之际，如规矩之于方圆，盖文之能事毕矣。万历之季，此风浸远，一二轻薄少年中无所得而以浮华为尚，相习成风。其文非经非史，非韩（愈）、柳（宗元）、欧（阳修）、曾（巩）诸大家之言。其人皆登馆阁台省，则自南宫之试至两畿各道，所为典试分闱者又皆其人主之，居高而呼，其应愈众。”①

更叫人头痛的是这些人的喜好又与时俱变。艾南英从万历末年到天启时曾七应乡试，他自述说：

“予七试七挫，改弦易辙，智尽能索。始则为秦汉子史之文，而闱中目之为野。改而从震泽、毗陵、成、弘正大之体，而闱中又目之为老。近则虽以《公》、《穀》、《孝经》、韩、欧、苏、曾大家之句，而房师亦不知其为何语。”②

尽管许多衡文选士者的才学是如此之差，识力是如此之浅，水平是如此之低，喜好又是如此地多变，但他们能决定士子们终生的功名富贵，故天下士人纷纷以他们的喜好为喜好，主考们“居高而呼，其应愈众”，在一省或全国范围内掀起一股股追逐某种时髦文风的大浪来。如自万历十四年丙戌（1586）科起，连续三科会试都取奇矫峭刻之文为第一，于是天下士人皆追风逐形，无不东施效颦，力为奇矫之文。到万历二十三年乙未（1595）科会试，主考官口味一变，喜技巧圆熟之文，汤宾尹以技法纯熟圆美之文取中会元。万历二十九年辛丑（1601）科许獬又以机法见长而取中会元。在科举指挥棒的指引下，士人又追求机巧为文，因无人能作正确引导，这种时尚便变为凌驾、雕琢。到万历末年，尚凌驾者，衍其法而成俗法；尚雕琢者，衍其调便成俗调。清代郑浩若在《四书文源流考》中说，明代八股文“至万历一变而为凌驾，再变而为芜秽”，指的便是这种状况。

至万历末，奇矫为文转浅陋低俗，解题只凭己意，无须根柢经史，以致空疏不学之风大盛。讲求机法则由圆美婉畅变为俗套滥调。更有甚者，为功名计，士子们专从历科会元墨卷中求法则，揣摩模仿，演变为元脉、元灯的俗法时套。千人一腔，面目

---

① 艾南英：《序王子巩观生草》，载《明文海》卷三百十二。

② 艾南英：《前历试卷自序》，载《明文海》卷三百十二。

可憎。清何焯说："壬辰（万历二十年）元卷布置原本于先儒，非若己丑（万历十七年）之有意于奇也，人自不明理耳。惟俗调则自兹始。嘉、隆前辈或流于腐烂，然特朴也，非俗也。乙未（万历二十三年）文最细润，而字句之俗者弥炽。向后五十年自场屋中以至入告之章疏，方言俚语，触目皆是，斯匿采之咎欤？"[①] 这番话将万历文追求新奇，追求文学化而演为滥调的过程揭示出来。

万历文为追求文学化而背离经学化，王阳明心学开始入时文，进而引入诸子百家及佛道的语言、思想。艾南英在《历科四书程墨选序》中说："科试文字大半剽窃王氏门人之言，阴诋程朱。近复佐以诸子百家管、商杂霸之学，故去理愈远。"[②] 这些思想、语言的引入颠覆了程朱理学独霸时文的局面，使得八股文对士人思想的控制力大为削弱，这更招致一些人的反对，称之为"芜杂"。

如万历五年丁丑（1577）科会试，杨起元以禅入制义，世人皆纷纷效仿，先以佛经入文，继而以语录、《道藏》之语入文。至万历末年，又在文学通俗化风潮的冲击下，将村言俚语、巷谈俗谚、小曲时调之语引入八股文，有的还"附会援儒入墨"[③]。这些做法，本是时趋使然，制义时文语言陈陈相因，使人厌倦，引入新的语言是必然趋势。但也因无人正确引导，士子各逞己意，其卑者只会摹仿抄袭，"于是制艺中大都以里巷之语代圣贤之言，遂至于庸靡臭腐而不可读"[④]。

总之，受时代风尚的影响，再加上手持衡文选士大权的主考

---

① 何焯：《义门先生集》卷十，《两浙训士条约》，道光刻本。

② 艾南英：《天佣子全集》卷一，康熙刻本。

③ 艾南英：《文待序下》，《古今图书集成·文学典》第一百八十一卷《经义部艺文》。

④ 艾南英：《序王子巩观生草》，载《明文海》卷三百十一。

们的误导，至万历末年，八股文的变革已向多途发展，产生纷繁局面。其中大多之文文体靡丽，习尚浮华，佛经语录尽入于文，其文体的载道功能正在逐步丧失。艾南英目睹此情，曾发出“举业至万历之季，卑陋极矣”[①] 的悲叹。但另有一批人不染时趋，其文卓然杰出，为后世奉为样板。他们在当时起到转移风气的作用，如金声、章世纯、凌义渠等。

八股文就是带着由无序变革而产生的，在当时不能自我诊断和疗救的浑身病灶，以一种“烂熟”的病弱之态从万历进入天启的。天启初的八股文即万历末年的八股文。此后，黑暗的社会环境，又给这些病灶以催化的作用，使其恶性发作。故天启时的八股文更形衰颓。其主要表现在内容的益发空疏无用和对八股体式的肢解上。八股文的经学性已破坏殆尽，但这又激发了一批士人的去弊之心。

第二节　“空疏庸腐，稚拙鄙陋”与文切时事，慷慨悲歌并峙的天启八股文

在有明二百七十馀年的历史上，天启是一个政治空前黑暗的时期。天启八股文的衰颓，除全盘承袭了万历末年的弊端外，还与当时的政治、经济、士风、士习的衰败有莫大的关系。

天启时，明代和社会的固有矛盾已充分暴露。明代中叶以来的几位皇帝如明武宗朱厚照、明世宗朱厚熜、明神宗朱翊钧都是一些毫无社会责任感、荒诞已极的人。因他们的昏庸、贪婪、懒惰、变态所种下的恶果至天启时得到集中展现，社会各种矛盾已十分尖锐。熹宗又是个什么样的皇帝呢？明清史专家孟森曾说：“熹宗为至愚至昧之童蒙。”他是明朝诸帝中最无能的一个，很快

① 艾南英：《戊辰房书删定序》，载《明文海》卷三百十一。

就被充满政治野心的大太监魏忠贤所控制。魏氏操纵自如地把持朝政，结成了以他为核心的所谓“阉党”，“威福日甚，鹰犬日众，四方孔道，民间无敢偶语者。驿使停骖，即卧榻间无敢提一‘魏’字者。身在京华，童仆往来，无敢带一家书者。去国诸臣，典衣觅骑，萧条狼狈，全无士气。而一经削夺，门无敢谒，郊无敢饯者，虽师生戚友之谊亦荡然扫绝。重足而立，道路以目。凡衣冠士庶相见之间，皆缄嘿不敢吐半言，即寒温套语、问讯起居并忘之矣，唯长揖拱手而已……三四年来，普天率土，凡智慧者化为愚蒙，辩捷者装成喑哑。旷古及今，中宫之威劫海内者，未有若此大神通也。时惟有骨鲠之臣交章论劾者，是大狱起而罗钳吉网之横行也”①。

如此黑暗的政治，如此严酷的社会现实，对全盘承继了万历末年衰状的天启八股文造成了更为严重的冲击，使其全面去经学化，更趋文学化。

在严酷的现实面前，那些受王阳明良知学说和李贽思想影响下产生的怀疑主义思潮在士人们中更为流行。他们面对这种朝纲崩溃、伦常丧失的情景，更加怀疑孔孟之道、程朱理学是否真的能治国平天下，其伦理道德是否足以维系朝纲。吕留良在清初时说：“隆万以后，遂以攻皆朱注为事。”② 就是对当时现实的概括。这使得在万历时就已在怀疑主义的冲击下出现了裂缝的一统意识形态出现瓦解之势。

还有不少的士人看到，阉党所残酷迫害的，都是那些试图恢复儒家思想的权威，希望重整朝纲的儒家正统思想的捍卫者，如邹元标、文震孟、赵南星、黄尊素、杨涟、魏大中、高攀龙、左光斗、袁化中、周朝瑞、顾大章等。对那些在八股文中规切时事

---

① 朱长祚：《玉镜新谭》卷一《纳奸》，嘉庆刻本。

② 吕留良：《吕晚村先生论文汇钞》，康熙五十三年刻本。

者，魏忠贤也不放过。据赵维寰《雪庐焚馀稿》中说：天启“甲子科各乡试录，语多触忌，魏珰一切绳之。如陈子壮、方逢年、顾锡畴、章允儒辈几二十人，前后俱削夺”。传统党争转为阉党专权，士人处境严峻，国运的危殆已造成一种末世心态，再目睹这种令人不寒而栗的迫害，使他们对儒家正统学说采取了疏离的态度。他们束书不观，不仅“本经业多卤莽，他经尤不寓目。朝夕诵读，惟是坊肆滥刻”①。乡、会试的主考官们纷纷迎合阉党，据赵维寰说：“自是丁卯诸典试者，其出题属辞皆极意献媚，其不为触忌亦不为献媚者，独江西、福建二三录耳。”顾炎武在《日知录》中说：“天启七年（1627），顺天乡试《书经》题《我二人共贞》以周公比魏忠贤。”② 王夫之也在《夕堂永日绪论外编》中说，天启时“俗劣有司”将经文中“逆恶顽夫语覆载不容，而为之引伸，心先丧矣”。而一些“无行止措大因习为之，备极凶悖。如《孰谓鄹人之子知礼乎》、《谟盖都君咸我绩》之类题，令人不忍把笔，有司却以之试士”，士人大加引申，程朱传注成为弃物。

天启时士人们的这种思想状况反映到八股文中，便是普遍地不遵经文和传注，远离现实，放言空谈，以免贾祸。

不遵经文与传注的做法，在万历末年已是常事，但尚未如天启年间之普遍。天启时士子们大肆采用诸子百家之思想，各抒己见，文学性大为增强，却纷见百出，或于题无所发明，为浅为薄而已；或循题敷衍，为直为率而已。更有甚者，则漫衍浮夸，于题有字而无理，浮华不根，疏浅无味；明弃师说，踏空求奇。更为严重的是有些人悖违祖训，侮弃前修，“背戾以浸淫于异端”③，大有离经叛道，以文向权势者献媚之嫌。

---

① 凌义渠：《正文体疏》，《古今图书集成·选举典》第七十六卷。
② 顾炎武：《日知录集释》卷十六《题切时事》，岳麓书社，1994年。
③ 王夫之：《夕堂永日绪论外编》第二十六则。

天启进士凌义渠在其《正文体疏》中指出："我国家虽分经取士，然未尝不贵其博雅淹通也。盖天地间，各理毕具，六经不惟大事业出其中，节义文章亦莫能外……传注为六经羽翼，当年大儒若二程、朱子、蔡元定、胡安国、陈淳辈，皆精心理解，提要钩玄，开前圣之窾奥，惠后学以梯航。"遵经依注是八股文的灵魂所在，明代统治者用八股文来控制士人的思想，靠的就是八股文必须遵经依注这种做法。天启时士人作八股文普遍地背弃经注，就等于是阉割了八股文的灵魂，即便是谨守八股格式，八股文也只是一具空躯壳了。它带来的直接后果是造成了思想领域的混乱。封建专制国家，一旦思想失去了控制，不能造成思想舆论一律，则必然陷入深刻的政治危机。那些外表华丽，内容空疏甚至是必悖程朱，由文学性占据话语权的八股文，被一批力图救国济世的正统士大夫视为衰颓的主要表现。方苞说，在康熙时，"仆少所交，多楚、越遗民，重文藻，喜事功，视宋儒为腐烂"①。明代遗民至清代初期犹"视宋儒为腐烂"，可见明末对程朱理学厌弃程度之深。

天启八股文的全面去经学化，还表现在八股格式的全面突破，甚至废弃上。

万历年间，士人不依八股体式作文已较为普遍，明末学者徐世溥就曾指出："万历季年，学者方厌苦拘牵法脉陋习。"② 但未像天启时那样废弃八股格式已成为士人的一种集体行为，八股格式只是成为一个名词、一种符号而已。顾炎武曾说："嘉靖以后，文体日变，而问之儒生，皆不知八股之何谓矣。《孟子》曰：'大匠诲人必以规矩。'今之为时文者，岂必裂规偭矩矣乎？"③ 天启

① 方苞：《方苞集》卷六《再与刘拙修书》，上海古籍出版社，1983年。

② 徐世溥：《蔚江社序》，载《明文海》卷三百十三。

③ 顾炎武：《日知录集释》卷十六《试文格式》，岳麓书社，1994年。

就是这种儒生“皆不知八股之何谓”，且为时文者“必裂规偭矩”的时代。

天启时士人们普遍厌弃程朱理学，对题旨的理解各抒己见，不遵经文、传注，自然就用不着再受八股格式的拘牵，大量使用前后两截和散体的结构，与能灵活表达思想的古文无异。八股文的文学性无疑大增，格式至此却破坏无遗。

体置八股本是对阐发题旨的一种统一和规范，不依体式则对经文题旨的阐释必然不会全面深入，经学性就会弱化，就达不到向士人灌输儒家思想的政治目的，也不能有效地对士人进行思维的规范化训练，八股文的功能就会丧失甚至异化。失去了排偶句式、八股格式，八股文便又成为经义文了。所以说天启时八股文已出现全面衰颓，这绝非偏激之论。

对于天启时八股文的总体状况，天启初当过礼部尚书、东阁大学士的朱国祚在其《正文体议》中作过具体的描述：

“乃至于今，则又有深可叹者：艳词逞辨，穷极瑰丽，以骇里耳，为夸而已矣；旁引不经，过为诡诞，使人不可究解，为怪而已矣；雕镂刻画，棘喉滞物，以呈其工，为巧而已矣；掇拾陈言，以自粉饰，而无当于理要，为冗而已矣。数者之敝，相寻不已，而文体遂至于决裂。议者谓文之日趋于败，犹江河之趋海不复返。”①

清初吕留良曾揭示自万历中期至天启年间的八股文说：“至于壬辰（万历二十年），格用断制，调用挑翻，凌驾攻劫，意见庞逞，矩矱先去矣。再变而乙未（万历二十三年），则杜撰恶俗之调，影响之理，剔弄之法，曰圆熟，曰机锋，皆自古文章之所无。村竖学究喜其浅陋，不必读书稽古，遂传为时文正宗。自此

① 朱国祚：《正文体议》，《古今图书集成·文学典》第一百八十一卷《经义部艺文》。

至天启壬戌（二年），咸以此得元魁，辗转烂恶，势无复之。于是甲乙之间，继以伪子伪经，鬼怪百出，令人作恶。”①

天启八股文的去经学化状况，与其时社会的政治、经济状况是密切关联的。清初俞长城曾一语中的地指出：

“有明之季，文体芜秽，晦冥蒙翳，与运相符。”②

不过，天启年间仍有一批文人的八股文在坚持传统，还有了新的发展。虽然其内容与体式不可避免地会受到时代的影响，与成化、弘治时的标准体式有所变化，但大体上与嘉靖、隆庆时的八股文相似。尤为可贵的是他们面对严酷的现实政治与衰颓的八股文风，欲“出而扫除之，穷思毕精，务为奇特，包罗载籍，雕镂物情，凡胸中所蕴而欲宣者，皆借题发挥。故其名家之杰特者，融经传而抒性灵，雄奇奥衍，郁勃淋漓，可兴可观，光气不得泯灭”③。映照现实，慷慨悲歌是其风格。其文大多骨重神寒，宏深涵括，时文中称为巨观。这些人以文震孟、章世纯、金声、何楷、左懋第、叶绍袁、凌义渠、熊开元、罗万藻、谭元春、沈几、黎元宽等为代表。清代王步青说：“天、崇诸家意在起衰，虽场屋之文，率深想重气，郁勃淋漓。”④ 这是正确评价。

他们的八股文最明显的特点是遵经文依传注。如何楷《四勿斋随笔》中说：“吾乡何元子楷有《古周易订诂》，人皆知其经学之深，而不知其制义之工亦一时劲手，中天启五年进士。钱吉士曰：子丑间文艳绝一时，今陨已久矣，惟元子之苍坚，至今未雕也，可想见其概矣。”

左懋第的八股文往往能补《四书集注》之不足。如他在一篇

---

① 吕留良：《吕晚村先生论文汇钞》，康熙五十三年刻本。

② 引自《制义丛话》卷之八，咸丰九年广州重刻本。

③ 杨懋建：《学海堂初集》卷八《四书文源流考》，光绪启秀山房刊。

④ 王步青：《巳山先生别集》卷二《题程墨所见集四》，乾隆吴昌三槐堂家刻本。

八股文中云："言也者，所以匡救人也。人之流于失者，或有万端；而我之匡救之者，止持一法，则其势必穷。于是法语之言不得不巽以与言之；而言者之心，亦大非获已矣。"朱熹的集注以法语、巽言作对，故正文与字之精神显示不出来，只有左懋第此文还出正文与字，于理始足，胜过朱熹传注。

凌义渠的八股文不沾时风，卓然杰出，最能发掘题旨的微言大义，又情辞悱恻，述及时事，多能打动人心。在天启文中，是承继了万历美文之传统并加以光大者。

天启时坚持传统的文士八股文的另一个特点是悲悯时局，有所感而发，故往往慷慨激昂。章世纯、金声、艾南英、沈几、凌义渠等人之文莫不如此。

如沈几有《布缕之征》一章题文，针对天启时百姓之赋征日重而大发议论，其中一段云：

"夫民也，财力皆愿自效，拮据亦所不辞。尽而征之，讵敢言怨？所最苦矣，既已殍、既已离矣。有司课民而不应，罪乃在民；司农课吏而不应，罪又在吏。朝廷以为此故额也，官府亦曰此故额也。指饥寒为不谋朝夕之愚夫，坐流亡为不事生业之游手，孰悉其故而痛其伤者哉！由是观之，缓不缓之际亦危矣。"

此文活生生勾画出一幅官府敲骨吸髓地征收赋税，逼得百姓流离失所，饿死沟壑的惨痛图景。表面上是言古，实际上句句都是写今。当时的贪官污吏借功令二字，行其贪暴，一草一木皆足以殃民，尺帛寸丝都能破产，虽深山穷谷，都难免征徭。沈几洞悉古今之通弊而放言，沉郁悲凉，借题以发摅忧国忧民之情，这就不是那种空疏无用之文可比。这些坚持传统的士人在明朝灭亡后，大都表现出视死如归的高尚气节，可说是真正恪守儒家思想的人。

黎元宽文章清醇雅正，任浙江提学道时，他每试必召考生当面披阅评点，指示作法，待如家人。当时"文体靡秽，佛经语录尽入于文，先生以《史》、《汉》大家倡之，进于六经，然后浙人翩然群思学古”①，文风顿变。

第三节　以善于融会旨趣、发挥理奥而雄踞于天启八股文坛的章世纯

在普遍不遵经依注的天启八股文坛，章世纯是精究理学、沉酣子史，以擅长融会题旨，发挥妙义而著称的特立独行者。

章世纯，字大力，江西临川人。自幼聪颖，博闻强记，精通经史。

他从小即开始八股文的写作训练，以文名远近，却到天启元年辛酉（1621）科才考中举人，时年已近五十。后因屡赴会试不售，便以举人出仕。崇祯年间，累官至柳州知府，已经是七十高龄的老翁了。

章世纯是晚明的八股文高手，与金声、陈际泰、罗万藻齐名，被称为“制义四大家”。后又与同郡艾南英、罗万藻、陈际泰以振兴八股文为己任，被世人尊称为“章、罗、陈、艾”时文四大家。

章世纯欲使八股文起衰去弊之首务，便是使八股文回归到遵经依注的传统道路上去。由于章世纯自小即研经味道，精心理解，博雅淹通，又以振兴八股文为己任，故最善作理题。其文能遵经依注，理足气充，足以发挥妙义，开先圣之窍奥，惠后学以梯航。

他的八股文都能切题阐发。八股制义必先有题然后有文。从万历末年至天启，士人于题全不体认，漫衍浮夸，掩卷读之，不知所云。作八股文若不瞄的放矢，依题阐发，只求灵巧，虽文章工整，也不能称好。没有学问根柢而去追求华丽的文采，即便能

---

① 梁章钜：《制义丛话》卷之七，咸丰九年广州重刻本。

眩人耳目，也是左道旁门。章世纯为了正文风，他自己就特别注意体味题旨，切题阐发，故其文认题最为真切。如“譬之宫墙”一句经文中的宫是宫，墙是墙，不是一码事。子贡的话只侧卸到墙字，其“宗庙之美，百官之富”与“室家之好”，都在宫里分别，与墙无关。只是因为宫的等级不同，所以墙才有高卑之异。而后来的人却没有体味到这一点，将宫、墙混合，一如墙之尺寸，即关系到圣贤的分量，这么做就是谬误。只有章世纯因能深味题旨，认题真切，能分辨出宫、墙之别，他在《譬之宫墙》题文中说：

“人畜美以自实，而有馀不足之数相与差也，此宫之说也；亦标形以接物，而可测不可测之间亦相与差也，此墙之说也。求之于宫，而赐与夫子有馀不足之实，可相方而得之；求之于墙，而赐与夫子可测不可测之情，亦可相方而得之。”

像章世纯认题如此真切是未曾有的，故足以羽翼经传，为程文法式。

正因为章世纯能精研经注，认题真切，故其八股制义能阐发出深刻的道理，发前人所未能发，言前人所未能言。作《君娶于吴为同姓　二句》题极难下笔。若非参透天人之秘蕴，且具有制作之精心者，不可能道其只字。而章世纯作此题文却如驰骋无缰之马，文词奔放而出，又能从阴阳、性理的根源上，讲出同性不能通婚之理，句句切中题字，阐发出其包蕴的深刻道理。

此文于题前衍出前半截题文，议论翻空出奇，申述周公制礼以前同姓不得通婚之禁，补充阐发出一番大道理，以免那些越礼者能从那里找到借口。作者学识之广博，认题之真切，阐释道理之深刻，都是自有此题制义以来所未曾见过的。

文之后半截从正面则阐释题面之旨，论述“君娶于吴为同姓”之不合于礼制。作者才华如万斛涌泉，不择地而出，搜索上下千古，以各种史实来阐释道理，所以理足气充，深刻全面。他又能出入题中以穷究其情，故理更贴切。陈际泰评曰：“上下千古，以尽其理，出入题中，以究其情。”① 真是切中此文真谛。

章世纯性格豪宕而锲刻，其文也幽深雄奇，文笔犀利峭刻，很具特色。其瘦硬通神之力，英伟绝世之气，虽尚不能与金声相比肩，而其他八股文坛中人，却难望其项背。其《天下有道　四节》题文，即是其一篇代表性名作。

天下有道，小德役大德，小贤役大贤。天下无道，小役大，弱役强。斯二者天也。顺天者存，逆天者亡

欲王者致其德，而天可得而用矣！

夫德则得天，文王是已，欲为政天下，舍此能得志乎？

且知天之说者，则王事可成。天之道主于扶德而已，随其世之有道无道，展转属之，未有易也已。是故有时而行正道，有时而行权道。行正道则专属于贤德，行权道则若附于强大。

夫天亦岂畏强大者哉？其能为强大者，必其少能自立者也。不然，亦其先世少有功德者也。世无大德大贤，则小德小贤亦能成其强大。天意亦徘徊之，而其人亦遂能制小弱存亡之命。

齐之景公，吴之阖闾是已。景公自能显而力行于泗上诸侯。阖闾能用其民，胜于景公，而力并能行之，此皆贤德之侣而中稍有胜劣焉，则天意亦稍有低昂焉。此亦所谓展转属之者矣。

然则大国遂可师乎？非也。天之属意大国，特其权也。小国而仅师大国，则又为大国之细，其德未有以相胜而力必不可以相敌。

当今时，欲遂为政天下者，莫若审于天道之正而因而用

---

① 见《制义丛话》卷之六，咸丰九年广州重刻本。

之，而自处于大德大贤以邀夫天道之所必归，夫然后藉于德以令于天，藉于天以令于天下。文王之事可继，成周之业可再。随其强弱大小而或迟或速，皆可为政于诸侯也。

此其事若逆天，逆天之数易其向也。而其理则顺天，顺天之道投其好也。一夫有大德，而天下既已成其为有道之天下。有大德而得天，而天亦成其为治命之天，而人亦无所归责焉，则岂非天所欲得者哉！

这篇文章的题目出自《孟子·离娄》。朱熹在《四书集注》中对这四节经文的注释为：

“有道之世，人皆修德，而位必称其德之大小。天下无道，人不修德，则但以力相役而已。天者，理势之当然也。”

章世纯在这篇文章中，依据传注，又根据自己的心得体会，对传注作了新的发挥。他扼定德字四节，看作一片，正侧向背，无不如意。在后世功利者眼中，只有小役大，弱役强，信那有道之天不过。在作者看来，天岂肯去做无道者？是人自无道。人若有道，则天自转无道为有道。全文扼定此旨而阐释，故理深而气雄，可使功利者和腐儒们胸胆、眼孔皆为之一开。可知文章到理透时，真能推排豪杰，展拓万古。

此文打破八股格式，搦定主旨，一本古文，夹叙夹议，笔阵纵横出没，于一意旋折中却有如冰车铁马并驾齐驱。其机阵之灵变，骨力之苍雄，又使文章更加添几分奇丽。

清代著名八股文选评家吴兰陔评此文说：

“瘦硬通神之力，英伟绝世之气，渠意中尚不欲把臂正希（金声），馀子琐琐，亦无能为役矣。窃谓时文中原有真古文，可以编入《唐文粹》、《宋文鉴》而不愧者，有此等鸿篇，使人不敢目时文为小道。”①

① 见《天崇百篇》该文评语，道光二十五年刻本。

吴兰陔把这篇时文看成是一篇绝好的古文，是没有看走眼的。章世纯的八股时文已与古文有合二为一的趋势，从此文就可以看出，这也是其时文的一个显著特点。章世纯的八股时文得力于先秦诸子，兼仿柳宗元。其雄快不及陈际泰，而论隽杰、廉悍，陈际泰却不如章世纯。俞长城说："大力文幽深沉鸷，一溪一壑皆藏蛟龙，不崇朝而云雨及天下，故沈何山、韩求仲、张受先皆重之。"①《复社纪略》中说："章（世纯）、罗（万藻）皆法晋魏，而大力用意胜，时失之俚；文止（罗万藻）擒词胜，或流于靡。"复社人士陆世仪此言是确论。

章世纯不仅在为文上尊重传统，表现出他是一个儒家正统思想的遵循者，在日常生活及为人处世上，他也处处以儒家伦理观念作为规范。当李自成攻陷北京城的消息传至他耳中，他悲愤不已，不久便忧愤去世即是明证。

第四节　被后世称为"文章最高，忠义最烈"的天启八股文大师金声

在晚明八股文坛上，金声是文章与品格均冠绝一世的高手，受到当时及后世的推崇。

金声，字正希，安徽休宁人。"好学，工举子业，名倾一时。"②

金声善诗文，天启甲子（1624）曾与谭元春在北京同堂共读，切磋诗词及时文。

他于崇祯元年戊辰（1628）科中进士，授庶吉士。此时正为明王朝内外交困之际。第二年十一月，清兵即大举入关，进逼北京。在此紧急危亡之秋，"声慷慨乞面陈急务，帝即召对平台。

---

① 引自《制义丛话》卷之六，咸丰九年广州重刻本。

② 《明史》卷二百七十《金声传》，中华书局，1974年。

退具疏言：‘臣书生，素矢忠义，遭遇圣明，日夜为陛下忧念天下事。今兵逼畿，不得不急为君父用’。”① 疏文献计献策，表现出高度的忠义之情。后屡上疏言国事，慷慨论列，但都不见用，“遂屡疏乞归”。至崇祯十七年甲申（1644）时“廷臣交荐，即命召用，促入都陛见，未赴而京师陷”②。金声面对国破帝亡的惨痛局面，脑中的儒家理念促使他一改退隐不出的做法，而踏上了抗清的不归路。

福王在南京称帝，超擢金声为左佥都御史，他坚辞不就。南京被清兵攻陷，“列郡望风迎降”，金声却集士民，率义兵拒守安徽各地城池。唐王授他为右都御史兼兵部侍郎，“总督诸道军”③。他率义兵分守关隘，抗拒清军，各地纷纷响应，收复了江西、安徽大片失地。后因人叛变，在绩溪兵败被俘，被押送至南京。降臣洪承畴亲自劝降，被他严词拒绝并对洪承畴多方嘲讽。清兵只得将他处死。临刑时，他对追随他抗清而一起被俘的学生江天一说：“子有老母，不可死。”江天一回答说：“天一同公起兵，可不同公殉义乎！”两人便慷慨赴刑场就义。师生二人的民族大义，如古之志士仁人，脱然于生死之间，非不知事之不可成。事不成而姑以尽其心，事终不成而又不惜身之精神，备受后世景仰。

金声为明末的八股文高手，与陈际泰、章世纯、罗万藻一起被称为“时文四大家”，许多人甚至认为他的水平应高于其他三人。清初俞长城曾评论说：

“怀宗初服，国是渐非，文亦不振。金正希崛起为雄，力追古初，为文幽深矫拔，骨力风神，为启、祯之冠。其识见议论，在希文、君实之间，其气体坚凝，则又绍成、弘处者也。”④

---

① 《明史》卷二百七十《金声传》，中华书局，1974 年。

② 《明史》卷二百七十《金声传》，中华书局，1974 年。

③ 《明史》卷二百七十《金声传》，中华书局，1974 年。

④ 引自《制义丛话》卷之六，咸丰九年广州重刻本。

八股文最重义理，又讲究以气运之。文章既要做到大含元气，又要细入无间，二者能兼者，八股文史上实为寥寥，而金声之文却能做到，故被人称为“有明二百馀年，集文字之大成者”①。凌仲远在《探微集》中评金声云：“以小心行浩气，以精理铸奇思，出入班、马、韩、柳之间，驰骤隆、万、天、崇之际，独来独往，能醇能肆，正希之文难乎为继矣。盖先生学问气节，炳耀千古，故其发为文章，皆粹然儒者之言。”② 其时文学归有光，而又有所变化发展。两人在义理的阐析上都深刻精辟，但归氏文出以浑浩，金氏之文出以沉郁，因金氏处于一个严酷的时代。

金声以一个满腔忠义之士为时文，又以振兴制义为己任，故其文皆力矫当时空疏无用之风气，无不贴近时事，有感而发，气势充沛，慷慨激昂，言之有物，且尤善肖题，合符儒家理念。其题出自《论语》的《德行：颜渊　一节》题文，即是其中的代表作。

这是一篇在明清八股文坛流传不已、脍炙人口的名作。

该题若平平地顺说，则无法使其怵惕世人心目。作者作文以思理玄微见长，也即构思奇特，对题意的理解独到精深。在该文的中二比里，将题下二节之政事、文学科目拈来阐述，妙在反复痛快。虽然文中以四科名目作铺陈，固属无味，然其指事类情，悲时悯俗，实可感发人心，扶植世教。且作者将“德行、言语、政事、文学”四个科目八个实字忽翻得嵌空玲珑，尤能使无情处都有情，足以见作者手法之高。

全文以悲凉雄奇之气贯串，呜咽淋漓，令人作惊雷怒涛之思，不作凄风苦雨之想，是作者为文的一贯性。八股文至万历末

---

① 孙起山：《明文选晚集序》，光绪刻本。

② 凌仲远：《探微集·金正希总评》，乾隆刻本。

年以后，特别是到天启年间，真气索然。金声、陈际泰等数家聚经史之精英，穷事物之情变而灌注于八股制义之中，所阐发的题义皆为其心得。言必己出，不袭陈词滥调，气必悲壮雄奇，或沉郁苍凉，为天启、崇祯之际沉靡的八股文注入了生气，起到去弊起衰之作用。故此文立意虽粗，然生气郁勃，可以涤俗士之鄙情，开初学之思路。吴兰陔说此文“滴泪迸血，制义中不可无一，不能有二”①，的确是中肯之言。

吕留良说：“崇祯初一变为古文之学，多以驰骋浩衍，雄深苍劲为胜。惟金正希于简严、淡静中自出奇诡，令人一望不易入，久而心为之移，又迷离而不能出，此先生之超越一时者也。”② 这是对金声文的高度评价，其时文特点也可由此得见。

金声以其广博的学识及不羁之才气，在天启这样的社会环境之中，往往借题以摅胸中之郁积，其文便会冲出题目之外去发议论，激昂豪宕之气时见于行墨之中，寄托作者忧国忧民，感时伤世之情怀，这便成为金声八股文的一大特色。其《言不顺　二句》题文便是这方面的代表作。

言不顺，则事不成

事不可以逆成，正名之义切矣。

夫言以行事，不得于言而求诸事，不亦左乎？

若曰：子迂吾说，将谓拘于理，而不达于事也，而不知吾说，诚计事之深者也。以为吾欲为政，则必以兴事为期，有如为之而无成，此其君无乐乎有国，而其相亦无贵乎当国；且吾业为政，则无自操事之体，亦惟是申命以行之，岂徒惟其言而莫予面违，亦必服其言而莫予心非。今者名不

---

① 见《天崇百篇》该文评语，道光二十五年刻本。

② 吕留良：《吕晚村先生论文汇钞》，康熙五十三年刻本。

正，而言已不顺矣。

顺逆之故，初不必验于言后。

而成败之机，吾早已见于事前。

将有事于国中，则明诏大号，百姓于是乎望德音焉。君臣上下，义有所错，要必始于父子。而今大义先蔑如矣，则而象之，其又何殊乎？虽令之不听，虽呼之不应，吾见废焉而反耳。

将有事于境外，则尺简寸牍四方，于是乎观辞命焉。朝聘会盟，继好息民，则又必称我先君。而今紊然于所自承矣，文而告之，其又何称乎？或诘我而无辞，既欲盖而弥彰，吾见其动辄得咎耳。

盖勋业之在天壤，未有可独立而就，天与人归，即帝王尚烦其拟议。故谟必讦而后定命，犹必远而后辰告，岂其抗衡中外，而可以遂其侥幸之图？

天理之在人心，不可以一日而欺，理短辞窘，虽英雄无所用其智力。彼作誓而尚有叛，作诰而尚有疑，况乎绝裂典则，而漫以行其娇诬之意？

由斯以观，不顺于言，而求成于事，必不得之数矣。而其弊皆自名始，子谓为政而不期成事则可，不然安得迂吾言乎？

这篇文章，满纸沉郁悲壮之气，寄托了作者悲时伤世的无限情感。

八股文本是用来阐发圣贤之微言大义的，但到了天启年间，一来受时文与古文相融合趋势的影响，二来在阉党横行，“威福日甚，鹰犬日众，四方孔道，民无敢偶语”的环境中，正直的士人只有借八股文来道世事，抒胸中之奇。故他们的八股文常充满了郁勃古气，多凌古铄今之作，而八股文的文体及功令往往被突破。这篇时文便是这样。

作为尊奉儒家思想的志士，金声在八股文写作中当然会遵循题中的义理，并以孔子的口气代圣贤立言，这从本文的破题、起讲中便可以看出。但作者要以此文来发摅胸臆，表达自己对时局的深切忧虑。在中二比中，作者说“将有事于国中，则明诏大号……而今大义先蔑如矣，则而象之，其又何诛乎？虽令之不听，虽呼之不应，吾见废焉而反耳”，这些议论，不正写出阉党专政时的政治状况吗？至于后二比中的“天理之在人心，不可以一日而欺，理短词窘，虽英雄无所用其智力”等话，则更是作者在进行情感的宣泄，其沉郁的心情都表现无遗。

然而，作者既要将原先专用以载孔孟之道的八股文作为表达感时伤世情感的工具，就必然会冲破八股文束缚过严的种种功令。如本文即冲破“言不顺，则事不成”这个文题内容的限制，而将其阐释范围扩展到题文之上下文，这样做是违反八股文写作规定的，有侵上犯下之嫌，但由于全文法密意精，只是从题目内破空而出，故足以弹压一切。

金声精研《史记》，尽得《史记》写作之精髓。其他经史典籍无不融会贯通，故“及其为文，则人呼之而不应，以其深心出以厚力，其不朽也，虽万古可也。其文凡言心性，言忠孝节义，生民疾苦，衰俗颓薄，有心者读之，必自惭，且惧、且感、且奋。盖性体清明，语皆心得，故诚能动物也。且前辈文之属对，取其词意相称，特具开合深浅流水法而已。惟正希属对参差离奇，或前屈后直，或此俯彼伸，每于人转折不能达处，钩出精意。不独义理完足，即一二虚字不同处亦具有深趣不可更移。此等境界，实前人所未辟也”①。这番话是对金声文的全面评价。

金声之文，讲究写作方法与技巧。但他修养很高，能做到篇法之妙，不见股法；股法之妙，不见句法；句法之妙，不见字

① 杨懋廷：《学海堂初集》卷八《四书文源流考》，光绪启秀山房刻本。

法，用法而不见痕迹，浑脱浏离，神光离合，达到很高的境界。其《天下之民举安》题文即是其代表作。

这篇时文的题目，出自《孟子》，原是孟子回答一个叫尹士的齐人批评他去见齐王，而又离开齐王的原因时说过的一句话。这句话及其上下文为：

“夫出昼而王不予追也，予然后浩然有归志。予虽然，岂舍王哉？王由足用为善。王如用予，则岂徒齐民安，天下之民举安。王庶几改之，予日望之。”

金声作此文题，不从安天下去铺排，若那样做，便是买椟还珠，去之千里。他精研经文，且有感天启时有才有德之士不得重用的现实，将全文的主脑放在论述孟子与齐王的关系上，把安天下与齐王是否用孟子联系起来。在金声看来，安天下之术，不出安齐，安齐之功，须得王用，齐王用之与否，又在天命。文章逐步缩归实地，不作一句敷张而作者感时伤世之心意即呈露无遗。

这篇文章在代圣贤立言这方面做得很好，通篇用孟子的口气，极切合孟子的性格与心理。但作者并未按八股文必须谨守题字行文的规定行事，而是将题之上下文都融合在文章之中。题中的一个“举”字，是从上文的“由足用”生根，从“如用予”发源，从“则岂徒”领脉，紧紧回抱，直注下“予日望之”，这样，“举”字的真精神便出来了。具体而言，正文的前二股发挥“安天下”，层层回抱上文，使“举”字精神显突。正文的后二股即上承“如用予”，下注“日望之”，作者感伤时事的一片热肠，都在此一句中滚滚流出。故王巳山在评论此文时，说它“面实神虚，气愈王而情愈怆”①。金声极善于扼定本题字面，透发上下文之神理，这种做法完全是吸取了古文写作的精髓，而形成了金声时文与古文相融合的特色。

---

① 见《明文钞》（五编）该文评语，乾隆五十五年刻本。

该文还显示出金声时文的另一个特点：用法而不见痕迹。此文沉郁悲怆，以情致取胜，以至于法截而脉通，又绝不见勾勒贯注之痕迹。后二段“王”与“予”互说，尚是绕上之常法，至补出“天”字一层，为下文“望”字张本，就不是寻常手段了。故吴兰陔称其为“沧海横流，鸿文无范，卓乎大观”。还有评家称其为“淋漓感慨，古气郁勃，真凌古铄今之文”。这都是对金声写作技巧的高度赞赏。

从万历末年到天启间，学机法者多流为俗套，学奇矫又化为凌驾，而金声之文则集奇巧、新颖、奇峭为一炉，为其切入现实，议论时政服务。

晚明八股文大师艾南英是金声的知音，曾对金声的制义时文作过一番综合评述，指出其文的特点在于“洁”。他认为无论是古文、时文，“文必洁而后浮气敛，昏气除，情理以之生焉。其驰骤迭宕，呜咽悲慨，倏忽变化，皆洁而后致者也”①。“天下方习尚浮腐饾饤经语、子语，以日趋于腐败，而正希傲然不屑也……正希之文，浮气敛而昏气除，惟其洁而已矣。”② 金声的“学问深浅，虽与年俱进，然大约以朴为高，以深为老，则未尝有今昔之异也”。

艾南英与金声是志同道合的好友，他对金声时文的评价是知人知文之言。他告诉我们，金声的时文是沿袭了嘉靖时以古文为时文的做法，并与古文有了很大程度的融合，有很强的文学性。他的时文不沾染万历末年和天启时的弊端，文词洁净，不尚浮华，无浮夸及昏庸之气，以朴质为高，以说理深刻为老辣，生气郁勃，可以洗涤俗士之鄙情，给人以昂扬的力量。故其文以幽深苍凉而独立于天启、崇祯，备受后人的钦敬。但其文“诵读之，

① 艾南英：《金正希稿序》，载《明文海》卷三百十二。

② 艾南英：《金正希稿序》，载《明文海》卷三百十二。

但见其独往独来，吐弃一切，非卑论侪俗者之所能晓”①。戴名世此语，又写出金声时文的寂寞与孤高。

第五节　因投降李自成而受到唾骂的八股文名家项煜

在明代八股文史上，项煜是少有的一位文品高却人品低的八股文名家。

项煜，字仲昭，号水心，苏州府吴县人。天启四年甲子（1624）科中举人，次年即连捷中进士，由庶吉士累官少詹事兼翰林侍读。从天启末到崇祯时，他都是复社中的核心人物。曾参与张溥、钱谦益等人在苏州虎丘石佛寺的密谋，欲扶周延儒入阁。他与黄道周是好友，黄道周在其《邑侯汪彦辅制义后序》中说：“项水心太史与仆最莫逆，每晤对，夜分未尝掇，掎摭利病。”②

甲申（1644）巨变，李自成攻陷北京，不久称帝。项煜投顺新朝，授官太常寺丞。李自成失败后，他逃至南京，以失节降贼下狱。后因捐出大笔银子助饷得以出狱。

清兵南下，亡命至浙江慈溪，被乡民所杀，③ 在八股文史上留下一个臭名。

项煜早岁丧父，家中贫穷不能自给，但能发愤攻读儒家经典及八股时文。

家里穷，无钱买书，他便带少许银钱到书坊去作押金，选好一种书后，与书铺主人约定，先拿回去读一读，若合适才买。他记忆力过人，回来后将书一晚读完，“尽记其书不忘，翌日持去，

---

① 《戴名世集》卷四《金正希稿序》。中华书局，1986 年。

② 黄道周：《黄漳浦集》卷二十二《序》，道光刻本。

③ 见《小腆纪传》卷十九，光绪金陵刻本。

托言不佳，更易一书，归阅如初。其笃学苦志如此”①。

万历末年，吴中“朱孝介先生文望甚炽，以乡进士家居教授，户外之屦恒满”②。项煜即投于其门下，为其高足之一。

朱孝介极善识文，“每科试之岁，诸生以私课奉教于朱先生。先生辄决之曰：某当售，某当速售，某某决不售。及秋榜既发，无不验者”③。他特别喜爱项煜所作，以为绝伦。每一篇出来，他必会传示诸生，供他们学习揣摩。他自己则吟赏不已。不久，项煜的岁试和科试均考了第一，便联取科名以去。从此项煜的“文名大噪，残膏剩馥，沾溉遍于海内，而朱先生知文之名益大著”。

项煜的文名虽高，其品行却不好。崇祯甲戌（1634）科会试，他参与阅卷，艾南英的卷子分到他房中。放榜后艾南英领取落卷一看，其首篇制义仅读了四行就没有再看，致使文名传遍天下的艾南英落榜。艾南英气愤难平，便将其七篇制义刊刻出来到处散发，并说：“士子三年之困，不远数千里走京师，而房官止点四行，弃置不顾，此岂有人心者乎?”④ 项煜这种不负责任的态度引起了公愤，其名声大损。但他不仅不自省，反而极度记恨艾南英。

崇祯癸未（1643）科会试，项煜资阶已深，不应该当房官分房阅卷。为了雪甲戌之耻，他千方百计去活动，终于违例入帘。他为了整艾南英，便“阴授名士关节，荐之榜首”，谁知这年艾南英没有入试，未达整人目的。这种不顾国家抡才大典公正性的卑劣行径，充分暴露了项煜品德之坏。

从项煜流传很广的《谈文随笔》也可看出他的品格。因资料难寻，特抄录于下。

---

① 项亦銮：《项太史全稿 · 附记》，光绪刻本。

② 汪琬：《项太史全稿 · 序》，光绪刻本。

③ 汪琬：《项太史全稿 · 序》，光绪刻本。

④ 引自《制义丛话》卷之六，咸丰九年广州重刻本。

谈文随笔

场中作文七篇，原只一篇。平日用功如炼丹，然到此直须化去。所重惟在前三义，尤重在首篇，须苦心烹炼为得。虽有熟文字，切不可径写，至经则不妨耳。

场中阅卷，及具眼人决利钝，先看气局紧与不紧。凡气候到将中时，自然紧拍，有了上句，便有下句，恰有水到渠成之趣。

少时作文，最爱可惊可喜之句，若读三四行不使人踊跃称快者，辄再删改。凡平时博选，毋论先辈时流，虽遇一二语惊奇，亦自摘出揣摩。

作文不必拘定三、六、九，当检阅之暇，忽然有触，辄命笔作一篇文字，必有大得意处。

场前用功，只须贯穿以静养为佳，临场尤不可耗散精神。

场前作文，神要聚，机要活。聚则活矣。精团气聚者，法必售；神闲意暇者，法必售。

场中阅卷不论高位，只论生熟。故临场作文，虽粗豪亦不妨，只须络绎奔会，淋漓尽意而止，则售矣。

场前看文，只看临场艺火候已足。看墨卷，只看前茅之佳者，必有几段精警处动得主司。若平时须纵观房稿，发其聪明。至临场只是读墨卷以中于律度，且墨卷自然骨肉停匀，堪为法式。

不可将此道看作制举业，直须视为身心性命之学，方得出头。

这篇《谈文随笔》虽说是研究晚明科场考试心理与做法的难得资料，但也告诉人们：项煜品格不高。他没有按照明朝科举考试的规则，凭着对儒家经典的钻研与领悟去应对考试，而是在千方百计揣摩考官们的心理，进而迎合他们，以求高中。凡此种种，都不是一个正派儒生所应做的。而项煜不仅做了，还洋洋自得地津津乐道，这就反映出其人品之差。后来他之所以投顺李自成，与这种靠逢迎去博取荣华富贵的一贯做法不无关系。

虽然许多人因为其为人而鄙薄其文，说他好为纤仄，固难成大家，但项煜的八股时文确有其独到之处。他的八股文主要的特点是新奇。其文种种新警之色，绵密之思，晚明八股文坛无人有此致。有不少人在评论其文时都说它怪怪奇奇，甚至把他比为诗中之李贺，文中之樊宗师，与众不同。不过，他学问有渊源，词语有根底，其表现手法与技巧虽工巧，但都得之于先辈中的八股文大家，不是那些束书不观，游谈无根的后生晚学可比。

项煜为文刻意求新，一个字都不肯与别人雷同。但其文都是从血脉缝隙里透出灵思，而又佐以经史之精华，先辈大家之格律，故虽幽奇险峻，光怪百出，却又爽利有馀，卒归于正。这也是他一时文名大噪，试无不冠一军的原因。不过，比起金声这些大家来，他还是要瞠乎其后，只是以之鏖战名场，可称得上万人敌，因为他善于揣摩考官的心理。

项煜为文刻意求新，首先表现在其命意必新，加之出笔必锐，用法必紧，制局必灵，炼字必老，所以每个题目到手，必能自运灵机，别成花色。加上他的揣摩功夫至精至熟，所以特别适合于应付各种考试，他的《其争也君子》题文便是这方面的代表作。

这篇文章的文题出自《论语》，该章的经文为：

“子曰：君子无所争，必也射乎？揖让而升，下而饮，其争也君子。”

《四书集注》中对这一章的注释为：

“言君子恭逊，不与人争，惟于射而后有争。然其争也，雍容揖逊乃如此，则其争也君子，而非若小人之争矣。”

《论语》中的这章经文，章首以“君子无所争”一句断煞，最后“其争也君子”一句从射内转出另一番境界，语意极浑成，极淡远，极精微，非高手难以显出文题之妙。项煜此文从不同方面不同角度阐释了本“无所争”的君子又要争的道理，婉婉曲曲，别出心裁，绝得题神。而文之秀美，笔法之老辣，见解之新奇，人自可见，这只有高手才能达此境界。

文中将“其”字一粘，“也”字一顿，君子的神态便活现于笔端。作者又处处从“必也”着墨，“其争”之意便越坐得实，“无争”之意便越缴得醒，妙在与此章之首句“君子无所争”神回气合。

此文也是有寄托的，“令君子必欲讳争，则争永为凌轧之徒所据”便将作者当时的心情暴露无遗。当时党争激烈，看来项煜是站在“君子”一边，主张与“小人”之党抗争的。正由于项煜的八股文中有这些感时伤世的内容，尽管他人品不好，当时及清代，爱读其文的人仍然不少。

文中多处引用佛经、子书字句，如“直君子化争于争也”，便是老子精言，蒙庄妙笔。援佛经、《道藏》及诸子百家之语入八股文，这是明末之风气。正由于项煜能随俗从众，适应大多数士子的口味，其文方才获得千万人的喜爱。

项煜的八股文十分注重写作方法，其篇法、股法、句法、炼气取势都臻很高境界。这从《禽兽逼人　则近于禽兽》这一截搭题文可以看出。

禽兽逼人　则近于禽兽

靖物害者，当念人心之害矣。

夫人非禽兽伍也，逼人已可忧矣，况复自近之耶？

且人之不得并禽兽也，犹大人之不得并小人也。贱并贵，其象为逼。贵并贱，其机为近。均之于人不利焉。

唐虞之大人，有尧有舜，又有益有禹有稷，凡皆护此人者也。

人必先与禽兽近也，而禽兽乃有所乘而入，兹逼人之蹄迹，岂人实自召之耶？曰：洪水致然。然则是天之忧尧，而纵此禽兽也；然则是天之开舜，而命此禽兽也；然则是天之水行既厌，火德将兴，而弃此禽兽也。

火之得毋酷乎？曰：否。人则不可无教也，禽兽则不待教而诛者也。且苟禽兽不匿，禹安所施疏瀹决排之力，安所告八年三过之成，而稷虽善稼，其以育禽兽乎哉！

惟天下有人之事，有禽兽之事。禽兽之事，山惟恐不深，林惟恐不密，逼人非其事也。人之事，食有所以食，衣有所以衣，近禽兽亦非其事也。而当其逼，犹然人也，当其近，直非人矣。

禽兽之禽兽，德水而仇火；人心之禽兽，避劳而就逸。夫向所蒿目以忧，枚卜以使者谓何？而忍今之出禽兽而入禽兽哉！此尧舜所为重劳其心也。

这篇文章的题目出自《孟子·滕文公上》，由于是截搭题，其文出自其中相连的两节：

“当尧之时，天下犹未平，洪水横流，泛滥于天下，草木畅茂，禽兽繁殖，五谷不登，禽兽逼人，兽迹之道，交于中国。尧独忧之，举舜而敷治焉。舜使益掌火。益烈山泽而焚之，禽兽逃匿。禹疏九河，瀹济、漯，而注诸海；决汝、汉，排淮、泗而注之江。然后中国可得而食也。当是时也，禹八年于外，三过其门而不入，虽欲耕，得乎？后稷教民稼穑，树艺五谷，五谷熟而民人育。人之有道也，饱食、暖衣，逸居而无教，则近于禽兽。圣人有忧之，使契为司徒，教以人伦，父子有亲，君臣有义，夫妇有别，长幼有序，朋友有信。有勋曰：劳之来之，匡之直之，辅之翼之，使自得之，又从而振德之。圣人之忧民如此，而暇耕乎？”

《四书集注》对这两节的注释为：“天下犹未平者，洪荒之世，生民之害多矣。圣人迭兴，渐次除治，至此尚未尽平也。”“言水土平，然后得以教稼穑。衣食足，然后得以施教化。”

这篇文章的题目是最为难作的截搭题，虽然是有情搭，因题目内容繁多，头绪纷纭，要想作好是极为困难的。但项煜的揣摩功夫极精极熟，他精研经史，对唐宋古文及前辈八股文大师的写作方法已揣摩透彻，加上他天分高，故无论何种难题到手，他都能别出心裁，以巧妙的构思，高超的技巧，老到的笔墨，将文章写得花团锦簇。这篇文章便笔力雄奇，脉缕致密，议论精警，令题之窍会自然奔赴，真是极截搭题之能事，不得以寻常的“吊、渡、挽”之法求之。

作者将题目所在经文的内容涵括在破题与起讲之中，借映本旨，恰扣起讫。然后打破八股体式，用古文的方法将全文分为上、中、下三截，把两节经文的句子融合在自己的见解中加以阐述。

文章以上节经文的首句至“益烈山泽而焚之”为上截，总提“人”字贯串首尾，以经文的末句翻首句而趁势带出尧、舜。其伏下之绝陡处，手法老到。文章又以阐述从“禽兽逃匿”到“民人育”的内容为中截。文中以“苟禽兽不匿，禹安所施疏瀹决排之力”为中间眼目，点出经文以贯首尾，并带出禹及稷。文章以经文中之末四句为下截，紧扣题尾，步步绾带前文，笔法奇矫。最后一笔双绾，使全文气脉贯通。

全文奇思警句，横笔陡势，手法高超，令人百想不到，非深于古文者不能为。故徐九一评述此文说：

“笔笔苍，笔笔隽，入韩、柳集中亦复何辨。”①

吴兰陔评述此文说：

“篇法则山断云连，笔势如兔起鹘落。隆、万人有此灵巧，无此奇横。我思古人，其在孙樵、刘蜕之间乎？”②

这些评述虽有些玄乎，但的确反映出这篇八股文写作技巧之高。

项煜的八股文写作水平能达此高度，与他曾倾全部心力于制义时文的写作不无关系。他在应天启四年甲子（1624）科乡试时，精神本已十分困顿，但一接到《尧独忧之》的题纸，立即精神大振，苦心构撰，写至“尧之视廷臣无一不可洪水”句时，忽呕血昏倒。第二天又挣扎着将文章续写完。凭着这种将八股文视为身心性命之学的精神，他才写出了令人称叹的好文章，也才在这次乡试中中魁。所以吴兰陔说读了该文，“犹觉纸上岌岌震动。此等鸿文，实与金（声）、陈（际泰）同一精彩”。

项煜之文，喜欢者多，但其爽利有馀而蕴藉不足，加上他的为人无操守，也有不少人都鄙薄其文。

第六节　天启时的八股文名家及名作

由于天启朝只有七年，时间短，加上后人对这时的八股文持否定态度，故名家也少，比起此前之万历朝和其后之崇祯朝都大为逊色。不过，这都是针对传统意义上的八股文而言，其实天启朝还有不少能将制义时文写得花团锦簇的文人，只不过他们完全打破了八股文固有的程式与规范，丢弃了两百年所形成的传统，被人视为“明弃师说”，背离祖法而受到排斥。特别是清朝统治者在承继了八股取士制以后，把这类制义时文视为亡国之祸物而

① 见《项太史全稿》该文评语，光绪刻本。

② 见《天崇百篇》该文评语，道光二十五年刻本。

严加禁止，在铁血政策面前，这种八股文便销声匿迹了，再也没流传下来。我们今天便只能就现存的，继承了八股文传统的时文来评述其是否为名家名作，无疑，这具有很大缺局限，不能反映天启八股制义全貌。

叶绍袁

叶绍袁，字仲韶，号天寥道人、粟庵，南直隶苏州府吴江县（今江苏吴江）人。

叶绍袁自小攻读经史，学习八股时文，天启五年乙丑（1625）科中了进士，官工部主事。他是个文人气质很重的人，不耐烦剧，又反魏忠贤，便乞归养，从此乡居不出。

其妻沈婉君及三个女儿并有文藻，诗名远驰。小女叶小鸾才情更是出众。他便一门之中，更相唱和，悠然自乐。妻、女卒后，他将全家诗文编辑成集，以资纪念。

明朝灭亡后，他悲愤莫名。清兵南下，他弃家为僧①，誓不与之合作，还暗联义师，表现出高度的民族气节，也证明自小开始的八股文写作的确在他的头脑中培育起了牢固的儒家思想。其著述有《启祯纪闻录》等。

叶绍袁是天启年间的八股文高手。他的八股文有如他的品德一样，谨守儒家正统思想，但他学识广博，认题又细，在不偏离程朱传注的基础上，往往能独出己见。天启乙丑（1625）科会试出了“伯夷叔齐饿于首阳之下”文题。这道题前人所作的文章堆积如山，都是以存商立论，虽系自出胸臆自作评论，却未把握题中真义。叶绍袁参加了这次考试，在作这道题时，通篇文章都讲伯夷、叔齐不食周粟，采薇东山以疗饥，只还他一个“饿”字，

① 以上经历见《天寥道人自撰年谱》，《甲申日注》附录，岳麓书社，1986年。

并不说是饿死，用谭元春的话就是“高其饿而讳其死，若曰此何尝死也，即饿夫何伤焉”①。行文极有分寸，故金圣叹称赞此文“廓清从来恶习，真乃比于武事也”②。此文写夷、齐首阳一段之事，凄凉黯淡，笔端句句皆带感情，避免了作此题时率意行文，有文无题之通病。

叶绍袁诗文皆自成一家，其八股文也讲究文采，为文无不工丽，这从其名作《涕出而女于吴》题文即可看出。

涕出而女于吴

齐君之女吴，知天者也。

夫女吴而涕，涕而不能不女也，景公其犹有齐也夫？

且弱小之役于人久矣，而不谓婚姻也。婚姻，天也。故逆天者战争之苦，必涂炭其生灵。而顺天者儿女之情，可保安其宗社。

吾观齐之景公而衰可知也。其涕出而女于吴，何也。

夫婚姻，嘉礼也。吴虽荆蛮，亦犹古公之孙子也。周未改物，亦犹王室之伯叔也。其来也固载色载笑而迤逦乎齐之境，其送也宜亦载笑载言而止乎吴之都，何为睹于归之子而凄然绝耶？夫且听班马之鸣而黯然伤耶？

夫亦此一日也，非绥绥之日，而数百年社稷，邀灵婉娈之日也。则今日送之境上者，犹是临淄之介女，而安保后日无黍离之感，使女之北望无家也。天而厌齐，将覆亡之不暇而能不悲焉？

此一日也，非结褵之日，而数千里河山，天涯绵邈之日也。则今日御之吴宫者，既以师昏之非礼，而安保后日无弃

① 见《制义丛话》卷之六，咸丰九年广州重刻本。

② 见《明文小题传薪》该文评语，嘉庆六年锦文堂刻本。

捐之怨，必女之南归得所也。天方授吴，其俘诸江南惟命而能不悲焉？

泣数行而何已。绸缪之好，伉俪之欢，景公不知也。迎止盈门之日，独抚膺而对无道之天。

涕沾臆以何极。望齐之思，虞山之痛，景公亦未知也。霸国最胜之遗，宁伤心而断膝前之爱。

在女也生离而死别，在景也国蹙而情哀矣。然而不可谓非知天者也。

这篇时文的题目出自《孟子》，这一句话所在之一节及其上一节之文为：

“孟子曰：‘天下有道，小德役大德，小贤役大贤。天下无道，小役大，弱役强。斯二者天也。顺天者存，逆天者亡。’齐景公曰：‘既不能令，又不受命，是绝物也。’涕出而女于吴。”

《四书集注》中对这两节经文的注释为：“有道之世，人皆修德，而位必称其德之大小。天下无道，人不修德，则但以力相役而已。天者，理势之当然也。”“引此以言小役大，弱役强之事也……吴，蛮夷之国也。景公羞与为婚而畏其强，故涕泣而以女与之。”

这篇八股文融合了题目上下文的精义，并依据传注对齐景公因国势弱，为保国而顺吴，将女嫁给夷蛮之国的痛苦举动进行了深入的剖析。在破题、承题和起讲部分，作者便立定了顺天者存的主旨，前段轻翻，后二比细贴，中二比一从齐国着笔，一就吴国着笔，揭示弱小必须顺天而行的道理。题面题意，如形影之不相离，都向题之所以然处落想，手法极为高明，题意阐释得深入全面。

文中对景公将女嫁吴时的矛盾痛苦心情作了深入描述，写得哀艳动人，充分显示出作者文学家的本色。吴蔚若把作者比为汤显祖，说：“百年社稷，千里河山，北望南归，厌齐授吴。工妙乃尔，真不减玉茗风流。”①

谭元春

谭元春是天启年间以古文为时文的高手，他的八股时文别具一格，在天启八股文全面衰颓中独树一帜。

谭元春，字友夏，湖广竟陵（今湖北省天门市）人。

《明史》中说他“名辈后于惺，以《诗归》故，与齐名”②。

他二十岁时与同邑之钟惺结交，这时钟惺年已三十二岁。两人志同道合，共同编选了《唐诗归》、《古诗归》，使“钟、谭之名满天下，谓之竟陵体”③，以致“钟、谭之说大炽”④。

谭元春从小即潜心于古文及八股文写作，然至天启七年丁卯（1627）科乡试才考中举人，并夺得第一，称为解元，时年已四十二岁，而钟惺已于此前病逝于乡。此后参加过几科会试均不中。崇祯十年丁丑（1637）他又进京参加会试，病死于旅次。

谭元春与钟惺同为竟陵派的两个主要代表人物，是明代重要的古文家。他与钟惺一样，标举“性灵”和“幽深孤峭”，反对复古摹拟之风和公安派的“俚俗”。主张对古文进行革新，倡导为文要“真有性灵之言，常浮出纸上，决不与众为伍”⑤，要“孤怀”、“孤行”。他主张不拘守古法，要对旧格套有所突破，曾说：“尝恨世人闻见汩没，守文难破。”⑥ 他的古文追求奇特的文风，章、句、字均呈现出艰涩险僻的特点。

---

① 见《明文钞》（五编）该文评语，乾隆五十五年刻本。

② 《明史》卷二百八十八《谭元春传》，中华书局，1974 年。

③ 《明史》卷二百八十八《钟惺传》，中华书局，1974 年。

④ 《明史》卷二百八十八《袁宏道传》，中华书局，1974 年。

⑤ 谭元春：《诗归序》，《谭元春集》卷第二十二，上海古籍出版社，1998 年。

⑥ 谭元春：《退谷先生墓志铭》，《谭元春集》卷第二十五，上海古籍出版社，1998 年。

谭元夏也与钟惺一样，是一个八股文名家。他自小即浸淫于八股文的写作之中，与当时的士人一样，醉心功名，五十二岁仍不畏旅途劳顿，千里迢迢赴京赶考。在利禄的驱动下，他将全部心智都倾注在八股时文上，故对八股文有很精深的研究。在以古文为时文的大潮中，他是一个弄潮健儿，在时文的写作中运用古文写作的理念与方法是必然之举，也使他在天启年间成为一个敢于领异标新，独具特色的八股文名家。

谭元春的八股文与其古文十分接近，在风格上追求奇特，构思、立意必求与众不同；在句式上追求骈、散相间，故文章凝练、简整而别致；遣词造句必求生冷怪僻，标新立异，决无万历末年及天启时专以摹拟古人及剽窃《史记》、《汉书》词句的毛病。他虽然与公安派关系很好，特别尊重袁宏道，但也反对摹仿他们，文中没有公安派的“戏谑嘲笑，间杂俚语”的毛病，追求的是“法不前定，以笔所至为法”，“词不准古，以情所迫为词”①，以致其时文经常不按固有格式写作，其名作《道并行而不相悖》便体现了这一点。

这篇时文的题目取自《中庸》，这一章之全文为：

“仲尼祖述尧舜，宪章文武。上律天时，下袭水土。辟如天地之无不持载，无不覆帱。辟如四时之错行，如日月之代明。万物并育而不相害，道并行而不相悖。小德川流，大德敦化，此天地之所以为大也。”

文题“道并行而不相悖”只是这章经文中之一句，如只就题旨来阐释，题境实难绘画。即便按惯例，将章旨融会于题中也难以着笔。谭元春与竟陵派的其他人一样，是个文体的革新派，他敢于冲破八股文立意必须肖题之规定，只就眼前情景，点缀数

---

① 谭元春：《诗归序》，《谭元春集》卷第二十二，上海古籍出版社，1998 年。

笔，唱叹一番，其观物察事都源自己见，皆从自己心灵流出，而不是乞灵于故纸，故显得见识迥异于常人，其做法也被当时及后来的许多人视为妙法而奉行。王步青在评点此文时便称赞说：

“无限神奇，都在里间。后生妙解此诀，安得不心花瓣瓣开。”

谭元春为文追求新奇，故喜于八股文中制造陌生化的效应，去颠覆圆熟肤廓，千篇一律之滥调。大作翻案文章是其伎俩之一。他的《曾皙嗜羊枣　一章》题文便是这样。

曾皙嗜羊枣，而曾子不忍食羊枣。公孙丑问曰：“脍炙与羊枣孰美？”孟子曰：“脍炙哉！”公孙丑曰：“然则曾子何为食脍炙而不食羊枣？”曰：“脍炙所同也，羊枣所独也。讳名不讳姓，姓所同也，名所独也。”

以所独言不忍，而其意可想已。

盖曾子有不忍其亲之心，而嗜特独焉。

然则所同所独之论，所以晓丑而非以尽曾子也。且孝子之心，有非后世之所能知者，即以当时孝子之心，有非外人之所能知者，其原皆本于不忍。而要其不忍之事，所不忍之时，与所以不忍之故，其莫有知之者也。

即一羊枣耳，曾皙偶然而嗜之。曾皙死，曾子见羊枣而悲焉。人见其不食也，以为不忍而已矣。至孟子之时，犹传其不忍也，以为不食而已矣。

由是而想之，可以知其凄然、忾然之状也。必欲得而明之，无以定其如何凄然，如何忾然之因也，而乃求之于美不美，食不食耶？脍炙之言甚矣。

公孙丑之为浅人也，孟子亦仅与之浅言曰：夫羊枣自不如脍炙也。然而脍炙所同也，羊枣所独也。独之所在，而曾子悲焉。

子知夫讳乎名之较姓有何差别，而讳惟其名者，非以独之故耶？讳名者，天下人子之情也；不食羊枣者，曾子一人之情也。天下人子之情不以其同，而以其独，所以一本也。曾子一人之情，不以其同，而以其独，所以养志也。曾子真孝子也。

嗟乎！孟子之言，其于食脍炙而不食羊枣之故朗如矣。而未尝言其所以不忍，则不忍之在当日者，有不可得而言者焉。夫不忍岂有声色、臭味哉！有所触而动，或无所触而亦动。见所独而触，或见所同而亦触。哀至则哭，何常之有。即曾子亦不知其所以然，而况他人乎？此不可与饮食之人言也。

这个文题，出自《孟子》。朱熹对用作题目的这段文章注释说：

“羊枣，实小，黑而圆。又谓之羊矢枣。曾子以父嗜之，父殁之后，食必思亲，故不忍食也。”

谭元春为文力求奇特，无论立意、写法及语句都力求不蹈别人旧辙。为达到其“法不前定，以笔所至为法”的主张，他打破八股文之禁忌，在该文中大作翻案文章。他扼住“不忍”二字，托言公孙丑为“浅人”，故孟子只“与之浅言”而推翻“孟子之时，犹传其不忍”的说法。

在八股文中翻孔孟言论之案，这在八股文史中是极为罕见的。但由于谭元春能“潜思遐览，深入超出，缀古今之命脉，开人我之眼界”[1]，将“不忍”二字置于广阔的历史背景进行审视，故看得深透，能“立身于题外而于题中眼目仍自不失”，在议论中发前人所未发，所以虽为翻案文章，仍被视为正宗八股佳作。方苞说此文“果有一段议论发前人所未发，足使观者感动奋兴，

① 谭元春：《退谷先生墓志铭》，《谭元春集》卷第二十二，上海古籍出版社，1998 年。

亦不可以常说相拘执”，把它选入了《钦定四书文》之中，作为样文供清代士子们揣摩。

本文奇特之处还在于它并未严格按照代古人语气为之的规定，文中几处直称“孟子”，这亦是不同寻常的。其文采用了散体结构，语言晓畅，层层递进，完全是古文之写作方法。如此等等，都表现出谭元春为文不拘常格，力求奇特的风格。

谭元春及其他竟陵派作家受八股文沉染太深，其诗、古文都有与时文相融合的趋向。如他们在诗歌中大量引入“之”、“而”、“于”、“以”、“其”、“则”、“若”、“焉”、“哉”等虚字，使其诗在句子结构上散文化，意欲从虚字运用上见口气精神，这就是受了八股文写作的影响。八股文就特别注重虚词的运用，因为虚词代表的是语气，虚词用好了，就可以现出八股文的精神。谭元春们此举，证明了到晚明，八股文与古文已合二为一，高度文学化了。

黄道周

黄道周，字幼玄，一字细遵，号石斋，福建漳浦人。生于万历十三年（1585）。幼聪慧，五岁授《论语》，即发问：“圣人只教人以读书，有子何教人孝弟？圣人只教人以老实，曾子何教人以省事？”老师不能回答。七岁读《纲目》，八岁即好读六经。①但二十八岁才考中秀才，万历四十六年戊午（1618）科以第七名在福建中举。天启二年壬戌（1622）科中进士，时年三十八岁。

黄道周恪守儒家伦理道德观，并全力践行。这从方苞所写的《石斋黄公逸事》中所记一事即可看出，崇祯年间，黄道周至南京访谭友夏，“与订交，意颇洽。黄造次必于礼法，诸公心向之，而苦其拘也，思试之”，便招来南京最美艳，“见者莫不心醉”之

① 以上均见明代庄起俦撰，清陈寿祺校《漳浦黄先生年谱》，载道光年陈寿祺编刊之刻本。

妓女顾某陪他喝酒，他并不推辞。大家便把他灌醉，送他到“特室榻上，枕衾茵各一，使顾尽弛亵衣，随键户。诸公伺焉”。黄道周酒醒后急忙找衣服，衣被藏了起来，便用被子裹住自己，叫顾女“以茵卧，茵厚且狭，不可转，乃使就寝。顾遂昵近公，公徐曰：无用尔。侧身，内向息数十转即酣寝，漏下四鼓，觉转面向外，顾佯寐无觉，而以体傍公，俄顷公酣寐如初”。早晨，顾氏出来说了当晚情况，说：“公等为名士，赋诗饮酒是乐而已矣，为圣为佛，成忠成孝，终归黄公。”

黄道周中进士后改庶吉士，授编修。崇祯初官右中允。立朝以公正端直称。曾三次上疏论救辅臣钱龙锡，自己虽降调，却救了钱氏。因病求去，上疏，语刺最受宠信的首相周延儒及权臣温体仁，斥为民。复起为少詹事。廷推阁臣，崇祯帝要用杨嗣昌，道周论劾，被谪戍湖广辰州。过了一年复故官，因病归乡讲学。福王时任礼部尚书。唐王立，擢武英殿大学士，虽不知兵，却因不满朝中争权夺利不思恢复故土而自请率几千兵往江西图恢复，但原奉旨出兵的诸路兵马无一出者。粮尽兵少，他却以成师而出，义不反顾，进至婺源，与清军重兵接战，不支被俘。他绝食七日不死，作诗明志。解至南京，他坚拒劝降，在狱中日诵《尚书》、《周易》数月，人还长胖了。在被杀的前夕，有老仆人哭着持针线给他补衣上的破处，说：“这是我侍奉主人的最后一件事。”他回答说：“吾正而毙，是为考终。汝不哀故人，持酒肉与诀。”饮食如常，晚上一觉熟睡至天亮。起来洗漱时对仆人说：“以前有某人向我求字，我已答应过他，不能食言。”便磨墨伸纸，用端正的小楷书写，因纸幅很长，一时半刻不能写完，便以大字写完，盖好印章后始从容就义。他的四个学生也受其影响，视死如归，在他被害后也从容赴刑。

黄道周是晚明的大学问家，博通经史，于《周易》、《尚书》有精深研究。他又擅长写作，八岁即能为比偶文，十岁作古文词，诗文皆闻名于世。其文格调高古，常用冷僻字，但内容精深，言之有物。诗多慷慨雄浑，为言志抒情之作。书画皆为一代高手，受人推崇。著有《易象正》、《三易洞玑》、《黄漳浦集》等四十馀种。

黄道周喜经世之学，对猎取功名之制义文不太感兴趣。但他仍在八股文上下过很大功夫，考秀才，府、县试曾取为第一，这都是凭时文优劣而定名次的。福建督学冯挺得其文大为赞赏，拔赴乡试。万历四十三年乙卯（1615）科福建乡试，主考官来宗道、姜性得弥封佳卷，拟取为第一，但因违式而未成。后知是黄道周之文，大为叹惜。督学郑三俊深为叹惋，因以《齿录后序》叫他代笔。来宗道、姜性还出谒黄氏于旅次，这是旷世之举。郑三俊受诽谤而解提学道之任，还举学租一百三十两银子为黄母作寿。可见黄道周才学文章在这些名人高官心目中的分量。他参加会试，房考官为韩日缵，得一文，大为惊叹，说："此必福建黄子也。"等到拆弥封时果真就是黄的八股文。可见黄道周之时文当时已风传天下，人们已熟知其为文之风格了。他的八股制义曾以《逆流小草》刻行于世，未刻的不下千多篇。

黄道周对八股文有其独到之见。他认为，"凡举业之道，附于圣贤"，故必要基本遵经守注。但"太似题则近俳优，太不似则近画魅。太袪练则君已高，太不袪练则下易散。弘、正间太似题，万历中年太袪练。众和之馀，不得不反众，反而后又为同流。君子于此通之以道，鉴之以理，条之以情，量之以势，微变而逆折，亦共师圣贤，各得其意而已"①。他称赞余瞿父之八股文"冲邃高藐，善写题情"，"驰骤经史而无经史之累"，"当今之时，能以学士气写圣贤大意，不失生面，不死却走者，瞿父一人而已"。这些话，都表现出黄道周的八股文写作观：八股文与题

① 黄道周：《黄漳浦集》卷二十二《浦邑侯余瞿父制义序》，道光刻本。

目不能太似，又不能太不似，即不能死抠题字，而要有自己独特的见解。对题目的把握要在似与不似之间。这种看法既符合他所处时代之风气，又有其独到之见。

他认为“制义自近七八年来，其为之者益难矣。前数十年，田、邓、萧、李递师天下，袁、陶、吴、汤相踵继之。天下之言不归陶（望龄）则归汤（宾尹），其意皆主于蕴藉，反缩守约，使人趣履冲翕，有游夏之意。既而弦急柱反，噎蓄嚏决，文人才士，不能自锢于尺幅，其名师天下者，亦浸淫旖旎以为文章。王汝中、李宏甫之言始复重于天下，归王之言幻，归李之言荡，于是勃豀溲溺，不则不洁之言，皆形于文章”①。这番话写出了隆庆、万历八股文的演变情况。

他还说：“今制义限字，不过五六百言，欲包三代七朝之说，以受侫于渊弓，竟爽于游夏，使董、孙和声，苏、王穆色，亦难矣。先是三十年（万历三十年）宣城派出，结脚竖须如泥印人，千面一孔，偷倖者多沿于迩年，其效毕睹矣。有识之士，起而变之，以为高深闳胜，变者之锋未用也。而沿者之澜正倒，遂以未用之锋，蒙沿倒之败，可叹也。”② 他还在《杨文正公制义序》中说：“今之文，可讥者有四，而今之人皆不能察之：戴髑为头，帽通八寸，伧升食店，雏争上风。……天下之病皆在于不审真伪，不审真伪，则作者妄作，议者妄议。”这些话勾勒出万历末年八股文的芜蔓之原因及变化过程，见人所未见。

黄道周还以简洁之文字，写出朱元璋以八股文取士之原因：“夫高皇帝之教吏，使之学于一代圣人之言；其教士，则使之代为二千年圣人之说。高皇帝以为仁义道德，非一代之事，而二千年圣人之情，非一代之衣冠声笑，可影息模呼而出之者也。”③

---

① 黄道周：《黄漳浦集》卷二十二《谢光彝制义序》，道光刻本。
② 黄道周：《黄漳浦集》卷二十二《金用叔明府制义序》，道光刻本。
③ 黄道周：《黄漳浦集》卷二十二《杨文正公制义序》，道光刻本。

黄道周借为他人的八股制义集子写序文的机会，发表了他的八股文观，中多真知灼见，对我们认识明代八股文的发展变化裨益良多。

虽然黄道周以大节千古名标青史，文字、书画皆其馀事，他不欲以时文传，但他确是一代八股文高手，在晚明的八股文坛，有举足轻重之作用。他因博通经史，又受时代“性灵”说的影响，其为文喜以自己的见解来阐释题旨，用他自己的话说，是“仆自少为文，喜自意向”[①]。但他又不违背经注，不染时趋。他对题旨的开掘，新见时出，许多足以补传注之不足，是卓然杰出的一位。

他的文章熔经铸史，高古深奥，有雄浑之气贯串，表现出一种高亢倔强，雄健深厚的文风，与世俗之文迥异，为八股文史上从来没有的特出之作品。

黄道周精研数理，深通《周易》。其《三易洞玑》一书，后世学者不能穷其底蕴。他的八股文《加我数年　一节》题文，便是专就《易·大过》来立意的。因为《易》称“大过”为“大者过也”，并不作过失解。其文前幅曰：

> 无咎之难也，其道进于天矣。夫人何以无过，求之于《易》，圣人犹将终身焉，曰：“庶免其大者矣。”夫子盖观于《大过》而叹也，曰：“《易》之道，微矣哉!”盖《易》为大过而设也。凡物之静，不能无动。动而后吉凶生焉。其体大者，动而过以大；其体小者，动而过以小，而人皆不自知也。夫《易》独何由而知之乎？《易》以体大而入小以居，《易》以体动而恒静与游，《易》以一无所知而人谋鬼谋众知以生。吾今而知过之不可以免也，学之不可以已也，《易》之与吾终身也。

① 黄道周：《黄漳浦集》卷二十二《谢光彝制义序》，道光刻本。

其后幅云：

由是而观天下，安得有大过人之情，大过人之才，大过人之事。情处小则不感，因而无之，乃得与天下游于几；才处小则不争，因而无之，乃得与天下安于故；事处小则不乱，因而无之，乃得与天下享其自然。夫吾之有大过，则吾初不学《易》以至此也，夫仲尼其有悔心乎？

从这篇经义时文即可看出黄道周学养之深，他对八股文之题目必融贯经史，作深入开掘，既不大悖经注，又能独出己见，亢直倔强，不顾世俗，真个是做到对题目理解在似与不似之间，故新见迭出。顾纵远评此文说："春秋时，圣人只合隐，凄凄皇皇，有多少过错处，非圣人不能冒险而行，非圣人不能履难而免。他人所视为圣人惊天动地者，正圣人隐隐自悔于中者也。假年学《易》，其有遁之思也乎？"这段评述，就揭示出黄道周具有能真正把握孔孟真实思想的才学本领。方孟旋则从文中看出黄道周的人生经历和个性："'过乘乎化之不齐'七字，便是石斋先生一生遭遇。先生只无咎之难也，一破便是终体认矣。"吕瞻望评云："吁！不言小过者何？盖小过，过也；大过，颠也。圣人之所忧患者大，则其得过者必大，而非大不择小之说也。他日孔子曰：'罪我者，其惟《春秋》乎？'则知圣人之所以忧矣。"① 这段话对黄道周之文中见解更有所发明，由此可知圣贤经典只有融会贯通，才能真正把握其内涵真意。

黄道周的其他八股文如此作一样，都是理深思奥，奇杰超群之作。且其语言也必奇古，与其思想相合，这就是黄道周时文的最大特点。

凌义渠

凌义渠，字茗柯，浙江乌程（今湖州）人。天启五年乙丑

---

① 以上引文，均见《制义丛话》卷之七，咸丰九年广州重刻本。

(1625）科进士，授行人职。崇祯时升礼科给事中，刚直敢言，对朝廷弊端屡一针见血地加以针砭，多所建树。其《正文体疏》将天启时八股文坛的衰靡现象一一列出，并提出纠正办法，令人警醒，是传诵一时的名文。累迁山东右布政使，所至皆留清正廉洁之名。入为大理寺卿。

凌义渠饱读经书，并笃行孔孟之道，为人处世无不以孔孟之言为规范。甲申除夕，崇祯帝夜出，步至午门，值夜之臣都回家去了，只有他一人独在。第二天崇祯帝便提拔他为大理寺卿。凌义渠怀知己之感，知恩图报。三个月后，李自成军攻陷北京，便自缢身亡，以死殉国。其忠义之性便永标青史，流传人口。

凌义渠善文词，其奏疏理正气直，有摧枯拉朽之势，常为朝野传诵，如《正文体疏》等。著有《凌茗柯稿》。

他又为晚明有名的八股文名家。其文不受时风所染，理精气壮，多指切时事，有悲悯情怀融贯，有的情辞悱恻，令人读后感动涕零，影响很大。清代赵明远等以清悟文字著称一时，其渊源皆出自凌义渠，其法皆自凌文中揣摩得来。

凌义渠处国家危殆之际，读古圣贤书所树立的节操伦理使他有铁肩担道义的责任感，心中常存忧国忧民之念，故往往借经题来发抒。其文又有沉郁悲凉，淋漓激切的一面，读后感人至深。

前者如《礼之用和为贵》题文云：

> 真莫真于孺子，耦具而无所统，不移时而竞矣。此以知意之真，不如礼之伪也。耳目心思，谁非撄斗之具。舍此不贵，而极坦易处有危情。
>
> 挚莫挚于居室，鲜腆而无所防，不移时而惫矣。此以知情之厚，不如礼之薄也。血气嗜欲，日有攻取之缘。释此不贵，而极酣适时皆苦趣。
>
> 盖和如饮食自甘，亦必水火相调而本味始出。
>
> 礼有真荄如结，更得枝叶扶缀而精神愈生。

此为该文中之二比。用语清雅妥帖，情真意切，全是自然由胸中流淌出的实情，句句沁人心脾。“似此心花结撰，无一语经人道来，大士（陈际泰）、正希（金声）犹且合手让能，何况馀子。”① 此语将凌义渠文从不用他人语，全从心性中自然流出的特点揭示无遗，并说八股文大师陈际泰、金声皆要拱手让能，说明凌文水平之高，足以称雄一时。

后者如《勾践事吴》题文，最能震撼读者，开拓人们心胸。其后二股云：

> 自古女戎常独胜，即今三方挫衄之馀，一洗风华之旧。而穷巷幽姿，何以绝世而独立，斯亦天道之未可深言者也。
>
> 自古忠佞不同朝，当此君臣相悦之时，已佐小人之焰。而三言投杼，安在元老而壮猷，斯又人事之不必再计者也。

出比写西子，对比讲伍子胥，两者皆用吴越故事，是无人不知之史事，无新奇处。但凌义渠影切时事，独出以沉郁苍凉之感，其语淋漓激越，故能感人肺腑。俞长城说所谓绝似唐人吊古诗，就是指此。

其后二小股云：

> 极则有必反之机，安知目前之分衣给食听命于人者，他日时会可乘，即欲老我于海滨而不得。
>
> 满则有必倾之势，安知目前之作威作福逞志于我者，他日事机一失，即欲托我之宇下而无所。

几句话，将勾践之阴险用心，狠心辣手全盘勾出。可见作者对史实把握之准，对人物心理揣摩之深，故其文能发题旨之深蕴，言他人之所不能言，见他人之所不能见。这样的眼光、才学、手段，不成名家高手也难。

---

① 梁章矩：《制义丛话》卷之七，咸丰九年广州重刻本。

第七章　崇祯：明代八股文的起衰振兴时期

对朱明王朝来说，崇祯时代是一个天崩地裂的惨痛时期，立朝二百七十多年的政权终于在异族铁蹄的大举入侵和无尽的流民叛乱的攻击之下倾巢覆灭。然而，对于八股文来说，崇祯时代却是一个抗争救亡、一度出现过起衰振兴景象的时期。

受时代剧变的强烈刺激，一些恪守儒家思想、忧国忧民的志士奋起救亡图存，他们把振兴八股文看成是挽救颓丧士风，振兴国势，维系伦理社会秩序，重振王纲的重要手段，采取种种办法去矫正时弊。他们振臂高呼，倡导改变万历末年，特别是天启以来的空疏学风，恢复八股文运载儒家正统观念的经学化传统。这个运动的代表者为号称“江西四子”的艾南英、陈际泰、章世纯、罗万藻及几社的陈子龙、夏允彝，复社的张溥等人，并产生了真正具有流派意义的江西文派、云间文派。

在内忧外患的巨大压力面前，许多正直的士人也自动转向，一改过去那种追求贵我尊己、率性任情的态度，选择可以拯救危亡的实用之学和可以重整朝纲的秩序之学。他们响应艾南英等人的号召，改变过去的文风，以八股文来表达自己的忧患意识，探求救亡图存良策。

在这些人的努力下，崇祯时的八股文便突破了文体发展的一般规律，原本因去经学化而被视为衰颓的八股文比其创制以来的任何一个时期都内容充实，围绕着救亡图存之需要去阐释的孔孟之道，从而有了更多的发明和创见。字里行间充盈着过去刻意讲求炼局炼气都难以觅求的真情实感，或慷慨激昂，或沉郁苍凉，都是有感而发，寄托良多。或悲时伤世，或探求救世良策，或指斥时弊，能开启人之心胸，拓宽人之眼界，从而摆脱了万历季年以来的空疏靡丽之风，为纠正士风时弊起到推动作用，给历经二百多年，浑身伤痕与病灶的八股文增添了几道瑰丽的光彩，一度出现过起衰振兴的新局面，也为清代八股文的再度繁荣奠定了基础。

明、清许多著名学者皆对天启、崇祯八股文进行评述，揭示其特征。

方苞在《钦定四书文·凡例》中说："至启、祯诸家则穷思毕精，务为奇特，包络载籍，刻雕物情，凡胸中所欲言者，皆借题以发之……启、祯名家之桀特者，思力所造，途径所开，或为前辈所不能到，其馀偭弃规矩以为奇，剽剥经子以为古奥，雕琢字句以为工雅，圣经贤传本义转为所蔽矣。"方苞的话将天启、崇祯名家时文的特色及其正负效应都揭示出来了。

明末顾咸正则揭示了崇祯八股文高度文学化的特点，他说："今之作者，内倾胸臆，外穷法象，无端无涯，不首不尾，可子可史，可论策，可诗赋，可语录，可禅可玄，可小说，人各因其性情之所近而纵谈其所自得，故其为道也似难而实易。"①

清彭尺木则从八股文处于动态的不断变化来谈晚明名家时文的优点："隆庆以降，迄崇祯，屡变益华，不无离合。就其善者，周、程之坠绪，屈、贾之心声，往往而在。"②

清光绪时郑浩若《四书文源流考》从正反两方面述及天启、崇祯文的优劣："天启之文深入，而失于太苦；崇祯之文畅发，而失于太浮。"

现代学者胡适在《儒家哲学》中说："晚明，独尊朱子，出现'反抗程朱便是大逆不道，宁说周、孔错，不说程朱非。"胡适所说的情况发生在崇祯年间。那些以振兴八股文为己任者都以

---

① 转引自《刘咸炘学术论集·文学讲义编》，第72页，广西师范大学出版社，2007年。

② 彭尺木：《二林居集》卷二，嘉庆四年味初堂刻本。

恢复八股文的载道功能为己任，对万历季年和天启时阴诋程朱、离经弃注、别出己意的解题方式极为不满，故对违背经注，反抗程朱者群起而攻之。但这些举动并未对那些求奇求新，在文中独抒性灵者有多少触动。他们依旧我行我素，在文中运用阳明心学，反求诸心，要于自得。其文往往如圆珠出水，秋月写空，脱落清虚，渐成故习，文学色彩极浓，颇受时人青睐，欲禁无法。

特别值得一提的是这些为八股文的救亡图存而作出过努力的人士，后来绝大多数都成了为后世所景仰的节义人物。他们有的在国亡之际，为抗击清兵而杀身成仁，如金声、陈子龙、夏允彝、黄淳耀、侯峒曾等；有的为复国抗清而奋斗，最后忧愤而亡，如艾南英、章世纯、罗万藻等；有的在明亡后，或隐居深山，或削发为僧，终身不仕，如熊开元等。这些事实，充分表明八股文对明代士人灵魂的塑造起到巨大的作用。

但是，也应该看到这场以复兴儒学正统来挽回世道人心、社会颓势的八股文振兴运动的负面影响：它客观地阻碍了明末的思想解放运动，使得明中叶以来形成的士人不尊孔孟、反抗传统束缚，追求个性解放的势头被遏止，而复归于保守，不能容忍自由、独立思想的社会思潮又大为泛滥。这对中国社会的发展是不利的。

八股文是明太祖采用铁血手段巩固政权时创制的，又在崇祯年间战火纷飞，厮杀声声的背景下闪现出血色的辉煌，随即在清朝血与泪的无奈中再度振兴。凡此种种，无不说明八股文具有与生俱来的与政治，与一个王朝兴衰相依相伴的特殊品性，具有特殊的文化属性，值得深入研究。

第一节　在国家危殆之际回归经学化的崇祯八股文

崇祯年间，八股文坛出现了一个声势浩大的振兴运动，其宗旨是恢复八股文的经学性，使八股文回归雅正的传统。这是对万历季年以来大部分已趋浮靡的八股文的一种反抗，也是部分有志之士为救国图存而采取的文化措施。这个运动，既使八股文在朱明王朝的夕照之下呈现出真气流衍、情充理足的血色悲壮，也使其突破了固有的功能定位，负载起更加沉重、严肃的历史使命，在整个八股文史上留下了独有的悲壮而瑰丽的一章。

八股文理论家艾南英曾在论述八股文时说过：

“夫文章之道，始而质，终而文，然后盛极而衰。迨衰矣，又有维且挽之者而复盛。”①

应当肯定，艾南英这番话客观地反映了明代八股文的发展过程。明代八股文历经正德、嘉靖的繁盛之后，至天启年间已出现全面文学化而形成的所谓衰颓，而至崇祯年间“又有维且挽之者而复盛”。而“维且挽之”的原因，在于时代剧变所形成的强烈刺激，激发了士人爱国忧民，以天下为己任的社会责任感的回归。

作为一种考试文体，八股文是为向士子传输孔孟之道、识别培养具有儒家道德价值观的。清康熙时蔡世远说过：“夫时文亦代圣贤以立言者，只要心得，而写以时文之体势耳。心有实得，则文字自有精采，科名在其中矣。”② 故它特别注重经学性内容即心得的纯正。从文体自身发展的逻辑而言，八股文自洪武创制，历经建文、永乐、洪熙、宣德、正统、景泰、天顺、成化、弘治，其体式方臻完备，功令才至周密，经学性方独占话语权。正德、嘉靖则文学性辅助经学性；至隆庆、万历文学性高扬，去经学性已成潮流，变革之风顿起；由于变革之无序，不但无由阻止八股文极其圆熟之后的衰变，反而生出种种弊端。从万历末年开始至天启年间，八股文成了反程朱，去经学性之载体，影响所

---

① 艾南英：《文定序上》，崇祯刻本。

② 蔡世远：《二希堂文集》卷八，《寄宁化五峰诸生》。《四库全书》集部七，第1325册，上海古籍出版社，1980年。

及，导致士风官习的全面败坏。这些变化是八股文自身发展规律的必然结果，亦是与八股文命运息息相关的时代变化使然。

然而，到了崇祯年间，受时代剧变的影响，崇祯的八股文坛掀起了一个声势浩大的救亡运动，给全面去经学化的八股文注入了一股强大的活力，使内容本应更加文学化的八股文一度出现了起衰去弊的气象，这种背反现象在八股文史上造成一道奇特的风景线。清初吕留良曾对这一现象作过概述。他说："崇祯朝加意振刷，辛未四年（1631）、甲戌七年（1634）、丁丑十年（1637）崇雅黜俗，始以秦汉唐宋文发明经术。理虽未醇，文实近古。庚辰十三年（1640）、癸未十六年（1643）忽流为浮艳，而变乱不可为矣。"①

崇祯改元，祸国殃民的魏忠贤被放逐后自杀，阉党土崩瓦解，党禁已实际解除，纪纲曾出现重振之象。但崇祯刚愎自用，猜疑刻薄，察人不明，信用周延儒、温体仁这样的奸人为首辅，致使庙堂之上，门户相角，党争复起，朝政重趋腐败，导致蓄之既久的各种社会矛盾至此时总体爆发。

由于军队内部及官场的腐败，加之决策者的无能，致使边患日亟。满族八骑之铁蹄不时越过长城，大举入侵，几度横扫山东、河北，威逼北京。为了抗击异族入侵，应付无穷的战争，只得增兵加饷，而国库空虚，又只得加粮增赋。原本就被贪官污吏、地主豪强威逼得无以为生的老百姓便只有卖儿鬻女，流离失所。加上天灾不断，流民遍地，饿殍盈野，终于爆发了明末流民的大叛乱。

异族入侵未有尽时，流民叛乱又风起云涌。为了镇压流民叛乱，又需征粮派赋，迫使更多的流民为生存而加入到反抗的队伍中去。从天启末年开始，中国社会便处于这种大动荡、大分化、

① 《吕晚村先生论文汇钞》，康熙五十三年刻本。

大震撼之中，大明王朝的倾覆已在指日之间。

这种空前的剧烈变化，把国家和秩序的意义推到了首位，对明季士人形成了空前强烈的刺激，尤其是由长期的八股文写作培育出来的文化心理所受到的冲击更为激烈。天启、崇祯时许多一直尊奉儒家思想的士人奋起救亡图存，他们的政治关怀和文化关怀带有空前的悲壮色彩。清代著名八股文学家方苞曾说过：

"余观明至熹宗时，国将亡，而政教之扑也久矣。而士气之盛昌，则自东汉以来未之有也。方逆奄魏忠贤之炽也，杨、左诸贤，首罹其锋，前者糜烂，而后者踵至矣。"①

而过去许多受到新兴意识的影响，曾经放弃了对扼杀人性为主要特征的儒家伦理道德的尊崇，突破了以《四书》、《五经》所蕴含的传统观念的束缚，去追求主体意识与个性张扬的士人，其自幼即由八股文写作训练积淀形成的儒家文化心理又复活了。他们搁置了对思想解放的追求，自觉地回归到儒家正统思想范畴之中，选择了可以拯救危亡的实用之学和可以重整朝纲的秩序之学，也奋起为救亡图存而效力。

其中一批饱学有志之士，其文化关怀尤为深切，他们选择了振兴八股文为其救亡之道，"以兴起斯文为任"，从而在八股文坛掀起了一个声势颇为浩大的救亡振兴运动。清人赵翼曾有诗云："国家不幸诗家幸，赋到沧桑句便工。"时代剧变所造成的士人思想、心态的改换，为行将就衰的明末八股文注入了生气与活力，使它在明末的夕照中呈露出苍凉的血色辉煌。

明末那些既有精深的才学与识见，又对国家和人民有着深切的政治和文化关怀的士人面对天崩地裂的变局，纷纷作出文化层面的思考。在他们看来，从万历季年以来的朝政之所以如此黑暗，政局之所以这样危殆，与士习有很密切关系。晚明学者沈承

① 《方苞集》卷十四《修复双峰书院记》，上海古籍出版社，1983年。

曾在崇祯初说过，官场之所以如此黑暗，是因为士人之“习坏也。才术精神全工于奔走窥瞰，暖一青氈不暇，何暇理残卷？是故挟刺悬书，望门钻穴，卖名声，攫通显，习染成狂，不复知耻”[①]。这样一些不读经书，只会钻营的人“一入仕途，辄多不轨不物”，“服官而不顾职业，营生而不顾名声”[②]。他们立朝，便只会蝇营狗苟，好点的只会明哲保身，听任阉党与奸邪之徒横行；其下者会不顾名节，认贼作父，与奸党狼狈为奸。官场黑暗源于士习败坏，这是明末志士们的共识。

他们在探讨士习败坏的原因时，又追溯到明季八股文的败坏之上，因为这些官员都是在万历中叶以后由文体变革后的八股文培养出来的。八股文的经学性直接关系到程朱理学的命运。在明代，八股文与程朱理学是互为表里的。统治者以八股文来向士人推销程朱理学，又以程朱理学来统一士人的思想。八股文的状况决定程朱理学能否统一规范士人的思想。

而八股文的败坏又出自种种原因。

吴梅村在《古文汇钞序》中指出，明季八股文的败坏的原因是太追求时尚而丢弃了传统：

“南宋后，经生习科举之业，三百年来以帖括为时文，人皆趋今而去古，间有援古以入今，古文时文或离或合，离者病于空疏，合者病于剽窃。”[③]

沈承指出，只读墨卷选本造成八股文的败坏。他说：“措大穷年濡首，惟数行熟烂科举帖括……六经且束高阁……横襟攘袖，借笔舌为先资，而又不肯深心学问”[④]，这是造成八股文经学性衰变的首要原因。天启五年乙丑（1625）科进士凌义渠在崇祯

① 沈承：《文体策》，《古今图书集成·选举典》第七十六卷。
② 凌义渠：《正文体疏》，《古今图书集成·选举典》第七十六卷。
③ 《吴梅村全集》卷第三十二，上海古籍出版社，1990年。
④ 沈承：《文体策》，《古今图书集成·选举典》第七十六卷。

初年所上之疏中指出："六经不惟大事业出其中，节义文章亦莫能外。今士人本经业多卤莽，他经尤不寓目，朝夕诵读，惟是坊肆滥刻，何当施用?"① 士人连六经都不愿读，又怎能做到"遵经依注"呢？弃经不读的结果只会养成"明弃师说，踏空求奇"，"悖违祖训，侮弃前修"的士风。这样的人一入官场，"辄多不轨不物"。

他们认为，不遵守八股文体式，是造成士习败坏的又一个重要原因。

凌义渠曾指出："近日士子藐视矩矱，恣意猖狂，则颠倒甚也。限字有格，而或泛滥浮淫，冗至千馀，则骈枝甚也。或题中虚字不过助语，而牵缠不已，则支离甚也。又案牍俚言，漫入圣贤精语，则猥鄙甚也。至割裂扳扯，恢张高大，非其文义，则荒唐甚矣。皆体要不存，逾闲荡检之先证也。"②

在这些人看来，万历末年之后，八股文文字靡丽乖谬，文学性大张，是造成士习败坏的又一重要原因。

在万历末年和天启年间担任过内阁首辅的叶向高曾经指出：

"今天下之病，全在举业。文字诡谬，故服官莅政，大而辞命章奏，小而尺牍文移，率皆乖剌不通。孟氏所谓生心害政，于兹见之。"③

这些欲以振兴八股时文来救亡的人还认为，万历末年之后八股文的文学化是造成士人慕尚浮华习尚的原因。艾南英就对八股文只求文采，不尚质实的风气进行过批判。他说：

"吾痛悲夫文采盛矣，而功名不立，视祖宗朝惇尚质实，抑退浮华之意，抑何远也。"④

---

① 凌义渠：《正文体疏》，《古今图书集成·选举典》第七十六卷。
② 凌义渠：《正文体疏》，《古今图书集成·选举典》第七十六卷。
③ 叶向高：《周生制义序》，《古今图书集成·选举典》第七十六卷。
④ 艾南英：《文定序上》，崇祯刻本。

正是因为那些寻求救亡图存之道的士人们把八股文文风的变化视为士习乃至官场风习败坏的本源，所以他们便把振兴八股文当成了挽救国家危亡的重任而扛负在肩。于是，在崇祯时期，一场颇具声势的振兴运动便在八股文坛中掀起了。张溥的一段话充分表现出他们的意图："新天子即位，临雍讲学，丕变斯民。生当其时者，图抑赞万一，庶几尊遗经，砭俗学，俾盛明著作，比隆三代，其在吾党乎！"①

这场八股文振兴运动，首先在各种文社中展开。

明代末年，文社盛行，崇祯时尤多。这些文社"多者数十人，少者数人。谓之文社，即以文会友"②。所谓以文会友，就是在一起切磋八股文。崇祯时徐世溥在《蔚社亭序》中说："往吾先公诸执友之为社也，月有课，岁有帙。疑义窒辞于是乎质之，闻过于是乎规之，不闻其竟于刻以为名也。今剞劂之事亦太繁且滥矣。"③ 由此可知，这些文社中"月有课，岁有帙"，就是每月要出八股文题，作后又聚在一块文酒共议，评述其优劣得失，以提高其写作水平与对《四书》、《五经》的理解能力，并将一年所作刊刻成集，以广流传。有的文社还议论朝政，砥砺品德，带有一定的政治倾向。既然明季的文社都以进行八股文写作研讨及与写八股文有关的经史的探讨为主，那么崇祯时八股文的救亡振兴必然会从那些有较强政治倾向的文社中兴起。

这些以振兴八股文为救国手段的文社以复社和几社最为著名。

复社于崇祯二年己巳（1629）开始筹备，崇祯五年壬申（1632）在苏州虎丘举行成立大会，与会者达几千人。其主要领

---

① 陆世仪：《复社纪略》，北京古籍出版社，2002 年。

② 见《吴梅村全集》卷第二十四《复社纪事》，上海古籍出版社，1990 年。

③ 见《明文海》卷三百十三《时文序》。

导者为“娄东二张”，即张溥、张采。复社是一个继承了东林党人传统，具有较强政治色彩的文化社团。在政治上，它积极干预政治，议论朝政得失，反对阉党残馀势力，故加入者多为正直士人。在学术上，“兴复古学，务为有用”①，其“复社”之名，即体现了这种宗旨：“复者，兴复绝学之义也。”② 在八股文的写作上，他们极力主张复兴万历末年以来已经放弃或篡改了的儒家正统思想，并学习秦汉文的写作方法，以振兴已经衰颓了的八股文。

张溥在与其好友、八股文名家项煜的高足、崇祯时的八股文高手周钟谈论八股文写作时说：

“夫文之通经学古者，必以秦汉之气，行六经、《语》、《孟》之理。”③

这段话便是复社在八股文振兴运动中的指导思想，即以经学倡，复社人以经学性的强弱作为衡量八股文优劣的标准。

几社则是由华亭人陈子龙与其同邑好友夏允彝等人在崇祯二年己巳（1629）发起成立的。因华亭古名云间，故这些人的诗文又被称为“云间派”。几社有与复社相似的政治倾向，它成立后即与还在筹备之中的复社遥相呼应，介入政治。其几社之名也可看出它的立社宗旨与复社的相同之处：“几者，绝学有再兴之机，然后得几其神之义也。”④ 所谓“再兴”“绝学”，就是要恢复被万历末年以来已被士人们普遍放弃了的儒家正统学说，恢复儒家伦理道德体系，以维系朱明王朝的纲纪，挽救朱明王朝摇摇欲坠的统治。

---

① 吴伟业：《复社纪事》，《吴梅村全集》卷第二十四。

② 杜登春：《社事始末》，艺文印书馆据艺海珠尘本影印本。

③ 张溥：《与周介生论文书》，上海古籍出版社，《续修四库全书》本。

④ 杜登春：《社事始末》，艺文印书馆据艺海珠尘本影印本。

几社是崇祯时以振兴八股文来挽救士心、士习，进而挽救官场的一股主要力量。其为文的主张集中体现在陈子龙为壬申年(1632) 选编的几社诸子文所写的凡例之中：

“文当规摹两汉，诗必宗趣开元，吾辈所怀，以兹为正。若晚宋之庸沓，近日之俚秽，大雅不道，吾知免矣。”①

几社的士人们都是主张经世致用的，既然他们欲把八股文作为拯救士心、救亡图存之工具，其八股文必然会力避空疏，以切时事。特别是陈子龙以史学倡，欲以史切入现实，干预时政。所以八股文大师罗万藻在评述他们的八股文时说：

“云间则又以昌明博大之文倡天下。”②

在崇祯年间的八股文救亡振兴运动中出力最多，影响最大，成就最高的得数“江西四子”艾南英、章世纯、罗万藻、陈际泰，及与之关系密切，志同道合的金声、黄淳耀等人。

“江西四子”与金声、黄淳耀等人虽未结社为盟，但他们都是八股文写作高手，又有共同的写作理念，共同的救亡目标，所以他们之间的关系比结社为盟更为密切，思想更趋一致，且他们中大多数为江西人氏，故被人称为八股文坛的江西派。

虽然同为振兴八股文的救亡者，他们的为文理念却与复社和几社诸位主将不同，他们反对前后七子的拟古文风，坚守成、弘旧法。为了拯救八股文之时弊，在师法古人上他们主张取近不取远，认为八股文要“救斯病也，莫若以今日之文救今日之为文”③。艾南英特别指出：“制举之业，至今日败坏极矣，群天下聪明才俊之士所奉甚尊，所据甚远，而究归于臭腐而不可读，而

① 陈子龙：《壬申文选·凡例》，《安雅堂稿》，明末刻本。

② 罗万藻：《庚辰房书衡序》，《明文海》卷三百十一《时文序》。

③ 艾南英：《戊辰房书删定序》，载《明文海》卷三百十一《时文序》。

岂非空疏不学之过欤?”[1] 他所说的“所据甚远”、“空疏不学之过”，指的就是当时一部分人重蹈前后七子“文必秦汉”的复古主张，他们坚决反对这种倒退行为，因为“吾尝谓两汉之文不必尽古，而极衰之文亦未尝不自两汉始也”[2]。

江西派的主要人物都是学富五车，雄视千古，且以天下为己任的才士。他们认为只有自己才能使八股文起衰振兴，承担起救亡之任。“从古文章之变，必有人焉从中救之”[3]，这些能“从中救之”的人，只有他们自己。所以凡属与他们的为文意见相左者，他们必与之辩论；凡属八股文不合于他们所制定之标准的，他们必予以揭露和批判。以他们的才学与影响，以他们节操之高尚，当时之八股文坛没有可以与之争锋者。

他们振臂一呼，天下四合响应；他们的锋芒所指，无不望风披靡，崇祯的八股文风为之一变。所以俞长城说：

“天崇之间，文体败坏已极，一时转移风气者，豫章诸君之力居多。”

艾南英曾自述江西派的去衰努力时说：

“向者，吾乡一二同人以通经学古挽回斯道，而吾大士为功之首。”[4]

他还回忆说：

“予与陈大士、罗文止三人者，起而振之。”[5]

清人梁章钜亦说：

“天、崇之文，理不及成、弘，法不及隆、万，可谓文体之衰。赖有江西四子等之作，思力识见，才气典奥，足以振起之，

---

① 艾南英：《戊辰房书删定序》。

② 艾南英：《序王子巩观生草》，载《明文海》卷三百十二《时文序》。

③ 俞长城：《可仪堂一百二十名家选·序》，康熙三十五年刻本。

④ 艾南英：《吴逢因近艺叙》，载《明文海》卷三百十二《时文序》。

⑤ 艾南英：《序王子巩观生草》。

称为金、陈、章、罗，不仅上接归、王也。”①

为了振兴崇祯时的八股文，这批以救亡图存为目标的志士们采取了种种起衰去弊的措施。

在他们看来，万历末年以来八股文之所以衰颓，其重要原因在于士子所读的全是出自里巷腐儒、塾师所选批的坊刻庸腐时文，与猥琐之行稿社义，而《四书》、《五经》全弃之不读。至于由各科主司所拟作之程文墨义，更是士子们争相揣摩记诵的宝贝。而万历末年以来各科主司所作之范文“无以颉颃于先正诸君子，而仅与剿腐庸弱之程差有以异”，如此浅陋猥庸之文却使“浅学腐生以为是已信之货，虽粪秽瓦砾咀嚼而拜跪之”②。

为了对抗这些把广大士人引入歧途的坊刻与程文墨卷，八股文振兴运动的主将们便选刊从成化、弘治以来各大家的优秀八股文，并细加批点，藉此把人人都读的八股文选本引入正途。如在振兴八股文的运动中建树最大的艾南英即先后选编、评点、刊刻了《明文定》、《明文待》、《增补文定待》等风行海内的八股文选本。几社和书坊合作，选刻了《几社会义》七集。以后有《求社会义》、《几社景风》等选刻。陈子龙则选刊了《六子会义》。周钟则有《经义诸选》，钱禧等有《同文录》，马世奇选刊《澹宁居集》。张溥、周钟有《复社国表》之刻等等。他们欲以这些思想醇正，足以阐发微言，羽翼大义，为后学津梁，且文风质朴，语言雅洁，体式标准的名家名作，以及他们的评点所揭示的方法来导引“天下方习尚浮腐饾饤经语、子语，以日趋于臭败”的八股文归于雅正的传统之路。

他们还刊刻自己的八股文，为广大士人提供当代八股文以作学习的范文。

金声、陈际泰、艾南英、章世纯、罗万藻、黄淳耀、陈子

① 梁章钜：《制义丛话》卷三，咸丰九年广州重刻本。
② 曾异撰：《叙庚午程墨质》，载《明文海》卷三百九。

龙、张溥等八股文振兴运动的主将们，都是八股文写作的高手，其文皆有感而发，“借经义以道世事，发挥胸中之奇”①，贴近现实，又各具特色，是导引士子把救亡图存思想贯注于八股文之中的最好范文。所以他们便选刻自己的八股文行世。如“章世纯与同郡艾南英、罗万藻、陈际泰以兴起斯文为任，刻四人所作行之世，世人翕然归之，称为‘章、罗、陈、艾’”②。陈际泰刻有《陈大士近稿》，金声刻有《金正希稿》，艾南英则有《前历试卷》等。

艾南英自述说：“自四家之文出，而天下知以通经学古为高。”③ 可见此举成效之好。

八股文去衰运动发起者的一项重要举措是将历科房稿及程墨进行删改，并加以评点后予以刊行。如艾南英就将崇祯元年戊辰（1628）科的房稿进行删改后刊行了《戊辰房书删定》；曾异撰于崇祯三年庚午（1630）刊刻了《庚午程墨质》；罗万藻则将崇祯十三年庚辰（1640）科房稿加以筛选和评点后刊发了《庚辰房书衡》；陈弘绪则将崇祯七年甲戌（1634）科房稿从文体的角度加以评述后刊行了《甲戌房稿辨体》。

为什么崇祯时从事八股文去衰振兴运动的人要花费那么多的精力去删改、评选历科程墨与房稿呢？因为历来十八房墨稿与程墨是不正文风的源头。

天下士人无不重视、揣摩房稿闱墨。因为它们昭示了主司的选文标准、价值取向，关系到士人们的功名前程，而成为八股文风的指向标，士子们学习、揣摩的宝物。

然而房稿闱墨往往水平不高，甚至不如“剿腐庸弱”之文。

---

① 《方苞集·集外文》卷八《礼闱示贡士》，上海古籍出版社，1983年。

② 卢前：《八股文小史》，中华书局，1934年。

③ 艾南英：《四家合作摘谬序》，《明文海》卷三百十二《时文序》。

其原因有多种。

其一，考试时间匆促，且气氛紧张，考生顾虑重重，情绪紧张。“即真有雄才博学之士，一入闱中，而上之睨限体之功令，下之虑盲目之主司，内顾而又有贱贫失路之感。稍欲抵掌而谈，则瞿然嗫嚅，次且蹙戚靡骋。夫虽有奔尘追电之雄骏，而伏枥顾后，失驰虞前，俛然若喑，若蹶，逡巡于四达之衢，而俛得九方之一睬。”① 在这样恶劣的考试气氛之中，以如此失常之心态，难有几个人能将七篇八股制义写得雅正雄奇而又中规中矩的。

其二，试官中不少人既无才学，又无眼力，是一些被蒲松龄在《聊斋志异》中屡屡讥嘲之“盲试官”。明末苏翔凤说：“文运盛衰，大由主考，小由学使……今者未窥堂奥，滥得科名，即秉衡文之笔，取其腐烂则曰醇正，取其浅薄则曰清真，取其散乱则曰变化，取其痴肥则曰博大，取其苟简则曰老成，取其随题平叙则曰得法脉。考官以取士子，士子复为考官，展转波靡，罔知底止。”② 明末文士顾大韶曾说：“使考官而能辨文章，则天之所以贵贱人者，人得而夺之矣。”③ 这样的试官所取之文质量之差是可想而知的。艾南英十八岁考取秀才，乡试七次都未中，四十二岁才中举，其后屡赴会试而失利，对其中试官之情况了解最为透彻。他说：

“今主司之所录者，未必皆舆论之所推；舆论之所推者，未必尽为主司之所录。以俚语谚说、浮薄不根之文簧鼓后进，其权又足以进退天下之士，而士亦从而宗之。彼非以其贤其德服人也，以其强大服人耳。呜呼！取空疏庸稚之人，被以冠服，隆以爵宠，又使其子孙身都富厚。而问其所由进者，则俚语谚说，浮

① 曾异撰：《叙庚午程墨质》，《明文海》卷三百九《时文序》。

② 苏翔凤：《甲癸集自序》，转引自《制义丛话》卷之二。

③ 顾大韶：《书十八房后》，《明文海》卷三百十一《时文序》。

薄不根之文也。天耶！人耶！”①

艾南英所深恶痛绝的“俚语谚说，浮薄不根之文”，都载于那些“盲试官”们选中而刻的房稿闱墨中，“而士亦从而宗之”，从而败坏了文风。故欲使八股文起衰去弊，就必由矫正房稿闱墨做起。所以艾南英等人不但将历科房稿进行了删改，以纠正其中之错谬，还以质疑的方式刊刻程墨，让房稿程墨之乖谬尽昭示于世，使士人们懂得应如何正确地学习揣摩范文，不至堕人恶道。

对于那些不负责任的试官，他们也将其所阅之卷刊行于世，以便让他们吸其教训。艾南英就将房官项煜仅看其首艺数行就弃之不录，而水平的确很高的七篇应试时写就的八股文刊行于世，以致天下大哗，让大名鼎鼎的项煜大出其丑。

更为难得的是这些八股文振兴运动的主将们，为了让天下士人能真正认识到当时八股文弊病之所在，他们还将自己所作的八股文中不合于雅正之道的谬误一一摘录出来，加以批评，然后刊行于世。艾南英就编刊了《四家合作摘谬》一书。他在《序》文中说：

“取大士（陈际泰）、大力（章世纯）、文止（罗万藻）与予四人先后制举之文，录其合于法与道者，而又摘其谬者，然后四家之功罪明。”②

他指出：

“四家之中，亦有乐其纤诡灵俊，偶一为之者，所谓辞文有不尽纯焉……故取四家之文删其支辞，存其正论，上本孔孟，中法程朱，而一禀于帝制，然后四家之功著于天下，既使承学治古文者有所折衷，而又以哀痛恻怛之意与天下共见之，使之好学而深思也。”③

---

① 艾南英：《黄章丘近艺序》，《明文海》卷三百十二《时文序》。

② 艾南英：《四家合作摘谬序》，《明文海》卷三百十二《时文序》。

③ 艾南英：《四家合作摘谬序》。

各种类型的八股文选本的大量刊行，影响很大，对矫正自万历季年以来八股文的各种弊端，推行其以整治八股文风来救治士心，改变士习的宗旨起到了一定的作用。八股文振兴救亡运动的主将艾南英在崇祯中期回顾这桩工作时说："自《文定》、《文待》二选行于今，已七年矣。房牍、行卷、社刻踵至，人文日新，海内为正学者，日坚且明。加以先正一二遗文，向时网罗未就者，共积至数千有奇，约之为文七百有奇，以增续旧选，俟坊客有馀力而后合之。余于是叹圣贤之道，非果难明也，患无以倡之而已。"①

为广泛推行其救治八股文的主张，这些志士们还利用为各种八股文选本撰写序言，以及替志同道合者的八股文集写序的机会，大力阐述其救治八股文的道理、方法；对万历以来八股文的各种弊端予以无情揭露，并鞭辟入里地分析其产生的根源。仅艾南英就写过《明文定序》上、下，《明文待序》上、中、下，《增补〈文定、待〉序》、《戊辰房书删定序》、《王康侯合并稿序》、《吴逢因近艺叙》、《王承周〈四书〉艺序》、《序王子巩观生草》、《前历试卷自序》、《金正希稿序》、《陈大士近稿序》、《朱诚一近艺序》、《黄章丘近艺序》、《四家合作摘谬序》等数十篇之多。章世纯则有《半舫斋稿序》、《太行程生文序》等篇。金声有《房书序》、《任淡公文序》等篇。张采有《太乙山房稿序》等篇。罗万藻则有《王子云制义序》、《孙硕肤制艺小序》、《李小有制艺序》等篇。陈弘绪有《甲戌房稿辨体序》等篇。曾异撰有《叙王有巢文》、《周亮如制义序》、《序刘子卮草》、《徐文匠制义序》、《自叙〈四书〉论世》、《序龙虎吟》、《叙旅誓》、《叙庚午程墨质》、《序癸酉闱牍抄》等篇。

这些针对性很强的序言附着在各种八股文刊本之上，随之而

---

① 艾南英：《增补〈文定、待〉序》，崇祯刻本。

广泛流传。八股文主持者们的写作理念与主张既与时代精神相契合，很快便深入人心。万历以来八股文的种种弊端经过他们系统、深入地剖析，其本源及危害都昭然若揭。读了这些序言，许多士人自幼由八股文写作所培养起来的，受时代影响一度被蒙蔽了的儒家文化心理又被激活了，他们经由这些序言的启蒙而豁然醒悟，积极投身于八股文救亡振兴的运动中去。

为了探求八股文振兴之道，在这些八股文振兴运动的主持者之中因所见不同，曾开展过大辩论。

崇祯元年（1628），艾南英与陈子龙等人相会于娄江，就为文是否应师法秦汉而与陈子龙等人展开一场大争辩。后来，两人还作书往返辩论，各持己见，虽谈不上谁胜谁负，但扩大了八股文振兴救亡运动的影响。仁者见仁，智者见智，不同的士人从中获取了不少于己有益的信息和知识。

在一大批忧国忧民，富有社会责任感的志士努力之下，崇祯时期的八股文振兴运动收到了明显的成效。许多士人改变了旧有的为文方法，向雅正的传统靠拢，使八股文逐渐恢复了原有的载道功能，儒家正统思想又通过八股文灌输到了广大士人心灵中。这对挽救朱明王朝的统治无疑是有巨大作用的。对这些变化，艾南英有过具体的描述，他说：

“十馀年前，士子谈经义辄厌薄程朱，为时文辄诋訾先正，而百家杂说、六朝偶语，与夫郭象、王弼、《繁露》、《阴符》之俊句，奉为至宝，今皆为众所唾弃。而士子一禀程朱，虽如蔡氏《蒙引》、林氏《存疑》，向所号为老生常谈者，亦莫不明其绎赞经传之功，而家有其书，人习其旨归。至于制义规摹先正，又皆聪明才智、倔强武健、学力过人之士，中悔而改图者，不能悉数。及观其所为古文词，虽力量弗逮，而已能知宋、元、国初以来作者之意。”[1]

晚明著名文士陈弘绪说：“数科以来，房选如予友受先、天如、介生、千子、维斗、伯宗、公亮、尔公诸君子，各有明道匡俗之功，前此所未有也。由是缝掖呫哔之儒，不以一日进取之牍为准，而以诸君子丹铅之业，晨哦夕诵。选者之权，遂足夺主司之势。”[2] 由此可见八股文振兴运动收效之巨。

晚清周以清说：“逮至天、崇，而体败坏极矣（理不及成化，法不及隆、万）。赖有正希、大力、文止、千子、大士、黄蕴生、杨以任、陈卧子辈起而振之。其所为文或以思力胜，或以识议胜，或以曲老胜，或以妙悟胜，或以峭折胜，或以幽隽胜，或以才情胜。体格不同，以之上接王、归，皆可与诸大家并重不朽。”[3] 由此可知这些志士之文采风流，他们以程朱的思想，文学的形式来振兴八股文。

崇祯时的八股文振兴救亡运动，给晚明的八股文注入了一股勃勃的活力，各种感时伤世，救国救民的思想都借八股文这种文体而表抒，使八股文一扫万历末年以来的空疏、浮华之风，多了几分深沉的真切之感，充满了或雄奇，或悲壮，或沉郁的真气，理足气充，言之有物，在八股文史上留下了空前绝后的，带有绝望意味的血色辉煌。这是时代巨变所激发出的特定的情感凝聚之所致，不能把它视为少数人甚至是某几个人主观追求的结果，而是被时代呼唤而至的群体壮怀激烈。特别是当这些八股文救亡运动的主将们一个个慷慨为抗清救国而就义时，其文章就更显出了圣洁、沉郁的色彩，在八股文史上留下了最为光辉的一页。

不过也应当指出，崇祯时的八股文振兴运动既没有将明季的

---

① 艾南英：《增补〈文定、待〉序》，崇祯刻本。

② 陈弘绪：《甲戌房稿辨体序》，《明文海》卷三百十三《时文序》。

③ 周以清：《学海堂初集》卷八，《四书文源流考》，光绪启秀山房刊。

八股文从衰颓中解救出来，更没能挽救明王朝覆灭的命运。在八股文坛上，“文体芜秽”之文仍在大量炮制。大部分士人，包括那些高官隆爵，手握衡文选士大权的主司们仍醉生梦死，我行我素，“方怀庙时文体儇诡极矣”① 的大局仍未能改变。正如近代学者所评述的那样，“万历以后积习难返，及于末年文体靡丽，佛经语录尽入于文”②。而恰恰是这种文体“晦冥蒙翳，与运相符”③ 的时文，准确地反映出明季的社会状况与士人颓废、绝望的心态。八股文振兴运动所造成的晚明八股文的血色辉煌，只不过是一种明知不可为而强力为之的悲愤呐喊，是一种痛苦的挣扎，是落日将沉前的一抹回光返照，给后人留下的只能是苦涩的苍凉与深深的叹息。

第二节　慷慨悲歌、理实恢奇与靡丽空疏之风相对峙的崇祯八股文坛

作为结有明二百多年八股文之局的崇祯时期，存在着两种截然不同的八股文的尖锐对立。一种是欲以八股文来救亡图存者的八股文，它所发抒的是壮怀激烈，感时伤世的情感，表达的是忧国忧民的悲切之思。它以清刚警卓之风，开有明二百多年八股文未有之局。其体式则灵巧多变，只求言意表情，针砭时事，而不受八股格式的羁束，因而议论酣畅，淋漓尽致，每多创见。另一种则反映了晚明士人颓丧沉沦的末世心态。它以靡丽颓废、空疏淫巧之风，纡徐慢易之气，在已流为恶滥之调，庸鄙之法的机法时调中讨生活，结有明二百多年八股文应有之局。

---

① 见吴兰陔对钱禧《闻有国有家者》一节题文的评语，《天崇合钞》，乾隆刻本。

② 卢前：《八股文小史》，中华书局，1934 年。

③ 俞长城：《可仪堂——百二十名家选·序》，康熙三十八年刻本。

两种八股文代表着晚明社会两种不同的人生观；两种八股文的相互对峙，反映出了崇祯国运的盛衰变化。救亡图存者的八股文一度曾在崇祯八股文坛占据上风，使晚明的八股文一度出现了起衰振兴的气象。然而，可怜无补费精神，在满人八旗铁蹄的践踏之下，在李自成、张献忠造反大旗下的刀光剑影之中，明代八股文伴随着铁血烈火，与朱明王朝一起衰败。兴，与朱明王朝俱兴；衰，与朱明王朝俱衰。八股文的时代性，在朝代兴替中表现得最为明显。

应当明确的是，崇祯八股文，无论是何人为之，其文学化的程度达到明代八股文史上的最高，其技巧纯为古文技巧，其体式多为古文体式，其语言工丽，音调和谐，颇似文学语言，连其内容都以性灵出之。后世对崇祯文的高度评价，其因盖出于其文学性之强；对它进行贬斥，也在于其文学性压倒了经学性。吕留良说："八股与诗、古文只体格异耳，道理、文法非有异也。"① 崇祯时文既然连体格都与古文相同，则其与古文合二为一则是必然的。

崇祯八股文坛最受世人及后代所关注的，当然是反映了时代精神的，救亡图存者的八股文。这种八股文在崇祯这样一个特殊的社会环境中，最能体现八股文创立的宗旨，反映其功能，虽然在形式和表现手法上它与别的时代有所变化，但其内容仍散发出浓郁的传统气息。故吕留良说："崇祯初一变为古文之学，多以驰骋浩衍，雄深苍劲为胜。"②

明、清两代的八股文学者都以唐诗来比配明代八股文，认为晚唐诗相当于崇祯的八股文。明末苏翔凤在《甲癸集》的序文中论及崇祯的八股文即持这种观点：

---

① 《吕晚村先生论文汇钞》，康熙五十三年刻本。

② 《吕晚村先生论文汇钞》，康熙五十三年刻本。

“启、祯则晚唐矣。诸君子以六经深其义，以《史》、《汉》广其气，以宋儒端其范，以兵、农、礼、乐之志明其用，以得失是非之故大其识，以参观典藏长其悟，以博览杂记益其慧，固与先正所尚略同。而其时庙堂之上，门户相角，妇寺擅权，忠良僇辱，作者感末运之陵微，抒所怀之愤激，故其质坚刚，其锋锐利，三百年元气发挥殆尽，此起衰金石也。然而服是剂者亦难矣。盖名理精于江右，经术富于三吴，而谈经济，论性情皆擅其长，大力之沈挚，千子之谨严，文止之修洁，正希之朴老，大士之明快，允彝之精实，卧子之爽亮，陶庵之恺切，伯祥之古奥，维节之孤峭，长明之幽秀，二张之典丽精硕，欧、黎之淡远清微，登颠造极者指不胜屈。而其所言者，大之化育阴阳、兴亡治乱、纲常名教、性命精微，小之及鸟兽草木之情、饮食居处之节，凡三才所有，无不晰其神明，得其情状。”①

苏翔凤的这番话，较为准确地揭示了崇祯时以八股文救亡图存者的为文特征，及其代表人物的独特风格。

这种特征首先表现在“作者感末运之陵微，抒所怀之愤激”，能于八股文中说自己想说的话，也就是方苞所说的是“有所感触而后为之，借题以发摅胸臆”②。特别是许多士人“目击崇祯末年情事，借题以抒其愤激之心，异人异文”③，层出不穷。这个特点，存在于所有欲以八股文来救亡图存者的文章之中。江西派四子是这样，几社、复社成员是这样，连那些不太为人所知的文社如求社、赠言社、昭能社等无不这样，使崇祯的八股文呈现出前所未有的，以史为依持来讽喻时事，紧贴现实的特色。

由于这些志士是目睹崇祯年间国事大坏，“感末运之陵微”，

---

① 苏翔凤：《甲癸集自序》，转引自《制义丛话》卷之二。

② 《方苞集·集外文》卷五《与贺生嵂禾书》，上海古籍出版社，1983年。

③ 见《制义丛话》卷之七，咸丰九年广州重刻本。

“借题以抒其愤激之心”，故其文章充满沉郁悲壮、慷慨激昂之气。所以清代焦南浦说，读金声、黄淳耀等人的八股文，“如雷霆在上，不敢萌一毫私念，廉顽立懦，先生之功，于是为大”①。

李模之《省刑罚薄税敛》题文，之所以写得精警异常，悱恻动人，成为明代八股文之名篇，其因即在于作者借这个题目发抒了对崇祯时官贪吏残，增赋加税，有司以催科听讼为繁，百姓流离失所，民不聊生之不满。文章阐述了孟子施仁政的思想。针对严酷的社会现实，作者特别强调要去刑罚，薄税敛，不残民命，不困民财，方能安定天下的思想，悲时伤世，寄托良深。所以青照楼说此文“对照时事，讲出所以不省刑罚薄税敛，与所以当省刑罚薄税敛之故，立言痛切”。张兰陔评论此文说：“此作上承雪耻，下对制梃，处处不离宗旨，切理厌心，陈言尽去，省、薄说得有经济，故觉悱恻动人。”②

既然这些志士要为救亡图存效力，那么他们的八股文便不会只停留在借题以发抒对现实的批判上，而会向更高层次迈进，即借题以献救国之策。诸如此类的八股文，触目可见，这便使崇祯的八股文形成了一道亮丽的风景线。其中充盈激荡着的忧国忧民之思，千百年来仍在深深地激励着人们的爱国情思。

吴韩起的《人伦明于上》题文即是一篇以八股时文来探寻救国之道的名作。该作以“国托于民心，故以明伦之事终之也”作破题，一开篇即将“明伦”与救国相联系。其承题为“盖民亲则心固，而后国可得而为也。上之明伦，又乌可以已”，更是针对时局，提出以“明伦”来固民心，救国危的见解，一颗拳拳为国之心，跃然纸上。《探征集》中评说此文云：

“篇中着眼在‘亲’字，责成在‘明’字，句句照应‘恒

---

① 见《天崇百篇》对金声文评语，道光二十五年刻本。

② 以上两段话均引自《天崇百篇》该文评语，道光二十五年刻本。

心'，抱转为国，脉清气爽，何其神似眉山也。”

张兰陔则称赞此文“眼光阔远，议论绝大，中后四比，发挥伦明、民亲交关处，亦入情入理，其词气腴润”①。

由有感而发，衍生出崇祯八股文的又一个其他时期均没有的特点：有议论，无题目。

八股文原本是用来代圣贤立言的，故其行文必以阐述为主，间有议论。崇祯时既然“作者感末运之陵微”，“借题以发摅胸臆”，其文必会以议论为主，以表明己见。且因所抒为“所怀之愤激”，其议论往往是务骋才情而不受文题之束缚，“凡胸所欲言者，皆就题以发挥之”②，以至于题旨淹没于自出己意的议论之中，呈现了“有议论，无题目”的特征。

由于崇祯时救亡图存者的八股文是“有所感触而后为之”，“借经义以道世事，发挥胸中之奇”③，故其八股文皆贴近了现实，有的借题对现实进行揭露、批判；有的借题来议论时局；有的则借题以发表政见，文皆言而有物。自万历末年以来八股文中无法根治的空疏之风在这些文章中一扫而空。

方苞在评述明末八股文时曾说：

“启、祯名家之杰特者，其思力所造，涂径所开，或为前辈所不能到。”④

方苞的这番话，揭示出崇祯时八股文的又一个突出的特征：义理求深，理醇而肆。

由于八股文振兴运动的参与者们欲从儒家经典中觅求救国之

---

① 见《天崇合钞》该文评语，乾隆刻本。

② 商衍鎏：《清代科举考试述录》第七章，中华书局，1957年。

③ 《方苞集·集外文》卷八《礼闱示贡士》，上海古籍出版社，1983年。

④ 《方苞集·集外文》卷二《进〈四书〉文选表》，上海古籍出版社，1983年。

道，所以他们的八股文特别注重针对时局来发掘题旨中的微言奥旨，在义理上求深，以之作为正人心、扶国本、振士风的思想武器。其思力所造，常常别开生面，发前人之未发，于经文则尽心力以深究之，足补传注之不足。

那些八股文振兴运动的参与者，无论是江西四子也好，几社、复社成员也好，都自幼熟读经书，懂得“天下舍末师而专主孔子，庶几道德出于一”①，是朱元璋用以巩固政权的重要办法。而八股文与孔孟之道互为表里，通过八股文来灌输孔孟之道，“用以镂刻学究之肝肠”②，以朱注来统一士人的思想，规范其言行，这样才能正士习，挽救王纲。所以，他们的八股文无不义理精深，能从题中幽微之处发掘出针砭时弊或救国之策来。马世奇的《至诚之道　二句》题文便是这方面的代表作。作者洞见本原，把握住所以前知之故，全在诚之至上，文章将此一一抉出，义理精深，气体完浑，被方苞称为“稿中第一篇文字”③。

由于崇祯名家之作于义理皆求精深，对题旨的开掘非常深人，故常发与朱熹传注不同之见，使之合于拯救时局的需要，从而突破了理学的桎梏。吴麟征作《樊迟请学》全章题文，便是这样。

对于樊迟请求学稼一事，朱熹及后世之人均据孔子之言把樊迟当作小人，因为学稼是下等人干的事，直至“文化大革命”中的“批林批孔”，“四人帮”还把这些话当成孔子轻视农民的证据而大加挞伐。吴麟征这篇文章针对当时农民土地被豪强兼并，流离失所，酿成流民叛乱的严酷现实，不仅不贬低樊迟学稼，还赞扬樊迟学稼是有意于四方之民。“人只说稼圃是自为之学，此偏

---

① 朱彝尊：《曝书亭集》卷六十五《衢州府西安县重建学记》。

② 张岱：《石匮书·科目志总论》卷二十六，上海古籍出版社影印本，2008 年。

③ 见《天崇百篇》该文评语，道光二十五年刻本。

云迟有意于四方之民。人只说稼圃是小人之学，此偏云学无小大而有用无用。识见高踞题巅”。《明文探微》中所录韩希一对此文的评语一语破的，准确地揭示出吴麟征这篇文章对题旨开掘之深，所见足纠朱熹传注之偏见，也显示吴麟征明体达用之学亦表现在其八股文之中。

艾南英评述此文说：

“佳处不独在不贬樊迟，吾爱其盛世治象往来笔端。不稼不圃，亦稼亦圃，敬服用情之中，不碍耕凿嬉游之象，又为此题开一境矣。”①

八股文振兴运动参与者的八股文还有一个共同的特点，即以理论世，发挥求实。

所谓以理论世即是所阐述的义理必须与当时的社会现实相关联。所谓发挥求实即是在发挥时必须根据时局的变化，提出对策来。不要空发议论，要言之有物。

崇祯时的八股文名家曾异撰有一段话曾准确地揭示出八股文振兴运动中以理论世的理念。他说：

“私心以为言理而不适于世事则为腐妄不可用之理；言学而不于其人之世参之，则其学亦为头巾帖括，糊面目而互相呼拜之学。且夫所谓论世者，又非必以《四书》之言论《四书》之世也，吾意有所感则以《四书》之言论今日之世。吾读《学》、《庸》、《语》、《孟》而证以汉、秦以后，《通鉴》十七代诸史；则又以汉、秦、唐、宋之世而论乎唐、虞三代与夫孔子、孟子之世。私谓不深观乎汉、唐、宋、明之世，则其论唐虞三代，孔子、孟子之世不畅不确。”②

作为八股文振兴运动中的一个重要人物，曾异撰的这番话所

---

① 见《明文定》该文评语，崇祯刻本。

② 曾异撰：《自叙〈四书〉论世》，载《明文海》卷三百九《时文序》。

揭示的理念，为崇祯时投身于救亡运动中的各家各派共同尊奉。他们笔下的八股文，其义理无不切入现实，内容无不言之有物。鲍际明的《民为贵》题文即显示出这种特点。

“民为贵，社稷次之，君为轻”这句话是《孟子》中的一句经典名言，以“民为贵”作文题的八股文历代不知写过多少，但人们只知道从“社稷次之，君为轻”来衬托出民贵。鲍际明尊奉以理论世的理念，在崇祯这个贪官污吏残剥人民，弄得官逼民反的时代，他针对现实，就民字内翻出无一民不贵的新义来。“民也者，迹托于卑微之末，而阴操乎不御之权；名混于林总之中，而实据处乎天下之上”，“天且听命于民，而民之贵何如?”文中把民置于与天同等的地位。“如此生发，愈亲切，愈奇幻，文章必使实处皆灵，乃不可胜用。”① 作者如此阐释题中义理，对贼残百姓的现实无疑是一种严厉的批判，以理论世便显示出其战斗力。文中“股股证实，却自笔笔凌空”，其发挥也无不言之有物，将空疏之风荡涤无馀。

崇祯救亡者的八股文因是针对严酷的现实，有感而发，这就产生了一个其他时代所少有的共同特征：精思巧构，务为奇特。

这个特征，八股文界有着一致的认识，明、清许多学者都有过论述。

方苞曾指出：

“至启、祯诸家，则穷思毕精，务为奇特，包罗载籍，刻雕物情。凡胸中所欲言者，皆借题以发之，就其善者，可兴，可观，光气自不可泯。”②

他还说，崇祯时的名家“借经义以道世事，发挥胸中之

---

① 见《天崇合钞》该文评语，乾隆刻本。

② 《方苞集·集外文》卷二《进〈四书〉文选表》，上海古籍出版社，1983 年。

奇"[①]。

乾隆早期进士、当过吏部左侍郎、先后凡九掌文衡的谢墉曾论述明代八股文时说：

"经义取士，昉自有明。明初之文，略具形模，未娴格调。化、治、正、嘉彬彬称盛焉。至隆、万间巧法益备。天、崇之际，才人辈出，波谲云诡，而文章之变态尽矣。"[②]

在这些"穷思毕精，务为奇特"的崇祯名家中，几社七子是最为突出的。他们好读《文选》，多用骈俪，为文"多务怪奇，矜藻思"[③]，因此而受到过艾南英的多方抨击。特别是陈子龙、夏允彝的时文有时奇特到了晦涩难懂的地步。包尔庚在几社中为文最为平实，却屡遭陈子龙、夏允彝二人的讥嘲，不得不行峭拔之风。

江西四子及其同志中，以陈际泰、章世纯、金声、黄淳耀等人的文风最为奇特。陈际泰"文最奇横，如苏海韩澜"[④]；章世纯则幽深孤骜，如龙蟠蛟起；金声"为文幽深矫拔，为启、祯之冠"[⑤]。

崇祯八股名家力为奇特之文，是时代使然。面对残破的山河，嗷嗷待哺的饥民，贪婪虐民的官吏，这些救亡者们欲抒胸中抑郁难平之气，必发警卓新奇之言，必为振聋发聩之论，以警世醒民。八股文振兴运动的主要人物又都是些才华横溢的志士，既要拯世医俗，必驰骋才情，"微远以取致，博奥以取理"，"挹取群言，自出精意与相发明"[⑥]。其文便不同凡俗，或慷慨雄奇，或沉郁悲歌，或峭拔奇瑰，多姿多采，奇特杰出，生气郁勃。可以

① 《方苞集·集外文》卷八《礼闱示贡士》。

② 谢墉：《天崇百篇·序》，道光二十五年刻本。

③ 见《天崇百篇》中《微子去之》的评语。

④ 见《制义丛话》卷之七，咸丰九年广州重刻本。

⑤ 见《制义丛话》卷之七，咸丰九年广州重刻本。

⑥ 引文见《制义丛话》卷之七，咸丰九年广州重刻本。

涤俗士之鄙情，可以开初学之眼界，可以廉顽立懦，振奋人心。

崇祯时八股文振兴运动参与者的八股文还有一个明显的特点，即涵经汇史，以史见长。

这个特点的形成与时代也有密切关系。这些人既然要用八股文来挽救衰颓的国势，必会从上下古今去寻求救国的良方与针砭时弊的根据。况且这批人又都是学富五车，富于书卷者，于正经正史无不烂熟于胸，下笔放言，无不驰骋才情，旁搜远绍，以助文章之波澜。他们的文章以史见长有如水到渠成，是自然之势。

黄淳耀的八股文指切时事，最为雄快，以史为骨干的特点也最为突出。其《〈泰誓〉曰若有一个臣　四节》题文被许多学者认为是万历、泰昌、天启、崇祯四朝的实录总序，对四朝中邪正消长，治乱倚伏之机，剖析得纤毫毕见，充分显示出作者的史识与史学。其中最突出的一段为：

> 今自中主以下，其心皆知有子孙之当安，与黎民之无罪者也。究其所为，则一切不然。彼有以小察为知人之明，以多疑为御下之术，以吝惜诛赏为善核名实，以杂用贤奸为能立制防。其弊也，上下狐疑，枉直同贯，此不仁之一道也。则又有以忠蹇弼亮之人为奸慝，以阴贼佞邪之人为忠良，以公论为必不可容，以众智为皆莫己若。其弊也，群邪项领，方正戮没，此不仁之又一道也。

这段话将晚明诸位皇帝刻薄猜疑之状揭露无遗。

崇祯八股文有一个突出的特点，即体式不纯。

体式不纯，万历时即已有之，只是于今为烈而已。在崇祯年间，标准体式的八股文已成绝响，大多数八股文中只剩下二股，至多也不过四股，六股都成凤毛麟角。有的只分前后两截不分股，甚至干脆为散体文。崇祯时为正文体，主司“恐文士之疏散而失则蔓也，则拘牵对偶骈俪之体，而拔乎一起，语而排比六者以为正”①。曾异撰却对主司以起讲的好坏及是否有六股作为选文标准的做法大加挞伐，认为这将导致“必谓排荡高深者不正，而整齐浅俪者正也”②。由此可见当时为文“排荡高深者”是反对八股格式的，甚至将主司以文中是否有六股作为衡文的标准都视为“本之则无矣”，可见当时文体之变化已达何等程度。

八股格式，是为规范深入全面阐发题旨而设置的，“前人定为八股者，言之不已而再言之，明为必如是而后尽也”③。既然要以八股文来针砭时弊，拯救时局，其言必激愤排荡，其理必高深涉世，必会以议论代阐述，突破题旨。这些做法，必会受到八股格式的严重束缚，加上万历以来即有扬弃八股格式的做法，故不遵八股格式为文便成为崇祯时各色人等的共识了。陈际泰是崇祯时不按八股格式为文的代表人物，他认为：“若每股合掌，则四股可矣，何必八股哉?”陈际泰此说根据其经验，从八股文写作的角度谈了扬弃八股格式的道理，是很有见地的，也从另一个层次揭示了崇祯八股文普遍不遵从标准体式的原因。

崇祯时的作者也讲机法，但救时者都将法与内容相结合，这样，其时文的文学性大为加强，这就是吕留良所说的“崇祯初一变而为古文之学，多以驰骋浩衍，雄深苍劲为胜”④。他们之中有些人更是把八股文当文学作品来写，凡胸中之奇气，各种妙思，都欲借题以抒发之，程朱传注合于己意则遵，不合则弃置一旁，别出己见，文中描摹人情世态，发抒情感，议论风生，甚至诙谐杂陈，嬉笑怒骂，市井村言尽入于文，八股体式全然不顾，只求自由表达情感。这样的文章是文学化了的时文，但被人视为

---

① 曾异撰：《序癸酉闱牍钞》，《明文海》卷三百九《时文序》。

② 曾异撰：《序癸酉闱牍钞》，《明文海》卷三百九《时文序》。

③ 陈际泰：《太乙山房稿·自序》，《明文海》卷三百十二《时文序》。

④ 《吕晚村先生论文汇钞》，康熙五十三年刻本。

芜靡。

崇祯的八股文句皆求工。王夫之说："求工于句者，有廓落语（如'圣人一天也'及'非甚盛德谁能当此，而王者又上观千世，下观千世'之类）；有陡顿语（如'甚矣帝尧之德天德也'之类）；有钩牵语（如'畏圣人之言'而云'知所畏者也'之类）；有排对语（如'披发左衽，弱肉强食'之类）。"① 由于在语句上求工，故崇祯时的八股文往往写得"如一片白地光明锦"，工丽动人。

然而，刻意求工的结果又造成了语言的不纯，连八股名家之文也不免。

由于八股文振兴运动参与者的八股文皆以用史见长，包罗万象，涵盖古今，于正经、正史之外，推及逸书、诸子百家，以比附现实。这一来，其文中不免搀杂后世史迹，其语言难免融入市井俗谈，与八股时文须代圣贤立言之旨相背，受到了当时及后世不少人的讥刺。王夫之便说，当时的八股语言，"其下则有蔓延语（如剿袭《檀弓》'不出而图吾君，苟出而图吾君'之类）；浮枵语（如'又进而加详焉，然后浩乎其有得'之类）；含糊语（如'悠然其可思'之类）；答话语（如'大抵不离乎'、'云云者近是'之类）；肥腻语（撮《必读古文》中俗艳为句）；懵懂语（如道德、仁义、礼乐、诗书等字凑手使用）；俗讲话（'殊不知'、'总之'、'大抵'之类）；卖弄语（如'入梦之姬公易逝，病诸之尧舜难酬'之类）；市井语、烟花语、招承语（小题文多此三者）；门面语（如'天不变道亦不变'、'虽天子必有父，诸侯必有兄'之类）；滑利语（如《君子之仕也》文云：'践其土而食其毛，谁非臣子者。'出口快甚，然岂贩夫牧竖亦须求仕乎）；娇媚语（如"我浮沈之人也与哉'及'性也而情在其中

① 王夫之：《夕堂永日绪论外编》第四十则。

矣'之类。黄贞父好为短句、短比，快转以求媚。近则包长明亦中此病）。凡此类，始则偶一作者意与凑合，不妨用之。陋人惊为好句，相袭而不知其秽，皆于句求工之拙法启之也"①。

明末著名史学家、散文家张岱也指出，天启、崇祯时，"有文人才士，或亦艰棘其词，而浮华艳语，稍用咬咀，味同嚼蜡矣"②。

这种语言不纯的现象，即便是八股文振兴运动的主将们也难免。艾南英就指出，在他自己与陈际泰、章世纯、罗文藻四人的身上也时有发生，他在《四家合作摘谬序》中自揭其短说：

"东汉六朝软靡柔媚之习盛行于世，而四家之中亦有乐其纤诡灵俊，偶一为之者，则于所谓词又有不尽纯焉。"③

连艾南英、陈际泰、章世纯、罗万藻这些人都难免沾染上"软靡柔媚之习"，便可看出八股文坛上与振兴运动相对抗的另一股力量是何等的强大。

况且，八股文振兴运动的主要人物还有其弱点，王夫之曾经指出：

"启、祯诸公欲挽万历俗靡之习，而竞躁之心胜，其落笔皆如椎击，刻画愈极，得理愈浅，虽有才人，无可胜澄清之任。就中唯沈去疑、杜南谷为有超然之致，犹未醇也，其他勿论已。代圣贤以引伸至理，而赪面张拳，奚足哉？胡元诗人如贯云石、萨天锡、冯子振，欲矫宋诗之衰，而獷气乘之；启、祯文多类此。"④

吕留良也指出："凡熟于史学者，必重论事而轻说理，好牵

① 王夫之：《夕堂永日绪论外编》第四十则。

② 张岱：《文苑列传总论》，凤嬉堂抄本卷二〇二。

③ 艾南英：《四家合作摘谬序》，载《明文海》卷三百十二。

④ 王夫之：《夕堂永日绪论外编》第三十七则。

引而略本位，务新奇而翻旧案，崇祯间极尊此派，云间尤盛。”①

由于以上原因，尽管八股文坛的振兴运动闹得红红火火，掀起了巨大的声势，不少士人奋起响应，崇祯的八股文一度出现了起衰去弊的局面，但它并不能从根本上扭转八股文的去经学化之势，在崇祯八股文坛占据主导地位的，仍是万历末年以来的那种靡丽颓废、空疏淫巧的文风，是那些曲学阿世，“只顾文章中试官”②，而不择手段去干取功名利禄的士子。

这种局面明末就有人看出来了，吴梅村在评述崇祯八股文坛振兴运动主将黄淳耀的文集时就揭示过这一点。他说：

“当先皇帝初年，海内方向古学，一二通人儒者，将以表章六经，修明先王之道为务；乃曲学诡行则又起而乘之，依光扬声，互相题拂，剽取一切坚僻之辞，以欺当时而误流俗。”③

复社的发起人，八股文振兴运动的主要人物张溥也说过：

“今公卿不通六艺，后进小生，剽耳佣目，幸弋获于有司。无怪乎椓人持柄，而折枝舐痔，半出于诵法孔子之徒。无他，诗书之道亏，而廉耻之途塞也。”④

崇祯年间八股文坛“剿腐庸弱”的文风之所以这么强劲，与时代及文体自身的发展规律有着重要关联，但在很大程度上取决于那些被王夫之斥之为“俗劣有司”的乡、会试主考官员及各级学官。这些人“中无所得，而以浮华为尚，相习成风”⑤，却手握衡文选士大权，能决定士人终生的功名利禄，“举子应试，原无

① 《吕晚村先生论文汇钞》，康熙五十三年刻本。

② 汤诰：《集杭州俗语弦索乐府》，嘉庆二年刊《文章游戏二编》卷六。

③ 《吴梅村全集》卷第二十四《复社纪事》，上海古籍出版社，1990年。

④ 《吴梅村全集》卷第二十四《复社纪事》。

⑤ 艾南英：《序王子巩观生草》，《明文海》卷三百十二《时文序》。

大抱负，止以占毕之学迎合主司”[1]，以牟取荣华富贵，故会刻意揣摩主司之心理，以主司之喜好为喜好，曲学阿世，百般逢迎。对于主司所作浮华庸弱、空疏工巧的程文，那些“浅学腐生，以为是已信之货，虽粪秽瓦砾，咀嚼而拜跪之，此如小儿盲子闻辟人之声，见舆皂之来，无论尧、桀、舜、跖，则相与弭耳，屏息而俯首降下之也”[2]。士人们之所以刻意揣摩这些“剿腐庸弱之程”，且坚信不已，靡丽空疏之风之所以屡禁不止，且势力越来越大，根子就在这儿。所以明清两代批判八股文取士制，把晚明社会开始全方位溃疡的原因归结于它时，锋芒所指，首先便是这些主司。

对于那种“庸腐”八股文的主要弊端，方苞曾作过精辟的阐释。他说，天启、崇祯时，“其馀杂家，则偭弃规矩以为新奇，剽剥经、子以为古奥，雕琢字句以为工雅。书卷虽富，辞气虽丰，而圣经贤传本义，转为所蔽蚀”[3]，他还用四个字对这些特征加以概括：“轻浮险谲。”

明末苏翔凤选天启、崇祯八股文，始于甲子（天启四年），止于癸未（崇祯十六年），在其自序中，将这个时期八股文的主要弊端归纳为三大病、三恶习、三毒种，颇有见地。现录之于下：

何谓三大病？

一曰僦。窭人子不能自置所居，赁市廛而处焉。一有不合，迁徙随之，虽五都之市皆经托足，而终无一椽之植，一瓦之覆。今之文士亦然，一房行出科律也，一考卷行著蔡也，目览手披，口吟心识，荏苒三年，竟无所验。复舍其故

① 张岱：《石匮书·科目志总论》，上海古籍出版社影印本，2008年。

② 曾异撰：《叙庚午程墨质》，《明文海》卷三百九。

③ 《方苞集·集外文》卷二《进四书文选表》，上海古籍出版社，1983年。

而新是图，终身奔走于其中而茫然不知所有，故曰僦也。

一曰窃。穿窬者盗人之衣裳而服之，不能择其短长；盗人金玉而玩之，不能知其贵贱。苟示于人，无不窥所由来，而为捕者所获。今之文士亦然，其批阅时艺，不论其合章旨，得题神，明书义，而但思取其意，采其词，及拈题握管，捧西子之心，拟优孟之貌，非不连篇累牍。而问其理出何经，事由何史，所采者谁家议论，所本者谁氏折衷，则不知也。而旁观者皆知其为他人残羹馀液，虽有善者不能盖焉，故曰窃也。

一曰奴。厮养之于所主也，行止屈伸，惟其所使，嘻笑怒骂，悚息待命，役役终身不能自主。今之文士亦然，每科房行墨卷出，录其卑腐者曰此科甲传钵也，元魁续灯也，精描新样以几一得，佣其耳目，囚其心志，仰他人之鼻息而承其馀气，此亦隶人也，故曰奴也。

而其病成于三恶习。

古人之文，取神，取骨，取理，取气，字句其后焉者也。然取朴老不取繁艳，取简洁不取淫浮，取典雅不取卑靡，取名贵不取庸陋，取古劲不取柔媚，赖以吐圣贤之语气，而显其须眉也。今则弱其骨，揉其腰，低其声，多其红粉以取媚于人，使圣贤口中绝无壮彩，苟有引经据史，出风入雅者，时眼不能句读，反曰不利场屋而删之，改之。且有因一二句、一二字而弃长篇者，何其自陋陋人也。此字句之恶习也。

古人之文，或深醇谨厚，或排荡纵横，或典贵高华，或清空爽亮，体各不同而重在器局，未有以机调胜者。题中虽有虚字，皆于实处得神。今则外不求名理，内不求性情，腹笥枵馁，口舌乘权，以虚挑为灵，以吸后为韵，以轻扬佻巧为工。通篇播弄，无非者也之乎；满纸机锋，尽属然而、虽未。间有沉溺未深者，闻高明之论，欲大变其所为，而庸妄人复倡陋说以锢之，谓南北风气不同，乡会体裁各异，闻者复废然返矣。此机调之恶习也。

文无奇正，止有是非。古人之文，看题既真，用笔不苟，学力富，识见确，思路精神，词锋英爽，虽堂堂八股，迥异寻常。譬如人身然，耳、目、手、足犹是也。而岐嶷俊伟，则望丰采而惊之。若以五官四肢易位为异，则见者以为鬼物矣。今之作者不然，每遇一题，必问何格，整者散之，散者整之，应分不分，应合不合，以凌驾出奇，以割裂取胜。不知筋骨已乱，头足倒施，其背于程式者远矣。此格局之恶习也。

而其习又成于三毒种。

文运盛衰，大由主考，小由学使。北闱之壬子、乙卯，山东之戊午，以一科振数十年之弊，以一省起天下之衰。江南称文章渊薮，自己酉、壬子典试者失其所取，而戊午以前，督学诸公所录皆下士，酿成今日之陋。刘木斋力挽狂澜，拔幽滞于前茅，置时髦于末第，而江南之文渐有起色，此其大验也。名儒夙学，出阅者之识力，推学者之攻苦，定己之见以论文则不为文章所惑，就文之所至以取士则不为意见所拘，故能识异才而收实学。今者未窥堂奥，滥得科名，即秉衡文之笔，取其腐烂则曰醇正，取其浅薄则曰清真，取其散乱则曰变化，取其痴肥则曰博大，取其苟简则曰老成，取其随题平叙则曰得法脉。考官以取士子，士子复为考官，展转波靡，罔知底止，此取士者所传之毒种也。

昔先君子之教不肖也，《四书》既完，即继以《五经》、《左》、《国》、《史》、《汉》、唐宋诸大家，以先正小题为殿，故予小子虽才质下乘，而幼时笔墨即不近庸俗。此非一先生之言也，凡为父兄师长者皆然。迩来之所见异是，曰文者士之羔雁，姑与寄焉，何必深求于是，初明章句，熟记停当时文数十首，谓道在是，经史诸书弗问也，即昔哲名稿，读之而不得所解则弃之，未尝深思研虑以求其故。故其教子弟也，以直解说约为宗风，以房行考卷为正业，良才美质，其不为沈锢而闭塞者寡矣。夫有司之前列何当有无之数，穷年而守青毡，其术已不验，而复误人子弟，断其读书种子，故曰庸师杀人甚于庸医，此父兄师长所传之毒种也。

成、弘之间，士不知有时刻，箧中止有经史、古文、先儒语录，故作文者自书所见，不假借于人。至后世而选家接踵矣，然求仲、千子、羽皇、素修、维斗、峚阳、介生、百史诸先生所选者，皆足阐发微言，羽翼大义，为后学津梁，未如今日之非腐词烂语不录，非平腔熟调不收，锢人之耳目于浅陋，荒人之心志于秽芜，若此其甚也。癸丑以后，金、陈诸先生各出所学，各成品格，气象万千，不可比拟，而选家拘所见，以丹黄存其平正，而奇隽者删焉，使天下曰诸先生者，所仰望而不可攀跻者也，而其文止如是，则益安于固陋而不返，此操觚者所传之毒种也。

苏翔凤的这段自序，将天启、崇祯时的八股文置于历史发展的角度来加以述评，对其弊端、病灶及产生的原因都作了精确的揭示，让人可以感知崇祯时八股文全方位溃疡的状况，是难得的亲历者之所述。

终崇祯之世，两种八股文相互对立，相互排斥，又相互影响。虽然八股文的救亡运动声势浩大，成效卓著，却始终未能将庸腐空疏之文风扫荡出八股文坛。直至朱明王朝灭亡，满清王朝总结明朝灭亡的教训，才以铁血手段将靡丽空疏的八股文扫荡殆尽。但其影响却历久未消，方苞曾说及康熙时的八股文坛时说："启、祯杂家馀习，至于国初，犹未能尽涤。"① 由此可见其影响

① 《方苞集·集外文》卷二《进四书文选表》，上海古籍出版社，1983 年。

之深远，对理学正统冲击之巨大。

也正是在铁血政策的推行之下，崇祯八股文振兴运动主将们的文风得以在清朝发扬光大。方苞说："国朝诸名家，则取法于诸公，而稍变其壁垒。其于清真古雅，质实有物，虽不能尽究其根源，未有不少有所得，而能发明于一时，垂声于久远者也。"①

第三节　八股取士对明末科举的破坏

明代科举发展到中叶，已臻全面成熟。以社学、义学、塾学等为初级，府、州、县学为中级，国子监为高级的三级学校教育体系已经形成。以考选具有科举资格生员的县、府、道（院）三级童子试，考选举人、进士的乡试、会试、殿试两个三级考试制的定位更为明确，更具有可操作性，一切都进入了制度化的轨道。并且，随着进士地位的不断提升，"至弘、正后，资格始拘，举、贡虽与进士并称正途，而轩轾低昂，不啻霄壤"②。于是，"能文之士率由场屋进以为荣"③，科举影响了整个社会，造成了遗留至今的功名情结。

随着科举地位的不断提高，八股文也由明代科举取士众多文体中的一种演变为主要，甚至是唯一的一种，在明代科举中的主导作用就日渐增长，形成了养士在学校，取士在考试，考得上考不上，全看八股文写得怎么样的八股文取士制。从明代中期以前的取士三场并重，到只重头场的七篇八股文，这是对明代科举和八股文本身造成巨大破坏的重大变化。

到了明末，更由独重头场发展到只重头场的首义（即七篇八

① 《方苞集·集外文》卷八《礼闱示贡士》，上海古籍出版社，1983年。

② 《明史》卷七十一《选举志》三。中华书局，1974年。

③ 《明史》卷七十一《选举志》三。中华书局，1974年。

股文中的第一篇)，甚至不重首义全文，只重首义的破题、承题，起讲这个冒子。这种变化固然与考官人数少，阅卷任务过大，无法遍阅所有试卷有关，更为主要的是与明末士人普遍厌弃八股文的经学化，追求八股文的文学性有关。既然八股文的传道功能至此时已经被破坏，那么，只看看破题作得如何，能否抓住要义也便足够了。

明末清初的大思想黄宗羲曾谈及八股文在明末科举中的地位。他说，当时的科举考试“限之以七义，徒欲以荒速困之，不使其才得见也。二场三场，置之高阁，去取止在头场。头场之六义亦皆衍文，去取定于首义”[①]。

晚明八股文坛名家艾南英参加崇祯甲戌（1634）科会试落榜，按规定去“领遗卷，知落项水心（项煜）房，首篇止句读四行而罢。艾遂刻其七艺，大意谓：‘士子三年之困，不远数千里走京师，而房官止点四行，弃置不顾，此岂有人心者乎?’刊本四出，项声誉顿损”[②]。以艾南英在八股文坛如此高之地位尚且受此对待，可见当时科场只重头场首义，首义又只看破题、承题已是一种潜规则。也只有艾南英这种雄踞八股文坛的人物才敢公开揭露、声讨。所以八股文名家王思任说当时科场中“原以破题定甲乙”，“看其破题，元必高于魁，魁必高于诸进士”[③]。

明代科举考试由只重头场的七篇八股文发展到明末的只重首义，首义又只看破题、承题、起讲，对科举的育士取士功能造成了颠覆性的破坏。

朱元璋推行科举，其目的是为了培养、选拔出一批既忠于朱明王朝，又有真才实学的人才。可是，三场考试只重头场首义，

---

① 黄宗羲：《南雷文定四集》卷三《蒋万为墓志铭》，扫叶山房，1919年。

② 《制义丛话》卷之六，咸丰九年广州重刻本。

③ 王思任：《文饭小品》卷五《小题怡赠自序》。岳麓书社，1989年。

甚至只看破题便决定一个人的取录与否的潜规则，使得“三年之中，一岁一科，士子仆仆以揣摩主文之意旨，读书更在何日”①？士人们除《四书》、本经外，其他经史典籍都不读，更何论与国计民生有关的实学书籍。空疏不学的风气由此而生。士风由此而坏。一些人为捷取功名，大搞拟题剿袭，连《四书》、本经都不读，只读坊刻的讲章及程文墨卷以揣度考官衡文的标准与喜好。不求文章高天下，只求文章中试官。黄宗羲以其亲历亲闻揭示了明末学风败坏之甚：“余见高曾以来，为其学者，《五经》、《通鉴》、《左传》、《国语》、《战国策》、《庄子》、八大家，此数书者，未有不读以资举业之用者也。自后则束之高阁，而钻研于《蒙存》浅达之讲章。又其后，则以为泛滥而《说约》出焉。又以《说约》为冗，而主撮于《低头四书》之上，童而习之，至于解褐出仕，未尝更见他书也。此外但取科举中选之文讽诵摹仿，移前掇后，雷同下笔已耳。”②

八股取士既败坏学风士习，必然败坏科举的育士选士功能。清初学者李塨在其《平书订》卷六中说：“既以八股为科举，则天下惟知习此以为学，惟知习此以为士。举凡德行、道艺与所以致治戡乱之具，概置不问。一幸登科第，则政事听之胥吏，心力用于营求。贪富贵，竞门户，而无事则徇私以酿祸，遇变则置安危于不顾。非无忠良有用之材，要皆时之间出，而非科举所能得者。”验之以明末政坛无一能安邦救民之人物，便可知这番话的正确程度。八股取士确实败坏了科举的育士选士功能。

明末有不少学者从八股文本身的经学化来揭示它对人才、科举的败坏。黄宗羲说：“今日科举之法所以破坏天下之人才唯恐不力。经史，才之薮泽也，片语不能搀入。限以一先生之言，非

---

① 黄宗羲：《南雷文定四集》卷三《蒋万为墓志铭》，扫叶山房，1919 年。

② 黄宗羲：《南雷文约》卷三《科举》，乾隆刻本。

是，则为离经畔道，而古今之书无所用也。”[①]

王夫之则从明末八股文的去经学化，专以文学化的八股文取士来揭示八股取士对科举的破坏。他说，自明代中叶以后，八股文坛“剽窃禅语，不立文字，于是经史高阁，房牍孤行，以词调相尚。取士者亦略不识字，专以初场软美之套为取舍。而士气之不堪，至此极矣。”[②]

明末只凭头场首义取士的做法，还对三级学校教育造成破坏。三级学校在应试这一终极目标引导下，以学习八股文写作为其主要教学内容，与八股文写作有关的书籍即讲授、学习，无关的则束之高阁。传统的经史之学被指导八股文写作的高头讲章所取代，明末学者徐世溥就指出：“所传于师者，不过比偶八股，讲章数部而已。”[③] 有关国计民生的兵农钱粮水利之学无人学习，学术研究至明末更加衰微。这就是黄宗羲所揭示的：“举业盛而圣学亡。举业之士亦知其非圣学也，第以仕宦之途寄迹焉尔。而世之庸妄者遂执其成说以裁量古今之学术，有一语不与之相合者，愕眙而视曰：此离经也，此背训也。于是，六经之传注，历代之治乱，人物之臧否，莫不有一定之说。此一定之说者皆肤论瞽言，未尝深求其故，取证于心。其书数卷可尽也，其学终朝可毕也。”[④]

面对明末首艺取士对科举的破坏，黄宗羲发出“科举之弊，未有甚于今日矣”[⑤] 的浩叹。颜元则大声疾呼：“故八股行而天下无学术，无学术则无政事，无政事则无治功，无治功则无升平

---

① 黄宗羲：《南雷文定四集》卷三《蒋万为墓志铭》，扫叶山房，1919 年。

② 王夫之：《船山遗书 · 噩梦》，同治金陵书局刻本。

③ 周亮工辑：《尺牍新钞》卷之二《答黄商侯论保举书》，岳麓书社，1986 年。

④ 黄宗羲：《南雷文案》卷一《恽仲升文集序》，乾隆刻本。

⑤ 黄宗羲：《南雷文约》卷三《科举》，乾隆刻本。

矣。故八股之害甚于焚坑。”[①]

第四节　晚明八股文与文学的关系

从万历至崇祯，明代的古文、诗歌、散文、小说、戏曲等文学种类的水平，逐渐出现全面上扬的势头。并且，在倡导个性解放，要求摆脱程朱理学束缚，重视真情实感的表达，从而造成明代文学的繁荣等方面，与这一时期去经学化，强文学化的八股文有着惊人的趋同现象。这表明自明中叶以来社会经济形态和意识形态的变化影响的普遍性。由于进行文学创作的士人无一不是经过八股文写作训练的，百多年的八股文写作所形成的思维方式、写作原则与方法已深入其骨髓，正如崇祯著名文士曾异撰所说“私念我辈，既用帖括应制，正如网中鱼鸟，度无脱理”[②]，故晚明八股文与文学的相互渗透、相互影响，比此前任何一个时期都要明显，使双方都出现某些同质性变化。

这种变化在八股文与古文两者中体现最为明显，它们甚至出现合二为一的现象。坚决反对八股文文学化的王夫之在披阅了几万篇明代八股文后指出：“万历以后作小题文字，有谐谑失度，浮艳不雅者。”[③]“谐谑失度”、“浮艳不雅”都是文学化表现，虽然王夫之对此持批判的态度，但证明在他读过的小题八股文中，文学化达此程度的是一种普遍现象。这也与《明史》中关于“启、祯之间，文体益变，以出入经史百氏为高，而恣轶者亦多矣”[④] 的记述是一致的。

万历以后的八股文强调以虚字来取神，很讲究虚字的用法，影响所及，古文中也大量使用虚字，以致造成许多弊端。王夫之

---

① 颜元：《习斋言行录》卷下，《颜李丛书》。

② 周亮工辑：《尺牍新钞》卷之一《与丘小鲁》，岳麓书社，1986 年。

③ 王夫之：《夕堂永日绪论外编》第四十八则。

④ 《明史》卷六十九《选举》一，中华书局，1974 年。

说："比阅《陶石篑文集》，其序、记、书、铭，用虚字如蛛丝罥蝶，用实字如屐齿沾泥，合古今雅俗，堆砌成篇，无一字从心坎中过，真如庄子所谓'出言如哇'者，不数行即令人头重。"[①]陶望龄既是八股文名家，又是晚明古文高手，其序、记、书、铭等古文受八股文影响之深，说明当时八股文与古文相互影响达到何等地步。

晚明八股文与白话小说的相互影响也十分明显。

八股文必有破题、承题、起讲这个冒子，要以精炼的语句将题旨揭示出来，为全文定下主题或基调。晚明的白话短篇小说大都有个类似的冒子，用历史人物或故事、或诗词将全文的主旨概括出来。这种结构在唐人小说中是没有的，虽然带有宋元说书的残留，但在晚明经过文人整理、创作的白话小说如《三言》、《二拍》中采用这种作法，且用精譬的语言发议论以揭示主题，从其形式与内容来看，不能不说主要是受了八股文冒子的影响。

晚明白话小说往往在作教化劝惩，端正世道人心，如写于明末的长篇小说《醒世姻缘传》，其主旨很明确，通过说因果报应来劝人为善，以拯救世道人心。这与明末八股文坛所兴起的恢复八股文的经学性以拯救人心的思潮是一致的。从该书第三十七、三十八回对济南府的府考，即童子试的第二试考生作弊，代作八股文的描述中，可以看出作者对八股文认题水平之高，写作技巧之纯熟。由此可以判断，该书主旨的得来与同时的八股文重返经学化思潮不无关系。

由于八股文与小说均属"代言"体，写作时都要"入口气"，故其作法有不少互通之处。花也怜侬在小说《海上花列传·例言》中便说："小说作法与制艺同：连章题要包括，如《三国》演说汉、魏间事，兴亡掌故了如指掌，而不嫌其简略。枯窘题要

---

① 王夫之：《夕堂永日绪论外编》第三十六则。

生发，如《水浒》之强盗，《儒林》之文士，《红楼》之闺娃，一意到底，颠倒敷陈，而不嫌其琐碎。”① 风行于晚明的《金瓶梅》，便将八股文“起、承、转、合”的写作技法运用自如。如“争棒槌”是《金瓶梅》中的一桩主体事件，从第二十七回直至七十二回都与之有关。其间事件纷繁，人物众多。可作者巧妙地运用“起、承、转、合”之手法，将其错落有致地表述出来，极尽穿插之妙。所以张竹坡在评点《金瓶梅》时说：“《金瓶梅》一书，于作文之法无所不备。”② 他所说的作文之法即为八股文作法。

明末八股文最重视破题，甚至出现试场阅卷只读首艺破题即以定去取的现象。晚明的白话短篇小说也特别重视开头。所以后来有人在小说评点时便总结说：“论时文者，入手得一好势，则全体皆振，稗官亦然。”③

凡此种种，无不反映晚明的八股文和白话小说无论在思想内容上，形式及作法上都有着相互渗透、相互影响之关系。

晚明八股文与戏曲的关系也类似于小说，它们也是“代言”体，写作时都要“入口气”。《履园丛话》中说：“演戏如作时文，无一定格局，只须酷肖古圣贤人口气。假如项水心之《何必读书》，要像子路口气；蒋辰生之《愬子路于季孙》，要像公伯寮口气。形容得像，写得出，便为绝构，便是名班。”④ 这一共性，便决定了两者之间必然会你中有我，我中有你，相互影响和渗透。

---

① 转引自黄霖、韩同文选注《中国历史小说论著选》第642页。

② 《张竹坡批评第一奇书〈金瓶梅〉》，齐鲁书社，1988年。

③ 云封山人编次：《铁花仙史》第一回后评，春风文艺出版社，1985年。

④ 钱泳：《履园丛话》卷一二，《笔记小说大观》第二十五册，江苏广陵古籍刻印社，1984年。

受八股时文必须如题、尊题，即全文要始终紧扣题旨原则的影响，晚明戏曲创作比过去的戏曲都要紧凑，没有那么多枝蔓，而是围绕主题展开情节，使所有戏曲冲突都与主题相关。如汤显祖的《紫钗记》，改编自唐传奇《霍小玉传》。原作中之“紫钗”只在霍小玉拿它换钱时才出现。在《紫钗记》中，作为明代八股文八大家之一的汤显祖以其高超的八股文擒题本领，将“紫钗”作为表现主题的象征物来结构全剧，推动情节的发展，制造戏剧冲突，因而全剧情节凝炼，主题凸现，整体感突出。

由于晚明文人创作的戏曲打有浓重的八股技法烙印，所以，晚明八股高手传授八股文写作技巧时，常叫其门徒去看剧本或演出。汤显祖就是这样做的。“黄君辅学举子业，游汤义仍先生之门。每业所业，先生辄掷之地，曰：‘汝能焚所为文，看吾填词乎？’乃授以《牡丹记》。闭户展玩，忽悟曰：‘先生教我文章变化在于是矣。’由是文思泉涌。”[①] 晚明八股文高手吴伟业教授八股文竟先叫门生天天去看戏，“生游月馀始赴塾，试一拈管，觉思风发而言泉涌，笔墨为之歌舞矣。”[②] 这些记叙可能有些夸大其词，但八股文写作方法与戏曲创作有着不少的共同点却是无疑的，所以才会有汤显祖、吴伟业叫门下学举业者先去读剧本、看演出的事情发生。

作为一种关系前程、风靡城乡的强势文体，历经二百年的写作，八股文的写作理念、方法已成为一种心理积凝潜藏于晚明文人的头脑中，故无论他们是进行哪种文学创作，这种潜意识必然会产生作用，影响其创作。所以，我们在研究晚明文学时就不能不正视八股文的影响及渗透，否则其研究便是片面、皮相的。

---

① 贺贻孙《激书》卷二“涤习”条，转引自钱钟书《谈艺录》（补订本），中华书局，1984 年。

② 钱元熙《过庭纪闻》，转引自陆萼亭《昆剧演出史稿》，上海文艺出版社，1980 年。

第五节　以振兴八股文为己任的艾南英

崇祯八股文坛振兴运动的灵魂是艾南英。他不仅“以兴起斯文为任”①，还是八股文振兴运动的理论家和八股文写作高手，为明末八股文的振兴做出了很大贡献。

艾南英，字千子，号天佣子。东乡（今属江西）人。

幼极聪颖，七岁即作《竹林七贤论》，表现出很高的论辩天赋。好学，无所不窥。万历庚子（1600）中秀才，年方十八岁，此后七应乡试均不中。天启四年甲子（1624）科乡试，始中举人，时年已四十二岁。这时因其座师“发策诋魏忠贤，南英对策亦有讥刺语。忠贤怒，削考官籍，南英亦停三科。庄烈帝即位，诏许会试。久之，卒不第”②。

艾南英对自己科举考试中的辛酸苦辣，在其《前历试卷自序》中有着详尽的记叙。

> 嗟乎！备尝诸生之苦，未有如予者也。旧制诸生于郡县有司，按季课程，名季考。及所部御史入境，取其士什之一而校之，名为观风。二者既非诸生黜陟之所系，而予又以懒慢成癖，辄不与试。独督学试者于诸生为职掌，其岁考，则诸生之黜陟系焉，非患病及内外艰无不与试者。其科考，则三岁大比，县升其秀以达于郡，郡升其秀以达于督学，督学又升其秀以达于乡闱。不及是者，又于遗才大收以尽其长，非是涂也，虽孔、孟无由而进。故予先后试卷，尽出是二者。
>
> 试之日，衙鼓三通，虽冰霜冻结，诸生露立门外，督学衣绯坐堂上，灯烛围炉轻暖自如。诸生解衣露立，左手执笔

① 《明史》卷二百八十八《艾南英传》，中华书局，1974 年。

② 《明史》卷二百八十八《艾南英传》，中华书局，1974 年。

砚，右手持布袜，听郡、县有司唱名，以次立甬道，至督学前。每诸生一名，搜检军二名，上穷发际，下至膝踵，倮腹赤踝，至漏数箭而后毕，虽壮者无不齿震悚栗，大都寒冱不知为体肤所在。遇天暑酷烈，督学轻绮荫凉，饮茗挥箑自如。诸生什百为群，拥立尘坌中，法既不敢扇，又衣大布厚衣。比至就席，数百人夹坐，蒸熏腥杂，汗流浃背，勺浆不入口。虽设有供茶吏，然率不敢饮，饮必朱钤其牍，疑以为弊，文虽工，降一等。盖受困于寒暑者如此。既就席命题，一以教官宣读，便短视者。一书牌上，吏执而下巡，便重听者。近废宣读，独以牌书某学某题，一日数学，则数吏执牌而下，而予目短视，不能咫尺，必屏气询旁舍生问所目。而督学又望视台上，东西立瞭望军四名，诸生无敢仰视，四顾离立倚语者，有则又朱钤其牍，以越规论，文虽工，降一等。用是腰脊拘困，虽溲溺不得自由。盖所以执其手足便利者又如此。所置坐席，取给工吏，吏大半侵渔所费，仓卒取办，临时规制，狭迫不能舒左右肱。又薄脆疏缝，据坐稍重，即恐折仆。而同坐诸生常十馀人，虑有更号，率十馀坐以竹联之，手足稍动，则诸坐皆动，竟日无安境。且自闽中一二督学，重怀挟之禁，诸生并不得执砚，砚又取给工吏，率皆青刓顽石，滑不受墨，虽一事足以困其手力。不幸坐漏痕承檐所在，霖雨倾注，以衣覆卷，疾书而毕。其受困于胥吏之不谨者又如此。

比阅卷，大率督学以一人阅数千人之文，文有平奇虚实烦简浓淡之异，而督学之好尚亦如之，取必于一流之材，则虽宿学不能以无恐。高下既定，督学复衣绯坐堂上，郡县有司候视门外，教官立阶下，诸生俯行以次至几案前，跪而受教，噤不敢发声。视所试优劣，分从甬道西角门而出。当是时，其面目不可以语妻孥。盖所为拘牵文法，以困折其气者又如此。

至入乡闱，所为搜检、防禁、囚首垢面、夜露昼曝、暑暍风沙之苦，无异于小试。独起居饮食，稍稍自便。而房师非一手，又皆簿书狱讼之馀，非若督学之专静屏营，以文为职。

而予七试七挫，改弦易辙，智尽能索。始则为秦汉子史之文，而闱中目之为野。改而从震泽、毗陵、成弘正大之体，而闱中又目之为老。近则虽以公、谷、孝经，韩、欧、苏、曾大家之句，而房师亦不知其为何语。每一试已，则登贤书者，虽空疏庸腐，稚拙鄙陋，犹得与郡县有司分庭抗礼。而予以积学二十馀年，制义自鹤滩、守溪，下至弘、正、嘉、隆大家，无所不究，书自六籍、子史、濂洛关闽、百家众说，阴阳兵律、山经地志、浮屠老子之文章，无所不习，而顾不得与空疏庸腐稚拙鄙陋者为伍。入谒上官，队而入，队而出，与诸生等。每一念至，欲弃举业不事，杜门著书，考古今治乱兴衰以自见于世，而又念不能为逸民以终老。嗟乎，备尝诸生之苦，未有若予者也。①

艾南英虽终生未成进士，却“文日有名”。这个使他名驰天下之“文”，既包括八股文，又包括古文。

艾南英是明末著名的古文家。他既有古文著作，也有古文理论。

他论文，反对前后七子的拟古文风，反对剿袭，主张师近人，学习唐宋古文。在唐宋文中又推崇八大家，于本朝则尊奉唐宋派的唐顺之、归有光等人。所以《明史》中说艾南英“准北宋之矩矱”②。

艾南英之所以能享誉文坛，最主要的原因还在于他在明末发

---

① 艾南英：《前历试卷自序》，《天佣子集》卷二，康熙刻本。

② 《明史》卷二百八十五《文苑·序》，中华书局，1974年。

动并组织了八股文坛的振兴运动，是有流派意义的八股文江西派的主将。

“万历末，场屋文腐烂，南英深疾之，与同郡章世纯、罗万藻、陈际泰以兴起斯文为任。”① 实际上，艾南英是这四人中的核心。为振兴八股文，他呕心沥血，建树良多。

他出于正人心，纠士风的目的，对八股文的写作理念进行了重新定位。并以其八股文理论团结大批志同道合者，形成了八股文的江西派。他认为，八股文应“尊《学》、《庸》、《语》、《孟》之书，断以考亭之章句，因裁以为题，敷陈词义，如一出于圣人之言”②。他论文必以程朱义理为依归，在不背离程朱理学的前提下才谈补程朱之未备，发孔孟之未言。否则，他宁遵古训。为了推行这个理念，他为别人及自己的八股文选本写作了大量的序言来加以阐释、宣传。对不符合这个理念的文章进行了批判。他锋芒毕露，“负气陵物，人多惮其口”③。为推行自己的主张，他不惜与同志开战，甚至与陈子龙发生了激烈论争。因为陈子龙等几社的人为文理念与他的不同，他专程“至云间，抗颜南面。大樽以少年与之争。艾主理学，陈主议论。艾主秦汉，陈主魏晋”④，艾南英“酒酣论文，仗气骂坐”⑤，“互持不下，至于攘臂”。“虽论者轩艾轾陈，要其独主，所见不肯雷同，诚艺林盛事也。”⑥

他与复社也有过节。复社由张溥、杨廷枢等人发起，而以周钟为之长，曾自刻《经翼》诸选，比之为咸阳国门之书。艾南英极力贬斥其见，又引发一场大辩论。

---

① 《明史》卷二百八十八《艾南英传》，中华书局，1974 年。

② 艾南英：《明文定序上》，崇祯刻本。

③ 《明史》卷二百八十八《艾南英传》，中华书局，1974 年。

④ 见《天崇合钞》俞宁世评语，乾隆刻本。

⑤ 《吴梅村全集》卷第二十四《复社纪事》，上海古籍出版社，1990 年。

⑥ 见《天崇合钞》俞宁世评语，乾隆刻本。

为了让士人们摆脱靡丽空疏文风的影响，让他们学有范文，他花费了大量精力，对历代名文和当代合符其写作理念的佳作进行选编，细加评点，刊行于世。他曾泛舟吴越间，以文来求教者如云。他将其堆积于几案之上，每当风日清美，泛舟于明湖之上，酒酣兴至，开始评文，将其佳者置于船尾。探信者得知，马上走报各家说："某某文中选了！"闻讯来其家中恭贺者盈门，喜宴连日。当时制义被艾南英选中者，有如登第之荣。如风行天下的《明文定》、《明文待》即是他花了多年的时间选编、评点、刊刻行世的。七年后，他总结了这两种书的得失，又选刊了《增补〈明文定〉、〈明文待〉》，收效更好。

清戴名世对艾南英的选评工作评价颇高：

"余考艾氏之时，文妖叠起，而诸选家为之扬波助澜，以故文日益趋于衰坏。艾氏乃不顾时忌，昌言正论，崇雅点浮，而承学有志之士闻艾氏之风而兴起者，比肩接踵。然而艾氏之为书也，择焉而不精，语焉而不详，后之论者犹有憾焉。"①

因为章世纯、罗万藻、陈际泰所作八股时文最合于他的为文理念，"乃刻四人所作行之世。世人翕然归之"②。为让世人认识他们受时风影响，文中也出现了不合于其为文理念的谬误，从而明辨是非得失，他又别出心裁，刊刻了《四家合作摘谬》一书，将他们四人文中的谬误之处一一加以点评，在八股文坛造成了很大的震撼。

艾南英是八股名家，更是不多见的八股文理论家。他论文，总是将古文与时文合而为一。为达到以八股文的去弊来振兴世道人心之目的，他特别强调遵守程朱理学。凡属不遵经守注的人士，哪怕是他的同志好友，他都要予以抨击，如对陈际泰、章世

---

① 《戴名世集》卷四《九科大题文序》，中华书局，1986年。

② 艾南英：《序王子巩观生草》，载《明文海》卷三百十二《时文序》。

纯就屡屡加以批评。因为他们在八股文中尊王阳明之学，抑程朱之论，并因他们在八股文坛的地位与影响，许多追星族又群起仿效，变本加厉，使八股文变得更加庞杂不纯。以致两人与他翻脸，江西派也土崩瓦解，他仍不管不顾。

艾南英及其战友们的这番苦心孤诣的工作，终于收到了成效。据艾南英自己说："圣贤之道，非果难明也，患无以倡之也"，经过"予与陈大士、罗文止三人者，起而振之，以《易》、《诗》、《书》、《春秋》、《礼》、《乐》之言代《语》、《孟》之文，以古雅深醇之词洗里巷之习，一时后辈，从风丕变。"他在《增补〈明文定〉、〈明文待〉序》中详细叙述了这种变化后说，这种变化"是谁之力欤？海内有良心者，固当知其所自矣"，俨然以"转移风气"的功臣自居。

在晚明八股文坛上，艾南英的八股文虽不如金声、陈际泰、黄淳耀等人那么有名，但"朴质坚辣，三家皆莫及之"①，仍是时文高手，吕留良称他"善讲拙朴之妙"。俞长城对他评价很高，说"精严如钱吉士，犹逊一筹"。

吕留良对他极为赞赏，说："自有制义以来，论文者甚多，然吾以为知文者，艾东乡先生一人而已。于古今体格之变，无所不知，故其见处极高，非馀子所及。所少者，理境不精耳，其自作也亦然。文品老而益尊，得古人皮毛落尽之妙。"②

作为八股文振兴运动的发起者，为恢复八股文以程朱理学统一士人思想的功能，艾南英在进行写作时基本遵从程朱理学。

艾南英论文主理学，注重于朱熹集注中寻理，反对以后世事实、语言入孔孟口中，但他更强调以理论世，行文时往往有感而发，因题生义，故艾南英的时文原本经传，却不用一句经语。补

① 俞长城：《可仪堂一百二十名家选》，康熙三十八年刻本。

② 《吕晚村先生论文汇钞》，康熙五十三年刻本。

题之妙，都为王鏊、钱福旧法，而出以朴实坚辣，非王、钱二人所能及。然而，这种做法又使他的一些八股文产生了题旨发挥尚欠切实精研的毛病，即是吕留良说的“理境不精”，“理境不精，则简澹高老，无有至味出其中，未免外强中干，时流因谓江郎才尽”。这真个是中的之言。如天启四年甲子（1624）科乡试，他中举人时在场屋中写的八股文，就因此而受到一些人的批评，但刚健之概仍充盈其中，故王巳山称赞说：

“天启甲子科，艾东乡先生诚中流一砥柱也，而乡墨多不满人意。其首艺《君子坦荡荡　一句》题文，于注中循理，故常舒泰之旨尚欠切实研寻，而清刚之气游行自在。在万历末造，实有救纤医俗之功，不可没也。”①

然而，既要“借经义以道世事，发挥胸中之奇”，就不能拘泥于传注，陈陈相因。艾南英又是一个古文家，他的八股文与古文写法是融为一体的，能于正经正史之外，推及逸书、诸子，以史事为骨干，包罗万象，涵盖古今。故其文常有独到之见。他说：“文之古在神理，不在辞句，并不在排整散行间也。”② 故他特别重视以古文的神理说来指导八股文写作。这个特点在其《〈关雎〉乐而不淫》题文中即可看出。他对此作是比较满意的，自称近日作文，以此篇为第一。他在该文之后自跋云：

“此依毛传作也。所谓淑女，指三夫人、九嫔以下。后妃思贤求佐，而发为词气又如此和平，可谓得性情之正，当时文王刑于之化可知。时文牵来扯去，只是后妃得则许多宗庙、社稷、治平等语，以为如此方是乐而不淫，不知文王何故专靠后妃做圣贤也。”

该文依《毛诗》作题文经解，见识超群且又合乎孔子本意，

---

① 见《制义丛话》卷之六，咸丰九年广州重刻本。

② 转引自《吕晚村先生论文汇钞》，康熙五十三年刻本。

"文则简老端凝"①，确是以此为题的所有制义中之上乘之作。

世人均认为艾南英的天分在江西八股文派中，不如金声、黄淳耀、陈际泰、章世纯、罗万藻五人，但他读书多，用功深，故其思想深刻，实能究察事物之理。作文时认题真切，理格苍老古健，变化谨严，无不合度。长于叙事议论，并能联系现实，每有创见，出于五人之上。这个特点从其《心之官则思，思则得之》题文可以看出。

朱熹在《四书集注》中对题目所在经文注释云：

"官之为言司也。耳司听，目司视，各有所职而不能思是以蔽于外物。既不能思而蔽于外物，则亦一物而已。又以外物交于此物，其引之而去不难矣。心则能思，而以思为职。凡事物之来，心得其职，则得其理，而物不能蔽；失其职，则不得其理，而物来蔽之。此三者，皆天之所以与我者，而心为大。若能有以立之，而耳目之欲不能夺之矣，此所以为大人也。"

细察此作可以看出，艾南英为文在基本遵循朱熹传注的基础上，总是针对现实，细察题意，提出己见。此作既根据朱熹传注之意，指出"物交之害，缘耳目以累心"，又提出"不善事心者，必使心等于耳目"的见解，并针对现实，以"慎思"与"善思"作为全文的主旨。

崇祯之世，前后七子阴魂不散，在文坛上仍有较大影响力。而盲目崇信主司的庸腐程文，更是振兴崇祯八股文之大害，艾南英借题以道世事，提出"不善事心者，必使心等于耳目"的尖锐见解，主张慎思与善思，其讽世用意跃然纸上。文中阐释"心之官则思"，把思考与人的一般感知加以区别，接触到了感性认识与理性认识的问题，见解新颖独到，超出当时人的认识水准多多。方苞称赞此文"清思锐人，题障尽开"②，确是中肯之言。

---

① 林畅园语，见《制义丛话》卷之六，咸丰九年广州重刻本。

② 见《钦定启祯四书文》卷九该文评语，光绪二年崇文书局刻本。

艾南英是晚明著名的古文家，其时文与古文写作理念是一致的。特别是他要以时文作为论世的武器，熔古文、时文、时事、经史、文章为一炉，让八股文恢复载道功能，并成为拯世之工具，更要借助古文的形式作自由发挥，故艾南英的时文在格式上，往往与古文相一致。他的八股文，极少用太过拘牵的八股格式，常以散体或两截篇法来结构作品，顶多使用二股、四股、六股格式。其《民为贵　一章》题文，针对的是崇祯时官贪吏酷，残害百姓，弄得民困国危的现实，文章上下古今，一层层深入阐释孟子“民为贵，社稷次之，君为轻”的民本思想，“其中宾主、轻重次第曲折，起伏回旋，古文义法，无一不备”，“清古之文风味犹胜于黄（淳耀）、陈（际泰）”①。

艾南英性格刚正率直不能容物，持论刻核，树敌太多，既为时俗所忌，也使其八股文带有其性格影响所造成的不足。清代文炳在一种时文选的序言中对其文之得失作过较为全面公允的评价。他说：

“千子先生留心古文，所选时义，书理或疏，体裁皆不俗。其稿始犯驳杂，继犯枯燥，极老极坚者，远过章（世纯）、陈（际泰）两大，特难遽投时好耳。”②

周以清在《四书文源流考》中评艾南英之时文说：“无一语不原本经传，却不用一经传语，补题之妙皆王（鏊）、钱（福）旧法，而东乡集其大成矣。”③ 即便其文达到这种水平，但因不肯苟同世俗，亦不容于世俗，而其文不扬。

世人评论八股文要入口气，代圣贤立言，无异于戏台上演戏，优孟衣冠，啼笑皆非其真。然而艾南英却以古文为时文，其刚直尖刻，率性而为之个性常于文中透面而来，读其文如直面其

---

① 见《钦定启祯四书文》卷九该文评语，光绪二年崇文书局刻本。

② 见《天崇合钞》评语，乾隆刻本。

③《学海堂集初集》卷八，光绪启秀山房刻本。

人，其《无伤也》题文足以见此特点。

无伤也

知人言之不足恤，而人当自信矣！

夫礼义之或愆，则所患也。彼不理于口，是何伤哉！

闻之曰：伤人以言，甚于戈矛。此特世俗之常情，而非所论于君子也。子告我曰：大不理于口，忧谗畏讥之心，何皇皇耶！

夫君子褆躬，何至以心为垢府。然有人于此，终其身无诖误可摘者，其中亦可疑也。

君子涉世，何至以身为诟端。然有人乎此，终其身无毁言能加者，其品亦可知也。

子之不理于口，吾直以为无伤耳！

闻世俗之繁言，而爽爽然惊，规规然自失，此怯胆也。夫丈夫固当有相旷之怀，宁使有瑜有瑕，不甘无举无刺。谣诼之口，何足介其念也。

患物议之相侵，而平情以合污，辍行以弭怨，此俗肠也。夫丈夫固当有超胜之韵，尊之圣贤不喜，呼之牛马不怒，诪张之舌，何足动其衷也。

嗟乎！何物庸众，而能誉豪杰也，谤固其所耳。一忌而欲杀，一恶而欲死，吾以闲心观焉，天下有可解颐如此者哉！

嗟乎！何物庸众，而敢誉豪杰也，毁固其分耳。造谗者手足俱乱，吠声者耳目若狂，吾以冷眼视焉，天下有可鼓掌如此者哉！

故褊衷者闻谤若刺于肌肤。而冥之以至理，则群声汹汹，犹婴儿之啼呼也，何相忤也。

盛气者闻毁不安于梦寐。而对之以达观，则群口嗷嗷，犹鸟兽之鸣号也，何相怒也。

夫为士者，识欲其超，骨欲其劲；以天下誉之，夷然不屑；以天下非之，倘然不顾。若夫忧谗畏讥，则妾妇之事也！

这篇文章，题目出自《孟子》，是艾南英与几社陈子龙等人因文见不同闹出极大矛盾时，借题以抒发心中愤激之情而作。

陈子龙及其同伴为文好怪奇，务藻思。艾南英对此极力批驳，尤斥陈子龙，与陈际泰、章世纯、罗万藻相砥砺，与之对抗。几社之人十分忌恼，为驳四家文以解困，便故意扬艾、抑章、陈，弄得章世纯、陈际泰十分不悦，以至四位战友交谊不永，合而不终。章世纯还脱离了江西派参加了几社。艾南英为此十分痛心，日有势孤力单之感，胸有忧郁需要发摅，便发愤以“无伤也”为题，作文以抒其意。文中有笑有骂，貌似旷达，实则愤极。感慨激愤，全出于其真性情。艾南英从不俯仰从俗，其清刚之气，也贯注于该文之中，让读者无不震撼。

艾南英不仅为文力主理学，要“因题生义”，切入现实，而且是个践行儒家伦理的节义之士。明朝灭亡，北京、南京相继失陷，江西郡县也尽沦亡。艾南英仅是一个老举人，并未享受过明王朝多少好处，却恪遵儒家伦理道德观，为抗清复明而授命成仁。他东走入闽，“唐王召见，陈十可忧疏，授兵部主事，寻改御史”①。第二年忧愤而卒。俞长城对他倍加推崇，称他“少负异才”、“名动海内”，夸奖他对推动崇祯八股文振兴运动所起的作用，说：“至于千子，则所谓公输运斤，指挥如意，师旷辨音，纤微必审者也。”并称赞其气节云：

“遭时丧乱，跋履间关，同时名士狼藉载路，而公独视死如归，游说万端，终莫之屈，不愧为笃信好学，守死善道者矣。”②

---

① 《明史》卷二百八十八《艾南英传》，中华书局，1974 年。

② 俞长城：《可仪堂一百二十名家选》，康熙三十八年刻本。

艾南英的时文确有其短，然而，“文有其貌似拙，其语似粗，却正先辈极精邃大法力处，艾东乡以后，知之者鲜矣”①。

第六节　才气横溢的八股文高手陈际泰

在崇祯八股文救亡振兴运动中，陈际泰是位举足轻重的人物。他极富才情，又最用功，故其八股文在晚明文坛一帜独树，备受推崇。

陈际泰，字大士，临川（今属江西）人。

陈际泰自幼喜爱读书，家中却非常贫困，每天要上山拾柴，路上捡粪以补家中收入，但只要稍有闲暇，便取书诵读。他父亲怕他年小读书把身体弄坏，禁止他苦读，他却不管不顾，只苦于无钱购书，无书可读，便经常借邻居小儿之书“屏人窃诵”②。

陈际泰天分很高。八岁时从其姨兄处得到一本《书经》，四角都漫灭无棱，又无句读，“凡不可句者以意看注得之，凡字不可识者以意切声得之”③，竟然无师自通，并悟得终生受用的学习方法。

因为他家住深山，朋友中没有习八股文的，他问舅父：“文章是什么?”答曰：“墨卷。”

回到家里，问他当蒙馆先生的父亲，“墨卷”是什么样的书。

其父也没写过八股文，不知墨卷是何物，便“为大言自靳曰：‘予无书不读，未识所谓墨卷者。’”④

后来才从钟美政处问到墨卷原来是乡、会试试卷。

钟美政“授之以郭青螺先生所选八十一篇，讽之如儿女说

---

① 《吕晚村先生论文汇钞》，康熙五十三年刻本。

② 《明史》卷二百八十八《陈际泰传》，中华书局，1974年。

③ 陈际泰:《太乙山房稿自序》，崇祯刻本。

④ 陈际泰:《太乙山房稿自序》，崇祯刻本。

话。尔后凡写家信与寻常客子书皆用八股法。然泛观之，未尝知有所谓破承者。一日见郝鹿野《说书序》云：‘破承者，行文之冠弁。’因知文有破承，取八十一篇覆之，果然。自以其意为文，得二寸许，不自信又自喜也”①。

二十岁之后，其文名开始闻于远近。万历二十八年庚子（1600）与罗万藻、章世纯、艾南英同时中秀才。崇祯三年庚午（1630）科中举人，四年后又中进士，时年已六十八岁。“又三年除行人。居四年，护故相蔡国用丧南行，卒于道。”②

在八股文起衰振兴运动的中坚、江西四子章、罗、陈、艾中，陈际泰这个自学成才、无师自通的八股文高手是以出手快、作品多、质量高而著称于世的。

他才华横溢，聪敏已极。《明史》中说“其为文，敏甚，一日可二三十首。先后所作至万首，经生举业之富，无若际泰者”③。若有人向他请教，“辄口占以示，即未成章，或二股，或四股，每多精义。后集为《四书读》，稿中往往有前后足成之者”④。因其质量高，故留存于世者亦多。清代人说，“计大士稿之见于人间世者，仅及一千余篇，其蠹烂于梁间者，不知凡几。然有明执牛耳如震川（归有光）、思泉（胡友信）诸先生传世之作，亦不能多于大士，其馀声华藉甚，不旋踵求其勺渖不可得。时文世界甚隘，而大士独得留千馀篇，未可为不幸矣”⑤。

陈际泰悟性很高，他最懂得时文须与时俱变的特点，故他自述说：“泰文凡数变”⑥，清代人评价他这一特点时说：“盖大士

---

① 陈际泰：《太乙山房稿自序》，崇祯刻本。
② 《明史》卷二百八十八《陈际泰传》，中华书局，1974 年。
③ 《明史》卷二百八十八《陈际泰传》，中华书局，1974 年。
④ 《制义丛话》卷之七，咸丰九年广州重刻本。
⑤ 《制义丛话》卷之七，咸丰九年广州重刻本。
⑥ 陈际泰：《太乙山房稿自序》，崇祯刻本。

才如江海，顷刻万变，又数十年，气运推移，故心思、笔力亦随之而异。《五家稿》所录浑脱直到古人，王选则较清微矣，周选或专取平近矣。”①

陈际泰的八股文有一个突出的特点，即他自己所说：“泰文凡数变，然其意皆以一己之精神，透圣贤之义旨为宗。”② 其《齐其家者先修其身》题文，可见这个特点之一斑。

此文题目选自《大学》，全篇体质纯茂，词旨明达，一改陈氏平日纵横跌宕的写法且一归于经术。

作这种理题，此前各位八股文名家高手，都遵循明初以来传统，多直用朱熹的传注以阐释之，至陈际泰出，才挹取群言，自出精义，与相发明，故能高步一时，无人能出于其右。俞长城说他“其学无所承藉，一览数行，手口耳目并用，质甚奇”③。其《惟大人为能格君心之非》题文，中幅举其体，后幅及其用，上自伊周，下举韩忠献、李文靖之事，都相融于尺幅，无不显示其挹取群言，融液经典之才学。

陈际泰于同一个文题可从不同角度，用不同写法，针对时局，从题中不断发掘出新的见解，写出同题的多篇八股文。其《充类至义之尽也》题文即有五篇，且篇篇皆为名作，有如鹏击猊抉，想穷天际，不可端倪。特别是其第二篇，“按理揆情，剖析精当，文之最醇者”④，实达前代诸公未辟之境。王巳山对陈际泰一题多篇的做法有独到之见，他评论说：

“先生一题数义者尽多，独此五义，当是同时兴到之作，可使读者细讨古人文心不竭，意境如辘轳之相引。家篛林以此为直接长沙《过秦》三论，柳州《西山》八记，分之则一篇自为首

① 《制义丛话》卷之七，咸丰九年广州重刻本。

② 陈际泰：《太乙山房稿自序》，崇祯刻本。

③ 俞长城：《可仪堂一百二十名家选》，康熙三十八年刻本。

④ 见《天崇合钞》该文评语，乾隆刻本。

尾，合之则数篇自为首尾，而选家分离乘割，后学不睹其全，没却前人苦心矣。”①

在江西派中，陈际泰的性格旷朗而高傲，其文最为奇横，如风发泉涌，兔起鹘落。有人称他的文章有苏（轼）海韩（愈）潮之风，这并非过誉。其文纵横开阖，笔起波澜，实理虚情，推阐曲尽。

凌仲远在《探微集》中评陈际泰与金声：“陈与金（声）并称，犹诗中之李、杜、元、白，名齐而格不同。大士早誉晚成，言满天下，提笔如风发泉流，兔起鹘落，瑕瑜相掩，老气横九州，奇文豹变，岂出正希下哉！”

陈际泰之文，又每多新颖之处。其新颖处又极平正，只是别人看不到，说不出而已。其文每每言别人未尝言之理，开前代诸公未达之境，故给人耳目一新之感；能思众人思虑所不能至，故令人感到奇特。其《直哉史鱼　一章》题文，即是一篇气势奇横，于正内见新的名作。

子曰：“直哉史鱼！邦有道，如矢；邦无道，如矢。君子哉蘧伯玉！邦有道，则仕，邦无道，则可卷而怀之。”

卫有贤臣而皆不展其用，可惜也。

夫史鱼以不用死，伯玉以不用去，徒以直臣、君子之名见称于圣人，亦何益乎！

夫子意谓：甚矣，卫之多君子也。然其最著者，吾得两人焉。其一为史鱼，其一为我友蘧伯玉。史鱼之直声，古今所无，而伯玉之君子，吾党所少也。

夫史鱼于执简记，奉讳恶，足尽职业优劣之理。即史鱼于弥子瑕、蘧伯玉非有生平恩仇之分。而乃奸不去，贤不

① 见《天崇合钞》该文评语，乾隆刻本。

庸，目将不瞑。君不听，责不塞，死犹自罚，故曰史鱼之直声古今所无也。

乃伯玉之道无可拘方，而彼独以推移行之。即伯玉之事无可形据，而吾能以情意况之。

故使邦有道也，史鱼曰：时幸圣明，不可不如矢也；而伯玉亦曰：吾将仕矣，固异局而同其符。

使邦无道焉，史鱼曰：世当昏垫，尤不可不如矢也；而伯玉则曰：吾将隐矣，将两地而行其志。

夫伯玉去就绰绰，诚无所需于史鱼存没之荐。

而史鱼中心养养，诚有窥于伯玉出处之贤。

甚哉！道相高，两人又以心相许也。史鱼生而伯玉庶几可仕；史鱼死而伯玉不得不卷矣。策后人不能，故也而长逝者恨有终穷乎！

君子曰：尸谏，忠有馀也。史鱼之死也，贤其生也。辟难，权不足也。伯玉之去也，贤其处也。然而卫以不竞矣。

这个文题出自《论语》，《四书集注》中对这章经文的注释说："史鱼自以不能进贤，退不肖，既死犹以尸谏，故夫子称其直。""伯玉出处，合于圣人之道，故曰君子……杨氏曰：史鱼之直，未尽君子之道。若蘧伯玉，然后可免于乱世。若史鱼之如矢，则虽欲卷而怀之，有不可得也。"

从文中可以看出，陈际泰的八股文，并非直用朱熹传注，而是融液经史，荟萃群言，以一己之精神，透程朱之义旨以相发明。在该文中，他就认为史鱼之直，亦是君子之道，与朱熹的注释就有区别。因为崇祯乱世，需要这种不顾个人生死，敢于尸谏的精神，才能挽救危局。

该文将有道无道在伯玉事中插入史鱼总叙出来，又借势补点如矢，不仅避免了将有道无道两节分开对叙之板滞，还较寻常总叙之法更为奇变。

按照八股文之传统作法，将两对体交互作去，会凌题次。但作者借鉴了《史记》、《汉书》数人合传中你中有我、我中有你的笔法来写八股文，言人所未能言，发众人所不能见，使文章错综变化，不可端倪，正是正内见奇，熟后生巧，给人以奇特之感。文章议论奇横，纵横跌宕，神韵骨色，无一非古，是一篇时文古文融合无间的名作。

陈际泰对八股文的独特贡献在于分股。他曾自叙说，他“所独得者乃在分股。前人定为八股者，言之不已而再言之，明为必如是而后尽也。若每股合掌，则四股可矣，何必八股哉！而病不止此也，将并其一股而忘之，何者？对股与出股一字不同，对股既严，而后出股不苟。若二股一概而同之，则出股无论接句，即开头一句已苟无思矣，此并一股而忘之之说也。然不合掌又非于题外求不合掌也，文未至于一字不移，是八寸三分头巾，随人可戴也，病又不在世俗合掌下。必明于此，而后文始刻，始高，行文之名始快。至于微远以取致，博奥以取理，所谓加务善之而所要不存焉”①。

万历末年之后，八股之对股与出股合掌与否，从不究问，故世间八股部分之合掌，历历可见。这是严重违反八股功令的。这样，“寖传失真，往往有略具八股之形，并无八股之意者。篇法则前后重复，股法则彼此模糊，于圣贤立言之意，既无所剖析，又何取排比而铺张之？”② 陈际泰既要振兴衰变已极的八股文，恢复其既有功能，对这个问题极为重视。遍观其八股文，很难找出出股与对股有合掌现象，其出股与对股无一句相同，且又不是从题外去求不合掌，所以其文做到了用排比而不见排比之迹，风格独具。张兰陔在《天崇百篇》中说：“大抵名家之文，从无合掌，而对法之灵奇变幻，剖析精微，至三婢先生而能事始尽。”所以

---

① 陈际泰：《太乙山房稿自序》，崇祯刻本。

② 见《天崇百篇》张兰陔评语，道光二十五年刻本。

艾南英说："大士之先无大士，大士之后无大士。海内效大士者至众而终不能肖，无他，创与因之分也。"① 陈际泰自称其"所独得者乃在分股"，便是其八股时文与众不同的特点。

陈际泰的八股文善于抓住关键字眼，层层剖析，纵横奥衍，通篇全为该字传神，减没变化，奇妙无穷。陈氏凡作这类文章，"皆其熟极之候，更不用一毫才气，而神明于法者。此真钱（福）、王（鏊）后身"②。

无论从哪个角度来说，陈际泰在晚明都是杰出的八股文名家，艾南英称赞他说：

"大士之文，置王（慎中）、唐（顺之）诸老弗论，其上之合圣贤之旨，次之与秦、汉、唐、宋大家相上下，而排空出险以御其自得者，则虽其怨家仇人不能以相毁……大士身为诸生而天下翕然宗之，天下之为大士者，得其皮毛麟角则已躐巍科跻朊仕矣。"③ 又说："向者，吾乡一二同人，以通经学古挽回斯道，而吾大士为功之首。"

他"变通先辈，自为面目，法甚高；为诸生时所作文，遍天下士大夫皆愿与交，名甚震，此宜速得志于天下矣"④。

然而，由于其文奇纵，风格特异，虽"大士著书，其言满车"，"身为诸生而天下翕然宗之"，却因"不合于有司之尺度"，"乃老而始遇。盖知其为大士，文虽拙亦工。不知其为大士，文虽工亦拙。当时无论知不知，皆不知大士者也"⑤。这是陈际泰的悲哀，亦是八股取士制的悲哀。

崇祯七年甲戌（1634）科会试，陈际泰试卷出自文震孟房，

---

① 艾南英：《陈大士近稿序》，载《明文海》卷百十二。

② 见《天崇百篇》王耘渠评语，道光二十五年刻本。

③ 艾南英：《陈大士近稿序》，《明文海》卷三百十二。

④ 艾南英：《陈大士近稿序》，《明文海》卷三百十二。

⑤ 俞长城：《可仪堂一百二十名家选》，康熙三十八年刻本。

首题《其己也恭　四句》，其文有精思，有大义，高足阔步，目空一世，文震孟一见即认定是陈际泰所作，欲取为第一名会元，而与项煜力争不得，置第二。榜发之后，果然是陈际泰之文，都为之叹惜。而项煜误以李太青为杨廷枢，将之取为解元，识文不明，受尽世人嘲笑。

陈际泰才思敏练，又以博敏自雄，故其文中也有疵病。他自云三个月即遍读《二十一史》，当然未能细研，其中的地理、职官、兵刑、赋役等志，需以毕生精力细究方可通晓。三个月的时间，只能将其中列传部分匆匆一过，于可喜可恨事，或为击节，或为按剑，记于心中，也可资作文时用。而陈际泰不知藏拙，常于未深研处发挥，结果弄出错误，受到别人批评。如其《天之高也　一节》题文，王夫之便批评他"于历法粗率且未晓了，出语便成差异。想其读史时，于历志无能晓处，便掷向一壁去。先辈于所未知，约略说过，却无背戾，惟不欲夸博敏。大士以博敏自雄，故乱道"①。

陈际泰醉心于八股时文，不仅自己孜孜以求，也要求他的儿子陈兴霸刻苦钻研，管教十分严厉。陈兴霸极为聪明，八岁时其父教他读王安石的《上仁宗皇帝书》，只读三遍即能背诵。他"为时文气魄压千人"，又文思敏捷，"日十数题，题十数义，如父风"②。他与弟弟陈少游自幼即通八股制艺，越是这样，陈际泰对他们的要求就越严。"梦中呼觉，令诵《考工记》，一字蹶，辄蹴下床与杖，甚于头触屏风。然观其文则喜不寐"，以至于陈兴霸与朋友们说："吾他日训儿，当一以宽"③，可见其父苛严责之对其心理创伤之巨。

吕留良论陈氏文说："陈大士先生文，人但惊其奇纵，不知

---

① 王夫之：《夕堂永日绪论外编》第四十六则。

② 傅占衡：《壶山集序》，《明文海》卷三百十三《时文序》。

③ 傅占衡：《壶山集序》，《明文海》卷三百十三《时文序》。

其法脉细净处，是为老作家。凡一字入其手，必有两义，文即有八比，或多排小比，亦必每比各有义，不犯合掌、架屋之病。义虽多，局虽碎，而章法首尾有体，股法次第相生，定一气呵成，转转见妙，此皆古文正法，非抄套时文之所有也。又有一种，略去畦町，标举指归，而已得要妙者；有淡点冷逗，疏疏若不经意，而迥不可及者；有直破中坚，树立奇伟，而馀地轻置不顾者；此皆古文之变别，又法之最高者矣。特其理求超，而每失之邪异，论求新，而每失之驳杂，入情过快，多俚俗之谈，发抒急尽，伤神蕴之妙，千子讥其心粗手滑，此则先生之所不得而辞者耳。"[①] 吕留良爱陈氏文，故评价很高，但对其特点的概括既公正，又到位。对其缺点的评述也是公允的，这可算是陈际泰文的一篇总评。

陈际泰时文具隽奥之风，其源根于经史，其灵浚于心思，其笔力出于周秦诸子，故能空前绝后，推陈出新，令人咀嚼不尽。其八股文大家之誉，是货真价实的。

第七节　身名并烈的八股文名家黄淳耀

在晚明八股文坛上，人品与文品俱为人称颂的人物首推黄淳耀。未成进士前，"见朝政得失，时事兴废，作为文章皆本经济。既成进士，犹嗜学不衰，国步既移，即以身殉，遂成一代完人"[②]，为八股文史增添了一道奇光异彩。

黄淳耀，字蕴生，号陶庵，嘉定（今属上海）人。

黄淳耀自幼即有志于儒家之学，"并发于至情，体于实践"，"弱冠即著《自监录》、《知过录》，有志圣贤之书。后为日历，昼之所为，夜必书之。凡语言得失，念虑纯杂，无不备识，用自

---

① 《吕晚村先生论文汇钞》，康熙五十三年刻本。

② 俞长城：《可仪堂一百二十名家选》，康熙三十八年刻本。

省改。晚而充养和粹，造诣益深”①。

吴梅村对黄淳耀的儒学素养也推崇备至。他说：

“其于考据得失，训诂异同，在诸儒不能通其条要，陶庵顿五指而数之，首尾通涉，铢两历然，虽起古人面与之雠问，莫能难也。其为人清刚简贵，言规行矩，早有得于濂、洛之传。尝谓人曰：‘吾比来为文，初无所长，然皆折衷大道，称心而立言，质之于古，验之于今，其不合于理者亦少矣。’”②

黄淳耀“为诸生二十年，与其弟伟恭，其徒侯几道云俱昼夜讲性命之学”。未中进士时，在钱谦益家中坐馆，深受钱谦益器重。他利用钱氏家富藏书的条件，尽读孤本宋版，学问大进。又极关心国家兴亡，每日读邸报，常为国事之坏太息流涕。

崇祯十五年壬午（1642）科在南京中举人，次年中进士。“归益研经籍，缊袍粝食，萧然一室。”③ 他体念时艰，甘过清贫生活，与未中进士前一般无异。

甲申国变，北京陷落，福王在南京即位称帝，崇祯十六年癸未（1643）科中进士者都授予官职。黄淳耀恪守儒家正统道德价值观，不事征逐，淡泊名利，从不与名士争长较短，故只有他一人不去南京赴选。

不久，清兵南下，攻陷南京，弘光朝覆灭，兵逼嘉定。嘉定士民推八股名家、冯梦龙的友人侯峒曾及黄淳耀为首据守嘉定县城。黄淳耀的弟弟、诸生黄渊耀亦参与其事。

嘉定军民满腔忠义，浴血死战，却因大雨崩塌城墙，且无援兵，嘉定城终于失守，清兵大举攻入。侯峒曾携二子从容投水自尽。黄淳耀忾然太息，与弟黄渊耀入一庙中，也欲自尽。

---

① 《明史》卷二百八十二《黄淳耀传》，中华书局，1974 年。

② 《吴梅村全集》卷第二十七《黄陶庵文集序》，上海古籍出版社，1990 年。

③ 《明史》卷二百八十二《黄淳耀传》，中华书局，1974 年。

僧人说："你未曾为官，可以不殉国死难。"

黄淳耀悲愤地说：

"城亡便与之皆亡，岂能以做未做官来做偷生之借口呢?"

他向僧人要来笔墨，于粉墙书曰：

"弘光元年（1645）七月二十四日，进士黄淳耀自裁于城西僧舍。呜呼！进不能宣力王朝，退不能洁身自隐，读书寡益，学道无成，耿耿不寐，此心而已。"①

寥寥数言，语极惨烈，虽为自责，实哀国事。然后从容"投笔绝命，扼吭而死"。俞长城云："癸未一科，名士如林，而皆出于浮饰。大节既堕，文亦鲜传。惟陶庵发于至情，体于实践，故身名并烈。昔人云举业不妨功，惟患夺志。若尽如陶庵先生者，则励志莫如文，又何患乎?"② 这种评价是十分公允的。黄淳耀节操文章在晚明都属一流。他"所作诗古文，悉轨先正，卓然名家。有《陶庵集》十五卷。其门人私谥之曰贞文"③。而最能体现其学养，阐孔孟之精妙，探性命之奥旨，显现其才华识力的，还属其八股时文。他之所以能终生服膺孔孟之道，也得力于八股文对他的滋育。

黄淳耀"为诸生时，深疾科举文浮靡淫丽"，会失去八股文统一士人思想的功能，造成政局进一步失控，便全身心投入到对八股时文的钻研与振兴中去。他默默耕耘，欲以自己的文章道德来昭示世人，八股文的正宗在何处，从而影响士人，使其人心文章皆归于正。

黄淳耀是晚明著名的古文家，他学识广博，读史详审，吴梅村曾说黄淳耀于"迁、固以下诸史，朱黄钩贯，略皆上口"，善熔经史于一炉。他又是一个关心朝政得失，时事兴废，欲借经义

① 《明史》卷二百八十二《黄淳耀传》，中华书局，1974 年。

② 俞长城：《可仪堂一百二十名家选》，康熙三十八年刻本。

③ 《明史》卷二百八十二《黄淳耀传》，中华书局，1974 年。

来发摅胸中之奇的爱国志士。为能自由表达其救亡拯世之见，他的时文皆以古人理念与作法为之，以《左传》、《史记》、《汉书》的笔法，发孔孟之义理，切当世之弊端，笔触苍劲而常带感情。指事类情，肝胆呈露，言及世道人心，便能使读者义理之心勃然而生；警痛之论，可使机变者抚心内愧，瞿然自失。其时文已与古文浑然相合，气局雄浑阔大，笔法古健老到，情韵沉郁苍劲，实直接《史记》、《汉书》以来文章正统，在晚明八股文坛独步一时。其《庄暴见孟子曰　全章》题文即是其代表作。

庄暴见孟子曰：“暴见于王，王语暴以好乐，暴未有以对也。”曰：“好乐何如？”孟子曰：“王之好乐甚，则齐国其庶几乎？”他日见于王，曰：“王尝语庄子以好乐，有诸？”王变乎色，曰：“寡人非能好先生之乐也，直好世俗之乐耳。”曰：“王之好乐甚，则齐其庶几乎！今之乐由古之乐也。”曰：“可得闻与？”曰：“独乐乐，与人乐乐，孰乐？”曰：“不若与人。”曰：“与少乐乐，与众乐乐，孰乐？”曰：“不若与众。”“臣请为王言乐。今王鼓乐于此，百姓闻王钟鼓之声、管籥之音，举疾首蹙頞而相告曰：‘吾王之好鼓乐，夫何使我至于此极也？父子不相见，兄弟妻子离散。’今王田猎于此，百姓闻王车马之音，见羽旄之美，举疾首蹙頞而相告曰：‘吾王之好田猎，夫何使我至于此极也？父子不相见，兄弟妻子离散。’此无他，不与民同乐也。今王鼓乐于此，百姓闻王钟鼓之声、管籥之音，举欣欣然有喜色而相告曰：‘吾王庶几无疾病与？何以能鼓乐也？’今王田猎于此，百姓闻王车马之音，见羽旄之美，举欣欣然有喜色而相告曰：‘吾王庶几无疾病与？何以能田猎也？’此无他，与民同乐也。今王与百姓同乐，则王矣。”

乐无古今，惟同民者为能好也。

盖先王乐民之乐，故其乐至今传也。如齐王之所好，与独乐何异！

昔齐自敬仲奔齐，《韶》乐在焉，至宣王之世犹存。孟子至齐，与王论政者屡矣，无一言及于古乐，以为仁义不施，则虽日取先王之乐而张之于庭，无益也。

一日庄暴以王之好乐语孟子，有疑词焉。及孟子以庄子之语诘王，有愧词焉。彼特以古乐在齐，而耽此鹜辟骄志之音为非宜尔。虽然，王果以昔日之乐为足以治今日之齐乎哉！

夫国不期于大小，期于好乐。乐不期于古今，期于同民。今也知独乐之不若与人，知少乐之不若与众，是天下之知乐者莫如王也。知与人之为乐而故独之，知与众之为乐而故少之，是天下之不好乐者莫如王也。王之心必曰："吾何独矣！吾不有妾御乎哉？吾何少矣，吾不有便嬖乎哉？"嗟夫，此王之所以为独，此王之所以为少也。

今夫临淄之中不下十万户，王之妾御、便嬖不过数百人。王日与此数百人者鼓乐田猎之是娱。而此十万户中，耳不绝悲欢之声，目不绝流离之状，此虽伶伦复作，仪舞再来，民亦必疾首蹙頞，以为安得此亡国之音也，况世俗之乐乎！

然则好乐之甚者可知已。欲民之乐闻，莫如发德音；欲民之乐见，莫如下膏泽；欲民之善颂善祷，莫如播仁声。至于德洋恩普，收六国而臣之，击壤有歌，殿屎不作，则王之乐，亦洋洋乎来矣。后世闻之，以为此非东海之风，而王者之作也，岂不盛哉！

言至此则王必动容而思矣。吾故曰：天下之知乐者莫如王也。言至此，则王必敛衽而退矣。吾故曰：天下之不好乐者，莫如王也。

这一章题文出自《孟子》，《四书集注》对这一章经文的注释为：

"范氏曰：战国之时，民穷财尽，人君独以南面之乐自奉其身。孟子切于救民，故因齐王之好乐，开导其善心，深劝其与民同乐，而谓今乐犹古乐。其实今乐古乐，何可同也，但与民同乐之意，则无古今之异耳。若必欲以礼乐治天下，当如孔子之言，必用韶舞，必放郑声。盖孔子之言，为邦之正道。孟子之言，救时之急务，所以不同。杨氏曰：乐以和为主，使人闻钟鼓管弦之音，而疾首蹙頞，则虽奏以咸英韶濩，无补于治也。故孟子告齐王以此，姑正其本而已。”

黄淳耀是明代一个“笃践履”的儒士，其八股时文当然会一本程朱理学，故该文以同民为经，以古乐今乐同独众少好不好为纬，凭着作者高度的概括力，以及把握题旨精义的本领，将一个长达四百多字，内容纷繁的题目阐释发挥得淋漓尽致。且文中所指，又切中天启、崇祯现实，可见作者写作水平之高，堪称名家。

尤其值得指出的是，该文纯以古文笔法写就，“纵横出没，自成一则古文。其中有提掇，有顿挫，有驾驭，皆有法度可寻”①，其“置题如阵，弄题如丸，意度波澜，自然入古，而无抚古之迹，纯是一片神力酝酿而成”②，“笔墨化意，非龙门以下所可拟”，“学者于此一艺，能神会其妙，不难御风而行矣”③。可见明、清八股文坛，对作者熔古文与时文为一体，以雄快之文字，指切时事，发摅胸中之奇的能力是赞不绝口，推崇备至的。

清代杨懋廷在《四书文源流考》中说：“隆、万高手于全章数节题文不过取其语气之流贯耳。至天、崇名家然后于题中义理一一融会，纵笔所如，而题中节奏宛转相赴，时有前后易实处，亦不得以倒提逆挈目之。一由专于时文讲法律，一则从古文规模中变化也。此诀陈（际泰）、黄（淳耀）二家尤擅胜场，而陈之

---

① 见《天崇百篇》该文张兰陔评语，道光二十五年刻本。
② 见《天崇百篇》该文王巳山评语，道光二十五年刻本。
③ 见《天崇百篇》该文评语，道光二十五年刻本。

视黄，则有粗细之别，以所造之域有深浅也。金（声）、黄（淳耀）二家之文，言及世道人心，即能使读者义理之心油然而生，盖非经史，则议论无所依据，非有忠孝仁义之至性，虽依仿儒先之言而不足以感发人心。”[①] 此话对黄氏文作了深入评判，很有见地。

明末清初著名学者魏禧曾指出：“八股之法，病在于排比有定式”[②]，因而有碍于对题义的自由发挥。黄淳耀的八股文多指切时事，言及世道人心，“皆本经济”[③]，故在写作时常突破八股格式，以散体或二截、三截结构为之。他特别擅长全章题文的写作，大都循题节次而发议论，兴会跃腾，自具龙翔凤舞之概。且全以摹神审势为主，不屑于机法，而讲求机法者，却不能达其水平。这正是黄淳耀之擅长独绝之处。其《庄暴见孟子曰　全章》题文纯以散体来阐述。其《小弁小人　全章》题文从“小弁”说到“凯风”，再说到虞舜，共分三截，全未按八股格式，却合于古文之法，文气逼近韩愈与苏轼。当时陈子龙三吴派兴，专尚凌驾串插，遇此等文，反以挨讲讥之。他们不知道凌驾串插，隆庆、万历时已为人广泛采用，造成许多弊端，要振兴八股文，便不能再加提倡。只有依照发挥题旨需要而采用不同体式，才能自由表达己见，写出既切合题之奥义，又动人心弦的好文章来。

最能体现黄淳耀忠义情操，又最能打动人心的，当属其深念时艰，发抒悲愤之情，直刺时事及当权者之作。当他于钱谦益家坐馆时，钱氏声名正盛，且又极为器重黄淳耀，黄淳耀却从钱氏日常为人中看出其灵魂深处的卑污，作《鄙夫可与事君也欤哉》题文以刺之，真是目击心痛之言，极富识人之明，极具批判力。明亡后，钱谦益果真降清，其识人之深，见事之远由此可知。其

① 《学海堂集初集》卷八，光绪启秀山房刻本。

② 见《制义丛话》卷之七，咸丰九年广州重刻本。

③ 俞长城：《可仪堂一百二十名家选》，康熙三十八年刻本。

《与人而无信　全章》题文、《子贡欲去告朔之饩羊　全章》题文等都具有哀民感事，针砭时弊，献计献策，远见卓识的特点，无不脍炙人口。其中《见义不为无勇也》题文，更为卓绝，备受推崇。

该文题目出自《论语》。黄淳耀有感于当时许多官员满口仁义道德，却满肚子男盗女娼，作此文以刺之。他针对当时世事，阐释了孔子“见义不为无勇”的观点。他分析了义与勇、义与为的关系，指出“今天下事会多矣，名教亦凛矣”，因而在节义面前应抛开个人名利、进退，不避生死，能舍生取义，方为见义勇为。否则，口称仁义道德，而处处顾及个人私利，决不可能有见义勇为之举。

黄淳耀捐躯赴义的志向与陈子龙、夏允彝这些人是相同的，而平日的为人及品德远高过他们。他不依门户，不逐声气，方正恬淡之性有如天生而成。其文指事类情，皆发自肺腑。且自有八股制义以来，他人能言者未必能行，只有他能见诸于行，故别人读了此文，必然会受其感染，油然而生义理之心。

该文沉郁激荡，行墨间挟忠义之气，已造苏轼雄文之堂奥，读之可歌可泣，不能以一般制义时文视之。

黄淳耀既是醇儒，又潜心探究拯世治国之道，故其制义时文，有不少是借题以发挥其治世之见解的。这类文章，最为雄快，指画精详，有经国安民的真知灼见。其《守望相助》题文，阐述井田封建之制，就井田制的兴废来表达其治民理财之见解，直切当时世事。文中述及井田制本是圣人为中国先民虑及深远而设的制度。井田坏，则兵法、地利、士气、民情俱坏，不止农赋之病。文章条画明切，可见作者指切时世，忧国忧民之心。文之中二比云：

凡守者聚而处，望者散而布。聚之则苦其多也，散之又苦其寡也。今即平日之什伍联缀者，弯弧击柝而互生其形势。此为彼守，不必仰食于所守之家，故不厌多；彼为此望，不必身践其所望之处，故不嫌寡。是耰锄棘荆之间，而俨然有旗鼓之节矣。

凡守者来而拒，望者往而伺。彼来则恐其力不敌也，我往则恐其情不得也。今即平日耦耕无猜者，献禽馌兽而驯习于险阻。以八家为一家，守而实则自为守，故其力悉敌；以八家为一家，望而实则自为望，故其情悉得。是苎蒲袯襫之下，而森然有部勒之方矣。

从这二比可以看出，作者从寓兵于农立论，原本经术，深切事理，指画精审，于题境绝非附会。该文从阐述井田之中显现其治民方略，可以保甲，可以筹边。黄淳耀之才干器识如此，可惜未能让其一展身手。

陆陇其在《黄陶庵先生制义序》中称赞黄淳耀是能得“制义之意”者，即知道“制义者所以发挥圣贤之理也，能言圣贤之言者必能行圣贤之行……今观先生之制义，与其养于平日而从容于遇变者，可谓言与行合矣。言与行合者，是朝廷所以重制义之意也”①。这番话从言行合一的角度高度评价了八股文对黄淳耀的陶冶，也从政治角度对其时文的特点作了揭示，对了解黄淳耀的为人为文均有莫大好处。

第八节　欲以复兴古学来振兴八股文的陈子龙

在晚明八股文的救亡振兴运动中，陈子龙及其几社的战友们，力主以复兴古学来挽救衰颓的八股文，其主张虽与江西派的艾南英等有所不同，但殊途同归，亦在八股文坛造成了巨大影响，陈子龙、夏允彝、包尔庚等几社健将都成为崇祯八股文坛的名家。

---

① 陆陇其：《三鱼堂文集》卷九《序》，乾隆刻本。

陈子龙，原名介，字人中，更字卧子，号轶符、大樽。松江华亭（今上海松江县）人。

陈子龙“生有异才”，少习经史，潜心于义理性命之学，“析理匠心，刊华就实”，颇有成就。崇祯三年庚午（1630）科中举人，崇祯十年丁丑（1637）科中进士，选任绍兴推官。

陈子龙有经世才干，在绍兴推官任上，曾单骑去招抚被官逼而反的东阳诸生许都部众，他因此而擢升为兵科给事中。

李自成攻陷北京后，他事福王于南京，献练水师及防守要策，请禁宦官骚扰百姓，召还正直被黜之臣，都表现出他的才具卓识。后见福王无意复国，反而荒淫无度，上疏劝谏，却不听从，心为之寒，便以乞终养而归田舍。

不久，南京被清兵攻陷，夏允彝赋绝命词后自尽身亡。陈子龙也想以身殉国，“念祖母年九十，不忍割，遁为僧。寻以受鲁王部院职衔，结太湖兵，欲举事”[①]，却被奸人告发，在苏州被清兵捕获，于押解途中乘间投水殉难，时为清顺治四年丁亥（1647），年仅四十。其高尚节操，受到后人景仰，连清朝廷都对其忠义进行表彰，乾隆时赐谥“忠裕”，祀忠义祠。

陈子龙善为文，各体皆能，是晚明著名的文学家。吴梅村称他“诗歌古文倾一时”[②]，“凡海内骚坛主盟，大樽睥睨其间无所让”[③]。他与几社七子皆好读《文选》，善骈俪之文，喜魏晋之清丽，晚唐的藻艳，《明史》称他“诗赋古文，取法魏晋，骈体尤精妙”。这些成就，都是在其复古理论的指导下取得的。吕留良说：“明季之文，莫盛于云间，云间之文，莫著于陈大樽，虽师承《文选》，规摹六朝，然其本质超然，不为体调所汩没，且运

① 《明史》卷二百七十七《陈子龙传》，中华书局，1974 年。

② 《吴梅村全集》卷第二十四《复社纪事》，上海古籍出版社，1990 年。

③ 《吴梅村全集》卷第二十八《宋直方林屋诗草序》。

用更见遒逸。”

陈子龙自幼攻读儒家典籍，学习八股文，牢固地树立起了儒家正统的伦理道德观。他目睹自万历末年以来的乱世，激发出强烈的救亡图存的思想。在他与复社、几社、江西派文人看来，文章是经国大事，其兴衰关乎国之气运，故都想以振兴文运来振兴国运。不过，他们振兴文运的理念却各有差异，《明史·文苑传序》中说：“启、祯时，钱谦益、艾南英准北宋之矩矱，张溥、陈子龙撷东汉之芳华”①，寥寥数语，即点破了其间差异之所在。

在陈子龙及几社、复社诸子看来，文风只有雅正，才能正人心，淳风俗。而近世之文，无论体式、思想，都芜杂不经，不足以担当此任，只有复兴古学，才能振兴当代文运，承担起正士心，淳士习，进而挽救明王朝危机之重任。故他将自己发起成立的文社就命名为“几社”，寄托着他及其战友们复兴古学的希望：“几者，绝学有再兴之机，然后得几其神之义也。”② 所以，他在编刊崇祯五年的几社文选本《壬申文选》的凡例中就提出“文当规摹两汉，诗必宗趣开元，吾辈所怀，以兹为正。若晚宋之庸沓，近日之俚秽，大雅不道，吾知免矣”。

晚明著名文人吴梅村正是看到了陈子龙等人的良苦用心，指出：

“当先皇帝初年，海内方向古学，一二通人儒者，将以表章六经，修明先王之道为务。”③

正是出于这种复古理论的指导，陈子龙重举前后七子的复古大旗，视其文为雅正，而把扫荡前后七子，“各争鸣于一时”，使

---

① 《明史》卷二百七十三，中华书局，1974 年。

② 杜登春：《社事始末》，艺文印书馆据艺海尘珠本影印本。

③ 《吴梅村全集》卷第二十七《黄陶庵文集序》，上海古籍出版社，1990 年。

得“宗李、何、王、李者稍衰”的“徐渭、汤显祖、袁宏道、钟惺之属”[①] 的文章贬为“俚秽，大雅不道”，公然反对公安派、竟陵派的变革主张。

也正是在这种理论的指导下，几社诸子大写拟古之作，饾饤古语，难以卒读。

而令陈子龙文名大震的，还不是其诗词古文，当属其八股时文。《明史》中便说陈子龙“工举子业，兼治诗赋古文”[②]。陈子龙是晚明的八股文名家，又是一个壮烈殉国、杀身成仁的民族英雄，传统的伦理观念助长了他的八股文名，而他的舍生取义之举又证明了八股文塑造士人灵魂的巨大功能，抬高了八股文的身价。

陈子龙是崇祯八股文振兴运动的主将，又是八股文云间派的掌门人，他为八股文的起衰去弊作了许多努力。

一是与志同道合者组织文社，讲求八股制义，议论朝政得失，“月有课，岁有帙，疑义窒辞于是乎质之，闻过于是乎规之”[③]，整个文社之人形成一种共同的文风，且以之去影响社外之人，以文会友，搞得很热闹。如几社中之包尔庚，“文最平实”，不合于陈子龙、夏允彝作文要有奇险艰涩之风的主张，故“陈、夏诸君屡讥之，乃刻苦砥砺，格遂一变。盖几社七子好读《文选》，然多用于骈俪，惟宜壑（此为包尔庚字）有峭拔之笔，摇曳之故耳。世人朗诵宜壑数过，竟不能解。所谓过门大嚼之夫，与之烹清茗，食橄榄，徒觉烦苦厌人。知味之难，自古叹之”[④]。戚藩亦为几社中之八股文高手，其文促音急节，完全遵守几社文规，故受到陈子龙等人的称赞。通过结文社，交文友，切磋八股

① 《明史》卷二百七十三《文苑传序》，中华书局，1974 年。

② 《明史》卷二百七十七《陈子龙传》，中华书局，1974 年。

③ 徐世溥：《蔚社亭序》，载《明文海》卷三百十三《时文序》。

④ 俞长城：《可仪堂一百二十名家选》，康熙三十八年刻本。

技艺的办法，使其以兴绝学来作为振兴崇祯八股文的主张得到广泛传播，在东南各地士人中得到普遍认同。

为了让士人们学有样板，将他们从庸腐空疏的程文中解放出来，按照自己的为文理念去进行八股文写作，陈子龙等还和书坊合作，选刊时文，从崇祯五年壬申（1632）到崇祯十四年辛巳(1641)，由徐孚远主持选编，刊刻了《几社会义》共七集。其中所收，全为陈子龙及与之同气相求者所作之文，全都体现了几社复兴古学的为文宗旨，内容一本儒家正统，写法出自秦汉之文。每集《几社会义》出来，都受到应试士子们的热烈欢迎。几社的为文理念广为士子们所运用，参加几社的人也越来越多，超过了百人之数。

由于陈子龙为文力主“规摹西汉”，与艾南英等力主学习唐宋八大家，于本朝则尊崇唐顺之、归有光等唐宋派在理念上有差异，为捍卫自己的主张，两者之间曾发生过激烈争论，据吴梅村说，“千子之学，雅自命大家，熟于其乡南丰、临川两公之言，未尝无依据。顾为人褊狭矜愎，不能虚公以求是。尝燕集弇州山园，卧子年十九，诗歌古文倾一世，艾旁睨之，谓此少何所知，酒酣论文，仗气骂坐，卧子不能忍，直前殴之，乃嘿而逃去。已复侨居吴门，论定帖括，挟异同，贾声利，故为抑扬以示纵横”①。吴梅村这种说法不无偏见，因其带有强烈的感情色彩。因为吴伟业中会元时，“天下争传其文，而艾千子独出其所为书相訾警”，相互间有成见，说话自不客观。但不管这些争论谁对谁错，两者欲恢复八股文的经学性则是一致的。

虽然陈子龙意欲复兴古学以恢复八股的经学性，但这些学说毕竟离时代太过遥远，而崇祯时又到了危急存亡之秋，时代已不

① 《吴梅村全集》卷第二十四《复社纪事》，上海古籍出版社，1990年。

容许他脱离现实去拟古，况且，陈子龙还是一位有志于经世致用又有才干的政治家，他“壮而力学，悔其少作，则东乡亦为称道勿置”①，几社与江西派之间为文理念的歧见终于在现实救亡的需要面前弥合了。崇祯十一年戊寅（1638），他与徐孚远等选编了《皇明经世文编》五百馀卷，中多“议兵食，论形势”，有关“国之大计”之作，可见其学问已彻底转向了“国是人才，边情水利，凿然欲见诸施行者”②。其八股时文更多直刺时事之作。

方苞曾指出几社、复社人士八股时文的共同特点，他说：

“大概有所感触而后为之，借题以发摅胸臆，明季几社、复社前辈文多如此。其后行身强半有气骨。”③

这就是说，云间派之八股文多以之写出自己的意见，长于说理，喜发议论，宏博沉雄，词藻艳丽，推尚才情。

陈子龙在中进士之前数年，随着国事日危，其八股文多为感世之作，往往是借题来发抒其政见，或议论朝局人才，或筹划民生边事，语语皆切中时弊，表现出他具有很强的经世之才。

陈子龙好读史，亦深于史，于历代人物，朝政成败得失，均有独到之见，故每借八股文题以抒其议。与黄淳耀所不同的是，黄氏议论时常常出于题旨之外，而陈子龙虽天才迅发，好上下古今，其文却切合时务，而敷以藻艳，《国风》好色，《小雅》怨诽，但于题之脉缕，仍不差一黍。这从其名作《孟公绰　一节》题文可以得证。

这篇八股文之文题出自《论语》，《四书集注》对这一节经文注释说：

---

① 俞长城：《可仪堂一百二十名家选》，康熙三十八年刻本。

② 《吴梅村全集》卷第二十七《何季穆文集序》，上海古籍出版社，1990年。

③ 《方苞集·集外文》卷五《与贺生禅禾书》，上海古籍出版社，1983年。

“公绰，鲁大夫；赵魏，晋卿之家。老，家臣之长。大家势重，而无诸侯之事。家老望尊，而无官守之责。优，有馀也。滕、薛，二国名。大夫，任国政者。滕、薛国小政繁，大夫位高责重。然则公绰，盖廉静寡欲，而短于才者也。杨氏曰：‘知之弗豫，枉其才而用之，则为弃人矣。’此君子所以患不知人也。言此，则孔子之用人可知矣。”

陈子龙是一个以古文为时文的八股文名家，他取法于晋、魏，主议论。这篇时文，即是以古文之法为之，仅看其结构，就打破了八股格式，随议论的需要作了安排。

该文在起讲处按切春秋时势后，即分两大段来进行义理阐发。第一段先议论说明孟公绰的本领，再说明老之职掌，赵魏时势。第二段先说滕、薛时势，次说大夫职掌。然后用二比议论定公、哀公时势。末尾又用议论收结，纯用古文笔法。

该文从春秋大势立义，虽似别生枝节，但作者烂熟先秦历史，切合定公、哀公时衰败之势，上不入五伯，下不及七雄，语在一人而理关全势，将孔子之言全部包蕴在内，与朱熹之传注也不相悖。凡有关崇祯世道之论，都借题而予以阐发，“眼力、笔力俱绝”①。

几社早期之文，多务怪奇，矜藻思，因此而受到艾南英的多方批评。只陈子龙、夏允彝两人偶尔有清古雄直，永不刊没之作，因为他们能在文中发抒其爱国忧民之真性情，精光自不能掩。陈子龙庚午（1630）科在应天中举之作《举直错诸枉　一节》题文，便是一篇可以荣世，可以传世之作。

子曰：举直错诸枉，能使枉者直

圣人以举错言智，而权行其间矣。

① 《天崇合钞》该文俞宁世评语，乾隆刻本。

夫枉直有相使之机，而举错之权大也。夫子亦言夫智者之用乎？

若曰：天下之事甚繁，而必重夫用人之权者，不独以成天下之务，而将以动天下之心也。下之人莫不翘翘然有望于上，而上无以动之，亦何以为操术之明乎，是非所论于知人者矣。天下之人，非直则枉，用人之权，非举则错，此其大端已。

天下之不能无枉者势也，而往往轻于弃绝。君子伤之，教之以善，未必从也，岂舍我所能行，而他有所致欤？

天下之不皆能直者亦势也，而往往无所兴起。君子耻之，感之以化，未必兴也，岂舍彼之甚慕，而别有所动欤？

于是知举直错诸枉，而使枉者直在其中矣。

天下虽大，得其情而驭之，不难制也。人独何恶于直乎？为直而无以自见，则废然反矣。苟游于至明之途，而贤愚无所混杂，以是风动宇宙，表正人伦，甚亟也。彼枉者纵不能尽知其美，而独无相竞之心乎？夫亦驱策之至神矣。

气质虽远，乘其动而易之，不难变也。人岂无慕于直乎？为直而不免枉名，则愤然激矣。苟断于不爽之鉴，而贞淫不得并陈，以是扶进人心，崇起教化，至顺也。彼枉者岂不亦甚难其行，而能缘他途以进乎？夫亦转移之极易矣。

盖下之得与上相抗者，无以大服其心也。上之所令在乎此而所取在乎彼，则不得不从其所取之实，而弃其所令之名。苟举错之得当，则人将乐其名实之既一，而皆有孜孜不已之意。

上之不能齐其下者，无从叩发其事也。我以为礼乐之途，而彼以为功名之路，则不得不乐其功名之易，而忘其礼义之难。苟举错之居正，则人将喜其难易之可信，而各有循循共赴之志。

夫劝赏无遍加也，而效至于此，以是知用人之权不可轻；用意不他及也，而化通于远，以是知知人之明不可学也。

这篇文章的题目出自《论语》，是孔子回答樊迟问仁时所说的话。这一章经文是："樊迟问仁。子曰：爱人。问知，子曰：知人。樊迟未达。子曰：举直错诸枉，能使枉者直。樊迟退，见子夏曰：乡也吾见于夫子而问知，子曰：举直错诸枉，能使枉者直，何谓也？子夏曰：富哉言乎！舜有天下，选于众，举皋陶，不仁者远矣。汤有天下，选于众，举伊尹，不仁者远矣。"

朱熹在《四书集注》中对这几节经文的注释说："爱人，仁之施；知人，知之务。""曾氏曰：迟之意，盖以爱欲其周，而知有所择，故疑二者之相悖尔。""举直错枉者，知也。使枉者直，则仁矣。如此则二者不惟不相悖，而反相为用矣。""不仁者远，言人皆化而为仁，不见有不仁者，若其远去尔。所谓使枉者直也。子夏盖有以知夫子之兼仁、知而言矣。"

陈子龙这篇文章，依据孔子之言及朱熹之传注去阐发题旨，其语脉承知人这一要义说下，而句前句后，自隐隐含得仁字之意在内。樊迟之疑惑，子夏之顿悟，都包含在文中，若将其说尽，则无馀地，文便直露。作为八股文高手，陈子龙便能既遵题旨，又能不犯上、侵下，而融上下文意于己意，淡远悠扬写出，故文章有神无迹。

该文温柔敦厚，仍不掩其骨理之遒峻。一顿一挫，一起一伏，章法极为巧妙，故被人赞为"象外峰峦，非尘中物色"[①]。作为在考场中匆匆写出的乡试闱墨能达此水准，可见陈子龙八股文学养之深厚。

值得称道的是艾南英见到此文，并不因两人之间为文理论有分歧便抹杀它，反而给予很高评价，他评点该文说：

① 见《天崇合钞》该文韩求仲评语，乾隆刻本。

“清真古健，不染一尘。通篇中曲处、转处，每比中曲处、转处，直有老笔瘦硬之意。”①

陈子龙及几社诸子如夏允彝等，与艾南英等江西四子虽为文途径各别，但在依照儒家正统阐发义理以正人心上是一致的。故陈子龙有的八股文绝似江西四子之作。如其《不知命无以为君子也》题文，作者把握住题中这个“命”是气数之命，而不是“五十而知天命”之“命”，再加上朱熹注中添加的一个“信”字，一层层阐发，揭示出分别君子、小人之途径，颇似陈际泰的笔意。因义理原本无二，“而浸润于古籍亦同，故辙亦有时而合也”②。且陈子龙“用魏晋风藻，诠圣贤名理，绝胜西江”，此文“命字专指死生祸福，不夹入造命，较章大力（章世纯）作更有把握”。可见爱国救亡的灵犀，使得江西派与几社之文心一线相通，殊途同归。

陈子龙的八股文，取径魏晋，曾受艾南英的批驳，因晋人清淡，相互标榜，废弃礼法，小者灾及其身，大则祸延于世。但陈子龙为爱国志士，胸中具有后世事迹，用以阐发题蕴，促音急节，言简而义闳，苍然之色，渊然之光，令人不可逼视。其《君子疾没世而名不称焉》题文，针对崇祯时事，运以魏晋笔法，“扼定没世起义，字字危悚，鞭鞭见血，高在出以清新”③。全文清腴隽永，凸现出作者冰洁情操，实为晚明八股文坛上少有之作，受到后世高度评价。八股文坛推崇人品与文品的一致，陈子龙的八股文，在其死难后大多散失，仅存的寥寥数篇都受到后人高度评价，其因盖出于此。

---

① 见《天崇百篇》该文艾南英评语，道光二十五年刻本。

② 见《天崇百篇》该文方苞评语，道光二十五年刻本。

③ 见《天崇合钞》该文王巳山评语，乾隆刻本。

第九节　崇祯时的八股文名家及名作

崇祯之世虽短，但由于诸多爱国志士为救亡图存而发起了一场声势浩大的八股文振兴运动，故名家众多，除上面专节介绍者外，声名卓著，文传后世的还有不少，俞长城曾概述其风格特征说：

"罗文止（万藻）清微淡远，如疏雨微云。杨维节（以任）缠绵精采，如剑气珠光……他如曹峨雪（勳）、黎博庵（元宽）、陈素庵（之遴）、包宜壑（尔庚）、徐思旷（方广）、钱吉士（禧）诸家，皆能上接王（鏊）归（有光）之法，不愧名家大家之目。若夫文湛持（震孟）、黄石斋（道周）、凌茗柯（义渠）、金正希（声）、杨维斗（廷枢）、左萝石（懋第）、陈大樽（子龙）、黄陶庵（淳耀）诸君子，皆见危援命，大节凛然，其人固已炳耀千秋，宜其文之卓越一代也。大抵天启之文深入而失于太格；崇祯之文畅发而失于太浮。有明三百年文运，始终有如此者。"①

因篇幅关系，本节只能选择数人对其品格文风稍作介绍。

罗万藻

罗万藻，字文止，江西临川人。天启七年丁卯（1627）科举于乡，以后终困公车，屡赴会试而不中。崇祯中行保举法，其乡试座师、国子监祭酒倪元璐十分赏识他，便保举他应诏，他却推辞不就，认为以这种方法入仕有损名节。

明亡，他不再持独善其身的态度，立即投身于抗清行列，福王时出任福建上杭知县。弘光朝灭，唐王立于闽，擢礼部主事。

---

① 俞长城：《可仪堂一百二十名家制义·序》，康熙三十八年刻本。

艾南英在福建延平为抗清劳累忧愤而病逝。罗万藻“哭而殡之”①。由于悲伤过度，“居数月亦卒”。他对友情之看重，品德之高尚，于此可见。

临川是个出文人的地方，有着深厚的文化底蕴，特别是万历以来，临川在八股文史上占有重要地位，因为万历以后，此地八股文名家辈出，成为晚明八股文写作的重镇。八股文名家汤显祖即是临川人，他的小题文隽巧秀骨，为明代一绝。其学生很多，特别是他弃官归里后，号称临川“后四才子”的陈际泰、罗万藻、章世纯、艾南英都拜在其门下，学习八股文，后来他们都成为了明季八股文坛的巨子，号为江西四家。罗万藻在这四人中，名列第二，可见其地位之重要。

罗万藻从汤显祖那儿学到立身处世之法。汤显祖教诲他“必须不要钱，不惜死”，勉励他要正直做人，清廉用世，人品文品都要高洁。罗万藻以其清白人生实践了汤显祖的教诲。对其文其人，文盛堂全稿本中所叙给予了恰当的评述，其言曰：

“窃闻四公之为人也。陈（际泰）旷朗而傲疏；章（世纯）豪宕而锲刻，艾（南英）则刚正简直不能容物，惟罗（万藻）沉静淡易，独无矜竞之风。此四公之人品，即四公之文品也。四公生平契密，然陈、章皆为南中声气所构，至隙于东乡（艾南英）。而罗独嶷然始终无少闲，此又以文品验人品，信旷朗豪宕者易摇，而沉静淡易者难动也。”

此言对人品即文品的评述，于江西四子，确是知人知文之言。清代著名八股文评选家张兰陔就认为罗万藻因人品高，故其“文品应在四家之上”②。罗万藻的八股文清微淡远，雅正隽秀，自成一家，自有其过人之处。张兰陔称赞他的一些文章“若仿陈无已《诗派图》，章（世纯）、罗（万藻）当追配涪翁矣”。不

① 《明史》卷二百七十八《罗万藻传》，中华书局，1974年。

② 见《天崇百篇》张兰陔评语，道光二十五年刻本。

过，正是由于文如其人所致，也给其文带来了一些短处。其为人极为方正，其为文便义不苟立，词不苟设，颇为峻洁，却不能流转变化，故其文便多直致无回曲，气脉不长，生涩深奥，“有过于幽微处，使人猝然索解不得”[①]，读其文了无悦然之感。其《道之以德　一节》文便兼有此长处与缺陷。由于罗万藻平时对义理钻研很深，故文中无世俗鄙陋之见，识见高明，骨力刚健，但太拘泥于传注，文气不能流转通畅，给人以生涩之感。后人评罗万藻之“才不逮”，文多不能波澜起伏，“所以不及金（声）、陈（际泰），学者不可不知”，“读罗文止文，当学其深，不当学其涩”[②]。

罗万藻作为晚明一个著名的八股文高手，江西四家之一，当然有不少八股文写得精粹深醇，备受后人称赞。据艾南英说，罗万藻、艾南英、陈际泰、章世纯都作过，并同为传世名作的《推恶恶之心》题文，是他们考中秀才时在试场所作，“是年予入县学，与府学同题，予置第二，而评语珍赏，似胜于首卷。府学首名则吾友罗文止（万藻），次陈大士（际泰），次章大力（世纯）”[③]。可见罗万藻八股文水平不在当时名家之下。其《临之以庄则敬　三句》题文，为其乡试中举之闱墨，主考倪元璐极为欣赏，评语中说此文“骨采坚秀油然，经籍之光，义与词皆粹美无疵”。其理题文清微淡远，平正明晰，在江西四家中，虽说理不及章世纯深刻，气魄不如陈际泰雄肆，却别具一格。

作为崇祯八股文振兴运动的中坚人物，罗万藻之文亦不乏直刺时世，借题发摅胸中激愤之作，且多“文境苍深穆然”[④]。如其《位卑而言高　一节》题文，便是这样一篇针对当时“大臣持禄

---

① 见《天崇百篇》张兰陔评语，道光二十五年刻本。

② 见《天崇合钞》评语，乾隆刻本。

③ 艾南英选编：《明文待》中该文评语，崇祯刻本。

④ 见《钦定启祯四书文》卷九方苞评语，光绪二年崇文书局刻本。

依违，而言事者攻之不已”的国事而借题发抒其意的传世名作。

位卑而言高，罪也。立乎人之本朝而道不行，耻也

臣无罪而不足以劝，耻之而已。

盖贫仕之情，不在立朝行道者之事也，故位卑言高之罪，罪累上也。

且人主之礼其大臣也，罪不及焉。非难于罪大臣也，宽之以自责之路，而动之以耻。故大臣之以无罪而辱，有不如小臣之以有罪而荣也。

夫大臣何可一日不为行道计也！道既已行矣，古人犹有飏言载赓之风，以动色于几康，而不忍效小臣之为。

立朝已无愧矣，古人犹有明农复辟之事，以风示其廉退，而不贪立朝廷之上。

世之衰也，大臣不言，故小臣言之。大臣不能言，复不能退，故小臣愈益言之而愈益攻之，人主不得已而治之以其法。大臣不自安，更穷之以其私，是故位里言有之臣往往不免也。顾其立人于本朝而道不行，独何也？夫人主禁小臣之言而予大臣以功名之全，纤悉于小臣之罪而宽大臣以不待督责之意，此所谓动之以耻也。

今不念其道之不行，复不思其身之宜退。处具瞻之地，而隐情惜己，以发天下痛哭流涕之狂。居风节之总而恃禄固身，以授窒蹈瑕之路。故吾谓位卑言高之罪罪累上也。其累上奈何耻之也？乃知立朝轻重何常之有。彼功名进取之士，勇于为人，而疏于自量，更何爱。吾谓使人主尊此能言者而立于朝，则天下事之当言者必日相继而使。人主当此能言者而不之罪，则天下士之能言者必复接踵而进。

而人主难于讽大臣自处之道也，彼立朝者而不知耻，何哉！

这篇文章之题出自《孟子》，《四书集注》对这一节经文的注释为：

“以出位为罪，则无行道之责。以废道为耻，则非窃禄之官。此为贫者之所以必辞尊富而宁处贫贱也。尹氏曰：言为贫者不可以居尊，居尊者，必欲以行道。”

根据这一文题所在全章经文及其注释之意，所谓“贫富，谓禄之厚薄”，即指官之大小。作为文题的这一节经文只是本章“辞尊居卑”的注脚。

该文针对的是神宗皇帝册立东宫之争以来，特别是天启时魏忠贤乱政时朝中大臣无人敢直言大义，反而是杨涟、魏大中、高攀龙、左光斗、袁化中等言官微臣大义凛然，不顾身家性命，起而抗争的现实。文中的“世之衰也，大臣不言，故小臣言之。大臣不能言，复不能退，故小臣愈益言之而愈益攻之”，即是影射时事，被人誉为“借题摅发胸臆，剀切之旨，出以蕴藉风流，在作者稿中不可多得”①。汤予明则说此文“既侧重大臣说，全以下截运化上截，就文论文，作法既佳，而议论更极痛快，文气亦复疏古”②。

以江西四子为代表的晚明江西派诗古文辞，独树一帜，别具一格。即以八股时文而论，如罗文藻此作横空盘硬，自成一家之言，为拯救天启至崇祯之间败坏已极的文体，转移风气，起了导向作用，受到后世八股文界的推崇。

刘 侗

后世得知刘侗文名者，皆因其与人合撰了一部风格冷隽的《帝京景物略》。其实，在晚明让其文名大著的，不是此书，而是其八股制义。

---

① 见《天崇百篇》该文评语，道光二十五年刻本。

② 见《天崇百篇》该文评语，道光二十五年刻本。

刘侗，字同人，号格庵，湖广麻城（今属湖北）人。

他的家乡麻城，在明代以治《春秋》闻名天下。以《春秋》一经而取功名，后位居高官者大有人在，故“国朝人称山阳《礼记》，麻城《春秋》”①。麻城世家子弟，当过甘肃巡抚等职的梅之焕自豪地说：“敝邑麻，万山中手掌地耳。而明兴独为《麟经》薮。未暇遐溯，即数十年内，如周、如耿、如田、如李，如吾宗科第相望，途皆由此。故四方治《春秋》者，往往问渡于敝邑，而敝邑亦居然以老马智自任。”②

刘侗受家乡学风影响，自幼研习儒家经典，于《春秋》一经，尤有心得。刘侗又与钟惺、谭元春等同为湖广大同乡，故其为文又受到竟陵派的影响，文风与竟陵派相近。《四库全书总目》中说：“侗本楚人，多染竟陵之习，其文皆么弦侧调，惟以纤诡相矜。”③

崇祯七年甲戌（1634）科，刘侗考中进士，在京任官。几年后，改授南直隶吴县知县，于赴任途中病逝。

在晚明八股文坛，刘侗以擅长写《春秋》制义时文著称。

然而，治《春秋》有很大困难，万历时以《春秋》而取举人、进士功名，任过户部尚书的《春秋》制艺高手李长庚曾根据其经验说“习《春秋》有三难，亦有三快”：

> 《易》、《诗》、《书》、《礼》同出圣经，义理显著。有《尔雅》及汉诂诸书，宋儒循而注之，虽微义不存而词旨晓然。惟《春秋》褒贬刑赏在一字中，或在言外，而变例杂出，异同不嫌，令学者以臆相推测，其难一。
>
> 国初功令，《春秋》左氏、公羊、穀梁、程氏、胡氏并用，而后专用胡氏。有明知其过刻者，有意于宋南渡后事，

① 《麻城县志》卷四十《杂记》，光绪刻本。

② 梅之焕：《麟经指月·叙》，崇祯金阊叶氏书林刻本。

③ 《四库全书总目提要》卷七十七，中华书局，1965年。

故相形断者，未必一一尽合，而功令所在，不得不抑心意以从之，其难二。

国初经题仍宋经义，或出数题之大意中相近者，或相反者，听各为条答。而后乃以某传某句搭题：或传意影搭，或脱母搭，或取左氏搭，或取各注疏搭，若射覆臆钩。他经入闱止虑文之不佳，《春秋》入闱先虑题之不习，其难三。

然他经制词造格与《书》艺同，多用宋儒注疏中语。无论子史，即六经，语稍僻，字稍粗，音稍聱者，不得轻入。士之好古文词者，谓时艺薄之。而《春秋》奉左氏为祖祢，门风特异，语在他经艺号壮者，置之《春秋》艺中，尚觉萎苶，所称引与古文词无异，其快一。

他经时艺多俳体，比辞相对，限之以八。跅跑之材，不得少骋。而《春秋》体裁可为短长，如论如策，不为三尺文格所拘，其快二。

士各执一经，势难兼习，博者不过借字句以供笔端耳。《春秋》则引用各经，相为表里，中与《诗》义相发者比之传序更明。《易》筮之法，赖左氏以存；《乐记》一书，止存其理，而聆音辨器，不如《左》、《国》之晰。斯以一经全五经之用也，其快三。

刘侗出自《春秋》研治人才众多，心得最深的麻城，且其地还有《麻城麟经诀法》，只授麻城人，外地不得偷学①，刘侗研习《春秋》，天时、地利、人和皆占尽，故他能化解研习《春秋》的“三难”。

而研习《春秋》的“三快”，又正足以发挥其为文之所长。

写作《春秋》题文，其“制词造格”，“所称引与古文词无异”，刘侗是一个“好古文词者”，其古文写作的风格用于其他经

① 《麻城县志》卷四十《杂记》，光绪刻本。

书的八股文写作不相宜，于《春秋》制义的写作正好相合。他为古文词时句子往往省略动词，常以名词或形容词作动词用；他喜用重叠词作谓语，爱用冷僻字眼，从而形成一种奇僻的笔调。这种用词造句风格正好与《春秋》时文的写作要求相合拍，他可在《春秋》时文的写作中大展其所长，从而形成了他制义时文的独特风格。

《春秋》制义的写作可不拘束于八股格式，不严格要求必用排比之格，“比辞相对”，“体裁可为短长，如论如策，不为三尺文格所拘”。这种文体功令，正适宜于刘侗驰骋才情。

刘侗为文“多染竟陵之习”，反对拘囿格套，主张彻底摆脱摹拟，自抒己意。《春秋》制义在为文上的特点，正好符合其领异标新的写作宗旨，便于其施展才学。

出于上述原因，加上刘侗广博的学识功底，他成为了晚明八股文坛上以擅长于《春秋》文著称的文士，连对明代八股文最为挑剔的王夫之，也对其《春秋》制艺赞不绝口。他说：

“人各占一经，已不足以待通儒。乃于所占之经，视为续貂之狗尾。塾课先习浮烂之词，文场取塞终篇之责。《五经》大指，已属面墙；先圣精微，永续茅塞。《诗》则采辑诗赋四六中最下俗艳语，用为无盐之粉黛；咏叹淫佚之意，百无一存。《春秋》则以俗吏爰书、讼魁牒状丑诋之词，取已往之君臣，恣其诟厉。数百年来，能免于此者，千无一二。近世名人略为洗涤：《诗》则黄石斋（道周）、凌茗柯（义渠）；《春秋》则刘同人及路君朝阳，逸群遒上，庶几不负明经之目。”①

刘侗的《春秋》制义，不仅能正确把握其精义，且《春秋》为“拨乱之书”，“孔子以东迁作，胡氏以南渡传。经、传皆有忧患愤发之意焉，高皇帝（朱棣）尊用儒说，独取胡氏列学宫者，

① 王夫之：《夕堂永日绪论外编》第五十二则。

非但以其为严冬大雪，独秀之松柏也，取其忧患愤发之意合焉，而可为异日拨乱之书也”[①]。刘侗深悟其旨，在“夷氛东肆，庙算张皇”的天启、崇祯之际，所作《春秋》制义，皆能直刺时事，又因其古文笔调，“取类广以僻”，词句短奇，音节急促，结构谨严，使其文呈现出冷峻的风格，正合《春秋》制义的本旨，故王夫之称之为“逸群遒上，庶几不负明经之目”。

刘侗还擅长小题文的写作，他的小题文能剔发微旨，且推广事理，以宣昭实用，也受到王夫之的称赞。

明代万历以后，受时风影响，八股文的语言多用乡谈俚语，王夫之斥之为“浪子插科打诨，与优人无别”[②]。而刘侗用语追求奇僻冷隽的风格，故乡谈俗语皆不入其文，加上他对题旨把握准确，在万历以后八股文“芜秽”成灾时别具一格，这便是受到王夫之称赞的原因。在王夫之看来，“经义之设，本以扬榷大义”[③]，八股文只有经学化，才能保持其载道的功能。所以，他对万历以后八股文文体和内容上的任何变革，都持反对态度。语言不纯，甚至引市井俚谚以入文，这是他所不能容忍的。刘侗能不让“此风一染笔性”，在当时可谓凤毛麟角，十分难得，受到王夫之的高度评价是必然的事。

刘侗的八股文对题旨把握的准确及其语言的奇僻古雅，可从其典制题《送往迎来》题文中大致见端倪。

这个文题为两扇题，故刘侗以两大股来阐发它，通篇文章显现出古雅的风格。“古雅而不入情，繁芜耳；入情而不古雅，鄙俚耳。此文又入情，又古雅，寒俭者挹其风华，华瞻者师其刻划。”[④] 清代楼季美的这段评语，正道出了此文的特点。说其古，

① 冯梦熊：《麟经指月·序》，崇祯金阊叶氏书林刻本。

② 王夫之：《夕堂永日绪论外编》第四十九则。

③ 王夫之：《夕堂永日绪论外编》第四十九则。

④ 见《明文小题贯》该文评语，乾隆刻本。

是文中多用古文词，僻语、粗字、聱音，皆人于文。文中多用重叠字作谓语，如“有客信信，有客宿宿”，“嘉宾燕燕，嘉宾敖敖”等。又多用排比句式，如起讲开头“天下国家之常也”一句有一个“也”字，下文又连用四个“也”字，句式显得奇拗诡异。以至于楼季美认为是“调头不顺”，在《明文小题贯》选用此文时，竟将后面四个排句中的“也”字删去，可见他并不真正识文。其上半股原文是“吾所闻文武之政，盖尝踌躕毕虑而为往者地矣。以彼其自我而往，应亦有山高水远之艰可念者，于是迢迢去路之稽迟也。吾何以使去异国者若去其乡，所恃有送远之经在”，这种古拙的文字，充分体现了刘侗奇诡冷隽的固有文风。

刘侗还擅长以灵隽之思致，来写说事说物的单句题，洁净中含静光远致，可以骀宕心灵，《孽子》即是其代表作。

孽子

同为子而独难，是又子之仅也。

夫人尽子也，而吾独孽，吾敢不为子乎？吾敢遂为子乎？

孟子曰：臣与臣言臣，子与子言子，此亦人世之大凡也。乃有时臣不敢与臣言臣，子不敢与子言子，而此一臣与此一子，不幸而两不相值耳。设幸而相值，而此臣正欲诉之此子，而此子亦正欲诉之此臣，则岂非臣固孤臣，而子又即孽子乎？

夫子亦何尝之有，父母爱之，家之祯祥也；父母恶之，即家之妖孽也。

即孽亦何常之有，我生不辰，天作之孽也；我罪伊何，自作之孽也。

于是而不谓所遭之是子也，而谓之孽子，是不谓所遭之实孽也，而犹称子。

父兮生我，母兮鞠我，独我子也乎哉！至父不嗟予子，母不嗟予子，而子道曲折甚矣。

亦属于毛，亦离于里，夫非尽人之子哉！至不以我为子，不以我为人，而子身频死屡矣。

朝廷远而家庭近，世有吊孤忠者矣，未有吊孤孝者也。独至孽子而家更之远竟若朝廷。

君后严而家人亲，世有未被君恩者矣，无有未被亲恩者也。独至孽子而二人之威侔乎君后。

故将谓不肖子不孽，圣子独无孽乎？幸为文，不幸为舜，其子而圣，文所同也。舜而孽，圣所独也。将谓顽父有孽，兹父独无孽乎？幸为曾，不幸为闵，其父不慈，曾所同也。慈而孽，闵所独也。又将谓馀子有孽，嫡子独无孽乎？幸为周襄，不幸为晋共，其孽而嫡，商所同也。嫡而终孽，共所独也。

嗟哉！子也，骨肉奇而险阻备。幸哉，孽子也，天伦迫而鬼神通矣。

此文的题目取自《孟子》，该节经文为：

“独孤臣孽子，其操心也危，其虑患也深，故达。”

《四书集注》中对这节经文的注释说：

“孤臣，远臣也；孽子，庶子，皆不得于君亲而常有疢疾也。达，谓达于事理，即所谓德慧述知也。”

所谓“疢疾”，按朱熹的说法，“犹灾患也”。孽子，古时男子常一夫多妻，非嫡妻之子叫做庶子，也叫孽子，地位卑贱。这节经文的意思是说：人之所以有道德、聪明、本领、才能，经常是由于他有灾患。只有那孤立之臣，庶孽之子，他们时常提高警惕，考虑患害也深，所以才通达事理。

此作前半部分剔发孽字的字面，后半部分阐释孽字的精义，而将独字夹于其中叙写，使得题旨得以全面深入地阐发。

作者运用了反跌、正醒、侧剔、倒煞等各种手法，如以“岂非臣固孤臣，而子又即孽子乎”侧出子字；以“父兮生我，母兮鞠我，独我子也乎哉”反跌出独字等等，将题旨揭示阐发得淋漓尽致。

该文用语带有浓重的刘侗特色。其用字奇险，如以“父母恶之，即家之妖孽”，“我生不辰，天作之孽也”来写孽字，便与常人理解不一样，所以有人称此文“字字奇，字字快，字字险”[①]。

文章以孽为祸孽之孽，与传注中所注庶子之意是相悖的。然而像《孽子》这种说事说物的单句题，与理题不同，在晚明时只要义理无违，可按己意阐发。作者以灵隽之思致，揭示出理解孽子的新视角，使陈陈相因的义理别出新意，足以骀宕心灵，为八股文坛中之乐事，故受到王夫之的称赞。王夫之说：“汤义仍（显祖）、赵侪鹤（南星）、王谑庵（思任）所得在此，刘同人亦往往近之，馀皆不足比数”[②]，便是从这个意义上说的。

刘侗的八股文由于喜用短而奇的句式，喜用“诡俊纤巧之词”[③]，故形成了笔势峻促、锋颖刻锐的风格，在晚明八股文坛独树一帜。

曾异撰

在崇祯八股文坛，曾异撰享有很高声誉，曾获后世高度评价。

曾异撰，字弗人，福建晋江人，生于万历十八年庚寅（1590），卒于崇祯十七年甲申（1644）正月初三，终年五十四岁。

在晚明士林中，曾异撰是个饱学多才之士。他博通经史，曾为南赣巡抚曾纮更定王惟俭所撰《宋史》。他擅长诗与古文。诗作排荡有奇气，古文则清真悲怆，颇获时誉。但使他名满朝野的

---

① 见《明文小题传薪》该文评语，嘉庆六年锦文堂刻本。

② 王夫之：《夕堂永日绪论外编》第四十九则。

③ 《四库全书总目提要》卷七十七，中华书局，1965 年。

还要属其八股时文。

曾异撰是个秀才的遗腹子，尽管家中贫困异常，他那寡母还是晨纺夜织，供他读书习科举。襁褓中其母便喃喃教他读父书。六七岁时母亲篝灯于床，展书于枕，手纺口授，曾异撰则偃卧而读。十岁时学作八股，尤喜纵横排荡之风格。年轻时即中秀才，但蹭蹬科场，久困诸生，用他自嘲的话说，他是一个“为时义而不易售者”。直至崇祯十二年己卯（1639）科才考中举人，这时他已四十九岁了。次年，他赴京会试，不中。三年后，他再次入京，参加癸未（1643）科会试，又不中，怏怏而归。原本就是衰病之躯，经受不起长途风霜之苦和忧郁之磨，回家后一病不起。崇祯十七年甲申（1644）正月初三，这个人家正在欢乐的日子，他却撒手人寰。一个才华横溢的智士就这样死于科举之路。

正因为在八股取士的小路上奔波劳累了一辈子，曾异撰对八股取士制的利弊都看得极为透彻，思想中充满了苦闷与焦灼。他悲愤地指出：“今天下之人才，帖括养成之人才也；今日之国家，亦帖括撑持之国家也。吾观三岁取士，名为收天下豪俊，当事者舍经义而外弗阅。再三试闱牍，偶有通达慷慨之士，不以为触犯忌讳而不敢收，则谓是淹滞老生，反不如疏浅寡学者。”他因此把士人生于八股取士的时代称为“不幸”①。他认为凭自己的资质，若无科举之累，得肆力于诗古文，虽不能说一定会胜过司马迁、杜甫，也未必会在他们之下，因而对写作八股文充满了怨愤，说：“以此为应制帖括事，每一举笔，辄谓我留此数点心血，作一篇古文辞，数首数行，直得无拘无碍，而又庶几希冀于千百年以后，何苦受王介甫笼络。”②

然而，作八股，求功名，释褐衣紫，显亲扬名是他挥之不去

① 黄宗羲：《明文海》卷二百五十五。

② 周亮工辑：《尺牍新钞》卷之一《答陈石丈》，岳麓书社，1986年。

的情结。科举就像叫人上瘾的鸦片烟一样成了他毕生的追求，他曾与友人说："私念我辈，既用帖括应制，正如网中鱼鸟，度无脱理。"① 对八股取士的批判态度，及其对功名富贵的无限眷恋，造成了曾异撰内心的极度苦闷与苍凉，产生了思想与行动的巨大矛盾，更造成了他命运的悲剧：从情感上他厌恶束缚思想的八股文，而在理智上，他又明白只有八股文才能让他脱贫致富，实现其治国平天下的抱负。故而在实际行动中，他仍以攻读《四书》、《五经》，钻研八股文作为自己的首选。

凭着他俊秀的资质，凭着他的苦攻，曾异撰成为晚明八股文坛上出类拔萃的大家，对晚明八股文的变革曾作出过理论上的贡献。

曾异撰因其真才实学，力主为学要经世致用，对八股有精湛造诣，故当时有许多文士请他为自己的诗文集和八股文集作序。在这些序文中，他系统地阐述了他的八股文变革主张和看法。其中最主要的一点是他反对八股文言"腐妄不可用之理"和言"头巾帖括糊目而互相呼拜之学"。力主言理要"适于世事"，言学要参以"其人之世"②，这就为崇祯年间八股文的变革提供了理论依据。这个时期救亡图存者主张八股文要"有所感触而后为之"，"借经义以道世事，发挥胸中之奇"，使经义为挽救危亡的国运而效力，其理论基础便是曾异撰的八股文言理须"适于世事"，言学要参以"其人之世"的观点。八股文之所以能在崇祯末世出现血色辉煌，与曾异撰的推动有着重要关系。

曾异撰对八股文的作法有精深研究，他在《与施辰卿书》中说：

"作理题正当如剥笋，皮壳不尽，真味不出。今之深于说理

---

① 周亮工辑：《尺牍新钞》卷之一《与邱小鲁》，岳麓书社，1986 年。
② 曾异撰：《自叙四书论世》，《明文海》卷三百九《时文序》。

者，不但不剥其壳，且包封数十层厚皮茧纸，浪说煨而食之之雅，此则不但无笋味，人亦不知其为笋矣。”①

曾异撰还是晚明文坛的八股文高手，他的八股文写得无不理足气充，纵横激荡，新见迭出。其论事类的文章皆为排荡经术之文，其谈理讲学之文则为清真快逸与定气、矜格、认脉、摹神之文。他意有所感，则以《四书》、《五经》之言，论今日之事，带着浓郁的现实色彩，经世致用的理念表现得特别明显。《圣人之忧民如此》即为其代表作之一。

圣人之忧民如此

极言数圣之劳心，而大人之事难言矣。

夫许行能贤于尧舜乎？自尧舜诸圣人，忧民如此其极也，事岂易与小人言哉！

尝谓人之易言其事者，皆未尝忧其忧者也。夫闾巷之小人，其所忧者未能出于一身家一手足之外。彼谓天下事亦复如此，而不知此蚩蚩小民，举千古天纵之聪明，几为之困也。

如许行之言，则必君之与民，泛泛然无所用其忧。即偶一忧焉，亦必其时之儆予咨尔，不过如小民之勤动于饥劬，君相之平地成天，不过如妇子之抑搔其疾苦而止。乃今观于尧之命舜焉如此，舜之命禹、命益、命稷、命契焉如此，则是舜忧尧之忧如此，而禹，而益，而稷，而契，又忧尧舜之忧如此。

此夫为民上者，固未尝敢驰其忧曰：我能居尔，我能食尔，我能教尔。夫亦粗举其端，俟夫踵事者有可继耳。彼岂

① 周亮工辑：《尺牍新钞》卷之一《与施辰卿书》，岳麓书社，1986年。

不能尽井里之制，详树畜之规而致师儒之事，以为势未可以遽求备，且歉然于忧民之仅如此也，而其焦心苦思已如此矣。

此夫戴圣人者，夫亦已共释其忧曰：吾既安居，吾既足食，吾既知教。幸其新出于难，且其民朴而欲易赡耳。使今人而仅居筚簬之居，食抽棘之食而服草创之教，彼其心方求多而未已，且愀然于上之忧我者仅如此也，而其时之宵衣旰食已如此矣。

且当其时，亦幸而数圣人比肩于一堂耳。再世而忧，则仅存一益。追殷周之际，自阿衡旦望而外，皆非数圣人敌也。使尧之时，而仅若三代之君臣，则其忧更有不止于是者。盖至今幸其千载一时之盛，而犹皇皇然智力俱殚若是。

且其时，固不止此数圣人左提而右挈矣。奉若天时，则既命羲和。而皋夔诸臣，备明刑礼乐之官，皆为数圣人之辅者也。使数人而外，而更无协助之工尹，则其忧又有不止于是者。盖至今叹其有不可胜用之才，而犹屹屹然形神几困若是。

嗟！许行无多言，盍试忧民之忧焉，以观其暇与否也。

《圣人之忧民如此》这个文题摘自《孟子·滕文公》，它是孟子在列举了尧舜等圣人为救治百姓疾苦而作种种周全考虑与不懈努力的事实后所发的一句赞语。朱熹在《孟子集注》中也赞同孟子的见解。

按照八股功令，曾异撰在作此题文时必须遵循孟子的原意，并按朱熹的传注来阐发这句话中包蕴的微言奥旨，将其写成一篇歌功颂德的文章。但这个题目前人不知写过多少文章，若按八股功令，只有嚼别人嚼过的馍，说别人说过的话，陈陈相因，述腐妄不可用之理，这是曾异撰所不愿做的。

曾异撰身处万历之后八股文已开始变革的时期，他本人对束缚个性和思想的八股功令已心存不满，力求变革。故在他的笔下，八股文都能突破功令，以古文的理念来写时文，并以之表达自己对世事的看法。

曾异撰这篇八股文，并未按朱熹规定的题旨去赞颂尧舜等人如何忧民，而是灵心独运，异境特开，紧扣题中“如此”二字作阐发。在他看来，孟子所述尧舜禹益等圣人并不能解决所有民生疾苦，他们的才能不同，能解决的民生困苦也不同，“势未可以遽求备”，故只能慧眼识才，让他们在其他贤人的辅佐之下，解决不同的民生疾苦。“粗举其端，俟夫踵事者有可继耳”，在曾异撰看来，这才是孟子所说的“忧民如此”的真实含义。

应当说，曾氏的这种见解无疑是独到且正确的，具有实事求是的历史眼光，称得上是“妙笔精思”，“灵区独辟”。[①]

曾异撰是力主为文要以《四书》、《五经》之言论当今之世的，他这么去揭示题旨是有现实针对性的。从万历后期开始，明代社会日益腐败，民生疾苦日益加重，其重要原因是万历、天启、崇祯皇帝都不能识拔才能之士，反而重用奸人阉党，排斥忠贞能干之士，使得国势日渐衰微，民不聊生。曾异撰在文中说：“且其时，固不止此数圣人左提而右挈矣。奉若天时，则既命羲和。而皋夔诸臣，备明刑礼乐之官，皆为数圣人之辅者也。使数人而外，而更无协助之工尹，则其忧又有不止于是者。盖至今叹其有不可胜用之才，而犹屹屹然形神几困若是。”这段话，就是对明末不能识拔人才的腐败政治的批判。

这篇八股文只有中、后四股，省去了提二股和束二小股，这是曾异撰对八股格式的一种变革。曾氏对八股格式对人的拘束牵制早有认识，在变革中自然会涉及这一关键，在以古文为时文时大胆革新时文体式，而按阐述题旨的需要去决定体式，此文即将提比和束二小比省略。因提比是虚讲，只在题前着笔；束二小比

① 见《明文钞》（三编）该文评语，乾隆五十一年双桐书屋刻本。

用于回应揭醒全篇，归结全文之意。而这些功用，曾异撰在破题、承题、起讲、入题及大结处均已表现过，无庸赘述。一切从文章的实际出发，这就是曾异撰决定格式的原则和出发点。

曾异撰在作中比时其意思表面上是缩退一步，实则赶进一步。其出比从圣心来阐述，对比则从民心来阐述，两两对映，从而逼取题中“如此”二字的意义，构想奇妙。

后二比则翻进一层，旁见侧出，曲尽形容。

在作法上，作者在中、后四比中偏说“仅如此”和“不止于是”，纯用八股作法中的“加一倍法”作翻势来跌宕题意，逼榨下文，使“如此”二字空中激荡，逼塞全文。

该文气势磅礴，中后比凌空盘远，文意之曲折，用笔之伸缩进退，腾挪变化，无不入妙。逼取下句如在喉间，不吐不快，将题中“如此”二字完全表达出来，又不侵上犯下，曾异撰八股水平之高，于此可见一斑。

徐方广

徐方广，字思旷，太仓（今江苏太仓）人，崇祯间诸生。

徐方广博学好文，富才情，讲气节。崇祯时入几社，是八股文坛的一位名家，有《徐思旷稿》。

陈子龙、夏允彝所创立的几社在政治上讲求程朱理学，崇尚儒家正统的伦理价值，抨击朝廷弊政，以恢复清明之治，从而与复社同气相求，相互呼应。在社中，他们以切磋八股文作为手段，以振兴八股文来拯救世道人心为依归，故在八股文中讽喻时政，形成以八股为清议平台之风。

徐方广既是社中之人，其八股文自然会与几社为文之宗旨、风格大体相合。

周以清在《四书文源流考》中说：“大樽（陈子龙）集中，其辞采鲜丽，魏晋也；其气势疏快，唐宋也；其义理精实，则秦汉矣。”又说：“陈大樽之文清奇冷隽，在万历初年，是郭青螺、赵侪鹤一辈，而一扫热闹境界，有类震川、刚峰摹宋人经义之作，尤崇祯间所罕睹者。”①

徐方广文在清隽一点上与陈子龙有相似之处。

俞长城说徐方广的“制义采不夺目，声不悦耳，诵之如含雪咀梅，寒香之气沁人心脾，此固难为知者。艾东乡深赏思旷文，录入《定》、《待》”②。王汝骧说：“徐思旷文以灵隽胜，人或谓在正希、大力之上。然精能之至，反造疏淡，实有金、陈所未诣及者。如《子谓仲弓　一章》文云：‘夫以骍角之故，而谓犁牛亦足以荐歆，可不可也？则以犁牛之故，而谓角亦因以获吐，可不可也？’艾千子评谓：‘使我掩卷思之终日不能已。’”③ 这是因为其文清隽入骨，笔墨之痕，已浑然而化。

徐方广善以淡雅清隽的笔致去表现题中人物平和清穆之神采，状声描貌，无不传神。这种为文风格，与其淡泊人生却心有操守的个性是相一致的。王步青在《题徐思旷先生文钞》中说：“吾闻先生笃于至性，其为人也，外和而中介，当南中社事鼎盛，多以声气相援，先生未尝一曳屣。凌茗柯（义渠）建节娄江，故与先生友善，屡书招之，仅邀一顾，翩然而返，盖其清标雅度，可想见于行墨间。”这是典型的风格即人、人品即文品的范例。其《子谓仲弓　一章》题文末段云：“用知用贤不肖，生而定之矣，必本之以齐类，限之以世族，概之以干蛊，天不能使之权不在人。然帝心之所妙简，祖宗之所培植，社稷之所凭依，人亦不能使用之权不在天。雍其为雍之可用而已，即以犁牛故舍，何伤焉？”王步青在《题徐思旷先生文钞》中评曰：“于无用处反复追感，而不舍句神情愈显，灵心隽骨，耸然出表。”④ 王汝骧则评全

---

① 《学海堂集初集》卷八，光绪启秀山房刻本。

② 梁章钜：《制义丛话》卷之七，咸丰九年广州重刻本。

③ 梁章钜：《制义丛话》卷之七，咸丰九年广州重刻本。

④ 王步青：《天崇十家集钞》，光绪刻本。

文说："此文之妙，有目皆知，且其久而愈传"，又说此文"笔墨之痕尽化，坡公所谓精能之至，反造疏淡，此柳宗元、韦应物之诗也。余定先生文品在正希、大士之上，世以为何如耶？"徐方广文清隽淡雅、声希味淡的风格，有魏晋遗风，可比柳宗元、韦应物之诗，有清幽凄神之感，可见品格之高、文学性之强。但清隽到清寂之境地，也非文坛正宗。云间派的八股文许多已与古文合二为一，具有较高的文学境界，这就是晚清杨懋建所说的："几社之文，多矜怪奇，务藻思，用此为西江所诋，惟陈（子龙）、夏（允彝）二稿时有清古雄直不可刊没之作，良由至性所郁，精光自不能掩。要之陈、夏之才，实有颉颃魏晋。"① 实话实说，除陈、夏之外，"多矜怪奇，务藻思"却有清幽淡雅之致的，还应包括徐方广。

杨廷枢

杨廷枢，号维斗，苏州吴县人。其人博学善思，深沉刚毅，有节操。为诸生时，魏忠贤专权祸国，遣缇骑至苏州抓捕罢官归田的清廉刚直之官周顺昌，激起民变。市民们起而欲抢夺周顺昌，击杀缇骑，杨廷枢即参与倡议，事后被革除生员资格，到崇祯帝登基，清除阉党，他才得以恢复生员身份，并考为拔贡。崇祯三年庚午（1630）乡试以应天第一名中举。此后屡应会试而不中，便潜心经史，穷研先儒理奥，学问大进。

天启四年（1624），杨廷枢与张溥、张采、周钟、吴昌时、杨彝等在苏州创立江南应社。崇祯改元，他与吴应箕、徐孚远、陈贞慧邀同社作《留都防乱揭帖》，驱逐阮大铖。崇祯三年（1630），杨廷枢中解元，张溥、吴伟业举经魁，吴昌时、陈子龙

① 杨懋建：《学海堂集初集》卷八《四书文源流考》，光绪启秀山房刻本。

中举。崇祯五年（1632），张溥请假归葬亲人，将应社与江北匡社、中州端社、浙东超社、松江几社等合并，成立复社。杨廷枢与张溥共襄盛举，声誉日隆，加上他在八股文坛的地位，从学者盈门，被视为吴门泰斗，文坛重镇。福王时，授翰林检讨兼兵科给事中。甲申事变后，清兵攻占苏州，他避藏于洞庭山中，不肯剃发，穷困至常断炊，但不受人接济，三年不入城市。因其门人筹划反清义举而受牵连，为县官发觉，报闻上官，派兵擒获。巡抚重其人，命他剃发，他说：砍头事小，剃发事大。只得禁之于舟中，绝食五天不死，书血衣言志遗孤：

“廷枢幼读圣贤之书，长怀忠孝之志，为孝廉者一十五载，生世间者五十三年，作士林乡党之规模，肩纲常名教之重任，惜时命之不犹，未登朝而食禄。值中原之有难，遂蒙祸以捐生，其年则丁亥（1647）之岁，其月则孟夏之中。方隐遁于山河，忽陷身于罗网，时遭其变，命付于天，虽云突如其来，亦已知之久矣。平生所学，至此方觉快然。千古常昭，到底终为不没。但因报国无能，怀忠未展，终是人臣未竟之事，尚辜累朝所受之恩，留此血衣，以俟异日。舟中矢志，不能尽言。”①

临刑时大声说：“生为大明人。”头落地时还说：“死为大明鬼！”② 真可称得上临大节而不可夺者。

杨廷枢通经术，江南应社“志于尊经复古”③，并采取诸子各主讲一经的研讨方法，杨廷枢是这一宗旨和方法的力倡者。复社选编《五经微文》，他就主《易》经文选，有《易论》一卷。这种各主一经的研修方法在明、清之际得以流传，如黄宗羲倡立五经会，其门生万斯同兄弟等即各专一经，月终讲会，相互切磋，各尽所长。

---

① 参见《太一丛话》卷二，同治刻本。

② 参见《明季江南应社考》，北京大学《国学季刊》二卷三号。

③ 张溥：《七录斋集》之《古文存稿》卷之五。

杨廷枢能文，又以诗名闻，多吟唱时事，多忧国忧民之思，特别是明朝亡后，哀唱亡国之音，充满无奈与苦涩。有《古柏轩诗集》。《静志居诗话》评曰："诗虽优好，然如吉光孔翠，片羽皆足珍重。"

使杨廷枢名闻天下，成为吴门泰斗的，还是他在八股文坛之地位。

晚明结社，目的多为昌明学术，研讨经义，以取科名。钟惺就说过：

"钟子观于近日应制文章，体裁习尚之变，深虑其终，而思目前补救之道，莫急于社也……社者，众之所为，非独之所为也。"①

社中社课便是作八股文，然后相互传观评议，优秀者便汇刻为《会义》、《社稿》。此外，还选编历朝名作，加以评点，以弘扬各自的八股文观及作法。在这些方面，杨廷枢都是领军人物。

他与钱禧选评的《皇明历朝四书程墨同文录》十五卷，因"是选评论极精，搜罗极广，剞劂极工，此昭代不朽之书，非时文比也，识者鉴之"②，而引起轰动，虽每部"实价纹银壹两二钱"，仍不胫而走，成为畅销书。

书中所收文起自洪武乙丑（1385）科黄子澄《天下有道，则礼乐征伐自天子》题文，终于崇祯甲戌（1634）科《救民于水火二句》题文，选文极精，且覆盖整个明代。

正文有圈点和夹批，但对各文的主要评价，集中在尾评。尾评以杨廷枢和钱禧之评为多，也汇集了前人对该文的评述。

杨廷枢的尾评有的结合八股文的变化来谈明代科举制度的演变，科场风气之不同，给后人以宝贵的八股文史和科举史资料。

---

① 钟惺：《隐秀轩集》卷十八《静明斋社业序》，天启刻本。

② 见《皇明历朝四书程墨同文录》封二，崇祯八年金阊叶聚甫等刊。

更多的是杨廷枢结合历朝八股文的特点进行比较，从而勾勒出明代八股文的变化轨迹。如他评正德辛未（1511）科刘忠的会试程墨《如切如磋　修也》题文时说：“精而不简，故不及成、弘以前，切而不浮，犹别于嘉靖之末。”评弘治己酉（1489）科云南程墨《惟仁者　恶人》题文云：“观成、弘间文，当知词理之确，若以声色求之，则非矣。今人为此题岂乏声色？试究其词理有能与题相合者乎？”

书中更多的是对文章作法的评点，但对历朝八股文内容极为关注，如他对嘉靖时的八股文评曰：“文至此，真堪羽翼经传，制科以来仅有之篇。嘉靖壬午（1522）科臣章侨言，近者异学之徒以陆九渊为简捷、朱熹为支离，宜严禁以正士习。”这就告诉我们，在正德末、嘉靖初，八股文坛即有人攻击程朱理学。

正因为杨廷枢的评点表现出他对八股文有精深的研究，“一代风气皆其论定”[①]，且目光如炬，能一眼看出文章之优劣，指点文章的作法，特别是他考中解元后，从学者如云，被视为吴门宗师。

更为难得的是杨廷枢不仅有理论，其八股文也写得好。俞长城说：“杨维斗于庚午荐贤书，馆阁争致之门下，虽终不遇，而名藉甚。为文直追守溪，唐、瞿以下蔑如也。”[②] 评价极高。

杨廷枢的八股文长于议论，说理细密，行文自然朴质，讲究写作技巧却气势畅达。如其《学而时习之》题文中之二股云：

“学有或失则多者，此广侈泛涉以为多也。夫弟子之谊而有成人之规，象数之陈而有精义之人，习之者不移其途，而所习则已进乎其解矣。故时而习之则多，而非惊博之谓矣。学有或失则寡者也，此因陋就简以为寡者也。夫百行之美而存乎一行之徵，

① 见梁章钜：《制义丛话》卷之七，咸丰九年广州重刻本。

② 俞长城：《可仪堂一百二十名家选》，康熙三十八年刻本。

万物之义而视乎一物之格，所习者不改其故，而习之者则已变乎其说矣。故时以习之则寡，而非无闻之矣。”

这二股阐释“学而时之”一句之真蕴，与八股文史上其他写作此题者相比，有天壤之别。他揭示了“学”字的真谛，真正把握了孔子此言的原生心意，后人称赞说：“抉经之心，却又清空如话，幽讨极致，真当与大士、文止割据三分。”① 杨廷枢八股文水平之高，由此可见一斑。

杨廷枢以八股名家与忠义贯日之事迹留传青史，清代王介锡评他说：“公雅量类黄叔度，穷经类郑康成，清节类胡公质，文词制义，犹公之绪馀也。”② 评价虽高，却并非谀词。

钱禧

钱禧，字吉士，吴门人，为复社中坚。明亡，死于兵。

他博通经史，为晚明八股文名家，其文长于议论，但都能联系实际，借题以发胸中块垒，不作空疏无用之语。其文皆沉雄慷慨，有真纯之气流贯其中，才情宏壮，不可一世。他受时风所染，也极重文章之技巧，上接王鏊、钱福之作法，并于文中运用自如，增益文章之魅力，不愧名家大家之目，也被人称为举业正宗。

其《闻有国有家　一节》题文，议论纵横，鞭辟入里，全文朴简，无意求奇，却使好奇者不能尚，为传世名篇，极受推崇。俞世宁评曰：“拈此题者，多讲斡旋，无暇发议论，闻字，患字，国家字，字字见精采，而题脉丝毫不走，高古典硕，盖世无双。”蒋天麒则称赞说：“着眼闻字，则实处皆空，是以前、中、后三处，神气旺而骨节灵，与死守题面者大异。可知好文只在勘题得手，以我驭题，不为题所缚耳。”蒋氏所说之特点从其文之后二

---

① 见梁章钜《制义丛话》卷之七，咸丰九年广州重刻本。

② 王介锡选评《明文百家萃》，清刻本。

股即可看出：

“由此言之，先王封建之权，出之至公，故垂之永久。人臣以道事君，当详明祖宗大法，不可以僭逾之妄举，坏我典章。古人持盈之道，可以养心，亦可以保世。君子学古入官，当敷求前哲格言，不得以富强之私谋，托为善后。”

清著名八股文评家张兰陔对钱禧文的评价极高，他说：

“方怀庙时，文体诡极矣，吉士先生独以醇雅矫之，至其精光发越处，乃非化、治诸公可比，故足为举业正宗，持胜国之终而开本朝之始，非先生而谁耶?”①

钱禧八股文的醇雅，联系现实之紧密，议论之深刻，作法之古健，从其《临大节而不可夺》一文中都可看出，其文中幅云：

> 一人之权，一国之所眈眈也。慷慨任事而以为树功；婉转用机而以为避谤。一人揽其权，而人人揣一用权之路。于是有小臣者无端而痛哭，无端而太息，思夺其顾命之权，而若臣不顾也。彼不以为揽权之日，而以为临大节之日。其精诚且不必吁先君，而宁夺于旁观之弹射。一人之意，一国之所惴惴也。政在图新而以为纷更；人惟求旧而以为朋党。一人行其意，而人人据一用意之私。于是有大臣者忽焉而中忌，忽焉而旁挠，思阻其行权之意，而若臣不顾也。彼不以为行意之时，而以为临大节之时。其斡旋亦不必傍成格，而宁夺于同列之调停。

此作是一篇切入现实的名作，是专为张居正被冤杀而写。万历时神宗不念张居正匡护之功，改革兴国之勋，而掘其坟，抄其家，反其政，国势大坏，边警日生，所以钱禧借此题以发抒心中之痛，激切言之，为张居正翻案。文中概括了张居正的政绩功业，把万历时强加给他的罪名予以厘清，还张居正以本来面目。

---

① 以上引文均见《明文钞》（五编）该文评语，乾隆五十五年刻本。

全文议论纵横，知人论世，正大公允，且笔端凝聚感情，让人生出“门户尽时公论定，封疆危日相才难”① 之叹。其文内容纯正，语言质朴，作法灵活，称得上是时文正宗。

《匹夫不可夺志也》是钱禧的又一名作。

匹夫不可夺志也

惟在己者之足恃，故匹夫能胜乎三军也。

盖匹夫虽渺，其志则其所自有也。虽欲夺之，谁得而夺之！

且天下之气势，有自外而助之者，多所附而始雄；有自内而生之者，绝所援而弥壮。盖外者不足凭，而内者可自必也。

以三军而奉一帅，附之者非不多矣，而或有时可夺矣。若夫匹夫者，上天下地，以一身孑处其间，人之孤危而易于摧伤者，无过于此也。居处饮食，与一妇相偶而已。势之薄弱而动受侵凌者，无过于此也，然而有其志焉。

不必有其智慧，而天下至愚之人，其发念必至诚。

不必有其学问，而天下至朴之人，其立心多至勇。

是志也，匹夫自有之志也。

凡世之所以夺人者，大率以其能荣人辱人耳。以千万人而计较荣辱，则趋避之心未决；以一人而计较荣辱，则趋避之心易决矣。匹夫有志，能守则其荣也，不能守则其辱也，人间之荣辱何有矣。

凡世之可以夺人者，甚则以其能生人死人耳。以无主之心而踌躇生死，则取舍之计未定；以有主之心而踌躇生死，则取舍之计立定矣。匹夫有志，生亦守之以生也，死亦守之

① 见《制义丛话》卷之七，咸丰九年广州重刻本。

以死也，天下之生死人者气尽矣。

以匹夫周旋士大夫之间，则士大夫有时或怯，而匹夫恒得其强，何也？士大夫之身家妻子为谋甚重，而匹夫之俯仰甚轻，轻则胸无私累。故其盟诸幽独者，清明而难惑以非也。

以匹夫揖逊学士仁人之列，则学士仁人有时或伪，而匹夫恒得其真，何也？学士仁人之名节道谊为途甚宽，而匹夫之天性甚隘，隘则不留馀地。故其矢诸隐微者，毫发必不敢徇人也。

夫三军至多矣，匹夫至少矣。然三军之帅，以众人卫一人者也，匹夫之志，以一人卫一志者也，其可夺不可夺之数，固已较如矣。嗟夫！匹夫者亦至愚至朴之人耳，其志之不可夺且如此，况益之以智慧，进之以学问者乎！天下大任，非匹夫所能胜，君子可不勉乎哉！

此文题目出自《论语·子罕》，原文为“子曰：三军可夺帅也，匹夫不可夺志也”。其注中云：“三军虽众，人心不一，则其将帅可夺而取之。匹夫虽微，苟守其志，不可得而夺也。”

本文题目为截上题，题目有来龙，故作此题时要不明出“三军可夺帅也”，但又要包含其意在文中。钱禧以其高超的写作技巧，戴着镣铐跳舞。文章以注中“匹夫虽微，苟守其志，不可得而夺也”为根据，以“惟在己者之足恃，故匹夫能胜乎三军也”作破题，上句破了题意，下句则清题之来源，以“能胜乎三军”与截去之“三军可夺帅也”相承。正文以两两相对之六股层层深入地写出“匹夫不可夺志”的原由，文中极言志不可夺，反衬出志之当立；越将匹夫说得卑微，其不可夺之志越突出，孔子言外之意便分外明显。最后在大结中针对晚明朝廷党争，无大臣可挑起振兴国事之重任，而志不可夺之匹夫，只要“益之以智慧，进之以学问者”，便可担起拯世救民之大任。这段话是针对天启、崇祯年间的政局，有感而发的，其感情之沉郁腾跃于字里行间，对有志匹夫寄予无限期望。

明、清两代许多名士对此文拍案叫好。崇祯时吴应箕从其文的骨力予以评述：

“不可夺处即从匹夫看出，妙甚。其文慷慨激壮，绝似赵梦白（南星）先生，有山岳不能撼，麋鹿不能乱之象。”①

清代著名八股文评家张兰陔说：

“后二比不是抹倒学士大夫，正为学士大夫鞭策进步。起山先生所谓言外之意指此也。”②

钱禧在晚明之声望还来源于他与杨廷枢联手选评了名驰天下的《皇明历朝程墨同文录》，被俞长城誉为“一代风气皆其论定”③。其书序言为钱禧所作，集中体现了其八股文观，他对八股文有用无用，为文与为人，文风与世风都发表了公允的看法，有的还带有朴素的辩证思想。对入选作品的评价也极为精当，表现出很高的八股文写作素养和独到的眼光。这为他赢来很高声誉。

他的八股文素养从他对一篇名为《君子胡不慥慥尔》的八股文的评析中即可看出，他评曰：“有作《君子胡不慥慥尔》篇，中比用‘尔’字煞尾，以为文章神韵全在中比押字，此陋识也。圣贤之言摘为题目，不过欲使学者究心义理耳，故题止一句，文衍八股，取其能发圣贤之意，非欲其摹拟字句也，若徒泥字句，则八股何为者耶？果如所言，则题止一‘尔’字，中股何用两‘尔’字乎？况‘尔’字之下又有后股、束股，是亦不可以已乎？如丁未《君子之仕也，行其义也》元魁文，中股亦用两‘也’字煞，为主司所击节，选家所大赏。今试阅之，文中两‘也’字与题中两‘也’字果相合否？倡此言者，似是而非，又不幸袭之而效，误人久矣。不知文贵明理，理既明，则于圣贤语气自无不

① 见《天崇百篇》该文评语，道光二十五年刻本。

② 见《天崇百篇》该文评语，道光二十五年刻本。

③ 转引自《制义丛话》卷之七，咸丰九年广州重刻本。

合，倘必之、还之乎，还乎者也，还者也，彼题之无虚字结尾者，又将用何字贴合哉！”①

一段话将他对八股文的功能、作法，及对世间谬种流传的批判都表达出来，精确明白，一语见血，可见钱禧学养之深，非浪得虚名。其八股文有《钱吉士稿》。

重要征引参考书目

《明实录》，台湾“中央研究院”历史语言研究所校印本，1962 年

《明史》，[清] 张廷玉等撰，中华书局，1974 年校点本

《明清江苏文人年表》，张慧剑编著，上海古籍出版社，1986 年

《四库全书总目提要》，[清] 永瑢、纪昀编，中华书局，1965 年

《社事始末》一卷，[清] 杜登春撰，《昭代丛书》戊集续编本

《复社始末》，[清] 蒋阶平撰，《中国历史资料研究丛书》本，上海书店，1982 年

《复社纪略》四卷，[清] 陆世仪撰，《中国内乱外祸历史丛书》第十三辑

《复社姓氏传略》，吴山嘉辑，中国书店，1990 年

《明清之际党社运动考》，谢国桢撰，上海书店出版社，2004 年

《明清进士录》，潘荣胜主编，中华书局，2006 年

《谷山笔麈》，[明] 于慎行撰，吕景琳校点，中华书局，1984 年

《皇明贡举考》，[明] 张朝瑞，清光绪刻本

《万历野获编》，[明] 沈德符撰，中华书局，1959 年

《客座赘语》，[明] 顾起元撰，谭棣华等校点，中华书局，1987 年

《松窗梦语》，[明] 张翰撰，中华书局，1985 年

《典故纪闻》，［明］余继登撰，中华书局，1984 年

《云间据目钞》，［明］范濂撰，光绪戊寅年，上海申报馆仿聚珍版

《池北偶谈》，［清］王士禛撰，中华书局，1982 年

《皇朝经世文编》，清魏源编，光绪二十一年积山书局石印本

《丛书集成初编》，上海商务印书馆，1933 年

《十三经注疏》，［清］阮元校刻，中华书局，1980 年

《古今图书集成理学汇编·文学典·经义部》，中华书局影印本

《明文海·时文序》，［明］黄宗羲编，中华书局影印清钞本，1987 年

《论学绳尺》，［宋］魏天应编，上海古籍出版社、《四库全书》影印本，1987 年

《作文要义》，［元］倪士毅撰，光绪刻本

《制义丛话》，［清］梁章钜撰，咸丰九年广州重刻本

《大学衍义补》，［明］丘濬撰，明弘治刻本

《李东阳集》，岳麓书社，1984 年

《匏翁家藏集》，［明］吴宽撰，《四部丛刊》本

《张太岳集》，［明］张居正撰，上海古籍出版社影印万历刻本，1984 年

《弇州山人四部稿》，［明］王世贞撰，中华书局，1985 年点校本

《列朝诗集小传》，［明］钱谦益撰，上海古籍出版社，1983 年

《王文恪公集》，［明］王鏊撰，清嘉庆十五年刻本

《七修类稿》，［明］郎瑛撰，文化艺术出版社，1998 年

《荆川先生文集》，［明］唐顺之撰，《四部丛刊》本

《震川文集》，［明］归有光撰，康熙刻本

《姚江孙月峰先生全集》，［明］孙鑛撰，嘉庆静远轩重刊本

《汤显祖全集》，徐朔方笺校，北京古籍出版社，1999 年

《王阳明全集》，［明］王守仁撰，吴光等编校，上海古籍出版社，1992 年

《王季重十种》，［明］王思任撰，任远校点，浙江古籍出版社，1987 年

《峚阳草堂集》，［明］郑鄤撰，清乾隆武进刻本

《焚书》《续焚书》，［明］李贽撰，中华书局，1975 年

《天佣子集》，［明］艾南英撰，清康熙刊本

《谭元春集》，［明］谭元春撰，上海古籍出版社，1998 年

《焦氏澹园集》，［明］焦竑撰，北京出版社，《四库禁毁书丛刊》本

《凌忠介集》，［明］凌义渠撰，《四库全书》本

《白苏斋类稿》，［明］袁宗道撰，上海古籍出版社，1989 年

《袁宏道集笺校》，［明］袁宏道撰，钱伯诚笺校，上海古籍出版社，1981 年

《隐秀轩集》，［明］钟惺撰，明天启刻本

《陶庵全集》，［明］黄淳耀撰，《四库全书》本

《七录斋集》，［明］张溥撰，上海古籍出版社，《续修四库全书》本

《文通·经义》，［明］朱荃宰撰，天启六年刊本

《钱牧斋全集》，［明］钱谦益撰，上海古籍出版社，2003 年

《冯梦龙全集》，［明］冯梦龙撰，魏同贤主编，上海古籍出版社，1993 年

《吴梅村全集》，吴梅村撰，李学颖集评标校，上海古籍出版社，1990 年

《楼山堂集》，［明］吴应箕撰，北京出版社，《四库禁毁书丛刊》本，1998 年

《石匮书》，［明］张岱撰，上海古籍出版社，2008 年影印本

《石匮书后集》，［明］张岱撰，上海古籍出版社，2008 年影印本

《无梦园初集》，［明］陈仁锡撰，上海古籍出版社，《续修四库全书》本，1995 年

《日知录集释》，［明］顾炎武撰，岳麓书社，1994 年

《霜红龛集》，［明］傅山撰，山西人民出版社，1984 年

《顾亭林诗文集》，［明］顾炎武撰，中华书局，1959 年

《几社壬申合稿》，［明］李雯等编，《四库禁毁书丛刊》本

《黄漳浦集》，［明］黄道周撰，［清］郑玟编，道光年刻本

《黄宗羲全集》，［明］黄宗羲撰，浙江古籍出版社，1985 年

《陈确集》，［清］陈确撰，上海古籍出版社，1979 年

《薑斋诗话笺注》附录《夕堂永日绪论外编》，［明］王夫之，人民文学出版社，1981 年

《方苞集》，［清］方苞撰，上海古籍出版社，1983 年校点本

《戴名世集》，［清］戴名世撰，中华书局，1986 年

《读书作文谱》，［清］唐彪撰，康熙四十七年文盛堂刊

《吕晚村先生论文汇钞》，［清］吕留良撰，康熙五十三年刊

《义门先生集》，［清］何焯撰，道光刊本

《曝书亭集》，［清］朱彝尊撰，《四部备要》本

《巳山先生文集》，［清］王步青撰，乾隆三槐堂家刻本

《三鱼堂文集》，［清］陆陇其撰，乾隆刻本

《章氏遗书》，［清］章学诚撰，吴兴嘉业堂刻本

《养一斋诗话》，［清］潘德舆，《清诗话续编本》

《艺概》，［清］刘熙载撰，《古桐书屋六种》，同治十二年刻本

《赖古堂集》，［清］周亮工撰，上海古籍出版社，1979 年

《二林居集》，［清］彭绍升撰，嘉庆四年味初堂刊本

《学海堂初集》卷八《四书文源流考》，光绪启秀山房刻本

《陔馀丛考》，［清］赵翼撰，乾隆湛贻堂刻本

《显志堂稿》，［清］冯桂芬撰，光绪二年家刻本

《惺斋讲义·惺斋论文》，［清］王元启撰，乾隆四十年刻本

《缙山书院文话》，[清] 孙万春撰，光绪十一年孙氏家塾本
《睿吾楼文话》，[清] 叶元垲撰，道光十三年鹤皋叶氏刻本
《刘大櫆集》，[清] 刘大櫆著，上海古籍出版社，1990 年
《惜抱轩诗文集》，[清] 姚鼐著，上海古籍出版社，1992 年
《清代科举考试述录》，商衍鎏撰，中华书局，1957 年
《皇明会元文选》，[明] 钱时后，钱文光选编，明万历刊
《皇明历朝四书程墨同文录》，[明] 杨廷枢、钱禧选评，崇祯八年金阊叶聚甫等刊
《分法小题拆字》，[明] 山左张铮评定，明末萃英堂刊
《增定春秋衡库》，[明] 冯梦龙辑、冯璟参，明崇祯时刊
《项太史全稿》，[明] 项煜著，光绪时刊
《明文钞》（三编），[清] 高塘编，乾隆五十一年双桐书屋刊
《明文钞》（四编），[清] 高塘编，乾隆五十二年刊
《明文钞》（五编），[清] 高塘编，乾隆五十五年刊
《明文小题贯》，乾隆年刊
《天崇合钞》，乾隆年刊
《明文小题传薪》，[清] 臧岳编，嘉庆六年锦文堂刊
《增订冯夔飏稿》，[清] 冯咏著，嘉庆丙子年刊
《钦定四书文》，[清] 方苞选，光绪二年崇文书局刊
《明文读本》（二编），[清] 潘芝轩评选，嘉庆年刊
《天崇百篇》，[清] 吴兰陔选评，道光二十五年刊
《仁在堂明文明》（初、二编），[清] 路德著，道光丙午英德堂刊
《天崇国朝辑要》，[清] 孙佰龙辑，光绪七年书德业刊
《明文精选》，[清] 楼季美选评，道光年刊
《可仪堂一百二十名家制义》，[清] 俞长城辑，康熙三十八年刊
《文法孤白前后集》，[清] 武阳王客周评选，康熙十一年敦

化堂刊

《向太史小题文稿注释》，雍正五年刊

《分法小题浚灵秘书》，乾隆三年刊

《详注初学指掌》，乾隆十六年刊

《近科房书菁华》，［清］纪晓岚等评选，乾隆甲戌浣花书屋刊

《十科乡会墨卷秀发集》，［清］夏谷香评选，乾隆三十九年清绮轩刊

《张百川先生塾课》，［清］周汝调编释，乾隆乙酉年泰来堂刊

《张太史塾课注释》，［清］张江著，乾隆乙酉年鸣盛堂刊

《分课小题续编》，［清］王步青编，乾隆五十年令德堂刊

《分课小题引机》，［清］王步青论次，乾隆五十年令德堂刊

《塾课八集》，［清］王步青编，乾隆间文富堂刊

《初学引机》，乾隆乙巳经纶堂刊

《八铭堂塾钞》，［清］张兰陔编，乾隆癸丑年刊

《顺治元墨》，［清］胡海南论次，乾隆年三多斋刊

《康熙元墨》，［清］胡海南论次，乾隆年三多斋刊

《小题三集行机》，［清］王步青编评，乾隆年刊

《小题四集参变》，［清］王步青编评，乾隆年刊

《小题五集精诣》，［清］王步青编评，乾隆年刊

《直省考卷新见集》，嘉庆年刊

《学文定法读本》，［清］徐状元手定，道光十二年天道堂刊

《注释目耕斋》（初、二、三集），［清］沈叔眉选，道光十八年刊

《仁在堂时艺辨》，［清］路德著，道光庚子年来鹿堂刊

《十四层启蒙捷诀》，［清］曹晓庐著，道光二十二年元运堂刊

《文选制义》，道光十六年南塘聚星堂刊

《初学玉玲珑》，道光年刊

《二十家文稿》，道光年刊

《二十家文稿续编》，道光年刊

《四书小题镜》，咸丰年刊

《起讲濬灵》，［清］张紫庭订，同治元年芸香山房刊

《启蒙读本》，同治己巳年益元堂刊

《批三十艺句解》，［清］邢退庵，同治七年荣春堂刊

《经艺宏括》，积山书局主人编，光绪甲午年上海积山书局石印本十六册

《增广试帖三万选》，光绪石印本

《增补五经应制题解》，刊刻年不详

《近科试策法程》，乾隆五十一年刊

《衔定学政全书》，嘉庆十七年奉旨刊

《科场简明条例》，前四册为道光年刊，后一册为光绪二年刊

《四书文翼》，同治年桂园草堂刊

后记　也玩一把表扬与自我表扬

当今之世，表扬与自我表扬之风大炽，利用出书的机会在序跋中大加自我吹嘘，或延人作序放肆表扬吹捧即是常例。我本俗人，何能免俗，在本书出版之际，自当充分利用后记来一番王婆卖瓜，自卖自夸，并移植他人评价，过一把受人表扬之瘾。

《明代八股文史》与百多万字的《八股文汇编》均为国家社科基金项目（08BZW17）的研究成果。既然是国家社科基金项目就有繁多的游戏规则必须遵行。如结题时项目负责人要写《总结报告》及《项目最终成果简介》，还要由社科规划办公室聘请五位专家匿名对成果作鉴定。这便给表扬与自我表扬提供了广阔舞台。

五位专家对《八股文汇编》评价较高，分别认为该书"篇幅浩大、采择丰富，为研治八股文者提供了丰富的文献资料，具有较大的文献学价值"；"每位作者都系以评传，每篇原文后的评语也予以保留，这个处理是十分适当的。再加上选文前的《八股文概述》，几部分相对读，可较好地帮助读者认识八股文的发展轨迹、具体作家作品的情况，并从总体上了解八股文的价值与功能"；该书"为研治八股文者提供了丰富的文本资料，具有史料建设意义和一定的文献学价值"；"该项目选题具有较大的学术意义"。

还有一位较详细地阐析了该书的价值所在："有一部相对精良的八股文选本是研究明清科举与八股文以及一切相关问题的当务之急。在这个意义上，《汇编》是这个研究领域的一个可喜的成果。其学术价值凸显在以下几个方面：1．在同类型文献整理中实现了领先与超越…… 2．兼顾八股文内容、形式、风格的丰富性……表现了选者开阔的当代视野，也代表了迄今为止八股文研究的新水准。3. 标点水平在同类书中属上乘…… 4. 卷前的《概述》与各个作者的小传中包含齐全的八股文知识。特别是作者小传，既有生平介绍，又涉及其人八股文的总体风貌以及在八股文史上的地位，有时还为入选之文提供导读，凡此种种，提升了本书的学术品位……此书的出版，无论对需要了解八股文的普通读者，还是对专门研究者，均有切实的帮助，其学术价值和应用价值是有目共睹的。”

对于《明代八股文史》，有四位专家对其学术价值、创新性给予较高的评价。一人评价该书“结合政治、文化、文学、经济等时代背景，考察八股文的发展规律，将八股文史分为……八大阶段进行研究，详尽地勾勒了八股文的发展历程，对八股文的文体特征、文化内涵、文学价值、经学价值等方面进行了深入论述，既有八股文史的宏观观照，又有对八股文名家名篇的个案分析。全书记叙深刻，言之有理，在很大程度上推进了明代八股文的研究，并深化了明代文学史的研究，具有较大的创新性，学术价值、理论价值较高”。

一人认为该书“描述之详尽，材料之丰富，分析之细致，是其他八股文史研究者所罕见，一定程度上深化、推进了明代八股文研究”。

一人认为该书“用丰富的例证与细心的体认，对明代统治者提倡八股文的动机进行了较为准确的推证与概括，对明代八股文发展的脉络做了较为细致的勾勒，基本贯彻了历史与逻辑的统一，其基本观点比较稳妥。应该说，该项目研究有助于后人正确认识八股文这一特殊文体，正确认识八股文与其他文体发展的内在联系，在一定程度上深化细化了这一领域的研究”。

一人认为《明代八股文史》系当代八股文“研究的颇有份量的新创获，对该领域作出新的整理、系统描述，总结提炼出若干带规律性的认识，具有较高的学术价值和理论创新价值”。他还指出，该书“对八股文的产生背景进行了深入的探析，对其文体的特点、功用，尤其是其中文学化倾向对经学性的削弱、时代变化对经学性的颠覆等论述，都有自己创新之见。对明代八股文发展的分期是合理的，符合该文体在明代发展的实际情况。在对各时期八股文发展状况的叙述与研究中，更多阐幽发微，言前人所未言，或纠正前贤成说中偏颇，或对前辈成果提供新的论证。例如，第一章第七节对朱元璋创制八股文体的形态、格式、作法、特点的归纳、剖析，并对发展规律的总结，第四章第四节关于八股文面临危机与挑战，第五章第六节关于八股文特征，特别是其中‘机法’等的论述，第八章关于八股文特殊的文化属性的探讨，等等，都有自己的真知新见”。

在下非学术圈内人，退休后过着半隐居的生活，跳出了五行外，与评审的专家们无八竿子打得到的牵扯，他们是凭自己的学养，经分析比较后作出的独立判断，没有功利的驱使，其客观性与可信度相对那些自己请人所写的序言要高些。喜听好话原本就是人性的弱点，看了专家们在这种背景下写的评价，真如秋凉如水的夜晚在深山仰望星空，有心胸俱澄彻的愉悦。况且，这些表扬与我自己的评估有不少神契之处。我在《总结报告》中写道：

该书（指《八股文汇编》）编排体例为：卷首有约3万字的《八股文概述》。正文部分以时代和作者出生时间先后为序排列。每位作者都配有长短不一的评传。

该书有三大特色及不少创新之处：

1. 是自废除八股取士以来，八股文选本中收入作品最为齐备、选文最为精当者。从明清至今的大量八股文选本，只以内容是否纯正、体式是否正大，作者人品是否端正决定入选的人与文，这就不能全面反映八股文的真实面目。本书则采用人是人文是文，不以人废言的原则，以作品本身是否有特色，是否为流传久远的名作来决定取舍，而不论其人品及作品是否与封建统治者的衡文标准相合，将一些历代选本都不入选的人与文选入本书。如被目为奸臣的周延儒，因投降李自成而被视为叛逆的项煜，首开以禅入文、破坏了八股文经学性而备受抨击的杨起元等人的八股文因确有特色，且为世所称而选入，从而给世人了解、研究明清八股文的去经学化、泛文学化及流派的变化提供了齐备的文本。

在选文时还注意众体皆备，因八股取士从晚明始，只重四书文，故清代的八股文选家只选四书文，这就使更具经学性的五经文难以寻觅。本书选文不仅将大题、小题、截搭题等不同题型的作品择优选录，还注意选取一定数量的五经文。这就为研究八股文经学性与文体的发展变化提供了不可或缺的文本资料。

2. 书中所选的大量篇章系第一次刊布，不少是学界久觅不得者，如王思任、钟惺、袁宏道、谭元春、刘侗、叶绍袁、曾异撰等文学家，林则徐、曾国藩等政治家，王引之等学者的八股文都是不为世人所知的，魏源的顺天乡试中举闱墨更是中外研究者久觅而不得者，现在都选入书中，既能让人了解这些人的思想文采，又给研究明清科举史、八股文史、经学史、文学史，及人物思想著述提供了新的资料，具有较高的学术价值。

3. 卷首的《八股文概述》将明清八股文演变的原因、历史、过程及特点概述无遗。总字数达20余万的220位作者评传，系精心研究了各位作者的身世经历，他们与所处时代的关系，八股文观对其八股文特点进行了深入剖析，对他们在八股文史上的地位作了准确定位后精心撰写的，特别是其中对一些八股文的内容、体式特点及八股文对这些政治、文化名人的影响的评析，较准确地揭示出八股文对塑造士人灵魂的独特功用，较好地揭示出了八股文的文化价值。

将《八股文概述》中所勾勒的八股文发展轨迹与观点，同作者评传和所录作品联系起来看，便构成一部别具一格的明清八股文史，其中无论见解、内容还是形式，都具有原创性。

55万字的《明代八股文史》是项目研究的第二个成果，系第一部八股文断代史。它是在分析、研究、思考了大量八股文原作和资料的基础上进行的。全书由引言与八股文的创制、发展、定型、鼎盛、变革、衰变、振兴七章组成。

引言部分以精炼的语言论述了八股文的经学本质，及其与八股文的文学性、时代性、工具性、功利性四者之间的依存关系。重点阐述了八股文中人为设置而成的经学性，与文体内固有的文学性的矛盾，揭示了在时代变化的催化下文学性不断增长而导致两者形成的此消彼长过程，以及在这种消长过程中八股文传道功能的变化，朝廷政治、文化、士风所受到的影响，为全书的撰写确定了总纲。

七章正文从洪武到崇祯依时代先后，以经学性与文学性的消长为主线，对八股文的创制、发展变化过程进行了深入的阐述。每章先从时代的政治、经济、文化变化对八股文的影响来概述每一时期八股文文体、内容、风格的总体特征，勾勒其变化的轨迹，然后阐述八股文与该时期文学、科举的关系。最后对这一时期的八股文大家及名家按人分节一一进行评析。每人先介绍其生平，再依据对其代表作的分析来概括其八股文的内容、文体、风格、写作方法的特点，阐述他在八股文史上的影响与地位，剖析八股文写作对其思想行为所产生的作用。全书以时代变化为经，作家作品剖析为纬，准确地勾勒出明代八股文去经学化逐渐文学化的全过程，从而构成一部别具一格的八股文断代史。

该书有着鲜明的特色：1. 由于以对大量文本，特别是许多罕见八股文的分析研究为依据，以历代学者的论述为线索，故将八股文的定义、内涵、体式、文题、与儒家经典的依存关系，原生态与变化态，正格与变格，对社会的正面与负面的影响，发展的轨迹，变化的社会原因与体式的原因第一次准确、全面地揭示出来。2. 破解了历代八股文认识上的误区与盲点。由于时代的局限与研究方法的不当，历代对八股文的认识产生了大量误区与盲点。本书则较好地还原了八股文的本来面目，澄清了八股文中的许多谜团，使本书具有较高的学术性。如对八股文是明清士人学习《四书》《五经》的心得体会的定义，第一次准确地揭示了八股文的内涵；对八股文去经学化强文学化及与古文融合过程的阐述；八股文经学性、文学性、工具性、与时俱变性、功利性五大特质的揭示；万历末至天启八股文是变革不是衰颓的论述；以及明代八股文产生、发展、变革的原因与过程的阐发等，第一次从政治、经济、文化、士风、文体的角度进行精当的阐释等许多方面，都是言前人之未曾言，发他人之未能发，破解了误区，填补了空白，具有学术创新性和较高的价值。

项目研究成果的创新性还体现在方法上。从本质而言，八股文属经学范畴；从体式和发展来看，具有文学性，具备文史、文献交融的特质。故本项目采用了经学、历史学、文字学、校勘学的视角与手段来对八股文资料进行选编和校点。对八股文史氏的研究则吸取政治学、历史学、社会学、民俗学、心理学、文艺学等学科的研究方法，对八股文进行史学的、经学的、文体学的、文学的、功能学的交叉研究，互相发明，不断提出新问题、新见解。如采用社会学、发生学相结合的研究方法，揭示了八股文的与时俱变性；运用文体学、历史学、文艺学相交叉的研究方法，探索到了八股文的文学化趋势等。

成果的学术价值判断：

1. 成果为明清文学的研究提供了新的资料、新的视角。八股文自明代中叶后即开始出现文学化趋势，到晚明以后更与古文相融合，出现了古文即时文，时文即古文的现象，如桐城派的古文即如此。本研究成果所揭示的这一现象和提供的文本可为明清文学研究提供新的视角与资料，有助于对明清文学史的全面认识和正确把握。

2. 成果有助于对明清政治家、文学家的全面认识。明清的著名政治家、文学家，大多是八股文名家。本成果对他们的八股文进行了系统的发掘整理，分析研究了他们的八股文特点及在八股文史上的地位与作用，为深入研究他们的政治、文学思想，揭示他们思想、行为中不为人知的一面，提供了新的第一手材料和新的研究门径，无论对这一时期的政治史还是文学史的研究都有重要价值。

3. 八股文是一种十分注重形式建构的文体，在集中概括、正反思维及起承转合等方面设置了严密的逻辑关系，具有培训写作者思维方式的功用，对士人的心智结构和思维方式都产生了深刻影响，甚至现代中国人仍在某种程度上受这种心理积淀的束缚。本研究成果为研究这种心智结构和思维方式的研究提供了大量文本，有助于对明清文人的文化心理和思维方式的深入把握，对明清文学和社会历史变因的理解。

4. 八股文是明清科举制的灵魂，各级科举考试以它来识别、选拔人才，学校教育以它为主课。本成果为深入研究明清科举制和学校教育提供了最直接的资料和研究方法。

总结是送审的，自我吹嘘太过会引人反感，故行文会有所节制，实事求是之心应多一点。

看了上述摘抄的表扬与自我表扬，必然会有人问，难道这两种书就没有毛病吗？毛病自然不少，如专家们指出《八股文汇编》的选文未标文献出处和版本，尚有标点错误；《明代八股文史》有错字，注释不规范，有重复之处等，我在二次送审时都尽可能地予以了改正，对一些不正确的意见则拒绝采纳。

有一位专家说，《明代八股文史》系由《明代八股文史探》

一书改写而成，除引言部分有新东西、新见解外，其他各章都与原书无多少差别，不合成果评审条件，故对该书不作置评，只给《八股文汇编》作了详尽的分析与肯定，评价还颇高。

这位先生确是位明眼人，一眼即看出了两书的关系，因为《明代八股史探》本就是为其后的《明代八股文史》打基础的。但杀猪杀屁股，各有各的杀法，写书也一样，各有各的写法，不必强求一律。写作八股文史，只要能正确揭示其发展变化的原因与规律，总结出其文体特点与价值所在就可以。在下认为，《明代八股文史》是较好地做到了这一点的，只是这位先生未能加以领会而已。

该书新撰的“引言”，提出了八股文具有经学性、文学性、与时俱变性的概念，指出人为设置的经学性是其根本属性，经学性的消长贯串了八股文的发展全过程，便构成了八股文史，这都具有创新性。新撰的第一章，详尽地论证了经学性的由来，八股文的功用，揭示了统治者创制八股文的用心。新撰的第三章第四节“走向全面成熟时的八股文对社会的影响”；第四章第五节“正德、嘉靖时八股文与科举的关系”、第六节“明代中叶的文学与八股文”；第五章第三节“王阳明学说对隆庆、万历八股文内容和思维方式的影响”、第八节“隆庆、万历时八股文选评的兴盛”；第六章“全面去经学化的原因”；第七章第三节“八股取士对明末科举的破坏”、第四节“晚明八股文与文学的关系”，系统地揭示了八股文与明代社会思潮、科举、文学的相互影响，都具有创新意义，做到了能言人之所未能言，发前人之未曾言。

对八股文体式，《明代八股文史探》是在已删节的第一、第二章中作概括性的介绍，未能反映体式的变化。该书则分别在各个发展阶段新撰专节作阐述，从而揭示了八股文体式是处于动态的发展变化过程的事实，彰显了体式的功用。

第二次评审的专家应该是赞同我的看法的，评审通过即是明证，只是未能看到他们的具体意见，无法享受受表扬的乐趣。

表扬与自我表扬之用大矣哉，这只要从世上大师满街走，名家贱如狗即可知道。但打铁还须人过硬，人不行，单靠此举于人于世无补是人人心知肚明的。三国时的诸葛亮最擅表扬之术，关羽一贯恃功傲物，他却只顺毛摸，对他只表扬不批评，连关羽在华容道放走曹操可称是罪莫大矣的问题，他连斥责的话都没有一句。结果大受表扬的关羽破坏了与东吴的统一战线，丢失了荆州，坏了三国鼎立大局，自己也身首异处。左宗棠最喜自我表扬，连他那便便大腹，他都要拍着吹嘘是满腹经纶。他赴京赶考，船过洞庭，本风平浪静，在给夫人写信时却说“舟中遇盗，谈笑却之”。同船的欧阳兆熊“嗤之曰：尔闺阁中亦欲大言欺人耶？左氏正色曰：尔何知钜鹿、昆阳之战，亦只班、马叙次得栩栩欲活耳。天下事何不可作如是观？”（见欧阳兆熊《水窗春呓》中华书局 1984 年版）吹牛还有理论，真可谓善于自我表扬者矣。然而，若没有荡平浙江、福建、广东太平军、陕西捻军之举，收复新疆之功，有谁会记得他那些牛皮哄哄的自我表扬之言？只会徒增笑料耳！既然对表扬与自我表扬要作如是观，有人会问：那你引专家之言来表扬自己，抄总结来自我表扬又有什么用呢？答之曰：也许可以让人了解八股文的真相，也许会落个机关算尽太聪明，反误了卿卿性命，徒增人的厌弃。如此而已，岂有他哉！

2014 年 10 月 20 日于长沙百明千清斋

图书在版编目(CIP)数据

明代八股文史/龚笃清著. —长沙:岳麓书社,2015.1

ISBN 978—7—5538—0270—1

Ⅰ.①明 ...　Ⅱ.①龚 ...　Ⅲ.①八股文—研究—中国—明代

Ⅳ.①H152

中国版本图书馆 CIP 数据核字(2014)第 140422 号

MING DAI BA GU WEN SHI

明代八股文史

作　　者　龚笃清

责任编辑　杨云辉

责任校对　舒　舍

封面设计　吴颖辉

岳麓书社出版发行

地址:湖南省长沙市爱民路 47 号

电话:0731—88804152　88885616

邮编:410006

网址:www. yueluhistory. com

2024 年 10 月第 1 版第 2 次印刷

开本:880×1230　1/32

印张:20. 25

字数:526 千字

印数:1—2 000

ISBN 978—7—5538—0270—1/H · 57

定价:198. 00 元

承印:唐山楠萍印务有限公司